DROEMER

JOHN
KATZENBACH

DIE KOMPLIZEN

Fünf Männer, fünf Mörder, ein perfider Plan

PSYCHOTHRILLER

Aus dem amerikanischen Englisch
von Anke und Eberhard Kreutzer

DROEMER

Deutsche Erstausgabe Juli 2022
Droemer Taschenbuch

Das Zitat auf Seite 5 entstammt:
Eugene O'Neill, *Eines langen Tages Reise in die Nacht*.
Deutsch von Michael Walter.
© S. Fischer Verlag GmbH, Frankfurt am Main 1989.
Redaktion: Peter Hammans
Covergestaltung: ZERO Werbeagentur, München
Coverabbildung: RachenStocker / shutterstock.com
Satz: Adobe InDesign im Verlag
Druck und Bindung: GGP Media GmbH, Pößneck
ISBN 978-3-426-30678-9

2 4 5 3 1

TEIL EINS

DORT HAST DU NICHTS ZU SUCHEN

»Die Vergangenheit ist doch die Gegenwart, nicht wahr? Und auch die Zukunft. Daran wollen wir uns alle vorbeimogeln, aber das lässt das Leben nicht zu …«

Eugene O'Neill, *Eines langen Tages Reise in die Nacht*

AN EINEM MONTAG, 12:47 UHR, MITTELEUROPÄISCHE ZEIT …

Der junge Polizist, der in der französischen Kleinstadt Cressy-sur-Marne für die Rekonstruktion von Verkehrsunfällen zuständig war, hasste seine Arbeit mit einer Inbrunst, die man ihm bei seiner unaufgeregten Art nicht zugetraut hätte. Es war die erste Aufgabe, mit der er seit seinem Dienstantritt vor siebzehn Monaten betraut worden war. Er hatte darin ein Sprungbrett für ein anderes, interessanteres und spektakuläreres Ressort gesehen. Waffen. Verfolgungsjagden. Festnahmen und beinharte Verhöre von abgebrühten Kriminellen. Fehlanzeige. Der Job war ein Rohrkrepierer und bot ihm Tag für Tag nichts weiter als *Dieses Fahrzeug war auf der Fahrbahn in nördlicher Richtung unterwegs, als es auf der Schnellstraße ein Vorfahrtsschild missachtete und mit dem in östlicher Richtung überholenden Lkw zusammenprallte. Den Abmessungen der Bremsspuren sowie Zeugenaussagen zufolge fuhr das Unfall verursachende Fahrzeug bei deutlicher Überschreitung der vorgeschriebenen Geschwindigkeit* … und so weiter und so fort, bis zum Abwinken.

Ein Unfall wie der andere. Und wenn ein Zusammenstoß zu schweren Verletzungen oder sogar zu Toten führte, wenn es also endlich interessant wurde, übernahm jedes Mal ein dienstälterer Kollege die Nachuntersuchung.

Was ihn mächtig frustrierte.

Den ganzen Vormittag hatte er, mit einem Bandmaß bewaffnet, am letzten Unfallort zugebracht und Fotos geschossen, dabei, so gut es ging, die wütenden Schuldzuweisungen, das übliche Hintergrundrauschen eines jeden Unfalls ignoriert – »*Das geht ja wohl eindeutig auf Ihr Konto!*« »*Von wegen! Hätten Sie auf die Straße geachtet* …« – und sich die ganze Zeit nur gefragt, wann er endlich von der Verkehrsabteilung zu etwas Aufregenderem wechseln könne. Zum Beispiel zum Mord-, zum Drogen- oder notfalls auch nur zum Einbruchsdezernat oder zur Sitte – *alles.* Hauptsache, er brauchte sich nicht länger die Lügen über rote und grüne Ampeln, über Stoppschilder oder darüber anzuhören, wer Vorfahrt hatte und wer zuerst im Kreisverkehr gewesen war. Wenn er dann endlich sämtliche Aussagen, Messungen und Fotos im Kasten hatte und an seinen Schreibtisch zurückkehren konnte, war der Tag schon halb vorbei. Die anderen Kollegen seiner Einheit machten Mittagspause, und so war er in dem kleinen Gehege aus Schreibtischen und Aktenschränken allein.

Er loggte sich in seinen Computer ein.

Er hatte vor, seine Fotos hochzuladen und mit seinen Grafiken anzufangen, dem ersten Teil des Berichts, der an die Versicherung weitergeleitet würde.

Stattdessen prangte als Vollbild ein Foto auf seinem Bildschirm.

Er wäre fast vom Stuhl gekippt.

Eine Leiche.

In Farbe.

Er hielt sich an der Schreibtischkante fest und beugte sich vor.

Eine junge Frau. Ungefähr in seinem Alter.

Mit aufgeschlitzter Kehle.

Die geöffneten Augen starrten in den Himmel. Mit leerem Blick. Kalt. Die Angst war in ihrem Gesicht dem gewaltsamen Tod gewichen.

Die Frau war jung.

Dunkles Haar. Schwarze Augen. Rotbraunes Blut rings um ihren Kopf, das im sandigen Boden versickerte.

Nackt. Die Kleider hatte ihr jemand vom Leib geschnitten und neben ihr auf einen Haufen geworfen.

Allem Anschein nach lag sie auf einem Feld. Er konnte nicht sagen, wo. Da gab es nichts, was ihm irgendwie bekannt vorkam.

Am unteren Bildrand war ein Schriftzug.

Er versuchte, sich einen Reim darauf zu machen.

Arabisch. Kyrillisch. Sanskrit. Und einige japanische oder chinesische Schriftzeichen. Alles kunterbunt durcheinander, in einem nicht zu entziffernden Kauderwelsch. Kein Französisch. Nicht einmal etwas auf Deutsch oder Spanisch, das er sich mit seinen bescheidenen Fremdsprachenkenntnissen aus der Schulzeit hätte zusammenreimen können.

Der junge Verkehrspolizist starrte auf das Bild.

Sein erster Gedanke: *Das muss eine Fälschung sein.*

Jemand spielt dir einen Streich, nur dass heute nicht der 1. April ist.

Er sah sich das Foto noch genauer an.

Es wirkte real.

Sein Instinkt empfahl ihm, es in den Papierkorb zu legen. Es von seiner Festplatte zu löschen und sich wieder an die Arbeit zu machen.

Tat er aber nicht. Ohne das Bild aus den Augen zu lassen, öffnete er ein neues Fenster und ging zu einem Übersetzungsprogramm. Er wechselte auf seiner Tastatur zu Arabisch und tippte mühsam die Zeichen ein. Heraus kam:

Möchtest du nicht …

Er wechselte zu Kyrillisch, nicht ganz einfach bei seiner Tastatur, und er war sich auch nicht sicher, ob er es richtig machte. Die Übersetzung ergab:

Gerne wissen, wer …

Nun wechselte er schnell zu Sanskrit.

Die junge Frau getötet hat …

Es kostete ihn ein paar Minuten, herauszufinden, dass die letzten Worte Mandarin waren und die Frage ergaben:

Und wo sie gestorben ist?

Der junge Polizist hatte auf einmal einen trockenen Mund. Er atmete flach. Bis dato hatte er in seinem Dienst noch kein einziges Mal Angst gehabt und streng genommen auch jetzt nicht; ernsthaft beunruhigt war er allerdings schon.

Er vertiefte sich erneut in das Bild. Auch wenn er kein IT-Experte war, kannte sich der junge Polizist mit dem Internet recht gut aus und fand daher ziemlich schnell die IP-Adresse, von der das Foto kam. Was ihn zum zweiten Mal auf den Gedanken brachte, dass ihn hier jemand zur Zielscheibe eines ziemlich raffinierten Streichs gemacht hatte. Das Foto war nämlich durch die Leserspalte einer hochleistungsfähigen italienischen PR-Firma generiert worden, die sich um die fragwürdigen Belange illustrer Klienten kümmerte, von gestürzten afrikanischen Politikern bis hin zu ruchlosen Konzernen, die sich um die finanzielle Haftung für Ölkatastrophen drücken wollten.

Das ergab für ihn keinen Sinn.

Er sah sich das Foto noch einmal an, war kurz davor, die ganze Sache in den Papierkorb zu verschieben, und zog schon den Cursor darüber, als er plötzlich stutzte. Langsam ließ er die Hand sinken. *Spinnst du?*, dachte er. *Irgendjemand da draußen muss von der Sache hier erfahren.* Also griff er zum Telefon auf seinem Schreibtisch und rief auf der internen Leitung einen Ermittler im Morddezernat an. Er war ihm erst ein, zwei Mal über den Weg gelaufen und konnte nur hoffen, dass er sich an ihn erinnerte.

»Sergeant«, sagte er, als der Mann sich meldete. Er gab sich Mühe, sich seine Zweifel und Nervosität nicht anmerken zu lassen. »Ich hab da, glaube ich, etwas, das Sie sehen sollten.«

KAPITEL 1

AM SELBEN MONTAG …
EINIGE STUNDEN SPÄTER IM GESCHLOSSENEN CHATROOM …

Delta schrieb:
Wie versprochen, Auftrag ausgeführt. Und ich hätte auch schon eine Schlagzeile für uns alle: Französische Flics flippen wegen fantastischem Foto aus.
Bravo und Easy würdigten den Vorschlag umgehend mit Daumen-hoch-Emojis. *Flics,* wussten sie, war Umgangssprache für die französische Polizei.
Delta schrieb weiter:
Hätte da mal eine Frage an alle.
Hat zufällig einer von euch Erfahrung mit den neuesten Methoden zur Erkennung von Fingerabdrücken, insbesondere mit der Musterentnahme von totem Fleisch? Ist die Gestapo *dazu überhaupt in der Lage?*
Nach wenigen Sekunden meldete sich Charlie:
Möglich, aber nicht wahrscheinlich. Ist für die Techniker immer noch Glückssache. Selbst für die Experten beim FBI, bei Interpol oder Scotland Yard. Wenn das Opfer offensichtlich an einer Stelle angefasst wurde, an der die Identifizierung leichtfällt, ist es ihnen einen Versuch wert. Über die Jahre allerdings nur selten Treffer … Aber hin und wieder geben sie zumindest ihr Bestes. Seht euch dazu mal Festnahme und Anklage in Madrid gegen Juan Carlos Ramirez vor sechs Jahren an. Der Blödmann hat seine getrennt lebende Frau umgebracht und ihren Lover angeschwärzt, was nur leider seinen Zeigefingerabdruck an ihrer Kehle nicht erklären konnte. Ich meine, gibt es einen eindeutigeren Beweis?
Die anderen wussten Charlie als Historiker auf ihrem Fachgebiet zu schätzen.

Kurz darauf meldete sich auch Bravo:
'n Abend, Delta, Leute. Charlie hat absolut recht. Da zeigt sich mal wieder, wie falsch diejenigen liegen, die meinen, die Zauberkunststückchen, die sie in Fernsehserien vollführen, seien aus dem Leben gegriffen. Man denke nur an Crime Scene Investigation: Den Tätern auf der Spur *oder was auch immer sich so ein Schreiberling aus den Fingern gesogen hat, um die* Gestapo *wie Experten dastehen zu lassen. Träumt weiter! Trotzdem würde ich dazu raten, die richtigen Handschuhe zu tragen, um auf Nummer sicher zu gehen. Aber Vorsicht: Selbst die hochwertigsten OP-Handschuhe können schon mal Teilabdrücke hinterlassen, weil sie so dünn sind und Körperfette oder Schweiß sogar durch Latex nach außen dringen. Daher vorsichtshalber zwei Paar übereinanderziehen! Oder Latex unter einem zweiten Paar in Leder. Und nach Gebrauch fachmännisch entsorgen. Verbrennen ist immer gut. Beide, die in Latex und die in Leder. Das ist wichtig. Siehe* Journal of Forensic Research, *Artikel in Band 23, Nummer 8, März letzten Jahres.*
Bravo war von ihnen allen der Beste darin, Forschungsberichte zu lesen und zu erklären. Ihnen war nicht entgangen, dass er sich bei seinem Gruß mit »*Guten Abend*« gemeldet hatte, aber sehr wohl klar, dass es da, wo sich Bravo aufhielt, vielleicht gar nicht *Abend* war.
Easy schrieb prompt:
Kein Problem. Mach. Dir. Keinen. Kopf.
Easy war der Witzbold in der Gruppe.
Und Delta antwortete sofort:
LOL. Wie wahr. Dank an alle. Sehr cool. Der Artikel ist mir entgangen. So wie, zugegeben, so ziemlich jeder andere Artikel auch. Selbst schuld. Was wären wir alle ohne Bravo und seinen unersättlichen Lesehunger? Jedenfalls, wie gesagt, echt krasser Rat.
Möglicherweise war Delta jünger als der Rest – obwohl das mehrere der anderen insgeheim bezweifelten. Diesen Artikel übersehen zu haben, war vielleicht auch gelogen, da Delta oft ziemlich gelehrt daherkam. Er hatte einfach eine Schwäche für einen etwas hippen, im Großen und Ganzen klischeehaften Umgangston, wo-

bei mehr als ein Mitglied der Chatgruppe vermutete, dass er sich diese Sprache entweder aus dem Internet oder aus Dialogen in Jugendromanen angeeignet hatte. Der eine oder andere von ihnen spekulierte insgeheim, dass er vielleicht Lehrer an einer Highschool war. Wie auch immer, sie erkannten, dass er ziemlich wahllos Teenager-Sprech einfließen ließ, um sein wahres Alter zu verbergen, und sie gingen davon aus, dass ihm seine Ausdrucksweise zur Tarnung diente. Sie alle hüteten sich, ihn darauf anzusprechen. Es gab auch keinen triftigen Grund dafür. Abgesehen davon hatte jeder von ihnen ganz ähnliche Vorkehrungen getroffen, um seine jeweilige Identität zu schützen, was jeder vom anderen auch wusste – es glich sich also aus. Davon abgesehen schätzten sie Delta für das, was er beitrug, wenn er nicht gerade *omg* oder *wtf* schrieb. Er legte in ihrem gemeinsamen Betätigungsfeld die Messlatte hoch, und es bereitete ihnen allen das größte Vergnügen, sich daran zu erproben.

Easy schrieb:

Das Wort gefällt mir: Unersättlich. Passt zu uns, oder?

Delta sendete ein Händeklatsch-Emoji.

Dann verabschiedete er sich mit dem Eintrag:

Bis neulich, Leute. Muss dann mal. Das nächste Projekt auschecken.

Bravo riet:

Denk dran, Delta, was Leute wie uns zu Fall bringt, ist weniger die Planung und die Ausführung als das Spurenverwischen danach.

Easy bekräftigte:

Genau.

Und Alpha, der Moderator der Gruppe, sprach für alle, als er tippte:

Auf die Ergebnisse gespannt.

Das verstand sich eigentlich von selbst. Genauso wie die Tatsache, dass sie alle mit ihren eigenen *Projekten* beschäftigt und gleichermaßen erpicht darauf waren, sie den anderen vorzustellen.

Delta antwortete:

Gemach. Gemach. Ihr sagt mir doch immer, nur ja nichts überstürzen. Ich übe mich in Geduld.

Dem hätte keiner von ihnen widersprechen können, auch wenn sie insgeheim fanden, dass es Delta gewöhnlich ein bisschen zu eilig mit allem hatte und sich mit dem Befriedigungsaufschub etwas schwertat.

Alpha fuhr fort:

Gut. Ausgezeichnet. Treffen wir uns am besten alle in zwei Tagen wieder online. Selbe Uhrzeit, selber Ort. Und Delta, vielleicht kannst du dann ja schon ein paar Einzelheiten loswerden.

Es hagelte Okays.

Doch bevor sie sich alle von ihrem Chat abmelden konnten, hatten sie plötzlich eine neue und unerwartete Nachricht auf ihrem Bildschirm.

Socgoal02 ist dem Chatroom beigetreten.

Diese Identifizierung war ihnen allen unbekannt. Seit Bestehen der Gruppe war niemand in ihren geschlossenen Chatroom eingedrungen. Zu viele Verschlüsselungsebenen. Bis zu diesem Moment war ihr Austausch in diesem geschützten Raum vollkommen ungestört verlaufen. Dieser neue Auftritt beunruhigte sie alle. Die bloße Vorstellung, entdeckt zu werden, jagte ihnen einen Schrecken ein. Sie waren zu fünft, und keiner von ihnen neigte zur Panik, aber jeder fing sofort an, sich elektronisch rauszuklicken. Vorher lasen sie allerdings noch:

Socgoal02:

Wer seid ihr? Seid ihr echt? Was für Spinner! Perverse! Krank krank krank …

Zwei Jahre zuvor hatte Alpha sich gefreut, als Bravo – der erste Neuzugang der späteren Gruppe – sich zu seiner Überraschung auf sein erstes Posting meldete. So schnell hatte er kein Feedback erwartet, vor allem angesichts der Firewalls, die er eingerichtet hatte, um dafür zu sorgen, dass alles, was auf dem Portal besprochen wurde, streng anonym blieb. Anfänglich hatte Alpha geplant, einen persönlichen Blog zu schreiben und fortlaufend zu ergänzen. Da nun aber jeder Austausch naturgemäß geschützt verlaufen musste, hatte er es sich rasch anders überlegt. Und so hatte Alpha den privaten Chatroom erstellt und Bravo zum Beitritt eingeladen.

Bravo waren im Lauf der nächsten Monate Charlie, Delta und Easy gefolgt – nachdem auch sie einen Kommentar auf jenes denkwürdige erste Posting hinterlassen hatten. Keine Gangster. Keine Schaumschläger. Vielmehr klug, gebildet, artikuliert. Und für Mörder jung. Alpha war in der Gruppe die graue Eminenz. Und bei fünf war das Limit. Jeder darüber hinaus hätte nach Alphas Überzeugung den Chat erschwert und sie einem unnötigen Risiko ausgesetzt. Alpha hatte darauf bestanden, außer diesen fünf keine weiteren Beitritte zuzulassen, nachdem er sich im Zuge ihrer ersten Wortwechsel von ihrer Glaubwürdigkeit überzeugt hatte und ausschließen konnte, dass sich hinter ihren Chatnamen nicht ein übereifriger, cleverer Ermittler irgendwo auf dem Globus oder gar einer von nebenan verbarg. Die fünf Männer hatten sich schnell auf diese Obergrenze festgelegt. Fünf, eine ungerade Zahl, hatte sich irgendwie richtig angefühlt, der Teamgeist einer Basketballmannschaft. Auch wenn sie sich nie persönlich begegnet waren, verband sie ihre besondere Leidenschaft und machte sie füreinander überlebenswichtig. Wie eine Unterstützergruppe für Drogensüchtige oder Alkoholiker nach dem Entzug oder für Opfer von Gewaltverbrechen bei der Verarbeitung ihres Traumas schien jeder von ihnen über Kernkompetenzen zu verfügen, mit denen er den anderen half. Nicht lange, und sie betrachteten sich als einen speziellen Freundeskreis, in dem sie – neben ihren anderen sozialen Kontakten – spezifische Interessen und Neigungen pflegten. Die echten Namen, ihr Alter und ihren Standort hielten sie voreinander geheim, obschon sie im Laufe der Zeit aus Fragen, die einer von ihnen etwa zu reißerischen Schlagzeilen oder Fernsehnachrichten aufbrachte, gewisse Rückschlüsse zogen. Dabei war keiner von ihnen so taktlos, solche Vermutungen zu äußern oder gar nachzuhaken. Darüber hinaus war Englisch die bevorzugte Sprache, und der Vorschlag, ob nicht vielleicht Schwedisch oder Finnisch oder Japanisch angenehmer wäre, kam nicht auf. Insgeheim hatten sie längst begriffen, dass sie alle Amerikaner waren. Wenn sie nämlich über ihren Alltag plauderten, kamen darin Apple Pie, der vierte Juli oder der Superbowl vor. Abgesehen von Mord.

Alpha, der Umsichtigste und Intellektuellste in der Runde, bestand auf dieser Verschwiegenheit, die nicht zuletzt seinem obsessiven Bedürfnis nach Privatsphäre entsprang. Tatsächlich hatte Alpha, als in seinem Kopf *Jack's Special Place* erste Gestalt annahm, eher spielerisch seine eigene Expertise in Informatik austesten wollen. Abgesehen vom Nervenkitzel, den das Projekt versprach, befriedigte es sein überwältigendes Bedürfnis, auf Schritt und Tritt die Cops an der Nase herumzuführen. Um jeden Preis wollte er beweisen, dass die Schlaumeier der Polizei nichts, was er schrieb oder sagte oder hochlud, zu ihm zurückverfolgen konnten. Zu viele verschachtelte falsche Identitäten. Zu viele mathematische Möglichkeiten.

Alpha liebte das Netz.

Und er liebte Jack.

Jack wie in *Jack the Ripper.*

Daher hatte die Gruppe ihren Namen.

Sie nannten sich *Jack's Boys*. Und sie trafen sich in *Jack's Special Place.*

Für Alpha war Jack immer noch das strahlende Vorbild für die Kunst, die Ordnungshüter zu täuschen und ihnen ein ums andere Mal zu entwischen. Diese beiden Fähigkeiten hatte Jack in so überragender Weise an den Tag gelegt, dass hundert Jahre später immer noch darüber gerätselt wurde, wer hinter diesem Namen steckte. London hatte eine geführte Stadttour eigens zum *Ripper* im Angebot. Amateurwissenschaftler und -detektive nannten sich *Ripperologen* und ergingen sich in endlosen Spekulationen, Theorien und Wortklaubereien zu der umfangreichen Ripper-Akte bei Scotland Yard. Eine berühmte amerikanische Krimiautorin hatte ein ganzes Buch über Jacks angeblich wahre Identität verfasst – um sie sich sogleich von ebenjenen Amateurdetektiven in der Luft zerreißen zu lassen, deren Kandidaten sie vom Sockel gestoßen hatte.

Alpha wusste, dass die anderen vier Mitglieder dieses Gefühl der Seelenverwandtschaft mit Jack teilten.

Womit er richtiglag. So wie der berühmte Jack waren Bravo, Charlie, Delta und Easy in einer Arena, in der andere aufgrund ihrer besonderen Neigungen Anonymität schätzten und sich bemühten, wenig oder, wenn möglich, nichts dem Zufall zu überlassen, ausgesprochen risikofreudig. Alle fünf liebten den Zufall und die damit verbundene Gefahr.

Damit hoben sie sich vom klassischen Typus ihrer Sparte ab und hätten wohl die Analytiker beim FBI verwirrt.

Bei Alphas erstem Posting, das überhaupt erst den Bedarf an einem Chatroom geschaffen hatte, handelte es sich um ein bescheidenes Manifest mit dem Titel:

Warum ich tue, was ich tue.

Er hatte es kurz gehalten. Sorgfältig formuliert. Drei handgeschriebene Entwürfe, dann erst eingestellt. Keine weitschweifige Abhandlung à la Ted Kaczynski über Gott und die Natur und die Entschlüsselung der Welt. Alpha hatte nicht vergessen, dass der Una-Bomber, der Killer mit Harvard-Abschluss, letztlich aufgeflogen war, weil er in seinen viel zu unverwechselbaren, persönlichen und deshalb verräterischen schriftlichen Zeugnissen die Semikola korrekt gesetzt hatte.

Bravo hatte die Kommentarspalte am Ende des Manifests gesehen und geantwortet:

Genauso geht es mir auch.

Dieser schlichte Austausch hatte sie zusammengebracht. Im Gefolge führte er zu einem lebhaften Hin und Her und mündete zuletzt in den Chatroom.

In seiner Darlegung hatte Alpha statt *töten* den Euphemismus *beseitigen* verwendet.

Wie zum Beispiel in: *Und schlussendlich akzeptierte ich, was ich tun wollte – nein, was ich absolut hundertprozentig tun musste, was meine absolute Bestimmung im Leben war, nämlich Molly zu* beseitigen … *oder Sally … das heißt … sie voll und ganz zu meinem Eigentum zu machen. Und erst als sie dann mir gehörten, hatte ich meine Bestimmung gefunden.*

Bravo hatte dies aus eigener Erfahrung bekräftigt:

Ich weiß. Du spürst auf einmal diese totale Größe in dir. Du wartest nur darauf, dass sie sich entfalten kann. Du musst nur herausfinden, wie du sie freisetzt.

Beseitigen war der erste Euphemismus, den sie sich im Chatroom zu eigen machten. Als sich im Verlauf der nächsten Wochen Charlie, Delta und Easy hinzugesellten, einigten sie sich vorsichtig auf weitere. *Übernehmen* statt *entführen, aneignen* statt *unter ihre Kontrolle bringen.* Für *foltern* stand *ärgern*. Und die Polizei – von den kleinsten Einheiten auf dem Land bis zu den qualifiziertesten in New York, Rom, Tokio oder Los Angeles – firmierte als *die Gestapo*. Über ihre Methoden ließen sie sich in umschreibender Sprache aus und verstanden auf Anhieb, was gemeint war, weil sie, bei allen individuellen Unterschieden, aus demselben Holz geschnitzt waren. Dabei war keiner der fünf so naiv zu glauben, die Verhaltenspsychologen vom FBI oder beim *Special Branch* des Scotland Yard oder den entsprechenden Stellen in Paris, Berlin, Madrid, Buenos Aires, Rotterdam oder Mexico City würden nicht auf Anhieb verstehen, worum es ging. Doch die Bälle, die sie sich zuwarfen, waren so geschickt abgefälscht, dass sie den meisten lasch und harmlos erscheinen mussten.

Die Fotos, die sie von Zeit zu Zeit einstellten und an denen sie sich alle weideten, waren alles andere als das. Gemeinsam machten sie sich ein Vergnügen daraus, ihre Versuche auf ihrem fotografischen Spezialgebiet nach dem Zufallsprinzip auf die Websites ausgesuchter Polizeiwachen hochzuladen. *Cop Shops* nannten sie die. Vom Polarkreis in Alaska bis zur wilden Pampa Patagoniens. Von Christchurch bis nach Guangzhou in Südchina. So wie der Verkehrspolizist in Cressy-sur-Marne fuhr dann irgendein armer Tropf in irgendeiner Wache an einem stinknormalen Morgen seinen Computer hoch und hatte statt alltäglicher Schadensberichte eine blutüberströmte Leiche oder ein abgetrenntes Körperteil vor sich, mit einer Überschrift wie:

Na, erkennst du das?

Oder:

Noch besser. Wüsstest du nicht gerne, wer das war?

Die Überschriften verfassten sie in unterschiedlichen Sprachen. Einmal auf Japanisch. Dann Suaheli. Arabisch. Englisch eher selten. Dabei achteten sie peinlich darauf, dass auf den Bildern keine verräterischen Besonderheiten zu erkennen waren. Alpha sah es gerne, wenn fünf Augenpaare jedes derartige Foto auf solche Merkmale untersuchten, bevor er es rausschickte. Gemeinsame Verantwortung. Fünffache Genauigkeit. Mehr als einmal hatten sie gegen ein Bild ihr Veto eingelegt, weil einer von *Jack's Boys* etwas entdeckt hatte, das möglicherweise wiedererkennbar war. Zum Beispiel eine Pflanzenart im Hintergrund. Ein spezifisches Kleidungsstück. Die Körperstelle, an der sich eine Wunde befand. Außerdem wechselten sie sich beim Posten ab. Nie stellte es der Täter ein. Die Aufgabe fiel, nach reiflicher Diskussion, immer einem der anderen zu, auch wenn sie in dem Moment alle ihre Freude daran hatten und sich über den Zaubertrick, mit dem sie die Fotos hochluden, die Hände rieben. Einmal hatte sich Easy den Spaß gemacht und zu einem von Charlies Leichenfotos die GPS-Koordinaten angeführt. Das Ganze ging allerdings an einen *Cop Shop* auf einem anderen Kontinent, Tausende Meilen entfernt und politisches Feindesland. So als würden sie Informationen über einen Toten im Umfeld von Denver an Polizisten in Teheran schicken.

Wenn sie sich dann wieder online trafen, lachten sie und malten sich den Schock und die Bestürzung in dem betreffenden *Cop Shop* aus, und den Ärger, wenn die dortigen Beamten versuchten, sich mit dem *Cop Shop* zu verständigen, der in der Nähe des Leichenfundorts lag.

Anschließend lösten sich *Jack's Boys* im Internet in Luft auf und zogen sich in ihr jeweiliges eigenes, geheimes Leben zurück.

Auch wenn diese Bilder auf *Jack's Special Place* gelöscht wurden, nachdem sie sie miteinander geteilt und quer durch die Welt des Internets gejagt hatten, waren sie *Jack's Boys* da schon unauslöschlich ins Gedächtnis gebrannt. Und auch hierin war keiner von ihnen naiv: Sie wussten alle sehr wohl, dass in der Welt des Internets nichts gänzlich und für immer verschwindet. Was für sie alle, weil sie die Gefahr liebten, ein Nervenkitzel, ja, geradezu berauschend war, schlug allerdings in Ernüchterung um, als sie die nächste Nachricht des Eindringlings sahen.

Socgoal02 schrieb:
Also, was seid ihr eigentlich, Leute? Ein paar alte, abgetakelte Schlappschwänze, die sich für besonders schlau halten? Sich als echte Killer ausgeben? Ein Club von Perversen, die sich an kranken Mordfantasien aufgeilen?
Kaum hatte Alpha die höhnische Bemerkung gelesen, flogen seine Finger über die Tastatur. Er hatte in dem, was er sein Büro nannte, einem ehemals muffigen, nunmehr für seine besonderen Zwecke aufgemöbelten Kellerloch vier Computerbildschirme stehen. Der Algorithmus zur Rückverfolgung, den er vor Jahren installiert hatte, war auf *Jack's Special Place* noch nie zum Einsatz gekommen, weil sich die Notwendigkeit nie ergeben hatte. Die Ganovenehre ließ es nicht zu, ihn gegen Bravo, Charlie, Delta oder Easy einzusetzen. Außerdem hatten sie wahrscheinlich sowieso ihrerseits entsprechende Schritte unternommen, um ihn mithilfe von quer über den ganzen Globus verteilten Servern abzuschmettern. Der Eindringling dagegen wohl eher nicht. Für einen Moment verfluchte er sich dafür, den Algorithmus nicht laufend weitergetestet zu haben.
Er wusste nur, dass er *Socgoal02* ein paar Minuten lang auf ihrem Portal festhalten musste, damit das Programm, falls es denn funktionierte, seine Aufgabe erledigen konnte.
Und so tippte Alpha:
Das hier ist ein geschlossener Chatroom. Du verletzt unsere Privatsphäre und einige US-Gesetze sowie internationale Abkommen, indem du hier eindringst. Du solltest dich auf der Stelle entschuldigen und verschwinden.
Ihm war natürlich klar, dass es wenig, wenn überhaupt, Gesetze gab, welche die unerwünschte Anwesenheit von *Socgoal02* betrafen, ob nun in den Vereinigten Staaten, Großbritannien, Westeuropa oder Lateinamerika. Und er wusste auch, dass er mit der Forderung nach einer Entschuldigung höchstwahrscheinlich eine weitere Antwort herausforderte.
Was auch die anderen sahen, die auf der Plattform ausharrten.
Die vier begriffen sofort, dass Alpha diesen Eindringling noch so lange brauchte, bis er ihn unschädlich gemacht hatte.

Bravo schrieb:
Hör mal zu, Kumpel, du begehst gerade einen kapitalen Fehler. Hau ab!
Wollte man jemanden in einem dummen Fehler bestärken, so sein Kalkül, sagte man ihm am besten, er solle sich verziehen.
Das sah Delta genauso.
Er schrieb:
Du ahnst nicht, in welche Schwierigkeiten du dich gerade bringst.
Socgoal02 fraß den Köder und schrieb:
Vielleicht ein Kränzchen von alten Damen? Hab ich euch auf dem falschen Fuß erwischt? Wisst ihr was? Ihr mögt euch bei dem, was ihr da treibt, ja vielleicht für tolle Hechte halten, aber ich würde mich als Mörder jederzeit besser anstellen. Ihr seid ein Haufen Amateure.
Easy reagierte prompt:
Kleiner, du klingst wie ein Zwölfjähriger. Das hier ist für Erwachsene.
Eine Antwort von *Socgoal02* blieb aus.
Jetzt schaltete sich Charlie ein:
Hör zu, egal, wer du bist, du legst dich besser nicht mit uns an.
Hierauf meldete sich *Socgoal02* zurück:
Hab ich bereits. Man sieht sich, Loser.
Dann für alle sichtbar die Meldung:
Socgoal02 hat den Chat verlassen.
Die Männer verharrten, jeder für sich, vor ihrer Tastatur, jeder musste erst einmal mit einer Woge der Angst und Wut fertigwerden.
Es war an Alpha, zur Geschäftsordnung zu rufen.
Bei der Erstellung von *Jack's Special Place* hatte er für unvorhergesehene Ereignisse Notfallprogramme installiert. Im Lauf der Jahre, in denen das Portal bereits existierte, war er allerdings nachlässig geworden und hatte sich in Sicherheit gewiegt, hielt seine Vorkehrungen für mehr als ausreichend.
Alpha schrieb:
Dank euch allen. Er war lange genug drin. Ich glaube, ich hab ihn.
Er ließ den Satz erst einmal so stehen, damit die anderen die gute Nachricht sacken lassen konnten.

Nach einer Weile stellte Delta die Frage, die ihnen allen unter den Nägeln brannte:
Cop?
Alpha antwortete:
Nein. Diesen Anschein hat er sich gegeben. Ein dummer kleiner Grünschnabel irgendwo in den USA, der mit seiner Zeit nichts Besseres anzufangen weiß. Ostküste. Neuengland. Man beachte: Socgoal02. *Wäre er in Europa, hätte er sich* Footgoal02 *genannt, oder?*
Easy antwortete prompt:
Siehst du richtig. Guter Punkt.
Sie alle schalteten einen Gang herunter und zähmten ihre Wut. Binnen Sekunden hatten sie sich beruhigt und einen normalen Puls.
Bravo tippte:
Wie ist das passiert? Hatten wir noch nie.
Alpha nahm sich einen Moment Bedenkzeit, bevor er antwortete:
Bin mir nicht sicher. Verlasst euch drauf, ich krieg's raus.
Easy fügte hinzu:
Wie blöd er auch sein mag, er hat uns gefunden.
Delta schrieb:
Wahrscheinlich reiner Zufall.
Worauf Bravo erwiderte:
Nur dass wir noch nie so einen Zufall hatten.
Was natürlich auch Alpha sah. Ihm schwirrte der Kopf. Er holte einmal tief Luft und tippte:
Wir müssen auf der Hut sein. Und uns was einfallen lassen. Schätze, Notfallplan MANSON wäre angebracht.
Jeder dachte eine Sekunde nach, dann handelten *Jack's Boys* schnell und entschieden und meldeten sich ohne ein weiteres Wort aus *Jack's Special Place* ab.

KAPITEL 2

AN EINEM DIENSTAG ...

Wie immer um diese Jahreszeit kreisten die Gedanken von GP fast nur noch um eines: Selbstmord – wenn er nach einer unruhigen, von Albträumen gequälten Nacht erwachte. Selbstmord – wenn er Mittagspause machte. Selbstmord – zur Sitcom am Abend. Selbstmord – bevor er nachts die Augen schloss. Seit 1968 holten ihn diese Gedanken jeden Oktober ein. War der Monat vorbei, lichtete sich auch diese Wolke, aber im Oktober, fürchtete er, würde ihn diese fixe Idee, diese Besessenheit begleiten, bis er entweder im eigenen Bett an Altersschwäche oder, an Maschinen angeschlossen, im Krankenhaus an irgendeiner schlimmen Krankheit starb. Oder wenn er am Ende doch noch der Versuchung erliegen sollte, das hartnäckige Verlangen in die Tat umzusetzen. Jeden Oktober malte er sich aus, wie er einen Suizid so bewerkstelligen könnte, dass es nach einem Unfall aussah. Oft reinigte er seine Handfeuerwaffe spätabends auf seinem Schreibtisch und stellte sich vor, wie sie versehentlich losging. Oder er spielte mit der Idee, zu spät in der Saison zum Fliegenfischen zu gehen, in eine starke, eisige Strömung zu geraten und sich davon unter Wasser ziehen zu lassen. Oder er dachte darüber nach, an einem verregneten Abend gegen einen Baum zu krachen, als habe er auf nasser Fahrbahn die Kontrolle über seinen Wagen verloren.

Das Problem mit seinen Fantasien:

Ein Schuss wäre die schnellste Lösung – nur leider für die Menschen, die ihm etwas bedeuteten, eine emotionale Zumutung und eine blutige Schweinerei.

Ertrinken – unangenehm, mit Panik verbunden. Er hegte den starken Verdacht, dass er gegen die Strömung ankämpfen würde.

Außerdem würde er seinen Liebsten die Mühe machen, im Fluss meilenweit nach seiner Leiche zu suchen.
Ein Autounfall – eine äußerst unsichere Angelegenheit. Keine Garantie, durch eine Laune des Schicksals nicht doch zu überleben und als Krüppel oder als Dahinvegetierender eine Last für seine Hinterbliebenen zu sein.
Und so tat er nichts dergleichen.
Noch nicht. Er wollte ja. Aber er fand immer einen Grund, die Entscheidung ein weiteres Jahr aufzuschieben. Manchmal kamen ihm diese Entschuldigungen ziemlich fadenscheinig vor, was ihn nicht daran hinderte, sie in einem Zwiegespräch mit sich selbst ins Feld zu führen.
Ich kann nicht. Jedenfalls dieses Jahr noch nicht. Ich werde noch gebraucht.
Aber vielleicht ja nicht mehr viel länger.
Dann wäre es nur noch eine fadenscheinige Entschuldigung.
Und jedes Mal, wenn er gerade beschlossen hatte, sich diesen Oktober noch einmal zu verschonen, entschuldigte er sich dafür laut: gegenüber dem Badezimmerspiegel; wenn er allein mit dem Auto fuhr oder eine Straße entlanglief; sogar wenn er spätabends fernsah und eigens den laufenden Kommentar zu einem Football-Spiel stumm schalten musste, das ihn nicht die Bohne interessierte, um wieder einmal zu sagen: »Tut mir leid, Freddy. Nicht dieses Jahr. Aber eines Tages ist es so weit. Versprochen.«
Es versetzte Ross Mitchell jedes Mal einen Stich, den Namen seines Freundes laut auszusprechen. *Frederick Douglas Larkin,* benannt nach dem großen Redner, ein schlaksiger, schwarzer junger Mann von unwiderstehlicher Freundlichkeit, der Ross über die unausgesprochene Rassenkluft hinweg die Hand gereicht und in einem Krieg, mit dem sie beide eigentlich nichts zu tun haben wollten, sein Kumpel geworden war. Sie waren im selben Alter damals, 1968, gerade mal achtzehn. Freddy war Funker und Ross Grenadier, und man hatte sie am selben Tag demselben Zug zugeordnet. Die durchschnittliche Lebenserwartung eines Funkers im Feuergefecht, erklärte Freddy seinem Freund Ross, belaufe sich

auf fünf Sekunden. Das Funkgerät, das Freddy mitschleppte, wog ungefähr fünfundzwanzig Kilo und hatte an der Oberseite eine lange Antenne – ein erstklassiges Ziel für den Feind. Außerdem hatte der Funker neben dem Leutnant zu laufen, und die nordvietnamesische Volksarmee wie auch der Vietkong hatten schnell den Bogen heraus, wie sie mit einer einzigen gut platzierten Mörsergranate einen Zug enthaupten konnten. Freddy wusste, dass er im Dschungel sterben würde. Bei der Ausbildung hatte ein Captain gesagt: »Das Schadensrisiko ist hoch«, und dabei die Zahl 5 an die Tafel geschrieben. Jeder im Unterricht wusste, was mit *Schaden* gemeint war. Bei ihrer Ankunft auf feindlichem Boden hatte ein angegrauter, kampfmüder Sergeant Freddy erklärt: »*Wenn du Idiot ins Gras beißt, gehen wir alle drauf.*« Damit bekräftigte er, was der Ausbilder gesagt hatte, nur ein wenig unmissverständlicher.

Ross war entschlossen, seinen Freund am Leben zu halten.

Er wusste insgeheim, dass das seine Aufgabe war. Er wusste nur nicht, wie.

Es war Oktober. Ein langer Gewaltmarsch durch den Dschungel. Erschöpft hatten sie sich an einen Baum gelehnt und eine Zigarette geraucht.

»Wie weit noch?«, fragte Ross.

»Nicht mehr weit«, antwortete Freddy, während er das Funkgerät wieder schulterte. »Nur noch ein paar Kilometer bis zur Basis. Das schafft selbst dein müder weißer Arsch, und wenn ich dich die letzten hundert Meter tragen muss.«

Damit hatte er Ross zum Lachen gebracht.

Als der Sergeant brüllte: *»Aufgesattelt. Bewegt euch!«*, hatte sich Freddy neben dem Leutnant eingereiht und Ross hinten, neben dem Sergeant.

Keine Stunde später traf ein Scharfschütze Freddy in den Bauch, verpasste dem Leutnant einen Schuss in den Kopf und dem Späher einen Treffer in die Brust, bevor er mit einer Schnellfeuerwaffe den restlichen Zug niedermähte.

»Ross! Ross, ich sterbe! Bitte hilf mir …«

Diese flehentliche Bitte hörte Ross seither jeden Oktober.

In Wahrheit hatte Freddy diese Worte natürlich nie gesprochen. Er hatte nur – vielleicht zwanzig Meter vom übrigen Zug entfernt – vor Panik und vor Qual geschrien. Nah genug, um von den Kameraden gehört zu werden. So weit weg, dass es so gut wie unmöglich war, ihm zu Hilfe zu eilen.

Ross war durch dichtes Unterholz und Schlamm gekrochen, während über ihm Schüsse durch die Luft zischten und der Sergeant ihn zweimal zurückpfiff. *»Runter, Mitchell! Verflucht! Runter mit Ihnen!!«*

Und wieder stieß Freddy einen Schrei aus. Von seinem Versteck aus konnte Ross sowohl den Leutnant als auch den Späher reglos am Boden liegen sehen. Doch er hörte nur Freddy. Sein Freund war hinter einer kleinen Böschung zusammengesackt und presste sich beide Hände auf die Wunde.

»Ross. Ross …«

Es hielt ihn nicht länger.

»Scheiß drauf, ich muss da rüber«, hatte er gebrüllt. Der Sergeant hatte ihn ein drittes Mal gepackt, Ross sich losgerissen, auf die Knie hochgerappelt, sein M-16 angelegt und in der Hoffnung, den Scharfschützen in Deckung zu zwingen, ein Dauerfeuer eröffnet. Dann war er losgerannt, geduckt, wie die Beute in panischer Flucht vor einem Raubtier. Der Kugelhagel schlug ins Laub ein, prallte von Baumstämmen ab und ließ den Schlamm aufspritzen. Auch die übrigen Mitglieder des Zugs schossen wild um sich. Im Getöse der Schreie und der Geschütze rannte Ross weiter. Alles schien sich in Zeitlupe abzuspielen. Selbst fünfzig Jahre danach sah er es vor sich, jeden einzelnen Moment, bis auf diesen Tag.

Sein Freund lag ihm wie ein Federgewicht in den Armen. Ross trug ihn dorthin zurück, wo der Zug ihm aus allen Rohren Feuerschutz gab. Jeder strauchelnde Schritt schien eine Ewigkeit zu dauern, während er die Anstrengung in allen Gliedern spürte.

Der Tod macht einen leicht, glaubte Ross zu wissen.

Auf seinen Schultern war sein Freund gestorben.

In den Wochen und Monaten danach hatte Ross kein Risiko gescheut, bis sein Kriegseinsatz zu Ende war.

Und er hatte getötet.
So oft und so brutal wie möglich.
Er hatte darum gebeten, das Maschinengewehr M-16 zu übernehmen, und der neue Leutnant wusste, wieso. Ross hatte eine Vorliebe für das schwere Geschütz entwickelt. Möglichst leicht möglichst viele Tote. Die Tage in Feindesland gingen fließend ineinander über, er warf Granaten, er zückte sein Seitengewehr, und hätte er gekonnt, hätte er auch mit seinem Allzweckmesser oder mit bloßen Händen getötet. Er hatte seine Opfer nie gezählt. Nie darüber gesprochen, weshalb er so süchtig danach war, es ihnen zu zeigen. Die anderen im Zug wussten Bescheid. Aber egal, wie viele feindliche Soldaten er liquidierte, das Loch in seinem Innern blieb. Und nach all den Jahren glaubte Ross, wenn wieder Oktober war, manchmal spät in der Nacht Freddy zu hören:
»Ich hatte noch so viel vor. Ich wollte noch nicht sterben.«
So etwas hätte Freddy nie gesagt, es hätte ihm kein bisschen ähnlich gesehen. Aber Ross wusste, dass es so war. Und er hörte noch immer jedes Wort so, als stünde sein Freund neben ihm.
Das versuchte er auch, einem Psychotherapeuten im nächstgelegenen Krankenhaus für Veteranen zu erklären. Er machte das jeden Oktober; ließ sich einen Termin geben, ging hin, absolvierte widerwillig eine Stunde und verabschiedete sich. Die Woche darauf dasselbe. Er meldete sich immer wieder an, ohne über den Grund für seine Depression zu sprechen, bis der Oktober in den frostigen November überging und die Feiertage vor der Tür standen.
Vor einigen Jahren hatte Ross, wie so viele andere längst ergraute Veteranen, eine Reise zum Vietnam-Memorial in Washington, D. C., unternommen, aber eine Tafel vor derjenigen aufgehört, auf der Freddys Name in den schwarzen Marmor eingraviert war. Er war schluchzend auf die Knie gesackt, unfähig, sich zu rühren. Seine Frau hatte den Blumenstrauß und Ross' Navy-Cross-Medaille genommen und, so wie Ross es gewollt hatte, vor Freddys Namen abgelegt. Er hatte die Auszeichnung für die vergebliche Bergung seines Freundes immer gehasst. *Ich hatte gar keine andere Wahl. Ich hatte nie eine Wahl. Ich musste hin. Er war mein Freund.*

Was blieb mir anderes übrig? Was wäre denn jedem anderen an meiner Stelle übrig geblieben? Es war eine Medaille für eine Mischung aus Tapferkeit und Dummheit, für eine halsbrecherische Aktion, die von vornherein zum Scheitern verurteilt war. An jenem Tag ließ seine Frau ihn so lange weinen, wie er musste, bevor er irgendwann wieder auf die Beine kam, weiterstolperte und auf Freddys Namen starrte. Ross zog die Gravur mit dem Finger nach. Dann hatte er salutiert und war, obwohl er sich nicht verletzt, ja nicht einmal den Knöchel verstaucht hatte, davongehinkt. Beim Verlassen des Denkmals stützte er sich auf den Arm seiner Frau. Sie fürchtete, er könnte umfallen und nie wieder aufstehen.

Dies war sein einziger Besuch der Gedenkstätte.

Ross war davon überzeugt, dass sich seit jenem Tag im Dschungel von Vietnam sein eigenes Leben unwiderruflich geändert hatte. Bis auf diesen Tag glaubte er, nicht das Leben geführt zu haben, das ihm bestimmt gewesen war – auch wenn er nicht mit dem Finger darauf zeigen konnte, *inwiefern* es anders gelaufen war.

Er wusste es einfach.

In den Jahren seit dem Krieg hatte Ross Menschen kennengelernt, in denen er *Freunde* sah. Zum Beispiel Menschen, mit denen er bis zu seiner Pensionierung, inklusive Geschenkgutschein und billiger Armbanduhr mit Golddoublé, im letzten Frühjahr bei der Zulassungsstelle am College gearbeitet hatte. Oder bei seinem mittäglichen Basketballspiel mit der Altherrenriege im Fitnessclub, die sich gerne mit wahrscheinlich erfundenen sportlichen Heldentaten aus Urzeiten brüstete. Oder Nachbarn, mit denen er sich zum Barbecue getroffen hatte. Leute, mit denen er im Kirchenchor gesungen hatte. *Ein feste Burg ist unser Gott.* Auch wenn er nicht eine Sekunde daran glaubte und überhaupt herzlich wenig für Religion übrighatte, liebte er das Singen im Chor. Keiner dieser Menschen lag ihm wirklich am Herzen – zumindest nicht so wie damals sein Kamerad bei den Marines. Und mit niemandem hatte er je über seinen Kriegsdienst gesprochen. Er wollte kein Schulterklopfen und keine leeren Sprüche. An seinem rechten Unterarm hatte er das berühmte Marine-Corps-Symbol – Erdkugel, Adler und Anker – eintätowiert. Immer wenn er kurze Ärmel trug, klebte er es mit einem Pflaster zu; nicht etwa, weil er sich für seine Zeit bei der Eliteeinheit schämte, sondern weil er nicht darüber reden wollte. Mehr als fünfzig Jahre später war das in der liberalen Welt akademischer Birkenstock-Träger, in der er Jahrzehnte zugebracht hatte, immer noch ein wunder Punkt. Und so behielt er seine Krieger-Killer-Vergangenheit für sich, selbst als der elfte September und die militärischen Abenteuer im Irak und in Afghanistan in seiner kleinen Stadt in New England Dauerthema waren.

Er wusste, was diesen Soldaten bevorstand.

Der Tod.

Die Leute in seiner Umgebung, die vehement, leidenschaftlich und mit guten Argumenten über das Pro und Kontra debattierten, wussten es nicht.

Jedenfalls glaubte er an diesem Oktobernachmittag so wie sonst, seine suizidalen Gedanken und Depressionen erfolgreich vor den beiden Menschen verborgen zu haben, die ihm mehr als jeder andere am Herzen lagen. Sie warteten auf ihn: Connor und GM.

GM war seine Frau Kate.

Connor war sein Enkelsohn, der, ein Waisenkind, bei ihnen lebte. Vor vielen Jahren hatte Connor ihnen an einem trostlosen Tag, kurz nachdem sie ihm in ihrem bescheidenen Vorstadthaus sein neues Zimmer gezeigt hatten, diese Spitznamen gegeben. *Mom* und *Dad* kamen nicht infrage. Ebenso wenig wie *Grandma* und *Grandpa*. Und so hatte sich das Kind etwas anderes einfallen lassen, die Abkürzung. GP und GM, wie er es damals aussprach, *Jeep* und *Jim*.

Die Namen blieben haften.

Im Lauf der Jahre hatte es Connor nicht leicht mit sich gehabt. Tränen. Wutanfälle. Bettnässen. Nachtangst. Zuweilen tagelanges Schweigen. Später dann war er zum Einzelgänger geworden. Wenig Freunde. Wenig Umgang. In sich gekehrt. Einsilbig gegenüber seinen Großeltern. Ein Kind, das die Wut in sich hineinfraß.

Die Psychologin, bei der Ross und Kate damals immer wieder Rat suchten, hatte ihnen erklärt, dass Connor seine Probleme ausagiere. Das sei die unvermeidliche Reaktion auf einen so plötzlichen Verlust und das kindliche Verlassenheitsgefühl in Verbindung mit dem Trauma.

Was Sie nicht sagen!, hatte Ross geantwortet.

Sie hatte ihnen auch prophezeit: *Aus vielen dieser Verhaltensweisen wird er herauswachsen.*

Ross war sich da nicht so sicher.

Manches wird wohl für immer bleiben.

Darin war Ross sich sicher.

Mit derlei Schwierigkeiten hatten Kate und Ross von Anfang an gerechnet, als sie Connor in ihre Obhut nahmen. Von dem Moment an, da er mit fünf Jahren beide Eltern verlor, war sein Schicksal besiegelt. *Verlor* war nicht das richtige Wort. Ein betrunkener Fahrer hatte sie getötet, als er mit irrwitziger Geschwindigkeit den Mittelstreifen überfuhr. An einem späten Nachmittag. An einem ganz gewöhnlichen Frühlingstag, an dem im Garten schon die ersten Blumen blühten, bei milden Temperaturen und strahlendem Sonnenschein, kurz nach fünf, als seine sehr junge, sehr schwangere Mutter, Grundschullehrerin von Beruf, seinen Vater, einen Versicherungsvertreter, in ihrem Kleinwagen abholte, weil sein SUV in der Werkstatt stand und neue Bremsen bekommen sollte. Sie waren unterwegs, um Connor vom Kindergarten abzuholen.

Ihre Tochter. Das einzige Kind. Ein uneheliches Kind, in einer leidenschaftlichen Nacht im College gezeugt, kurz nachdem er aus Vietnam zurückgekehrt war und Kate mit gerade mal achtzehn Jahren ihr Studium angefangen hatte – die große Befreiung aus dem streng konservativen katholischen Elternhaus mit seinen starren Regeln: kein Sex, einteiliger Badeanzug und immer schön die Arme bedeckt. Kate und Ross hatten ihr unerwartetes Baby Hope genannt, denn als sie zu ihrem eigenen Erstaunen feststellten, dass sie sich liebten, hatte ihnen das Kind Hoffnung gemacht. Und genau so hatten Ross und Kate ihren Schwiegersohn ins Herz geschlossen, weil er ihre Tochter aufrichtig liebte.

Ross und Kate blieb keine Zeit zum Trauern. Hope war tot und mit ihr der hoffnungsvolle Blick in die Zukunft. Das Loch, das der betrunkene Fahrer in ihr Leben gerissen hatte, klaffte in einem wenig beachteten Winkel ihres Bewusstseins weiter. Sie mussten Connor zu sich nehmen, ihm erklären, was passiert war, obwohl es keine irgendwie sinnvolle Erklärung gab. Sie mussten Vorkehrungen für die Beerdigung treffen, das Kind in einen zu engen marineblauen Blazer, passend zur Clip-Krawatte, zwängen und ihm bei der Trauerfeier die Hand halten, während allzu viel davon die Rede war, dass hier zwei Menschen zu jung, in der Blüte des Lebens, von uns gegangen seien. Sie hatten ihre eigene Trauer unterdrückt, weil Connors Leben eindeutig die oberste Priorität zukam.

Wie können wir ihm so etwas wie Normalität vermitteln?

Wer weiß das schon?

Der betrunkene Fahrer überlebte den Frontalzusammenstoß mit einem gebrochenen Bein. Er verlor seinen Führerschein und wurde zu einer sechsmonatigen Freiheitsstrafe und anschließendem Entzug sowie regelmäßigem Besuch der Anonymen Alkoholiker verurteilt. Zum dritten Mal. Eine dürftige Strafe für das, was er angerichtet hatte. Als sich der Unfall zum ersten Mal jährte, beschloss Connor im Alter von sechs Jahren, den Fahrer umzubringen. Jeep und Jim sagte er nichts, behielt seine Entscheidung für sich, auch wenn er ziemlich sicher war, dass Jeep bereit gewesen wäre, ihm zu helfen. Und er wusste auch, dass er erst erwachsen werden, seine Ausbildung abschließen musste. Mit sechs ging er von ungefähr zwanzig Jahren aus, bevor er sein Vorhaben in die Tat umsetzen konnte. Sechsundzwanzig erschien ihm zwar unfassbar alt, andererseits aber auch vernünftig. Er konnte die Jahre an den Fingern abzählen, rechte Hand, linke Hand, rechte Hand, linke Hand, und da war er nun. Er hatte die Jahre vorüberziehen lassen, war größer und kräftiger geworden, hatte den Stimmbruch hinter sich gebracht. Nun, nach zwölf Jahren, etwas mehr als der Hälfte seines Kill-Countdowns, brachte er gerade die Highschool zu Ende.

Er war kein Kind mehr.

Aber an dem kindlichen Beschluss, diesen Mann zu töten, hatte sich nichts geändert.

Und an Tagen, in denen ihn die Trauer wie ein unbezwingbares Ungeheuer überwältigte und sich eine düstere Leere in ihm ausbreitete, half er sich mit dem Gedanken darüber hinweg, dass die Tage dieses Trinkers mehr denn je gezählt waren.

Connor verfolgte den Fahrer von damals heimlich über Facebook und andere soziale Netzwerke. Es war wie eine Hausaufgabe mit offenem Ende. Er machte heimlich Fotos vom Täter und brachte seine Sammlung laufend auf den neuesten Stand. Kannte seine Adresse. Kannte seine Familie, die sich von ihm getrennt hatte. Wusste, wo sie arbeiteten. Wo sie zur Schule gingen. Wo er arbeitete, wenn er nicht gerade wieder gefeuert worden war. Wusste, wo er sich am liebsten betrank und wo er hinging und die anderen Alkoholiker bei den AA-Treffen belog. Die wahllose Frage: »*Was treibt er donnerstagnachmittags um 15.30 Uhr?*« hätte Connor mit fast hundertprozentiger Zuverlässigkeit beantworten können. Manchmal folgte er dem Mann bis nach Hause, lungerte draußen im Dunkeln herum und starrte durch die Fenster hinein. Sosehr er den Mann, den er umzubringen gedachte, hasste, so sehr wollte er ihn immer besser kennenlernen, mehr als irgendeinen anderen Menschen auf dem Planeten.

Er hielt alles, was er an Informationen über den Mörder seiner Eltern zusammentrug, auf seinem Laptop fest. In einer umfangreichen Datei.

In seiner Freizeit widmete sich Connor dem Studium des Tötens. Sein Ziel war es, mit der Ermordung des betrunkenen Fahrers ungestraft davonzukommen. Für ihn war es eine einfache Gleichung: *Er hat mir meine Mom und meinen Dad genommen, also darf ich ihm das Leben nehmen. Aber das sollte mich nicht meine Zukunft kosten. Es ist nur fair, schlicht und ergreifend. Ausgleichende Gerechtigkeit.* Und so sah er sich im Fernsehen Sendungen an wie *How to Get Away with Murder*, *Mind Hunter* oder *Broadchurch*. Er las Sachbücher über wahre Verbrechen. *Kaltblütig* und *Mord im Auftrag Gottes* und *The Stranger Beside Me*. Machte sich Notizen. Kam zu dem Schluss, dass er für seinen Plan wohl Strafrecht als Hauptfach belegen musste, wenn er ans College ging. Danach wäre ein reguläres Jurastudium mit Schwerpunkt Strafrecht von Nutzen oder ein Abschluss an der John Jay School of Criminal Justice der City University von New York. Er würde im Fach Mord seinen Doktor machen.

Stunden um Stunden durchforstete Connor das Dark Web nach Anregungen. Die Enthauptungen von ISIS und Fotos von Leichen nach Angriffen mit Nervengas. Facetten des Bösen, krass und doch alltäglich. Immer wenn das, was er sah, ihn zu erdrücken oder krank zu machen drohte, wendete er sich wieder seinen normalen schulischen Aufgaben zu. Mathematik. Gemeinschaftskunde und Geschichte.

Connor hatte ehrgeizige Ziele für seine Ausbildung. Nicht minder ehrgeizige Ziele in puncto Töten.

Er wusste, dass GP in dem Raum, der ihm als Arbeitszimmer diente, in einem stählernen Safe ein 30–06-Jagdgewehr sowie eine Handfeuerwaffe Kaliber .357 unter Verschluss hielt. Die Kombination des Sicherheitsschlosses war der Geburtstag von GM. Somit standen sie Connor, wenn der Tag dereinst gekommen war, zur Verfügung.

Er hegte die Absicht, gut ausgerüstet zu sein.

Doch in diesem Moment, an diesem strahlenden, frühherbstlichen Morgen – das Laub an den Bäumen nahm schon leuchtende Farben an, und die Kälte bei der Fahrt zur Schule kündete bereits vom Winter –, rückten seine toten Eltern, seine akademische Zukunft und seine Rachepläne erst einmal in den Hintergrund.

Er hatte es mit einem Elfmeter zu tun.

Connor war Torwart.

Rechts. Links. Mitte. Hoch. Runter.

Entscheide dich. Komm schon, entscheide dich.

Der Schiedsrichter belehrte ihn darüber, *mit den Fersen auf der Torlinie zu bleiben und sich nicht zu rühren, bis der Ball berührt wurde,* keine neue Erkenntnis für Connor. Er beäugte den Schützen und versuchte, den Winkel, in dem der Ball ins Tor käme, abzuschätzen. *Letztlich erwartet keiner von dir, einen Elfmeter zu halten.* Auch das wusste er. Trotzdem konzentrierte er sich mit aller

Macht und versetzte sich in die Lage des Schützen. *Du willst nicht übers Tor schießen, richtig? Nein. Den Ball auch nicht gegen die Latte setzen oder danebenschießen, sodass es an dir hängen bleibt und dich für das restliche Spiel lähmt. Er wird den Ball leicht von oben nehmen, um ihn flach in die Ecke zu bringen. Welche Ecke? Immer schwierig, den Ball diagonal mit dem rechten Fuß in die linke Ecke zu bringen. Falls er das aber doch vorhat, wird er mit kurzem Anlauf etwas antäuschen. Die sicherere Option: ein möglichst harter Schuss in die rechte Ecke. Okay. Also nach rechts. Zwar geraten, aber …*
Der Schiedsrichter pfiff, der Schütze nahm Anlauf. Nicht schnell. Kontrolliert. Fast graziös.
Nach rechts, schrie alles in ihm.
Er warf sich in voller Körperlänge parallel zum Boden und mit ausgestreckten Armen in diese Richtung.
Er hörte die Jubelrufe der Menge.
Gottverdammt.
Für einen Moment ließ er sich das Gesicht von der feuchten kühlen Erde massieren. Als er aufstand, sah er, wie die gegnerische Mannschaft den Schützen umarmte.
Links.
Mist.
Er klopfte sich den Dreck vom Trikot und holte den Ball aus dem Netz, um ihn in die Mitte des Spielfelds zu werfen. Einen Moment lang ließ er den Blick über die Seitenlinie schweifen, wo er GP und GM unter den Zuschauern entdeckte. Er zuckte mit den Achseln und freute sich, als GP das Faustzeichen machte, um ihn aufzumuntern.
Es half. In einer anderen Zuschauergruppe erspähte er Niki. Sie winkte unauffällig, und Connor dachte: *Sie liebt mich, egal wie viele Tore ich reinlasse. Ich glaube, sie liebt mich auch noch, wenn ich diesen betrunkenen Fahrer umgebracht habe. Wir haben oft genug darüber geredet, und sie hat ganz offensichtlich überhaupt kein Problem damit. Und ich werde sie für immer lieben.* Dasselbe galt, wie er glaubte, für GP und GM, wenn auch anders. Er hatte ihnen nie von seinen Plänen erzählt. *Sie werden mich immer lieben, egal, was*

ich tue. Er beschloss, in diesem Spiel kein weiteres Tor zu kassieren, egal, wie löchrig die Verteidigung vor dem Torraum war. Ginge es nach ihm, würde er überhaupt nie mehr ein Tor reinlassen, nicht an diesem, nicht am nächsten oder an irgendeinem anderen Tag in der Zukunft. Auch wenn das, wie er wusste, rein physisch unmöglich war, fühlte es sich gut an, sich dieses Ziel zu stecken.

Nach dem Spiel ging Connor zu seinem Sportbeutel und packte die stinkenden, gefütterten Torwarthandschuhe in eine dafür vorgesehene Hülle. Verdreckt und verschwitzt, wie er war, hatte er nichts dagegen, sich von Niki umarmen zu lassen – es schien ihr nichts auszumachen, sie hatte ihn schon oft umarmt, wenn er aus anderen Gründen schweißgebadet war. GM würde ihn ebenfalls in die Arme nehmen, GP ihm auf den Rücken klopfen.

Er schulterte den Beutel und lief quer über das Spielfeld zu den dreien hinüber.

Niki trug noch ihren blaugrünen Trainingsanzug. Sie kam ihm im Laufschritt entgegen und schlang ihm, drei Meter von GP und GM entfernt, die Arme um den Hals.

»Du warst toll«, flüsterte sie.

Er schüttelte den Kopf, liebte es aber, sich von ihr etwas ins Ohr flüstern zu lassen.

»Sollen wir nachher zusammen pauken?«, fragte sie.

»Klar. Muss nur erst aus diesen Klamotten und unter die Dusche und vielleicht was essen.«

»Ich muss mich auf eine Klassenarbeit vorbereiten. Aber danach ist bestimmt noch Zeit für …« Niki warf einen Blick über die Schulter und sah, wie GP und GM sie einholten. »… für andere Fächer.«

Sie grinste. Er wusste, was sie meinte.

GM nahm Connor in die Arme. »Du hast das Spiel gerettet«, sagte sie. GM – früher einmal Kapitänin ihrer College-Volleyballmannschaft – verstand die Dynamik beim Fußball.

»Unentschieden«, erwiderte Connor finster.

GP schüttelte ihm kräftig die Hand.

»Eins zu eins ist nicht übel. Die waren viel besser als wir.«

»Trotzdem …«, fing Connor an.
»Ein Unentschieden ist so, wie deine Schwester zu küssen«, sagte GP.
»Blödes Klischee, GP«, antwortete Connor grinsend. »Ich habe keine Schwester und weiß folglich nicht, wie es sich anfühlt, eine zu küssen.«
Ross lachte.
»Na ja, es ist ein bisschen so, wie deine Großmutter zu küssen. Für sie ist ein Kuss von ihrem Enkel etwas Besonderes. Für dich vielleicht weniger.«
Darüber mussten sie alle lachen.
»Ich muss zurück in die Turnhalle«, sagte Connor. »Mich umziehen.«
»Lass dich nicht aufhalten«, erwiderte GP. »Wir warten auf dem Parkplatz.«
»Niki und ich treffen uns nachher zum Lernen. Ich soll ihr bei einem Aufsatz helfen.«
Niki nickte.
»Worüber denn?«, fragte Kate.
»Tim O'Briens Buch *Was sie trugen*«, antwortete sie.
GP dachte nur: *Ich weiß alles über das Buch. Ich weiß alles über das, was er geschrieben hat. Besonders im Oktober.*
»Ich geh direkt nach dem Essen rüber«, sagte Connor.
Niki wohnte zwei Häuser weiter.
»Bleib nicht zu lange«, mahnte GM. »Und Niki, grüß deine Eltern herzlich von uns.«
»Mache ich«, sagte sie, auch wenn sie es bezweifelte, da sie nicht zu Hause sein würden.

Auf dem Parkplatz sagte Kate zu Ross: »Tut mir leid, Liebling, aber ich muss noch mal für ein paar Stunden ins Krankenhaus. Ich setz Connor und dich zu Hause ab. Kannst die restliche Lasagne für dich und den Jungen aufwärmen. Ich komme nicht allzu spät zurück, aber ich muss hin.«
Ross nickte. »Kein Problem.«

»Sicher? Es macht dir auch wirklich nichts aus?«
»Nein, natürlich nicht.«
Er stellte ihr keine Fragen. Er wusste, weshalb sie noch mal zur Intensivstation wollte. Natürlich nichts Genaues. Aber es gab nur einen Grund für sie, nach Schichtende am Abend nochmals hinzufahren. Er fand, dass es für sie an der Zeit wäre, in Rente zu gehen. Sie hatte jahrzehntelang als leitende Intensivschwester gearbeitet und würde eine stattliche Rente beziehen, aber ihm war klar, dass sie es nie tun würde. Zumindest nicht bis zu dem Tag, an dem ihr die richtige Dosis für ein Medikament nicht mehr einfiele oder wie man die Herzmonitoren anschließt oder einen Katheter legt. Wenn es so weit war, würde sie gehen und nicht zurückblicken. Jetzt war es noch nicht so, doch er glaubte, dass dieser Tag nicht in allzu weiter Ferne lag.

Kate Mitchell sah, obwohl fast Mitte sechzig, nicht wie eine Großmutter aus. Sie hatte immer noch kräftiges, dunkelblondes Haar mit vornehmen grauen Strähnen und fand es nicht der Mühe wert, es sich zu färben. Mit Sport, Yogakursen und Pilates hielt sie sich in Form. An vielen Tagen schlug sie auch noch vor dem Dienst im Krankenhaus ein wenig Zeit heraus, um ein paar Meilen zu joggen. Wenn ihr dabei gelegentlich das Knie wehtat oder der Rücken, oder wenn sie morgens im Spiegel ein neues Fältchen entdeckte, konnte sie damit leben. Es gefiel ihr, dem Alter ein Schnippchen zu schlagen und dagegen anzukämpfen.
Als sie einparkte, war es schon dunkel, auch wenn das Licht am Eingang zum Krankenhaus einen hellen Lichtkegel über die Zufahrt für Krankenwagen warf.
Sie lief zügig über den geteerten Platz, nickte der Nachtschwester in der Notaufnahme zu und fuhr mit dem Fahrstuhl zur Intensivstation im ersten Stock.
Doch statt in die sterile, hell erleuchtete, mechanisierte Welt der Intensivmedizin strebte Kate zum Ende des Flurs, in eine kleine überkonfessionelle Kapelle.
Drinnen war es dunkel und geradezu unheimlich still. Ein Dut-

zend leere braune Bänke standen vor einem Altar mit einem kleinen Kreuz, einem goldenen Davidstern und einem silbernen Halbmond mit Stern. Vor den religiösen Symbolen flackerten Kerzen auf einem Tisch. Die Halter waren durchsichtig rot gefärbt, sodass sie wie die letzten Momente eines Sonnenuntergangs schimmerten. Daneben lagen frische Kerzen bereit, dazu ein paar Streichholzpackungen.

Hier fanden sich, wusste Kate, Menschen in der Hoffnung ein, dass der Gott ihrer Wahl ihre Gebete erhörte. Die Kapelle ließ ihnen jedenfalls die Wahl: Jesus, Jahwe oder Allah. Oder vielleicht auch alle drei.

Die neueste Patientin auf der Intensivstation ein Stück den Flur hinunter war ein neunjähriges Kind. Krebs. Ein Hirntumor. Drei Operationen und Chemotherapie, und es war nicht so gelaufen, wie es sich die Onkologen erhofft hatten. Das Kind hatte immer noch eine Chance – aber nur noch eine halbe. 50–50. Kate betete nicht.

Sie ging zu dem Tisch mit den Kerzen, steckte eine neue an und flüsterte dazu den Namen des Kindes.

Dann trat sie zurück und erhob die Stimme:

»Das also gehört zu deinem großen Plan, ja? Zu deinem ach so tollen Plan für uns? Du plagst ein Kind mit unablässigen Qualen, das keiner Fliege etwas zuleide getan und jedes Recht hat, jedes verfluchte Recht, aufzuwachsen und etwas aus seinem Leben zu machen? Was meinst du? Was könnte aus ihr werden? Eine Ärztin? Eine Lehrerin? Etwas Gutes, wetten! Und was ist mit all der Angst und Hilflosigkeit, die du ihren armen Eltern bescherst? Haben sie das wirklich verdient? Womit haben sie dir so ans Bein gepinkelt? Was für ein göttlicher Wille soll das sein, verflucht noch mal? Soll ich darin irgendeine Logik erkennen?«

Jedes ihrer Worte knisterte vor Wut.

»Du kannst mich mal: Du kannst mich mal, wenn du es mit deinem himmlischen Herzen nicht über dich bringst, dieses Kind zu retten. Wenn du das nicht fertigbringst – ich meine, wie schwer kann das sein? Immerhin bist du ein Gott! –, wenn du also nicht mal dazu imstande bist, dann kannst du mir gestohlen bleiben, dann kannst du dir jedes Gebet und jede Hoffnung und alles andere sonst wohin stecken. Liegt ganz bei dir. Zeig mal ein bisschen Gnade, verdammt noch mal. Und wenn nicht, dann geb ich einen Scheißdreck auf dich.«

Sie trat zurück.

Sie fühlte sich besser.

Auch wenn sie nicht wusste, ob dieses Kind die Nacht überleben würde, hatte sie diesem Gott, welcher auch immer gerade zuhörte, gesteckt, was hier auf dem Spiel stand. Kein *Ach, bitte, bitte, lieber Gott, rette mein Kind*-Gebet, hielt Kate fürs Protokoll fest. *Das hat noch nie etwas gebracht,* genauso wenig wie *Nimm stattdessen mich, nicht mein Kind*. Vielleicht dann zur Abwechslung mal blanke Wut. Sie machte auf dem Absatz kehrt und marschierte aus der Kapelle zur Intensivstation, um alles Nötige zu unternehmen, damit das Kind am Leben blieb. Sie glaubte, dass aus einer Nacht zwei und aus zwei Nächten drei und mehr werden konnten. Im Lauf ihrer Jahre auf der Intensivstation hatte sie viele sterben sehen und mehr als nur gelegentlich ein Leben, das gerettet werden konnte. Manchmal erschien ihr die Linie dazwischen hauchdünn.

Niki Templetons Alt-Hippie-Eltern führten ein überaus beliebtes Naturkostrestaurant in ihrer Stadt, behaglich mit Zimmerpflanzen und schlichten Holzstühlen im Shaker-Stil eingerichtet, in dem sich Studenten, Ex-Flower-Power-Kinder oder einstige Linksradikale, Elfenbeinturm-Akademiker, farbbespritzte Künstler und selbst ernannte New-Age-Heiler tummelten. Einer dieser illustren Gäste hatte draußen vor seiner Praxis ein mit bunten Blumen verziertes Schild angebracht, an dem Niki auf dem Schulweg täglich vorbeikam, mit der Aufschrift: »*Sanfte Partnertherapie*«. Niki war eine solche Anmaßung verhasst. *Sollte das etwa heißen, dass die Paare, die sich hier beraten ließen, niemals Streit miteinander hatten? Kein gezielter Schlag, nicht einmal mit der Faust auf den Tisch? Keine gekonnten Handkantenhiebe? Keine blauen Augen, sonstige*

Blutergüsse und Notrufe bei der Polizei? Wenn sie sich das alles nicht antaten, wieso kamen sie dann her?
Außerdem hasste sie Naturreis.
Grünkohl. Tofu.
Gedünstetes Blattgemüse.
Sie liebte Cheeseburger, blutig. Mit Fritten, egal ob McDonald's oder Burger King. Was Herzhaftes, zum Arterienverstopfen, etwas, das es bei ihnen zu Hause niemals gab und vor dem es ihre Eltern grauste.
Dem Klischee zum Trotz war Niki gertenschlank und schnell, mit durchtrainierten, langen Beinen. Querfeldeinläuferin, mit einer Liebe zu Tempo und einem Trainingspensum, das jedes Stück Schokoladenkuchen, dem sie nicht widerstand, wegschmolz.
Zum Leidwesen ihrer Eltern, die Mühe höher einschätzten als Erfolg, liebte sie es, bei jedem Rennen ihre Gegnerinnen zu schlagen und die anderen Mädchen dies von Zeit zu Zeit auch wissen zu lassen.
Wenn sie dafür angefeindet wurde, nahm sie es in Kauf.
Insgeheim oder auch offen nutzte sie jede Gelegenheit zu einem kleinen Akt der Rebellion. Sie hatte eine Schwäche dafür. Sie las Bücher wie *Outsiders. Fahrenheit 451.* Sah Filme, die sie sich illegal aus dem Internet zog. *Thelma & Louise. Denn sie wissen nicht, was sie tun. Sie küssten und sie schlugen ihn.* Oder hörte *The Clash* oder *Nirvana,* wo die anderen Mädchen an der Schule Adele oder Beyoncé hörten. Waren ihre Eltern in Hörweite, wechselte sie zu *2 Chainz* oder Trap wie *Outkast* oder *Ghetto Mafia,* Musik, die ihre Eltern von Herzen hassten. Sie rebellierte mit der Kleidung, die sie trug, den Ohrpiercings, einer lila Strähne im Haar. Durch hemmungslosen Sex mit Connor.
Und fast alles trug sie offen zur Schau. Ihr Leben war für sie wie die zerrissenen Jeans, die sie in der Schule trug, obwohl sie gegen die Kleiderordnung verstießen. Mehr als einmal musste sie, ohne BH, in hautengen Tanktops, vor dem obersten Ordnungshüter der Highschool erscheinen und sich eine Standpauke über *angemessene Kleidung, Anstand* und *die Schulverordnung* anhören, um sie

sogleich wieder zu ignorieren. Dabei war es nicht von Nachteil, dass sie mit ihrem Notenschnitt die Klassenbeste war.
Und sie liebte Connor mit einer Inbrunst, die ihr manchmal Angst machte.
Es war Liebe auf den ersten Blick gewesen, von dem Moment an, als er bei Ross und Kate ins übernächste Haus einzog. Da war sie, genau wie er, fünf Jahre alt und trug eine vom Spielen im Matsch verdreckte Tomboy-Jeans. Er sah damals traurig und verängstigt aus, aber ihre Blicke hatten sich gekreuzt, eben lange genug, um ihm schüchtern zuzuwinken, bevor Kate ihn mit ins Haus nahm. Wenige Tage später hatte Niki darauf bestanden, zusammen mit ihren Eltern zur Beerdigung zu gehen. Sie hatte in rosafarbenem Rüschenkleid und schwarzen Lacklederschuhen in der Trauerkapelle gesessen und gewusst, dass er sie sehen und sie selbst im Lauf der Woche zu den Mitchells hinübergehen und sagen würde: *»Hi, ich bin Niki, ich wohne ein paar Häuser weiter, und wir werden uns für den Rest des Lebens lieben.«* Nur dass sie den zweiten Teil des Satzes ausließ und stattdessen sagte: *»Kannst du zum Spielen rauskommen?«*
Dabei wusste sie schon damals, dass es auf dasselbe hinauslief.
Sie war der einzige Mensch, dem er seinen Mordplan anvertraut hatte. Da waren sie dreizehn. Ziemlich genau zu der Zeit ihres ersten echten Kusses – von dem sie beide wussten, dass mehr daraus werden würde. Als er ihr sein Geheimnis anvertraute, machte es ihr Angst, aber nur für einen Moment. Dann begriff sie, dass er erst frei sein konnte, wenn er den betrunkenen Fahrer getötet und die Dinge ins Lot gebracht hatte.
Wie bei den meisten Dingen, die Connor vorschlug, hegte sie innerlich Vorbehalte, während sie ihm äußerlich Hilfsbereitschaft signalisierte. Bei ihr war Connor feinfühlig, witzig und klug. Ihr war klar, dass er diese Qualitäten vor anderen verbarg, wofür sie ihn nur umso mehr liebte.
Sie war in ihrem Zimmer, als sie sein Klopfen an der Haustür hörte. Sie sprang die Treppe hinunter und fragte in frotzelndem, übertrieben melodischem Ton:

»Wer ist da?«
Grinsend sah Connor in die Überwachungskamera.
»Hannibal Lecter«, sagte er. »Hallo, Clarice«, zischte er in bester Anthony-Hopkins-Imitation aus *Das Schweigen der Lämmer.*
Niki lachte.
»Ach, Doktor Lecter, wir haben uns schon so auf Ihren Besuch gefreut.«
Kurze Umarmung an der Tür.
»Du warst toll heute.«
»Danke. Und wie ich höre, hast du bei deinem Wettlauf die Konkurrenz weit hinter dir gelassen.«
»Kein Kunststück. Hab einfach nur bis zur letzten Meile hohes Tempo gehalten, du weißt schon, um zu sehen, ob sie bereit sind, alles zu geben, bevor sie feststellen, dass eine von uns noch Reserven hat. Haben sie aber nicht. Kinderspiel für mich. Für sie dumm gelaufen.«
Connor wusste, dass Gewinnen Niki mehr am Herzen lag, als sie zugab.
»Was ist mit diesem Aufsatz? Wann musst du abgeben?«
»Spätestens Freitag. Ich hab das im Griff. Aber ich fänd's trotzdem schön, wenn du mal drüber sehen könntest und den ein oder anderen Verbesserungsvorschlag hättest.«
»Mach ich.«
Sie waren beide hervorragende Schüler.
»Dieses Buch hab ich wirklich verschlungen«, sagte Connor. »Ich denke, ich werde noch andere Sachen lesen, die er über den Krieg geschrieben hat.«
Weil GP da gekämpft hat und ich verstehen will, wie das damals für ihn war, dachte er, erwähnte es aber nicht. Für Connor waren die Kampferfahrungen seines Großvaters bei den Marines einerseits Geschichte, andererseits lebendig und präsent, ein Widerspruch, mit dem er keine Probleme hatte.
»Hattest du genug zu essen?«, fragte Niki.
Sie wusste, dass Jungen in seinem Alter hungrige Wölfe waren.
Er grinste. »Irgendwas mit Zucker und Schokostreuseln?«

Connor wusste, dass im Haus der Templetons mit so etwas nicht zu rechnen war. Niki knuffte ihn in den Arm. »Da muss noch irgendwo glutenfreier Karottenkuchen sein, den selbst die Mäuse verschmähen.«

»Dann passe ich. Gucken wir uns lieber deinen Aufsatz an.«

Sie ergänzten sich. Connor war gut im Formulieren und Interpretieren, bei Erzählprosa wie bei Lyrik. In Geschichte konnte ihnen beiden niemand das Wasser reichen; Niki war ein Ass in Naturwissenschaften und hatte ein Talent zum Malen. Sie witzelten nicht selten darüber, dass sie zusammen den perfekten Schüler abgeben und die gesamte Bandbreite abdecken würden.

Beide waren in den sozialen Netzwerken zu Hause und digital versiert, sodass sie zum Beispiel Nikis Eltern zu Hilfe eilten, um deren Fehler zu korrigieren, wenn sie versuchten, zwischen den Streaming-Diensten zu wechseln, um einen Film zu sehen; oder auch GP die simpelsten Dinge im Internet erklärten und sich totlachten, wenn er eine seiner frustrierten Schimpfkanonaden vom Stapel ließ.

Das hieß allerdings auch, dass Niki und Connor oft mit ihren Laptops Schulter an Schulter auf Nikis Bett saßen und durch die dunkleren Gefilde des Internets streiften. Einige der Dinge, die sie dort zu sehen bekamen, schockierten Niki, doch das behielt sie für sich, selbst wenn sie die Bilder nachts um den Schlaf brachten. Für Connor gehörte dieser Teil zu seinen *Mordrecherchen*. Für Niki waren die Vorstöße auf dieses gefährliche Terrain ihre Art, Connor zu helfen, irgendwann später einmal den betrunkenen Fahrer zu töten.

So hatten sie auch Seite an Seite gesessen, als er auf *Jack's Special Place* stieß und sagte: »Hey, sieh dir das mal an.«

KAPITEL 3

GEGEN MITTERNACHT …

Alpha wartete, bis die anderen das Protokoll befolgt hatten.
Die erste Stufe von *Plan Manson* bestand darin, den Zugang zu *Jack's Special Place* endgültig dicht zu machen und durch einen neuen Weg zu ersetzen. Zu diesem Zweck musste sich jedes Mitglied mit seiner Zugangs-ID durch einen Wirrwarr an Passwörtern und Servern kreuz und quer über den Globus, von Hongkong über Kiew und Buenos Aires, schleusen, bevor er im Chatroom landete. Dazu brauchten sie nicht lange – alle fünf hatten bereits im Vorfeld die dazu erforderlichen fiktiven Accounts und Firewalls eingerichtet –, sodass jemand, der ihre Aktivitäten verfolgte, in ein undurchdringliches Labyrinth aus Netzwerkweichen und Sackgassen geriete. Wer ihren Computern auf der Spur wäre, würde die Entdeckung machen, dass Alpha, Bravo, Charlie, Delta und Easy in trauter Runde in einem Internetcafé in Neu-Delhi, Indien, saßen.
Natürlich saßen sie mitnichten dort über einer Tasse Tee.
Diesen digitalen Taschenspielertrick hatten sie höchst versiert zusammen ausgeheckt, und sie waren überaus stolz darauf. Ein gewöhnlicher Computerhacker bezieht seinen Kick daraus, sich in einen bis dahin sicher geglaubten Ort einzuhacken. Eine Bank. Das Militär. Die *Washington Post.* Die Verhaltensforschungs-Abteilung des FBI. Auch die fünf Mitglieder von *Jack's Special Place* wären mit ein paar Kniffen zu einigen dieser Übergriffe fähig gewesen und nutzten diese Gabe dazu, die Polizei rings um den Globus an der Nase herumzuführen. Aber das war es auch schon. Sie waren nicht erpicht darauf, irgendeinen neugierigen Computerexperten der NSA oder auch nur von American Express auf ihre Fährte zu locken. So etwas ließ sie kalt. Das virtuose Spiel, im In-

ternet unentdeckt zu bleiben und sich anonym in dieser Welt zu bewegen, das machte die Musik. Für sie alle fühlte sich das fast so an, wie mit bluttriefenden Händen, aber vollkommen unsichtbar eine belebte Straße in einer Großstadt entlangzulaufen. Es reizte sie fast so sehr wie die Fähigkeit, sich einen anderen Menschen anzueignen und an ihm ihre Begierden auszulassen. *Fast* so berauschend. *Fast* so erregend.

Ihrem Selbstverständnis nach waren sie Killer auf dem allerneuesten Stand.

Killer für das neue Millennium. Computerkundige. Social-Media-Experten. Wissenschaftsaffin. Immer auf dem neuesten technischen Stand. Experten, die uralte Verbrechen mit der Präzision des einundzwanzigsten Jahrhunderts begingen.

In kürzester Zeit fanden sich Bravo, Charlie, Delta und Easy im neu eingerichteten *Jack's Special Place* wieder ein und warteten gespannt darauf, dass Alpha den Chat eröffnete.

Beim Blick auf seinen Computerbildschirm durchströmte Alpha ein wohliges Gemeinschaftsgefühl. Für ihn war die Vorstellung, dass sie – jeder für sich eingefleischter Einzelgänger – einander entdeckt hatten, von hohem emotionalen Stellenwert. Auch wenn jeder von ihnen vielleicht einen Beruf, Kollegen, Frau und Kinder, Cousins und Cousinen, Eltern und falsche Freunde im Leben hatte, betrachteten sie alle die anderen im Chatroom als ihre wahre Familie. In *Jack's Special Place* konnten sie ihr wahres Leben offen miteinander teilen, während sie es überall sonst gekonnt verbargen. Sie waren fünf Menschen, die in der Welt, aber außerhalb ihrer Normen agierten, mitten in der Gesellschaft und doch vollkommen allein. Und sie alle wärmten sich an dem Gefühl, Teil von etwas Größerem zu sein. Mit ihren Verbrechen wuchsen sie über sich hinaus. Mit *Jack's Special Place* und in dem Bewusstsein, einer von *Jack's Boys* zu sein, wuchsen sie noch weiter über sich hinaus. Diese einzigartige mörderische Arroganz befeuerte sie alle darin, zu tun, was sie so gerne taten, und es einander zu zeigen.

Bei der Vorstellung, all das mit einem Mal zu verlieren, kam Alpha die Galle hoch.

Er war ein Philosoph des Todes, ein Meister im Töten, und bei dem Gedanken daran, wie die kurze, unverschämte Störung von *Socgoal02* in ihre Beziehung eingegriffen hatte, kam Alpha ins Grübeln. *Er hat uns als Kränzchen alter Damen beschimpft. Als Möchtegern-Killer.*

Er kämpfte gegen den überwältigenden Drang an, das Vorkommnis einfach zu vergessen und so zu tun, als sei alles wie gehabt.

Aber das ging nicht, so viel war Alpha unabweislich klar.

Etwas hatte alles geändert, wie eine falsch gespielte Note in einer Beethoven-Symphonie.

Was genau anders war, konnte er noch nicht benennen. Es machte ihm nur schwer zu schaffen und weckte das überwältigende Verlangen zu reparieren, was kaputtgegangen war. Die Bruchstelle zu kitten. Wieder *Sicherheit* herzustellen.

Für sie alle.

Das schuldete er den anderen.

Und so gab Alpha ein:

Jetzt, wo alle da sind …

Erste Frage:

Alle okay?

Keiner ausgerastet?

Delta antwortete prompt:

Nur besorgt. Ich mag keine Überraschungen.

Und Easy:

Kannst du laut sagen.

Darauf Charlie:

Ist schließlich noch nie passiert. Bin nicht wirklich besorgt, aber so wie Delta sagt. Keine Überraschungen. Das ist unsere Domäne.

Delta:

Genau.

Zuletzt meldete sich Bravo:

Ich bin da. Nichts hinzuzufügen. Geht mir genauso.

Alpha starrte eine Weile auf die Antworten und ließ sich ihre Situation durch den Kopf gehen. Schließlich postete er:

Danke an alle. Ihr nehmt mir das Wort aus dem Mund.

Entscheidend ist jetzt:
Um mit dem weiterzumachen, was wir lieben und brauchen, müssen wir im Internet für unsere absolute Sicherheit sorgen. Um weiterhin die Menschen sein zu können, die wir sind. Um weiter unsere Zeichen zu setzen, uns zu profilieren. Um unsere Integrität zu schützen.

Was Alpha unter *profilieren* und unter *Integrität* verstand, brauchte ihnen niemand zu erklären. Diese Worte auf ihrem Bildschirm versetzten sie in höchste Erregung. Es war, als habe Alpha mit wenigen Worten beschworen, was sie schon erreicht hatten und noch zu erreichen gedachten. Mehrere von ihnen lächelten. Alpha, mussten sie unwillkürlich denken, war vor allem ein begnadeter Psychologe.
Alpha schrieb weiter:
Bis auf den heutigen Tag ist noch kein einziges Mal jemand in Jack's Special Place *eingedrungen. Mir sieht das mehr nach Zufall als nach Plan aus. Aber ich fürchte, es könnte, allen unseren Sicherheitsmaßnahmen zum Trotz, wieder passieren. Es ist gelinde gesagt alarmierend. Und ich würde auch nicht ausschließen, dass* Socgoal02 *sich jeden Tastenanschlag bis hierher gemerkt hat und sich uneingeladen erneut Zugang verschafft. Oder irgendetwas anderes unternimmt, das unseren Status gefährdet. Wir wissen nicht, über welche Verbindungen er möglicherweise verfügt, wen er vielleicht kennt, von welchen eigenen Neigungen er sich leiten lässt. Oder wem er von* Jack's Special Place *erzählt. Das sind lauter Fragezeichen, und ich spreche wohl für uns alle, wenn ich sage, dass wir in unserem Metier Sicherheit ganz groß schreiben. Sind wir aufgeflogen? Ich weiß es nicht. Besteht die Gefahr der Enttarnung? Nicht ganz auszuschließen.*
Jack's Boys verstanden sofort, was er mit *Verbindungen* meinte: zur *Gestapo.*
Auch Alphas Formulierung *Neigungen* brachte ihre Bedenken auf den Punkt.
Bei dem Wort *Enttarnung* hatten sie alle denselben Gedanken: *Ohne mich.*

Vielleicht sollten wir alle einfach untertauchen.
Sollen wir uns einfach voneinander verabschieden und jeder geht wieder seiner Wege? Gute Reise und viel Glück! Wie ihr wisst, kann ich Jack's Special Place *mit wenigen Klicks dichtmachen. Sozusagen eine elektronische Sprengladung zünden. Spräche vieles dafür.*
Aber …
Kommt mir kleinkariert vor.
Und feige.
Sieht uns nicht ähnlich. Wenn wir einfach den Schwanz einziehen, werden wir unserem eigenen Anspruch nicht gerecht, stimmt's?
Nichtsdestotrotz wäre das vielleicht der sicherste Weg. Besser Vorsicht als Nachsicht.
Während er dies schrieb, wusste Alpha von vornherein, wie die anderen reagieren würden.
Die Reaktionen ließen nicht auf sich warten.
Bravo:
Nein.
Easy:
Auf keinen Fall.
Zum Mitschreiben: Auf gar keinen Fall.
Delta:
Vergiss es.
Charlie:
Ohne mich. Nie und nimmer.
Mit diesen schnellen Antworten hatte er gerechnet – trotzdem gab es ihm ein gutes Gefühl, sie auf dem Bildschirm vor sich zu haben. Ein sichtbares Zeichen der Solidarität.
In dieser Hinsicht sagten sie alle, da hegte Alpha keinen Zweifel, die Wahrheit. Jeder für sich hatten sie – im höheren Interesse ihrer Pläne – kein Problem mit Lügen, Täuschung und Unaufrichtigkeit. Innerhalb von *Jack's Special Place* galten dagegen andere Regeln. Auch wenn sie einander ihre Identität nicht preisgaben, war für sie alle unverzichtbar, dass sie in diesem Forum mit dem, was sie über ihr Leben zum Ausdruck brachten, die Wahrheit sagten. Daran hing ihr Stand in der Gruppe, das schweißte sie zusammen.

Die Möglichkeit, sich *auszutauschen,* hatte eine geradezu berauschende Anziehungskraft entfaltet. Jeder Tod einer fremden Person von der Hand des einen wurde von den anderen förmlich aufgesogen und angemessen gewürdigt. Von jeder erfolgreichen Unternehmung fiel gleichsam auch Glanz auf die anderen. Ihre virtuelle Kommunikation war zu einer Droge geworden, von der sie nicht mehr lassen konnten. Alpha wusste, dass keiner von *Jack's Boys* auf diese Gemeinschaft je wieder verzichten wollte.

Als spreche er aus, was Alpha dachte, fügte Charlie hinzu:

Für Leute wie uns hat es noch nie einen solchen Ort gegeben. Das würde ich nicht kampflos preisgeben, es sei denn, alle anderen wollten gehen.

Darauf Delta:

Auch nicht mein Stil.

Und Easy:

Correct-a-mundo.

Samuel L. Jacksons Wortschöpfung aus Quentin Tarantinos *Pulp Fiction* entging den anderen nicht. Es folgten einige LOLs.

Solche Loyalitätsbekundungen wärmten Alpha das Herz. Zu spüren, *Wir stecken da alle gemeinsam drin und können uns aufeinander verlassen,* stärkte den Zusammenhalt und das gegenseitige Verantwortungsgefühl.

Und so tippte er:

Jungs, ihr seid großartig.

Darauf Delta:

Ha! Was dachtest du denn?

Und Easy:

So, what's the plan, Stan?
Don't be coy, Roy.
We're all gonna hop on this bus, Gus.
There must be 50 ways to kill the intruder.

Alpha erkannte die Abwandlung von Paul Simons Songtext. *Hast du dir schon was überlegt? Lass hören, wir sind alle dabei – gibt viele Möglichkeiten, den Eindringling zur Strecke zu bringen.* Er schmunzelte und schätzte, dass auch die anderen sich ein Grinsen

nicht verkneifen konnten. Er summte ein paar Takte im Rhythmus des Songs.
Alpha antwortete:
Sind wir uns alle darin einig, dass Socgoal02 *für seine Unverschämtheit bestraft werden muss? Oder sollen wir ihn einfach ignorieren?*
Ich frage mich nur: Hat er eine rote Linie überschritten?
Hat der kleine Dreckskerl eine Lektion verdient? Eine nachhaltige Lektion? Eine endgültige Lektion?
Auf dem Bildschirm: vier Mal *Ja*.
Alpha fragte sich, ob *Jack's Boys* alle genauso wütend waren wie er.
Die Antwort von Charlie kam prompt:
Das hier ist unser Chatroom. *Das hier ist unsere* Connection. Socgoal02 *hatte da absolut nichts verloren. Er hat uns verhöhnt. Rüde. Auf kindische Weise. Die Kids haben keine Manieren. Die Kids von heute scheinen zu glauben, sie kämen ungestraft damit davon, sich überall im Internet herumzutreiben. Unser Treffpunkt im Darkweb hat sein eigenes Leben. Er atmet seinen eigenen Geist. Ich denke, wir sollten ihm – und seinesgleichen – eine Lehre erteilen, nämlich, dass alles auf dieser Welt Konsequenzen hat.*
Richtig unangenehme Konsequenzen.
Alpha antwortete:
Das ist dann allerdings wirklich eine ganze Nummer größer als alles bisher. In gewisser Weise sprengt das unseren gewohnten Rahmen. Überlegt euch das einen Moment, bevor ihr mich wissen lasst, ob ihr weitermachen wollt.
Eine Weile kam nichts. Immer noch nichts. Vielleicht eine Minute lang.
Dann:
Ja.
Ja.
Ja.
Ja.
Easy bekräftigte:
Si. Oui. Jawohl. Da. *Such dir's aus.*
Alpha atmete auf und fuhr fort:

Also, dann ist es wohl Zeit für Stufe zwei von Plan Manson.

Von Delta die Aufforderung:

Kannst du uns Einzelheiten nennen? Was schwebt dir vor?

Grinsend schrieb Alpha zurück:

Okay, Folgendes gehört zu Teil B von Plan Manson. Ich hab mir in den letzten vierundzwanzig Stunden mal theoretisch was durch den Kopf gehen lassen, ist also nur ein erster Entwurf, und eure Rückmeldungen sind wie immer willkommen. Aber für mich stellt sich die Sache so dar:

Einer von uns muss zu Socgoal02 *online recherchieren. Seine Aktivitäten in den sozialen Netzwerken überprüfen und sehen, was sie uns über seine Person verraten.*

Einer von uns muss sich genau anschauen, was er in seiner eigenen Community *tagtäglich so treibt. Was ist vorhersagbar? Wie sehen seine Abläufe aus? Was macht er wo, wann und wie? Wo sind Schwachstellen, die wir uns zunutze machen können?*

Dann:

Einer von uns muss sämtliche Informationen zu einem Bild zusammenfügen. Anschließend sollten wir sie hier miteinander auswerten. Das größte Problem dabei: Wir müssen wesentlich schneller vorgehen als sonst, weil wir nicht wissen, was Socgoal02 *vielleicht tut.* Oder *wann er es tut. Überhastetes, impulsives Handeln hat schon manches gut ausgedachte Vorhaben ruiniert. Wir müssen schnell handeln.*

Dann:

Einer von uns muss einen vorläufigen Plan erstellen, und wenn wir uns darauf verständigt haben, sollten wir uns auf das angemessene Ende für Socgoal02 *einigen und auf einen klugen Fluchtweg vom Tatort. Ich persönlich würde favorisieren, was der Namensgeber unseres Plans sich damals ausgedacht hat. Was im August 1969 am Cielo Drive in Los Angeles funktioniert hat, wird auch jetzt funktionieren, wenn wir es umsichtig angehen. Wird bei der* Gestapo *für jede Menge Verwirrung sorgen. Die werden mit dem, was sie da vorfinden, nichts anzufangen wissen.*

Was haltet ihr davon?

Auch diesmal kamen die Antworten prompt. Sie alle waren mit dem Fall Sharon Tate bestens vertraut. Vier Mal *Ja*.

Und so fuhr Alpha fort:

Als Letztes:

Was wir alle zusammen entwickeln, führt einer von uns aus.

Betrachten wir uns als fünf Generäle auf einem Schlachtfeld. Wir koordinieren einen Zangenangriff.

Ich habe mir die besonderen Fähigkeiten von jedem in der Gruppe durch den Kopf gehen lassen und jedem von euch einen Aspekt der Planung zugedacht.

Auf der Grundlage seiner bisherigen Erfolge, *wie er sie zu unser aller Bewunderung hier vorgeführt hat, denke ich, dass Bravo für die Durchführung der geeignete Kandidat ist. Er kennt sich mit Einbruch am besten aus. Aber es ist sehr wichtig, dass die Konfrontation mit* Socgoal02 *erst ganz am Schluss erfolgt. Bravo trifft ein, führt die Aktion aus und verschwindet. Ein bisschen so, wie ein anonymer Auftragskiller seinen Job erledigt. Eigentlich nicht unser Stil, in dieser Situation, aber, wie ich denke, unerlässlich, auch wenn wir uns wohl alle darin einig sind, dass* Socgoal02 *in seinen letzten Sekunden erfahren sollte, wem er ans Bein gepinkelt hat und was ihn dieser Fehltritt kostet. Und wenn wir ihn dann los sind und die Luft rein ist, sollten wir es alle Welt wissen lassen. Das wird ein Fest. Und es wird anderen wie ihm eine Lektion erteilen:* Überleg dir gut, wen du beleidigst. *Vielleicht kann Bravo das Ganze mit seinem iPhone filmen? Ich denke, das wüssten wir alle wirklich zu schätzen. Wir könnten es miteinander teilen. Um es anschließend zu posten.*

Alle vier schrieben:

So weit, so gut.

Und Alpha fasste zusammen:

Die Organisation bis ins letzte Detail, die uns allen so viel Freude macht, teilen wir unter uns fünfen auf. Bravo halten wir aus der Planung raus, er hört nur das Ergebnis von uns allen. Wenn wir so weit sind, unterbreiten wir ihm, worauf wir uns verständigt haben. Dann kann er sich dazu äußern. Aber bis zu diesem Punkt halten wir ihn raus. Tut mir leid, Bravo. Du musst dich ein wenig gedulden.

Diese Trennung wird jeden von uns vor einer Verhaftung bewahren. Auf die Weise gibt es keinen Tex oder Squeaky in unserem Helter-Skelter, der unter Druck einknickt. Bravo geht das größte Risiko ein – aber unser aller Expertise im Spurenverwischen sollte auch ihn hundertprozentig schützen. Seine Sorge beschränkt sich auf den unmittelbaren Tatort und seinen sicheren Rückzug. Wenn wir es so angehen, wird Socgoal02 s *Tod ganz und gar zufällig und sinnlos erscheinen. Wie groß ist die Wahrscheinlichkeit, von einem Hai angegriffen zu werden? Ach, was sage ich, es wird eher so sein wie die Wahrscheinlichkeit, gleichzeitig von einem Hai gefressen und vom Blitz getroffen zu werden. Selbst der erfahrenste, cleverste Cop wird vor einem Rätsel stehen – und keine Sorge, in seinem Kaff gibt es keine erfahrenen, cleveren Cops. Und zu wem, bitte schön, sollten sie die Sache zurückverfolgen?*
Zu einer Schimäre.
Alpha überlegte einen Moment und überflog noch einmal seine Worte auf dem Bildschirm. Diese Beschreibung, Schimäre, würde ihnen allen gefallen.
Die erste Reaktion kam von Delta.
Muss schon sagen, echt cool.
Darauf Charlie:
Einverstanden.
Und Easy:
Macht mir richtig Bock.
Und als Letzter Bravo:
Dank an alle. Fühl mich zutiefst geehrt, dass ihr mir die Schlussphase anvertraut. Ich werde euch nicht enttäuschen.
Und so beendete Alpha die Session mit den Worten:
An die Arbeit.

KAPITEL 4

BRAVO …

Bravo wartete – und hasste jede Sekunde.
Er platzte vor Ungeduld.
Er platzte vor Neugier.
Er platzte vor Erregung.
Nach der Zuteilung der Mordvorbereitungen stand er so unter Strom, dass er Probleme mit dem Einschlafen hatte, was er so nicht kannte. Er fühlte sich wie ein Spieler, der sich an der Seitenlinie warm läuft, während er darauf wartet, zum entscheidenden Tor eingewechselt zu werden. Er lechzte nach Taten. *Her mit dem Ball!*
So wie jeden Tag war er pünktlich zu seiner Schicht um sieben Uhr morgens aufgestanden, hatte geduscht, sich die Zähne geputzt, das schüttere Haar gekämmt, war in seine saubere Arbeitskluft geschlüpft, hatte Frühstück gemacht und zwei Tassen Kaffee getrunken, bevor er aus dem Haus ging. Äußerlich ein Tag ohne besondere Vorkommnisse. Innerlich alles andere als das. Der Gedanke an den bevorstehenden Auftrag ließ ihm keine Ruhe. Es juckte ihm in den Fingern. Ihn flog die Sorge an, dass ihn seine Gedanken zu sehr erregen könnten. Bei seinen zwei zurückliegenden Mordabenteuern hatte er sich akribisch an seinen sorgfältig ausgearbeiteten Plan gehalten. *Tu dies. Tu das. Achte darauf. Überleg dir jeden Schritt genau. Mathematische Präzision. Militärische Disziplin. Vorsicht und Umsicht. Handle wie ein Schauspieler auf der Bühne, haargenau nach Drehbuch, nur ja nichts dem Zufall überlassen. Eine explosive Mischung aus Kreativität und Tod ohne echtes Risiko.* Dieser bevorstehende Akt des Tötens dagegen verlangte *beinahe* spontanes Agieren, *wenn auch als Marionette an vier Fäden geführt.* Bravo mahnte sich zur Ruhe, um seine ganze Energie auf den Moment zu fokussieren, in dem die ersten Rückmeldungen

der anderen *Jack's Boys* eingingen. So lenkte er sich den ganzen Vormittag bei der Arbeit mit den trivialsten Routineaufgaben ab. Papierkram und Rechnerei, genau das, was alle anderen in der Versandabteilung hassten und er mit der Zeit immer mehr genoss. In der Mittagspause hielt er sich in der Kantine von den übrigen Angestellten fern und las, während er ein etwas altbackenes Schinken-Käse-Sandwich mampfte, zum hundertsten Mal einige seiner Lieblingspassagen in seinem zerfledderten und großzügig unterstrichenen Exemplar von *American Psycho.* Den Umschlag hatte er entfernt und durch einen fast gleich großen des Klassikers *Rebecca of Sunnybrook Farm* ersetzt, den er aus der Kinderbuchabteilung der örtlichen Bibliothek gestohlen hatte. Mit breitem Grinsen. Patrick Bateman war seines Erachtens eine durch und durch komödiantische Figur, ein Falstaff in der Welt des Mordens, und mehr als einmal musste er ein Lachen unterdrücken.

Bei Schichtende stempelte sich Bravo aus.

Er versuchte, mit seinen Kollegen ein paar Nettigkeiten zu wechseln, und wies ihre halbherzigen Aufforderungen ab, noch auf ein Bier mitzukommen. Bravo wusste, dass sie froh darüber waren, weil sie ihn für einen seltsamen Eigenbrötler hielten. Seine Kollegen hatten nicht die leiseste Ahnung von seiner Expertise und seinen wissenschaftlichen Kenntnissen. Er hatte sein Licht immer bewusst unter den Scheffel gestellt und sich in voller Absicht eine stumpfsinnige Tätigkeit ausgesucht, bei der er hin und wieder absichtlich Fehler machte. Bravo wusste, dass eine unverdächtige berufliche Existenz von entscheidender Bedeutung war.

Der Teufel steckte, wie er sich immer wieder sagte, im Detail.

Sobald *Socgoal02* erledigt war, so Bravos Plan, würde er sich bei der Arbeit umgänglicher zeigen. Dazu würden ihm zweifellos auch *Jack's Boys* raten. Sich zum Beispiel mit seinen Kollegen in irgendeiner Männerhöhle zusammenfinden, um ein Spiel zu sehen. Vielleicht an einem der Betriebsausflüge teilnehmen oder auch das nächste Mal im Auftrag der Firma Weihnachtsgeschenke für Kinder aus unterprivilegierten Familien ausfahren. Nichts Auffälliges natürlich, das Blicke auf ihn lenkte. Einfach nur ein

bisschen mehr Freundlichkeit und Kumpanei. Um dem Vorurteil entgegenzuwirken, dass er ein seltsamer Vogel sei.
Er betrachtete dieses Unternehmen als eine Art Schutzimpfung, als Vorsorge gegen Aufmerksamkeit. In Bravos Augen gehörte dies zu den Qualitäten aller gleichgesinnten Menschen.
Gleichgesinnt stand dabei für *Mörder.*
Er war sich der Klasse bewusst, für die *Jack's Boys* standen.
Für Exzellenz im Töten.
Es sah nach leichtem Regen aus, als er sich hinter das Lenkrad seines vier Jahre alten Toyota-Pick-up setzte. Er liebte seinen Truck. So normal und unauffällig wie er selbst. Dunkelgrau wie der Himmel über ihm. Innen so schwarz wie er selbst, witzelte er insgeheim. Und mit dem einen oder anderen Makel, wie etwa einer Beule in der Heckpartie. Ein stinknormales Vehikel mit dem exotischsten Fahrer am Steuer, der sich denken ließ.
»Extraklasse«, sagte er laut.
Die geplante Tötung in die Tat umzusetzen, würde ihm, so dachte er, viel Anerkennung der anderen einbringen und sein Standing in *Jack's Special Place* verbessern. Manchmal beschlich ihn die Sorge, was die Zahl und die zeitlichen Abstände ihrer Erfolge betraf, mit den anderen nicht mithalten zu können. Dieses Vorhaben war die Gelegenheit, zwei Fliegen mit einer Klappe zu schlagen: Er würde tun, was er auf der Welt am allerliebsten tat, und vor den Augen der einzigen Menschen auf der Welt, die ihm etwas bedeuteten, glänzen.
Fast hätte er vor Freude auf das Lenkrad getrommelt.
Er wusste, dass er besser nach Hause fuhr und auf die Gelegenheit wartete, sich auf *Jack's Special Place* mit ihnen kurzzuschließen. Andererseits wusste er, dass er seine Ungeduld zähmen musste.
»Reiß dich am Riemen, Cowboy«, mahnte er sich laut. »Lass die anderen erst mal ihren Job machen.«
Er wusste, was ihn stattdessen einigermaßen beruhigen würde.
»Zeit, Aunt Marian einen Besuch abzustatten«, sagte er.
Er legte den Gang ein und fuhr Richtung Blumenladen.
Rosen, dachte er. *Rote Rosen und weiße Nelken. Ein hübscher Strauß*

und ein schöner Kontrast zum grauen Himmel, auch wenn die Blüten gerade einmal ein, zwei Tage halten, bevor sie welken und verblühen.

Während der 57,8 Meilen langen Fahrt von seinem Haus zum Friedhofstor zwei Kaffs weiter hörte Bravo National Public Radio. Der Strauß nahm den Beifahrersitz ein.

Er fuhr durch den gemauerten Torbogen auf den Friedhof und auf einem schmalen Sträßchen zwischen Grabsteinen und Mausoleen weiter. Einige Engelskulpturen grüßten ihn. Cherubim aus Marmor oder Granit spielten mit ihren Trompeten Sphärenmusik, die niemand hören konnte. Es wurde schnell dunkel, der Asphalt schimmerte nass vom Regen, und die Leere des Friedhofs unterstrich die düstere Stimmung. Nach seiner Erfahrung ging der Tod sehr schnell von elektrisierendem, schrillem Getöse in finstere Stille über. Er fragte sich, ob das den Cops in den Morddezernaten eigentlich klar war.

Bravo hielt am Straßenrand und schnappte sich den Strauß.

Er schlug den vertrauten Pfad zu einem bleigrauen Grabstein ein.

*Marian Wilson. *19. Juni 1930. †2. April 2012.*

Bravo kniete sich hin und drapierte den Strauß sorgfältig auf dem Grab.

Für den Fall, dass ihn jemand beobachtete, faltete er die Hände zum Gebet. Dann stand er auf und bekreuzigte sich, wobei er nicht sicher war, ob korrekterweise von rechts nach links oder andersherum.

Er trat zurück. Er verzog das Gesicht zu einem ironischen Grinsen und dachte bei sich: *Wäre doch schön, wenn er auf dem Grabstein ein paar zusätzliche Worte einmeißeln könnte. So etwas wie: »Wirklich sehr nützlich auf eine Weise, die sie sich nie hätte träumen lassen«.*

Er hatte Marian Wilson nie persönlich gekannt.

Soweit er wusste, hatte sie sich im Leben niemals vorstellen können, im Tod einem Mörder von Nutzen zu sein.

Das wenige, was er über sie wusste, hatte er ihrem Nachruf entnommen. Eine junge Witwe aus dem Koreakrieg und geschätzte Kindergärtnerin, hatte sie häufig Kinder in Pflege genommen, welche die örtliche Kirchengemeinde in ihre Obhut gab. Eine *Heilige,* hatte Bravo innerlich gewitzelt. Aber sollte sich irgendjemand darüber wundern, dass er der Dame Blumen aufs Grab legte, hätte er das Rätsel leicht aufklären können: *Als ich klein war, hat sie mich für kurze Zeit aufgenommen und mir wahre Güte gezeigt.*

Natürlich stimmte das nicht.

Er blickte auf. In Wahrheit besuchte Bravo nicht Marian Wilsons letzte Ruhestätte. Die Gräber, die er in Wirklichkeit aufsuchte, lagen zwei Reihen weiter in seiner Blickachse.

Es rieselte ihm freudig den Rücken herunter.

Die Familie Anderson.

Vater.

Mutter.

Vierzehnjährige Tochter.

Sein erster Einbruch, vor sieben Jahren.

Eine ganze lange Nacht. *Grandios.*

Drei Opfer.

Aus der kurzen Entfernung, an Marian Wilsons Grab, spürte er, wie ihm die Hitze ins Gesicht stieg und sein Atem stoßweise kam. Er fühlte sich wie eine Frau an ihrem Hochzeitstag, die sich an die erste Nacht im Bett mit ihrem Mann und dem Ring am Finger erinnert.

Er sah den Nachmittag vor sich, zwei Wochen nachdem er ihrem Haus einen Besuch abgestattet hatte, als die Särge in die Erde gesenkt wurden – auch wenn er nicht dabei gewesen war. Er glaubte, jedes Wort der Grabrede zu hören. In Wahrheit war er zu der Zeit meilenweit entfernt bei der Arbeit gewesen und hatte eine stinknormale Schicht hinter sich gebracht. Ihm war instinktiv klar, dass irgendein Prediger das Wort *sinnlos* verwendet haben musste, wie er da vor den drei Särgen stand.

Nein, war es nicht.

Es ergab vollkommenen, wundervollen Sinn.

Nur nicht für sie oder für die Cops oder irgendjemanden, der sie gekannt hatte.
Für Bravo umso mehr. Und für Alpha.
Und natürlich für die übrigen Jack's Boys.
Nur mit Mühe konnte er sich von den Erinnerungen losreißen, die dort zwei Reihen weiter in der Erde ruhten. Natürlich wusste er, dass er eigentlich nicht herkommen sollte, doch Marian Wilson bot ihm die perfekte Tarnung. Andererseits war es schon fast Abend, und Bravo wollte nicht, dass ihn ein Wachmann, der die Tore schließen wollte, dort an einem der Gräber stehen und zu den anderen drei hinüberstarren sah. *Zeit zu gehen,* dachte er. *Geh nach Hause. Iss eine Kleinigkeit und warte dann in* Jack's Special Place *auf die anderen.* Er wollte sehen, ob sie schon irgendwelche Fortschritte gemacht hatten.
Er rechnete damit.

CHARLIE …

»Idiot!«, sagte er und fuhr laut vernehmlich fort:
»Es gibt Rechtschreib- und alle möglichen Grammatik-Prüfprogramme. *Word* korrigiert Fehler sogar automatisch! Wieso passieren dir dann solche dämlichen, grundlegenden Patzer?«
Seine schrille Stimme hallte in dem kleinen Dienstzimmer von den Wänden wider und hätte jeden, der ihm gegenübergesessen hätte, das Fürchten gelehrt.
Nur dass niemand da war und, als die Wut der Resignation wich, sein tiefer Seufzer ungehört verhallte.
Verkorkste Sätze gingen ihm tierisch gegen den Strich. Zusammengeschrieben oder getrennt, groß oder klein – jedes Mal, wenn er über so etwas stolperte, packte ihn die Wut, auch wenn er sie für sich behielt. Immer wieder beleidigten ungelenke Formulierungen, umständliche Satzkonstruktionen, falsch benutzte Fälle oder Subjekt-Verb-Verbindungen sein Sprachgefühl. Meistens hasste er

die moderne Erzählliteratur, weil sie so viele althergebrachte Konventionen niedermetzelte. Er las nur zu seinem eigenen Gebiet, Anthropologie, oder zu verwandten Fachbereichen wie Geschichte und Archäologie, wie auch selbstverständlich Literatur zu seiner anderen heimlichen Expertise. Zu Beginn jedes Semesters hielt Charlie den neuen Studenten einen Vortrag über die Notwendigkeit grammatikalischer Präzision in ihren schriftlichen Arbeiten. Dazu kritzelte er Beispiele an die Tafel. Zitierte aus Aufsätzen früherer Semester und legte den Studenten dringend ans Herz, nicht die Irrtümer ihrer Vorgänger zu wiederholen. Er drohte ihnen sogar damit, bei besonders himmelschreienden oder immer wiederkehrenden Fehlern dieser Art die Note herunterzusetzen oder sie gar durchfallen zu lassen.

Was er nie tat.

Natürlich wussten sie das alle so gut wie er. Es war ein alter Hut – und bei jeder Erstvorlesung dieser Art gab es wohlwollendes Gelächter. Und ebenso viele Beteuerungen à la, *Würden wir niemals wagen,* während er wusste, dass sie es keinen Deut besser machen würden als frühere Semester. Seine Nachsicht gegenüber studentischer Nachlässigkeit und Schlamperei machte ihn ja gerade so beliebt.

Außerdem waren seine Vorlesungen lebendig und fast so witzig wie die Nummer eines Stand-up-Comedian.

In der Hausarbeit, die vor ihm lag, kringelte er die Formulierung, an der er Anstoß nahm, rot ein.

In einer perfekten Welt wäre das hier bestenfalls eine Vier, dachte er. *Aber diese Welt ist nun mal nicht perfekt. Sie ist unpräzise, fehlerhaft und einfallslos. Im Unterschied zu meiner anderen Welt.*

Er schüttelte den Kopf und las weiter.

Noch ein oder zwei ungeschickte Phrasen, und die Arbeit verdiente eine Fünf, verbunden mit der Aufforderung, *sie für den Teilnahmeschein noch einmal neu zu schreiben.*

Doch das verlangte er nie.

Stattdessen schrieb er neben die angestrichene Formulierung:

»*Sandra, wollen Sie, dass ich einen Herzinfarkt bekomme? Das ist ein grammatikalisches Gemetzel. Eine Verhunzung der Syntax. Soll ich Ihnen mein persönliches Exemplar des Buchs* The Elements of Style *von Strunk und White borgen? Für die Lektüre von vorne bis hinten wäre Ihre Zeit gut investiert …«*

Der humorvolle Kommentar würde, wie er wusste, der Studentin ihren Fehler ins Gedächtnis einbrennen und ihre Chancen erhöhen, ihn sich abzugewöhnen, auch wenn er sehr bezweifelte, dass sie je einen Blick in *The Elements of Style* werfen würde. Außerdem würde er ihr für die Arbeit eine ermutigende Zwei verpassen.

Da er für seine großzügige Notenvergabe und die überaus freundlichen Randbemerkungen bekannt war, bekam er überschwängliche Dozentenbewertungen, selbst auf diesen fiesen anonymen Portalen. Wenn er einmal nichts Besseres zu tun hatte, sichtete er die dortigen Kommentare zu seinem Namen, um festzustellen, welche Studenten versuchten, sich bei ihm einzuschleimen, und welche verärgert waren. Zwar hielten sich diese Webseiten an das Prinzip der Anonymität, doch für ihn war es ein Leichtes, ihre Sicherheitsvorkehrungen zu knacken und herauszubekommen, wer jeweils hinter einer Beurteilung steckte. Doch an sich stand er über diesen Dingen, und selbst die gelegentliche schonungslose Attacke schüttelte er ab. *Wen interessiert es schon, was sie denken? Das sind Kinder, die sind dumm, ich nicht.*

Tatsächlich hatte er selbst ein paar äußerst kritische Kommentare zu seiner Arbeit eingestellt, um damit seine eigentliche Perfektion zu verbergen. Da Charlie der Ruf vorauseilte, nicht nur in seinen Vorlesungen und Kursen lässig zu sein, sondern auch mit seinen Benotungen, waren seine Veranstaltungen immer ausgebucht, nicht zuletzt natürlich auch deshalb, weil es Pflichtveranstaltungen waren. Darüber hinaus war er zusammen mit ein paar anderen Kollegen in seinem Institut für die Vergabe von Auslandsstudienplätzen zuständig. Und alle Studenten wollten mindestens ein Semester im Ausland verbringen, um andere Kulturen kennenzulernen. Wenn möglich, wollten sie ihre akademischen Ambitionen damit verbinden, Bier zu saufen oder sich am Strand zu aalen oder

in sicherer Entfernung von missbilligenden Eltern wilden Sex zu haben.
Charlie wiederum verschaffte diese Pflicht die Gelegenheit, in den Sommer- und anderen Semesterferien unter dem Vorwand, geeignete Örtlichkeiten ausfindig zu machen, quer über den Globus zu reisen. Stammesangehörige der Yoruba in Afrika. Maya-Ureinwohner in Zentralamerika. Inuit im Yukon-Territorium. Seine Ausgaben auf diesen Expeditionen setzte er von der Steuer ab. Der Ironie war er sich durchaus bewusst: Diese Reisen verschafften ihm auch Gelegenheit zum Töten, und der von ihm verachtete Staat finanzierte seine Morde mit.
Er liebte es, wie die Cops es nannten, sich zu nehmen, was sich ihm bot.
Auf seinen Reisen zu potenziellen Begegnungsstätten merkte sich Charlie insgeheim geeignete, abgelegene Örtlichkeiten vor – Wälder, Sümpfe, Maisfelder, Dschungel, in die sich selten einmal jemand verirrte. Dann grenzte er eine Stelle ein, an der er für einige Stunden schreigedämpfte Privatsphäre genießen und anschließend entsorgen konnte, was er gerne als *das unvermeidliche Überbleibsel* bezeichnete.
War dieser Teil zu seiner Zufriedenheit geklärt, fuhr er Straßen, Slums, Einkaufszentren und Märkte ab, bis er sich eine Zielperson ausgeguckt hatte.
Prostituierte waren immer gut.
Einmal eine Schülerin.
Einmal eine Verkäuferin auf dem spätabendlichen Heimweg.
Einmal eine junge Studentin an der Bushaltestelle.
Und andere.
Wenn er fertig war, reiste er ab. Bezahlte seine Unterkunft. Fuhr zum Flughafen. Stieg in einen Flieger. Verschwand. Kehrte grundsätzlich nie dorthin zurück, auch wenn er vielleicht Studenten hinschickte.
Charlie verglich sich gern mit einem Blitzschlag.
Dabei war ihm klar, wie wenig dies mit seiner Rolle als gut organisierter, geachteter Lehrstuhlinhaber an seiner Universität zusam-

menging. Aber gerade in diesem Widerspruch lag für ihn der Reiz. Als Professor wirkte er ganz und gar normal und kein bisschen exzentrisch. Ein netter Kerl, jemand, der dem Institut zur Ehre gereichte, wenn auch nur in bescheidenem Maße. Seltene Teilnahme an Fakultätsausschüssen. Spärliche Publikationen. Wenig Drittmittelbeschaffung. Keine Journalisten vom *National Geographic* und dergleichen, die bei ihm auf der Matte standen, um seine fachliche Meinung einzuholen. Keine markigen Zitate in der *New York Times.*

In seiner privaten, explosiven, mörderischen Welt hingegen war er ein Gigant.

Niemand, dachte er oft, *hat ein so genial ausgetüfteltes System wie ich.*

Charlie legte die Arbeit der Studentin weg, lehnte sich zurück, verschränkte die Hände hinter dem Kopf und streckte die Glieder. *Sandra, Sandra, Sandra,* dachte er. *Du kannst wahrlich von Glück sagen, dass du mir hier in dieser sicheren Universität über den Weg gelaufen bist und nicht irgendwo im Regenwald von Guatemala, im australischen Outback oder in Griechenland auf dem Peloponnes.* Sie war gerade mal neunzehn, zierlich, attraktiv, lernbegierig und vermutlich nicht auf dem Weg zu einer strahlenden akademischen Laufbahn, sondern zu einem durchschnittlichen Abschluss, einem geregelten, langweiligen Beruf, einem scheinbar anständigen Ehemann, ein paar Kindern, einer Scheidung, wenn der Mann sie mit seiner Sekretärin betrog, und einem Häuschen im Grünen.

Ihm wurde klar: *Ich würde sie liebend gerne töten.*

Einen Moment lang gab er sich der Vorstellung hin, wie die kleine Studentin Sandra an irgendeinem idealen, abgelegenen Ort gefesselt vor ihm lag. Mit Grillenzirpen als Hintergrunduntermalung. Oder den Schreien von Brüllaffen oder Macao-Vögeln. Vielleicht legten sich seine Hände um ihre Kehle. Vielleicht hielt er ihr aber auch eine Messerklinge unters Kinn. Er könnte ihr die Kleider herunterreißen. Ihre Haut würde sich warm anfühlen. Weich. Sie würde zittern. Er malte sich ihre Brüste aus. Ihren Schritt. Ihr Blut. Er schwelgte in ihren panikgeweiteten Augen.

Er könnte ihr sogar als Allerletztes, was sie zu hören bekäme, sagen: »*Es heißt* den *Fluss entlang, und* es braucht *auch nicht, sondern* es bedarf *des Genitivs, du Schlampe …*«
Die schwierigste Lektion in Grammatik überhaupt.
Er atmete langsam aus: *keine Chance.*
Wie Charlie nur allzu gut wusste, war es viel zu gefährlich, seine Lieblingstätigkeit an seinem Lebensmittelpunkt auszuüben. Die örtliche Polizei. Die Bundespolizei. Ihre Eltern. Die Security der Universität. Die lokalen Nachrichtensender und Zeitungen – sie alle würden sich darauf stürzen. Die kleine Sandra würde zu einem berühmten Fall. Dazu würde er es nicht kommen lassen. *Dazu wird es nicht kommen. Zumindest nicht von meiner Hand. Vielleicht hat sie ja eines Tages einen Freund, der …* Als er merkte, dass ihn die Vorstellung nur eifersüchtig machte, brach er den Gedanken ab. Charlie drehte sich zu der Wand um, an der er eine Weltkarte mit Stecknadeln hängen hatte. Offiziell markierten sie anerkannte Auslandsstudienorte. Einige bezeichneten allerdings Sondierungen persönlicher Art. Eine Nadel mit blauem Kopf stand für eine Person, die an einem Ort, zu dem er nie wieder zurückkehren würde, niemandem etwas bedeutete.
Während er im Geist einige seiner Erfolge Revue passieren ließ, starrte er ins Leere. Für ihn waren sie keine Menschen oder Opfer, viel mehr Zählstriche auf der allerwichtigsten Liste.
Charlie lächelte.
Er beneidete Bravo. Er wünschte sich, er hätte das Glückslos gezogen und den Auftrag bekommen, die Tötung durchzuführen, auch wenn er sich keine Illusionen darüber machte, dass es in dem ganzen Unternehmen das riskanteste Element war. Er war entschlossen, seinen Beitrag zu dem Projekt gewissenhaft zu leisten, und hoffte, dass die anderen Mitglieder von *Jack's Boys* würdigen würden, welche Expertise er in den Plan einbrachte. Die Sache war ehrenvoll. Ehre, wem Ehre gebührt. Dasselbe hatte vermutlich auch Bravo erkannt.
Er flüsterte: »Also, *Socgoal02,* dann schauen wir doch mal, wer du wirklich bist.«

Facebook. Instagram. Snapchat. Twitter. In sämtlichen verfügbaren sozialen Netzwerken war er zu Hause. Charlie bückte sich nach seiner Aktentasche und zog einen kleinen, aber leistungsstarken Laptop heraus, der ausschließlich Tötungszwecken vorbehalten war. Charlie hatte im Computerzentrum der Universität als Gasthörer viele Vorlesungen besucht und sich beachtliche Fachkenntnisse angeeignet. Er schaltete den Laptop ein und hatte in Sekundenschnelle ein falsches Profil angelegt und so viele elektronische Schleichwege zurückgelegt, dass selbst der beharrlichste Ermittler daran scheitern musste. Kaum war er sicher am Ziel, machte er sich ans Werk und hackte sich in jeden elektronischen Fußabdruck ein, den *Socgoal02* jemals hinterlassen hatte.

Er wird nicht merken, dass ich hier war. Und ihn verfolge.

Er wird es nie erfahren.

Bis es zu spät ist.

Charlie beugte sich über den Bildschirm.

Ließ die Finger über die Tastatur sausen.

Klick. Klick. Klick.

Computertasten machten ein leises Geräusch.

Und *Socgoal02* rückte wie bei einer langen Kamerafahrt in einem Slow-Motion-Film nach und nach in den Fokus.

»Du hättest viel vorsichtiger sein sollen«, flüsterte Charlie, während er auf einen Schnappschuss von Connor Mitchell und Niki Templeton auf dem Bildschirm starrte. Sie posierten lächelnd, Arm in Arm, in Smoking und tief ausgeschnittenem, engem roten Abschlussballkleid. *Rührend,* dachte er. *Teenager-Stereotyp.* Gemächlich scrollte er sich durch die vielen Bilder, die sie eingestellt hatten.

Beim Anblick einer Aufnahme von Niki unmittelbar nach einem Wettrennen verweilte er. Verschwitzt. Mit Siegermiene. Den Arm um Connor gelegt. Es ähnelte dem Bild auf Charlies Schreibtisch von ihm selbst und seiner Frau auf einer ihrer »Forschungs«-Reisen. »Liebst du ihn genug, um für ihn zu sterben?«, fragte Charlie im Flüsterton das Bild. Er ging näher an Nikis Gesicht heran und fügte mit einem Lächeln wispernd hinzu: »Könnte nämlich sein, dass du das musst.«

KAPITEL 5

DELTA …

»Ich komme, Mutter!« Delta riss sich von seinem PC los, auf dem er online *Masters of War* gegen einen ihm nicht namentlich bekannten Jugendlichen in Schweden gespielt hatte – ein schätzungsweise Dreizehnjähriger, recht unerfahrener Fantasy-Killer. Im Stehen beugte er sich zu seiner Tastatur hinunter, eröffnete mit seiner virtuellen Waffe das Feuer und machte den Avatar des Schweden, begleitet von einem Schwall Videogame-Blut, kalt, woraufhin seine Punktzahl sprunghaft nach oben ging. Dann tippte er: *Komm niemals um die Ecke, ohne zuerst eine Handgranate zu werfen. Tja, dein Pech. Du hast verloren, und ich bin hier raus.* Er sperrte gewissenhaft den Bildschirm und sah auf die Schreibtischuhr. Noch einige Stunden, bevor er sich wieder auf *Jack's Special Place* einloggen konnte. Ein zweiter mütterlicher Aufruf drang durch die Wände. »Ich komm ja schon, verflucht. Immer mit der Ruhe, verdammt noch mal«, murmelte er leise. Er war nackt. Bevor er zu Jeans und T-Shirt griff, verweilte er einen Moment vor einem Ganzkörperspiegel und ließ die Muskeln spielen. Rechts. Links. Drehte sich im Halbprofil zur einen, dann zur anderen Seite. Wandte sich wieder frontal dem Spiegel zu und warf das Becken vor. Hätten ihn nicht die wiederholten mütterlichen Rufe abgelenkt, hätte er masturbiert. Er fragte sich, wieso keine der Hospizschwestern auf ihre Rufe reagiert hatte, und konnte nur vermuten, dass sie im Elternschlafzimmer, wo sie sich um seinen Vater kümmerten, gerade dabei waren, wegzumachen, was er an Ausscheidungen nicht mehr bei sich halten konnte, oder die Sauerstoffzufuhr an einer entsprechenden Apparatur zu regeln oder ihm beim Schlucken einer Schmerztablette behilflich zu sein. Sie hatten davon jede Menge zur Hand, und es blieb ihm ein Rätsel,

weshalb sie ihm nicht einfach alle auf einmal in den Rachen schoben und das unvermeidliche Ende begrüßten. *Sag den Engeln Guten Tag, Dad.*
Egal, dank der Hinfälligkeit seines Vaters konnte niemand außer ihm den Rufen seiner Mutter folgen. Zum dritten Mal an diesem Tag hatte sie ihn zu sich beordert. Zu viele lästige, triviale Bitten. Ständig. Am Morgen ging es schon mal los, über Mittag lief sie sich warm, am Nachmittag nahm sie richtig Fahrt auf und gab erst spät am Abend Ruhe. Wie ein quengelndes kleines Kind, das ständig blinden Alarm schlägt. Nur dass es bei ihr darum ging, erstens ein Glas Wasser mit genau zwei Eiswürfeln zu bringen; zweitens im Fernsehen den Sender zu wechseln oder die Lautstärke zu regeln; drittens ihr das Telefon zu bringen, damit sie irgendeine Freundin anrufen konnte, die ihr plötzlich in den Sinn gekommen, vermutlich aber längst tot war; viertens ihr etwas zu essen zu bringen, das sie, wenn sie es bekam, nicht aß.
Hätte er gekonnt, hätte er sie umgebracht.
Und seinen Vater gleich mit, der dringendst von seinen Schmerzen und Qualen erlöst werden sollte.
Wenn er ehrlich war, wünschte er sich weniger, seinen Vater zu töten. Es bereitete ihm heimliche Genugtuung, den alten Knaben in seinen letzten Tagen so leiden zu sehen. *Also, Mom und Dad: Strafe kann ganz schön hart sein, nicht wahr?* Aber das Sterben seines Vaters zog sich länger hin, als er selbst erwartet hatte, länger auch, als die Pfleger vom Hospiz prognostiziert hatten. Vielleicht noch ein halbes Jahr. Maximal. Höchstwahrscheinlich deutlich weniger. *Trotzdem,* dachte Delta, *wäre es so viel einfacher, sie beide in einem Aufwasch zu erledigen. Mutter. Vater. Vielleicht auch noch gleich ein paar von den Hospizschwestern, besonders diejenigen, die ihn von oben herab behandelten. Als hätte er keinen blassen Schimmer vom Tod und sie den vollen Durchblick – wo in Wirklichkeit das genaue Gegenteil der Fall war.* In Sachen Tod konnte ihm so schnell keiner das Wasser reichen. Und wenn sie alle ermordet, zerstückelt und unauffindbar entsorgt waren, konnte er es sich gemütlich machen und von seinem behaglichen

Familiensitz in Marin County unweit San Francisco aus, mit Blick über das glitzernde Blau des Pazifischen Ozeans, die nächsten Schritte planen.

Delta lächelte.

Na ja, das kannst du knicken, dachte er. *Heute wird nichts aus Mord.*

Schon gar kein ungeplanter, nicht zu Ende gedachter, spontaner Familienmord.

Zu dumm. Wäre nett gewesen.

Wieder lächelte Delta.

Aber vielleicht morgen, wer weiß? Er lachte leise, während er sich genug überzog, um die Hospizpflegerinnen nicht zu schockieren. Er wartete, bis die beginnende Erektion vorbei war. Dann tappte er durch den Flur, an einem originalen Picasso vorbei, der Stimme seiner Mutter entgegen. Er staunte immer wieder darüber, wie jemand, der so alt und gebrechlich war, noch so brüllen konnte. Als er eine Giacometti-Skulptur passierte, beschloss er, später, wenn alle schliefen, auf jeden Fall noch einmal rauszugehen. Da wären sie bis auf die Nachtschicht vom Hospiz alle mit Tabletten vollgepumpt und schliefen wie tot. Diese Schwester würde, höchstwahrscheinlich in ein Buch vertieft oder vom stumm geschalteten Fernseher abgelenkt, am Bett wachen und nicht mitbekommen, wenn er das Haus verließ.

Wenn er auf die Jagd ging.

»Ja, Mutter, was gibt's?«, fragte er in ausgesucht freundlichem, pflichtbewusstem Ton. »Noch ein Kissen? Natürlich. Sonst noch etwas? Wie wär's mit einer guten Tasse Tee?«

Überdeckt starker Tee den Geschmack von Gift?

Er könnte *Jack's Boys* danach fragen, würde es aber nicht tun. Mit Gift mordeten traditionell Frauen. Die Methode beschwor das neunzehnte Jahrhundert herauf. Salons, Zylinderhüte und Rüschenkleider.

Nicht sein Ding. Delta liebte es blutig.

San Francisco kämpfte mehr als die meisten Städte in Amerika mit Obdachlosigkeit. Mit Schizophrenen, Bipolaren, Alkoholikern,

Die Straßen wimmelten nur so von heruntergekommenen Subjekten oder Losern von Geburt an. Jede Menge Leute, die Stimmen hörten oder halluzinierten. Sie überfüllten die Obdachlosenheime und waren die reinste Plage in Bibliotheken und in den schmalen Straßen der guten Wohnlagen, vom Presidio bis nach Chinatown, an Fisherman's Wharf und rings um das AT&T-Park-Stadion, selbst wenn ein Spiel anstand.

Bis jetzt hatte Delta fünf von ihnen erledigt.

Vier Männer. Eine Frau, die er für einen Mann gehalten hatte. Erst bei genauerem Hinsehen, als er ihr die Kehle aufschlitzte, war ihm gedämmert, dass er sein erstes weibliches Opfer vor sich hatte.

Er bezweifelte, dass die Cops hinter ihm her waren. Auch wenn die Polizei in San Francisco ziemlich clever war, hatte sie ganz bestimmt Wichtigeres zu tun, als in einem Mordfall unter Obdachlosen zu ermitteln. So viel wusste er: *Töte die richtige Sorte Mensch in der richtigen Manier, indem du dir zum Beispiel alberne Erkennungszeichen verkneifst, bei denen die Cops hellhörig werden, und kein Schwein interessiert sich dafür.*

Er verstand sich als eine Art Sensenmann, als Arbeiter in der Kanalisation des Todes. *Mann, ich hätte dafür, dass ich diesen Müll wegräume, einen Orden verdient.*

Jedenfalls witzelte er im Stillen gerne darüber.

Bei der Aufgabe, die ihm Alpha und die anderen übertragen hatten, nämlich einen Plan für die Beseitigung von *Socgoal02* zu entwickeln, würde er allerdings im Unterschied zu Easy keine Witze reißen. Das nahm er ernst, in jeder Beziehung, weil er wollte, dass die anderen seine Ideen so weit wie möglich übernahmen. Dabei stellte er sich vor, er wäre bei dieser Tötung selbst das ausführende Organ. Er strebte nach der Urheberschaft.

Pistole. Messer. Bombe. Bloße Hände. Er schwankte noch. Es würde nicht leicht. *Socgoal02* war kein Obdachloser, der auf irgendeiner menschenleeren Straße in einem Pappkarton hauste. Die Todesart, die er für ihn vorsah, musste die Zustimmung der anderen finden. Sie musste bedeutungsträchtig sein.

Delta überlegte, womit er sich bei Alpha so profiliert hatte, dass der Erste ihrer Gruppe ihn für die Rolle des Planers auserkoren hatte. *Vielleicht etwas an meinem Stil, in meiner Herangehensweise. Meine Umsicht bei der Auswahl meiner Opfer und mein entschlossenes Handeln, wenn es so weit ist. Zuerst bin ich der Spürhund und dann der Vollstrecker im Dunkeln. Das ist meine Handschrift. Dafür habe ich den richtigen Instinkt. Diese Qualitäten wird der Mörder von* Socgoal02 *benötigen.*

Seine Mutter zeigte wortlos auf ihren Fernseher.

»Soll ich den Sender wechseln?«, fragte er. »Vielleicht weniger Nachrichten, die dich immer so aufregen, und stattdessen lieber eine nette Seifenoper?«

Ohne auf eine Antwort zu warten, griff er nach der Fernbedienung und schaltete von den idiotischen TV-Schwätzern, die sich auf Fox News über die ach so schrecklichen Liberalen ausließen, auf *Zeit der Sehnsucht* um, auch wenn er wusste, dass sie der Handlung nicht würde folgen können – *Was machen die da? Was haben sie gesagt? Was ist da los?* – und dass es sie wahrscheinlich zum Weinen bringen würde.

EASY ...

Seine vermeintlichen Stiefkinder würden bald aus der Schule heimkommen, seine vermeintliche Frau war im Pflegeheim noch dabei, einem weiteren Erwachsenen die Windel zu wechseln, und wenn nicht das, dann die Böden zu schrubben. Er selbst würde sich in absehbarer Zeit ins Auto schmeißen und mit der Arbeit beginnen.

Eins der Klimageräte in der Wand war kaputt und machte nur noch ein schepperndes Geräusch, ohne kühle Luft abzugeben, sodass es im gnadenlosen Klima von Südflorida im Haus stündlich heißer wurde. Ganz ähnlich wie zuvor Delta, auch wenn er davon nichts wusste, betrachtete sich Easy im Spiegel.

Im charakteristisch rauen New Yorker Tonfall sagte er:

»Du laberst mich an.«

Easy kannte die gesamte berühmte und angeblich von Robert De Niro improvisierte Szene aus *Taxi Driver* auswendig. Genauer gesagt: Er konnte fast den gesamten Text des Streifens herunterspulen. Es war sein absoluter Lieblingsfilm, aus mehrerlei Gründen, nicht zuletzt auch, weil Easy selbst einen Uber fuhr, was ihn mit der Taxifahrer-Figur des Travis Bickle in Scorseses Meisterwerk verband.

Easy ging dieser Tätigkeit nach, obwohl er dank eines Rubbellos-Gewinns fast eine halbe Million Dollar auf dem Girokonto hatte. Seiner Lebensgefährtin aus Honduras hatte er – ebenso wenig wie ihren zwei nervigen Grundschulkindern aus einer früheren Beziehung, die ihr für ihren Einwanderungsstatus eher hinderlich waren – kein Sterbenswort davon gesagt. Abgesehen von der gelegentlichen Nummer hartem Sex, den sie für die Aussicht auf eine Greencard in Kauf nahm, diente sie ihm, genauso wie sein höchst bescheidenes Haus und sein Job ohne Zukunftsperspektive, nur zur Tarnung.

»Du laberst mich an«, wiederholte er und verlagerte dabei so wie De Niro an dieser Stelle sein Gewicht. »Ich bin der Einzige, der hier ist.«

Schon um diese Uhrzeit schwitzte er in der Hitze von Südflorida. Über sich hörte er das Dröhnen eines Flugzeugs beim Landeanflug auf den *Miami International Airport*. Das heruntergekommene Dreizimmerhaus, in dem er wohnte, befand sich direkt unter einer der Haupteinflugschneisen. Es war ihm gerade recht, in einer Art Slum zu wohnen; es machte ihn vor aller Augen unsichtbar. Um diese Zeit rechnete er auf der 836 stadteinwärts schon mit dichtem Verkehr und auf dem South Dixie Highway bereits mit Stau. Auf ein zähes Stop and Go war im Bankenviertel in der Nähe der Brickell Avenue jedenfalls Verlass, und genau da wollte er an diesem Tag sein Geld verdienen. Mit ein bisschen Glück bekäme er eine Fahrt nach Miami Beach. Das brachte gutes Geld, besonders wenn die Dammstraßen aus der City zum Strand stark befahren waren. Denn obwohl sie mit Fixpreisen arbeiteten, schlugen

sich die Schuldgefühle der Passagiere nach quälendem Schneckentempo in großzügigen Trinkgeldern nieder.
Unter anderem fuhr er gerne für Uber, weil er sich auf diese Weise mit jeder Wegstrecke in Dade County vertraut machen konnte. Er kannte sie alle: von der dicht befahrenen 95 South, auf der er sich täglich Hochgeschwindigkeitsrennen lieferte, über das Mercedes- und Porsche-Defilee auf dem Ingraham Highway von Coconut Grove bis hin zu den Wohnvierteln von Coral Gables, Süd-Miami und Pinecrest.
Ihm war klar, dass er nicht wie Travis Bickle ein Armholster mit Sprungfeder tragen konnte, aus dem ihm die Automatikpistole wie mit Zauberkräften in die Hand sprang. Außerdem hatte die Filmfigur den entscheidenden Vorteil, eine weite olivfarbene Jacke aus Armeebeständen zu tragen, unter der sie ihr Arsenal elegant verbergen konnte. Dieses Glück hatte Easy nicht. *Selbst wenn er die Klimaanlage ganz hochfuhr, wäre es dafür in Miami zu heiß, da saß er immer noch im T-Shirt hinterm Steuer. Und gäbe es einen sichereren Weg, das Misstrauen eines Cops zu erregen, als bei Temperaturen um die dreißig Grad in einer schweren Jacke durch die Gegend zu fahren?*
Easy griff zu seinem Rucksack, der mit seinem Spezial-Laptop für Mord sowie mit einer kurzläufigen Smith & Wesson Kaliber achtunddreißig bestückt war. Die Waffe diente in Miami seinem persönlichen Schutz. Er würde sie nie bei einem künftigen Mord zum Einsatz bringen, so wie er auch keine seiner bisher drei Taten damit verübt hatte, alles Kids im College-Alter. Zwei Mädchen und ein Junge mit auffällig femininen Zügen.
Bei denen hatte er zu einer anderen Methode gegriffen. Plastikbeutel über den Kopf und mit Isolierband versiegelt, sodass er sie, während er sich selbst befriedigte, nach Luft schnappen und ersticken sehen und das Video, das er davon machte, anschließend zur enthusiastischen Begutachtung den anderen *Jack's Boys* schicken konnte. Fünf Sterne. Easy kannte jeden Feldweg in die Everglades. Abgelegene Stellen, an die sich kein Mensch verirrte. Eine Welt der Schlangen, Alligatoren, exotischen Vögel, verschlungenen Mangro-

ven. Trügerisches Halbdunkel. Ein Ort ohne Überwachungskameras und kaum irgendwo Handyempfang. Ein uriges, prähistorisches Fleckchen Erde, ideal für einen genüsslichen Mord.
Er liebte die Gegend, schon seit seiner Kindheit in einer Wohnwagensiedlung am Rande der weitläufigen Gras- und Sumpflandschaft, die westlich bis ans Dade County reicht. In den Schutz ihrer Dunkelheit hatte er sich oft geflüchtet, wenn sein Stiefvater genug davon hatte, seine Mutter zu verprügeln, und sich ihm zuwandte. Das heißt, wenn er Easy nicht gerade zu Oralsex zwang. Wenn man einen Ort liebt, eignet er sich perfekt dazu, dich zu beweisen, glaubte Easy. Darüber hinaus hatte er auch einfach Glück gehabt. Von seinen drei Opfern hatten sie nur zwei gefunden. Das andere zersetzte sich langsam, aber sicher in der sengenden Hitze und der Luftfeuchtigkeit tief im Innern der Glades. Wurde vielleicht von Alligatoren oder Ratten zernagt. Was ihm, wie er fand, das Recht gab, erneut zuzuschlagen.
Manchmal sann er darüber nach, wie viele Menschen er wohl noch umbringen konnte, bevor die Polizei Wind davon bekam. Mit Vergnügen stellte er sich ihren Schock vor, wenn ihnen dämmerte: *»Hey, ich glaube, wir haben es mit einem Serienmörder zu tun …«*
Kein Scheiß.
Über dieses Thema unterhielten sich *Jack's Boys* zuweilen in ihrem Chat – ohne der Gruppe die tatsächliche Zahl ihrer Erfolge zu verraten. Ihr Namenspatron Jack the Ripper hatte sich zu vieren bekannt. Dabei hatte es möglicherweise viel mehr gegeben. Ted Bundy, den sie schließlich im Sunshine State schnappten, soll auf über dreiunddreißig gekommen sein, was allerdings schwer nachzuprüfen war. Dann waren da noch diese Jungs in Texas mit achtundzwanzig und dieser Typ in Russland mit satt über hundert. Easy ging im Kopf Namen und Zahlen durch. *Ich werde sie alle schlagen.*
Auf der anderen Seite hatte er keine Angst davor, geschnappt und hingerichtet zu werden.
Irgendwie hatte die Vorstellung, eines Tages in einem Gerichtssaal

zu stehen und seine eindrucksvolle Bilanz vor aller Welt zu verkünden, ihren Reiz.

Er konnte lachen und der Polizei ins Gesicht spucken.

Haha, ihr habt Jahre gebraucht, mich zu schnappen!

Also los, schnallt mich auf den elektrischen Stuhl, jagt mir eine Million Volt durch den Leib und seht dabei zu, wie ich grinsend hinübergehe und euch immer noch den Stinkefinger zeige.

Wenn ich in der Hölle ankomme, verleihen sie mir bestimmt einen Orden.

Er zog sich ein gebügeltes Polohemd über – einer der Vorzüge seiner eingewanderten Quasi-Ehefrau, die für ihn die Wäsche machte – und ging zur Haustür.

Irgendein Dichter hat mal gesagt, Sterben wäre einfach nur ein Teil des Lebens, dachte er. *Das gilt dann ja wohl genauso fürs Töten.*

Easy kannte über zwanzig Örtlichkeiten rings um Miami mit starkem öffentlichen WiFi-Empfang. Der Flughafen. Die Colleges. Die Einkaufszentren. Die Parkplätze vor einigen Bibliotheken. Es war ein Kinderspiel, von einem solchen öffentlichen Ort aus tief in die Wirrnis des Internets einzutauchen und auf Umwegen, über mehrere Server mit verschiedenen elektronischen Signaturen, auf *Jack's Special Place* zu landen.

Er hatte schon jetzt einen wahren Hass auf *Socgoal02* entwickelt. Es bereitete ihm Qualen, dass *Socgoal02* ein kleiner Teenager war, ungefähr im Alter seiner anderen Opfer. Er konnte den Startschuss kaum erwarten, um sich ihm an die Fersen zu heften. Stalking *ist zwar nicht Mord, aber auch nicht zu verachten,* dachte er. Dabei heckte er längst Pläne aus, wie er den Jungen unbemerkt observieren konnte. Er würde sich schwer zusammenreißen müssen, um *Socgoal02* nicht gleich an die Gurgel zu gehen und dem Dreckskerl eine Plastiktüte über den Kopf zu stülpen. Es war eine Enttäuschung, dass die Aufgabe Bravo zufiel. Andererseits sah er ein, dass Bravo die beste Rolle abbekam. Ein bisschen unfair fand er es trotzdem.

KAPITEL 6

SPÄTABENDS …

Kurz nachdem Connor nach Hause gekommen war, versuchte Ross, einzuschlafen, doch vergeblich. Er hatte zugesehen, wie der Junge seine Schultasche in die Ecke warf, sich das Kapuzenshirt über den Kopf zog, zwei Handvoll Kekse aus der Küche holte und vergnügt *Gute Nacht* sagte. Danach hatte Ross eine halbe Stunde gewartet, bevor er aufstand und sich lautlos zu Connors Zimmer schlich. Er war darauf gefasst gewesen, ihn vom Computer loszueisen, damit er seinen Schlaf bekam, hatte aber festgestellt, dass der Junge wie ein Murmeltier schlief. Einen Moment lang horchte er auf den regelmäßigen Atem seines Enkels. Manche Dinge änderten sich nie, musste er denken. Jahrelang hatte er vor dem Zimmer seiner Tochter verweilt und Hopes Atemzügen gelauscht. Als Baby. Als Kind. Als Jugendliche. Selbst als sie längst erwachsen, ausgezogen und verheiratet war, hatte er sich noch manches Mal dabei ertappt, wie er vor ihrem leeren Zimmer stand und sich die vertrauten Geräusche vorstellte. So war es auch über die Jahre mit Connor gewesen. Wo er schon nicht besonders gut darin war, jemandem zu zeigen, wie sehr er ihn liebte, konnte er sich wenigstens zu seinem Schutz in der Nähe bereithalten.

Kate war noch nicht von der Intensivstation zurück.

Er wusste nicht, ob das ein gutes oder schlechtes Zeichen war.

Er fürchtete die Gelegenheiten, wenn sie dann bedrückt, mürrisch und frustriert zurückkam, weil er wusste, was das zu bedeuten hatte. Dagegen liebte er es, wenn sie lachend und mit strahlendem Gesicht buchstäblich zur Tür hereintanzte, eben weil er wusste, was das zu bedeuten hatte. Es war ihm ein Rätsel, wie sie es als so empfindsamer Mensch auf der Intensivstation aushielt. Bei nüchterner Betrachtung ihres Berufs hätte man ihr dazu raten müssen, zwischen sich und diesen Hochrisikopatienten eine gesunde psychologische Barriere zu errichten. Stabil genug, um dieses Umfeld mit Gleichmut zu ertragen. Um sie gegen das Sterben immun zu machen.

Aber das tat sie nicht.

Und das erfüllte ihn mit der größten Bewunderung. Als Soldat hatte er geglaubt, nur mit einem solchen Gleichmut überleben zu können. Die gängige Devise der GIs nach Verlusten oder sonst einem Desaster lautete: »*Was soll's?*«, und keiner beherzigte sie. Blanker Zynismus. Kate war der lebende Beweis dafür, dass Anteilnahme Katastrophen erträglich machte.

Er wusste auch, dass er in dieser Nacht kaum Schlaf finden würde, bis sie wieder zu Hause war.

Er überlegte, ob er solange fernsehen sollte. Eine Komödie vielleicht.

Nein.

Oder etwas lesen. Er las gerne Thriller.

Nein.

Manchmal las er, wenn er nicht einschlafen konnte, Gedichte, am liebsten Yeats' *Am Fuß von Ben Bulben* und andere große Dichter aus der Zeit des Ersten Weltkriegs, wie Kilmer, Graves, Owen und Sassoon. *Ein jeder brach plötzlich in Gesang aus.*

Nein.

Und so begab sich GP in sein Arbeitszimmer im Erdgeschoss und ließ sich auf seinem Schreibtischstuhl nieder. Er überlegte, ob er sein Kassenbuch führen oder Rechnungen bezahlen sollte – langweilige Erledigungen, um müde zu werden. Oder er machte sich vielleicht daran, seinen Colt Python .357 zu reinigen. *Der Cadillac der Handfeuerwaffen,* hatte der Verkäufer getönt. Doch im selben Moment merkte er, wie die Depression gleich einer dunklen Meereswoge über ihm zusammenzuschlagen drohte, und begriff, dass dies einer jener düsteren Oktober-Momente war. In der Hoffnung, Freddys Stimme zu hören, horchte er in sich hinein, doch es blieb still. In dieser Nacht ließen ihn die Geister in Ruhe. Und so beschloss er am Ende, einfach dazusitzen und geduldig auf seine Frau zu warten oder darauf, dass die Erschöpfung ihn übermannte, notfalls auch auf den Morgen. Dabei wurde ihm wieder einmal bewusst, dass er sich darauf konzentrieren sollte, Connor nach Kräften dabei zu unterstützen, einen positiven Lebensweg einzuschlagen. *Zum Beispiel: Irgendwie meine Rente aufbessern, um ihm sein Studium zu finanzieren und ihm danach etwas zu hinterlassen. Mir Leute von der Zulassungsstelle in Erinnerung rufen, die mir nach all den Jahren an der Universität etwas schuldig sind, damit sie sich dafür verwenden, dass er an eine namhafte Uni kommt – die halbe Miete auf dem Weg zum Erfolg.* Dabei ahnte Ross, dass Connor, wenn er solche Beziehungen für ihn spielen ließ, darauf bestehen würde, dass er dasselbe für Niki tat.

Nichts dagegen.

Von mir aus gern.

Auch wenn Ross und Kate nie darüber sprachen – über Connors Liebesleben zu reden, erschien ihnen indiskret –, war ihnen Niki ans Herz gewachsen, und sie hofften, dass sie ihnen erhalten blieb.

Er spannte die Armmuskeln an. Wackelte mit den Zehen. Atmete ein paar Mal tief durch. Starrte an die Wand. Er stand an der Schwelle seines Lebensabends, fühlte sich aber jung genug, um Connor noch eine Weile auf seinem Weg ins Erwachsensein zu begleiten und mitzuerleben, wie er etwas aus sich machte.

Wenigstens das sollte er schaffen.

SPÄTNACHTS ZWEI HÄUSER WEITER …

Niki lag auf dem Rücken in ihrem Bett und dachte, während sie zur Decke blickte, daran, wie Connor ihr die Brust gestreichelt hatte, während sie ihren Kopf an seine Schulter schmiegte. Einen Moment lang kam in ihr die Sorge hoch, ihre Brüste seien zu klein. Zu athletisch. Dann schüttelte sie den Kopf und kostete die Erinnerung daran aus, nackt neben Connor zu liegen, weil er jede Faser ihres Körpers zu lieben schien. Sie lächelte. Connor hatte einen sechsten Sinn dafür, wann ihre Eltern im Anmarsch waren, und so hatte er sie noch einmal gedrückt, bevor er aufstand, seine Sachen zusammensammelte und ihr ihre Unterwäsche reichte, bevor er sich zügig, aber ohne Eile anzog, sodass sie beide, als ihre Eltern aus ihrem Naturkostrestaurant heimkehrten und die Haustür öffneten, brav Seite an Seite im Wohnzimmer auf dem Sofa saßen und auf ihre Bildschirme starrten. Kein zerzaustes Haar und keine geröteten Wangen ließen ahnen, dass sie in den letzten Stunden etwas anderes getan hatten, als pflichtbewusst für die nächste Klausur zu büffeln oder ihre Hausaufgaben zu machen.

Dabei hatte Connor viel mehr Angst davor, dass Nikis Eltern sie bei ihren Recherchen im Darkweb mit seinen entsetzlichen Bildern von Mord und Totschlag erwischen könnten als nackt zusammen im Bett.

Niki sah das ähnlich.

Ihre Eltern waren in ihren politischen und moralischen Auffassungen überaus liberal und hätten ihnen wahrscheinlich nur einen lächerlichen Vortrag darüber gehalten, sich zu schützen, inklusive praktischer Ratschläge, wie man ein Kondom sachgerecht über eine Erektion zieht, was ihr allerdings umso peinlicher gewesen wäre.

Sex würde ihre Leute jedenfalls nicht aus der Fassung bringen.

Bilder von Morden dagegen schon.

Niki schüttelte den Kopf und legte sich fast genauso, wie es zuvor Connor getan hatte, die Hand auf die Brust. Auf diese Weise verscheuchte sie die Bilder, die sie an diesem Abend durchforstet hatten, mithilfe einer schönen Erinnerung.

Ihr fiel der Name der Website nicht mehr ein. Etwas wie *Violentdeath.com* oder *Tracksofakiller.com.*

Dabei hatte sie nicht einmal die Nahaufnahme von einem abgetrennten Männerkopf in Vollbildansicht am meisten erschüttert.

Schlimmer noch war der dazu hochgeladene Soundtrack:

Gelächter.

Brüllendes, unbändiges Gelächter. Das war ihr unter die Haut gegangen. Es hatte ihr einmal mehr bewusst gemacht, dass das Böse im Internet vielerlei Gestalt annahm.

Sie wusste nicht, ob die Bilder Connor genauso verstörten wie sie. Vermutlich schon, aber er war besser darin, sein Entsetzen zu verbergen.

Niki schloss die Augen. Sie strich sich über den Nippel. Sie war mit der Hand schon halb am Schritt, hielt aber inne. Diese Erinnerung hob sie sich besser für den Fall auf, dass sie absolut keinen Schlaf finden konnte.

Sie ahnte nicht, dass genau wie sie auch Ross in dieser Nacht noch wach war. Sie wusste nur, dass es ihr nicht leichtfallen würde, das Gesehene und Gehörte in einen der hintersten Winkel in ihrem Kopf zu verbannen. Die Erinnerung an die Zärtlichkeiten wachzuhalten, war ihre beste Chance, die Gewalt zu vergessen.

KURZ VOR DEM MORGENGRAUEN …

Vierzehn Stunden Dienst.

Kate spürte die Erschöpfung mit jeder Faser.

So mussten sich Ultramarathonläufer auf der Zielgeraden am Ende eines Hundert-Meilen-Rennens fühlen, wenn sie, obwohl sie sich kaum noch auf den Beinen halten konnten, wie Zombies unerbittlich weiterliefen. Doch als sie das Gesicht des diensthabenden Arztes auf der Intensivstation sah, der das Krankenblatt dieser langen Nacht studierte, spürte sie eine Woge frischer Energie und dachte nur, *wenn nötig, schaffe ich noch mal vierzehn Stunden.*

In dem Zimmer hinter ihr schlief das neunjährige Mädchen.

Die überstrapazierten Eltern harrten halb liegend auf ihren Stühlen aus. Abwechselnd blieb einer von ihnen wach, um ihrem Kind die Hand zu halten, während der andere sich ein wenig ausruhte. Wenn sie tauschten, blieb die Hand des Mädchens höchstens eine Sekunde unberührt.

Der Arzt blickte von einem Blatt mit Zahlen auf.

Mit einem verhaltenen Lächeln sah er Kate an.
»Gehen Sie nach Hause, Kate«, sagte er. »Gönnen Sie sich ein bisschen Schlaf. Hier können Sie heute früh nichts weiter tun.«
Sie nickte.
»Was habe ich gestern gesagt?«, fragte er.
»Fünfzig zu fünfzig«, antwortete sie.
»Jetzt vielleicht sechzig zu vierzig«, sagte er. »Nein, siebzig zu dreißig.«
»Wie herum?«
»In die richtige Richtung. Und jetzt raus mit Ihnen. Ich lasse Sie anrufen, wenn sich etwas ändert. Aber das wird nicht so sein.«
Er lächelte wieder und blickte zu den weißen Deckenlampen auf. Kate wusste, dass er sich mit Herzblut um seine Patienten kümmerte. Genauso wie sie. »Ich sage lieber noch nicht, dass sie über den Berg ist«, erklärte er. »Aber es könnte sein. Nur vielleicht. Bitte teilen Sie das den Eltern noch nicht mit. Ich würde ihnen lieber ein Wechselbad ersparen, falls es doch noch in die andere Richtung gehen sollte. Aber die Werte lassen hoffen.«
Kate nickte wieder. Alles, was er sagte, hatte sie schon gewusst, aber es aus dem Mund des Arztes zu hören, machte es realer.
»Drücken Sie die Daumen«, sagte er. Kein streng medizinischer Rat.
Oder, dachte Kate, *schicke eine Schimpfkanonade gen Himmel. Vielleicht sind ja ein paar der Flüche angekommen.*
Sie brauchte ein paar Minuten, um ihre Sachen zu holen und zum Schichtwechsel die Schwester, die ihren Dienst antrat, auf den neuesten Stand zu bringen. Mit jedem Wort, das sie sagte, wurde sie müder und umso präziser in ihren Angaben. Sie würde der Erschöpfung nicht in die Falle gehen und wesentliche Informationen auslassen. Dafür musste sie sich zusammenreißen, eine Fähigkeit, von der sie, wie sie immer wieder feststellte, einen schier endlosen Vorrat zu haben schien. Was hoffentlich noch lange so blieb.

KAPITEL 7

13:13 UHR

EINS, ZWEI, DREI, VIER, FÜNF ONLINE …

Alpha konnte es kaum erwarten, die Mordvorbereitungen ernstlich anzugehen, was, wie er vermutete, für sie alle galt. Er spürte diesen Kitzel, diese vertraute, angenehme Erregung. Den Anpfiff zu einem großen Spiel. Es fühlte sich an, als gebe er gleichzeitig Gas und trete auf die Bremse. Sein Puls war langsam und regelmäßig. Dabei rasten seine Gedanken mit tausend Meilen pro Stunde. Er sondierte. Er wog ab. Es war ein Hochgefühl, das er aus vollen Zügen genoss.
Er war letzte Nacht lange aufgeblieben, hatte in seiner glühenden Wut über *Socgoal02* s Störung einen großen Teil der Nacht zum Tag gemacht und sich in eine einzige tröstliche Idee verbissen: Er hatte beschlossen, eines Tages so etwas wie Memoiren über die Ermordung von *Socgoal02* zu schreiben. Das hatte allerdings Zeit, bis er alt und klapprig war und noch so gerade eben bei Verstand – genug, um einer schockierten Sekretärin jede unglaubliche Einzelheit zu diktieren. Es würde ein internationaler Bestseller werden, keine Frage. Ihm geisterten schon mögliche Titel durch den Kopf. *Das Ende von Socgoal02* oder *Warum wir diesen widerwärtigen Jungen getötet haben.* Was sie da gerade in Angriff nahmen, war so einmalig, dass die Nachwelt ein Anrecht darauf hatte, in allen Einzelheiten davon zu erfahren. Er nahm sich vor, den ganzen Prozess in Notizen festzuhalten und auch den gesamten Online-Austausch zu dokumentieren. Dabei würde er nach *Socgoal02* s Tod die Leerstellen in der Erzählung mit ausführlichen Interviews füllen müssen, wozu er von Herzen gerne bereit war, so wie zweifellos auch alle anderen *Jack's Boys* Wert darauf legten, sich mit ihrem Anteil am gemeinsamen Triumph unsterblich zu machen.

Vorausgesetzt, ihre Anonymität blieb gewahrt.
Er schätzte, dass das FBI danach einen ganzen mehrmonatigen Kurs ausschließlich diesem Mord widmen würde. Er sah schon die jungen, gespannten Gesichter angehender Ermittler in einem Hörsaal in Quantico vor sich, die den Ausführungen eines Verhaltenspsychologen zum ganz und gar außergewöhnlichen Tod von *Socgoal02* atemlos folgten. Im Geist hörte er, wie der Kursleiter erläuterte: »*Noch nie in der gesamten Kriminalgeschichte haben sich fünf Serienmörder – allesamt klassische Einzelgänger ohne nennenswerte anderweitige zwischenmenschliche Beziehungen, Männer, die einander nur unter ihren Pseudonymen im Internet kannten – verschworen, eine Zielperson gemeinsam zu ermorden.*«
An dieser Stelle würde der Dozent die Frage in den Raum stellen: »*Was hat wohl diese ganz und gar verschiedenen Männer zusammengeschweißt?*«
Alpha wusste die Antwort: *Auch wenn keiner von uns wie der andere ist, eint uns ein und derselbe Drang. Das macht, auf unsere je unterschiedliche Weise, unsere Größe aus.*
Und dann würde der Dozent verkünden:
»*Für diesen Mord wurde nie ein Motiv ausgemacht.*«
In Wahrheit fehlte es diesem imaginären Lehrer einfach nur an Fantasie. Das tatsächliche Motiv gehörte zu den ältesten der Welt. Absalom. Hamlet. *Wir wurden zutiefst gekränkt. Unsere fundamentalen Prinzipien wurden verletzt. Unsere Lebensmission, das, was uns im Innersten ausmacht, wurde von einem dämlichen Jungen, der keine Ahnung hatte, verhöhnt. Von einem Kind, das nichts von Größe weiß. Oder davon, sich in der Gesellschaft ein Denkmal zu setzen. Wie kann sich ein gewöhnlicher Sterblicher Gewicht verschaffen? Wir haben einen Weg gefunden. Und* Socgoal02 *hat das in den Dreck gezogen. Sich über uns lustig gemacht. Wonach schreit das wohl?*
Nach Rache.
Alpha, der sich auf sein rationales Denken einiges zugutehielt, machte sich nicht ganz klar, dass er in seiner Animosität gegenüber *Socgoal02* für einen Moment die Zügel schießen ließ, die er

gewöhnlich fest in der Hand hielt. Ebenso unterschätzte er, in welchem Maße sich die Wut auch bei den anderen *Jack's Boys* steigerte – je mehr sie sich auf *Socgoal02* fixierten, desto unkontrollierter waren sie ihren Gefühlen ausgesetzt.

Mit fliegenden Fingern tippte Alpha in die Tastatur:

Charlie, wir sind alle neugierig:

Was hat deine Online-Recherche erbracht?

Als Alpha Charlies prompte Antwort sah, brach er in ein zufriedenes Lachen aus:

Beträchtliche Fortschritte.

Ein von Instagram geklauter Screenshot erschien auf ihren Bildschirmen:

Connor und Niki, wie sie über einen unbekannten Witz lachen.

Charlie führte aus:

Socgoal02 *verfügt über eine erstaunliche Internetpräsenz. Was man von einem Klugscheißer-Teenager, der auf seinem Computer machen darf, was er will, und mit seiner Zeit nichts Besseres anzufangen weiß, nicht anders erwarten würde. Facebook. Instagram. Weitere soziale Netzwerke. Ich hab jede Menge Fotos gefunden: wen er alles kennt, wo er wohnt und wo er zur Schule geht, seine Kontakte und einen Haufen Infos über sein Leben. Mit Klarnamen heißt er Connor Mitchell. Er hat eine sehr hübsche Freundin namens Niki Templeton, die offenbar ähnliche Interessen im Internet pflegt. War nicht weiter schwer, sich in seine vielen Accounts zu hacken. Sein Facebook-Passwort lautet zum Beispiel* Nikilove. *Das hat mich gerade mal sieben Versuche gekostet; ich hab Zugang zu seinem Gmail-Konto und jede Menge seiner schmachtenden* Ich liebe dich-*Mails zwischen ihm und seiner Freundin gelesen.*

Alpha warf ein:

Sollten wir die auch ins Auge fassen?

Nach einer kurzen Pause antwortete Charlie.

Ja, vielleicht. Das sollten wir besprechen. Aber seht euch ihr Foto an …

Auf ihren Computern erschien eine neue Fotoserie von Niki.

Und Charlie fuhr fort:

Ich denke, es wäre für uns alle ein Hochgenuss, eine Zeit lang über sie zu verfügen.

Alpha nickte und schrieb:

Absolut. Charlie, bitte mach weiter.

Was sich Charlie nicht zweimal sagen ließ:

Für jemanden, der sich mit dem Internet offenbar gut auskennt, geht Socgoal02 *ziemlich lax mit Passwörtern und persönlichen Informationen um, wahrscheinlich einfach nur, weil er sich sicher fühlt, was er jedoch nicht ist. Kein bisschen. Wahrscheinlich einfach wie jeder andere Idiot in seinem Alter. Er verwendet nur die einfachsten Sicherheitssysteme, die leicht zu knacken sind. Die billigen Versionen, die überall zu haben sind. Ich konnte viele seiner Tastenkombinationen auf gut Glück kopieren. Die schicke ich dir separat, Alpha. Dann siehst du, wie er zufällig in* Jack's Special Place *hineingestolpert ist.*

Und Charlie fuhr fort:

Ich hab sogar rausgekriegt, wem er alles auf Twitter folgt. Offenbar liebt er Fußball und folgt natürlich Bayern München und Manchester United. Ich glaube, er liebt die Torhüter dieser Mannschaften, Manuel Neuer und David de Gea. Jedenfalls hat er jede Menge Likes zu ihren Bildern gepostet. Er scheint belesen und ein guter Schüler zu sein. Ich bin an seinen Highschool-Notendurchschnitt gekommen: 1,1, also nur knapp an der Bestnote vorbei, weil er einmal in Geowissenschaften nur eine Zwei plus bekommen hat. Er mag Rock. Alles keine Überraschung, aber Bruce Springsteen? Andere Generation. Socgoal02 *ist Waise. Ist bei seinen Großeltern mütterlicherseits aufgewachsen. Kate und Ross Mitchell. Krankenschwester und Universitätsangehöriger im Ruhestand. Vielleicht sind die ja die Springsteen-Fans, und er hat es von ihnen. Jedenfalls sind seine Eltern bei einem Autounfall ums Leben gekommen, als er noch ein Kind war. Die Zeitungen haben damals darüber berichtet. Interessantes Detail:* Socgoal02 *verbringt viel Zeit damit, die Spur des betrunkenen Fahrers zu verfolgen, der für den tödlichen Unfall in den Bau gegangen ist.*

Arbeite noch daran, die Accounts der Freundin zu hacken. Die ist

ein bisschen vorsichtiger. Ich schaff das schon, aber dafür werde ich ein bisschen länger brauchen.
Bei der Sichtung von Socgoal02 *s Fußabdruck im Internet bin ich noch auf eine weitere interessante Sache gestoßen.*
Charlie zögerte einen Moment vor seiner Tastatur. Er war mit seiner digitalen Detektivarbeit über alle Maßen zufrieden. *Ich sollte diese dämliche Professur an den Nagel hängen,* dachte er, *und beim NSA oder bei der CIA anheuern. Die wüssten bestimmt zu schätzen, was ich am Computer draufhabe, und würden dafür wahrscheinlich großzügig über meine anderen Interessen hinwegsehen. Wie zum Beispiel Morden. Könnte denen schließlich egal sein, was ich mit meiner Freizeit anfange, solange ich für sie Terroristen aufspüre.*
Er spürte die Ungeduld der anderen *Jack's Boys.* Er stellte sich vor, wie sie alle wie aus einem Mund sagten: »*Was für eine interessante Sache?*«
Mit seiner Vermutung lag er richtig. Bevor er weiter berichten konnte, schrieb Delta:
Wie lange willst du uns noch auf die Folter spannen?
Charlie schrieb:
Wollte nur einen kleinen elektronischen Trommelwirbel.
Darauf Easy:
Hahahaha.
Und Charlie ließ die Katze aus dem Sack:
Socgoal02 *verbringt jede Menge Zeit im Darkweb. Er scheint eine Vorliebe für Mord zu haben. Eine ausgeprägte Vorliebe. So hat er uns gefunden.*
Bravo meldete sich als Erster zurück:
Ja, hol mich der Teufel!
Und Easy:
Der kriegt uns früher oder später alle. Wirklich der Hammer!
Alpha nutzte den Moment, um den Austausch zu moderieren.
Faszinierend. Charlie, weißt du dazu noch mehr?
Charlie überlegte blitzschnell, bevor er schrieb:
Ich kann nur spekulieren. Aber vielleicht hat es damit zu tun, wie er dem Mann, der bei diesem Unfall seine Eltern getötet hat, auf den

Fersen bleibt. Vielleicht will er ihn ja um die Ecke bringen. Wenn das keine Ironie ist.

Und Delta schrieb:

Cool. Weißt du noch mehr?

Charlie hatte mit der Frage gerechnet.

Klar. Ich hab sämtliche Informationen über Socgoal02*s Leben, die ich bis jetzt zusammenhabe, in einer sicheren E-Akte zusammengefasst und euch auf* Jack's Special Place geschickt. *Sie kommt von einem fiktionalen, nicht rückverfolgbaren Account, Titel: »Letzter Wetterbericht für die Küstenregionen von New England«. Darin findet ihr einige Seiten mit echten Daten vom nationalen Wetterdienst zu Gezeiten, Wellentätigkeit und Windstärken. Scrollt bis zur dritten Seite runter. Da habe ich die Info zu* Socgoal02 *eingefügt. Druckt sie aus und löscht das Ganze.*

Alpha nickte an seinem Schreibtisch. In seiner Antwort gewann seine praktische, planerische Seite schnell wieder die Oberhand:

Genug Info für Easy, um mit seiner analogen Observierung von Socgoal02 anzufangen? Können wir zu Phase zwei übergehen?

Charlie:

Ja. Natürlich.

Und wahrscheinlich auch schon zu Phase drei. Schätze, wir haben damit auch genügend Info, mit der Bravo sich an die Planung des Abenteuers begeben kann.

Was er unter *Abenteuer* verstand, war allen klar.

Charlie griff zu seiner Computermaus und fuhr damit herum. Dann schrieb er:

Hier, Jungs. Dachte, das könnte euch gefallen.

Er klickte einmal. Auf allen ihren Bildschirmen erschien ein Foto von Connor Mitchell. Es war eine Momentaufnahme von ihm nach einem Fußballspiel. Verschwitzt, aber triumphierend. Mit breitem Siegerlächeln riss er die Arme hoch. Sie gingen davon aus, dass Charlie dieses genauso wie die anderen Bilder von einem Facebook- oder Instagram-Account hatte. Womit sie richtiglagen. Alle fünf Mitglieder von *Jack's Boys* starrten auf ihre Computer, jeder auf seine ganz eigene Art erregt. Jeder anders als die Übrigen wutentbrannt, Bravo vielleicht ein wenig mehr als der Rest. Ihm zitterten die Beine wie einem Läufer nach dem Sprint. Er spürte förmlich den Griff einer Waffe zwischen den Fingern. Er formte die Hand zu einer Pistole, richtete sie auf den Bildschirm und flüsterte: »Peng! Gute Reise, Dreckskerl.« Dann kicherte er.

Sie ließen sich alle einen Moment Zeit, um auf das Foto zu starren und sich daran zu weiden, was sie gerade in Bewegung setzten. Das Bild weckte bei jedem eigene Erinnerungen und löste Fantasien über die unmittelbare Zukunft aus. Charlie rechnete mit diesen Reaktionen, denn er rief noch einmal das Foto von Connor und Niki beim Abschlussball auf.

Schließlich beendete Charlie die Sitzung mit den Worten:

Schicke jetzt die Recherchedatei.

KAPITEL 8

CONNOR …

Niki hatte regelmäßig nach dem Training ein Treffen mit einem vom College gestellten Berater, und Connor wusste, dass sie hinterher wahrscheinlich wieder schlecht gelaunt war – nicht etwa weil der Berater keine berühmten Spitzenunis wie Harvard oder Yale, vielleicht auch Williams oder Amherst zu nennen wusste, sondern weil ihre Eltern sie jedes Mal zu diesen Gesprächen begleiteten und ebenso vorhersehbar – ihren langen Haaren und Batikklamotten zum Trotz – die Nase rümpften, wenn Niki kreativere, weniger traditionelle Lehranstalten wie zum Beispiel Bard oder Oberlin ins Spiel brachte. Connor stellte es sich lebhaft vor: *»Also, Niki, Liebes, das ist eine gute Idee, andererseits hast du so hart gearbeitet …«*, und je besser sie verstand, dass Prestige ihnen viel wichtiger war als ihr, desto mehr kochte sie innerlich und musste später am Telefon ihren Frust über ihre Eltern bei ihm ablassen, die *einfach nicht verstehen, wer ich bin und was ich werden möchte.* Er musste sie dann langsam wieder runterholen. Nach einer Weile atmete sie dann durch, und ihr Ton war nicht mehr harsch, sondern überlegt und aufmüpfig mit selbstironischem Unterton. Mit der Gewissheit, was der Abend bieten würde, begab sich Connor an diesem Nachmittag allein auf den Heimweg – nachdem er während des gesamten Trainings unablässig zu Boden gehechtet war, mit einigen Schürfwunden und blauen Flecken.

Nicht dass es ihm etwas ausmachte.

Wenn er sich Nikis Wut auf ihre Eltern vor Augen führte, musste er ein wenig grinsen.

Er bewunderte ihre Leidenschaft und beneidete sie darum. Er liebte ihre plötzlichen Tiraden über den Klimawandel oder die

Einwanderungspolitik, dank derer Kinder sich in Käfigen wiederfanden. Oder ihre Zornesausbrüche über ungerechte Gerichtsurteile. Er liebte es, wenn sie über ihre Eltern schäumte, deren Vorstellung von ihrer Zukunft ihrer eigenen diametral entgegengesetzt sei. Manchmal dachte Connor, Niki hätte besser in den Fünfzigerjahren auf die Welt kommen sollen, um gegen den Krieg zu protestieren, in dem GP gekämpft hatte, oder in Selma mit Martin Luther King zu marschieren. Er selbst war nie so wütend auf GP und GM. Natürlich sagten oder taten sie manchmal etwas, das ihn verärgerte, aber abgesehen davon, dass es selten vorkam, verflüchtigte sich sein Ärger immer schnell. Seine Beziehung zu ihnen war entschieden anders. Vielleicht lag es daran, dass sie der gemeinsame Kummer zusammengeschweißt und das selbstverständliche Vertrauen zwischen ihnen mit den Jahren nur noch gestärkt hatte. Manchmal glaubte Connor, dass ihm durch den frühen Tod seiner Eltern eine wichtige Erfahrung abging, die Niki mit rotem Gesicht und genügend Verve für zwei auslebte.

Über diese Dinge dachte er gerade nach, als er eine Allee entlangging. Das Haus seiner Großeltern war fußläufig nur wenige Minuten von der Schule entfernt, sodass seine gelegentliche und eher halbherzig vorgebrachte klassische Teenagerbitte *Ich brauche einen Wagen* von GP mühelos abgeschmettert wurde. *»Vielleicht wenn du ans College kommst, schauen wir mal«*, hatte sein Großvater ihm mit bestechender Logik jedes Mal beschieden. Im Prinzip stimmte Connor ihm zu. Er war sich nicht einmal sicher, ob er wirklich selbst am Steuer sitzen wollte. Ganz bestimmt gehörte er nicht zu denen, die mal eben fünf Leute in ihren Wagen quetschten und sich irgendeinen unverantwortlichen Erwachsenen suchten, der dumm genug war, ihnen im Laden um die Ecke Bier zu kaufen, mit dem sie sich dann im Wald besoffen, bevor sie es mit dem Auto irgendwie wieder nach Hause schafften.

Einmal hatte er gründlich darüber nachgedacht und war zu einer Entscheidung gekommen: *Ich werde nicht so sterben wie meine Mom und mein Dad. Im Auto. Durch jemanden unter Alkohol.*

Für jemanden, der so oft ans Sterben und Töten dachte, war dies ein erstaunlicher Anflug von Reife.

Einen Block von seinem Haus entfernt hielt er an.

Wenn er jetzt nach links abbog, konnte er zu Fuß in die Stadt. Ein langer Weg. Der ihn an der Bar vorbeiführte, in welcher der Mann, der seine Eltern auf dem Gewissen hatte, immer noch nach Feierabend trank. Noch ein wenig weiter, und er käme zu dem heruntergekommenen Mietshaus, in dem der Mann wohnte. Und am anderen Ende der Stadt, ein gutes Stück weg, gelangte er zu dem bescheidenen Haus der geschiedenen Ehefrau des Mannes. Connor holte sein Handy heraus und sah nach, wie spät es war. Vermutlich wären ihre zwei kleinen Kinder inzwischen aus der Schule zurück und spielten draußen. Sie waren beide in den Jahren nach dem Unglück geboren, bevor die Frau von der häuslichen Gewalt ihres betrunkenen Ehemanns die Nase voll hatte und die Scheidung einreichte. Connor hatte jedes Dokument in ihrer Scheidungsakte gelesen. Er fand es schön, die Kinder spielen zu sehen, sie konnten ja nichts dafür. Anders als die Mutter: Immerhin hatte sie gewusst, dass sich ihr Mann oft in betrunkenem Zustand hinters Lenkrad setzte, obwohl er kaum noch stehen konnte, also hatte sie indirekt zum Tod seiner Eltern beigetragen, indem sie ihm nicht die Wagenschlüssel abgenommen oder sonst irgendetwas unternommen hatte, was auch immer.

Damit hatte sie sich schuldig gemacht.

Zumindest ein bisschen.

Aber wenn er sie umbrächte, würde er die beiden Kinder zu Waisen machen, und Connor wusste, dass das unrecht war.

Er blickte auf. Es war immer noch hell, doch in der Ferne zog das erste Grau auf. Die kühle Luft kündete schon vom Herbst. In einer Böe wirbelte trockenes Laub auf – die untrüglichen Vorboten für den Jahreszeitenwechsel. Nach dem Training hatte er geduscht und sich umgezogen, doch mit einem Mal fühlte er sich schmutzig. Er rief sich in Erinnerung, dass er noch Hausaufgaben zu erledigen hatte. Und Niki würde sich bei ihm melden, um Dampf abzulassen.

Connor machte einen Schwenk und lief Richtung Stadtzentrum weiter.
In Richtung des Betrunkenen.
In Richtung des höchstens noch ein paar Jahre währenden nutzlosen Lebens dieses Mannes.
Vor über einer Woche hatte Connor den Mann das letzte Mal überprüft, seine Hausaufgaben in Sachen Mord erledigt und auf dem PC seine *Betrunkener Fahrer*-Datei auf den neuesten Stand gebracht. Sich vergewissert, dass der Mann noch dieselbe Alltagsroutine pflegte. Dabei hatte sich mit Sicherheit nicht das Geringste daran geändert. Seine Tötungspläne erforderten lediglich, dass er ihn stets im Auge behielt. *Zu lange Pause,* dachte er. *Ich sollte den Schlenker machen.* Er wusste auch, dass seine Observierung, wenn er nächsten Herbst erst einmal an die Uni ging, deutlich schwieriger würde. Schon jetzt überlegte er sich, wie er es anstellen sollte, den *betrunkenen Fahrer* trotzdem jederzeit im Blick zu behalten. Er hatte sich bereits in die Kreditkarte und die Bankauszüge des Mannes eingehackt. Nicht zwecks Diebstahl. Nur zur Beobachtung. Wenn er überwachte, *wie* der Mann sein Geld ausgab und wo, wüsste er fast immer, wo er sich befand.
Er warf einen Blick die Straße entlang. *Vielleicht wurde er ja wieder einmal gefeuert. Oder bei einer Schlägerei verprügelt. Vielleicht hat er ja auch angefangen, illegal wieder zu fahren. In dem Fall müsste ich meine Pläne vielleicht beschleunigen, bevor er noch jemanden umbringt.* All diese Gedanken schwirrten ihm durch den Kopf. Doch als ihn mit Wucht die Erschöpfung vom Training übermannte, beschloss er, seine *Recherche* noch ein paar Tage aufzuschieben.
Er blieb auf dem Bürgersteig und setzte seinen Heimweg fort. Dann blieb er plötzlich wieder stehen.
Er hatte das überwältigende Gefühl, dass irgendetwas nicht stimmte. So als würde der *betrunkene Fahrer* plötzlich *ihn* beschatten.
Ohne zu wissen, wonach, sah er sich ruckartig um.
Rechts alles in Ordnung. Links alles in Ordnung. Geradeaus alles wie gewohnt. Hinter ihm alles wie sonst.

Die Bäume neigten sich ein wenig in der Brise. Von ferne hörte er eine Sirene – für ihn nicht von Bedeutung.
Eine kalte Böe strich ihm durchs Haar. Er zuckte mit den Achseln, schlug den Kragen hoch, lief wieder los und versuchte, das hartnäckige Gefühl abzuschütteln, dass er etwas Wichtiges übersehen hatte.

KAPITEL 9

EASY TRIFFT VORKEHRUNGEN ...

Easy bekam eine Fahrt zum internationalen Flughafen Miami. Mit dem weiblichen Fahrgast führte er eine freundliche, lebhafte Plauderei, was sich mit einem großzügigen Trinkgeld bezahlt machte. Und als er gerade den Flughafen verließ, meldete sich über sein Handy ein Kunde, der nach einem Nachtflug aus Los Angeles zu einem angesagten Hotel in South Beach gefahren werden wollte. Dieser Gast fragte Easy während der gesamten dreiviertelstündigen Fahrt, einschließlich des zweispurigen Staus auf dem MacArthur Causeway, nach Nachtlokalen aus. Ganz offensichtlich ging es ihm um Sex. Callgirls der Extraklasse, in Miami nicht schwer zu haben. Easy registrierte den Trauring an der Hand des Mannes, den er auf Anfang vierzig schätzte. Easy spulte die Namen und Adressen von Clubs ab, die sein Gast eifrig in seinen Handynotizen abspeicherte. Mit einem gelegentlichen Augenzwinkern oder vielsagenden Nicken machte Easy deutlich, dass er verstand, worum es ihm ging, ohne dabei jedoch die laxen ethischen Standards von Uber zu verletzen – man wusste ja nie, der Mann konnte theoretisch ein Cop oder ein von der Firma angeheuerter Privatdetektiv sein. Er schätzte, dass er von ihm eine Fünf-Sterne-Bewertung bekam, vorausgesetzt, er fand die richtige Gesellschaft für die Nacht, was ihm, dem teuren italienischen Leinenanzug und der Rolex nach, nicht allzu schwerfallen sollte.

Easy hatte viele Fünf-Sterne-Bewertungen. Er war ein bisschen stolz darauf.

Nur bei den drei Fahrgästen, fügte er in Gedanken hinzu, *die mit dem Kofferraum vorliebnehmen mussten, wäre er wohl nicht so gut weggekommen.*

Er sah den Online-Kommentar vor sich:

Ich gebe Easy nur einen Stern, weil er mich am Ende der Fahrt vergewaltigt, gefoltert und getötet hat.
Er musste grinsen.
Er bog auf den Parkplatz vor der Bibliothek von Coral Gables ab und fand im Schatten eines uralten Banyanbaums, welcher der Überwachungskamera der Bibliothek die Sicht verstellte, eine Lücke. Er zog seinen Laptop heraus und hackte sich in den Server der Bibliothek ein, einer seiner bevorzugten Zugänge ins Internet.
Die Sache stellt sich heute um einiges schwieriger dar als noch vor zwanzig Jahren. Damals wäre es ein Kinderspiel gewesen, eine Zielperson zu observieren. Heutzutage musste man jede Menge Hindernisse und Schikanen umschiffen.
Es ist schwer, unerkannt quer durch die Vereinigten Staaten zu reisen. Easy wusste nur zu gut, dass man jedes Mal, wenn man sich ein Ticket für einen Zug, einen Flieger oder Bus besorgt, nachverfolgt werden kann.
Irgendwo auf irgendeinem Computer, dachte er.
Nicht so schlimm wie in China, räumte er ein, wo praktisch jeder rund um die Uhr von Gesichtserkennungsprogrammen überwacht wird. *Oder London mit seinen verfluchten Kameras an jeder Straßenecke. Heutzutage müsste der arme Jack erst einmal genau in Erfahrung bringen, wo sich diese Dinger überall befinden und welchen Radius sie abdecken. Und dann diese beiden idiotischen Bombenleger beim Marathon von Boston, die nicht gecheckt hatten, dass sämtliche Läden in der Beacon Street Überwachungssysteme haben.*
Easy dagegen machte sich keine Illusionen darüber, dass es in den USA zwar noch nicht ganz so schlimm war, aber trotzdem eine Herausforderung darstellte, unbemerkt von A nach B zu kommen. Der Kauf von Tickets mit Kreditkarte war problematisch genug, zahlte man aber bar, machte man sich erst recht verdächtig. Fußabdrücke, nicht nur in Lehm oder Erde, sondern auf einem Computer. Auch als einer unter Millionen Reisenden an einem x-beliebigen Tag kam man auf irgendeine Liste. Gott weiß, wo. Und die amerikanischen Highways – in Liedern, Gedichten und Romanen für die schrankenlose Bewegungsfreiheit gefeiert – verfügten

längst über Transponder, die Entfernungen messen, und über automatische Kennzeichenkontrollen, die von jedem passierenden Wagen Fotos machen, um sicherzustellen, dass die Leute ihre Straßenzölle zahlen.

Dies alles ging Easy gegen den Strich.

Er machte sich in einer Welt, in der sich die Leute offenbar nicht klarmachten, welchen Preis sie da zahlten, für unantastbare Privatsphäre stark. Wie gebannt hatte er die groß angelegte Studie der *New York Times* über den Verlust der Privatsphäre gelesen und war mit jedem Absatz frustrierter geworden.

»Ich sag mal so, die verdammte American Civil Liberties Union täte gut daran, auf unsere Expertise zurückzugreifen, wenn sie gegen Facebook oder Instagram oder das Justizministerium zu Felde zieht«, dachte er laut nach.

Grinsend stellte er sich vor, wie sich irgend so ein blaublütiger, ultraliberaler Anwalt mit Harvard-Abschluss vor dem Bundesrichter aufbaut und erklärt: *»Euer Ehren, bei unserem nächsten Zeugen handelt es sich um einen beeindruckend effizienten Mehrfachmörder, der für die Ausübung seiner hoch qualifizierten Tätigkeit auf uneingeschränkte Privatsphäre angewiesen ist …«*

Liebend gern würde er die Hand auf die Bibel legen und schwören, *die ganze Wahrheit und nichts als die Wahrheit* zu sagen, und anschließend aller Welt erklären, weshalb diese Big-Brother-Manie, die nach und nach die ganze Nation beschlich, *seine* bürgerlichen Freiheiten beschnitt.

Jedenfalls brachte das Ausmaß, in dem staatliche Stellen und Wirtschaftsunternehmen in praktisch jeden Lebensbereich vordrangen, beträchtliche Herausforderungen mit sich.

Die größte war in diesem Moment: *Ich muss es bis zu* Socgoal02*s kleiner Stadt schaffen, ohne die geringste Spur zu hinterlassen.*

Er nahm sich vor, den anderen *Jack's Boys* begreiflich zu machen, welche Schwierigkeiten er damit meisterte. Hatte er die Aufgabe erst einmal gelöst, würden sie ihn für seine Cleverness bewundern.

Zum Glück bin ich gut vorbereitet.

Easy zog zwei Ordner aus seinem Rucksack und schob dabei den kurzläufigen Revolver .38 beiseite.
Bei dem einen handelte es sich um den Ausdruck von Charlies Online-Recherche.
»Hi *Socgoal02*«, sagte er. »Du bist geliefert, oder sehe ich das falsch?«
Er nahm sich einen Moment Zeit, um *Socgoal02* s Foto zu betrachten. Er wollte sich jede Einzelheit ins Gedächtnis einbrennen. Kräftiges Kinn. Lebhafte braune Augen. Gewinnendes Lächeln. Dunkles, etwas längeres Haar. Sportlich. Athletisch. Noch das ganze Leben vor sich.
»Bereit zu sterben, *Socgoal02?*«, fragte er.
»Wohl kaum. Sind die jungen Leute nie.«
Er lachte und fügte in einem Singsang hinzu:
»Ooh, so'n Pech. Wie schade. Zu schade aber auch …«
Easy legte diesen Ordner weg und griff zum zweiten.
Dieser enthielt eine Liste mit Vorkehrungen, die er im Lauf der letzten Jahre getroffen hatte.
Eine bescheidene Fluchtausrüstung mit ein paar unverzichtbaren Dingen.
Er hasste allein schon das Wort: *Fluchtausrüstung.*
Der Gedanke an *Flucht* war ihm zuwider, aber nun mal ein Gebot der Vorsicht:
Drei gefälschte Führerscheine. Ausgestellt in Kalifornien, Nebraska und Maine.
Drei Kreditkarten auf dieselben Namen. Er hatte sich die Zeit genommen und dafür gesorgt, dass jede dieser angenommenen Identitäten einen hervorragenden Credit Score aufwies. Dazu noch zwei Kreditkarten in Reserve, die er seinen Opfern geklaut hatte und nur im Notfall verwenden würde.
Zwei nie aktivierte Einweg-Handys.
Eine Kennkarte, die ihm Zugang zu einem Tresorfach in einer kleinen Bank in Miami verschaffte – ein Geldinstitut, das sich auf fragwürdige Bankgeschäfte spezialisiert hatte und schon mehrfach ins Visier der Behörden geraten, aber irgendwie der Schließung entgan-

gen war. Easy vermutete, dass dort Kriminelle jeder Couleur ihr Geld bunkerten. In dem Schließfach befanden sich zehntausend Dollar.

Ein amerikanischer Pass auf den Namen eines Mannes, der schon vor mehreren Jahren das Zeitliche gesegnet hatte. Die Sozialversicherungsnummer des Toten.

Ein guatemaltekischer Pass.

Den liebte Easy besonders. Der Pass hatte einmal dem ältesten Sohn seiner Frau gehört. »*Frau*« – für ihn immer in Anführungszeichen. In akribischer Kleinarbeit hatte er darin das Foto getauscht, mit Sekundenkleber, einem Zeichenmesser sowie feinem schwarzen Tintenschreiber für die winzige Veränderung des Namens und des Geburtsdatums gesorgt. Dabei war ihm klar, dass seine Operation an dem Dokument dem kritischen Blick eines echten Zollbeamten nicht standhalten würde. Erst recht nicht, wenn sich jemand die Zeit nehmen sollte, ihn unter ein elektronisches Abtastgerät zu legen. Aber er hing nun mal daran, und er würde es damit gegebenenfalls zumindest versuchen, in der Hoffnung, dass im derzeitigen Klima der Einwanderungspolitik jemand, der mit einem gefälschten Pass aufflog, von einem Beamten der Einwanderungsbehörde lediglich in ein Hinterzimmer geführt würde, um ein paar Angaben aus ihm herauszuquetschen. Allenfalls drohten ihm die Abschiebung und die Verweigerung eines Anwalts. Wenn sie frustriert merkten, dass Easy dichtmachte, so sein Kalkül, würden sie ihn einfach in den nächsten Flieger zurück nach Guatemala setzen, wo er untertauchen konnte, nachdem er ein weiteres Schließfach in einer Bank da unten ausgeräumt hatte. Jedenfalls rechnete er sich gute Chancen auf eine solche staatliche Fluchthilfe aus, weil den Behörden mehr daran gelegen war, »Illegale« abzuschieben, als zu erkennen, wen sie wirklich vor sich hatten – *aus heimischem Anbau, in den USA geboren, mit rot-weiß-blauem Fahneneid, nicht genmanipulierter Killer, frei von Zusatzstoffen.*

Dieser gleichermaßen tollkühne wie clevere Plan bereitete dem Zyniker in ihm ein teuflisches Vergnügen.

Soll mich doch die schwerfällige Bürokratie nach jeder Menge Papierkrieg auf freien Fuß setzen.
»Dich heb ich mir für schlechte Zeiten auf«, murmelte Easy beim Anblick des gefälschten Passes, bevor er ihn wieder in den Ordner schob.
Er warf einen Blick auf sein Handy am Armaturenbrett seiner makellos sauberen Limousine neueren Fabrikats. Es klingelte, neue Fahrtanfragen. Es würde Easy nicht nur anzeigen, wo sein Fahrgast wartete, sondern auch die Route zu ihm, während es zugleich seine Fahrten elektronisch aufzeichnete. »Also, du darfst nicht mit«, sagte er zu dem Handy. Über ein modernes Smartphone konnte man den Benutzer praktisch überallhin zurückverfolgen. Sobald man es benutzte, pingte es dank des nächstgelegenen Mobilmasts. Es pingte bei jedem Uber-Ruf. Easy wusste von mehr als einem Straftäter, den die Cops dank des Handys in seiner Tasche geschnappt hatten. *Nicht mit mir.* Er hatte Pläne für dieses Handy.
Zu den Vorzügen, für Uber zu fahren, gehörte die Vorschrift, sein Fahrzeug stets klinisch sauber zu halten. Daher hatte es niemanden verwundert, wenn er jeweils nach dem Transport seiner Opfer eins, zwei und drei im Kofferraum jede Oberfläche, die mit ihnen in Berührung gekommen sein könnte, stundenlang blank gescheuert hatte. *Mit jeder Menge Reinigungs- und Bleichmittel auf Ammoniakbasis. Dagegen richtete das Tuminol, das die Spurensicherung auf der Suche nach belastenden Blutspritzern versprühte, nichts aus.* Und keiner seiner Fahrgäste – auch nicht der notgeile verheiratete Geschäftsmann, den er gerade in South Beach abgesetzt hatte – dachte sich etwas dabei, dass er seinen Kofferraum mit einer Plastikplane auskleidete. Der Geschäftsmann würde es sogar zu schätzen wissen, dass er sein teures *Louis Vuitton*-Köfferchen vor Schmutz und Abrieb schützte.
»Also«, dachte er laut nach, »wenn ich mich auf einen Road-Trip begebe, fragt sich nur noch, als wer?«
Er wusste die Antwort.
Es ging Richtung Nordost. Er würde zu einem etwas in die Jahre gekommenen geschiedenen Geschäftsmann aus Maine mutieren, der

sich nach einem ausschweifenden Urlaub auf Key West mit jeder Menge Koks und Drag-Clubs und Prostituierten und einer Schlemmertour durch die teuren Restaurants mit Meeresblick auf den Rückweg zur Arbeit machte.
Das hatte was: *eine Urlaubsreise.*
»Ein Arbeitsurlaub«, fügte er hinzu. *Ich sollte meine Observierung von* Socgoal02 *von der Steuer absetzen.* Bei der Vorstellung, was für ein Gesicht der Steuerberater machen würde, wenn er ihm erklärte, wieso die Spesen berechtigt seien, musste er laut lachen. Der Mann würde nur den Kopf schütteln und sagen: »*Das geht wohl kaum als berufsbedingte Aufwendung durch. Sieht mir eher nach einem Privatvergnügen aus.*« Easy ließ hin und wieder seiner Fantasie freien Lauf.
Er suchte seine Siebensachen zusammen. Fuhr seinen Laptop hoch und machte sich an die Reservierungen.
Miami nach New Orleans.
Leihwagen für die Fahrt nach Jacksonville. Natürlich ganz und gar die falsche Richtung. Den Wagen dort abstellen und von Jacksonville mit einer anderen Airline unter einem anderen Namen nach Atlanta fliegen. Der größte Flughafen im Süden. Von dort nach Chicago fliegen. Mit dem Leihwagen nach Cleveland. Dann von Cleveland mit einem Shuttleflug nach Boston. Dort erst würde er sich in den fiktiven Geschäftsmann aus Maine verwandeln.
Eine Zickzackroute. Schwer zurückzuverfolgen. Eine Reiseroute kreuz und quer, ohne jede Logik und unter verschiedenen Namen.
Perfekt.
Schwierig würde es erst nach seiner Ankunft in Boston.
Die letzte Etappe in Socgoal02 *s Heimatstadt.*
Mit dem Bus?
Nein.
Wieder per Leihwagen?
Nein.
Doch.
Vielleicht.

Aber in dem Fall nicht unter dem Namen des Mannes aus Maine, weil sich jemand, der nach Hause kommt, keinen Leihwagen nimmt.
Ein Fahrzeug stehlen?
Riskant – mühselig obendrein.
Er beschloss, diese Entscheidung bis zu seiner Ankunft am Logan Airport in Boston zu vertagen.
Jack's Boys *werden alle diese umsichtigen Vorkehrungen zu schätzen wissen,* dachte er.
Er warf einen Blick auf seine Fluchtausrüstung. Mit gemischten Gefühlen. Bei aller notwendigen Umsicht ging ihm ein solch feiges Verhalten gegen den Strich.
Ich bin so, wie ich bin. Wir sind so, wie wir sind.
Wir machen keine Rückzieher.
Von diesem Gedanken beflügelt, summte er ein paar Takte aus dem Song von Tom Petty. *North Florida boy who made good in Rock and Roll.*
Für Easy setzte alles, was er tat, ein Ausrufungszeichen hinter den Text seines Songs. Die Tonspur zum Töten.

DELTA ARBEITET DEN PLAN AUS …

Der Zodiac-Killer. BTK-Killer. Green-River-Killer. John Wayne Gacy. Der berühmte Ted Bundy, nicht zu vergessen. Kaltblütig *und* Badlands – zerschossene Träume. Atlanta Child Murders *und* Morde im Chi-Omega-Wohnheim. Peaky Blinders *und* La Mante. Delta schwirrte von den Mordgeschichten der Kopf, von den realen wie den fiktionalen in Film und Fernsehen.
Mord, stellte er fest, *erfreut sich allgemeiner Beliebtheit.*
Delta befand sich, ohne es zu wissen, genau wie Easy um dieselbe Zeit in einer Bibliothek. Er war am Morgen über die Golden Gate Bridge gefahren, um an der Public Library von San Francisco zu sein, sobald sie ihre Tore öffnete. Er hatte sich an der langen Schlange der Obdachlosen vor den tragbaren Duschkabinen, wel-

che die Stadtverwaltung ihnen gelegentlich zur Verfügung stellte, und danach an den lungernden Gestalten auf den Eingangsstufen vorbeigekämpft und sein Tempo nur gedrosselt, um die Menschen zu umschiffen, die das Leben aufgegeben hatte. *Der Typ da drüben mit den gelähmten Händen würde ein gutes Opfer abgeben*, hatte er dabei gedacht, *oder die verwahrloste alte Hexe dahinten, die Selbstgespräche führt. Vielleicht doch eher der mit dem handgeschriebenen* »Bitte helfen Sie mir, Gott segne Sie«*-Schild. Und dann ab in die Bibliothek. Er brauchte nicht lange, um einen bequemen Platz an einem der etwa dreihundert Computer zu finden, die den Besuchern zur Verfügung standen. Seine* Socgoal02*-Akte hatte er vor sich ausgebreitet. Dabei kümmerte es ihn herzlich wenig, ob ihn jemand bei dem, was er tat, beobachtete, denn niemand wäre in der Lage, zwischen Delta am Computerbildschirm,* Jack's Boys *und dem zum Tode verurteilten Teenager mit dem grinsenden Gesicht eine Verbindung herzustellen.*

Trotzdem war Delta angespannt.

Ihm lag sehr viel daran, dass sein Mordplan von den anderen enthusiastisch begrüßt wurde.

Dass Easy, Charlie, Bravo und Alpha mit ähnlichen Selbstzweifeln kämpfen könnten, kam ihm nicht in den Sinn. Er wusste nur, dass sein eigener Beitrag zu Socgoal02 s Tod nahezu perfekt sein musste, ein in jeder Hinsicht überragender Plan.

Er beugte sich zum Computer vor und nahm die erste Aufgabe in Angriff, die Erzeugung einer erfundenen Person. Derjenige, der diesen öffentlich zugänglichen Computer benutzte, sollte mit Delta nichts zu tun haben. Nachdem das erledigt war – nicht allzu schwer –, fing er mit der eigentlichen Arbeit an. Er wusste, womit er den Tag zubringen würde:

Mit der Lektüre von Berichten über Morde.

Zeitungsartikel. Buchrezensionen. Fotos. Tatortanalysen. Synopsen und Memoiren von Ermittlern, Sozialwissenschaftlern, Reportern und Psychologen. So breit gefächert wie in der knapp bemessenen Zeit nur möglich. Womit verwirrte man die Polizei? Was durchschaute sie auf Anhieb? Welche Spuren führten die Gestapo in die

Sackgasse, welche geradewegs zum Täter? Delta hatte jede Menge Fragen, auf die er möglichst schnell Antworten brauchte. *Die Uhr tickt. Sowohl für* Jack's Boys *als auch für* Socgoal02. Der Computer war darin richtig gut – fand eine Seite hier, einen Abschnitt dort, eine Beschreibung oder Einschätzung, aufs Wesentliche gekürzt oder auf seine tödliche Essenz heruntergekocht. Im Schnellverfahren las sich Delta alle Vorgehensweisen von Mördern durch, immer auf der Suche nach der richtigen Kombination, um daraus die maßgeschneiderte Todesart für *Socgoal02* zu entwerfen. Auch wenn er bei anderen Anleihen machte, wollte er dafür sorgen, dass Bravos Tat zwar von den Besten inspiriert war, aber sich von jedem anderen Verbrechen abhob.
Er sog jede Einzelheit auf. Vertiefte sich in minutiöse Details. Wog die einzelnen Elemente gegeneinander ab. Er war gut darin. Es erregte und faszinierte ihn. Im Zuge seiner Lektüre fühlte er sich mehr und mehr als Teil von etwas Größerem, wie ein Wissenschaftler kurz vor einer bahnbrechenden Entdeckung.
Vollkommen konzentriert.
Aus einer Stunde wurden zwei, aus zwei wurden vier, und so verging der ganze Tag. Delta stand nicht auf. Nicht, um zur Toilette zu gehen, nicht für einen Mittagssnack, nicht einmal, um seine Glieder zu strecken.
Draußen wurde es schon dunkel, als er sich endlich aufrichtete und dachte: *Okay. Da ist der Plan. Ich denke, alle* Jack's Boys *springen darauf an. Er verbindet das Einfache mit dem Komplexen. Und gerade das macht ihn möglicherweise einmalig und genial.*
Das war's, Socgoal02.
Er verschob alles auf dem Computer in den Papierkorb, löschte den Verlauf und ersetzte ihn durch eine Reihe schneller Klicks für die unterschiedlichsten Pornoseiten, was gegen die Vorschriften der Bibliothek verstieß. *Falls* das jemand überprüfte, würde er nur das im Verlauf für diesen Tag vorfinden und nichts von dem, womit er sich tatsächlich beschäftigt hatte. So oder so war es ihm letztlich egal. Alles, was er brauchte, hatte er bereits auf einem großen Block in ausführlichen handschriftlichen Notizen festgehal-

ten. *Altmodisch,* dachte er, *mit Stift und Papier. Aber etwas, das leicht zu vernichten und für Unbefugte unzugänglich ist.*
Delta packte seine Sachen.
Blieb nur noch eine einzige entscheidende Frage, die er *Jack's Boys* stellen musste und die für seinen Plan von großer Bedeutung war.
Wie viel Kollateralschaden wollten sie riskieren?
Unter *Kollateralschaden* verstand Delta*:*
Wer sollte sonst noch sterben.

KAPITEL 10

EASY …

Auch wenn er es kaum abwarten konnte, *Socgoal02* mit eigenen Augen zu sehen, traf Easy noch umfangreichere Vorkehrungen als sonst, bevor er sich ins westliche Massachusetts aufmachte. Seiner »Frau« gaukelte er vor, zur Beerdigung eines Cousins zu müssen, zu der sie ganz bewusst nicht eingeladen worden sei, er sei für ein paar Tage weg. Zu viele seiner Verwandten, erklärte er ihr, seien erzkonservativ und ausländerfeindlich eingestellt, und ihr fragwürdiger Status hätte zu Unannehmlichkeiten führen können. Sie nahm diese Erklärung, so wie auch jede andere Erklärung seinerseits, mit missmutigem Schweigen zur Kenntnis. Als sie gerade nicht hinsah, legte Easy sein eingeschaltetes Handy in den Kofferraum ihres Wagens, sodass es eine Spur hinterließ, die nach ihm aussah.

Wie geplant, flog er sehr früh am nächsten Morgen nach New Orleans, fuhr von dort mit dem Leihwagen Richtung Osten, legte noch ein paar Flüge und noch ein paar Fahrten ein, jedes Mal mit anderen Ausweispapieren. Am Ende seiner Zickzack-Odyssee war er völlig erledigt und verfluchte die Viehtreibermentalität der Airlines bei der Flugabwicklung und *Socgoal02* dafür, ihm all diese Umwege aufzunötigen, wo es doch unendlich viel einfacher und kostengünstiger gewesen wäre, in seinem heimischen Umfeld zu töten. Abgesehen davon, dass das Wetter in Miami angenehmer war. Bei seiner Landung in Boston war es regnerisch und kalt, und die anschließende Fahrt im Dunkeln, auf nasser Fahrbahn eine Quälerei. Eine gespenstische Nacht, dachte er, und kam sich vor wie Ichabod Crane in der Legende von Sleepy Hollow. Fast bildete er sich ein, den Hufschlag des Hengstes hinter sich zu hören, auf dem ihn der kopflose Geisterreiter verfolgte. Er hielt sich gewissenhaft ans Tempolimit und entschied sich für eine längere Route, die dafür keine Zollschranken hatte, sodass er keine elektronische Spur hinterließ. Als er endlich im Red Roof Inn eincheckte, der billigsten Bleibe, die er am Rand von *Socgoal02* s kleiner Stadt in Neuengland, noch dazu in der Nähe der Interstate fand, die Art Absteige, in der man keine Fragen stellte, wusste er, dass er erst einmal eine Mütze Schlaf benötigte, bevor er mit seiner Observierung begann.

Er kramte sogar in seiner Brieftasche herum, als er seine Kreditkarte über die Theke reichte. *Ist ein langer Tag gewesen,* dachte er. *Viel zu lang. Aber jetzt bin ich hier, und morgen früh kann's losgehen.*

»Für wie lange?«, fragte der Mann am Empfang desinteressiert.

»Ein paar Tage«, erwiderte Easy. »Immer schwer zu sagen, wann die Geschäfte unter Dach und Fach sind …«

»Klar, Geschäftsabschlüsse«, sagte der Mann. »Weiß schon.«

Easy wusste, dass er sich mit *Jack's Boys* verständigen musste, um sie wissen zu lassen, dass er gut angekommen und bereit war, sich ans Werk zu machen. Er wusste auch, dass er frisch und ausgeruht sein musste, um seinen Teil des Jobs anständig zu erledigen.

Lass dich nie auf einen Mord ein, wenn du physisch und mental nicht hundertprozentig drauf bist, rief er sich ins Gedächtnis.

Er war gespannt darauf, mehr von Deltas Plänen zu erfahren.

Als Delta ihnen schon einmal über *Jack's Special Place* mit dem Kommentar: *Hi Leute, ich hab mir da ein, zwei Sachen einfallen lassen, die wir diskutieren sollten,* einen Appetithappen hingeworfen hatte, war Easy und den anderen der Mund wässrig geworden.

Easy hatte geschrieben:

Kann es kaum erwarten, Deltas Ideen zu sehen. Bis dahin hab ich einen kleinen Willie Nelson für euch, bin nämlich so wie er mächtig unterwegs, auf einer besonderen Reiseroute ohne die geringste Spur.

Er fügte seinem Eintrag einen Link zu dem Country-Sänger hinzu, mit einem seiner alten Hits: *On the Road Again.*

CHARLIE …

Nachdem er den anderen seinen Lebenslauf zu Socgoal02 *gesendet hatte…*

Charlie war ein wenig beunruhigt.

Er konnte nicht sagen, ob diese unerwartete Nervosität daher rührte, dass *Jack's Boys* bei ihrem Vorhaben irgendeine Gefahr übersahen, oder ob es einfach nur daran lag, dass er nicht wie sonst die Kontrolle über jeden Schritt hatte.

Im Schlafzimmer einen Stock unter ihm benotete seine Frau gerade Hausarbeiten zu ihrer Lehrveranstaltung: Einführung in die Psychopathologie. *Jetzt läuft sie sich in dem alten Hamsterrad die Hacken ab,* dachte er. Während sie sich missmutig durch die Flut an studentischen Aufsätzen wühlte, sann Charlie über seine nächste Auslandsreise und die Gelegenheit zu seinem nächsten Mord nach, während er sich gleichzeitig noch einmal vor Augen führte, was er bis jetzt über *Socgoal02* wusste.

Seine Frau war in dem Glauben, er arbeite an dem Roman, an dem er sich angeblich versuchte.

Er hörte sie laut stöhnen. Es drang durch die Dielenbretter ihres alten Hauses. Manchmal kam ihm die Frage hoch, wie sie dem Direktor ihres Instituts wohl ihre Beziehung erklären würde, falls sie ihn doch einmal schnappten.

»Ich wusste ja nicht … ich hatte keine Ahnung … woher sollte ich auch wissen …«

Bla, bla, bla. Fast hätte er laut gelacht. Er hörte schon den Einwand des Direktors in sonorem, doch erstauntem Ton:

»Sie unterrichten immerhin Psychopathologie, Sie sind Expertin in Verhaltensstörungen, aber in der ganzen Zeit, in der Sie verheiratet gewesen sind …«

»Ich habe bei ihm keine der charakteristischen, klinischen Auffälligkeiten bemerkt. Keine der typischen Merkmale, wie sie das FBI definiert oder diese zwei Professoren an der North Eastern, die sich mit Kategorien abnormen Verhaltens befassen …«

Wohl oder übel würde sie ihre grandiose Fehleinschätzung in dick aufgetragenes Fachchinesisch kleiden.
Bei der Vorstellung musste er grinsen.
Er saß in seinem Arbeitszimmer im Dachgeschoss ihres Hauses – ein Rückzugsort, den seine Frau respektierte. So oder so schloss er die Tür ab. Mit Riegeln und einem elektronischen Schloss. Sie würde schon einen Presslufthammer brauchen, um bei ihm einzubrechen. Einen großen Teil seiner Onlinerecherche zu *Socgoal02s* Internet-Existenz hatte er auf seinem speziellen Mord-PC vor sich – den er immer entweder in einem Safe einschloss oder bei sich trug und auf dem alles sorgfältig verschlüsselt war. Sämtliche handschriftlichen Notizen wanderten nach Gebrauch in den gefräßigen Schredder neben seinem Schreibtisch. Er wusste, dass er sich jetzt daranmachen konnte, jeden Pfad im Internet, auf dem er sich in *Socgoal02s* digitales Leben eingehackt hatte, auf dem Computer zu löschen.
Von unten hörte er einen weiteren frustrierten Ausbruch seiner Frau. Eine Reihe Flüche.
Wieder musste er schmunzeln. *Nicht so viel anders als das, was sie mir neulich zugemutet haben. Es heißt keinen Deut, aber kein Hehl, und einzigster ist doppelt gemoppelt.*
Bei Lichte betrachtet, unterschied sich ihre frustrierte Situation in beruflicher Hinsicht von seiner nur dadurch, dass er sich mit Fantasien tröstete, darüber, wie er unbelehrbare Studentinnen vergewaltigte und tötete, während seine Frau ihnen einfach nur eine schlechte Note verpasste und ihnen behutsam nahelegte, die Wahl ihres Fachs noch einmal zu überdenken.
Charlie beugte sich wieder über seine eigene Arbeit. *Socgoal02* erwachte auf dem Bildschirm immer mehr zum Leben. Er ballte die Fäuste. Charlie war sich seiner Sache sicher. *Perfekt,* dachte er. *Noch schlauer,* dachte er. Noch b*esser,* dachte er.
Er wippte auf seinem ergonomischen Schreibtischstuhl vor und zurück. So viel konnte er mit Fug und Recht über sich sagen:
Ich bin ein Mörder und zu beträchtlicher Gewalt fähig. Ich berausche mich daran.

Aber man sieht es mir nicht an.
Schütteres Haar. Mittleres Alter. Brille. Typ zerstreuter Professor. Kakifarbene Hosen und Tweed-Jacketts. Flecken auf meinen Krawatten. Fit, aber nicht sportlich. Stark, aber nicht allzu muskulös. Stark bin ich, weil ich vollen Einsatz zeige.
Er starrte erneut auf *Socgoal02*. Charlie spürte, wie die Wut in ihm hochkam, und griff nach einem Stift, um sie in konstruktive Bahnen zu lenken. Selbstbeherrschung war für Charlie genauso überlebenswichtig wie für die übrigen *Jack's Boys*. Sie tauschten sich oft darüber aus, mit welchen Tricks sie ihre Triebe wie auch ihre Opfer unter Kontrolle brachten. Beides ging Hand in Hand.
Für einen Moment stellte er sich vor, wie er die Treppe hinunter in die Küche ging, zu einem Tranchiermesser griff und seine Frau bei der Durchsicht ihrer studentischen Arbeiten unterbrach. *Ich könnte sie umbringen. Und ihre Leiche vögeln. Aber das wäre ungeplant und spontan und somit falsch. Sie wäre zwar tot, aber ich käme damit nicht davon. Sie hätten mich im Nullkommanichts hinter Gittern.*
Wieder schnaubte er amüsiert.
Charlie war durch und durch Akademiker, darin geschult, einem Problem auf den Grund zu gehen und jede Frage von allen Seiten zu beleuchten.
Er hätte auch einen guten Juwelier abgegeben, musste er manchmal denken.
Auf die gleiche Weise nahm er bei Mord jeden Aspekt unter die Lupe. Er war ein Mann der Präzision. Präzision und hohe Ansprüche an sich selbst gaben ihm ein Gefühl der Genugtuung. Im Leben wie im Töten.
Zweifellos teilte er diesen Zug mit *Jack's Boys*, auch wenn das der eine oder andere von ihnen nicht so deutlich zeigte. Wie zum Beispiel Easy, der nach Charlies Eindruck gerne so tat, als seien seine Morde spontan, obwohl das Gegenteil der Fall war. Oder Delta, der, wenn man die Wahl seiner Opfer betrachtete, manchmal allzu vorsichtig vorzugehen schien, aber offenbar Befriedigung aus seiner Vorsicht zog.

Charlie starrte auf das Bild von *Socgoal02,* als wolle er es sich ins Gedächtnis einbrennen. Mit zusammengebissenen Zähnen griff er nach der Computermaus und klickte sich durch seine Dateien.

Noch ein Bild: *die Freundin Niki.* Ein drittes Foto: *die Großeltern. Ross und Kate.*

Er sah sich an, was er über jeden von ihnen zusammengetragen hatte, und las noch einmal den »Wetterbericht«, in dem er jedes Detail festgehalten hatte, bevor er sich wieder dem Foto von *Socgoal02* zuwandte.

»Er heißt Connor Mitchell«, flüsterte er und schüttelte energisch den Kopf. Mit leiser Stimme befahl er sich: »Nein, nein, nein. Nein! Für dich ist er nichts anderes als die Person, die uns alle beleidigt hat: *Socgoal02,* ein Mistkerl und ein Idiot.«

Und genau da lag Charlies Problem.

Bis dahin hatte er sich ausnahmslos anonyme Opfer ausgesucht. An einer Straßenecke oder Bushaltestelle oder in einer verlassenen Gasse aufgepickt.

Kein Name. Unbekannte ohne Vergangenheit und ohne Zukunft.

Socgoal02 war nicht anonym.

Dieser Umstand machte Charlie zu schaffen, und er war froh, dass Bravo die Aufgabe zufiel, ihn zu töten.

KAPITEL 11

ALPHA …

Er ließ sich nicht von seiner Ungeduld zur Eile verleiten, weder von seiner Begierde noch von der Faszination oder der Neugier. Und schon gar nicht von seiner wachsenden Wut auf *Socgoal02.*
Er wusste nur, dass ihm allein schon bei dem Gedanken an den Burschen und seine Unverschämtheiten die Galle hochkam und es ihm mächtig in den Fingern juckte, ihn zu erwürgen.
Je stärker ihn die Wut packte, desto entschiedener erlegte er sich Geduld auf.
Und so wartete Alpha.
Mit fast religiöser Inbrunst glaubte er, dass er in dem Maße, wie er seine schäumenden Emotionen in den Griff bekam, fähig war, einen anderen Menschen auf seinem langsamen Weg in den Tod zu beherrschen. Tatsächlich gab ihm gerade die Kaltblütigkeit, die er bei jedem Mord an den Tag legte, einen Kick. Je intensiver seine Emotionen, desto kontrollierter verhielt er sich. *Nie etwas übereilen. Immer auskosten.* Er war stolz darauf, dass sich, wenn er tötete, seine Herzfrequenz nie beschleunigte. Bei dieser Gelegenheit nun spielten sich bei ihm dieselben Prozesse ab. *Es fügt sich alles,* dachte er, *dank Sorgfalt und Genauigkeit. So, wie ich es haben wollte. Es ist wie ein erstes Date. Der erste Kuss. Die erste Zärtlichkeit. Der erste Orgasmus. Nur besser.*
Alpha schätzte, dass er ein wenig älter und erfahrener als die übrigen *Jack's Boys* war. Wie sie alle zu ihm aufschauten und auf seine Meinung warteten, erfüllte ihn mit Stolz. *Erster unter Gleichen.* Er glaubte, dass sie alle über einen ähnlichen Bildungsgrad verfügten – das merkte man schon daran, wie sie sich ausdrückten. Belesene, kultivierte Männer, die in zwei Welten zu Hause waren: im jeweiligen Brotberuf, in dem sie von Kollegen geschätzt wurden,

die Familie hatten, Nachbarn und Freunde. Und dann in der Welt, in der sie für das, was sie taten, von den anderen Mitgliedern von *Jack's Boys* bewundert wurden.

Bis zum nächsten angesetzten Treffen auf *Jack's Special Place* waren es noch ein paar Stunden. Alpha wollte die Zeit sinnvoll nutzen, und so ging er nochmals jede Kleinigkeit in Charlies »Wetterbericht« durch. Dabei versuchte er, sich mithilfe von Eselsbrücken Einzelheiten einzuprägen: Socgoal02 *liebt Niki. Er ist nicht picky. Aber wir sind tricky. Sein Großvater ist Ross. Er ist der Boss. Aber vielleicht wird er ein Loss. Seine Großmutter ist Kate. Ich freu mich auf unser Date. Das wird great.* Er hatte das Gefühl, *Socgoal02* gerade erst so richtig kennenzulernen, und witzelte innerlich, dass *Jack's Boys* den wahren *Socgoal02* binnen weniger Tage wahrscheinlich besser kennen würden als seine eigenen Großeltern in seinem ganzen Leben. Er saugte jeden Aspekt seiner Online-Präsenz auf wie ein Maler bei der Arbeit an einem Porträt, bei dem er die Person Pinselstrich für Pinselstrich zum Leben erweckt, während der Dargestellte reglos vor ihm sitzt. Es gelang ihm, seine Wut in diesem Prozess zu kanalisieren. Dabei gestand Alpha sich zu, für einen Moment über die Freundin zu fantasieren. Er spielte mehrere Möglichkeiten für sie durch. Hier kam auch seine disziplinierte Seite zum Tragen. Seine leidenschaftliche Seite wollte sich einfach nur ihr Gesicht in dem Moment vor Augen führen, in dem sie begriff, was ihr und ihrem Freund bevorstand.

Panik. Entsetzen. Kreatürliche Angst.

Er wusste, dass er Deltas Planskizze abwarten musste. *Socgoal02* zu töten, hatte oberste Priorität. Dabei sollte dieser Gelegenheit bekommen, seinen Spott über Leute, die ihm haushoch überlegen waren, zu bereuen. »Wir werden ihm eine Lektion erteilen«, sagte Alpha. »Aber anders als alles, was sie ihm in der Schule beigebracht haben.« Der Gedanke, dass dabei auch andere starben, machte das Ganze umso verlockender. Aber er war entschlossen, sich in Zurückhaltung zu üben. *Sollte der Plan sie oder die Großeltern doch nicht einschließen, gut, kein Problem.*

Falls aber dennoch, umso besser.
Ihn streifte die Frage, dass er vielleicht einfach nur den Hals nicht vollbekam. So wie wenn man in einem exklusiven Restaurant zwei Desserts bestellt. Oder eine teure Flasche Wein, und mit Kreditkarte bezahlt, um die Kosten irgendwann später zu begleichen.
Alpha befand sich im Keller seines Stadthauses. Sämtliche Monitore und sein luxuriöser Schreibtischstuhl warteten auf ihn. Doch er begab sich in den Teil des Raums, den er für seine besonderen Vorlieben eingerichtet hatte. An Haken in der Decke hingen schwere Stahlketten mit Schlössern. Neben einem Werkzeugschrank aus dem Baumarkt lehnte eine große Rolle extrastarke Plastikplane. Die Schubladen enthielten einige seiner Lieblingsgerätschaften. Sie reichten von antiken Sammlerstücken – Handschellen und Daumenschrauben – bis hin zu modernen elektrischen Bohrmaschinen und Chirurgensägen. In einer anderen Schublade bewahrte er die unterschiedlichsten Waffen auf. Messer. Rasierklingen. Nicht registrierte Handfeuerwaffen. Oben auf dem roten Metallschrank lag sein Sammelalbum.
Altmodisch. Mit Ledereinband. Dick. Teuer. Im Onlinehandel bei einem Anbieter exklusiver Schreibwaren gekauft.
Alpha holte es herunter und wog es in der Hand. Dabei durchrieselte ihn eine Woge der Lust.
Das Album enthielt siebzehn Einträge. Jede Seite war mit Schönschrift nummeriert und mit einer Reihe nach Zufallsprinzip ausgewählter Sonderzeichen versehen. Die Verschlüsselungscodes hatte er auswendig gelernt, um ihnen das entsprechende Datum und die Uhrzeit zuzuordnen.
Einträge trifft es nicht ganz, korrigierte er sich.
Siebzehn Momente.
Siebzehn Abenteuer.
Siebzehn Erinnerungen.
Siebzehn Stufen zum Ruhm.
Er blätterte langsam Seite für Seite um.

In der Mitte jeder der ersten siebzehn Seiten hatte er mit Tesafilm eine Haarsträhne auf das dicke Papier geklebt.
Rot.
Goldbraun.
Blond.
Braun.
Kastanienbraun.
Schwarz.
Jede Farbe in unterschiedlichen Tönen. Manche glatt. Manche gelockt.
Er kannte jede Nuance wie im Schlaf. Jede Haarfarbe erinnerte ihn an ein Gesicht. Mit Namen hatte er sich gar nicht erst abgegeben. Für ihn waren sie nicht in erster Linie junge Frauen, sondern Sprossen auf der Leiter zum Genie.
Seitlich von ihm hing eine große Uhr mit digitalen roten Zahlen an der Wand. Er sah hinüber und stellte fest, dass er bis zu dem Treffen mit den anderen noch etwas Zeit totzuschlagen hatte.
Alpha beschloss, die verbleibenden Stunden mit etwas zu verbringen, das er von Herzen genoss. Er begab sich zu einem Bücherregal und schaltete einen Polizeifunk-Scanner ein, der ein ganzes Fach einnahm. Er ging die verschiedenen Zuständigkeitsbereiche durch, bis er etwas Spannendes auffing. Ein Feuer, das an drei Stellen Alarm auslöste. Eine Stimme in der Notdienstzentrale meldete mögliche Opfer, die in mehreren Reihenhäusern in den Flammen eingeschlossen sein könnten. Alpha holte sein Handy heraus und öffnete ein Routenplaner-Programm. *Nicht viel Verkehr. Eine kurze, vielleicht zwanzig- oder dreißigminütige Fahrt quer durch die Stadt.*
Wenn ich schnell genug bin, dachte er, *sehe ich vielleicht eingeschlossene Feuerwehrleute. Oder welche, die sich weigern, hineinzugehen, weil der Brand nicht mehr unter Kontrolle zu bringen ist. Oder jemand ist schon bei lebendigem Leib verbrannt und wird gerade wenig pietätvoll in einen Leichensack gesteckt. Oder es schreien noch Leute, weil sie wissen, dass sie jeden Moment sterben.*
Während er sich seine Jacke, Autoschlüssel und für den Fall der

Fälle eine Kamera schnappte, streifte Alpha der Gedanke, ob er Bravo bitten sollte, *Socgoal02* eine Haarsträhne abzuschneiden und sie ihm, wenn ihr Plan ausgeführt war, für sein Sammelalbum zu schicken.

Eine ausgezeichnete Idee.

KAPITEL 12

NIKI ...

Nachdem Niki Connor gezeigt hatte, wie er die richtige chemische Formel anwenden musste, um das Problem der Wärmeverteilung zu lösen, schaffte er den Rest der Hausaufgabe im Flug, während sie ihrerseits für ihren Kunst-Leistungskurs an einem abstrakten Gemälde arbeitete. Er lachte, als sie sich dabei leuchtende Farben über ihr altes, zerrissenes T-Shirt spritzte, und sagte: »Vielleicht solltest du das T-Shirt einreichen statt der Leinwand.« Sie strafte ihn mit einem vernichtenden Blick: *Sagt der Richtige, dem man mit einer simplen Chemie-Aufgabe auf die Sprünge helfen muss.* Sie grinsten beide, Connor beugte sich hinüber, streichelte ihr die Hand und fügte hinzu: »Ist, ehrlich gesagt, ziemlich gut.« Sie waren in Nikis Zimmer. Ihre Eltern sahen unten *Butch Cassidy und Sundance Kid* zum gefühlt hundertsten Mal, sodass sie ihnen am liebsten gesagt hätte, egal, wie oft ihr euch diesen Streifen auch anseht, die beiden charmanten Bankräuber gehen am Ende trotzdem drauf. Die Anwesenheit ihrer Eltern schränkte auch für den Zeitraum ihre sexuellen Aktivitäten ein. Niki zog mit Bedacht eine dicke schwarze Linie über die Leinwand, darunter eine in leuchtendem Rot, und starrte darauf, als versuche sie, das Ergebnis mit dem kritischen Blick eines Prüfers zu sehen. Nach einer Minute stand sie auf, ging zu ihrem PC und tippte *Mark Rothko* ein. Sie betrachtete die Gemälde auf dem Bildschirm. Dann wedelte sie mit der Hand in der Luft, als hoffe sie, den Pinselstrich des Künstlers nachzuempfinden. Gebannt blieb sie eine Weile so stehen, bevor sie sich zu Connor umdrehte und fragte:

»Wie sollen wir damit ungestraft davonkommen?«

Er wusste sofort, was sie meinte. Nicht lange davor hatten sie sich über Truman Capotes *Kaltblütig* unterhalten und darüber, wie die Polizei in Kansas die Liste der Verdächtigen bis auf zwei zusammengestrichen hatte. Zwei, die beide gehängt wurden. Vielleicht ein Liebespaar. Vielleicht auch nicht. Capotes Prosa ließ das offen.

»Ich meine ja nur, Connor, wenn du erwischt wirst, ruinierst du dein Leben.«

Er nickte.

»Und damit auch meins.«

»Ich weiß«, sagte er.

»Hast du darüber schon mal nachgedacht? Ich schon.«

»Ja«, antwortete Connor. »Ich auch. Wirklich.«

»Und? Ist es das wert?«

»Ja«, antwortete er hastig.

»Tatsächlich?«, hakte sie nach. »Bist du dir sicher?« Sie legte den Kopf schief.

»Nein«, sagte er ebenso schnell.

Und fügte hinzu: »Vielleicht. Vielleicht auch nicht. Ich glaube, das kann ich erst sagen, wenn es vorbei ist. Das liegt in der Natur der Rache. In den meisten Fällen ist es die Sache nicht wert. Wie in Clint Eastwoods *Erbarmungslos*. Aber manchmal doch. Wie am Ende von Homers *Odyssee*, wo er die Freier tötet.«

»Das ist nicht dasselbe.«

»Nein, kommt der Sache aber schon näher. Überleg mal, was sie Odysseus wegnehmen wollten. Und überleg mal, was mir genommen wurde.«

»Schon gut«, antwortete sie. »Ich wollte nur …«

Sie sprach nicht weiter. Sie wusste nicht, was sie wollte. Und dann auf einmal doch: Sie wollte, dass Connor das alles hinter sich ließ. Einen Schlussstrich zog. Nach vorne blickte. Zu sich selber fand. Statt an Mord an seine Zukunft dachte. Sie wandte sich wieder den Rothko-Bildern zu. Farben, die über eine Leinwand marschierten und sich verführerisch miteinander verbanden. Ein einziger Pinselstrich, der inspirieren konnte. Das sah sie sich viel lieber an als abgeschlagene Köpfe.

Connor stand auf. Er machte sich daran, sein Chemiebuch und ein paar herumliegende Papiere mit Hausaufgaben in seinen Rucksack zu stecken.

»Ich muss nach Hause«, sagte er.

»Bist du jetzt sauer auf mich?«, fragte Niki.

»Nein, nicht wirklich.«

»Doch. Du bist sauer. Tut mir leid. Ich weiß ja, wie viel …« Einen Moment lang herrschte Schweigen zwischen ihnen, Connor sah traurig aus, und Niki hasste es, ihn so zu sehen. Sie liebte den lachenden Connor tausendmal mehr. Den unbeschwerten Connor. Selbst den aufgewühlten Connor. Den einzigen Gesichtsausdruck an ihm, den sie fürchtete, war diese plötzliche Verstimmung und Verschlossenheit.

»Ich muss noch viel mehr in Erfahrung bringen«, sagte er. »Unendlich viel mehr.«

Dass sich seine Bemerkung aufs Töten bezog, brauchte er nicht auszusprechen.

»Du weißt schon eine Menge«, entgegnete Niki.

»Nicht genug«, antwortete er. »Ich hab das Gefühl, das Problem ist, dass alles, was wir lesen, unsere gesamten Online-Recherchen, von Tätern handelt, die geschnappt worden sind. Und dann all das, was die Polizei entwickelt – Forensik, ich meine, einige der wissenschaftlichen Methoden sind wirklich cool. Und die Ermittler. Manche von denen sind verdammt clever. Die verstehen ihr Handwerk. Und die Zeugen. Jemand sieht etwas, meldet es. Und dann die Fehler, die den Leuten unterlaufen. Jemand hinterlässt Indizien am Tatort oder sieht genau in die Überwachungskamera, oder die Sache ist vom ersten Moment an klar: Jemand wird ermordet, und auf jemand anderen fällt automatisch der Verdacht; eins führt zum anderen und am Ende zu seiner Verhaftung. Fragt sich also, ob ich auf Anhieb der Hauptverdächtige bin. Gut möglich. Kann ich nicht sagen. Seit er meine Eltern umgebracht hat, werden dann viele Jahre vergangen sein. Und er hat sich wahrscheinlich noch weitere Feinde gemacht, die ihm den Tod an den Hals wünschen. Zum Beispiel seine geschiedene Frau. Ich glaube, er hat keine Freunde, und seine Frau hat ihn verlassen, wahrscheinlich hassen ihn seine Kinder, und er trinkt von morgens bis abends, ich halte ihn für einen widerwärtigen Säufer. Gut möglich also, dass er noch andere Leute angepisst hat und niemand auf mich kommt, weil es irgendeinen anderen Typen gibt, der mit ihm Streit hatte oder sich mit ihm eine Schlägerei geliefert hat.« Er zuckte mit den Achseln. »Manchmal haben die Leute unheimlich Schwein, so wie er, als er meine Eltern ermordet hat. Wenn du an all die denkst, über die wir gelesen haben, an diejenigen, die vor Gericht kommen und freigesprochen werden, obwohl sie etwas Schreckliches getan haben. Also das liegt immer daran, dass jemand anderer Mist gebaut hat, sodass Beweise verloren gingen. Oder jemand hat vor Gericht gelogen, und das alles fügt sich zusammen, und jemand hat unglaubliches Glück. Aber darauf könnte ich nicht zählen, oder?«

»Nein«, erwiderte Niki. »Ich würde mich nicht auf mein Glück verlassen. Glück allein hat noch niemandem die Haut gerettet.«

EASY … DRAUSSEN VOR DEM HAUS …

Aufgepasst.

Wurde aber auch allmählich Zeit, dachte er ungeduldig. *Ich frier mir hier schon seit Stunden den Arsch ab.*

Von seinem Leihwagen aus beobachtete Easy, wie Connor das Haus der Templetons verließ und noch einmal kurz winkte, bevor Niki die Haustür hinter ihm schloss. Schon der kurze Blick, den er auf die Silhouette des jungen Mädchens im Licht des Hausflurs erhaschte, erregte Easy. Sofort spielten sich in seinem Kopf Szenen von Vergewaltigung und Tod ab, die ihm wohlige Schauder bereiteten. Er musste sich mächtig zusammennehmen, um sich loszureißen, statt in der Hoffnung, sie vielleicht ein zweites Mal zu sehen – wenn sie wieder in ihr Zimmer zur Straßenseite hochging, vielleicht wenn sie sich auszog, vielleicht nackt, bevor sie das Licht ausknipste –, weiter zu Nikis Haus hinüberzustarren. Aber Easy war sich bewusst, dass er hier eine klar definierte Aufgabe zu erfüllen hatte, und so wandte er sich wieder *Socgoal02* zu und sah dem jungen Mann auf dem Bürgersteig hinterher, der gemächlich durch die einsetzende Dunkelheit lief.

Easy stieg auf der anderen Straßenseite aus. Er setzte sich die Baseballkappe auf und zog die Kapuze seines Sweatshirts darüber – eine ungewohnte Bekleidung, doch zweckmäßig für den Fall, dass sich von irgendwoher eine Überwachungskamera auf ihn richtete. Er hatte zwar nirgends eine gesehen, aber das hieß nichts, auch wenn in einer so gnadenlos gutbürgerlichen, sicheren Wohngegend wirklich nicht damit zu rechnen war. Er verfluchte die Kälte. An das Klima von Florida gewöhnt, fühlte es sich an wie knapp über null, obwohl tatsächlich für diese Gegend recht milde Temperaturen herrschten. Easy schlich in sicherem Abstand hinterher und hielt die Augen offen. Er zählte Connors Schritte: *zwanzig, dreißig, fünfzig, dreiundsechzig, und schon steht er vor der eigenen Tür.*

Es war fast so, als liefe er an seiner Seite mit. Er fühlte sich wie ein Gespenst, das dem Jungen im Nacken saß. Unsichtbar.

Wenn ich wollte, könnte ich ihn berühren.

Ihn töten.

Er sah zu, wie Connor das Haus betrat.

Er musste an sich halten, um nicht laut loszulachen.

Kein Schlüssel. Es war nicht mal abgeschlossen. Ohne zu klopfen, ging er einfach rein, weil seine Großeltern damit rechneten, dass er zuverlässig und pünktlich zurückkam. Notier dir das.

Wie dämlich kann man sein?

Ist denen denn nicht klar, was da draußen auf sie warten könnte?

Nein, offenbar nicht. Wie denn auch?

In Miami müsste man schon einen an der Waffel haben, um die Haustür nicht abzuschließen. So etwas schrie geradezu nach Ärger. Ärger wie zum Beispiel ihn.

Easy versuchte, einen Blick auf die Großeltern zu erhaschen, doch Connor zog die Tür hinter sich zu, bevor Easy hineinsehen konnte. Erschöpft, aber freudig erregt ging er hinüber und lehnte sich an einen Baum.

EASY … AM MORGEN DESSELBEN TAGES …

Der *Erkundungstag* hatte kurz nach dem Morgengrauen begonnen. Bei Sonnenaufgang im Red Roof Inn aus den Federn. Zügige Fahrt zu der Adresse, die er von Charlie hatte. Herzklopfen, als er *Socgoal02* mit Rucksack, in Jeans und Parka und mit bleichem, unausgeschlafenem Gesicht aus dem Haus kommen sah. Er war dem Jungen bis zur Schule gefolgt, hatte vor dem klotzigen Betonkomplex gewartet, während *Socgoal02* wahrscheinlich seine Unterrichtsstunden absaß und sein Fußballtraining absolvierte und ansonsten tat, was Schüler einer Highschool an einem stinknormalen Tag eben so tun. *Du weißt es zwar noch nicht,* dachte Easy, *aber das hier ist der unnormalste Tag in deinem ganzen Leben.* Hier und da erregte im Lauf des Vormittags, den er am hinteren Ende des Schülerparkplatzes in seinem Auto Wache schob, etwas seine Aufmerksamkeit, wie zum Beispiel das Pärchen in schwarzer, mit Silberstacheln verzierter Goth-Kluft, das sich nach draußen schlich und eine Stunde schwänzte. Oder die drei Mädchen in hautengen Jeans und Parkas, die sich aus einer Seitentür in ein Wäldchen schlichen, um heimlich E-Zigaretten zu paffen. *Vaping. Wie leicht sich Teenager doch nach dem einen oder anderen süchtig machen lassen. Das wissen die Werbefirmen ganz genau.* Aber die meiste Zeit konzentrierte er sich auf die Schule und achtete darauf, dass ihn nicht irgend so ein Fuzzi vom Wachdienst entdeckte. Als die Langeweile irgendwann unerträglich wurde – *also, der Junge kommt nicht vor drei Uhr nachmittags wieder raus* –, war Easy zu dem Krankenhaus gefahren, in dem die Großmutter arbeitete, und hatte die Fahrzeit wie auch die Strecke auf die Sekunde und den Bruchteil einer Meile genau bemessen. Er war auch hineingegangen, hatte im Eingangsbereich an einem Blumenstand bei einer abgelenkten Verkäuferin, die ihn kaum ansah, einen kleinen Strauß gekauft. Anschließend war er zur Intensivstation hochgefahren, in der die Großmutter nach Charlies Angaben tätig war, und hatte sich das Foto einer lächelnden Frau in hellblauer OP-Kleidung in Erinnerung gerufen, das Charlie online mitgeliefert hatte. Easy war in der Hoffnung, Kate Ross irgendwo zu entdecken, wie jeder andere Besucher den Flur entlangspaziert und hatte grinsend gedacht: *Lady, dir stehen große Veränderungen ins Haus. Und nicht zum Besseren.* Aber er sah sie nirgends, auch wenn er zugeben musste, dass er sich in einer Umgebung, in der so viel gestorben wurde, heimisch fühlte. Er konnte es förmlich riechen.

Beim Verlassen des Krankenhauses warf Easy die Blumen in einen Abfalleimer, stieg in seinen Wagen und fuhr, indem er auch diesmal seinen Meilenstand und seine Fahrzeit notierte, zu *Socgoal02s* Haus. Inzwischen war es Mittag, und er sah, wie der Großvater mit mehreren Tüten beladen von einer Einkaufsfahrt zurückkam, wenig später wieder herauskam und nach nebenan ging. Easy beobachtete, wie der Großvater an die Nachbarstür klopfte und die Tür kurz darauf aufging: Aus seinem Blickwinkel konnte er allerdings nicht sehen, wer öffnete. Er sah zu, wie der Großvater ins Haus trat, und sein erster Gedanke war *Du alter geiler Bock. Deine Frau ist bei der Arbeit, und du vögelst die Nachbarin …* was er jedoch zurücknahm, als Opa wenig später wieder erschien, diesmal mit einem Hund an einer Leine. Hund und Opa brachen zu einem zügigen Marsch auf und verschafften sich beide etwas Bewegung. Easy sah ihnen hinterher, bis sie um die nächste Ecke verschwanden.

Netter Zug, dachte Easy. *Den Nachbarsköter Gassi zu führen. Und vergiss nicht, die Scheiße wegzumachen, wenn der Köter irgendwo auf einen gepflegten Vorstadtrasen kackt.*

Easy empfand für den Hund auf den ersten Blick Hass.

So ein scheiß Goldendoodle. Nicht zu groß. Nicht besonders aggressiv. Wahrscheinlich auch nicht besonders schlau. Jede Menge Schwanzwedeln. Wenigstens ist es kein Pitbull, Deutscher Schäferhund oder Dobermann.

Hunde sind immer eine Komplikation. Sie bellen. Sie beißen. Sie machen eine Menge Lärm. Falls du dich durch den Nachbarsgarten anschleichen musst, Bravo, musst du sofort etwas wegen des Hundes unternehmen. Als Allererstes.

Er überlegte:

Vielleicht einen Tag davor ein bisschen Rattengift in einem Stück Fleisch auslegen, um auf Nummer sicher zu gehen? Nur so viel, dass sie mit dem Hund zum Tierarzt müssen, wo sie ihn über Nacht vorsichtshalber dabehalten, weil sie nicht wissen, weshalb er kotzt.

Oder erschießt du ihn lieber gleich?

Mit einer Pistole mit Schalldämpfer?

Immer ein schwieriges Unterfangen. Hunde sind nicht leicht zu treffen. Sie sind schnell. Sie geben eine schlechte Zielscheibe ab. Und wenn man sie nur verwundet, veranstalten sie ein ohrenbetäubendes Gejaule. Jedenfalls würde ein erschossener Hund große Aufmerksamkeit erregen. Ein unnötiges Risiko. Am besten ging er es von der anderen Seite an. Hoffentlich haben die nicht auch einen Köter.

Das alles waren Spekulationen. Easy hatte noch nie einen Hund erschossen. Im Übrigen auch keinen Menschen. Eigentlich wollte er es einmal ausprobieren, und er hoffte, als Uber-Fahrer irgendwann einmal die Gelegenheit zu bekommen, seinen Achtunddreißiger-Revolver auf einen Fahrgast zu richten, auch wenn es höchstwahrscheinlich nicht annähernd so befriedigend wäre wie die Morde, die er schon begangen hatte. Er bevorzugte die körperliche Nähe zu seinem Opfer. Easy liebte den Kampf, das Ersticken, den langsamen Tod.

Auch *Socgoal02s* Tod würde, wie er wusste, eine solche Nähe erfordern.

So wie die Minuten im Schneckentempo verstrichen und Easy gegen die Langeweile ankämpfte, wünschte er sich einmal mehr, Alpha hätte ihn mit der Durchführung betraut.

Ich bin schließlich schon hier. Ich bin bereit. Würde uns allen eine Menge Arbeit ersparen, wenn ich es sofort erledige. Meinetwegen schon heute Nacht. Dann wäre ich morgen wieder zu Hause. Noch bevor sie die Leiche entdecken. So wie ein Ninja. Wie ein Schnitt beim Rasieren, den man nicht spürt. So als wäre nichts passiert.

Der Wunsch war überwältigend. Er schwankte zwischen dem Bedürfnis zu töten und dem Wunsch, bei den anderen Eindruck zu machen.

Er wartete, bis ein so lautes Klingeln ertönte, dass es bis zu ihm an der Rückseite des Parkplatzes schallte. Schulschluss. Die Ruhe vor dem Sturm – bevor scharenweise Kinder und Jugendliche aus den breiten Eingangstüren stürmten und zu den gelben Bussen eilten. Andere, die zum Parkplatz strebten, wo Motoren ansprangen und sich die Fahrzeuge auf dem Weg zu den Ausgängen ein kleines Rennen lieferten. Andere Jugendliche liefen in dichten Gruppen zum Zentrum der kleinen Stadt.

Easy suchte die verschiedenen Gruppen nach *Socgoal02* ab.

Einen Moment lang geriet er in Panik. *Er ist gar nicht da! Verflucht noch mal! Wo steckt der Kerl?*

Doch bevor ihn die Panik überwältigte, entdeckte er ihn. Er kam ein paar Minuten nach allen anderen heraus.

Allein.

Gut.

Easy merkte sich das.

Wo bleibt die Freundin? Sie sollten zusammen nach Hause gehen, die Turteltäubchen. Händchen haltend.

Hin- und hergerissen zwischen der Pflicht, *Socgoal02* zu folgen, und dem Wunsch, auf das Mädchen zu warten, kam Easy schnell zu dem Schluss, dass es sein Job war, sich möglichst ununterbrochen ihrer Zielperson an die Fersen zu heften. Jack's Boys *werden jede Information von mir haben wollen, egal, wie wichtig oder scheinbar belanglos. Alles, was ich sehe, kann sich als wichtig erweisen.*

Easy hatte den ganzen Tag seiner Ungeduld und dem Hunger widerstanden. Er wusste, dass er die anderen auf den neuesten Stand bringen sollte. Vor allem Delta.

Und so versuchte er schon einmal auszuwerten, was er an diesem Tag in Erfahrung gebracht hatte.

Die jungen Leute. Großeltern. Nachbarshund, aber auf der anderen Seite von Socgoal02s *Haus und nicht neben dem Haus der Freundin, also wahrscheinlich kein Problem.*

Fast wie aufs Stichwort hörte er in diesem Moment einen anderen Hund bellen. Es war gedämpft, und er konnte nicht ausmachen, aus welchem Haus es kam.

Easy dachte über dieses Hundedilemma nach und verfluchte die Vorstadtidylle, in der es einerseits nicht viele Häuser mit modernen Alarmanlagen gab und in der die Großeltern die Tür für ihren Enkel offen ließen, wo es aber andererseits von Hunden wimmelte und die Leute für ihre Nachbarn da waren. Diese Überlegungen fügte er an die vielen Notizen an, die er sich bereits über *Socgoal02s* Tagesablauf gemacht hatte wie auch über den seiner engsten Bezugspersonen.

Ihm wurde bewusst, dass ihr Opfer einen riesigen Vorteil mit sich brachte: Das Leben eines Jugendlichen folgte einer festen Routine aus Schule, Sport und Hausaufgaben. Jede Menge Regeln, vorhersehbare Abläufe und feste Tageszeiten. Wenn man ihnen Freizeit lässt, bringen sie sich nur in Schwierigkeiten. *Wie zum Beispiel, wenn man sich in* Jack's Special Place *verirrt, du Vollidiot. Hättest in deiner Freizeit lieber mit deiner Freundin rummachen sollen. Aber nein, du musstest ja deine Nase in etwas stecken, das dich ganz und gar nichts angeht. Jetzt hast du den Salat. Das wird dich teuer zu stehen kommen.* Und als hätte er die Zielperson vor sich, sagte er laut: »Wie heißt es noch so schön, *Socgoal02?* Müßiggang ist aller Laster Anfang.« Easy fiel auf, dass der Junge, nachdem er das Haus *der Freundin* verlassen hatte, nicht sofort sein Handy herausholte und auf dem Weg die dunkle Straße entlang E-Mails, Twitter oder Instagram checkte, so wie Easy es erwartet hätte.

Easy atmete langsam ein.

Jetzt weiß ich also, wie er normalerweise den Dienstag verbringt. Ich brauche dieselben Erkenntnisse über die anderen Wochentage. Und ich muss herausfinden, in welchen Momenten und Situationen Socgoal02 *die beste Angriffsfläche bietet.*

In diesem Punkt würden die anderen auf absolut präzisen Angaben bestehen.

»Gute Nacht, *Socgoal02*«, sagte Easy. Er holte eins seiner Wegwerfhandys heraus und machte damit eine ganze Reihe Schnappschüsse vom Haus. Eigentlich, dachte er, verlangte eine sorgfältige Vorbereitung auch Aufnahmen von den anderen drei Hausseiten wie auch Nahaufnahmen von den Türen mit den jeweiligen

Schlössern. Er würde dafür einen geeigneten Zeitpunkt finden müssen – ohne sich erwischen zu lassen und ohne das Misstrauen von Nachbarn zu erregen. *Ein Weilchen lasse ich dir noch deine Unschuld. Deine Naivität. Deine Ahnungslosigkeit,* Socgoal02, dachte er. Und fügte leise hinzu: »Kannst du mich hören? Nein, ich glaube nicht. Also dann bis morgen, mein Junge, du bist so gut wie tot.«

DELTA … SPÄTER AM SELBEN ABEND …

Er zögerte nur ein, zwei Sekunden, er lauschte Geräuschen. In den Rohrleitungen, dem Heizungssystem, drinnen oder draußen. Doch in dem großen Haus herrschte Stille. Auch von den Pflegekräften war nichts zu hören, ebenso wenig von seinen beiden Eltern. *Fast als wären sie schon tot,* dachte er. *Vielleicht ist das ja ihre letzte Nacht. Vielleicht auch morgen.* Delta holte tief Luft und konzentrierte sich auf den Bildschirm seines Laptops. Er genoss es, allein und ungestört zu sein, mit dem kribbelnden Gefühl, das man hat, wenn man einen Moment lang vor der Tür stehen bleibt, bevor man sich in die Party schmeißt. *Ich habe einen Plan. Er wird funktionieren. Einmal tief durchatmen, auf geht's.*
Er klickte sich durch eine Reihe von Passwörtern hindurch, alle verschieden, einige davon aus Zahlen und Sonderzeichen zufallsgeneriert, alle auswendig gelernt, um sich auf *Jack's Special Place* einzuloggen. Er sah das gewohnte: *Delta ist dem Chat beigetreten.*
Er schrieb:
Ich vermute mal, wir haben alle für die anstehende Aufgabe bezüglich Socgoal02 *unterschiedliche Szenarien hin und her gewälzt?*
Viermal *Ja.*
Es war schon spät, und Easy wusste, dass er früh aufstehen musste, um *Socgoal02* wieder zur Schule zu folgen, dennoch kam ihm der Gedanke, dass dies der geeignete Moment war, den anderen vorzuschlagen, ihn mit der Durchführung des Mordes zu betrauen.

Er wollte gerade einen entsprechenden Beitrag schreiben und ihnen sagen, er habe schon mindestens zwei, drei Mal Gelegenheit gehabt, die Zielperson zu erledigen, auch wenn das leicht übertrieben war, doch er überlegte es sich anders. Er machte sich bewusst, dass es hier um ein gemeinsames Unternehmen sämtlicher *Jack's Boys* ging. Er mahnte sich innerlich: *Sei ein Teamplayer,* etwas, das er in seinem Leben noch nie gewesen war, ebenso wenig wie vermutlich jeder andere von ihnen.

Charlie sah sich in seinem häuslichen Arbeitszimmer um und dachte nur, dass *Socgoal02* das, was Delta sich für ihn ausgedacht hatte, auf jeden Fall verdiente. Als ihm bewusst wurde, dass sich in *Socgoal02* für ihn sämtliche Studenten vereinigten, die er je gehasst hatte, musste er grinsen. Die Ironie war einfach zu schön.

Bravo konnte nur mit Mühe an sich halten. Er fühlte sich wie ein prächtiges Schiff unmittelbar vor dem Stapellauf, das nur noch auf die Champagnerflasche wartete, die an seinem Bug zerschellte, bevor es in sein Element entlassen wurde. Großartig. Imposant. Tödlich.

Alpha wiegte sich im Hochgefühl absoluter Kontrolle und in der Aussicht, im Verbund mit der Gruppe Geschichte zu schreiben. Dabei blitzte ein Gedanke auf: *Noch in hundert Jahren werden sie von* Jack's Boys *reden und von dem, was sie zuwege gebracht haben. So wie sie heute immer noch über unseren Namensgeber reden.*

Delta schrieb weiter:
Ich habe mir Charlies ausgezeichnete Onlinerecherche angesehen. Und ich habe mir unsere jeweiligen herausragenden Expertisen durch den Kopf gehen lassen. Ich habe zu unserer Vorgehensweise ein wenig in der Kriminalgeschichte geschmökert und mir Gedanken darüber gemacht, wie sich die Sache für jeden von uns am besten abspielen sollte.

Wie elektrisiert saßen alle vier Ansprechpartner auf der Stuhlkante. Delta wusste sehr wohl, dass er bei ihnen mit jedem verlockenden Wort dieselbe Spannung erzeugte. Umgekehrt war sein Bedürfnis, *die anderen mit seinen Ideen zu beeindrucken,* so übermächtig, dass er beinahe zitterte. Doch er war entschlossen, sich gleichmütig zu geben. Vorsicht walten zu lassen. *Nichts überhasten. Auskosten, wie Alpha immer sagt. Wir sind alle Perfektionisten in unserem Metier,* rief er sich in Erinnerung. *Auch bei diesem Vorhaben muss alles stimmen.*

Also schrieb er:

Zuerst dachte ich, am elegantesten wäre ein simpler Mord bei einem Einbruch. Rein. Raus. Schnell. Effizient. Es am besten wie einen Raubüberfall aussehen lassen. Die Gestapo *käme schnell zu diesem Schluss, weil die meisten Raubüberfälle unglaublich dämlich und stümperhaft ausgeführt werden, und wir sind weder dämlich noch Stümper.*

Über den letzten Satz mussten sie alle schmunzeln.

Dabei ist mir etwas Entscheidendes klar geworden.

Jetzt hielt es sie kaum noch auf ihren Stühlen. In Echtzeit dachten sie alle nur ein und dasselbe Wort: *Was?*

Wenn dieses Unternehmen unser gemeinsamer Triumph sein soll, muss es die unverwechselbare Handschrift eines jeden von uns tragen. Es reicht nicht, es nur *so zu machen, wie ich es machen würde, oder* nur *nach Alphas Vorlieben oder Bravos Methoden oder* nur in *Easys Stil oder nach Charlies Plänen. Es muss das Beste von jedem von uns widerspiegeln, es müssen darin die persönlichsten Instinkte Ausdruck finden.*

Das Wort *nur* hob Delta jedes Mal hervor, bevor er schnell weiterschrieb:

Es kann also nicht so laufen, wie es nur einer von uns angehen würde.

In Socgoal02s *letzten Augenblicken muss etwas von jedem von uns zum Tragen kommen.*

Und diese Vielschichtigkeit ist wiederum der Garant für die Anony-

mität und Sicherheit jedes Einzelnen. Das gilt vor allem für Bravo, weil er keine ausgetretenen Pfade beschreitet. Er wird stellvertretend für jeden von uns agieren und nur einen eigenen Akzent hinzusetzen.

Wenn es vollendet ist, werden auf Socgoal02s *Grabstein fünf Handschriften stehen. So macht meiner unmaßgeblichen Meinung nach die gemeinsame Gestaltung Sinn.*

Damit schloss er. Die Metapher mit dem Grabstein gab der Sache einen literarischen Touch. Er wartete. Hielt fast den Atem an, während er auf die Reaktionen wartete.

Jack's Boys lasen. Wieder durchrieselte sie alle, wie eine elektrische Ladung, dasselbe Zusammengehörigkeitsgefühl.

Alpha antwortete prompt:

Ich denke, Delta liegt richtig. Etwas von uns allen. A plus B plus C plus D plus E

Ist gleich Tod.

Womit diese Liquidierung etwas Einmaliges wird.

Delta erkannte, dass an dieser Stelle ein Dur-Akkord angebracht war.

Bevor wir den Plan ausführen, muss jeder von uns klar benennen, welches Element von Socgoal02s *Tod für ihn am wichtigsten ist. Für uns. Persönlich. Was wollen wir mehr als alles andere? Was wollen wir sehen? Was wollen wir dabei empfinden? Was wollen wir davon in Erinnerung behalten? Wie soll es zugehen, damit wir seine letzten Augenblicke alle miteinander teilen?*

Gerecht.

KAPITEL 13

KATE …

Kate ließ über den Frühstückstisch hinweg den Blick zuerst zu Ross und dann zu Connor schweifen. Ihr Mann hatte sich nicht rasiert und war vielleicht, ohne es auch nur zu erwähnen, dabei, sich einen Bart stehen zu lassen. Und so lang, wie sein Haar inzwischen war, erinnerte es sie an Woodstock in den Sechzigerjahren. Er war in die Sportseite des *Boston Globe* vertieft. Ungeachtet des digitalen Abos holte sich Ross immer noch gerne die Printausgabe und gab zu, dass es altmodisch war und dass er sich nach der Lektüre immer die Druckerschwärze von den Händen waschen musste. Connor, gleichfalls mit struppigem Haar und dem vertrauten lässig zerzausten Look, schien zwischen einer Hausaufgabe in Mathe, die er auf seinem Computer noch einmal durchging, und einem geistesabwesenden Blick zur Decke hin- und hergerissen, als suche er himmlische Führung.

Kate war nicht entgangen, dass Ross derzeit schlecht schlief, was sie seinem *Oktober-Syndrom* zuschrieb. Sie rechnete damit, dass er, je trüber das Wetter wurde, umso mehr gegen seine Depression ankämpfen würde. Aus streng psychiatrischer Sicht war das ein Widerspruch in sich, doch sie nahm es so hin, wie es war. Manchmal juckte es sie in den Fingern, heimlich die Zahlenkombination zu seinem Waffenschrank zu ändern, in dem er sowohl seinen Revolver als auch sein Jagdgewehr Kaliber 30.06 einschloss und nie benutzte. *Ich bin kein Jäger. Nicht mehr,* hatte er einmal zu ihr gesagt. Trotzdem hatte er das Gewehr behalten.

Bei genauerem Hinsehen stellte sie fest, dass Connor geistesabwesend an einem Muffin kaute. Entweder gingen ihm gerade hundert Gedanken auf einmal durch den Kopf – oder keine. Sie versuchte, sich an ihre eigene Jugend zu erinnern, um herauszufinden, ob sie irgendetwas davon verwenden konnte, um zu Connor durchzudringen. Sie bezweifelte es. Es war zu lange her, und die Erinnerungen verblassten schnell. Connor war für sie leicht durchschaubar und undurchsichtig zugleich. Nah und fern. Ein offenes und ein verschlossenes Buch. Ross hingegen trug seine Depression wie eine Rüstung. Je verletzlicher er war, desto tougher gab er sich. Tougher als das ganze übrige Jahr. Sie ahnen nicht, wie ähnlich sie sich sind, stellte sie fest.

»Wichtiges Spiel diese Woche«, murmelte Ross über seinem Kaffee.

»Gegen Ende der Saison sind alle Spiele wichtig«, kommentierte Connor, ohne von seinem Laptop aufzusehen.

»Dann gehen wir eben zu allen hin«, sagte Kate in unbeschwertem Ton.

Es wäre nett, dachte sie, wenn er *danke* oder *super* oder sonst irgendetwas antworten würde, aber er schwieg.

»Was ist das?«, fragte Ross und zeigte auf Connors Bildschirm.

»Höhere Infinitesimalrechnung«, antwortete Connor.

Ross brachte wahrhaftig ein Lächeln über die Lippen.

»Da kann ich dir nicht helfen. Dafür fehlt mir der Grips.«

Connor lächelte wahrhaftig zurück.

»Hätte mich auch gewundert.«

Kate seufzte. Die klassische Frühstücksunterhaltung, dachte sie und stand auf.

»Ich hol mal eben meine Sachen. Connor, ich kann dich zur Schule fahren, wenn du möchtest. Aber ich muss danach zum Krankenhaus. Ich will nicht zu spät kommen. Ich muss los.«

»Ich laufe lieber. Bin schon mit Niki verabredet. Wir gehen zusammen.«

»In Ordnung«, erwiderte Kate. »Ross, hast du heute irgendwas Besonderes vor?«

Ross machte ihr Sorgen. Seit seiner Pensionierung letztes Frühjahr hatte er sich kaum einmal etwas Interessantes vorgenommen.

Er hob den Kopf und zeigte auf das Sonnenlicht, das zu den Küchenfenstern hereinfiel.

»Sonniger Tag. Laues Lüftchen. Da brüten die Köcherfliegen auf dem Deerfield River«, antwortete er. »Schätze, ich fahr mit der Fliegenrute rüber und seh mal, ob ich was Großes an den Haken bekomme.«

»Oder was auch immer«, warf Connor ein, ohne aufzusehen, aber mit dem zweiten Lächeln an diesem Morgen.

Ross lachte leise. »Stimmt. Was eben zu kriegen ist.«

»Also dann«, sagte sie. »Viel Spaß dabei.« Angeln war nicht gerade das, was sie unter einem Projekt verstand. *Seine Memoiren schreiben. Fotografieren lernen. Oder auch Sporttauchen. Ehrenamtliches Engagement in einer Suppenküche. Irgendwas. Egal was.*

Sie stand auf, ohne ein *Danke fürs Frühstück* zu erwarten. Sie warf den beiden Männern, die jetzt wieder in ihre eigenen Gedanken vertieft waren, über Angeln, die Sportseiten oder eine schwierige Matheaufgabe, einen letzten Blick zu, trat aus dem Raum und suchte in der Eingangsdiele ihre Schultertasche und ihre Autoschlüssel zusammen.

Zehn Sekunden nachdem Kate gegangen war, hob Connor den Kopf.

Er warf einen Blick zur Tür, die Kate gerade hinter sich geschlossen hatte.

»GP, kann ich nachher etwas unter vier Augen mit dir besprechen?«

»Na klar. Jederzeit«, antwortete Ross. »Worum geht's?«

Connor holte tief Luft.

»Kannst du mir sagen, wie es ist, einen Mann zu töten?«, fragte er.

ALPHA …

»Interessant«, sagte Alpha. »Überaus interessant.«
Wenn Alpha Selbstgespräche führte, redete er meist leise in ausdrucksloser Tonlage mit Midwestern-Einschlag. Draußen in der Öffentlichkeit bediente er sich, je nach Situation, unterschiedlicher Sprechweisen und Akzente. Wenn er sich beim Kabelnetzbetreiber beschwerte, klang er wie ein Anwalt; gegenüber jedem seiner siebzehn Opfer wie ein Nazi-Scherge beim Verhör. Er liebte es auch, in britisches Englisch zu wechseln. Den deutschen Akzent bekam er, wie er hoffte, einigermaßen hin. Einmal hatte er sich auch als Mexikaner ausgegeben. Doch vor allem war er auf seine Fähigkeit stolz, die verschiedenen amerikanischen Dialektvarianten zu beherrschen. Er konnte aus dem tiefen Süden kommen, aus der Küstenregion von Maine oder aus Boston, Massachusetts. Er traf den rauen Ton eines John Wayne im Sattel ebenso wie den Western-Singsang von Jimmy Stewart. Bei seiner Begabung, die verschiedensten Rollen zu spielen, hätte er das Zeug gehabt, ein richtig großer Hollywood-Star zu werden. Er hielt sich einiges darauf zugute, ein allmächtiges Chamäleon zu sein, das nach Lust und Laune die Farben wechseln kann.
Er stand in seinem Keller unweit der Computeranlage mit ihren Monitoren und Tastaturen, blinkenden Lichtern und Hightech – teure Hardware. Doch er trat noch einen Schritt näher an die Ecke heran, die er *meine Mordwerkstatt* getauft hatte. Dort hatte er mit großem Aufwand eine Filmausrüstung installiert und diesen Bereich gleichzeitig so eingerichtet, dass zwar alles, was er dort tat, aufgezeichnet wurde, aber ohne den geringsten Hinweis darauf, *wo*. Es hätte jeder beliebige Keller an jedem beliebigen Ort sein können. Diese Vorrichtung erfüllte Alpha mit großem Stolz. Er liebte die Fernseh-Werbespots: *Mit einem iPhone 12 aufgenommen*. Er hätte ihnen gar zu gerne einmal gezeigt, was *er* manchmal mit dem eigenen iPhone aufnahm. Er hätte die Qualität seiner Morde vorführen können, ohne sich in irgendeiner Weise zu verra-

ten, fast so, als fänden sie in einer eigenen, ganz und gar von ihm geschaffenen Parallelwelt statt. Einmal hatte er Easy gewarnt, dass seine Videos eindeutig in sumpfigen Gegenden entstanden waren, was den Betrachter – erst recht einen von der Polizei – automatisch auf die Louisiana Bayous oder die Everglades in Florida brächte. *Flora und Fauna,* dachte er, *darüber stolpert man allzu leicht.*

Alpha wurde bewusst, dass er noch nie die einzelnen Phasen einer Tötung genau analysiert hatte.

»Delta, du erstaunst mich. Schlaue Frage, die du uns da stellst.«

Zweifellos waren sie sich in unterschiedlichem Maße ihrer Bedürfnisse und Begierden bewusst, aber mit Sicherheit hatte sie noch niemand dazu aufgefordert zu benennen, was genau ihnen bei dem, was sie taten, das *Wichtigste* war, und damit etwas darüber preiszugeben, *wer* sie waren.

Alpha dämmerte, dass die von Delta aufgebrachte Frage auch die erste wäre, die ihnen ein Verhaltenspsychologe vom FBI oder ein prominenter Strafrechtler stellen würde, wenn er könnte.

»Wirklich faszinierend«, bekräftigte er.

Was liebe ich am meisten? Zählen wir mal auf:

Die Wahl des Opfers.

Die Jagd.

Die Gefangennahme.

Die Aneignung.

Das Finale.

Die Entsorgung.

Die Nachbereitung, das heißt, das Vollbrachte auf Jack's Special *Place vorzuzeigen und zu erzählen und vielleicht auch noch die* Gestapo *damit zu foppen, um der ihre eigene Dummheit vor Augen zu führen.*

Alpha überlegte:

Brich es noch weiter herunter. Ist es der Moment, in dem du die Zielperson zum ersten Mal siehst?

Ein besonderer Moment. Eine Flut der Erregung.

Oder der Augenblick, in dem du sie in Besitz nimmst? Wenn du zum ersten Mal die blanke Angst in ihren Augen siehst?

In dieser Hinsicht glich kein Opfer dem anderen.
Oder wenn sie dich anfleht, sie zu verschonen?
Wenn sie dir verspricht – natürlich eine Lüge –, dich niemals zu verraten.
Oder wenn sie zum ersten Mal bettelt, sie am Leben zu lassen?
Alle diese Momente bereiteten das köstlichste Vergnügen.
Oder ihr erster gedämpfter Schmerzensschrei?
Oder war es, wenn er das richtige Werkzeug auswählte?
Der erste Tropfen Blut?
Alpha atmete langsam aus. Indem er sich jede Phase ins Gedächtnis rief, konnte er jeden Mord noch einmal durchleben. Zum ersten Mal gelang ihm dies, ohne nach seinem Album zu greifen und die Seiten mit den Haarsträhnen durchzublättern. Er überlegte:
Vielleicht ist es der erste Schrei, den außer mir niemand hören kann?
Er führte sich weiter eins nach dem anderen die Opfer vor Augen.
Der Moment, in dem sie endgültig begreift, dass es keine Hoffnung gibt.
Vielleicht aber auch die besondere Art, wie sie ihren letzten Atemzug tut?
Alpha lächelte.
Oder ist es der magische Augenblick, wenn ich ihr diese Strähne abschneide?
Alpha wurde immer klarer, dass Deltas Frage ihn nötigte, sich innerhalb der ganzen Oper, die er inszenierte, einen ganz bestimmten Höhepunkt herauszugreifen. Sich gewissermaßen auf eine einzelne Note in einem Stück zu fokussieren. Und anschließend diesen Moment Bravo so zu veranschaulichen, dass beim Drama von *Socgoal02s* Tod eindeutig ein Alpha-Moment zu erkennen war. Bravo konnte als ihr aller Statthalter ein paar Sekunden lang wie Alpha agieren und dann entsprechend wie Charlie, wie Delta, wie Easy. Alpha war sicher, dass den anderen dieselben Überlegungen durch den Kopf gingen. Jeder von ihnen war auf seine Weise begierig, Neues über das Sterben zu lernen. *Das gehört zu den wesentlichen Dingen, die uns zusammengebracht haben,* wurde Alpha bewusst, *und die uns miteinander verschweißen.*

Ihm wurde warm ums Herz. Er würde sich über die Tötung von *Socgoal02* für seine Memoiren Notizen machen. Jeder Gedanke, den jeder von ihnen in jenem Moment hatte, verdiente es, auf den geplanten Seiten festgehalten zu werden.

So viel stand für ihn fest: *Die Welt hat nur darauf gewartet. Sie wird jede Seite, jeden Satz, jedes Wort verschlingen.*

Alpha begab sich zu seinem teuren Drehstuhl an dem Arbeitsplatz mit seiner Computeranlage.

»Also«, sagte er. »Was willst du mehr als alles andere sehen? Was genau muss passieren, damit es sich so anfühlt wie dein eigenes Werk?«

Und in diesem Moment wusste er es.

KAPITEL 14

EASY, IMMER NOCH BEI DER OBSERVIERUNG …

Er notierte sich den Zeitpunkt, zu dem Kate das Haus verließ.
Er zählte die Minuten, bis *Socgoal02* herauskam, den Rucksack lässig über der Schulter. *Eins, zwei, drei … sieben.* Easy bemerkte, dass *Socgoal02,* je näher er dem Haus seiner Freundin kam, schneller lief. *Knapp dran? Nein. Er kann es nur nicht erwarten.* Easy stellte fest, dass sie schon am Fenster gewartet haben musste, denn *Socgoal02* hatte es gerade einmal halb bis zu ihrer Haustür geschafft, als sie herausgesprungen kam. Er sah, dass sich die zwei Teenager zwar nicht umarmten, die Freundin *Socgoal02* dafür aber zärtlich an der Schulter berührte, und Easy dachte: *Wie unschuldig. Wie lieb. Wie todgeweiht.*
Erst als das junge Paar schon fast das Ende der Straße erreicht hatte und er die beiden kaum noch sehen konnte, legte er den Gang ein. *Wie praktisch, dass die Freundin blond ist, noch dazu mit diesem eingefärbten Strähnchen. Gutes Erkennungszeichen.* Wo sie hinwollten und wann sie dort eintreffen mussten, war kein Geheimnis. Doch während er langsam losfuhr, sah er sich die Nachbarschaft ganz genau an, um eine geeignete Stelle auf dem täglichen Schulweg zu finden, an der die beiden Jugendlichen oder auch nur einer von ihnen leicht von der Straße weg entführt werden konnten – falls das der Plan war, auf den sie sich am Ende verständigten. Ihm wurde klar, dass er ein andermal aussteigen und den Weg zwischen ihrem Zuhause und der Schule zu Fuß abschreiten musste. *Bravo und die anderen müssen sich davon überzeugen können, dass ich die gesamte Gegend mit der nötigen Sorgfalt überprüft habe.*
Easy war ein wenig frustriert. Das Wohnviertel von *Socgoal02* war voller hoher Eichen und gutbürgerlicher Häuser, die weit von den

Bürgersteigen zurückgesetzt und hinter Vorgärten mit reichlich Ziersträuchern und Stauden verborgen waren, auch wenn das Laub schon fiel und nackte Zweige zum Vorschein kamen. Easy machte sich klar, dass die Bäume, welche die Sicht zur Straße versperrten und die Geräusche dämpften, sich mit jedem Tag, der verging, entlaubten. Und er bedauerte, dass er hier keine Gegend wie die Everglades in Miami kannte, wohin man die Opfer nach ihrer Aneignung schaffen konnte. Sicher, *Socgoal02s* kleine Stadt im westlichen Massachusetts war von jeder Menge Parks und ausgedehnten Wäldern umgeben. *Aber,* hielt er dagegen, *mit ein oder möglicherweise auch zwei strampelnden Teenagern auf dem Rücksitz eines Leihwagens kann man sich schlecht in aller Ruhe nach einer guten Stelle umsehen.*

Als er merkte, dass er mit den Gedanken abgedriftet war, sah er gerade noch, wie *Socgoal02* und die Freundin das Schulgelände betraten.

Er sah, wie sich die breite Flügeltür hinter ihnen schloss, als würden die beiden vor seinen Augen verschluckt.

»Niki«, flüsterte er.

Easy schüttelte den Kopf.

»Nenne sie nicht beim Namen.« Easy beschloss, sie von jetzt an nur noch als *die Freundin* zu bezeichnen. Das musste er auch den anderen sagen. Dabei wurde ihm klar, dass der eine oder andere von *Jack's Boys* gerne ihren Namen erfahren würde und auch, wer sie war, was der Tod von *Socgoal02* für sie bedeuten und mit ihr machen würde. *Tränen sind immer gut. Tränen haben ihren besonderen Wert. Alpha will, dass* Socgoal02s *Tod anderen eine Lektion erteilt. Also, demnach sollte sie ja wohl am besten erzählen, wie sich die Geschichte zugetragen hat.*

Er sah im Geist schon vor sich, wie *die Freundin* ans College ging und ihren faden Kommilitoninnen davon erzählte:

Da war dieser Junge, den ich mal geliebt und den ich von Zeit zu Zeit gevögelt habe, aber der wurde umgebracht, nachdem er Leute beleidigt hatte, denen er besser nicht in die Quere gekommen wäre …

Easy grinste.

»Aber vielleicht stirbt sie ja mit ihm.«
Easy bog auf einen Parkplatz ab. Er war sich nicht sicher, ob er die Geduld aufbringen würde, den ganzen Tag zu warten. *Langweilig.* Andererseits musste er auch Deltas Frage beantworten. Seit dem letzten Treffen auf *Jack's Special Place* hatte sie ihn beschäftigt. Bevor er sie beantworten konnte, musste er gründlich darüber nachdenken, warum dann nicht hier und jetzt, auf dem Parkplatz hinter der Schule? Er hatte einen Becher Kaffee in der Hand, der schnell kalt wurde, und trank die bittere Brühe in kleinen Schlucken. *Verflucht*, dachte er, *keine leichte Frage. Delta, du Schlitzohr. Verdammt schlau.* Er ließ die eigenen Morde vor seinem geistigen Auge Revue passieren und ging wie in Zeitlupe seine Erinnerungen durch. Er wollte Delta auf seine clevere Frage eine geistreiche Antwort geben. Er glaubte, dass die anderen wegen seiner schrägen Witze und seiner locker-flockigen Art manchmal ein bisschen auf ihn herabsahen. Das schmeckte ihm nicht. Easy wusste, dass er genauso viel draufhatte wie sie. *Das habe ich oft genug unter Beweis gestellt.* Gleichzeitig wusste er, dass sich auf *Jack's Special Place* sehr viel um Respekt drehte. Es reichte also nicht, wenn er Delta und den anderen einfach sagte, was für ihn der wichtigste Moment war, wie zum Beispiel: *Wenn ich sie mir angeeignet habe* oder *Wenn ich sie getötet habe* oder *Wenn ich ihr Grab geschaufelt habe* oder *Wenn ich mir über ihren Leichen einen runtergeholt habe.* Da musste er sich schon um ein bisschen Tiefgang bemühen.
Auf einem Schreibblock machte er sich schnell eine Notiz, direkt neben seinen Zeitangaben zum Schulschluss, zu den Wegen und der benötigten Zeit zwischen Haus und Schule wie auch zu Kates morgendlichem Aufbruch zum Krankenhaus und all den anderen Einzelheiten, die er zur täglichen Routine von *Socgoal02* schon zusammengetragen hatte.
Easy schrieb:
Mehr als alles andere inspiriert es mich, wie sie sich angesichts des unausweichlichen Todes mit aller Macht ans Leben klammern. Das Endspiel.
Dann richtete er seine Aufmerksamkeit wieder auf die Schule. Er

wusste, es würde ein langer Tag. Ebenso gut wusste er aber auch, dass für *Socgoal02* zusammen mit der Jahreszeit die Tage immer kürzer wurden.

CHARLIE BEIM SPAZIERENGEHEN …

Die könnte ich umbringen.
Die auch.
Und die erst. Die wäre ein richtiger Leckerbissen.
Charlie schlenderte über den Campus der weitläufigen staatlichen Universität im Mittleren Westen, an der er Professor war, und ließ den Blick über die Studentinnen schweifen. Hier und da erwiderte er mit einem Lächeln oder Nicken den Gruß junger Leute, die ihn kannten. Es war ein prächtiger Herbsttag.
Es war wie im Garten Eden inmitten von Bäumen, deren Zweige sich unter verbotenen Früchten bogen.
Charlie ließ sich auf einer Steinbank nieder und stellte sich Deltas Frage.
Also gut, Charlie. Was ist der beste, der wichtigste Moment?
Er blickte in den blauen Himmel empor.
Zunächst einmal, machte er sich klar, *habe ich bis jetzt noch nie einen Mann umgebracht. Nur Frauen.*
Macht das einen Unterschied?
Ja, dachte er. *Und ob. Einen entscheidenden Unterschied.*
Charlie ging mit akademischer Präzision an die Aufgabe heran. Wie die anderen ließ er im Geist seine eigenen Morde Revue passieren. Dabei versuchte er, sie in ihre Einzelelemente zu zerlegen und jede Phase darauf abzuklopfen, welche ihn am meisten ansprach. Es hatte etwas davon, eine Leiche zu sezieren, um nach der Todesursache zu suchen. Oder einen Satzbau auf der Suche nach dem Verb schematisch darzustellen.
Nach gründlicher Analyse kam er zu dem Schluss:
Es gibt einen unvergleichlichen Moment, in dem ich absolute Kon-

trolle ausübe. Nicht nur über die junge Frau, sondern über die ganze Situation, und genau da habe ich die größte Macht, die größte Konzentration und die größte Entschlossenheit. Das Gefühl erfasst mich wie ein Rausch, der mit nichts auf der Welt zu vergleichen ist. Es passiert kurz vor Eintritt des Todes. Vor dem Höhepunkt der Lust. Wenn die Schreie ersticken und der Kampf endet. Wenn das Unvermeidliche eintritt. Wenn ich vor Kraft berste.

Charlie erkannte:

Diesen Moment muss Bravo einfangen.

Er hörte jemanden nach ihm rufen und sah auf. Ein junges Pärchen kam vorbei. Die beiden grüßten ihn mit: »Hi Professor, bei so einem Wetter kann man nicht drinnen hocken, oder?« Sie hatten eine Frisbeescheibe dabei und waren auf dem Weg zu einer der Rasenflächen. *Frisbee,* dachte er schmunzelnd, *ist eine Art Vorspiel.*

»Allerdings!«, antwortete er. »Aber der Winter lässt schon grüßen.« Er blickte ihnen hinterher und sah sich prompt nackt mit einem Messer in der Hand, die beiden Studenten unter ihm. Mit Isolierband um die Handgelenke und über dem Mund. *Von da an könnte ich es langsam angehen.* Es war wie ein mörderisches Kartenspiel, man mischte das Blatt und legte es säuberlich zu einem Päckchen zusammen, alle zweiundfünfzig Karten nach Wert und Farbe sortiert.

Er überlegte:

Falls es zu einer Abstimmung kommt, werde ich Jack's Boys *drängen, auch die Freundin zu töten. Wie hieß sie noch gleich?*

Wieso sollte sie nicht mit ihm dran glauben?

Dabei machte er sich keine Illusionen darüber, dass Mehrfachtötungen immer eine besondere Herausforderung darstellten.

Er sprach es laut aus:

»Kompliziert.«

KAPITEL 15

ALPHA …

Nachdem er so dagesessen, an die Wand gestarrt und hin und her gewendet hatte, wie der Tod von *Socgoal02* gestaltet werden sollte, fuhr Alpha sein Computersystem hoch und wartete, bis die anderen sich meldeten.

Er schrieb:

Ich drängle nur ungern, Delta, aber nach meinem Dafürhalten sollten wir die Planskizze so schnell wie möglich vor uns haben. Wir müssen ein bisschen Zeit für unsere Rückmeldungen und für entsprechende Änderungen einrechnen, bevor der Plan in die Tat umgesetzt wird. Ich glaube, die Uhr tickt. Sonst kann es passieren, dass Jack's Boys *auf der Bildfläche erscheinen und* Socgoal02 *in seinen letzten Minuten nicht versteht, weshalb und wozu.*

Alpha hatte Angst, der erste Elan könnte verpuffen. Unmittelbar nach den Beleidigungen war der Enthusiasmus bei ihnen allen mit Händen zu greifen, selbst in der elektronischen Kommunikation. *Socgoal02* zu töten, war nicht nur ein gemeinschaftliches Unternehmen; es stellte sie auch vor die Herausforderung, die Komfortzone ihrer jeweiligen Verhaltensnormen zu verlassen.

Bravo, du musst dir schon mal etwas dazu einfallen lassen, weshalb du wegmusst, im beruflichen und familiären Umfeld, was auch immer.

Bravo meldete sich prompt:

Schon dabei.

Seinen Vorgesetzten im Versandlager hatte er erklärt, er müsse zur Hochzeit einer entfernten Nichte. Hatte dabei gewitzelt: *Ich fasse es kaum, dass sie mich eingeladen haben. Wahrscheinlich sind sie nur auf ein schönes Geschenk aus.* Darüber hinaus standen ihm noch ein paar Krankentage zu, und so wäre sein Fehlen im Job kein Problem.

Diese Einzelheiten behielt Bravo für sich. Alpha fuhr fort:
Ich denke, damit Delta einen konkreten Plan entwickeln kann, müssen wir uns über Socgoal02s *Freundin verständigen. Über die Familien.*
Schuldig? Oder nicht schuldig?
Und weiter:
Mir stellt sich die Sache folgendermaßen dar: Je weiter wir unseren Aktionsradius ziehen, desto größer die Gefahr. Wir alle sind mit der Herausforderung vertraut, die eine Zielperson mit sich bringt. Zwei verdoppeln die Risiken. Drei machen es noch einmal deutlich komplizierter – die neuen Probleme könnten Hilfe erforderlich machen. Je mehr Personen zu handhaben sind, desto schwerer ist es, sämtliche Aspekte der Situation unter Kontrolle zu behalten. Vier oder gar mehr, das lässt sich schon fast mit einem Massaker vergleichen, und das ist nicht unser Stil. Wir sind nicht Parkland. Wir sind nicht Sandy Hook. Genauso wenig Las Vegas oder El Paso. Der Einzige von uns, der in dieser Hinsicht Erfahrung mitbringt, ich meine, darin, bei einem einzigen Ereignis mehrere Ziele zu meistern, ist Bravo. Bei unserem weiteren Vorgehen sollten wir uns daher maßgeblich auf seine Meinungen und seine Expertise stützen.
Bravo las diese Einschätzung mit Stolz.
Augenblicklich schrieb er zurück:
Ich kann das. Eine. Zwei. Oder auch mehrere. Das ist sogar mein bevorzugter MO. Und Alpha hat recht, wir müssen uns beeilen. Schließlich wissen wir nicht, was Socgoal02 *vorhat, wenn die Ferien anstehen. Bekommen sie Besuch von Verwandten? Verreist er zum Skifahren? Fragt sich dann auch, ob sich am Ende der Fußballsaison sein Tagesablauf ändert. Außerdem sind Alter und Geschlecht zu berücksichtigen. Eine ältere Person erfordert eine andere Handhabung als jemand Junges.*
Bravo gefiel der Ausdruck *Handhabung.*
Charlie antwortete:
Leuchtet ein, was Bravo da sagt. Aber ich denke, erst einmal sollten wir über die Freundin abstimmen. Darüber müssen wir Klarheit haben.

Charlie fühlte sich wie bei einer typischen Fakultätssitzung an der Uni. Viel Palaver. Jede Menge unvereinbare Standpunkte. Er musste an den alten Witz denken: *Standpunkte sind wie Ärsche. Jeder hat einen.* Aber *Jack's Boys* brachten eine ganz andere Dynamik mit. Sie waren entscheidungsfreudig. Sie waren wie Brüder – mit dem widerspenstigen Kollegium hatten sie nicht das Geringste gemein. Außerdem würden sie zweifellos jeden Aspekt der Entscheidung messerscharf verstehen. Während in ihrem Schlafzimmer unter ihm seine Frau schlief und er an seinem Schreibtisch vor unbezähmbarer Begierde plötzlich an den Unterarmen schwitzte, flüsterte Charlie:

»Tötet sie, tötet sie, tötet sie, ich will, dass sie stirbt.«

Alpha nickte in seinem Keller zum Rhythmus des Chats wie zu den Synkopen eines Schlagzeugs. Er dachte ganz ähnlich wie Charlie. Mit Feuereifer tippte er:

Sollen wir abstimmen? Die Mehrheitsentscheidung über die Freundin *gilt. Dann kann Delta planen.*

Die Voten kamen prompt:

Ja-Stimme.

Ja-Stimme.

Ja-Stimme.

Ja-Stimme.

Alpha gab seine als Letzter ab:

Ich respektiere die demokratische Entscheidungsfindung.

Also gut. Die Freundin? *Schwebt uns für sie auch eine Handhabung vor?*

Es folgten:

Ja.

Ja.

Ja.

Ja – mit Vorbehalt.

Alpha antwortete:

Ich stimme ebenfalls mit Ja.

Also einstimmig.

Aber was sind deine Bedenken, Charlie?

Charlie, der gegen seine überwältigende Begierde ankämpfen musste, sich schon lustvoll Bravos Videomitschnitt von der Ermordung *der Freundin* ausmalte und sich wünschte, nur für diesen einen Moment dabei zu sein, zugleich aber akademischer Bedenkenträger, der nicht zulassen konnte, dass sich seine zwei Leben in die Quere kamen, antwortete:

Ich hege nur die eine Sorge, dass es die Dinge komplizierter macht, sie in das Projekt mit einzubeziehen. Anderes Haus. Andere Person. Andere Familie. Eins sollten wir nicht aus dem Blick verlieren: Wir senden damit eine klare Botschaft, und zwar nicht nur an Socgoal02 *und jetzt auch noch an seine Freundin, sondern an all die Idioten da draußen, die meinen, sie kämen dank ihrer vermeintlichen Internet-Anonymität ungestraft damit durch, Leute, die ihnen haushoch überlegen sind, zu beleidigen.*

Charlie merkte, dass er in den Ton einer Vorlesung verfiel. Eine Sekunde lang fürchtete er, mit seinem Sprachduktus den anderen nicht nur preiszugeben, *wer* er war, sondern auch, *was.* Ihn flog das Gefühl an, dass *Socgoal02* mit seinem unbefugten Eindringen und seinen Unverschämtheiten absurderweise ein paar ihrer Selbstschutzbarrieren niedergerissen hatte, mit denen sie ihre Identität schützten.

Er schüttelte das Gefühl ab und schrieb:

Wahrscheinlich sollten wir diese Botschaft – querbeet – wie bisher auch an eine Reihe ausgewählter Polizeistationen schicken. Auf diese Weise vergeuden sie wertvolle Zeit damit, sich untereinander kurzzuschließen, statt das Verbrechen aufzuklären. Man stelle sich nur mal vor, welche Verwirrung wir in der Kleinstadt stiften, in der Socgoal02 *und* die Freundin *leben, wenn die verdutzten Ermittler auf einmal Anrufe aus Buenos Aires und Glasgow, aus Los Angeles und Saigon bekommen. Dabei werden sie alles daransetzen, das, was sie wissen, für sich zu behalten. Wenn wir sie also richtig ärgern wollen, sollten wir unsere Arbeit an die Medien durchstechen. Vielleicht fangen wir mit der* New York Times *an? Das würde jedenfalls für einen Nachmittag ein bisschen Leben in ihre Redaktion bringen, oder? Bei* CNN*? Würden sie es bringen? Was halten die Herren da-*

von? Und wenn sie zögern, was garantiert der Fall sein wird, stellen wir es unsererseits auf YouTube *ein. Wetten, das geht viral. Auf Anhieb.*

Nachdem Alpha seinen Beitrag gelesen hatte, sprach Charlie für sie alle:

Ausgezeichnete Ideen. Ich liebe es, wie du denkst.

Delta sog jedes Wort auf und war ganz und gar einverstanden. *Wir werden anonym sein,* dachte er. *Wir bleiben verborgen. Aber gleichzeitig werden wir berühmt. Mehr als berühmt. Wir sind Stars.*

Er schrieb:

Easy, wie läuft es so bei deiner Observierung vor Ort?

Easy antwortete:

Gut. Bestens. Hab schon einige Ideen. Ich werde alles in einen Ordner packen und jedem auf JSP *zugänglich machen. Gebt mir ein paar Minuten, um alles da rein zu verschieben.*

Easy hatte bereits seine Notizen zu seiner zweitägigen Observierung geordnet. Er hatte vor, zu *Socgoal02s* nächstem Fußballspiel zu gehen. *Wetten, der Junge ist ziemlich gut. Sein Pech.* Diese Bemerkung schickte er seinen Dateien voran. Es war ein schwieriger Moment für ihn. *Ich mache hier die ganze Sklavenarbeit,* dachte er, *und latsche dem Dreckskerl Tag und Nacht hinterher. Wenn es dann zur Sache geht, sollte ich auch ein bisschen Spaß abbekommen.* Doch in seinen Bericht schrieb er dies nicht. Stattdessen fügte er, einfach nur, um die anderen zu amüsieren, am Anfang einen Fünf-Sekunden-Clip von Gary Oldmans übertriebener *Dracula*-Darstellung ein. Und um seiner Arbeit noch einen professionelleren, cooleren Touch zu geben, unterlegte er seine Worte mit einem Soundtrack. Heavy Metal. Ein bisschen Metallica und Slayer. Das verlieh den aus Easys Sicht ziemlich unspektakulären, letztlich langweiligen, aber unverzichtbaren Details über *Socgoal02s* Alltag und sein nicht mehr langes Leben die richtigen Vibes.

KAPITEL 16

ROSS …

Ross rechnete damit, sich in Geduld üben zu müssen. So wie er Kate gesagt hatte, fuhr er zum Deerfield River raus, wo er den Nachmittag damit verbrachte, eine Köcherfliege auf einer bekannten Flussbiegung schwimmen zu lassen. Er holte ein paar dürftige Forellen ein, die er sofort wieder ins Wasser zurückwarf, das ihm um die Beine strudelte. Er machte nicht einmal mit seinem Handy ein paar Schnappschüsse, um sein Anglerglück zu dokumentieren. Einmal flog ein Fischadler mit einer zappelnden Forelle in den Klauen nur drei Meter über seinen Kopf hinweg, was er entweder für ein Glückszeichen hielt oder für ein schlechtes Omen, eins von beiden. *Kommt drauf an, aus welcher Warte man es betrachtet,* dachte er, *ob du zu dem Vogel oder zu dem Fisch hältst.* Ein paar Minuten später schlug ein Biber mit dem Schwanz aufs Wasser, bevor er mit verächtlicher Schnute an ihm vorbeischwamm. Das Klatschen klang wie ein Gewehrschuss, und Ross durchzuckte plötzlich eine Angst, die ihn völlig überraschte. Das Geräusch katapultierte ihn fünfzig Jahre zurück, und während er wie gelähmt im Dämmerlicht in der Strömung stand, holten ihn die Erinnerungen an chaotische Gefechte ein und an die Männer, die er getötet hatte. *Was zum Teufel soll ich Connor sagen?*, dachte er.

Und ihm wurde klar:

Ich werde ihm einfach die Wahrheit sagen.

Dabei stellte er sich nicht die Frage, ob er überhaupt wusste, was die Wahrheit war. Sie kam ihm auch noch nicht in den Sinn, als er sich auf den Heimweg machte, als er seine Fliegenrolle unter kaltem Wasser wusch und seine Watstiefel in der Garage zum Trocknen aufhängte. Ebenso wenig, als er Kate ein Küsschen auf die Wange gab und gutmütig ihre Frotzelei ertrug – *Wo ist der Be-*

weis? –, nachdem er ihr von seinem Fang erzählt und ein paar Zentimeter und ein paar Pfund hinzugedichtet hatte. Sie wirkte glücklich und erleichtert, und Ross musste nicht einmal nachfragen, um zu wissen, was das bedeutete. *Jemand würde überleben.* Er köpfte ein Craft-Bier und sah ihr dabei zu, wie sie am Herd Linguine und Brathähnchen bereitete. Eine Proteinbombe und eines von Connors Lieblingsessen zum *Spiel am Samstag.*

Als Connor hereinkam, ließ er die Frage, die er Ross am Morgen gestellt hatte, unerwähnt. Kate sagte gleich zu ihm: »Es ist auch genug für Niki da, falls sie rüberkommen möchte …«, woraufhin Connor prompt zu seinem Handy griff und Niki per Schnellwahl anrief. Kate sagte er: »Vor ihrem Wettlauf wird sie lieber Pasta essen. Kohlenhydrate sind besser als Tofu.«

Beim Abendessen hoffte Ross einen Moment lang, Connor hätte es sich mit seiner Frage vielleicht anders überlegt. Doch dann wurde ihm klar, dass sich eine solche Frage nicht einfach in Luft auflöst, so wie Hähnchen und Pasta. Sie war auch nicht abstrakt wie die von Niki, wenn sie über berühmte Maler sprach. Sie war so knallhart wie das Protokoll auf der Intensivstation, dem sich Kate tagtäglich gegenübersah. *Leben oder Tod?*

Und er wusste, dass sie wieder auftauchen würde. Zu gegebener Zeit. Entweder sofort oder mit Verzögerung. Entweder platzte er damit heraus oder wendete sie im Stillen erst einmal hin und her. Jugendliche tickten nach ihrer eigenen Uhr.

Nachdem sie gegessen hatten, erledigte Ross den Abwasch, während Kate zum Telefon ging und noch einmal auf der Intensivstation anrief, um wegen einiger Patienten nachzufragen. Sagte sie jedenfalls, auch wenn Ross wusste, dass es sich nur um eine Patientin drehte. Ihre mit Büchern schwer beladenen Rucksäcke auf dem Rücken, gingen Niki und Connor in sein Zimmer hinauf. Niki beklagte sich darüber, amerikanische Geschichte vor dem Bürgerkrieg sei so langweilig, nur um sich von Connor belehren zu lassen: »Ohne diese alten weißen Männer in Perücken, die alles auf eine Karte gesetzt haben, gäbe es jetzt überhaupt keine amerikanische Geschichte. Dann würden wir jetzt Georg III. und Heinrich VIII. und die Rosenkriege pauken.« Damit brachte er sie zum Lachen.

Ross begab sich in sein Arbeitszimmer.

Er griff nach einem Buch, das er seit vielen Jahren besaß, in das er aber schon lange nicht mehr hineingesehen hatte. William Manchesters Buch über den Krieg im Pazifik, *Goodbye, Darkness.* Doch anstatt das zerfledderte Buch aufzuschlagen und in den Erinnerungen an die Gefechte auf Okinawa Ende des Zweiten Weltkriegs zu blättern, starrte er nur auf den Schutzumschlag. Den zierte dasselbe Bild, das er als Tattoo am Arm trug.

Er hatte wohl einige Minuten lang, ohne es zu merken, reglos verharrt, denn plötzlich hörte er Connor aus der Diele rufen: »Ich bringe nur eben Niki nach Hause. Bin gleich wieder da.«

Mit dem Buch in der Hand verließ Ross sein Arbeitszimmer.

Connor und Niki schlüpften in ihre Parkas. Am Abend wurde es kühl.

»Du hast einen harten Wettkampf vor dir?«, fragte Ross.

Niki schüttelte den Kopf. »Nichts im Vergleich zu Connors Spiel. Die treten als Champions an. Ich laufe nur gegen die übergewichtige Sally und die lahme Molly.«

Ross grinste. »Du untertreibst bestimmt«, sagte er.

Ein wenig kokett grinste Niki zurück. *Allein schon dieser Gesichtsausdruck musste Connors Herz höherschlagen lassen,* dachte Ross. »Stimmt. Es werden auch ein paar College-Scouts da sein. So oder so werde ich gewinnen.«

»Was sonst«, sagte Connor.

Ross ging zur Tür und sah den beiden hinterher, wie sie zum Gartentor und auf dem Bürgersteig durch die herbstliche Dunkelheit zu Niki hinüberliefen. Sie hielten Händchen. Dieser Anblick zauberte Ross ein Lächeln auf die Lippen. Doch kaum wandte er sich ab, verflog die Freude über den unschuldigen Anblick des jungen Pärchens. Stattdessen überkam ihn die allzu vertraute Anspannung, die sich so oft bei Einbruch der Dunkelheit einstellte und in der sich die friedliche Vorstadtwelt vor seinen Augen plötzlich in dichten Dschungel verwandelte. Schlingpflanzen, Schlamm und überhängende Zweige, statt frostiger Oktobertemperaturen drückende Schwüle, sodass ihm der Schweiß ausbrach. Mit einem Mal witterte er in jedem Schatten, jedem Schlupfwinkel dieser schwarzen Welt einen getarnten Scharfschützen, der den Lauf seiner Waffe auf ihn richtete.

Ross schnappte nach Luft. Er hatte das Gefühl, als steckten seine Arme und Beine in Beton. Er wollte sich wegducken, zu Boden werfen, in Deckung gehen. Er fuhr mit dem Kopf nach links und rechts, um zu sehen, wo genau die Gefahr lauerte.

Und während er so gegen die Panik ankämpfte, sah er etwas Ungewöhnliches. Etwas, das da nicht hingehörte. Er sah einen Wagen auf der anderen Straßenseite parken, den er nicht kannte. Die Umrisse des Pkws holten ihn in die Gegenwart zurück; der Dschungel verblasste, die Vorstadt hatte ihn wieder. Hinter dem Lenkrad saß ein Mann und versuchte, als Ross' Blick in seine Richtung schweifte, sich klein zu machen. Ross überlegte, ob er diesen Wagen vielleicht doch schon einmal gesehen hatte, war sich aber nicht sicher. Normalerweise parkte niemand an der Stelle auf der anderen Seite. Die Anwohner bogen alle auf ihre Einfahrten ab und in ihre Garagen. Selbst Besucher parkten gewöhnlich auf den Grundstücken. *Das hat nichts zu bedeuten,* redete sich Ross gut zu. *Vergiss es.* Er zuckte innerlich mit den Achseln, ließ die Sache auf sich beruhen, dachte nicht daran, sich das Kennzeichen zu notieren oder sich sonst irgendetwas über den Wagen oder den Fahrer einzuprägen oder darüber zu spekulieren, *wieso* jemand abends in ihrer Nachbarschaft in einem Wagen saß und weiß der Kuckuck was beobachtete.

Er blickte ein letztes Mal die Straße hinunter und merkte, wie sich erneut Dunkelheit über ihn senkte. In einem Kraftakt riss er sich los und ging zurück ins Haus. Erst jetzt merkte er, dass er immer noch Manchesters Buch in der Hand hielt, das sich plötzlich ziemlich schwer anfühlte. In seinem Arbeitszimmer setzte er sich an den Schreibtisch. Er kämpfte gegen eine Flut der Gefühle an und konnte nicht recht sagen, ob ihn der Anblick des Händchen haltenden jungen Paars anrührte oder zutiefst deprimierte.

Es lag eine solche Unschuld darin, dass er unweigerlich dachte: *Sie haben keine Ahnung, wie schrecklich die Welt in Wahrheit ist. Sie wissen nur, dass sie sich lieben und dass alles eitel Sonnenschein ist, solange sie ihre Spiele und Wettläufe gewinnen. Ist es nur leider nicht.*

Kate steckte den Kopf zur Tür herein.

»Ich geh schlafen«, sagte sie. »Ich bin kaputt. War eine harte Woche. Kommst du mit?«

»So verführerisch die Einladung klingt«, sagte Ross mit einem bemühten Lächeln und in einem Ton, der seine Gedanken kaschierte, »ich komm später nach. Will erst noch ein bisschen lesen.« Kate schüttelte lachend den Kopf, als wollte sie sagen: *Da hast du mich aber gründlich missverstanden, ich hatte ganz bestimmt kein Bonbon für dich im Sinn.* Als ihr Blick auf Ross' Schreibtisch mit Manchesters Memoiren fiel, verfinsterte sich ihre Miene.

»Du kannst nicht schlafen, stimmt's?«

Er schüttelte den Kopf. »Weißt du doch«, antwortete er. »Das Übliche im Oktober.«

Damit war alles gesagt. Dabei lag Kate eine Frage auf der Zunge. *Das Übliche? Als ob an deinen Oktober-Verstimmungen irgendetwas üblich wäre.* »Na schön«, sagte sie gedehnt. »Sorg bitte dafür, dass Connor nicht zu lange aufbleibt.«

Ross nickte.

Nach kurzem Zögern drehte sich Kate um und ging.

Er horchte auf ihre Schritte zum Schlafzimmer hinauf.

Alles normal. Wie gewohnt.

Ein Tag so wie jeder andere, Tag für Tag, Woche um Woche, Jahr um Jahr, bis zu der Minute, in der wir sterben. In jungen Jahren, kaum älter als Connor jetzt, hatte er in einer Welt gelebt, in der es keine Gewissheiten gab. *Einen Joint geraucht. Ein bisschen Freddys Motown gehört. Wilson Picketts* In the Midnight Hour. *Sich über das Essen beklagt. Über die Feldrationen Typ C. Heute nennt man das Notration. Immer noch widerwärtiges Zeug. Über den Dschungel gestöhnt. Über die Hitze und die Insekten und darüber, vielleicht am Morgen zu sterben, weil wir auf eine Splittermine treten, die uns zerfetzt, oder einem Heckenschützen vor die Mündung laufen oder in einen L-förmigen Hinterhalt.* Als ob plötzlich der Boden unter ihm schwankte, hielt er sich an den Kanten seines Schreibtischs fest.

Fünf Minuten später hörte Ross, wie die Haustür aufging.

Es vergingen keine sechzig Sekunden, bis Connor in der Tür stand, genauso wie gerade eben noch Kate.

»Hast du über meine Frage nachgedacht?«, sagte er leise.

EASY ... AUF BEOBACHTUNGSPOSTEN ...

Draußen auf der Straße flüsterte Easy:

»Geh endlich schlafen, verdammt. Ich bin hundemüde und muss noch Notizen übertragen und versenden.«

Im Haus der Mitchells brannte immer noch Licht. Ihm knurrte der Magen. Am Mittag hatte er in dem Restaurant gegessen, das die Eltern *der Freundin* führten. *Eine Menge Grünzeug und nichts Gebratenes.* Doch während er braunen Reis herunterwürgte und sich dabei lächelnd die Lippen leckte, hatte er von einer geschwätzigen Kellnerin eine Menge Informationen eingeholt. Samstagabends bot das Restaurant bis 22:00 Uhr warme Küche. Es schloss etwa eine Stunde später. Die Aufräum- und Reinigungsarbeiten und die Abrechnung der Einnahmen dauerten bis kurz nach Mitternacht. Plus ein bisschen freundliches Geplänkel mit den Angestellten. Um diese Zeit würde die Heimfahrt mit dem hinter dem Restaurant geparkten Auto der Eltern zwölf Minuten dauern. Bis dahin würde Socgoal02 *der Freundin* Gesellschaft leisten, sie wären allein im Haus. Samstagabend. Vom Einbruch der Dunkelheit etwa um 18:00 Uhr bis kurz nach Mitternacht. Über sechs Stunden Dunkelheit. Keine Hausaufgaben. Und sie würden sich auch keinen Film ansehen, selbst wenn sie das gegenüber den Eltern behaupteten. Sie hatten Besseres zu tun. Sie wären abgelenkt. Und wie. Jede Menge Zeit für Bravo. Um ins Haus zu kommen. Sie nackt und ahnungslos vorzufinden. Mit ihnen zu machen, was *Jack's Boys* sich für sie ausdachten, und es in einem Video festzuhalten. Um abzuhauen. Unbeobachtet und unerkannt.

Ganz schöne Überraschung für die Ex-Hippie-Eltern, wenn sie nach Hause kamen.

Easy entspannte sich auf seinem Autositz.

Ein Kinderspiel, fasste Easy zusammen. *Und ich sollte dabei sein dürfen. Mit Sicherheit würde Bravo die Gesellschaft zu schätzen wissen. Ich muss das auf die Tagesordnung setzen. Vielleicht. Vielleicht auch nicht. Keine Ahnung.*

Er wandte sich wieder zum Haus der Mitchells um. Immer noch Licht.

»Komm schon, verdammt«, flüsterte er.

Er harrte noch einen Moment aus. Er sah, wie ein paar Häuser weiter bei *der Freundin* das Licht ausging. Vernünftig.

Komm schon, Socgoal02. *Du hast ein wichtiges Spiel vor dir. Du brauchst ein bisschen Schlaf. Wahrscheinlich stirbst du dieses Wochenende.*

Wieder vergingen Minuten.

»Kannst mich mal«, sagte Easy, diesmal laut. »Heute Nacht geht der nirgendwo mehr hin.«

Easy legte den Gang ein und schaltete sofort zu der Frage um, was er den anderen sagen würde – Delta, dem Ankläger; Charlie und Alpha, dem Schöffen und dem Richter; und Bravo, dem Henker. Er war mit seiner Erkundungsarbeit hochzufrieden. Am Nachmittag war er, während die Familie auf der Intensivstation respektive an der Highschool respektive zum Fliegenfischen am Deerfield River war, heimlich zurückgekehrt und hatte Fotos von jeder Tür, von jedem Schloss und jedem Bewegungsmelder geschossen. Dasselbe dann am Haus *der Freundin. Wie ein städtischer Stromableser,* dachte er. Er hatte jede Kleinigkeit über die Hintertür notiert, die es zu notieren gab. Professionelle Arbeit. Sachdienlich, präzise, detailliert.

ROSS UND CONNOR …

»Also«, sagte Ross langsam und betont, »du willst wissen, wie es ist, einen Mann zu töten. Warum?«

»Wenn du nicht darüber reden willst, geht das in Ordnung«, erwiderte Connor. »Wir können auch das Thema wechseln.« Zwar meinte er es damit nicht ehrlich, aber er hatte das Gefühl, GP die Möglichkeit zu geben, das Thema zu umgehen. Der Moment erinnerte ihn ein wenig an den vor sechs Jahren, als GP sich bei ihm auf die Bettkante gesetzt und mit sichtlichem Unbehagen angefangen hatte, über *Vögel und Bienen* zu reden, um sich an Liebe und Sex und Erektionen und Vaginas heranzupirschen und sich dabei stotternd heillos zu verheddern. Damals hatte ihm GM aus der Patsche geholfen und ihn aus dem Zimmer komplimentiert, um die Sache ihrerseits sehr klinisch anzugehen, bis es auch für sie zu persönlich wurde und sie Connor am Ende mit gerötetem Gesicht fragte: »Nehmt ihr das denn nicht im Biologieunterricht durch?« Doch, das taten sie. Nichts an ihrem Vortrag war ihm neu.

Connor sah seinen Großvater an.

Zwei Unterhaltungen. Eine über Sex. Die andere übers Töten.

Nach einer Weile seufzte Ross und sagte:

»Es gibt wohl grundsätzlich zwei Varianten. Die eine, wo man nicht weiß, wen man tötet – das ist die beim Militär. Töten im Gefecht, das ist die Art, die ich kenne. Der Feind ist dabei eine abstrakte Idee. Auch wenn es sich in Wahrheit um Menschen aus Fleisch und Blut handelt, sind sie für dich eine Art Symbol. So verarbeitet man es auch. Es bleibt einem zwar im Gedächtnis haften, aber …« Er verstummte und fing den Satz noch einmal an. »Und dann gibt es die andere Variante, wo man weiß, wer es ist. Das ist Mord. Darüber weiß ich eigentlich nichts. Jedenfalls nicht über das hinaus, was ich in Büchern oder in der Zeitung gelesen oder im Fernsehen und im Kino gesehen habe. Darüber weiß ich wahrscheinlich nicht mehr als du, Con. Ich könnte dir also etwas über die erste Art erzählen, schätze ich mal, aber nicht über die zweite.«

Connor wurde klar, dass er etwas über die zweite erfahren musste. *Wie zum Beispiel: Was bedeutet das für Niki und mich? Danach.* Andererseits vermutete er, dass ihm die eine oder andere Lektion aus der ersten Kategorie vielleicht auch bei der zweiten weiterhelfen könnte.

»Wie war das für dich?«, fragte er. »War es wirklich schwer?«

Ross merkte, dass er an dieser Stelle wahrscheinlich lügen würde.

»Ich war bestens ausgebildet. Die Marines verstehen ihr Handwerk. Wenn man die Grundausbildung schafft, ist man vorbereitet. Ich meine, emotional. Man wird innerlich robuster. Und man hat sich eingehämmert, dass die Männer, auf die man schießt, im Grunde keine Menschen sind. Sie waren einfach nur der Feind. Und wenn ich nicht auf sie schoss, würden sie mich wahrscheinlich töten oder die Jungs in meinem Zug …«

Freddy.

Ihm war zum Heulen zumute. Am liebsten hätte er seinem Enkel gesagt: *Es kann passieren, dass es einem für den Rest des Lebens jeden Tag Qualen bereitet. Oder auch nicht. Beides ist möglich.* Aber er brachte es nicht über sich. Er stählte sich, spannte die Muskeln an und ballte die Hände zu Fäusten, aber unter der Tischplatte, sodass es Connor nicht sehen konnte.

»Und da, wo ich war, in Vietnam, wurde die ganze Zeit so viel getötet und gestorben, dass man sich daran gewöhnte. Es wurde fast normal. Es gehörte zu unserer Welt. Es verlor seine Einmaligkeit, könnte man vielleicht sagen.«

Ross schwieg.

Die Erinnerung holte ihn wieder ein:

Freddy starb, weil wir in einen Hinterhalt geraten waren. Ein Mann. Eine Waffe. Viele Tote.

Er war sich nicht sicher, ob er Connor die Geschichte erzählen sollte. Er schwankte einen Moment und sagte sich: *Nein. Das ist meine Geschichte, nur ich muss damit leben. Wenn du nicht selber da gewesen bist, genau in dem Moment, in dem einem die Kugeln um die Ohren fliegen und in dem ich Freddy schulterte, kannst du es letztlich nicht verstehen.*

Genauso behielt er für sich, was er sich nach Freddys Tod geschworen hatte. *Ich werde nie wieder in einen Hinterhalt geraten.*

An dieser Stelle rückte Connor mit der Frage heraus: »Also, die Männer, die du getötet hast …«

»Tja, Con, ich habe auf sie geschossen, aber da alle gleichzeitig geschossen haben, konnte man hinterher nicht sagen, ob ich es war oder einer der anderen im Zug …«

Das war eindeutig gelogen. Er wusste, wen er getötet hatte. Nicht mit Namen natürlich, und nicht, wer sie waren. Aber er kannte sie. Auch wenn sie ihn jedes Jahr im Oktober nicht ganz so oft heimsuchten wie Freddy, meldeten sie sich doch von Zeit zu Zeit, um Ross daran zu erinnern, dass er in seinen Grundfesten einen Knacks abbekommen hatte.

Jetzt kam es ihm wieder hoch: *Manchmal sind wir hingegangen und haben die Leichen der nordvietnamesischen Armee inspiziert. Einer von uns durchsuchte ihre Taschen. Sie fanden Briefe. Familienfotos. Vielleicht eins von der Freundin daheim in Hanoi. Das habe ich immer gehasst, ich wollte nicht wissen, dass sie ein Leben gehabt hatten.*

»Sind auch Freunde von dir gestorben?«, wollte Connor wissen.

»Also, ja …«

»Und hattest du das Gefühl, jemanden aus, sagen wir, *Rache* erschießen zu müssen?«, fragte Connor. Ross zögerte.

Ja. Und ob.

Eher würde er sich die Zunge abbeißen, als es zuzugeben.

»Wieso fragst du?«

Connor würde eher seine Zunge verschlucken, als darauf eine ehrliche Antwort zu geben.

»Keine Ahnung. Fiel mir nur gerade ein. Du weißt schon, *Die Elenden* von Victor Hugo. Jean Valjean und Inspektor Javert. Haben wir letztes Jahr in Französisch gelesen. Es gibt dazu ein Broadway-Musical.«

Ross holte tief Luft. »Rache ist etwas anderes. Das kann bei Mord

eine Rolle spielen. Manchmal auch im Krieg. Manchmal ist es nur ein Dummejungenstreich. Sie kann aber auch sehr komplexe Formen annehmen wie beim Aufkommen des Nationalsozialismus in Deutschland in den Dreißigerjahren. Falsch ist es so gut wie immer.« Womit er sich nicht ganz sicher war.
»Außer …«, fing Connor an.
»Außer, wenn es das nicht ist«, sagte Ross.
Ross fühlte sich wie Bob Dylans *Thin Man*. Eine Zeile kam ihm wieder in den Sinn: *Something is happening here, but you don't know what it is, do you Mr. Jones?*
»Hast du dir je gewünscht, dich an jemandem zu rächen?«, fragte Connor.
Mit der Frage trieb er Ross in die Enge. Ross wusste, dass er sie nicht ehrlich beantworten würde.
»Na ja, ich habe in Vietnam nur das getan, wozu ich ausgebildet wurde, und wie gesagt, habe ich nur getan, was ich in dem Moment tun musste. Im Krieg geht es nicht mehr um Politik oder um das große Ganze, um Moral oder ethische Fragen oder sonst was. Rache berührt natürlich alle diese Gesichtspunkte. Theoretisch zumindest. Aber wenn du im Gefecht bist, hast du keine Zeit für philosophische Fragen. Was ich getan habe, hat sich in einer sehr kleinen Welt abgespielt, in der es einzig und allein darum ging, die nächsten Sekunden oder Minuten zu überleben. Seinen Beitrag zu leisten, damit auch die anderen überleben. Wieso du da bist, was das Ganze überhaupt soll, all diese Feinheiten gehen da ganz schnell unter.«
Er stand auf und zeigte auf sein Bücherregal.
»Es gibt eine Menge Bücher, die dieses Dilemma zu lösen versuchen. Manche kommen ziemlich nah heran. Andere eher nicht. Schwer zu sagen.«
Connor sah seinen Großvater an.
»Verfolgt dich das, was du damals getan hast? Nach all den Jahren?«
Das, dachte Connor, *wäre wohl die Frage, die er Niki zu beantworten hätte.*
Ross lächelte. Er schüttelte kaum merklich den Kopf.
»Wie könnte es das nicht, Con. Manche kommen überhaupt nicht

mehr davon los. Bei anderen verblasst es nach und nach, aber niemals ganz. Es hängt letztlich davon ab, wer du bis zu dem Moment warst, in dem dir der Feind vor die Mündung läuft und du abdrückst. Ist eine seltsame Sache, das mit der Erinnerung, Con. Die Menschen sind da ganz verschieden.«

Das war nicht die Antwort, auf die Connor gehofft hatte.

Sein Großvater sagte ihm praktisch, wurde Connor klar, dass er eine Narbe davontragen würde, wenn er den betrunkenen Fahrer tötete. Aber wie tief, wie sichtbar oder wie lange sichtbar, könne er erst wissen, wenn er es tat. Niki, auch das war ihm klar, würde diese Schlussfolgerung hassen.

Er sah seinem Großvater ins Gesicht.

»GP, warum bist du überhaupt hingegangen?«

Ross wand sich innerlich. *Soll ich ihm ehrlich sagen, dass ich einfach nur dumm und unreif war und nicht besonders ehrgeizig in der Schule, und dass ich keine echte Alternative für mich sah? Oder dass mir der schneidige Ton und die Uniform des Werbeoffiziers imponierten und meine Abenteuerlust beflügelten? Oder sage ich ihm einfach, damals hätte ich es für eine gute Sache gehalten?*

Was es natürlich nicht war.

Ross schwieg einen Moment lang, bevor er unverhofft fragte: »Hast du mit Niki schon einmal über diese Dinge gesprochen?«

Connor zögerte und beantwortete damit die Frage.

»Ja«, gab er zu.

»Redet ihr dann über meinen Krieg, den Zweiten Weltkrieg oder den Irakkrieg oder über 1776, Gettysburg oder was?«

»Über nichts Spezielles«, wich Connor aus. Er wollte keine weiteren Fragen mehr beantworten, um sich nicht zu verplappern und zu verraten, weshalb er etwas übers Töten wissen musste. »Kommt drauf an, was für Hausaufgaben wir haben, ob in Englischer Literatur oder in Geschichte oder wo das Thema sonst gerade aufkommt.«

Das war glatt gelogen.

»Okay«, antwortete Ross, obwohl er zunehmend das Gefühl hatte, an dieser Unterhaltung sei absolut gar nichts *okay*.

Connor stand auf. »Also, danke, das hat mir wirklich geholfen«, sagte er. »Aber ich geh dann mal pennen. Brauch meinen Schlaf vor dem Spiel am Samstag. Du kommst doch, oder?«
Ein eleganter Themenwechsel.
»Selbstverständlich. Würde ich mir im Traum nicht entgehen lassen. Und jetzt ab die Post. Ich komm auch gleich hoch.«
Er wusste es besser.
Er wusste, dass ihn die Erinnerungen, die ihr Gespräch wachgerufen hatte, noch stundenlang wach halten würden. Er sah auf die Uhr im Bücherschrank. *22:30 Uhr.* Zwei Uhr, schätzte er, frühestens. Wenn er nicht sogar die ganze Nacht aufbleiben würde. Es machte ihm nichts aus. Es erschien ihm irgendwie passend.

JACK'S BOYS ... IM CHAT VERSAMMELT ...

Delta las sich Easys letzten Bericht zweimal durch, bevor er schrieb:
Wirklich gut gemacht, Easy. Ausgezeichnete Arbeit.
Bravo:
Diese Fotos sind ausgesprochen hilfreich. Glauben die wirklich, mit so einem niedlichen kleinen Schloss an der Tür wären sie sicher? Vielleicht sind die schlimmsten Verbrechen, die es in dem Viertel gibt, verkehrswidriges Überqueren einer Straße oder illegale Müllentsorgung.
Easy sonnte sich im Applaus.
Alpha:
Ich denke, wir sind am entscheidenden Punkt. Delta, was meinst du?
Delta hatte mit der Frage gerechnet. Er antwortete:
Ich schicke euch allen einen etwas älteren Zeitungsartikel und einen wissenschaftlichen Beitrag aus einer akademischen Fachzeitschrift. Lest euch das mal durch, und ich erkläre euch in groben Zügen den Plan.
Er hatte die beiden Dokumente bereits in einen Ordner hochgela-

den, den er über die gewohnten Schutzprotokolle zu *Jack's Special Place* senden konnte, indem er die Daten durch mehrere Server um die ganze Welt schickte, über eine Reihe von Fake-Accounts frei erfundener Personen – eine in Indien, eine in Italien und eine in Norwegen. Er schätzte, dass die anderen ein paar Minuten brauchen würden, um zu erkennen, worauf er hinauswollte, und um die Highlights der beiden Dokumente zu erfassen. *Wetten, Easy meldet sich als Erster,* sagte Delta voraus.

Er lag richtig.

Easy schrieb:

Interessant. Clever. Ich bin beeindruckt.

Darauf Alpha:

Gebe Easy zu hundert Prozent recht. Sehen wir alle, was Delta vorschwebt?

Auf den Chatbildschirmen erschien vier Mal:

Ja.

Delta rieselte es warm den Rücken herunter. Er sah sich die beiden Dokumente an. Der sechs Jahre alte Zeitungsartikel aus dem *Des Moines Register* machte mit der Frage auf: *»Hat sie Nötigung in den Tod getrieben?«* Der andere Artikel stammte aus einer neueren Ausgabe von *Psychology Today* und befasste sich mit einem verwandten Thema: *Neue Forschungsansätze in der Neurobiologie der Selbstverletzung bei Jugendlichen.*

Der anschließenden Diskussion gab Alpha die Richtung vor, indem er schrieb:

Du schlägst also vor, Delta, dass es wie Selbstverletzung aussieht? Die Angst von Teenagern vor dem Leben. Und eine vollkommen überzogene Reaktion. Man stelle sich vor, was passiert, wenn die Wahrheit herauskommt.

Für Alpha gab es im Leben nichts Wahreres und Reineres als Mord.

KAPITEL 17

KATE …

Kate war schon vor Ross und Connor kurz vor dem Morgengrauen auf. Ross hatte in seinen Albträumen »Feindlicher Beschuss, feindlicher Beschuss!« geschrien und sie kurz vor dem Morgengrauen aus dem Schlaf gerissen. Ihm stand der Schweiß auf Stirn und Brust. Sie hatte beschlossen, ihn nicht zu wecken, und nach einer Weile war er wieder in Tiefschlaf gefallen. Dabei glaubte sie nicht, dass sich der schlimme Traum verflüchtigt hatte. Wahrscheinlich war er nur akzeptabel geworden. Wo sie nun schon mal hellwach war, griff sie nach Jogginghose, Sweatshirt, Strickmütze und Handschuhen. Es war hell und kalt, als sie aus der Haustür trat, der Rasen glitzerte in der frühen Morgensonne unter dem ersten Reif. Drei oder vielleicht vier Meilen, dachte sie, so schnell sie konnte, um den Kreislauf in Gang zu bringen, dann ab nach Hause, um die beiden Männer in ihrem Leben aus den Federn zu scheuchen und ihnen Frühstück zu machen. Als sie in der frühmorgendlichen Stille, in der sie das Klatschen ihrer Sohlen auf dem Asphalt des Bürgersteigs hören konnte, am Haus der Templetons vorbeikam, wurde ihr bewusst, dass sie vermutlich um einiges langsamer als Niki war, selbst wenn sie alles aus sich herausholte.

Nach einer Meile drängte sich Kate der Gedanke auf:

Sind die Depressionen bei Ross dieses Jahr schlimmer als sonst? Wenn ich das wüsste. Vielleicht war es damals, als Hope und ihr Mann ums Leben kamen und sie Connor zu sich holten, ja noch schlimmer gewesen. Der Oktober war für sie alle eine schwere Zeit gewesen.

Nach zwei Meilen überlegte Kate:

Ist es normales Teenagerverhalten, wenn Connor nicht mit mir redet? Oder sollte ich einen Psychotherapeuten zurate ziehen?

Sie lief zwischen Bäumen, Ziersträuchern und gepflegten Rasenflächen weiter, sah sie aber ebenso wenig wie andere Frühaufsteher. Sie sah nur die schmale Straße vor sich.

Nach drei Meilen fragte sich Kate:

Wie kann es sein, dass ich Menschen auf der Intensivstation am Leben erhalten kann und Angst habe, bei den Menschen in meinem eigenen Haus zu scheitern?

Auf der letzten Meile legte sie einen Sprint ein, sodass sie, als sie dreißig Meter von ihrem Haus entfernt stehen blieb, heftig keuchte und sich vornüberbeugte. Ihr war so heiß, als hätte sie Fieber; im nächsten Moment fröstelte sie, als wäre sie in eiskaltes Wasser getaucht. Normalerweise weckte ein zügiger Lauf ihre Lebensgeister. Selbst wenn ihr die Muskeln brannten, fühlte sie sich dann innerlich frisch. An diesem Morgen dagegen fühlte sie sich nur innerlich ausgebrannt.

BRAVO …

Als Erstes begab er sich in seinen Keller. Dort stand in einer Ecke eine Werkbank und darüber eine Stecktafel, gespickt mit Werkzeug jedweder Art. In eine Ecke der Tafel hatte er einen kombinierten Klauenhammer mit Nagelheber gehängt, an dem noch ein wenig Blut- und Haarreste klebten. Zu Ehren von Scott Turows *Aus Mangel an Beweisen,* einem seiner Lieblingsromane. Dies war die Mordwaffe in der Erzählung: Das Blut und Haar stammten allerdings von einer Katze, die auf einer nahe gelegenen Straße von einem Fahrzeug erfasst worden war. Der Klauenhammer war natürlich das, was Hitchcock als *MacGuffin* bezeichnete, ein in sich unwichtiger Gegenstand, der aber die Handlung vorantreibt. Er diente nur dem Zweck, *die Gestapo* auf die falsche Fährte zu lenken, sollte sie sich je einmal in den Keller verirren. *Die sind nicht clever genug,* dachte Bravo, *um darauf zu kommen, dass sie nur den Haken in der rechten oberen Ecke, den, an dem seine Arbeitshand-*

schuhe hingen, herausziehen und gleichzeitig drehen mussten. Falls sie das taten, würden sie den Riegel dahinter finden, mit dem sich die falsche Tafel zu meiner versteckten echten Arbeitsausrüstung öffnen lässt.
Bravo legte Wert darauf, allzeit bereit zu sein.
Das Pfadfindermotto. Als Kind war er ein begeisterter *Boy Scout* gewesen. Mit jeder Menge Verdienstabzeichen an seiner Uniform. Als Rettungsschwimmer im Swimmingpool, für Essen auf Rädern, fürs Anzünden von Lagerfeuern, in Knotenkunde und in Erster Hilfe. Damals hätte er auch dafür ein Abzeichen verdient gehabt, dem Gruppenleiter einen runterzuholen, der verdientermaßen einige Jahre später in den Knast kam, nachdem er sich mit Eifer in eine vermeintliche skandinavische Website mit Kiddie-Porno eingeloggt hatte, die zu seinem Pech vom FBI unterhalten wurde. Und als Erwachsener hatte er sich zweifelsohne ein Verdienstabzeichen fürs Töten verdient.
Bravo holte die Arbeitshandschuhe herunter und betätigte den Haken, hörte, wie das Riegelschloss mit einem Klick aufsprang und einen kleinen Hohlraum freigab. Hier verstaute er auch immer, wenn er für längere Zeit das Haus verließ, seine externe Festplatte für sein Computersystem. Hier hatte auch die ganz normale schwarze Patagonia-Reisetasche ihren Platz, mit seiner *Grundausrüstung* bestückt. Eine kleine halbautomatische Pistole Kaliber 25 mit Schalldämpfer. Die Seriennummern abgefeilt.
Ein zweiter Ladestreifen und ein Schulterholster für die Waffe.
Ein altmodisches Rasiermesser.
Ein großes Jagdmesser mit Wellenschliff in einer Scheide, die er sich ans Bein binden konnte.
Sechs Einweg-Handys. Jedes in einem anderen Bundesstaat gekauft.
Plastikbinder in unterschiedlichen Stärken und Längen.
Mehrere Paar OP-Handschuhe.
Mehrere Paar dünne Lederhandschuhe.
Ein Paar erstklassige ASICS-Sportschuhe.
Einweg-Überschuhe, die darüber passten.

Isolierband. Zwei Rollen. Eins gelb. Eins blau.
Ein kleines Lederetui mit Dietrichset.
Schwarze Trainingshose.
Schwarzes Rollkragen-Fleece-Sweatshirt im Ninja-Look.
Eine kleine Dose schwarze Sprühfarbe.
Eine handgroße Videokamera mit Full-HD-Auflösung und ein Einsteckkabel, um sie mit seinem Handy zu verbinden.
Unscharfe, verwackelte Bilder haben bei meiner Arbeit nichts verloren.
Mehrere schwarze Augenmasken. Ohrstöpsel. Drei Hauben aus schwarzem Stoff, für den Fall, dass eine Zielperson nicht mitbekommen sollte, was er mit einer anderen gerade machte. Er genoss es, ein Opfer in eine Welt vollkommener Dunkelheit zu stürzen. *Soll sich die Tochter doch fragen, was gerade mit ihrem Vater passiert. Soll doch ein Ehemann in Panik zurückbleiben, wenn seine Frau weggeführt wird, und eine Mutter verzweifelt an ihren Fesseln zerren, wenn sie von ihrer Familie nichts mehr sehen, riechen und hören kann.*
Bravo wusste, dass die *Gestapo* ihn, falls sie jemals seine Ausrüstung fand, mit den zwei Verbrechen in Verbindung bringen würde, die er begangen hatte. Die dabei verwendeten Werkzeuge in seiner Grundausrüstung würden ihn schwer belasten. Aber dagegen hatte er sich abgesichert, indem er nach seinen ersten beiden Einbrüchen sämtliche Gerätschaften verbrannt und anschließend durch identische neue ersetzt hatte, wie sie problemlos übers Internet zu kaufen waren. Dabei hatte er dafür gesorgt, dass Hersteller und Chargennummern von den entsorgten Tatwaffen abwichen. Mit Ausnahme der Pistole. Die hatte er unter falschem Namen privat von jemandem gekauft, den es nicht die Bohne interessierte, mit wem er da Geschäfte machte, und er hatte sie nie angemeldet. Er spendete sogar in regelmäßigen Abständen kleine Beträge an Organisationen gegen Waffengewalt. Außerdem war er so klug, seinen Opfern mit der halbautomatischen Waffe nur zu drohen, um vollständige Kontrolle über sie zu haben. *Hab damit kein einziges Mal geschossen. Die Ballistikspezia-*

listen sind verdammt gut. Die können Projektile und Waffen zurückverfolgen. Aber das Messer – nun ja, das bereitet den Gerichtsmedizinern schon weitaus mehr Schwierigkeiten. Bravo achtete darauf, dass seine neuen Messer sich in der Größe immer ein wenig von den alten unterschieden – zwanzig statt zweiundzwanzig Zentimeter lang. Sechs statt fünf Zentimeter breit. Das würde jedem Forensiker, der die Wunden an einer Leiche vermisst, Rätsel aufgeben.

Nach Bravos Überzeugung zeigte sich die wahre Kunst eines Mörders darin, dass er dafür sorgte, nie in den Kreis der Verdächtigen zu geraten. *Nie auf irgendeiner Liste erscheinen. Niemals der Hauptverdächtige eines Ermittlers sein! Oder auch an hundertster Stelle stehen. Nie auch nur einen Bußgeldbescheid wegen Geschwindigkeitsübertretung kassieren oder mit der Steuer säumig sein. Sich bei den Stadtwerken über die Wasserrechnung beschweren oder den Netzwerkbetreiber übers Ohr hauen. Grundsätzlich nie seinen SUV im Parkverbot abstellen – das hat Son of Sam getan, und dafür sitzt er jetzt für den Rest seines Lebens hinter Gittern. Stattdessen ein Vorzeigebürger sein. Ab und an zur Kirche gehen. Hier und da bei der Lebensmitteltafel aushelfen. Bei jeder Wahl an die Urne gehen.* Deshalb suchte er sich auch Opfer aus, zu denen er in keinerlei Beziehung stand. Deshalb spielte er seine Nebbich-Rolle in dem Logistikbetrieb, in dem er unerschöpflichen Zugang zu Namen und Adressen hatte. Auf den Büro-Computern stellte er eine Liste potenziell geeigneter Zielpersonen zusammen, zu denen er in seiner Freizeit daheim online recherchierte. *Hallo, Mr und Mrs Robert Smith, wohnhaft Elm Street, in XY, USA. Wusstet ihr schon, dass ihr demnächst vielleicht sterben werdet? Schon bemerkenswert,* dachte er, *was die Leute so auf Facebook, TikTok oder Instagram vor aller Welt ausbreiten.* Die meisten Namen auf der Liste musste er dann aus dem einen oder anderen Grund wieder streichen. *Ah, Mr und Mrs Smith. Noch mal Schwein gehabt. Dieses Foto von eurem Deutschen Schäferhund, das ihr auf Instagram eingestellt habt. Euer Bruno hat euch gerade das armselige Leben gerettet, und ihr wisst es nicht einmal.* Er arbeitete mit einem Kriterienkatalog. *Ab-*

geschiedenheit. Geregelter Tagesablauf. Angriffsflächen. Fehlen einer ordentlichen Alarmanlage.

Er ging aus seiner Kellerwerkstatt in sein kleines Wohnzimmer hinauf, wo er einen bequemen Sessel an seinem Schreibtisch mit der Computeranlage hatte. Er ließ seine Tasche mit dem *Reisebedarf* auf den Boden fallen, ging in die Küche und brühte sich einen starken Kaffee auf. *Einen Löffel Zucker. Dreimal rühren. Dampfend heiß genießen.* Er kehrte zurück und setzte sich an seine Tastatur. Mit *MapQuest* hatte er bereits die richtige Route zur Adresse von *Socgoal02* ermittelt. *Rechts abbiegen. Nach links. Diesen Highway entlang. An jener Auffahrt runter. Auf der Interstate 434 Meilen. An der Ausfahrt 4 des Massachusetts-Turnpike runter und auf der Route 91 Richtung Norden bis Ausfahrt 16. Links ab. Noch mal links.*

Bis die automatische Ansage in freundlichem Ton verkündete:

Sie haben Ihr Ziel erreicht.

Bravo stellte sich vor:

Hey Siri, wie spät ist es?

Es ist Zeit zu töten.

Schließlich loggte er sich auf *Jack's Special Place* ein:

Bravo hier, Leute.

Bereit für den Startschuss.

Postwendend erwiderte Easy:

Ich glaube, Socgoal02s *Ende ist in Reichweite.*

Es folgte eine musikalische Fanfare: eine Live-Version von *One More Saturday Night* der Grateful Dead.

Delta antwortete:

Das ist echt gut, Easy, ich liebe die Dead. Ganz schön traurig, als Jerry gestorben ist.

Delta hatte eines seiner Opfer in einer schmalen Gasse in Haight-Ashbury aufgelesen, in den Sechzigern ein Hippie-Paradies, in dem auch die Band zusammengefunden hatte. Delta überlegte einen Moment, ob er mit seiner Liebesbekundung für die Dead aus seiner Heimatstadt vielleicht seinen Standort verraten hatte. Dann schob er den Gedanken beiseite und schrieb:

Also, Leute, hier kommt mein vorläufiger Plan.

Die anderen blickten jetzt auf eine Stichpunktliste auf ihrem Bildschirm. Bilder und Text, von eins bis zweiundzwanzig nummeriert. Es begann mit dem Wort EINLEITUNG, gefolgt von einer Google-Earth-Luftaufnahme vom Haus *der Freundin* mit Adresse. Delta hatte mit gelbem Pfeil ein leeres Grundstück eine Straße weiter markiert und an den Rand geschrieben: *Fahrzeug hier zwischen diesen beiden Eichen abstellen. Bietet Sichtschutz.* Eine rot gepunktete Linie zeigte überdies einen Pfad an, der zunächst an der Grundstücksgrenze zu einem anderen Anwesen und über ein weiteres unbebautes Gelände zum Garten hinter dem Haus *der Freundin* führte.

Delta fuhr fort:

Für Weg durch Gestrüpp und Gebüsch Stablampe erforderlich. Rot getönt aus Militärbedarf ratsam. Außerdem: Dornen könnten Kleidung einreißen, Fasern hinterlassen. Würde forensischen Abgleich ermöglichen. Sämtliche bei Operation getragene Kleidung sofort nach Besuch im Haus der Freundin *verbrennen.*

Auf diese Anweisung folgte ein Link zum entsprechenden Lampenangebot auf Amazon. Bravo befolgte den Rat sofort. Er klickte auf den Link und bestellte die Lampe. *Lieferung morgen.* Er war nur allzu gern bereit, für die Express-Lieferung mehr zu bezahlen.

Deltas nächster Eintrag lautete:

An dieser Stelle trifft Bravo um 21:17 Uhr ein.

Dies war die Nummer eins der Stichwortliste.

Nummer zwei lautete:

Verschafft sich Zutritt.

Es folgten ein Foto von der Küchentür an der Rückfront und die Nahaufnahme eines Riegelschlosses sowie eine weitere von einem Bewegungsmelder direkt über der Tür.

Dank an Easy für die hervorragenden Fotos.

Nummer drei auf der Erledigungsliste:

Willkommen, Bravo.

Bravo zuckte an seinem Computerbildschirm ein wenig zusammen.

Deltas Punkt vier bestand aus einer weiteren Fotoreihe, in diesem Fall der Website Realtor.com entlehnt. Haus und Adresse waren in der Rubrik *derzeit nicht zu verkaufen* aufgeführt. Es folgten Fotos der Innenräume. Delta fügte die Nachricht hinzu: *Kann nicht garantieren, dass die dem aktuellen Stand entsprechen – was Mobiliar und Aufteilung betrifft. Auf jeden Fall vermittelt es einen Eindruck vom Grundriss.*

Hierauf folgte Deltas Nummer fünf:

Ein Bildausschnitt mit einer Stoppuhr aus einem Salvador-Dalí-Gemälde. Die Stoppuhr zerschmolz.

Und eine Mahnung:

Nach Easys Erkundungen bleibt uns für das, was wir vollbringen wollen, ein Zeitfenster von gut vier oder fünf Stunden. Einerseits würde ich es am liebsten bis auf die letzte Sekunde ausschöpfen. Aber nach reiflicher Überlegung glaube ich, damit würden wir ein unnötiges Risiko eingehen. Zur Sicherheit empfehle ich, das Abenteuer auf unter vierzig Minuten zu begrenzen. Mir ist klar, dass dies die Bandbreite der Vorgehensweisen für Bravo einschränkt, aber wir dürfen nicht vergessen, dass unser Unternehmen nach etwas anderem aussehen soll als dem, was es tatsächlich ist. Die Standpauke an Socgoal02 *und* die Freundin*: »Ihr habt euch mit den falschen Leuten angelegt«, kann im Schnellverfahren erfolgen, sobald sie gefesselt sind. Alpha, vielleicht könntest du Bravo den entsprechenden Wortlaut vorschlagen? Es ist wichtig, ihren Gesichtsausdruck einzufangen, wenn sie mit dem konfrontiert werden, was sie getan haben und was gleich mit ihnen passieren wird …*

Darauf Alphas Zwischenbemerkung:

Delta hat recht. Das ist der entscheidende Moment. Bevor eine wichtige Ansprache an sie gerichtet wird, muss die Kamera stehen und einwandfrei funktionieren.

Darauf Bravo:

Ich kann alles auf JSP *live streamen, sobald ich* die Zielpersonen *sicher unter Kontrolle habe.*

Delta fuhr fort:

Die restliche Zeit sollte zunächst einmal darauf verwendet werden, die falschen Hinweise am Tatort zu platzieren, sodass es für die Gestapo *nach etwas ganz anderem aussieht und sich der Irrtum erst aufklärt, wenn wir unsere Ergebnisse posten. Während die sich noch fragen, wieso diese beiden jungen Menschen, die noch ihr ganzes Leben vor sich hatten, sich etwas so Schreckliches angetan haben, basteln wir an dem viralsten Post aller Zeiten. Eine unfassbare Ironie. Zwei Tode und – wie man so schön sagt – die fakeste aller Fake News. Die ganze Wucht, die volle Tragweite unserer Botschaft wird der Welt erst dämmern, wenn wir enthüllen, was wir getan haben, und wenn alle sehen, welch unglaubliche Stärke und Entschlossenheit, wie viel Grips und Raffinesse die unauffindbaren, auf ewig anonymen, höchst modernen* Jack's Boys *an den Tag legen. Das wird einschlagen wie eine Bombe.*

Und Easy haute in die Tasten:

Wum!

Alpha fasste sich und fügte hinzu:

Sie müssen um ihr Leben flehen.

Das muss mit der Kamera festgehalten werden.

Was wir ihnen sagen, muss denkwürdig sein.

Vergesst nicht: Normalerweise motiviert uns das Ereignis. In diesem Fall ist es vor allem die Botschaft.

Bravo sah ein Problem:

Darf aber nicht so lang sein, dass ich es mir nicht merken kann.

Notfalls auf einem Zettel, den ich in die Tasche stecken kann.

Alpha antwortete:

Ich setze noch heute Abend etwas auf.

Darauf Delta:

Womit wir schon fast beim Finale wären.

Wie sollen sie sterben?

Und wie lassen wir es so aussehen, als hätten sie es selbst getan?

Delta:

Das scheint mir die Krux zu sein. Sehen das alle so?

Die Antworten kamen prompt.

Nur zu wahr.

Allerdings.

Ja, da liegt's, um es mit Hamlet zu sagen.

Genau.

Der letzte Eintrag kam von Alpha:

Also, wie nehmen sich junge Leute heutzutage am liebsten das Leben?
Er überlegte einen Moment und schrieb dann:
Ich denke, wir sollten auch zwei Abschiedsbriefe in ihren Profilen in den sozialen Netzwerken hochladen. Das sollte einer von uns übernehmen, und zwar genau in dem Moment, in dem Bravo sich Zugang verschafft und sie unter Kontrolle hat, damit es mehr oder weniger denselben Zeitstempel hat wie der Zeitpunkt ihres Todes.
Darauf sprang Charlie an:
Die Briefe würde ich gern schreiben. Ich kann mir Zugang zu ihren Facebook-Seiten und ihren E-Mail-Konten verschaffen.
Alpha:
Diese letzte Szene muss glaubhaft sein. Authentisch. Und die Genauigkeit, die wir brauchen, bringt entsprechende Planungsprobleme mit sich, über die wir alle nachdenken sollten. Zuallererst einmal darüber, wie sie es machen. Delta?
Delta:
Ich melde mich schnellstmöglich zurück. Hab jede Menge Info zu Teenager-Selbstmorden parat. Das werde ich durcharbeiten und für das nächste Treffen auf JSP *bereithalten.*
Alpha nickte.
Wir wachsen zusammen, dachte er. *Wir funktionieren perfekt als Team, wie ich es auch nicht anders erwartet hatte.*
Er schrieb:
Von nun an muss alles schnell gehen, Bravo, lauf dich schon mal warm. Jeder hat jetzt seine Aufgabe. Macht euch zügig dran. Denn uns läuft die Zeit davon. Wir müssen eine Frist einhalten.
Als Alpha endete, flutete Easy *Jack's Special Place* mit dem Song von Elton John und Bernie Taupin: *Saturday Night's Alright for Fighting …* so laut, dass Delta und Charlie schnell leise drehen mussten, weil noch andere im Haus waren und es hören könnten, auch wenn sie wie die Übrigen vor Freude grinsten. Und jeder von ihnen sang da, wo er gerade saß, ob im Flüsterton oder aus vollem Hals, den Text mit:
Saturday. Saturday. Saturday Night's Alright …

KAPITEL 18

JACK'S BOYS ...

Alle *Jack's Boys* arbeiteten hart – bis weit nach Mitternacht oder sogar bis in die frühen Morgenstunden. Sie alle spürten den Druck der nahenden Deadline am Samstag. Ihnen allen wurde bewusst, dass ihnen die Eile, die sie an den Tag legten, gegen die Natur ging. Doch solche Gedanken schoben sie, jeder für sich, verächtlich beiseite und ließen sich nur noch von dem glühenden Wunsch leiten, ihrer jeweiligen Rolle bis zu tödlicher Perfektion gerecht zu werden.

ALPHA ...

Alpha kamen hin und wieder Bedenken, *Socgoal02* und *die Freundin* könnten über ihr unerlaubtes Eindringen in *Jack's Special Place* mit jemandem gesprochen haben. Selbst die Spur eines Zweifels an der Selbstmorderklärung, ging es ihm durch den Kopf, würde sich wie ein Virus verbreiten und früher oder später einem cleveren Cop zu Ohren kommen. Dieser Gedanke setzte sich hartnäckig bei ihm fest.

Die Formulierung der Botschaft, die Bravo *Socgoal02* überbringen würde, bereitete ihm weniger Schwierigkeiten, nur dass er immer wieder vor Wut über den jungen Eindringling schäumte und sich jedes Mal aufs Neue beruhigen musste, um die richtige Wortwahl zu finden. *Ist dir eigentlich klar, du Vollidiot, wem du ans Bein gepinkelt hast? Ich will es dir sagen: den falschen Leuten.*

Und ist dir klar, was das bedeutet?

Es bedeutet, dass du sterben wirst.

Alpha spielte mit Worten so wie mit seinen Opfern.

BRAVO …

In einem anderen Teil von Amerika packte Bravo sorgfältig seine Sachen für seinen mörderischen Trip. Nachdem er sie verstaut hatte, holte er alles noch einmal heraus, um jeden einzelnen Gegenstand ein zweites Mal zu überprüfen, von den Batterien über die Magazine und die geölten Verbindungsstellen. So stellte er sicher, dass seine gesamte Ausrüstung einwandfrei funktionierte. Dann verließ er das Haus, blieb draußen erst einmal stehen und starrte, wie irgend so ein dämlicher romantischer Dichter auf der Suche nach den richtigen Versen, mit denen er bei seiner Angebeteten Eindruck schinden wollte, in den Sternenhimmel, bevor er in seinen SUV stieg und nachsah, wie viel Sprit er noch hatte. Laut Anzeige voll, was er schon gewusst hatte, bevor er den Anlasser betätigte. Dann trottete er nochmals ins Haus, fand eine kleine Kühlbox, machte sich mehrere Stullen und packte sich ein paar Flaschen Wasser für die Fahrt ein. Er ging in sein Schlafzimmer und holte ein letztes Mal alles aus seiner Reisetasche, um es dann wieder einzupacken.

CHARLIE …

Zu seiner Überraschung – weil er sich partout nicht erinnern konnte, wo er sie gekauft hatte – fand Charlie im hintersten Winkel des Bücherregals in seinem Dienstzimmer eine Ausgabe von *Romeo und Julia*. Er las den letzten Akt zweimal durch, bevor er sich in die Online-Lektüre zeitgenössischer Jugendliteratur sowie eine Zusammenfassung der Netflix-Serie *Tote Mädchen lügen nicht* vertiefte. Dies diente der Vorbereitung auf die Abschiedsbriefe, die er sich ausdenken musste.

Mit der Hand schrieb er mehrere Skizzen auf einen Notizblock, um jeden unbefriedigenden Versuch sofort in Schnipsel zu zerreißen. Er wollte einfach den richtigen Ton treffen.

Jugend. Verzweiflung. *The Who: »It's only teenage wasteland ...«* Dabei mussten sich die beiden Abschiedsbriefe auch noch voneinander unterscheiden, trotzdem aber ihre tiefe Verbundenheit miteinander rüberbringen, damit sie sich gegenseitig bestätigten. Sie mussten einerseits vage und allgemein gehalten sein – ein Aufschrei gegen die ach so grausame Welt, zugleich aber auch persönlich. Im einen Fall in Abschiedsworten an seine Großeltern, im anderen an die Ex-Hippie-Restaurantbetreiber, die höchstwahrscheinlich als Erste am Tatort erschienen. Natürlich mussten ihre Zeilen eine nachvollziehbare Erklärung dafür liefern, *weshalb* sie sich das Leben nahmen. *Verdammt,* dachte er. *Das ist um einiges schwieriger, als es sich die anderen träumen lassen.* Charlie wusste zwar, dass er sich zu den Facebook-Seiten von *Socgoal02* und dessen *Freundin* Zugang verschaffen konnte, wurde aber das Gefühl nicht los, dass es für das hier vielleicht einen intimeren Ort gab. *Würde ich meine eigenen Todeswünsche auf Facebook posten?* Die Freundin *würde sich vielleicht für geblümtes Papier entscheiden. »Liebe Mom, lieber Dad ... tut mir so leid, aber ich habe es keinen Tag länger ausgehalten ...«* Socgoal02 *hätte wahrscheinlich weniger Probleme damit, es übers Internet zu sagen. Wahrscheinlich in einem etwas abgehobeneren Ton: »Tut mir leid, Großmutter und Großvater, aber ich finde das Leben einfach nicht mehr lebenswert ...«*

Lass dir was Besseres einfallen, sagte sich Charlie.

DELTA ...

In dem herrschaftlichen Haus unweit San Franciscos wechselte Delta hektisch zwischen wissenschaftlichen Abhandlungen über Selbstmord – Durkheim und Alvarez, *Diagnostic and Statistical Manual,* fünfte Auflage – und seiner Sammlung statistischer Daten aus internationalen Fachzeitschriften hin und her. Sein Ziel war es, die richtige Szene zu entwerfen, die auf *Socgoal02s* Großeltern und die Eltern *der Freundin,* wenn sie am Tatort erschienen, einen überzeugenden Eindruck machen würden. *Das Tableau, das sie vor sich haben, muss sie in einen Abgrund des Schreckens taumeln lassen. Sie werden zu den Leichen stürzen, sie an sich drücken und so dabei helfen, etwaige verräterische Spuren zu vernichten, falls denn Bravo überhaupt welche hinterlassen sollte. Was er natürlich nicht tun würde. Dazu ist er viel zu sehr Profi. Aber was diese ersten Leute im Kabinett des Todes zu sehen bekommen, muss eine eindeutige Sprache sprechen. Ich will, dass sie, wenn sie in der Notrufzentrale anrufen, in die Leitung brüllen: »Sie haben sich umgebracht!«* Er holte einen Block unliniertes Papier heraus und versuchte sogar, ein paar Skizzen anzufertigen – ein Bett, zwei Leichen in Freiformoptik auf der Bettdecke hingeworfen. *Nackt? Händchen haltend? Was gehört sonst noch zu einem gemeinsamen Freitod?*

EASY …

Easy ging auf dem Zahnfleisch, als er in seinem kleinen Zimmer im Red Roof Inn noch einmal bis ins Kleinste seine Notizen durchlas und Angst hatte, bei seiner Observierung etwas Entscheidendes übersehen zu haben. *Jedes noch so kleine Detail könnte wichtig sein.* Vor lauter Nervosität verließ er um etwa zwei Uhr morgens das zerwühlte Bett. Er spritzte sich Wasser ins Gesicht, schlüpfte in Hose und Kapuzensweatshirt und in seine Schuhe und tappte durch den Flur des Motels. Er ignorierte den Concierge, der in der Nachtschicht hinter dem Rezeptionstresen schlief, wie auch die kalte Herbstluft, als er ins Freie trat. Er stieg in seinen Leihwagen, fuhr zu *Socgoal02s* Haus und hielt an seinem gewohnten Beobachtungsposten. Als Erstes versicherte er sich nur, dass kein Licht mehr brannte und alle schliefen. Dann legte er den Rückwärtsgang ein und fuhr auf der dunklen Straße bis vors Haus *der Freundin.* Überall waren die Lichter aus. *Schon bald werden noch mehr Lichter ausgeknipst.*

CONNOR UND NIKI AM NÄCHSTEN NACHMITTAG ...

Nach ihrem jeweiligen Training traten sie zu Fuß den Heimweg an. Niki spürte, dass Connor über etwas mit ihr reden wollte, und um zu sehen, ob sie ihm mit ein bisschen körperlichem Kontakt die Zunge lösen konnte, stieß sie ihn von Zeit zu Zeit mit der Schulter an.

Nichts.

Sie forschte verstohlenen Blicks in seinem Gesicht.

Sie sah ihm förmlich an, wie es in ihm arbeitete. Er wirkte nicht sonderlich bedrückt, nur in Gedanken versunken. Zuerst glaubte sie, er führte sich den gegnerischen Angriff der zwei Liga-Stürmer vor Augen, mit denen er es an diesem Wochenende zu tun bekommen würde. Dabei wusste sie, dass sich Connor als guter Sportler bildlich vorstellte, wie er einen Schuss nach dem anderen hielt. Sich den Erfolg klar und deutlich vorzustellen, war für jeden Torwart ein Muss. Sie selbst hielt es genauso, indem sie sich ihr Lauftempo, die Muskelkontraktionen, den Sprint und die Kraftreserven vor Augen führte, über die sie noch verfügte, während die anderen Geländeläuferinnen schon aus der Puste waren und zurückfielen. Während sie neben Connor lief, holte sie genau wie beim Sprint zur Ziellinie tief Luft. Wie so oft, rief sie sich in Erinnerung: *Du gewinnst das Rennen einen Tag zuvor. Oder eine Woche oder auch einen Monat zuvor.* Sie wusste auch, dass eine der Läuferinnen, die beim nächsten Lauf gegen sie antrat, gar nicht mal schlecht war. *Die wird nicht so schnell zurückfallen,* sah Niki voraus. *Ich muss also gleich etwas machen, um ihr schon zu Beginn den Wind aus den Segeln zu nehmen. Wenn sie nach der ersten Meile das Gefühl hat, mich nicht schlagen zu können, dann wird sie es auch nicht schaffen.*

»Hey«, sagte Connor, »können wir einen kleinen Umweg machen?«

Dabei verzog er das Gesicht zu einem schiefen Grinsen. Sie durchschaute diesen Ausdruck: Er sollte verdecken, was er wirklich dachte.

»Klar«, antwortete sie etwas zu schnell. »Wo soll's hingehen?«
»Das zeige ich dir dann schon«, antwortete er.
»Mir zeigen?«, fragte sie skeptisch zurück.
»Na ja, ich hab viel über das nachgedacht, was ich vorhabe.«
»Sicher, ist mir nicht entgangen.«
Abgeschlagene Köpfe. Waffenkunde. Serien über wahre Verbrechen und Bücher über Mord. Und du hast deinen Großvater gefragt, wie es ist, einen Mann zu töten.
»Vielleicht wird es Zeit, von der abstrakten Ebene wegzukommen«, sagte Connor. Im selben Moment bog er mit ihr von ihrem gewohnten Nachhauseweg ab und marschierte fast im militärischen Laufschritt eine Nebenstraße entlang.

EASY IN SEINEM LEIHWAGEN, FÜNFZIG METER ENTFERNT …

»Verdammt, was soll das denn?«
Es folgte eine Salve weiterer Flüche.
»Wo zum Teufel wollt ihr beiden hin? Ihr habt gefälligst nach Hause zu gehen!«
Er hasste jede Abweichung von der Routine. Die bloße Vorstellung, *Socgoal02* und *die Freundin* könnten etwas anders machen als sonst, stellte alles infrage, was er *Jack's Boys* an Anweisungen geschickt hatte.
Darauf bedacht, nicht aufzufallen, während ihm klar war, dass er sich kaum auffälliger verhalten konnte, wendete Easy und folgte ihnen. Sobald er eine Parklücke sah, hielt er an. Er sprang aus dem Wagen, hielt etwa hundert Meter Abstand und ließ das junge Paar nicht aus den Augen. Beinahe wäre er in Laufschritt verfallen, um sie einzuholen, brüllte sich aber innerlich an: *Beherrsch dich! Lass dich nicht erwischen!*
»Wahrscheinlich holen sie sich nur einen Eisbecher oder so was in der Art«, flüsterte er.
Aber danach sah es nicht aus.

NIKI UND CONNOR VOR DEM LEBENSMITTELLADEN …

»Da arbeitet er. Seine Schicht ist bald zu Ende«, sagte Connor.

Niki nickte. Zu wissen, dass der Mann, den Connor töten wollte, Metzger in der Fleischabteilung des Supermarkts war, das war eines. Oder auch Aufnahmen von ihm zu sehen, die Connor im Internet gefunden hatte, darunter ein Verbrecherfoto, von rechts, von links, von vorne, und nicht die Spur von Reue. Auch war es eine Sache, die Polizeiberichte über ihn zu lesen, nicht nur von dem Unfall, bei dem Connors Eltern ihr Leben gelassen hatten, sondern auch von anderen Strafanzeigen wegen Trunkenheit und Ordnungswidrigkeiten. Oder das Scheidungsurteil. Niki begriff, was Connor mit *abstrakt* meinte. Connor hatte sich den Mann schon viele Male in Fleisch und Blut angeguckt.

Für sie war es das erste Mal und eine ganz und gar andere Sache.

Sie standen an der Rückseite eines großen Parkplatzes. Der Supermarkt glich Hunderten anderen in den USA – Teil eines Einkaufszentrums, mit einem Spirituosenladen, einem Schönheitssalon, einem Reifenhändler und einem PetSmart, der Trockenfutter und Katzenleckerlis und dergleichen für die fußläufigen Wohnviertel mit ihren vielen Haustieren verkaufte.

»Mach schon«, sagte Connor. »Normalerweise kommt er als Erster raus. Und immer zum Hinterausgang. Da parken die Mitarbeiter.«

»Ich dachte, er darf nicht mehr fahren«, sagte Niki. Sie merkte, dass ihre Füße plötzlich nicht weiterwollten.

»Tja, hatte ich auch gedacht.« Sein Ton war sarkastisch. »Offenbar denkt er aber nicht dran, sich an diesen Gerichtsbeschluss zu halten.«

Sie gingen seitlich um das riesige, niedrige Gebäude herum zu einem zweiten Parkplatz. Dort standen bunt zusammengewürfelt Kleinwagen, Pick-ups und SUVs. Connor lief gleich zu einem Maschendrahtzaun am hinteren Ende, mit Lücken, durch die das Unkraut wuchs. Niki stellte fest, dass er sich hier auskannte.

»Da«, sagte er, ohne hinzuzeigen.
Niki blickte auf. Vier Männer traten aus einer breiten Flügeltür für Lieferanten und strebten zum Parkplatz.
»Der Dritte von rechts«, sagte Connor.
Niki hätte den Mann auch so von den vielen Fotos wiedererkannt. Schwere Gewichtheberstatur. Tätowierte Arme. Anfang fünfzig. Längeres Haar, Zwei-Tage-Stoppeln am Kinn. Er wirkte bullig, taff. Ihr war auf Anhieb klar: *Wenn es hart auf hart kommt, wird es mit dem nicht leicht. Es sei denn, er wäre sturzbesoffen.* Sie beobachtete, wie er die Klapptür zu seinem Pick-up öffnete und ein paar rotfleckige weiße Schürzen auf die Ladefläche warf. Ohne ein einziges Mal in ihre Richtung zu blicken, setzte sich der Metzger hinters Lenkrad und fuhr zügig davon.
»Ich weiß, wo er jetzt wahrscheinlich hinwill«, sagte Connor. »Jeden Abend fährt er zu einer Bar ungefähr fünf Blocks von hier. Da ist er dann bis acht oder neun Uhr. Kommt torkelnd raus, setzt sich ans Steuer und fährt noch mal einige Blocks über die Nebenstraßen zu seiner Wohnung. Ziemlich verranzte Bude. Aber nah genug an der Bar, um es aller Wahrscheinlichkeit nach bis dahin zu schaffen, ohne allzu sehr aufzufallen, egal, wie viel er intus hat.« Er schwieg einen Moment und fügte hinzu:
»Oder jemanden zu töten.«
Niki nickte wieder. Sie sah den Rücklichtern des Pick-ups hinterher, bis sie um die Ecke verschwanden. »Wieso rufst du nicht bei der Polizei an und gibst ihnen einen Tipp?«, fragte sie. Connor schüttelte den Kopf. »Dann wandert er wieder in den Knast, wegen Verstoßes gegen seine Bewährungsauflagen, verliert wahrscheinlich auch den Job im Supermarkt und macht es mir damit nur schwerer, ihn im Auge zu behalten. Vielleicht kriegt er sogar raus, wer ihn verpfiffen hat. Im Moment weiß ich zumindest, wo er ist, was er tut und wie sein Tagesablauf aussieht.«
Niki fand es erschreckend, dass Connor das alles wusste, antwortete jedoch: »Klar.«
»Also«, sagte Connor langsam und betont, »das ist der Mann, den ich umbringen werde.«

Niki nahm schweigend eine Abschätzung vor. So leicht es sein mochte, einen Mord zu planen, stellte sie es sich weitaus schwieriger vor, ihn auch auszuführen. Sie dachte an die Familie des Mannes. Bilder, Gedanken über die Zukunft schwirrten ihr durch den Kopf, doch sie sagte nur: »Also, wenn es nicht anders geht, dann müssen wir es eben tun. Aber ich glaube, so weit ist es noch nicht.«

Connor lächelte. »Du meinst, wir müssen erst ein bisschen älter werden? Gewiefter?«

»Das war der Plan«, erwiderte Niki, »von Anfang an. Ich sehe nicht, wieso wir daran auf einmal etwas ändern sollten. Wozu die Eile? Wir haben schließlich auch sonst noch so einiges um die Ohren, wie dein Spiel, mein Rennen, ganz zu schweigen vom College und so.«

Connor zögerte. »Ich weiß nicht. Manchmal beschleicht mich das Gefühl, als würde er mir mit jedem Tag, der vergeht, weiter aus den Fingern gleiten.«

Sie sagte nichts.

»Und mit jedem Tag, der vergeht, fällt es mir schwerer, mich daran zu erinnern, wie meine Mom und mein Dad ausgesehen haben; und noch schwerer, mir vorzustellen, wie sie heute aussehen würden. Oder was sie tun und sagen würden oder was ich, wenn sie noch lebten, für ein Mensch geworden wäre.«

Sie nahm seine Hand.

»Also, eins steht schon mal fest«, sagte sie.

»Das wäre?«, fragte Connor. Leise, es fiel ihm schwer, die Worte herauszubringen.

»Na ja«, sagte sie so unbeschwert, wie sie konnte, »fest steht, dass sie morgen zum Spiel kommen würden.«

Das brachte Connor zum Lachen.

»Da kann ich nicht widersprechen«, sagte er. »Schätze mal, ich muss mich damit zufriedengeben, dass mich GP und GM von der Seitenlinie aus anfeuern.«

Niki lag schon eine abgedroschene Bemerkung auf der Zunge, wie etwa *Du weißt schon, dass deine Mom und dein Dad bei jedem deiner Spiele zugesehen haben. Du weißt, dass sie immer über dich wachen.* Aber sie sagte es nicht, weil sie selbst nicht daran glaubte und wusste, dass Connor mit Phrasendrescherei wenig anfangen konnte.

EASY, SEINEN ZIELPERSONEN DICHT AUF DEN FERSEN ...

»Da laust mich doch der Affe«, sagte er leise und grinste übers ganze Gesicht. Um sicherzustellen, dass *Socgoal02* und *die Freundin* ihn nicht entdeckten, blieb er in Bewegung und tat so, als wollte er zum Einkaufszentrum. Kaum machten die beiden kehrt und gingen zum Bürgersteig zurück, um nach Hause zu trotten, drehte sich Easy wieder um und folgte ihnen.

Ihr beide macht also mehr oder weniger dasselbe wie ich gerade.

Spielt Mörder.

Nur dass ich es nicht spiele.

KAPITEL 19

DAS ZEITFENSTER SCHLIESST SICH ...

DELTA ...

Nach einer langen Nacht mit wenig Schlaf, kurz nach sechs Uhr früh, Pazifische Sommerzeit, hatte Delta endlich das Gefühl, für die geplante Tötung den richtigen Entwurf im Kopf zu haben. Nicht nur im Kopf, sondern auch auf seinem Computer-Sketchpad und zwischen den handschriftlichen Notizen über Fachartikel zu Selbstmord bei Jugendlichen auf Schmierpapier. Er loggte sich auf *Jack's Special Place* ein und schickte den anderen eine dringende Bitte:

Wir müssen uns in Bälde – das heißt, jetzt gleich – treffen, um den Plan im Einzelnen zu diskutieren.

Was haltet ihr von 13:00 Uhr Östliche Sommerzeit?

Er wartete.

Alpha antwortete als Erster:

Ja.

Delta fragte:

Wie kommt ihr alle mit der Arbeit voran?

Alpha:

Fast mit Bravos Botschaft an Socgoal02 *und* die Freundin *fertig. Beim letzten Feinschliff. Schicke sie euch beim nächsten Chat.*

In diesem Moment kam Charlie dazu:

Bei mir dasselbe. Ist schwieriger als erwartet.

Bravo meldete sich:

Vorbereitungen abgeschlossen. Startklar. Aber um 13:00 Uhr nur begrenzt Zeit. Maximal 30 Minuten. Sorry, Leute.

Er dachte an seine gewohnte Mittagspause im Logistikzentrum.

Und Easy schrieb:

Bin hier noch bei der Arbeit. Mach mir Notizen und checke Verhal-

tensmuster. Falls sich etwas tut, schaffe ich es vielleicht nicht um die Zeit. Ungewiss.

Und so antwortete Alpha für alle:

Mach mit dem weiter, was du gerade tust, Easy. Bravo, tu nichts, was unnötig Aufmerksamkeit erregt. Wir finden einen Weg, dich über alles auf dem Laufenden zu halten. Unser Zeitfenster wird allmählich eng. Ohne allzu neugierig zu sein, aber wann, glaubst du, kannst du vor Ort sein?

Bravos Finger schwebten über der Tastatur. Wenn er die Frage beantwortete, gab er den anderen preis, wie nah oder fern sein Standort zu *Socgoal02* und *der Freundin* war. Eigentlich wollte er das für sich behalten, dachte dann aber, *Was soll's. Wenn ich* Jack's Boys *nicht trauen kann, wem dann?*

Und so schrieb er:

Maximal acht bis zehn Stunden bis zu Socgoal02s *Haus. Will mich nicht bei Geschwindigkeitsübertretung erwischen lassen.*

Über diese Bemerkung mussten sie alle lachen.

Alpha antwortete:

Ausgezeichnet. Und Delta, gibt es irgendetwas an deinem Plan, das zusätzliche Probleme beim Timing bringen könnte?

Worauf Delta prompt antwortete:

Ja. Eine Sache. Etwas, das bei meiner Gesamtplanung extrem wichtig ist. Ich glaube, wir müssen Bravo etwas mitgeben, was er wahrscheinlich nicht hat. Nur ein kleines Päckchen. Wie können wir ihm das zukommen lassen?

Einen Moment lang trat im Chatroom Schweigen ein.

Bravo dachte: *Etwas, das ich nicht habe? Ich denke doch, ich habe alles, was ich brauche.*

Easy meldete sich vor den anderen zurück:

Wenn es dir nur um ein kleines Päckchen geht, Delta, könntest du es zu dem Motel schicken, in dem ich wohne. Unter falschem Namen. Kein Problem für mich, dir diese Info durchzugeben und mir über Nacht liefern zu lassen, wovon du gerade redest. Dann müssen wir uns nur noch überlegen, wie Bravo es rechtzeitig bekommt.

Easy zögerte:

Darf aber keine Waffe sein. Selbst wenn sie nicht registriert ist. Natürlich kann man Waffen mit der Post schicken, aber es ist jedes Mal ein Risiko. Man weiß nie, wann ein Päckchen einen Röntgenalarm auslöst.

Darauf Delta:

Keine Waffe. Jedenfalls nicht direkt. Nichts, was einen Inspekteur bei der Post misstrauisch machen würde.

Easy antwortete:

Vielleicht besser mit FedEx? Wie lautet noch gleich deren Slogan? »Wenn es unbedingt pünktlich ankommen muss.«

Delta prustete los.

Danke, Easy. Gute Idee.

Fast zeitgleich nannte Easy Delta die Adresse des Red Roof Inn und seinen falschen Namen. Diese Information löste bei allen eine, wenn auch etwas unterschiedliche, Woge der Energie aus. Das Gefühl, dass ihr Projekt kurz vor der Umsetzung stand, brachte allen den Nervenkitzel. Die Ermordung von *Socgoal02* und dessen *Freundin* trat gerade in die nächste Phase. War schon zum Greifen nahe. Das Orchester stimmte die Instrumente. Zum Auftakt. Jeden Moment würde sich der Vorhang heben.

Alpha, wie immer umsichtig und bedächtig, warf ein:

Bist du dir da hundertprozentig sicher? Ist das für den Plan wirklich unumgänglich? Allein schon der Lieferdienst bringt eine zusätzliche Gefahr mit sich, entdeckt zu werden. Und etwas an Easy zu schicken, das er Bravo weiterreichen muss, ist schon an sich riskant, selbst wenn sie sich nicht von Angesicht zu Angesicht treffen. Auf jeden Fall ein weiterer Risikofaktor.

Mit dieser Reaktion hatte Delta gerechnet. Er schrieb:

Stimmt. Ich bin mir der Gefahr bewusst. Aber ihr werdet es sehen, sobald ich euch den Plan vorlege. Weil die Zeit nun mal knapp ist, muss ich sofort handeln. Und ganz ehrlich, Leute, ich denke, ihr werdet die Idee lieben.

Auch Charlie hatte ein Problem:

Wie sicher kann sich Bravo sein, die Zielpersonen im Haus der

Freundin vorzufinden? Bevor er aufbricht, braucht er dafür die Bestätigung. Die kann er nur von Easy bekommen.

Was Easy genauso sah.

Ich werde die Observierung bis zum entscheidenden Moment aufrechterhalten. Sicherstellen, dass alle an Ort und Stelle sind. Dann Bravo grünes Licht geben. Solange von mir nichts kommt, können wir immer noch abbrechen und einen Plan B entwerfen. Aber ich glaube nicht, dass es dazu kommt. Ich brauche nur eine Einweghandynummer, an die ich die entsprechende Info schicke.

Easy stieß einen langen Seufzer aus. *Wenigstens bin ich auf diese Weise ganz nah dran,* dachte er begeistert. *An der Gefahrenzone.*

Bravo antwortete prompt:

Ausgezeichnete Idee. Hier ist die Nummer. Sie ist nur bis Samstag, sagen wir, 22 Uhr aktiviert. Und für alle: Das ist auch das Handy, das ich mit der Kamera verbinde, um das Video auf JSP *zu streamen.*

Easy lernte sie auswendig. Die anderen auch.

Und damit loggten sie sich alle aus. Doch Delta hatte das Gefühl, dass er keine Zeit verlieren durfte. Er suchte im Internet nach der nächsten FedEx-Filiale. Er vergewisserte sich noch einmal, dass sämtliche Computereinträge und der jüngste Verlauf seiner Internetrecherchen ordnungsgemäß verschlüsselt waren, und fuhr seine Computer herunter. Er wollte nicht, dass eins der Dienstmädchen in sein Zimmer kam, um das Bett zu machen oder die schmutzige Wäsche zu holen, und über irgendetwas stolperte, womit er sich in den letzten Stunden beschäftigt hatte. Neben seinem Schreibtisch hatte er einen kleinen Aktensafe, in dem er sämtliche Notizen, Papiere und Bücher wegschloss. Zwar hätte ihn ein Profi-Einbrecher oder ein gewöhnlicher Schlosser knacken können, aber vor der Neugier des Personals war er sicher. Er traute auch den Hospizschwestern nicht. Auch wenn nichts darauf hindeutete, war er davon überzeugt, dass sie jedes Mal bei ihm herumschnüffelten, sobald er das Haus verließ. Er schätzte, dass sie auch schon ihre Mutter um das eine oder andere kostbare Schmuckstück erleichtert hatten.

Delta beeilte sich. So müde er von seinen Recherchen und dem Schlafmangel war, befahl er sich, nicht schlappzumachen.
Bevor er hinausging, zog er sich ordentlich an. Designerjeans. Teure Laufschuhe. Kaschmirpullover. Lederjacke.
Delta verließ seine Zimmerflucht und sah im selben Moment, wie eine der Schwestern aus dem Zimmer seines Vaters kam. *Ende der Nachtschicht.* Er räusperte sich und ging auf sie zu.
»Wie geht's unserem alten Herrn denn heute?«
Wohl erstaunt, dass Delta schon so früh auf war und sie ansprach, blieb die Schwester stehen.
»Mehr oder weniger wie gestern. Es geht bedauerlicherweise aufs Ende zu.«
Bedauerlicherweise? Als ob, dachte Delta zynisch. *Aber gegen den fetten Scheck, den du am Ende bekommst, hast du bestimmt nichts einzuwenden.*
»Ich denke, ich schau mal kurz bei ihm vorbei. Bestimmt tut ihm das gut …« Das Gegenteil war der Fall, wie Delta sehr wohl wusste. »Ist jemand bei ihm?«
»Ja. Die Kollegin hat während meiner Dienstpause übernommen.«
Er fragte Schwester Nummer eins nicht nach dem Namen von Schwester Nummer zwei.
Delta betrat das Krankenzimmer, nahm eine OP-Maske von einer Tischplatte und hielt sie sich vors Gesicht, während er sich ausmalte, wie eine Bakterie von ihm den Weg in die Lunge des alten Mannes fand und ihm die letzten Atemzüge abwürgte. Das riesige Schlafzimmer seines Vaters war in ein Krankenzimmer verwandelt worden. Das große, handgeschnitzte Bett aus Thailand war einem höhenverstellbaren mit Stahlrahmen gewichen. Links und rechts davon verdeckten Monitore und Schläuche teilweise die teuren Gemälde an den Wänden. Die medizinischen Geräte piepten ohne Unterlass. Grüne und gelbe Linien, die den Herzschlag, den Puls und die Sauerstoffsättigung anzeigten, bewegten sich in hypnotischen Wellen- und Zickzacklinien über die Bildschirme. Das Gesicht seines Vaters steckte unter einer durchsichtigen Plastikmaske. Der alte Mann war kaum wiederzuerkennen. *Nicht mehr*

viel von dir übrig, was? Er sah den Tropf, der an den Arm des Sterbenden angeschlossen war. Schwester Nummer zwei regulierte von Zeit zu Zeit die Fließgeschwindigkeit.

Sein Vater hatte die Augen geschlossen.

»Schläft er?«, fragte Delta.

»Kann man so sagen. Es ist das Morphium.«

»Ich dachte, er nimmt immer noch Tabletten. Oxycodon oder so. Morphiumtabletten.«

»Die haben wir vor ein paar Tagen abgesetzt und ihm die Infusion gelegt. Ich denke, das beruhigt ihn. Er hatte Schwierigkeiten beim Schlucken.«

Schwester Nummer zwei sagte dies alles in einem Ton, der nahelegte, mit diesen Fragen hätte er eigentlich schon vor Wochen kommen sollen.

Delta trat ans Bett.

»Er sieht nicht gut aus«, sagte er.

Eine überflüssige Bemerkung, dachte er.

Von seinem Vater war unter der weißen Bettdecke nur noch eine Hülse geblieben. Delta konnte so gerade eben das Heben und Senken seiner Brust erkennen. Ab und zu zuckte ein Finger oder ein Augenlid.

Wer hätte gedacht, dass du mit so viel Geld und so viel Macht am Ende darauf angewiesen bist, dass dir eine Krankenschwester den Hintern abwischt? Erbärmlich.

Er betrachtete das Gesicht seines Vaters und stellte fest, dass es ihn vollkommen kaltließ. Fast war er in Versuchung, sich über seinen alten Herrn zu beugen und zu sagen: »*Dir verdanke ich, dass ich so geworden bin. Hast du eine Ahnung, wie vielen Menschen ich das Leben genommen habe? Und ich helfe gerade dabei, den Besten das Leben zu nehmen. Vielleicht hättest du mich nicht wie einen Hund behandeln sollen. Nein, korrigiere. Unseren Hund hast du besser behandelt als mich. Nie konnte ich es dir recht machen. Was ich machte, war dir völlig egal. Du findest mich grausam? Grausamkeit war dein Geschäftsmodell. Und weißt du was? Du wirst sterben, und die Leute, die zu deiner Beerdigung kommen, werden keinen Gedanken mehr an dich verschwenden, sobald sie ein Schäufelchen Erde auf deinen Sarg geworfen haben. Und dann verschwindest du in der Versenkung. Was ich tue, geht dagegen in die Geschichte ein. Ich werde berühmt. Unsterblich berühmt. Niemand wird Delta je vergessen.«*

Nichts davon sprach er aus. Er hoffte, die Botschaft drang in einer Art magischer Nahtod-und-Lichtpfad-Erfahrung trotzdem zu dem alten Mann durch, auch wenn es ihm letztlich egal war.

Wie er so auf seinen sterbenden Vater herabblickte, war ihm augenblicklich klar, dass er dabei nicht annähernd denselben Kick empfand wie in dem Moment, wenn er einem Obdachlosen die Kehle aufschlitzte. Ihn flog der Gedanke an: *Das ist ein Tod, der den Namen verdient. Plötzlich. Dramatisch. Eindringlich. Befriedigend. Wie du dahinsiechst, ist die reinste Zeitverschwendung.*

Delta trat an den Nachttisch und sah, wonach er suchte. Neben einem Glas Wasser eine Batterie Pillendosen.

»Ich denke, er braucht eine frische Vorlage unter dem Hintern«, sagte er. »Wenn er sich wund liegt, ist es wahrscheinlich genauso schmerzhaft wie der Krebs.«

Schwester Nummer zwei stand auf und musterte ihren Patienten.

»Ich weiß nicht …«, fing sie an.

»Aber ich«, fiel ihr Delta streng ins Wort.

Schwester Nummer zwei schwieg. In ihren Augen blitzte Wut auf. Sie sah Delta missbilligend an und sagte schließlich: »Ich hole eine.«

Kaum kehrte sie ihm den Rücken, um ins Badezimmer zu gehen, wo sich auf Marmortischen gegenüber den Waschbecken mit den vergoldeten Armaturen die Sanitätsartikel stapelten, griff Delta zu und steckte sich in die Tasche, was er brauchte.

»Halte durch, Dad!«, sagte er laut, als Schwester Nummer zwei zurückkam. »Du weißt, wir sind alle hier bei dir.«

Damit nahm er die Hand seines Vaters und drückte sie.

Keine schlechte Vorstellung, dachte er zufrieden und überzeugte sich davon, dass Schwester Nummer zwei seinen kurzen Akt des Mitgefühls registrierte. *Und jetzt mach dich wieder ans Sterben. Ich hab zu tun.*

Ohne ein weiteres Wort verließ Delta das Zimmer seines Vaters. Als er die Tür hinter sich zuzog, hörte er, wie seine Mutter aus ihrem Zimmer am anderen Ende des Flurs seinen Namen rief.

Tut mir leid, aber ich kann dich nicht hören.

Delta eilte zur Haustür und machte nur einen kurzen Abstecher in die Küche, wo er einen kleinen Plastikbeutel fand und in die Tasche steckte. Er wusste, dass er das Päckchen an Easy zu FedEx bringen und seinen Mordentwurf bis zum vereinbarten Treffen auf *Jack's Special Place* fertigstellen musste. Ihm war klar, dass hier mehr als eine Uhr unerbittlich tickte.

KATE …

Als sie am späten Vormittag aus einem der Räume auf der Intensivstation kam, winkte sie der diensthabende Arzt zu sich. Er lächelte. Wortlos reichte er ihr ein Kurvenblatt. *Gute Werte.* Sie überflog blitzschnell die Werte.

»Manchmal«, sagte er, »haben wir Glück.« Sie nickte.

»Verlegen Sie die junge Dame auf die Station. Sie ist außer Gefahr. Auf dem besten Weg. Wir brauchen das Bett. Mann mit Herzinfarkt aus der Notaufnahme.«

»Wird gemacht«, sagte Kate. »Haben Sie es den Eltern schon gesagt?«

Der Arzt schüttelte den Kopf. »Ich dachte, das machen wir am besten zusammen.«

Kate hätte heulen können. Vor Glück. Doch stattdessen straffte sie die Schultern.

»Nein, warten Sie nicht auf mich. Ich komme in ein oder zwei Minuten nach, wenn ich die Verlegung geregelt habe. Die beiden werden ihr Glück nicht fassen können. Aber erst hab ich noch was anderes zu tun.«

Der Arzt trat in das Zimmer des Kindes. Kate wartete nur, bis die erschöpften Eltern aufblickten. Auch ihre Tochter war wach und drückte einen Teddybären an sich. Kate war nicht überrascht – ein Schritt in Richtung Normalität, ein Zeichen dafür, wieder ein Kind wie jedes andere sein zu dürfen. Sie sah, wie die Mutter die Hand vor den Mund hielt, um einen Freudenschluchzer zu unterdrücken, und wie der Mann dem Arzt die Hand schüttelte. Kate drehte sich um und lief durch den Flur zu der kleinen Kapelle.

Sie trat ein und blickte zu den flackernden Kerzen auf dem überkonfessionellen Schrein.

»Also«, sagte sie energisch, »ich hab nicht viel Zeit. Wir haben viel zu tun. Aber das weißt du ja. Jedenfalls war es mir wichtig, mich bei dir zu bedanken. Also, danke dafür, dass du mich erhört hast. Wenn ich mich ein bisschen danebenbenommen habe, entschuldige ich mich dafür. Aber ich wollte dir noch etwas in Erinnerung rufen: Dieses Kind hat immer noch einen langen Weg vor sich. Es ist toll mit ihr gelaufen, und ihr geht es jeden Tag besser. Aber gib weiter auf sie acht. Sie wird heute, morgen und nächste Woche und wenn sie dann wieder in ihr normales Leben zurückkann, immer noch auf deine Hilfe angewiesen sein. Mit anderen Worten, du darfst sie nie aus den Augen lassen.«

Nach kurzem Zögern fügte Kate hinzu:

»Ich pass auf. Wir sprechen uns wieder.«

DELTA …

Der Mann am Schalter der FedEx-Filiale nahm das Päckchen wortlos entgegen. Als Absender gab Delta eine falsche Adresse und den Namen eines vor Jahren gestorbenen Anwalts an. Da er in irgendeiner Ecke eine Überwachungskamera vermutete, setzte er weder seine Sonnenbrille noch seine Baseballkappe ab. Er bezahlte in bar. Der Mitarbeiter reichte ihm die Quittung mit den Worten: »Voraussichtliche Auslieferung bis morgen 12:00. Hier steht die Sendungsverfolgungsnummer.« Dabei war Delta klar, dass der Aufkleber auf dem Päckchen Easy und Bravo einen ungefähren

Anhaltspunkt dafür gab, von welcher Gegend aus Delta operierte.
Nicht zu ändern, dachte er. *Hauptsache, es kommt rechtzeitig an.*
Er eilte zur Tür hinaus.
Er wusste, dass er vor dem angesetzten Treffen noch ein paar Dinge zu regeln hatte. Er rechnete mit der Möglichkeit, dass *Jack's Boys* ein paar Änderungsvorschläge hatten – am ehesten Alpha und vielleicht auch Charlie –, aber nichts Grundsätzliches. Das war fast so gut, als würde er *Socgoal02* und *der Freundin* mit dem eigenen Messer die Kehlen aufschlitzen.
Fast – nicht ganz.
Aber, resümierte er, *alles in allem ziemlich cool.*

KAPITEL 20

3:00 UHR EASTERN SUMMER TIME
JACK'S SPECIAL PLACE …

Alpha:
Freu mich, dass alle versammelt sind. Keine Zeit zu verlieren.
Bravo:
Ich hab nur ein paar Minuten.
Easy:
An der Schule regt sich nichts. Eine Person – Nicht-Zielperson – auf Schicht im Krankenhaus. Die andere Nicht-Zielperson scheint zu Hause zu sein. Hat offenbar nichts vor. Hab also im Moment ein bisschen Zeit.
Charlie:
Von mir aus kann's losgehen. Hab meinen Terminplan leer geräumt.
Delta:
Danke an alle. FedEx an dich trifft morgen bis spätestens 12:00 ein.
Bravo:
Bin echt neugierig. Ich weiß gern, womit ich's zu tun habe. Wofür habe ich deiner Meinung nach nicht vorgesorgt, um unseren Plan auszuführen? Ich bin eigentlich für jede Eventualität gut gerüstet.
Delta:
Eine tödliche Dosis verschreibungspflichtiger Schmerzmittel. Ein bisschen Oxy. Ein bisschen Sister M.
Bravos Antwort kam prompt:
Mann, echt jetzt. Da liegst du hundertprozentig richtig. Hab ich nicht. Aber wozu?
Delta war ebenso erschöpft wie überdreht, auf diese Frage allerdings war er seit Stunden vorbereitet.
Reine Statistik. Die meisten Mädchen im jugendlichen Alter greifen zu einem Tablettenmix, um sich das Leben zu nehmen, besonders

Schmerztabletten. In jeder wissenschaftlichen Studie sind es über fünfzig Prozent. Natürlich versucht ein beträchtlicher Prozentsatz auch, sich die Pulsadern aufzuschneiden, aber das geht häufig daneben. Und bei dem Szenario, das mir vorschwebt, für Bravo auch nicht so leicht vorzutäuschen. Rasierklinge? Jede Menge Blut? In meinen Augen eine unnötige Schweinerei, wenn wir sie ebenso gut betäuben und vor Socgoal02s *Augen ersticken können. Aus den entsprechenden Studien geht auch hervor, dass sich Jungen im selben Alter anders verhalten. Die springen lieber von einer Brücke. Die beliebteste Methode: mit einer Handfeuerwaffe. Meist einer gestohlenen. Ich gehe mal davon aus, du verfügst über eine, die du unbeschadet am Tatort zurücklassen kannst?*

Worauf Bravo antwortete:

Siehst du richtig. Auch wenn ich mich nur ungern von ihr trenne. Hat mir treue Dienste geleistet. Aber nicht unersetzlich. Geht in Ordnung.

Allen dämmerte allmählich, worauf Delta hinauswollte. Alpha dachte: *Clever. Zwei verschiedene Todesarten. Wenn das nicht Nah- und Weitsicht vereint.* Alpha dachte an die unterschiedlichen mörderischen Vorlieben von *Jack's Boys.* Was Delta da offensichtlich im Auge hatte, deckte sich jedoch mit keiner ihrer gewohnten Herangehensweisen, sondern schien *Socgoal02* und der *Freundin* gleichsam auf den Leib geschneidert. Dieser kluge, einfallsreiche Ansatz verdiente Respekt. Seine Idee würde sie in mehrfacher Hinsicht vor Entdeckung schützen. *Hinter zwei so völlig verschiedenen Todesarten bei ein und demselben Fall würde kein Ermittler einen Einzeltäter vermuten.* Und wenn sie, *Jack's Boys*, dann die Wahrheit über den Tod von *Socgoal02* und *der Freundin* enthüllten, würde es umso höhere Wellen schlagen. Er hörte förmlich den Applaus im Internet.

Bravo schrieb:

Ich muss den Chatroom jetzt verlassen. Sorry. Kann mich, schätze ich, so um Mitternacht wieder melden, aber Delta, ich sehe, worauf du hinauswillst. Muss mich mit Easy aber noch auf Übergabe der Sendung verständigen. Easy, hast du schon eine Idee, wie das ohne persönliche Begegnung ablaufen soll?

Easy gab ein:
Klar, kein Problem.
Darauf nochmals Bravo:
Ich erwarte dann die Einzelheiten von Deltas Plan sowie Alphas letzte Botschaft an das Paar im Lauf des Abends. Dann sind wir auf der Zielgeraden. Muss jetzt los.
Sie alle registrierten, dass er den Chatroom verließ.
Im Pausenraum seiner Abteilung im Logistikzentrum blickte Bravo auf und sah, wie die Vorgesetzte mit zweien seiner Kollegen sprach. Er klappte sein iPad zu und schlenderte zu den beiden Männern und der Frau hinüber, während er bei dem Gedanken, *wenn die wüssten, was ich auf meinem Computer habe,* innerlich grinsen musste. Ungefähr zwei Meter von ihnen entfernt, krümmte er sich plötzlich unter einem Hustenanfall. Dann richtete er sich langsam auf. »Hey Sue«, sprach er die Vorgesetzte mit verstellter heiserer Stimme an, »hätten Sie wohl einen Moment für mich?«
»Klar«, sagte sie und trat ein Stück von den anderen Männern zurück. »Was gibt's?«
»Sie denken doch an diese Hochzeit, zu der ich will?«
Er schickte einen Huster hinterher und wischte sich mit dem Handrücken die Nase.
»Ja, aber sicher.«
»Also, ich glaub, mir steckt da was in den Knochen, 'ne Grippe oder richtige Erkältung. Ich will keinen anstecken, aber ich muss nun mal am Sonntag da sein, und …«
Sue lächelte und ging einen Schritt auf Abstand.
»Junge, Junge, Sie klingen wirklich schlimm. Tut mir leid. Hören Sie, nehmen Sie sich ruhig den Rest des Tages frei. Trinken Sie viel und nehmen Sie Tylenol. Legen Sie sich vierundzwanzig Stunden ins Bett. Schließlich wollen Sie die Braut ja nicht vor ihrer Hochzeitsreise anstecken.« Sie lächelte. »Ziemlich mieses Hochzeitsgeschenk. Da wäre jeder blöde Kerzenhalter besser«, fügte sie kichernd hinzu.
»Danke, Boss«, antwortete Bravo. »Können Sie laut sagen. Wenn

alles gut läuft, sehen Sie mich am Montagmorgen an meinem Schreibtisch.«

Es war immer wieder schön, wie leicht er Leute, die ihn seit Jahren zu kennen glaubten, an der Nase herumführen konnte. Das waren die Früchte seiner regelmäßigen, verlässlich langweiligen Arbeit. Dank seiner gespielten Erkrankung und der erfundenen Hochzeit würden sie ihn in den nächsten Tagen in Ruhe lassen. Taten sie sowieso. Niemandem würde es im Traum einfallen, ihm ein bisschen selbst gemachte Hühnersuppe zu bringen. Für den nachhaltigen Effekt hustete er noch ein paar Mal auf dem Weg zum Ausgang. Seine gepackte Tasche mit *dem Nötigsten für unterwegs* wartete in seinem Pick-up. Auch wenn er vor Aufregung kaum an sich halten konnte, unterdrückte er ein Grinsen, bis er hinter dem Lenkrad saß, fuhr vom Angestelltenparkplatz und machte sich auf den Weg nach Osten. Kaum hatte er die Auffahrt zum Interstate Highway erreicht, brach er in wieherndes Gelächter aus und schaltete im Radio zu dem Sender mit gutem altem Hardrock. Es liefen gerade die Rolling Stones mit *Midnight Rambler,* und Bravo sang mit Mick und den anderen Jungs mit. Besonders die letzte Zeile ließ er sich auf der Zunge zergehen: »Stick my knife right down your throat and it hurts …«

ROSS IM GARTEN HINTER DEM HAUS …

Ein prächtiger Nachmittag neigt sich dem Ende zu.

Alles Täuschung, musste er denken.

Der Himmel über ihm hatte noch diesen einladenden türkisblauen Schimmer; nur in weiter Ferne zogen ein paar flaumige weiße Wolken auf, doch wenn er über die Schulter blickte, sah er schon die ersten Zeichen der Abenddämmerung. Es herrschten immer noch milde Temperaturen – Pullover-Wetter –, doch er wusste, dass es nach Einbruch der Dunkelheit rasch abkühlen würde. Der letzte Reif aus den frühen Morgenstunden war geschmolzen, und

der Rasen glänzte nass. Die letzten grünbraunen Blätter in der mächtigen Eichenkrone am Gartenrand klammerten sich in der reglosen Luft an die Gerippe der kahlen Äste. Ross hatte es sich auf der kleinen gepflasterten Terrasse in einer verstellbaren Liege bequem gemacht und sah zu, wie ringsum der Tag zu Ende ging. Dabei ließ er den Blick gelegentlich über das dichte Gebüsch und den Wildwuchs hinter seinem Grundstück schweifen. Zwischen seinem Garten und den Gärten an der Straße dahinter lagen über hundert Meter dichter Wald. Die paar Fußpfade quer durchs Unterholz benutzten vor allem die Kinder als Abkürzung zwischen den beiden Straßen. Das Vorstadtviertel war bewusst so angelegt, dass es das Gefühl unberührter Natur vermittelte: Die Straßen verliefen nicht in dem üblichen rechtwinkligen Raster, sondern folgten einem freieren, organischeren Muster. Mit zahlreichen Sackgassen. Aus diesem Grund konnte Ross nur so eben die Dachfirste der nächsten Häuserreihe hinter seinem Anwesen ausmachen, dafür aber links und rechts in die Gärten seiner Nachbarn blicken. Seine Liege stand so, dass er auf das Haus der Templetons blickte. Es gab noch ein Haus dazwischen. Dort hatte der Nachbar, den er kaum einmal zu Gesicht bekam, in seinem Garten ein Spielhaus für kleine Kinder stehen. Direkt dahinter war die rückwärtige Holzveranda der Templetons. In den meisten Vorstadtanwesen stand ein kleiner Grill für Burger- und Bier-Partys bereit, bei den Templetons dagegen eine wasserdichte Box mit Yogamatten. Manchmal gingen sie zur körperlichen Ertüchtigung an die frische Luft. Krähe und herabschauender Hund und andere seltsame Verrenkungen. Niki schien nur selten mitzumachen. Ihr Ding war das Laufen. Allein.
Er atmete tief ein und schmeckte schon die aufziehende nächtliche Kälte auf der Zunge.
An einem so prächtigen Tag hätte ich angeln gehen oder mit dem Nachbarshund spazieren gehen sollen.
Vielleicht hätte ich mir ein Fahrrad leihen und eine kleine Tour auf der zum Fahrradweg umfunktionierten alten Eisenbahntrasse unternehmen sollen.

Ich könnte auch endlich mit dem Spanischkurs anfangen. Oder einem Krimi-Buchclub beitreten, oder ein Anlagekonto eröffnen. Oder an der New Yorker Börse in Aktien investieren. Oder mich meinetwegen auch in einer Suppenküche oder in Kates Krankenhaus ehrenamtlich engagieren, oder lernen, wie man anständig Bettwäsche faltet.

Der Tag kam ihm wie eine einzige Lüge vor.

Schneller als gedacht würde das Wetter umschlagen. Es würde kalt. Nass. Unwirtliches Neuengland-Wetter. Anhaltender Frost. Grauer Himmel und Schneegestöber. Matsch und Glatteis auf den Straßen. Im Unterschied zu allen anderen sehnte er diesen Wechsel herbei. Der Wintereinbruch würde ihn aus seinem Oktober-Trübsinn erlösen. Zumindest hoffte er das. Bisher war es noch jedes Jahr so gewesen. *Aber dieses Jahr ist es anders. Dieses Jahr habe ich das Gefühl, dass es mit der Erlösung nichts so recht werden will. Nicht im November. Ebenso wenig im Dezember, im Januar oder einem anderen Monat.*

Ross wusste nicht, wie lange er diesen Zustand durchstehen würde. Er hatte das Gefühl, jede Sekunde eines jeden Tages wie ein Toter herumzugeistern. Wie ein Halbtoter zumindest. Oder wie jemand, der eigentlich tot sein sollte. Ihm dämmerte, dass es ein schwerer Fehler gewesen war, die Stelle an der Uni zu quittieren und in den Ruhestand zu gehen. Solange er Jahr für Jahr tagein, tagaus beschäftigt gewesen war, hatte er seine Oktober-Depressionen schneller hinter sich gebracht. Das war jetzt anders.

Dabei quälten ihn nicht nur die Erinnerungen selbst, sondern die Unabänderlichkeit dessen, was einst passiert war. Vielleicht sollte er einmal seine ganze Wut ungezügelt herauslassen. Auf Freddy, seinen toten Freund. Auf jeden seiner anonymen Feinde, den er getötet hatte. Auf die Marines, die ihm das Töten so vorzüglich beigebracht hatten. Auf die Politiker, die ihn in so jungen Jahren, in denen er noch nicht gelernt hatte, Nein zu sagen, in diese tödliche Welt katapultiert hatten. Auf jeden und auf alles, was sich gegen ihn verschworen und ihn in diese Lage gebracht hatte.

Ross schüttelte den Kopf.

Nein, dachte er, *wenn schon wütend, dann auf mich selbst.*
Ross grub sich tiefer in seinen Liegestuhl und starrte ins Weite. *Der* 1000-Meter-Blick, *der leere Gesichtsausdruck eines traumatisierten Soldaten, fiel ihm plötzlich wieder ein, das war Alltag in Vietnam. Damals hielten wir das alles für etwas Neues. Etwas, das es nur bei uns gab. Wir lagen falsch. Wahrscheinlich trifft das Soldaten, seit die Menschen Kriege führen. Hopliten und Myrmidonen. Ritter und englische Langbogenschützen. Ehrenlegionäre und Musketiere. Vom Gefreiten bis zum General. Nein, den verfluchten General eher nicht.* Er wünschte, er hätte sich eine Flasche Scotch mit nach draußen genommen. Am liebsten hätte er sich betrunken. War er aber seit Jahren nicht mehr gewesen, er konnte sich nicht einmal erinnern, wann er das letzte Mal beschwipst gewesen war. Doch jetzt schien ein guter Moment dafür zu sein.
»Ich wollte nie jemanden töten«, sagte er laut.
Nach kurzem Zögern fügte er hinzu, wobei er sich selbst zur Rede stellte: »Okay, Ross, das ist gelogen. Darf ich deine Erinnerung auffrischen? Nach Freddys Tod hattest du keine Probleme damit, es denen heimzuzahlen, richtig?«
Nee.
Er wünschte, Connor hätte ihm diese Frage übers Töten nicht gestellt, denn allein schon diese Unterhaltung um diese Jahreszeit, in der seine Gedanken unablässig um dieses Thema kreisten, hatte ihn noch mehr niedergedrückt. Er rief sich in Erinnerung, was er dem Jungen gesagt hatte. Dabei war viel entscheidender, was er nicht ausgesprochen hatte: *Werde nicht so wie ich. Mach nicht dieselben Fehler wie ich.*
Schließlich befahl er sich mit dem letzten Rest Marine-Corps-Disziplin, der sich von einem Moment auf den anderen plötzlich in ihm regte: *Reißen Sie sich am Riemen, Gefreiter!* Und klang dabei wie die Feldwebel im Ausbildungslager auf Paris Island.
Und er fügte hinzu: »Wichtiges Spiel morgen. Du musst für ihn da sein. Du musst immer für ihn da sein. Vergiss das nie, Ross, alter Knabe. Heute GP, morgen GP und jeden Tag bis zum letzten Atemzug. Vergiss das nicht.«

Ross holte tief Luft. Er haderte mit sich: *Verrückter Kerl, jetzt redest du schon mit dir selber.*
Und trotzdem wieder laut:
»Hoffentlich gewinnt Connor. Gott, ich hoffe, er gewinnt.«
Wir können beide dringend einen Sieg gebrauchen, dachte er und fragte sich, ob sich vielleicht sogar ein schwer erkämpftes Unentschieden wie ein ruhmreicher Sieg anfühlen würde.

FREITAGNACHT, 23:47 …

Connor lag im Bett, hin und her geworfen zwischen widersprüchlichen Gedanken. Da waren Gedanken an Niki: *Ich kann nicht zulassen, dass sie aus Liebe zu mir ihr Leben ruiniert,* und Gedanken zu dem betrunkenen Fahrer: *Mit jedem Tag, den ich ihn nicht umbringe, wächst der Abstand zwischen uns, und das macht es schwerer.* Gedanken an die Schule: *Nächste Woche ist die Klassenarbeit über Infinitesimalrechnung, und ich habe längst nicht genug dafür geübt.* Gedanken an den Fußball: *Die Jungs morgen werden ein harter Brocken, ich muss mich innerlich stählen. Die können mich mal. Die kriegen nicht einen bei mir rein.* Gedanken an GP und GM: *Ich darf sie nicht enttäuschen, sie haben so viel für mich getan. Aber alles, was ich da plane, kann sie nur enttäuschen.* Und dann wieder Gedanken an Niki: *Wenn sie doch nur bei mir wäre. Jetzt, in diesem Moment.* Dieser letzte Gedanke hatte nicht einmal etwas mit Sex zu tun. Es ging eher darum, dass sie der einzige Mensch war, dem er rückhaltlos vertraute. *Wenn sie jetzt hier wäre, dann wäre alles gut,* dachte er, auch wenn er wusste, dass es nichts ändern würde.
Er versuchte, die Augen zu schließen, kam aber gegen das Getöse in seinem Kopf nicht an. Er warf sich nach rechts, nach links und bezweifelte, dass er je die richtige Position finden würde.

Auch Niki lag mit offenen Augen im Bett. Sie starrte zur Decke und wünschte, diese würde sich öffnen, sodass sie in den klaren, kalten Oktoberhimmel blicken konnte. Einmal dachte sie: *Ich bin schnell. Ich bin schneller als alle anderen. Ich möchte so schnell laufen wie noch nie in meinem Leben. Sie alle hinter mir lassen. Kriegt mich doch, wenn ihr könnt, ihr lahmen Enten.* Und im nächsten Augenblick: *Ist mir egal, was das bedeutet. Wenn Connor will, dass ich jemanden umbringe oder ihm dabei helfe, jemanden umzubringen, dann tue ich es, auch wenn ich es nicht will. Nein, tue ich ja doch nicht. O doch, und ob.*

Je mehr sie darauf bestand, desto hartnäckiger kamen ihr Zweifel. Auch sie versuchte, sorglose Erinnerungen heraufzubeschwören, um einschlafen zu können; an Ferien am Strand, eine Geburtstagsparty, an Weihnachten mit vier oder fünf Jahren, wo es nichts als freudige Erwartung gab. Diese Erinnerungen halfen. Aber nur ein bisschen.

Kate lag mit geschlossenen Augen und stocksteif im Bett. Sie stellte sich schlafend. Sie wusste, dass sie aufstehen und mit Ross reden sollte. Dass sie vielleicht seine Hand halten sollte. Ihn in die Arme schließen und ihm sagen sollte, egal was, gemeinsam kämen sie da schon durch. Oder sich einfach nur neben ihn setzen und schweigend warten, bis er den Mund aufmachte.

Falls er es denn tat.

Auf der Intensivstation wusste sie, dass dieses oder jenes Gerät, diese oder jene Therapie bei einem Patienten, der um sein Leben kämpfte, vielleicht das erwünschte Resultat herbeiführte. Diese Patienten waren nie allein. Sie war da. Vielleicht auch der Assistenzarzt. Die Schwestern waren da. Wahrscheinlich auch der Bereitschaftsarzt. Und sobald einer von ihnen ging, trat jemand anders an seine Stelle und sorgte dafür, dass die Maschinen weiterhin eine Optimalversorgung gewährleisteten. Bei ihr zu Hause dagegen fanden sich keine konkreten Lösungen für klar benennbare Probleme. Und deshalb tat sie einfach nur weiter so, als ob sie schliefe.

Ross hatte sich erhoben und einen Gedichtband von Yeats aufgeschlagen weggelegt – auf der Seite mit dem Gedicht: *Ein irischer*

Flieger sieht seinen Tod voraus. Nachdem er die wenigen Zeilen dreimal durchgelesen hatte – einmal laut –, war er wieder zu seinem Liegestuhl nach draußen gegangen. Inzwischen herrschte völlige Dunkelheit, abgesehen von dem schwachen Schimmer aus der Küche hinter ihm und den Sternen über ihm ohne einen Funken Licht. Er ließ sich auf den Liegestuhl nieder und zitterte sich warm, überlegte, ob er trotz des nächtlichen Temperaturabfalls im Freien einschlafen würde. Er bezweifelte es.

BRAVO, ZUR SELBEN ZEIT …

Im Gegensatz zu Easy vermied Bravo es, gefälschte Papiere und Kreditkarten einzusetzen, die ein unnötiges Risiko mit sich brachten. Gut möglich, dass der Motelangestellte die Karte in einen Leser steckte und sie abgelehnt wurde. Bravo zahlte sein Zimmer in bar, auch wenn das inzwischen genauso verdächtig war wie eine gestohlene Kreditkarte. Als er dem Mann am Empfang die Zwanzig-Dollar-Scheine auf den Tresen blätterte, zog er prompt Aufmerksamkeit auf sich, was ihm gewaltig gegen den Strich ging.

Der Angestellte händigte ihm einen Zimmerschlüssel sowie das WLAN-Passwort des Motels aus. Bravo achtete auf möglichst wenig Blickkontakt.

Nachdem er den Interstate Highway vor anderthalb Stunden verlassen hatte, war Bravo fast vierzig Meilen in die falsche Richtung gefahren. Doch er wusste, dass er die Strecke am nächsten Morgen wettmachen konnte. Samstag.

Tag der Abrechnung.

Das Manöver war eine reine Vorsichtsmaßnahme. Er ging immer davon aus, mit einem kleinen Umweg etwaige Verfolger in die Irre zu führen. Die Idee hatte er sich aus dem Film abgeguckt, der auf Tom Clancys Roman *Jagd auf Roter Oktober* basierte, wo der Verfasser beschreibt, was im Kalten Krieg bei der amerikanischen U-Boot-Flotte als *irrer Iwan* bekannt war. Es ging dabei um eine

List, bei der ein sowjetisches U-Boot urplötzlich kehrtmachte und ein kurzes Stück auf der eigenen Route zurückfuhr, um mögliche Verfolger abzuschütteln. Der kleine Umweg in dieser Nacht war Bravos Version eines *irren Iwan*. Auch wenn er wusste, dass niemand hinter ihm her war, diente ihm der Kniff zur eigenen Beruhigung.

In dem billigen Zimmer loggte sich Bravo in das Portal des Motels ein und überflog die geänderten IP-Pfade zu *Jack's Special Place.* Erst über drei aufeinanderfolgende, verschlüsselte Identitäten gelangte er ans Ziel.

Sein erster Blick fiel auf eine Nachricht von Delta direkt an ihn:

Hey Bravo …

Nach einigem Hin und Her zwischen uns vieren sind wir zu diesem Schluss gelangt …

Es folgte ein Plan mit detaillierten Angaben zu jedem Schritt. Bravo las ihn sich zweimal durch, kramte aus dem Hotelschreibtisch Papier und Stift hervor und schrieb sich vorsichtshalber von *eins* bis *siebzehn* alle Punkte auf. Der Plan kam seiner Vorgehensweise aus der Vergangenheit sehr nahe, und er würde ihn sich einprägen, bevor er schlafen ging. Delta hatte außerdem für jeden Schritt die Zeit gestoppt, für den gesamten Einbruch ganze zweiundzwanzig Minuten, von dem Moment an, in dem er den Wagen abstellte, durch die Hintertür ins Haus gelangte, sich der zwei Jugendlichen *bemächtigte,* den Tatort sicherte, für die anderen den Live Feed installierte, bis hin zur Verlesung von Alphas Ansprache, der Erledigung seiner Aufgabe und dem Verschwinden vom Tatort.

Lässt mir kaum Zeit, hinterher noch ein bisschen zu genießen.

Mist.

Vielleicht würde er sich über diesen Teil der Vorgaben hinwegsetzen.

Andererseits, vielleicht besser nicht.

Er las Deltas Schlussbemerkung:

Das wird ein umwerfendes Video. Das geht viral.

Alpha hatte die kurze Ansprache gepostet, die Bravo vor *Socgoal02* und *der Freundin* halten sollte. Er las sie sich leise vor und fand, dass sie genau den richtigen Ton traf. Besonders gefiel ihm, dass sie mit einer rhetorischen Frage begann: »*Habt ihr zwei Kindsköpfe wirklich geglaubt, ihr könntet ungestraft Leute beleidigen, die euch haushoch überlegen sind?*« Bravo schrieb sich die Rede auf ein Blatt Papier und las sie erneut durch, um sicherzustellen, dass er sie Wort für Wort richtig wiedergab, faltete das Blatt und legte es zuoberst auf die Sachen in seiner Reisetasche.

Er sah, dass er auch Nachrichten von Charlie und Easy hatte.

Easy schrieb:

Da werde ich das Päckchen für dich hinterlegen.

Darunter folgte ein Bild von einem Baum.

Ich werde einen kleinen Beutel dreißig Zentimeter über dem Boden, an der Rückseite des nach Norden zeigenden Baums festtackern, sodass er von der Straße aus nicht zu sehen ist. Den Baum findest du unmittelbar an dem Weg, den du durch den Wald einschlagen solltest, der von hinten zum Haus der Freundin *führt. Dieser Pfad ist nur etwa zwanzig Meter vom Grundstück entfernt. Knips deine Taschenlampe erst im Schutz des Unterholzes an.*

Es folgte ein weiteres Foto von einer kleinen Schneise im Laub, am Ende eines unbebauten Grundstücks.

Daran kannst du die richtige Rückseite wiedererkennen.

Noch ein Foto, diesmal von einer Holzveranda mit einer braunen Plastikbox in der Ecke.

Noch ein Bild von der Hintertür, auf dem das billige Schloss zu erkennen war, ganz ähnlich dem Foto, das Easy ihm bereits geschickt hatte.

Zuletzt noch eins von einer Doppelleuchte über der Tür.

Das ist ein Bewegungsmelder, praktisch die einzige Sicherheitsvorkehrung an der Hinterseite. Ich vermute, dass er auf Zeit geschaltet ist, also nur nach Einbruch der Dunkelheit funktioniert. Ich werde im Lauf des Nachmittags, wenn die Freundin *und ihre Familie beim Wettlauf sind, versuchen, ihn auszuschalten. Kann allerdings nichts garantieren. Achte also vorsichtshalber darauf.*

Charlies Nachricht kam gleich zur Sache:

Bravo ... da ich mit den Abschiedsbriefen der beiden unterschiedlich verfahren werde – den von Socgoal02 *verschicke ich als E-Mail, den* der Freundin stelle ich *in einem persönlichen Blog ein, den sie als Tagebuch benutzt –, kommt es bei mir entscheidend auf das richtige Timing an. Ich möchte genau den Moment erwischen, in dem du den Tatort gesichert hast. Sobald du online bist, werde ich dein Video genau verfolgen, damit sich der Zeitstempel exakt mit dem Todeszeitpunkt deckt, den der Gerichtsmediziner angibt. Ich liebe es,* der Gestapo *falsche Beweise zu liefern. Falls es also zu irgendwelchen Abweichungen von Deltas Zeitplan kommt, muss ich es wissen. Falls das junge Pärchen bei deinem Eintreffen nicht gerade vögelt, hängen die beiden vielleicht am Handy oder im Internet. Das würde ich dann vermutlich selber sehen, da ich sie online überwache. Die zwei sollten nur möglichst nicht gerade irgendeine Wiederholung von* Saturday Night Live *sehen und ein paar Minuten später ihren Selbstmord ankündigen. Das wäre ein psychologischer Heuler. Daher werde ich den Anschein erwecken, als hätten sie sich gerade weitaus düsterere Websites angeschaut. Ist nicht allzu schwer, weil sie das normalerweise tun, was der Verlauf auf ihren Computern belegt.*

Bravo begriff, worauf Charlie hinauswollte. Ihm ging es darum, die offensichtlichsten Fragen im Keim zu ersticken. Er war beeindruckt. Charlie, so viel stand für ihn fest, dachte wahrlich wie ein Cop, wie ein Familienmitglied und ein Gerichtsmediziner und vielleicht sogar wie ein Klassenkamerad, alles in einer Person.

Charlies Mitteilung endete in einem vertraulicheren Ton:

Ich gäbe was darum, mit dabei zu sein.

Die Sache ist unglaublich cool.

KAPITEL 21

SAMSTAG …

ERSTER AKT: DAS SPIEL UND DER WETTLAUF …

CONNOR …

Für eine Sekunde war er wie vor den Kopf geschlagen.

Der siebzehnte Schuss aufs Tor kam Sekunden vor dem Abpfiff. Sechzehn hatte er mit beachtlicher Wendigkeit gehalten: Mit akrobatischen Drehungen und Hechtsprüngen, ausgestreckten Armen und weit gespreizten Beinen. Der siebzehnte Schuss war anders. Er kam schnurgerade, aus kürzester Entfernung, als er sich hinschmiss, um einen Angreifer abzuwehren, und gerade noch rechtzeitig die Hände vors Gesicht bekam. Der Ball prallte von seinen Unterarmen und der Stirn ab und sprang dann vom linken Pfosten ins Tor, während der angreifende Spieler in vollem Lauf mit ihm zusammenstieß.

Es verschlug ihm den Atem.

Er lag auf dem feuchten Boden und schnappte nach Luft. Sein Herz raste, er fühlte sich, als würde er ertrinken, als drückte ihm ein gewaltiges Gewicht den ganzen Körper zusammen. Er drehte sich auf den Rücken, während sich sein Gegner von ihm herunterwälzte.

»Alles in Ordnung, Mann?«, fragte der gegnerische Stürmer, bevor ihn ein Verteidiger, der etwas zu spät hinzukam, von Connor wegzog. Erst jetzt konnte Connor die Hochrufe von den Seitenlinien hören. Einer seiner Teamkameraden stellte dieselbe Frage: »Connor, Kumpel, alles klar?« Er brachte kein Wort heraus, sondern keuchte nur. Einen Augenblick lang schien sich die Welt über ihm zu drehen, und er sah das neongelbe Trikot des Schiedsrichters über sich. »Brauchst du Hilfe, Junge?«, fragte der Mann und winkte nach dem Trainer an der Seitenlinie. Während Connor röchelnd Luft holte, erschienen andere Köpfe über ihm. Der Co-Trainer. Die Trainerin. Seine Teamkameraden. Ein paar Leute von der gegnerischen Mannschaft. Die Spieler schubsten und rangelten ein bisschen, fast schien es, als könnte es jeden Moment zu Handgreiflichkeiten kommen, während es in Wirklichkeit nur um Wichtigtuerei ging. Mithilfe der Trainerin setzte Connor sich auf. Er spürte die Hände der Frau auf seinem Rücken und merkte, wie sich seine Lungen allmählich wieder füllten.

»Geht schon«, sagte er. Heiser.

»Lass dir noch eine Minute Zeit«, sagte die Trainerin. Connor sah, wie sie sich zum Co-Trainer umdrehte. »Ich muss nur schnell einen kleinen Test mit ihm machen.«

»Mir geht's schon wieder ganz gut«, sagte Connor.

»Ich weiß«, antwortete die Trainerin. »Wir wollen nur auf Nummer sicher gehen. Kannst du aufstehen?«

»Ja.«

Die Trainerin half ihm auf. Stützte ihn, als er ein wenig schwankte. Sie sah Connor in die Augen, hielt einen Finger hoch. »Geh mit den Augen mit«, sagte sie und bewegte den Finger von links nach rechts. »Kopfschmerzen?«

Und ob, dachte Connor.

»Nein.«

»Schwindel?«

Und ob.

»Nein.«

»Siehst du irgendwelche Pünktchen?«

Nein, Gott sei Dank nicht, aber gerade eben habe ich Sternchen gesehen.

»Nein.«

»In Ordnung. Ich bin mir nicht hundertprozentig sicher. Du scheinst okay zu sein. Aber vorsichtshalber setzen wir ein, zwei Minuten aus, dann kannst du weiterspielen«, erklärte die Trainerin.

Ich hätte so oder so das Tor nicht verlassen, ganz egal, was du sagst. Nie und nimmer.

Der Schiedsrichter stand immer noch in der Nähe. Er sah auf die Uhr.

»Alles klar?«

Connor nickte.

Der Schiedsrichter zeigte auf den Mittelkreis. Die Trainerin und der Co-Trainer sammelten ihre Erste-Hilfe-Ausrüstung und die Wasserflaschen ein und verließen im Laufschritt das Spielfeld. Die gegnerische Mannschaft ging wieder in ihrer Spielfeldhälfte in Stellung und klatschte sich aufgeregt ab, während sich sein eigenes Team um ihn herum verteilte. Er fühlte sich ganz und gar allein. Der Anstoß, wusste er, fiel in die Schlussphase des Spiels. Der Schiedsrichter gab den Anpfiff. Für Connor schien sich plötzlich alles in Zeitlupe abzuspielen, als der Ball zuerst zurück und dann nach vorne gepasst wurde.

Es war ein bisschen so, als sähe er sich aus einiger Entfernung zu. Er lief langsam an den Rand des Strafraums. Er sah, wie seine eigene Mannschaft versuchte, zu stürmen.

Hoffnungslos.

Einer der Mittelfeldspieler versuchte aufs Geratewohl einen Schuss, nur leider sechs Meter daneben. Connor sah, wie der Schiedsrichter erneut auf die Uhr sah, nach seiner Pfeife griff und die Arme über den Kopf hob, um das Spiel abzupfeifen, auch wenn sich dies alles für Connor so abspielte, als sähe er es im Fernsehen mit stumm geschaltetem Ton. Er hörte nichts.

Nur von ungefähr bekam er mit, wie sich die andere Mannschaft um ihren Torhüter scharte, ihm auf den Rücken und die Schultern klopfte und ihn umarmte. Connor sackte auf die Knie. Erschöpft. Geschlagen.

Eine Sekunde lang fürchtete er, dass ihm zum zweiten Mal die Luft wegblieb. So ähnlich musste es sich anfühlen zu sterben.

Dann suchte er wie gewohnt die Seitenlinien nach *GP*, *GM* und Niki ab.

»Außergewöhnlich«, flüsterte Ross Kate zu. »Schon hart, so zu verlieren.«

»Er war wirklich gut«, sagte sie. »Ohne Connor wären sie nie so weit gekommen.« Kate klatschte weiter, wenn auch traurig und resigniert.

»Wenn du dir jahrelang ein Spiel nach dem anderen ansiehst, kannst du dir kaum eine couragiertere Leistung vorstellen«, sagte Ross.

Aber das wusste Kate bereits.

NIKI …

Auch sie war außer Atem. Die Ziellinie befand sich auf einer kleinen Anhöhe, die jede Läuferin zum Keuchen brachte. Niki ignorierte das enge Gefühl in der Brust, liebte die Wärme, die sie durchflutete.

Das signalisierte den nahen Sieg.

Sie warf einen Blick über die Schulter und sah ihre Verfolgerin. Das Mädchen, über das sie sich gestern ein bisschen Sorgen gemacht hatte, lag über dreißig Meter zurück und hatte sichtlich zu kämpfen. Sie blickte nach vorn zur Ziellinie, die ihr, ebenfalls etwa dreißig Meter entfernt, zuwinkte.

Ich könnte Tempo rausnehmen. Ich könnte es im Gehen schaffen. Oder wie eine Fünfjährige hüpfen. Oder einen Handstand machen, ein Rad schlagen oder stehen bleiben und Autogramme geben. Oder mich zu einem Schläfchen einkringeln wie der Hase, sodass ihn die Schildkröte überholen kann. Aber ich werde einen Teufel tun. Ich renne.

Niki setzte zum Sprint an. Mit zurückgeworfenem Kopf, energisch schwingenden Armen und flatterndem Pferdeschwanz spannte sie jeden Muskel an und legte die letzte Wegstrecke so schnell zurück, wie sie konnte. Zuerst spürte sie bei jedem Schritt die Füße auf dem Boden, doch schon bald fühlte es sich so an, als würde sie abheben und ein Stück weit fliegen. Von der Schwerkraft befreit.

Sie hätte eigentlich erschöpft sein müssen. Ausgelaugt.

Doch sie war nichts dergleichen.

Sie ließ sich von dem Hochgefühl wie von einer Woge tragen.

An der Ziellinie erhaschte sie einen Blick auf ihre Mutter und ihren Vater, die zusammen mit anderen Eltern die Läuferinnen anfeuerten. Sie erkannte den gewohnten Blick in den Gesichtern der beiden, der ihr zu sagen schien: *Nach dem Rennen müssen wir ins Restaurant und an die Arbeit.* Doch Niki konzentrierte sich nur auf ihre Stimmen, die in denen der anderen untergingen und die nicht nur sie, sondern auch die übrigen Mädchen anfeuerten, als sie sich den letzten Hügel hochmühten. Anders als Niki hatten sie alle zu kämpfen.

Was kümmerte es sie.

Sie rannte durchs Ziel und noch gut zwanzig Meter weiter. Fast wie zum Trotz. Ungeachtet ihres Siegesrauschs dachte sie nur daran, zum Fußballfeld hinüberzulaufen und das Ende von Connors Spiel zu sehen. Er würde damit rechnen, dass sie an der Seitenlinie stand, ebenso wie *GP* und *GM,* die den Verlauf der Wettrennen kannten. Irgendwo im Hinterkopf war ihr klar, dass sie es mit ihrer Hingabe an Connor übertrieb. Sie war politisch nicht korrekt. Wie bei den Rennen, die sie lief, und wie die Frauen, die sie bewunderte, sollte sie unabhängig sein. Doch so plötzlich, wie ihr der Gedanke kam, so energisch schob sie ihn beiseite. In dieser Sekunde wurde ihr klar, dass sie schon für ihn da gewesen war, als er das erste Mal mit dem Tod konfrontiert gewesen war, und dass sie ihm, wenn es erneut ums Sterben ging, wieder zur Seite stehen würde, auch wenn sie immer noch hoffte, dass er es sich anders überlegte.

Was sie bezweifelte.

EASY … AM SELBEN NACHMITTAG, EIN WENIG FRÜHER …

Er wusste, dass sie alle für mehrere Stunden auf den Sportplätzen sein würden, und war fest entschlossen, vor dem Ende des Spiels vor Ort zu sein. Er war schon seit einer Ewigkeit bei keiner Sportveranstaltung mehr gewesen und freute sich auf eine verquere Weise darauf, *Socgoal02* in Aktion zu sehen, vielleicht sogar noch das Ende des Cross-Country-Laufs *der Freundin,* auch wenn Easy den Online-Ausgaben der Lokalzeitungen bereits entnommen hatte, dass sie kaum zu schlagen war.

Verlieren wird sie erst ein bisschen später. Vielleicht war es ein wenig riskant, an der gewohnten Stelle gegenüber von *Socgoal02s* Haus zu parken. Doch er ließ die Umgebung keinen Moment aus dem Auge. Ein Wagen fuhr vorbei. In einiger Entfernung sah er eine Frau mit einem Kinderwagen und einem kleinen Hund an der Leine. Ein Mann joggte an ihm vorbei, ohne auch nur in seine Richtung zu sehen. Es war geradezu unheimlich still. Alles wirkte geradezu gespenstisch normal.

Er stieg aus, warf noch einen langen Blick nach rechts und links. Anschließend schlich er sich schnell und zielstrebig an der Garage des Nachbarn vorbei zur Rückfront der Häuser – genau auf demselben Weg wie das letzte Mal, als er das Haus *der Freundin* von hinten fotografiert hatte.

Er rechnete eigentlich nicht damit, bemerkt zu werden. In dieser Gegend standen die Häuser so weit auseinander, dass jemand schon zufällig genau in seine Richtung hätte blicken müssen, um ihn zu entdecken. In einem weniger noblen Viertel hätten die Domizile dichter beieinandergestanden und ihm die Arbeit schwerer gemacht. In einem weniger noblen Viertel wären auch sämtliche Anwesen mit Alarmanlagen ausgestattet gewesen. Und mit hohen Zäunen. Und Toren. Und einem gelangweilten, aber bewaffneten Wachmann, der die Straßen abfährt. Nicht so *Socgoal02s* Nachbarschaft. Sie war so ein Zwischending. Hier fühlten sich alle sicher.

Sobald es dunkel wird, übernimmt hier Bravo. Ich bin raus.

Auch wenn ihn der Gedanke ein wenig wurmte, wusste er, was er zu tun hatte, und war entschlossen, seinen Part tadellos zu Ende zu bringen.
Seine Aufgabe bis zur Perfektion zu erfüllen.
Er sprang auf die Holzveranda zum Haus *der Freundin* und zog die braune Box, den einzigen Ausstattungsgegenstand auf dem Deck, zur Wand. Er stieg darauf und reckte sich nach den Sicherheitsleuchten.
Wenn er das Kabel zum elektronischen Zeitgeber einfach durchschnitt, würde das später möglicherweise den Verdacht eines misstrauischen Polizisten erregen. Deshalb schraubte Easy einfach nur die Birnen in den Lampen so weit heraus, dass sie nicht mehr mit den Kontaktstellen innen in Berührung kamen. Zwar würde der Infrarot-Sensor Bravo bei seiner Ankunft registrieren, aber die beiden Leuchten blieben aus.
Das ganze Manöver war in nicht einmal zwei Minuten erledigt.
Nur hereinspaziert, Bravo.
Easy zwang sich, nichts zu übereilen. Er widerstand dem überwältigenden Drang, unverzüglich zu seinem Wagen zurückzukehren, und schlenderte stattdessen gemächlich die Straße ein Stückchen weiter hinunter.
Wie ein stinknormaler Vorstadtbewohner an diesem prächtigen Herbsttag, unterwegs auf einen kleinen Spaziergang. Easy wusste, dass für den Nachmittag perfektes Wetter mit strahlendem Sonnenschein und einer leichten Brise angesagt war, dem bei klarer Nacht ein sauberer Einbruch der Dunkelheit folgen würde. Es würde Vollmond geben. Einen *Jägermond,* wie man das nannte. Worüber er grinsen musste. *Heute Nacht gehen alle* Jack's Boys *auf die Jagd.*

KAPITEL 22

SAMSTAG …

ZWEITER AKT: EINE NACHT ZUM TÖTEN …

BRAVO …

Er liebte es, sich zu rüsten.

Ein bisschen ähnelte er dabei einem allzu abergläubischen Sportler, der vor einem wichtigen Spiel die ungewaschenen Socken in einer bestimmten Reihenfolge anzieht, die Schuhe immer mit genau demselben Dreifachknoten schnürt und sich alles, was er sonst noch braucht, genauso zurechtlegt wie vor jedem Spiel seit seiner Kindheit. *Tu dies. Tu das. Spuck in die Hände. Lass die Schultern kreisen. Am Ende führen dich all diese kleinen Ticks und Macken auf wundersame Weise zum Sieg.*

Nur dass ich dazu kein Wunder brauche.

Bravo trug von oben bis unten Schwarz. Schuhe, Overall mit aufgesetzten Taschen im Military-Stil, zwei Paar Handschuhe mit Latexbeschichtung, einen eng anliegenden Lycra-Rollkragenpullover. Seine Balaklava-Gesichtsmaske.

Vor einer halben Stunde hatte er an genau der Stelle angehalten, die Easy auf den Overhead-Fotografien markiert hatte. Während er geduckt hinter dem Lenkrad saß, achtete er darauf, nicht versehentlich den Fuß auf die Bremse zu setzen, sodass die Rücklichter aufleuchteten. Er suchte die Straße nach Bewegung ab. Er konnte nichts Verdächtiges erkennen. Hier und da brannte Licht – in einem Fenster erkannte er den unverwechselbaren Widerschein eines Fernsehbildschirms. Ein Wagen war langsam an ihm vorbeigefahren, aber das war ein, zwei Minuten nach seiner Ankunft gewesen, und jetzt herrschte Stille. Im Großen und Ganzen schützte ihn die Dunkelheit. Er sah noch einmal in seine Ausrüstungstasche, überprüfte seine Handfeuerwaffe und sein Dietrichset, die Kabelbinder und die zwei Baumwollwaschlappen, die er am Nachmittag bei Home Depot gekauft hatte und als Knebel verwenden wollte. Er ertastete die Videokamera, die er bereits mit dem Kabel verbunden hatte, damit er sie nur noch aufstellen, ausrichten und an das Einweghandy anschließen musste, bevor er sich auf *Jack's Special Place* einloggte. Er befühlte seine kleine, eigens bei Amazon bestellte Taschenlampe mit roter Linse. Auch die Batterien dazu kamen nagelneu aus der Verpackung.

Er vergewisserte sich, dass er die eigenhändige Abschrift von Alphas *Zeit-zu-sterben-Ansprache* in der Brusttasche hatte – doch als er mit der flachen Hand darauf klopfte, kam ihm eine Idee. Eine geringfügige Abweichung.

Er sah auf die Handy-Uhr.

21:09.

Im Zeitplan.

Er wischte zu den Nachrichten hinüber. Wie versprochen, hatte ihm Easy kurz nach 20:00 eine Nachricht geschickt, die Bravo jetzt zum dritten Mal las:

Sie sind genau da, wo wir sie erwartet haben.

Nichts weiter. Das war das endgültige grüne Licht. Fast glaubte Bravo zu hören, wie Easy in irgendeinem Slang die Nachricht hinzufügte: *Zeit, dein Ding durchzuziehen.*

Bravo löschte die Nachricht und überprüfte ein letztes Mal die Straße.

Nichts.

Dann stieg Bravo aus seinem Pick-up.

Den Baum, unter dem sein Päckchen versteckt sein musste, hatte er schon ausgespäht. Die Tasche über die Schulter geschlungen und hinter seinen Pick-up geduckt, zog er sich die Balaklava über den Kopf. Er liebte den Ninja-Look. Schnell, leichtfüßig und ein wenig vorgebeugt, huschte er zu der nahen Eiche.

Das Tütchen mit vielleicht einem Dutzend Pillen darin war an den Stamm getackert.

Gut gemacht, Easy. Genau wie beschrieben.

Er machte den Reißverschluss an seiner Tasche auf und steckte die Pillen ein.

Er nahm sich vor, dafür zu sorgen, dass *Jack's Boys* Easy eine besondere Würdigung zukommen ließen. Er hatte überragende Arbeit geleistet. Präzise und verlässlich bis ins letzte Detail. Wahre Teamarbeit. Er atmete einmal tief ein.

Ich wäre dann so weit.

Er hatte schon die Lücke zwischen den Bäumen ausgemacht, durch die er auf dem schnellsten Weg in den Garten hinter dem Haus *der Freundin* gelangte. »Wetten, dass er, wie angekündigt, auch die Sicherheitslampen außer Funktion gesetzt hat«, flüsterte er leise.

Ein letzter, schneller, prüfender Blick.

Niemand da.

Dunkel.

Still.

Wunderbar.

Die wenigen Meter offenes Gelände zu der kleinen Schneise zwischen den Bäumen legte Bravo im Laufschritt zurück. Er vermutete, dass dort ein Trampelpfad durch das kleine Wäldchen führte, der den Kindern von ihren Eltern immer wieder verboten wurde, weil ihnen dort ein Exhibitionist auflauern könnte. So ein Loser unbestimmten Alters, im Regenmantel mit nichts darunter als einer Erektion. Und höchstwahrscheinlich würden die Kinder diese elterliche Regel missachten. Trotzdem war es eine enge Schneise durch dichtes Unterholz mit ein paar dornigen Wildrosenbüschen. Mehr als einmal musste Bravo anhalten, weil sich ein überhängender Zweig in seiner Kleidung verfangen hatte. Unter normalen Umständen wäre ihm die Vorstellung verhasst, irgendwelche Fasern als Indizien zurückzulassen. Doch es war Herbst, und es würde bald regnen, vielleicht sogar schneien, und bis irgendein Cop auf die Idee verfiel, *Jack's Boys* könnten sich *möglicherweise* von dieser Seite angeschlichen haben, wäre jede Spur entweder längst verschwunden oder vollkommen unbrauchbar. Doch allein

schon der Gedanke rief Bravo ins Bewusstsein, dass sich diese Nacht von seinen bisherigen Einbrüchen gänzlich unterschied – und auch von *jedem* Einbruch auf der ganzen Welt.
Bravo erreichte die Grundstücksgrenze.
Wieder blieb er stehen. Sah nach rechts und links.
Keinerlei Grund zur Sorge.
Er blickte zum Himmel.
Der Vollmond ging auf.
Bad Moon Rising.
Er summte ein paar Takte des alten Creedence-Clearwater-Songs vor sich hin.
In dem Licht sehe ich aus wie ein Gespenst.
Er sah die Holzveranda. Im Haus *der Freundin* waren ein paar Lichter an. In der Küche. Gedämpft. Vielleicht nur eine Birne. Im Wohnzimmer – ein oder zwei Tischlampen vielleicht. Auf der Treppe ins Obergeschoss. Diese wenigen Lampen erzeugten kleine, schwache Lichtkegel im Garten und warfen ungewöhnliche Schatten an den Rändern zur Dunkelheit. Aber sie würden ihm, wenn er zur Tür gelangte, bei seiner kniffligen Arbeit am Schloss hilfreich sein. In dem spärlichen Licht, das durch die Fenster drang, erschien die Welt vor ihm grauschwarz, wo er sich völliges Dunkel erhofft hätte. Er wusste, dass er für einen Moment zu sehen sein, aber umso schneller ins Haus gelangen würde, weil er auf seine Taschenlampe verzichten konnte. Er steckte sie wieder ein. Er holte seine Pistole heraus und legte das Schulterhalfter an, um die Waffe mühelos ziehen zu können. Nahm sein Dietrichset in die rechte Hand. Bravo hatte viele Stunden damit verbracht, sich an den unterschiedlichsten Schlössern zu üben. Seine Bestzeit war zehn Sekunden. Er schloss die Augen und ging noch einmal jeden Schritt seines Einbruchs durch. *Diesen Dietrich oben, diesen unten ins Schloss. Nach rechts, dann nach links drehen. Bingo.*
Er rechnete diesmal mit zwanzig Sekunden. Vielleicht auch dreißig. Mehr nicht. Er ließ im Geiste die Innenaufnahmen auf Realtor.com vom Haus *der Freundin* Revue passieren. Er sah auf. Im Obergeschoss brannte nur ein Licht.

Du vögelst also gern bei Licht, Socgoal02, *ja?*
Und sie liebt dich. Junge, wie sie dich liebt.
Jammerschade.
Beinahe hätte Bravo laut aufgelacht.
Der Spaß wurde immer besser.

EASY ... NICHT GENAU DA, WO ER SEIN SOLLTE ...

Er wusste: *Ich sollte mich schleunigst vom Acker machen.*
Er wusste: *Ich sollte längst von dieser Straße verschwunden sein.*
Er wusste: *Laut Plan müsste ich jetzt zurück im Motel sein, mich auf* Jack's Special Place *einloggen und auf den Live Feed von Bravo warten. Am Morgen dann, nachdem er selig und süß geschlafen hätte, auschecken und sich auf den Heimweg machen. Wie irgendein stinknormaler Vertreter, nachdem er einen Ladenbesitzer dazu gebracht hatte, seine Ware zu kaufen, oder auch nicht. Jemand, den man schon wieder vergessen hatte, kaum dass man ihn zu Gesicht bekam. Einer von tausend, die für ein paar Tage bleiben, um in einen anderen Verkaufsbezirk weiterzuziehen.*
Doch Easy parkte immer noch gegenüber den beiden Häusern von *Socgoal02* und *der Freundin*. Als er vorhin beobachtet hatte, wie *Socgoal02* zu ihrer Haustür hinüberlief, hatte sich sein Puls beschleunigt. Easy war aufgefallen, dass *Socgoal02* ein wenig hinkte. *Schwieriges Spiel, was?* Sobald er am Eingang mit einer langen Umarmung empfangen worden war – *ach, ist das schön!* –, hätte Easy von der Bildfläche verschwinden müssen, was er nicht tat. Als Erstes schickte er auf *Jack's Special Place* eine Nachricht an Charlie:
Socgoal02 *hat wenige Sekunden vor dem Abpfiff die Führung verpatzt. Das sollte vielleicht in deiner Ansprache Erwähnung finden.*
Er wartete einen Moment, dann kam Charlies Reaktion:
Ausgezeichnet. Unbedingt. Ich arbeite es schnell ein. Danke.
Danach wartete Easy gut eine Viertelstunde, bevor er den langen

Weg zu der Stelle zurückfuhr, an der er nach Einbruch der Dunkelheit das Tütchen angeheftet hatte. Dort fuhr er langsam an dem Pick-up vorbei, den Bravo genau dort hatte abstellen sollen. Bravos Gesicht konnte er nicht sehen, sondern nur eine dunkle, geduckte Gestalt hinter dem Lenkrad. Und Easy fuhr, als er an ihm vorbeikam, nicht langsamer. Doch allein schon zu sehen, dass *Plan Manson* genau so, wie sie alle es sich vorgestellt hatten, Gestalt annahm, versetzte ihn in größte Erregung. In dem Moment hätte er, nach getaner Arbeit, ins Motel zurückkehren sollen. *Glückwunsch. Jetzt mach's dir bequem und genieße die Show.* Stattdessen war er an seinen Beobachtungsposten zurückgekehrt. Dort schwelgte er eine Weile in einer Fantasie: *Wäre es nicht toll, wenn ich Bravo die Nachricht schicken könnte,* ich stehe hier draußen, *und er schrieb mir zurück:* Hi, Easy, klar, komm rein. Du kannst *die Freundin* vögeln und mir dabei helfen, *Socgoal02* umzulegen. Natürlich wusste Easy, dass er keine solche Nachricht schicken konnte.

Easy beschloss, nur noch ein paar Minuten zu verweilen und sich in seinen Gedankenspielen zu ergehen. Schließlich konnte er sich ja jederzeit auch auf seinem Handy auf *JSP* einloggen, um nichts von der Action zu verpassen. Er wusste zwar, dass dies gefährlich war, selbst wenn er sich an die nötigen Anmeldeprotokolle hielt. Doch der Drang, *ganz nah dran* zu sein, war in diesem Moment übermächtig.

BRAVO …

Er sah sich mehrmals um.

Konnte nichts Ungewöhnliches feststellen. Er zog die Plastikschuhe über seine Schuhe. Vergewisserte sich, dass ihm zwei Paar OP-Handschuhe hautnah passten.

Dachte bei sich: *Das ist die perfekte Kombination aus hellem Mond, pechschwarzer Dunkelheit und einer nichts ahnenden Wohngegend*

in der Vorstadt. Das hier ist eine Welt, die keine Angst und keinen Schrecken kennt.
Bis heute Nacht.
Er gab sich den Marschbefehl: *Los geht's!*
Und schon rannte Bravo, ein wenig vorgeneigt, auf Unsichtbarkeit und Tempo bedacht, quer durch den Garten. Er steuerte zielstrebig die Holzveranda an, das Set mit den Dietrichen in der einen Hand, seine Werkzeugtasche mit dem Ellbogen an die Seite gedrückt, damit sie beim Laufen nicht hin und her flog oder ihn behinderte, die Pistole im Halfter um die Brust, mit jeder Faser auf die anstehende mörderische Aufgabe fokussiert. So preschte er, wie ihm schien, mit fast übermenschlicher Kraft los.

CONNOR UND NIKI IN NIKIS ZIMMER …

Sie lagen mit dem Rücken auf ihrem Bett.
Wohlig erschöpft.
Nackt. Verausgabt. Ein vollkommener Moment.
In Nikis Augen waren sie und Connor in diesen Momenten in ihrem Leben ganz sie selbst. Ihr kam der unruhige Text aus einem Song von James McMurtry in den Sinn …

Remember when we'd get together,
Burn the candle don't you know?
Smoke and drink and live forever.
No one there to tell us no.

Nur dass sie hinzugefügt hätte:
Alles, was uns tagtäglich zu schaffen macht, die Schule, der Sport, der Sprung ans College, meine Eltern, unsere Obsession mit dem betrunkenen Fahrer und dem Mord – das alles löst sich in nichts auf, wenn wir so sind und wenn Connor und ich wirklich frei sind.

Dabei wusste sie, dass dieses Gefühl nie anhielt.
Sie drehte sich auf die Seite, mit dem Gesicht zu Connor, der mit dem Kopf auf dem Kissen lag und tief ein- und ausatmete. Sie wollte etwas sagen, irgendetwas Abgedroschenes, Angemessenes, wie *Wenn wir einfach all die anderen Dinge ignorieren, dann kann vielleicht jede Minute für immer so sein wie jetzt.*
Eine Romanze wie im Kino.
Eine Romanze wie ein Song. Oder wie ein Stück. Oder eine Geschichte. Oder ein Gedicht.
Connor hatte eine große blutunterlaufene Beule an der Seite. Einen roten Streifen, der in einen hässlichen, ausgedehnten dunkelvioletten Fleck auslief. Sie fragte sich, warum sie ihn jetzt erst sah. Sie legte den Finger darauf.
»Tut das weh?«, fragte sie.
»Ein bisschen. Aber geht schon wieder. Da hat mich der Idiot getreten.«
»Du hast toll gespielt.«
»Schon, ich weiß. Aber nicht gut genug.« Ein trockenes Lachen, ein Kopfschütteln.
Sie beugte sich ein wenig vor. Küsste die Stelle.
»Davon wird es gleich besser«, sagte sie.
»Klar doch«, erwiderte er lächelnd.
Er streichelte ihr Haar. Einmal, zweimal. Ein drittes Mal. Sie schloss die Augen und legte ihm den Kopf auf die Brust. Sinnlich. Sie stellte sich vor, in diesem Moment einfach davonsegeln zu können, auf ruhigen Gewässern und mit einer leichten Brise.
Doch Connor richtete sich abrupt auf.
»Was war das für ein Geräusch?«, fragte er und saß senkrecht.
Dann flog die Tür auf, und Niki schrie.

ROSS … EIN PAAR MINUTEN ZUVOR …

Zusammengesackt.
Mit steifen Gliedern.
Ohne sich rühren zu können.
Er fühlte sich alt. Er fror. Er fühlte sich deutlich näher am Ende als am Anfang. Von Erinnerungen zerquält. Mit ungewissem Ausblick auf die Zukunft. Unglücklich in der Gegenwart. Ross lag auf der Liege hinter dem Haus und stellte nur fest, dass er weder vor- noch zurückkonnte und da, wo er war, feststeckte.
Er glaubte, in der Liege zu versinken.
Nachdem Connor am frühen Abend rausgegangen war, um sich mit Niki zu treffen, hatte Ross im Haus die meisten Lampen ausgeknipst, sodass er fast gänzlich im Dunkeln lag. Nur in gespenstischen Mondschein gehüllt. Im Vietnamkrieg hatte sein Sergeant immer gewarnt: »*Versaut euch nicht die Nachtsicht. Ein kleines Licht, und ihr seht minutenlang schlecht, und selbst ihr Dumpfbacken wisst, dass genau in diesem Moment Victor Charlie am Rand eures Lochs erscheint und euch den Arsch wegpustet. Also versaut euch nicht die Nachtsicht. Wenn ihr unbedingt rauchen müsst, blickt beim Streichholzanzünden nicht in die Flamme. Ist eure Nachtsicht erst mal futsch, braucht sie ewig, bis sie sich erholt. Also versaut sie euch nicht. Und bleibt am Leben, damit ihr zu Mami nach Hause könnt oder zu eurem Mädel, das längst die Beine für andere breit macht. Okay, Dumpfbacken, kapiert? Dann wiederholt es.*«
Und Ross und Freddy hatten im Chor wiederholt:
»*Nicht die Nachtsicht versauen, Sergeant.*«
»*Ausgezeichnet. Vergesst das nicht.*«
Die Lektion saß. Jahrelang hatte Ross aus schierer Gewohnheit in leeren Räumen das Licht ausgemacht und Dunkelheit der Helligkeit vorgezogen.
Er schmiegte sich noch tiefer ins Polster.
Ross spürte, wie ihm die Feuchtigkeit von der Liege den Nacken hochkroch, und er zitterte. Er hätte längst die Sitzkissen hereinho-

len und bis zum nächsten Frühling im Keller verstauen sollen. Er hatte sich nur nicht dazu aufgerafft.

Er blickte auf und beobachtete, wie das Mondlicht in Streifen durch die Bäume hinter dem Haus drang.

Er wünschte, er wäre nicht allein. Doch Kate war nach dem Abendessen noch einmal zur Intensivstation gefahren, um nach einem Patienten zu sehen, wie sie sagte, dabei wusste Ross, dass sie in Wahrheit vor seiner düsteren Stimmung die Flucht ergriff, um sich nicht davon anstecken zu lassen. Die Intensivstation war um einiges organisierter und wahrscheinlich sogar friedlicher als seine Stimmung in ihrer beider Haus. Und natürlich hatte sich Connor, sobald das Geschirr in den Spüler eingeräumt war, verdrückt, um zu Niki rüberzugehen. »*Wir machen noch Hausaufgaben zusammen.*« Natürlich war das gelogen, doch für Ross zählte die Lüge nicht. *Klar doch. An einem Samstagabend?* Ross lächelte bei dem Gedanken daran, wie die beiden *feiern* würden, schlug sich jedoch im selben Moment die aufkeimenden Alt-Männer-Spekulationen aus dem Kopf. Ross war davon überzeugt, dass die romantische Energie der beiden jungen Leute ihm ein gutes Stück dabei half, sich von seiner traurigen, tödlichen Grübelei loszureißen und seine Gedanken in eine gesündere Richtung zu lenken: *Die beiden haben noch alles vor sich, und ich sollte noch da sein, um es mitzuerleben.*

Und so drehte Ross in dieser Sekunde den Kopf ein ganz klein wenig zur Seite, sodass er quer über seinen und den Garten des unmittelbaren Nachbarn blickte und im gelb schimmernden Mondlicht zu Nikis Haus hinübersah.

Und was er dort sah, war eine dunkle Gestalt – kaum mehr als ihre Umrisse –, die über den Rasen gerannt kam und die Treppe zur Holzveranda hochstieg. Schwarz gekleidet. Eine Halluzination.

Eine Erinnerung.

Vietcong. Nordvietnamesische Armee. In dieser Sekunde lag er, ohne sich rühren zu können, nicht länger auf einer Gartenliege hinter seinem Vorstadthaus, in zunehmender Verzweiflung, die aus seiner Jugend stammte und ihn im Alter heimsuchte, sondern wieder in dem Loch, das er in einer beliebigen Nacht, nach einer beliebigen Patrouille, mit achtzehn Jahren in die weiche Erde des vietnamesischen Dschungels gegraben hatte. Die klare, frische Vorstadtluft von Massachusetts wich einer drückenden Luftfeuchtigkeit. All die Jahre normaler Tage, an denen er zur Arbeit ging, die Kinder zur Schule brachte, Kate umarmte und dann Hope, bevor sie zur Schule ging, und später Connor. All diese Jahre lösten sich in nichts auf, und er sah sich erneut in seinen Albtraum katapultiert: Roch die faulende Vegetation. Hörte das nächtliche Schnarchen seiner Kameraden, die sich, vor dem Regen kapitulierend, unter ihren Ponchos schlafen gelegt hatten. Spürte das Gewicht des M-60 unter dem Arm. Und in ihm kroch die Angst hoch, bei seiner einsamen Wache zu sehen, wie sich die schwarzen Uniformen des Feindes ihrer Stellung näherten, und blitzschnell handeln zu müssen, wenn sie nicht alle draufgehen sollten.

In seiner Erinnerung taten seine Muskeln unwillkürlich ihren Dienst. Entsicherten das Maschinengewehr und luden die ersten Patronen seines seitlich aufgerollten Munitionsgürtels durch.

In der Gegenwart rührte Ross keinen Finger.

Er konnte nicht glauben, was er gesehen hatte.

Er bildete sich ein, seine alten Augen hätten sich von jahrzehntealten Erinnerungen täuschen lassen. Die Vergangenheit hätte ihn eingeholt und er halluzinierte. *Was du da gesehen hast, existiert nur in deinem Kopf.*

Doch sobald die Erscheinung aus seinem Sichtfeld verschwand, setzte etwas ganz und gar anderes ein. Die Erinnerungen wurden von einer wilden, unkontrollierbaren Eindringlichkeit verdrängt, die an Panik grenzte. Wie ein Wal, der plötzlich durch die Meeresoberfläche bricht, sprang Ross von der Gartenliege. In diesem beängstigenden Moment war sein Verstand perplex, während er instinktiv genau wusste, was zu tun war. So zwiespältig die Impulse, so nachdrücklich sagte ihm eine innere Stimme: *Es ist höchste Zeit!*

BRAVO ... NIKI UND CONNOR ... IN NIKIS ZIMMER ...

Eine Woge der Verblüffung und der blinden Panik. Dann:
Connors erster Gedanke: *Tu was!*
Doch dann sah er die automatische Pistole in der Hand der schwarzen Gestalt und hörte eine ruhige, doch sehr schroffe Stimme sagen: »Lass das.«
Nikis erster Gedanke: *Schrei um Hilfe!*
Sie machte den Mund auf, doch die Worte blieben ihr im Halse stecken.
Wieder meldete sich der ganz in Schwarz gekleidete Mann.
»Lass das.«
Er sah Connor an und wiederholte zum dritten Mal:
»Lass das.«
Sein Blick wanderte zwischen ihnen beiden hin und her.
»Seht ihr die Kanone?«
Sie nickten.
»Wenn ihr euch rührt oder schreit oder irgendetwas anderes tut, außer genau da zu bleiben, wo ihr seid, werde ich euch, ohne zu zögern, umbringen. Verstanden?«
Sie nickten.
»Das sind Befehle. Keine Ratschläge. Habt ihr das verstanden?«
Sie nickten.
»Wollt ihr diese Nacht überleben?«
Eine grandiose Lüge, dachte Bravo. *Die Menschen können einfach nicht begreifen, was da gerade mit ihnen passiert. Ihnen geht die seelische Kraft ab, das Training oder die Erfahrung eines Polizisten oder eines Soldaten, um zu erkennen, was ihnen bevorsteht:* Das hier sind meine letzten Minuten auf dieser Welt, und ich kann nur hoffen, dass mich eine bessere erwartet.
Sie nickten.
»Das hier war eigentlich nur als Einbruch geplant. Es hätte niemand im Haus sein sollen. Ich wusste nicht, dass ihr beide hier seid.«

Noch so eine geniale Lüge. Sie werden sich daran klammern, weil sie ihnen Hoffnung gibt. In der Anfangsphase ist Hoffnung wichtig, weil sie die Opfer gefügig macht. Wenn sie jetzt schon wüssten, was kommt, würden sie um ihr Leben kämpfen. Aber in diesem Moment glauben sie, ihre Haut retten zu können, indem sie sich zahm wie Lämmer verhalten. Dabei haben Schafe keine Überlebenschance, wenn sie ein Wolf überfällt.

»Hände ausstrecken. Handgelenke aneinander.«

Während er die Halbautomatik auf die beiden Jugendlichen richtete, hielt er in der linken Hand zwei Kabelbinder.

»Ich werde euch einfach nur fesseln, um sicher hier rauszukommen.«

Wie Zuckerbrot.

Alles, was Connor gelesen, verinnerlicht, sich über Mord plastisch vorgestellt und eingebrannt hatte, schrie in ihm: *Tu das nicht. Stürz dich auf die Waffe, wenn er sich über dich beugt!*, um im selben Moment zu begreifen: *Ich kann nicht – er könnte mich erschießen. Und mit Sicherheit erschießt er danach Niki. Ich kann nicht.*

Alles, was Niki in denselben einschlägigen Quellen über Mord gelesen, verarbeitet und sich vor Augen geführt hatte, schrie danach: *Kratz ihm die Augen aus! Tritt ihm in die Eier!* Zugleich zerrten Zweifel wie Bleigewichte an ihr, und eine niederschmetternd schwache Stimme in ihr sagte: *Nein, nein, tu, was er sagt, das ist die einzige Chance, hier lebend rauszukommen. Wenn du dich gegen ihn wehrst, bringt er dich um, und anschließend Connor. Selbst zusammen können wir gegen eine Handfeuerwaffe nichts ausrichten.*

Beide hielten ihm die Hände hin.

Mit wenigen geübten Griffen hatte Bravo ihre Hände mit den Kabelbindern gefesselt. Nachdem das erledigt war, zog er zwei weitere aus seiner Tasche und fesselte ihnen die Beine.

Dann trat er zurück.

Zwei nackte verängstigte Teenager. Genau wie von ihnen allen erwartet. Er überlegte: *Ob ihnen jetzt allmählich dämmert, dass ein Einbrecher keine Fesseln dabeihat?* Um ein Haar hätte Bravo losgeprustet. Er spürte, wie sich sein Puls beruhigte. Jede nervliche An-

spannung von seinem Sprint durch den Garten hinter dem Haus der Freundin war jetzt verflogen.
Er war absolut Herr der Lage.
Das liebte er daran. Mehr als alles sonst.
Vom Einbruch durch die Gartentür, dachte er, *über den geräuschlosen Weg durchs Haus und die Treppe hoch bis zum Eintreten der Tür und dem Fesseln von* Socgoal02 *und* der Freundin *habe ich gerade mal fünf Minuten gebraucht.*
Persönliche Bestzeit.
Da werden Jack's Boys *nicht übel staunen.*
Er fand die beiden Frotteewaschlappen in seiner Tasche und knebelte seine Opfer damit. *Der Freundin* fielen die Augen aus dem Kopf, als er ihr den zusammengerollten Lappen zwischen die Lippen drückte. *Socgoal02* fuhr heftig mit dem Kopf hin und her. Doch als Bravo ihm den Lauf der Waffe an die Stirn hielt und einfach nur den Kopf schüttelte, gab *Socgoal02* seinen Widerstand auf.
Bravo trat zurück.
Alles wie geschmiert.
Einen Moment lang trat er vom Bett zurück und ließ den Blick über die beiden nackten jungen Leute schweifen. Niki hatte versucht, sich ein Laken über den Körper zu ziehen, doch Bravo bückte sich danach und zog es weg. Er strich mit dem Finger über ihre Brüste, wie um ihre Konturen nachzuziehen, und tat dasselbe in ihrem Schritt. Er wusste, dass er sie mit dieser kleinen Geste in noch größere Ängste stürzte. Er wünschte, er hätte die Handschuhe ausziehen und tatsächlich ihre Haut berühren können, aber wie er sehr wohl wusste, verbot sich dies in der von DNA beherrschten Welt der modernen Forensik von selbst.
Er gönnte sich einen Moment, um das Zimmer in Augenschein zu nehmen. Die Schulsachen auf einem Schreibtisch. Ein Regal bis oben hin voll mit Büchern. In der Ecke eine Staffelei und daneben ein paar aufgezogene weiße Leinwände. Die Wände waren mit Bildern behängt, darunter eigene Werke *der Freundin. Gar nicht mal schlecht,* dachte er. Die Freundin *hat Talent. Was für ein Jammer.*

Daneben hingen auch noch Poster an den Wänden – darunter ein Suffragetten-Marsch aus den frühen 1900er-Jahren; von Rosa Parks und Che Guevara sowie Drucke von berühmten Gemälden wie Rembrandts *Die Nachtwache* und Gauguins *Gelbe Blumen*. Sein Blick fiel auf eine Reihe gerahmter Fotos. Er sah sie sich an. Es waren drei. Er erkannte darauf *Socgoal02* und *die Freundin* als kleinere Kinder, dann als Elf- bis Zwölfjährige und schließlich die beiden auf dem Rückweg von einem Spielfeld, sie im Läufertrikot, er in dreckverschmierter Fußballkluft. Die einzigen Utensilien, die hier noch fehlten, stellte er fest, waren der unverzichtbare Teddybär der Kleinen aus ihrer Kindheit und irgend so ein pinkfarbenes, gerüschtes Kissen. Von seinen anderen Einbrüchen hatte Bravo in Erinnerung, dass die Mädchen im Haus *alle* so ein Stofftier hatten. Mit einem über den bisherigen Gang der Dinge äußerst zufriedenen Lächeln kramte er Kamera und Handy aus der Tasche. Er stöpselte das Verbindungskabel unten ein und machte sich daran, auf der winzigen Tastatur Zahlen einzutippen.

Wird Zeit, Jack's Boys *zur Party einzuladen.*

KAPITEL 23

SAMSTAG …

DRITTER AKT: »JETZT HÖRT GUT ZU …«

ALPHA …

Die Szene auf seinem Bildschirm deckte sich fast eins zu eins mit der Vorstellung in seinem Kopf – nur dass er sich dabei so fühlte, als stünde er vor der Mona Lisa im Louvre oder einem anderen berühmten Gemälde, und stellte fest, dass das echte Werk eine viel stärkere Wirkung ausübte als die Vorstellung davon. Er spürte, wie ihn eine vertraute, willkommene Ruhe durchströmte. Auf den letzten Metern bis zum Tod verlieh ihm seine Passion die nötige Geduld. Das Bild vor seinen Augen war wie ein Schluck kaltes Wasser an einem drückend heißen Tag. Einfach nur köstlich.

Alpha sah:

Die zwei nackten, gefesselten Jugendlichen.

In äußerster Panik. Ohne zu begreifen. Ohne die Hoffnung aufzugeben, wo es für sie keine Hoffnung mehr gab.

Dann:

Bravo trat – von Kopf bis Fuß in Schwarz – vor die Linse. Er richtete die Kamera aus, um das kommende Geschehen aus einem noch besseren Winkel einzufangen.

Der bevorstehende Tod in hochauflösender Bildqualität.

Alpha hörte Bravo übers Handy. Er sprach sehr ruhig. Konzentriert. Entschlossen:

»Stellt sicher, dass ihr es alle aufnehmt.«

Was sie auch taten.

CHARLIE ...

Während er zusah, neigte er sich unwillkürlich auf seinem Sessel vor, um so nah wie möglich an das Geschehen vor seinen Augen heranzukommen, und berührte dabei unwillkürlich den Bildschirm mit der Hand, als könne er hindurchgreifen und die todgeweihten Teenager spüren.

Er wusste, dass der Moment gekommen war, seine Aufgabe zu erledigen:

Die beiden Abschiedsbriefe waren längst geschrieben und lagen bereit, um elektronisch abgeschickt zu werden. *Ein Klick, und das war's: »Ich tue das, weil ich keinen anderen Ausweg sehe. Alle hassen mich. Meine Eltern lieben mich nicht und …«* Als Erstes stellte er die Abschiedszeilen *der Freundin* in ihrem elektronischen Tagebuch-Blog ein. Anschließend verschickte er *Socgoal02s* Abschiedsbrief als E-Mail. *»Ich bin ein Versager und werde es immer sein. Ich hab das spielentscheidende Tor kassiert. Ich werde immer das spielentscheidende Tor kassieren …«* Dabei murmelte er: »Lebt wohl, Kids. Na? Tut's euch jetzt leid, dass ihr uns dumm gekommen seid?«

Ihn streifte der Gedanke: *Etwas so Tiefsinniges, Wohlformuliertes wie die Worte, die ich ihnen in den Mund lege, würden sie nie zuwege bringen.*

Todespoesie.

Diese Worte werden ihre Eltern und Socgoal02s *Großeltern noch in vielen Jahren zum Weinen bringen.*

Bei dem Gedanken musste er lachen.

Er wandte sich wieder dem Bildschirm zu. Da waren die beiden – gefesselt und nackt lagen sie vor ihm.

In den nächsten Sekunden rasten Charlie tausend Gedanken durch den Kopf, durchströmten ihn tausend Wünsche und Begierden, und er flüsterte:

»Bring ihn um. Bring ihn um. Vögel sie. Bring sie um. Bring sie beide um. Vögel sie beide. Jetzt mach. Mach schon. Bring sie um.«

DELTA …

Delta beobachtete das Geschehen ganz genau und glich jede Stufe seines Plans akribisch mit dem ab, was sich vor ihm entfaltete. Zufrieden stellte er fest, dass alles so ablief wie gedacht. Beim bloßen Zusehen fühlte er sich wie ein Künstler vor einem großformatigen Gemälde und sah dem Moment der Vollendung seines Meisterwerks entgegen. Es fehlten nur noch ein paar Pinselstriche. Ihm kam der Gedanke, dass seine eigenen bisherigen Morde auf eine bestimmte Arena, einen bestimmten Stil und eine bestimmte Opfergruppe beschränkt gewesen waren. Der Einbruch in das Haus *der Freundin* und die Überwältigung von *Socgoal02,* Schritt für Schritt ausgeführt nach seinen sorgfältigen Vorgaben, brachten ihn jetzt auf den Gedanken, künftig seinen eigenen mörderischen Horizont zu erweitern. Auf dem Bildschirm hatte er den lebendigen Beweis dafür, dass er nicht länger kleckern, sondern klotzen sollte.

Er war zu Höherem bestimmt – ein berauschender Gedanke.

Doch er brachte nur heraus:

»Jetzt, Bravo. Jetzt. Phase acht. Halte dich an den Plan.«

EASY … DRAUSSEN AUF DER STRASSE IN SEINEM WAGEN AM HANDY …

Das Existenzielle seiner Situation war kaum noch zu ertragen. Easy hatte das Gefühl, gleichzeitig im Haus des Mordgeschehens und davor zu sein. Physisch war er draußen, emotional drinnen. Es kostete ihn jedes Quäntchen Willenskraft, nicht aus dem Wagen zu stürzen, zur Rückseite des Hauses zu rennen und mit dem Schlachtruf einzufallen:

»Hey Bravo, ich bin's, Easy! Warte auf mich!«

Er wollte ihre nackten Körper anfassen.

Er wollte am Übergang von der Wärme des Lebens zur Kälte des Todes ihre Haut spüren. Auch wenn er nicht zum ersten Mal den Tod beobachtete, so war ihm das Besondere dieses Moments bewusst. Das hier war einmalig.
Unvergleichlich schön.
Easy krallte sich ans Lenkrad, doch keineswegs aus Angst, sondern vor Erregung, so wie ein Rennfahrer, wenn er in die letzte Runde geht und weiß, dass dort vorne die Zielflagge weht. Er konnte nur hoffen, dass ihn sein fester Griff auf seinem Sitz hielt.

BRAVO ...

Bravo war sich jeder Stufe, die er absolviert hatte, bewusst. *Abgehakt. Abgehakt. Abgehakt.* Nicht nur in Deltas Plan, sondern im gesamten Ablauf der Tötung und dem, was sie für ihn bedeutete. Er legte den Kopf zurück, atmete durch den Stoff seiner Balaklava tief ein und spürte, wie er die Muskeln anspannte. Er fühlte sich stärker als je zuvor. Mächtiger als je zuvor. Alles mehr als je zuvor. Das hier vor den Augen von *Jack's Boys* zu tun, verlieh etwas Einmaligem noch einmal eine ganz besondere Note. Ihm wurde bewusst, dass er sich an den Empfindungen, die ihn durchfluteten, noch eine Ewigkeit hätte berauschen können. Er konnte nicht genug davon bekommen.
Doch er wusste:
Stufe 8.
Er nahm das Tütchen mit der tödlichen Dosis Schmerztabletten und trat an die Seite *der Freundin.*
»Ich lockere jetzt deinen Knebel«, sagte er ruhig.
Sie nickte.
»Nicht schreien, keine Hilferufe. Du weißt, sonst werden schreckliche Dinge passieren.«
Sie nickte.
Er nahm ihr den Knebel ab.

Die Freundin schnappte nach Luft.
Dann packte Bravo sie plötzlich an den Haaren und zog ihr ruckartig den Kopf zurück. Mit der anderen Hand, in der er das offene Tütchen hielt, griff er ihr Kinn und zog den Unterkiefer herunter.
»Die wirst du schlucken«, zischte er. »Jede Tablette.«
Er sah noch mehr Panik in ihren Augen. Bravo hoffte, dass die anderen die blanke Angst, die ihr ins Gesicht geschrieben stand, sehen konnten und umso stolzer auf ihn waren.
Er schüttete ihr die Pillen in den Mund. Sie wehrte sich ein wenig und wand sich trotz seiner Mahnung hin und her, sodass mehrere Tabletten aufs Bett fielen. Bravo kümmerte es nicht. Er wusste, dass Delta einen mehr als tödlichen Cocktail zusammengestellt hatte. Er klappte den Mund zu und strich ihr, während er den Kopf zurückhielt, über die Kehle. Er sah, wie sie schluckte.
»Gut«, sagte er. »Gleich wirst du keine Schmerzen mehr spüren.«
Bravo wandte sich *Socgoal02* zu. Sein Blick war angstverzerrt.
»Für dich habe ich auch eine nette Überraschung«, sagte Bravo.
Er erhob sich vom Bett und kehrte zur Kamera zurück. Dann beugte er sich dicht an die Linse heran, sodass sein Gesicht die Bildschirme von *Jack's Boys* ausfüllte. Das war der Moment seiner kleinen Überraschung für sie. Sein Geschenk.
»Alpha«, sagte Bravo. »Ich weiß, dass ich eigentlich *Socgoal02* die Leviten lesen sollte. Aber wenn du die Schaltfläche mit dem kleinen Mikrofon in der Ecke deines Bildschirms anklickst, kannst du innerhalb der Übertragung den Mistkerl direkt ansprechen. Ich weiß, dass du darin besser bist als ich, und ich glaube, wir hätten alle unsere Freude daran, deine Worte von dir selbst zu hören.«
Einen Moment lang zögerten alle *Jack's Boys*.
Dann klatschten sie in die Hände, ballten die Fäuste, und Delta und Charlie sagten wie auf ein Zeichen: »Ja!«
Großartige Idee, dachte Delta. *Wieso bin ich nicht selbst darauf gekommen?*
Toll gemacht, Bravo, dachte Charlie. *Alpha hat sich diesen Moment verdient. Er hat ihn zehnmal verdient.*

Und Easy spürte in seinem Wagen einen Stich der Eifersucht. *Damit ist er praktisch drinnen, da, wo die Action ist.*
Aber er haderte nicht.
Sie alle schuldeten Alpha Dank – dafür, dass er sie zusammengebracht und diese Situation ermöglicht hatte, und so war es mehr als gerecht, wenn er Gelegenheit bekam, eine *etwas* aktivere Rolle zu spielen.
Alpha fühlte sich seinerseits geschmeichelt.
Er bewegte die Maus über die Schaltfläche. Klickte darauf. Doch bevor er etwas sagte, schaltete er ein stimmverzerrendes Programm zu. Zwar würde er damit blechern klingen, doch das Vergnügen, *Socgoal02* selber anzusprechen, war dieses Opfer wert.
»Ich bin da«, sagte er ruhig. »Bravo, kannst du mich hören?«
Er sah, wie Bravo kräftig nickte und von der Kamera wegtrat, sodass es sich für Alpha anfühlte, als sei er nur ein, zwei Meter von *Socgoal02* entfernt, und während sich Alpha auf seine Ansprache vorbereitete, sah er, wie *die Freundin* die Augen verdrehte und mit der Bewusstlosigkeit kämpfte. Es war der perfekte Moment.
»Bravo«, sagte Alpha. »Bereite Stufe neun vor.«
Er sah, wie Bravo zu seiner halbautomatischen Pistole griff und neben dem Jungen ans Bett trat. Er stieß *Socgoal02* den Lauf unters Kinn und sagte: »Jetzt hör gut zu, Junge. Wir haben dir etwas zu sagen.«

KAPITEL 24

SAMSTAG …

VIERTER AKT: »OB DU DICH DA VIELLEICHT GETÄUSCHT HAST?« …

ALPHA …

Er beugte sich so weit vor, dass er mit den Lippen fast das in den Bildschirm eingebaute Mikrofon berührte. Nichts sollte zwischen ihm und *Socgoal02* stehen. Der Kleine sollte jedes Wort seiner kurzen Ansprache hören. Er wollte dem dämlichen Teenager genügend Zeit geben, die Botschaft sinken zu lassen und bis ins Mark zu spüren, sodass die letzten Sekunden seines Lebens nicht nur von Entsetzen, sondern auch von Schuld und Reue gekennzeichnet waren. *Socgoal02s* Tod sollte nach Alphas Vorstellung nicht nur jäh und unvermittelt sein. Wenn am Ende die Wahrheit ans Licht käme und *Jack's Boys* sich zu den beiden Morden statt Selbstmorden bekennen konnten, würde dies den Horror nur noch unterstreichen. Er räusperte sich und rief sich ins Gedächtnis, langsam, deutlich und so laut er konnte, zu sprechen, damit jedes Wort ankam, zuerst bei *Socgoal02* und später dann, wenn einige Zeit verstrichen wäre und *Jack's Boys* das Video einstellten, bei einer schockierten Welt. Alles, was er sagte, jede Betonung, jede Nuance würde, wie Alpha sehr wohl wusste, eine große Wirkung entfalten. Die Welt würde sich an jedes seiner Worte erinnern. Gut möglich, dass seine Rede es neben Shakespeare, Chaucer, der Bibel, Jefferson, Lincoln, Churchill, Kennedy und all den anderen sogar bis in *Bartlett's Famous Quotations* schaffte.

»Also, *Socgoal02.* Erinnerst du dich, wie du idiotischerweise in unseren Chatroom eingedrungen bist? Unseren geschützten Ort? An dem wir so sein können, wie wir sind?«

Er sah, wie der Junge den Kopf schüttelte.

»Bravo, flüstere ihm ins Ohr, wer wir sind.«

Er wusste, dass Bravo nichts lieber tun würde als das. Er – und die anderen – sahen, wie sich Bravo zu *Socgoal02* herunterbeugte und tat, was Alpha wollte. »*Wir sind* Jack's Boys, *und wir kommen von* Jack's Special Place.« Sie alle sahen, wie der Junge, wenn das überhaupt noch möglich war, die Augen noch mehr aufriss. Er zitterte am ganzen Leib. Seine Angst drang durch sämtliche Bildschirme zu ihnen.

»Du bist einfach so in unser Haus eingedrungen …

In unseren ganz besonderen Ort …

In unsere Privatsphäre.

Wir haben dich höflich aufgefordert zu gehen.

Hättest du unseren Rat befolgt, dich entschuldigt und aus dem Staub gemacht, würde dir das hier jetzt nicht passieren.

Stattdessen hast du … hast du uns als Kaffeekränzchen … als Perverse … beschimpft.

Du hast uns verspottet und beleidigt.

Alles, was wir sind, ins Lächerliche gezogen, alles, was wir tun. Bemerkenswerte Dinge. Große Dinge.

Du hast uns als Möchtegern-Killer bezeichnet.

Wie siehst du das jetzt?

Ob du dich da vielleicht getäuscht hast?«

Weder Alpha noch die anderen *Jack's Boys* rechneten mit einer Antwort. Schließlich war *Socgoal02* immer noch geknebelt, und wie sehr er auch den Kopf schüttelte und mit den Augen um Vergebung bettelte, es war zu spät dafür.

Viel zu spät.

»Blick mal neben dich, *Socgoal02*. Kannst du deine Freundin sehen?«

Sie alle beobachteten, wie sich *Socgoal02* auf dem Bett ein wenig zur Seite wendete. Die Freundin ansah. Sie verdrehte die Augen und hatte etwas Speichel auf den Lippen. Sie zuckte einmal, ein

zweites Mal. *Socgoal02* stieß einen, wenn auch vom Knebel gedämpften fürchterlichen Schrei aus und wand sich heftig in seinen Fesseln. Sie alle sahen, wie er sich aufbäumte. Wie seine Halsadern hervortraten. Sie spürten alle, wie sehr er sich befreien und das Mädchen, das er liebte, retten wollte.
Er konnte es nicht. Sie reckten sich alle vor und starrten auf ihren Bildschirm, um ja nicht den einen Moment zu verpassen, in dem *Socgoal02* begriff, dass *ihm keine andere Wahl blieb, als zu sterben, und das alles nur, weil er* Jack's Boys *in die Quere gekommen war.*
Alpha legte eine genüssliche Pause ein. In seinem Keller hallte seine eigene Stimme von den Wänden wider, Ehrfurcht gebietend tief. Er setzte seine Rede fort:
»Sie ist unschuldig, nicht wahr? Aber sie wird jetzt trotzdem sterben.
Wegen dir. Wegen deiner unbedachten Worte. Wegen deiner jugendlichen Arroganz und Dummheit.
Hattest du wirklich geglaubt, du könntest Leute, denen du nicht das Wasser reichen kannst, beleidigen, ohne dass es Konsequenzen hat? Tut mir leid, *Socgoal02,* so läuft das in unserer Welt nun mal nicht.
Das hier musst du allein dir zuschreiben.
Ganz allein dir.
Und sobald sie tot ist, geben wir dir noch ein paar Sekunden, damit du begreifst, was du angerichtet hast und wie vielen Menschen du das Leben ruiniert hast.
Und dann stirbst auch du.«
Wunderbar, dachte Charlie.
Perfekt, räumte Delta ein.
Hätte ich nicht besser sagen können, erkannte Easy.

BRAVO …

Bravo, neben *Socgoal02* kauernd, schauderte vor Ehrfurcht. Nicht nur vor dem, was er zu tun im Begriff war, sondern davor, wie Alpha sie alle in diesem Moment inspiriert hatte. Er blickte in die Kamera.

»Jetzt, Alpha? Alle?«

»Ja. Jetzt«, erwiderte Alpha.

Bravo erhob sich neben *Socgoal02*.

Er lud seine Halbautomatik durch. Mit einem hörbaren doppelten Klick. Es kitzelte ihn, etwas wie Clint Eastwood alias Dirty Harry zu dem Mistkerl zu sagen, etwas wie *»Sayonara, Schätzchen«* oder *»Du kriegst nur, was du verdienst«*. Oder einfach nur: *»Fick dich, Kleiner. Viel Spaß beim Sterben.«*

Er bezähmte sich.

Alphas Worte genügten, und er wollte nichts außer der Reihe hinzufügen und womöglich den besonderen Moment verderben. Oder auch nur im Mindesten schmälern. Also hielt er den Mund. Doch er wollte das Letzte aus diesen Sekunden herausholen. Wie sich ein Schauspieler in einem Shakespeare-Drama im Rampenlicht auf einen der berühmten Monologe einstimmt, war Bravo darauf bedacht, das, was jetzt folgte, zu einem unvergesslichen Moment zu machen, so wie er es sich auf jeder Meile seiner langen Fahrt zum Haus *der Freundin* in glühenden Farben ausgemalt hatte. *»Ach, armer Yorick! Ich kannte ihn …«*, oder: *»Ist dies ein Dolch, was ich da vor mir sehe?«* Er sah schon vor sich, wie er Millionen von Menschen rings um den Globus mit der nächsten Szene in den Bann schlug – nur dass er statt Worte Taten sprechen ließ. Jack's Boys *werden niemals in Vergessenheit geraten.*

Das war sein letzter Gedanke.

Selbst den ersten Knall hörte er nur noch so eben, den zweiten und dritten definitiv nicht mehr.

Der erste Schuss aus der Magnum traf ihn in den Kopf. Der zweite schlug so heftig in seine Schulter ein, dass es ihn zur Seite warf, während sein Gehirn an die Wand spritzte. Der dritte drang ihm in die Brust und zerriss sein Herz, auch wenn es schon nicht mehr schlug.

Die zerfetzte Gestalt, vor wenigen Sekunden noch Bravo, sackte zu Boden. Er starb, ohne es auch nur für den Bruchteil einer Sekunde zu begreifen.

»Mein Gott«, sagte Ross mit wackeliger, heiserer Stimme.

Obwohl er einerseits genau wusste, was er getan hatte, oder was gerade geschehen war, konnte er es nicht fassen. Er wusste nur, dass er im Flur vor Nikis Zimmer gelauscht und gehört hatte, wie eine verfremdete, geisterhafte Stimme sagte: »*Und dann stirbst auch du.*« Und er hatte begriffen, dass damit Connor gemeint war. In dem Moment hatte er alle Bedenken über den Haufen geworfen und war zu der Tür hineingestürzt, die Bravo zuvor eingetreten hatte. Wie er in sein Arbeitszimmer gerannt, mit zitternden Händen an seinem elektronischen Schließfach Kates Geburtsdatum eingetippt und seine Magnum Kaliber .357 herausgeholt hatte, daran konnte sich Ross nicht mehr erinnern. Ebenso wenig daran, wie er durch den Garten gerannt und sich dann lautlos durch das Haus der Templetons manövriert hatte, nicht einmal daran, wie er sich mit der Waffe in der Hand die Treppe hinaufgeschlichen hatte. Er hätte hinterher nicht sagen können, wie er sich draußen vor Nikis Zimmer hatte zusammenreißen können, während ihm die Frage, was dort drinnen vorging, fast die Sinne raubte. Ihm kam auch nicht der Gedanke, dass er vor fünfzig Jahren, fast noch als Kind, dazu ausgebildet worden war, sich der Gefahr entgegenzustellen. Und doch hatte jener uralte, eingefleischte Instinkt alle Zweifel beiseitegeschoben. Er war ins Zimmer gestürzt, hatte mit beiden Händen die Waffe erhoben und sich angeschrien: *Jetzt ja nicht zögern! Bleib ruhig. Erwidere das Feuer!*

Im Bruchteil einer Sekunde hatte er gesehen: *Irgendein Feind ist dabei, meinen Enkel zu töten.*

Als er das sah, war jedes Zögern verflogen.

Ross betrachtete die schwarz gekleidete Leiche und das Blut, das an den Wänden klebte und sich darunter sammelte. In dieser Sekunde war ihm, als habe er genau diese Gestalt damals vor vielen Jahren gesehen.

Den Vietcong.

In dieser Sekunde bäumte sich Connor mit aller Macht gegen die Fesseln auf, besonders gegen den Knebel im Mund. Die Laute, die er ausstieß, waren kaum verständliche, kehlige Schreie.

Trotzdem hörte Ross heraus: *»Hilf Niki, hilf Niki, hilf Niki!«*

Ross hastete an ihre Seite, schüttelte sie. »Niki!«, brüllte er.

Connor wehrte sich verzweifelt gegen den Knebel und schaffte es, ihn ein wenig zu lockern.

»Einen Krankenwagen! Hol Hilfe!«, brachte er heraus.

Ein Blick auf Niki, auf die Tabletten, die neben ihr auf dem Betttuch lagen, gab Connors Panik recht. Ross griff nach Nikis Handy, das auf dem Nachttisch lag. Er wählte den Notruf, atmete einmal tief durch und bläute sich ein: *Jetzt nicht selbst in Panik geraten, klare Angaben machen, davon hängt viel ab.* Und so erklärte er der Einsatzzentrale:

»Es hat eine Schießerei und eine Überdosis an Medikamenten oder Drogen gegeben, und wir benötigen dringendst einen Krankenwagen.« Er blieb ruhig und gab die Adresse durch. »Haben Sie das?« Die Leitstellendisponentin wiederholte sie und fragte: »Und mit wem spreche ich?«

»Ich bin der Nachbar«, antwortete er, »beeilen Sie sich. Sie ist in einem kritischen Zustand.«

Er wusste, dass er damit nicht übertrieb. Er konnte nur hoffen, dass sie nicht zu spät kamen.

Und in diesem Moment sah er die aufs Bett gerichtete Kamera.

ALPHA, CHARLIE, DELTA UND EASY … IM SELBEN MOMENT …

Nein.
Nein.
Nein.
Nein.
Was ist da los?

Alle verbliebenen *Jack's Boys* starrten in ungläubigem Entsetzen auf ihren Bildschirm. In einer Sekunde waren all ihre Pläne und Träume zerplatzt. Die Begierde. Die Lust. Ihre Höhenflüge. Alles auf einen Schlag vereitelt. Keiner von ihnen hatte je eine solche Wende erlebt, und so standen sie – an gewaltsames Töten und das Nachspiel des Mordes gewöhnt, aber umso weniger gegen Überraschungen gefeit – für eine Sekunde unter Schock. Es war, als stürzten sie alle zugleich in eine unbekannte, beängstigende Leere. Auf ihren Bildschirmen hatten sie Bravos Leiche vor sich. *Das dürfte nicht sein.* Sie sahen, wie sich eine andere Person, von der noch keinem von ihnen dämmerte, um wen es sich handelte, zu den beiden Jugendlichen auf dem Bett begab. *Wer ist das? Da dürfte sonst niemand sein! Nur* Socgoal02 *und* die Freundin, *die zusammen sterben. Da geht was gründlich schief. Bravo! Was ist passiert?*

Alpha hatte sich als Erster wieder im Griff.

Er tippte unverzüglich ein:

Raus, nichts wie raus!

Sie alle sahen die Botschaft und reagierten prompt.

Doppelklick.
Doppelklick.
Doppelklick.
Doppelklick.
Aufnahme beendet.

So machten sie sich auf *Jack's Special Place* alle aus dem Staub.

KAPITEL 25

SAMSTAG …

LETZTER AKT: »IST DAS NICHT BEI EUCH NEBENAN?«

EASY … DRAUSSEN IN SEINEM WAGEN …

Er konnte keinen Finger rühren. Vielleicht zum ersten Mal seit seiner Kindheit überkam Easy eine panische Angst, gegen die er machtlos war. Er hätte nicht sagen können, wie lange er reglos so dasaß.

Plötzlich hörte er in der Ferne eine Sirene. Sie holte ihn mit einem Schlag in die Gegenwart zurück und rüttelte seinen Selbsterhaltungstrieb wach.

Nichts wie weg hier.

Er warf den Motor an. Er schärfte sich ein, die Ruhe zu bewahren. Mit quietschenden Reifen durch die Vorstadtstraßen zu rasen, würde nur unnötig Aufmerksamkeit erregen. Jede Menge unerwünschte Aufmerksamkeit. Und so holte Easy einmal tief Luft, gab sich selbst den Befehl, sich *normal* zu verhalten, und verließ in gemächlichem Tempo seinen Beobachtungsposten vor *Socgoal02s* Haus.

Erst eine Viertelstunde später hielt er auf einer kleinen Brücke über einem breiten Fluss an. Da war er bereits einige Meilen von *Socgoal02s* Haus weg. Er hatte keinen hinter sich und konnte auch vor sich keine Scheinwerfer sehen. In der Dunkelheit stieg er aus und blickte ins schwarze Wasser. Als Erstes schleuderte er das Handy, auf dem er das ganze Drama verfolgt hatte, in den Fluss, so weit weg wie möglich. Dann nahm er seinen Laptop und zerschmetterte ihn auf dem Asphalt der Straße. Anschließend warf er jedes Bruchstück ins Wasser. Schließlich stieg er wieder ein und fuhr weiter Richtung Motel. Er konnte nicht klar denken, wusste

aber, dass er planen musste, wie es weitergehen sollte. Sein Leben und seine Sicherheit hingen davon ab. Easy kam zu dem Schluss, noch in dieser Nacht auszuchecken. Sofort. Und anschließend nach Boston zurückzufahren. Dort hoffte er, noch irgendeinen Nachtflug zu erwischen. Egal wohin. Ihm war nur klar, dass er hier verschwinden und seine Gedanken ordnen musste.
Eine solche Panik war eine neue Erfahrung für ihn, die ihn völlig überrumpelte.

KATE … AUF DER INTENSIVSTATION …

An der Stationstheke auf ihrem Stock klingelte beharrlich das Telefon. Kate war gerade dabei, Verlaufskurven zu überprüfen, und so rollte sie auf ihrem Stuhl ein Stück zur Seite und nahm ab.
»Intensivstation. Kate Mitchell am Apparat.«
»Susan hier unten in der Notaufnahme, du weißt, dass wir alle Notrufe registrieren, damit wir wissen, welche Krankenwagen zu uns unterwegs sind …«
»Ja, klar.«
»Wir haben gerade einen reingekriegt, von …«
Sie las die Adresse vor. »Offenbar ein Schusswechsel. Und was mit einer Überdosis. Krankenwagen und Polizei sind unterwegs. Die Adresse kam mir bekannt vor. Ist das nicht bei euch nebenan?«
Ihr erster Gedanke:
Connor.
Niki?
Wo ist Ross?
Ihr erster Impuls:
Nichts wie hin.
Sofort.
Auf schnellstem Wege.
Kate legte auf und griff nach ihrer Handtasche, um Autoschlüssel und Handy herauszuholen, doch dann wurde ihr klar, dass sie,

egal wie schnell sie fuhr, erst eintreffen würde, wenn es in der Straße bereits von Polizisten wimmelte und die Sanitäter den oder die Patienten bereits in die Krankenwagen verfrachteten. Gut möglich also, dass sie denen dort nur im Wege stünde, denn so viel stand fest: Kein Absperrband konnte sie davon abhalten, sich um die Menschen zu kümmern, die sie liebte. Vor Angst und Ungewissheit hätte sie schreien können. Oder weinen. Irgendwas. Sie musste alle Willenskraft zusammennehmen, um sich zu den anderen diensthabenden Schwestern auf der Intensivstation umzudrehen und ruhig zu sagen: »In meiner Straße hat es direkt nebenan einen Vorfall gegeben. Ich gehe in die Notaufnahme runter, um auf den Krankenwagen zu warten. Springt ihr bitte für mich ein?«

Die Antwort wartete sie nicht ab.

Im Laufschritt durch den Flur.

In den Fahrstuhl, Knopfdruck zum Erdgeschoss.

Noch ein Flur. Noch ein Sprint. Durch eine breite Flügeltür.

In das gleißende Licht der Notaufnahme.

Im Wartebereich tummelten sich die üblichen ambulanten Patienten. Übelkeit. Kleinere Verletzungen. Asthma. Spuren von häuslicher Gewalt. Verlierer einer Schlägerei in einer Bar – egal ob es sich dabei um dreckverkrustete Obdachlose oder betuchte Leute im Kaschmirpullover handelte, kein eklatanter Notfall.

Hinter einer kugelsicheren Plexiglaswand befanden sich ein halbes Dutzend durch Vorhänge abgetrennte Behandlungsnischen, wo die Nachtschwester wie auch mehrere Notärzte ein und aus gingen, um ambulante Patienten zu versorgen. Einer der Ärzte zog sich gerade einen Kittel und OP-Handschuhe an, zwei Schwestern ebenfalls.

Susan, die Schwester, die sie angerufen hatte, entdeckte Kate.

»Der nächste Krankenwagen kommt gleich. Jugendliches Opfer einer Überdosis. Sie haben schon Naloxon verabreicht. Wir bekommen jeden Moment die Vitalparameter rein.«

»Ein Opfer?«

»Ja. Aber sie haben auch den Gerichtsmediziner angefordert. Und Ermittler vom Morddezernat.«

Morddezernat. Gerichtsmediziner. Demnach gab es Tote. Ihr wurde eiskalt. Sie schluckte.
»Wisst ihr schon …«
Susan schüttelte den Kopf. »Tut mir leid, ich weiß nur, dass sie angefordert wurden.«
»Das Opfer, das sie bringen … männlich oder weiblich?«
Connor? Niki?
»Keine Ahnung. Sie sind ja schon auf dem Weg.«
Susan wandte sich an eine der anderen Schwestern.
»Geschätzte Ankunftszeit?«
»In drei Minuten.« Die andere Schwester sah Kate an. »Weiblich.«
Niki. Was ist passiert?
Wo ist Connor?
Vor Angst wurde ihr heiß und kalt. Kate atmete tief durch und hoffte, dass ihre Ausbildung und die langjährige Erfahrung auf der Intensivstation im entscheidenden Moment die Oberhand gewannen.
Kate hörte die Sirene des Krankenwagens. Sie kam rasend schnell näher. Mit fürchterlichem Geheul.
Susan reichte Kate einen grüngelben Kittel und Handschuhe. »Du willst sicher helfen?«
Kate nickte und kleidete sich ein.
Die Sirene wurde immer lauter.
»Wir machen das hier tagtäglich. Steh uns also nicht im Weg.«
Kate nickte.
Die Kollegin verständigte sich jetzt über Funk. Kate hörte, wie sie mit dem Notarzt sprach und ihm die Informationen weitergab, die sie von den Sanitätern im Krankenwagen bekam.
»Schwacher Puls. Blutdruckabfall. Sauerstoffsättigung bedenklich tief. Das Nax sollte es bringen. Verdammt, kommt schon, Jungs, gebt Gas.«
Der Arzt erteilte jetzt Anweisungen. Kate hörte sie, wusste, was sie zu bedeuten hatten, kannte jeden Behandlungsschritt, den er durchgab, wusste, dass es sich um eine Überdosis an Opioiden handelte. Doch das Getöse wurde jetzt so ohrenbetäubend laut,

dass sie kaum noch etwas verstand. Als sie aufblickte, leuchtete die Flügeltür der Notaufnahme plötzlich in rotem und blauem Licht. Ihre Freundin Susan und die andere Schwester waren schon im Laufschritt unterwegs. Kate wusste, dass sie an einem Ort, an dem Tempo über Leben und Tod entschied, noch einmal einen Gang zulegten, wenn es um einen jungen Menschen ging. Die Hoffnung beflügelte sie alle. Draußen verebbte die Sirene.

Kate wartete, stützte sich auf eine Untersuchungsliege. Hielt sich daran fest, um nicht selber loszurennen.

Sie sah, wie sich das Team der Notaufnahme um das Heck des Krankenwagens drängte und dort plötzlich eine fahrbare Trage mit einer reglosen Gestalt unter einem weißen Laken erschien. Die Schwester am Kopfende winkte Leute aus dem Weg, während die Trage im Eiltempo hereingefahren wurde.

Kate erhaschte einen Blick auf blondes Haar mit einer unverwechselbaren violetten Strähne.

Niki.

Da sie ihr bereits Sauerstoff gaben, war ihr Gesicht von der Maske verdeckt. Sie hatte eine Infusionskanüle im Arm. Sie brachten sie in rechte Seitenlage. *Richtig. Genau nach Vorschrift.*

Als das Team Niki in das erste Behandlungsabteil schob, machte Kate Platz und trat erst ein, als sie den Vorhang zuzogen. Der Notarzt gab energisch Anweisungen, während er sich mit einem Stethoskop über Niki beugte.

Kate trat näher heran.

Wo ist Connor?

Wo ist Ross?

Was ist passiert?

Es geht um Mord.

Wer ist gestorben?

Kate nahm Nikis Hand. Mehr konnte sie nicht für sie tun.

Kämpfe, Niki, sagte sie stumm. *Kämpfe so, wie du noch nie im Leben gekämpft hast. Du hast noch jeden Wettlauf gewonnen. Aber hier geht es ums Ganze, und du musst gewinnen. Lauf, so schnell du kannst. Bitte.* Sie sah, wie der Arzt nach den Paddles des Defibrillators griff und brüllte: »Mit einundfünfzig …«, und dann: »Alle zurücktreten!«

EASY … AM MOTEL …

Easy fuhr auf den Parkplatz und stellte fest, dass der Empfang besetzt war. Also ging er dort hinüber und rief sich vor der Tür noch einmal in Erinnerung, dass er nichts Unrechtes getan hatte. *Benimm dich ganz lässig. Als sei alles stinknormal. Es ist eine Nacht wie jede andere. Nur dass du dich sofort aus dem Staub machen musst.*

Er schlenderte hinein, und der Mann am Empfang blickte von seinem kleinen Tresen auf. Ein Mann mittleren Alters mit leicht angegrautem, kurzem Haar. Etwas ungepflegter Bart. Leicht verrutschte Krawatte.

»Sie checken ein?«, fragte er. Easy kannte den Angestellten nicht.

»Wo steckt denn der Kleine, der sonst Nachtschicht schiebt?«

»Liegt mit Grippe flach. Ich springe für ihn ein. Was kann ich für Sie tun?«

»Ich reise ab, Zimmer 221«, antwortete Easy.

»Zwei-zwei-eins?«

»Richtig.«

»Schon ziemlich spät. Sind Sie sicher?«

»Ja.«

»Alles klar.« Der Concierge wandte sich zu einem Computer um. »Ich hoffe, alles war zu Ihrer Zufriedenheit?«

»Klar. Alles bestens. Keine Probleme. Ich bin nur auf einen Startvorteil bei meinen nächsten Terminen aus.«

Der Ton seiner Auskunft signalisierte, dass die Frage damit geklärt war.

»Soll ich das Zimmer einfach von Ihrer Kreditkarte abbuchen? Dann brauchen Sie nur noch Ihre Schlüsselkarte in den Schlitz da drüben zu werfen.« Der Angestellte deutete auf einen Einwurfkasten.

»Perfekt«, antwortete Easy. Er liebte es, wie routiniert der Wortwechsel verlief. Es hatte etwas Beruhigendes.

»Kann ich sonst noch etwas für Sie tun, Sir?«, fragte der Mann hinterm Tresen.

Allerdings. Erklären Sie mir, was da gerade schiefgegangen ist.

»Nein, alles bestens.«

»Dann gute Reise«, sagte der Angestellte.

Kannst du einen drauf lassen. Nichts wie weg.

Irgendwohin, wo ich mich wieder mit Alpha, Charlie und Delta kurzschließen kann – und wo wir beratschlagen, was wir als Nächstes tun. Denn das hier ist mit Sicherheit noch nicht vorbei.

So viel sagte ihm der gesunde Menschenverstand, doch in Wahrheit wollte er mehr als alles andere nach Miami und hinters Lenkrad seines Uber-Wagens zurück, um seinen nächsten Mord zu planen und damit den bitteren Nachgeschmack dieser Nacht vergessen zu machen. Er fühlte sich auf seltsame Weise geschrumpft, und er hasste das Gefühl.

Ohne ein weiteres Wort verließ er den Empfang und begab sich in den ersten Stock des Motels. Die Türen waren alle von einem außen liegenden Laufgang aus zugänglich, und als er seine Schlüsselkarte hervorholte, warf er erst einmal einen prüfenden Blick nach links und rechts. Es herrschte nächtliche Stille. Der Gang war von den Außenlampen an den Zimmertüren schwach beleuchtet. *Was für eine miese Absteige,* dachte er, *das nächste Mal steige ich in einer Nobelherberge ab.*

Er öffnete die Tür zu Raum 221, trat ein und knipste das Licht an.

»Gott!«, entfuhr es ihm, und er zuckte zusammen.

Auf der Bettkante saß eine Frau. Mit der einen Hand richtete sie eine halbautomatische Pistole genau auf seine Brust, in der anderen hielt sie eine Polizeimarke. Die Frau sagte nichts. Easy wollte umkehren und verschwinden, doch zu seiner Rechten trat ein Mann aus dem Bad. Ebenfalls mit gezogener Waffe, die er ihm in den Nacken drückte.

»Keine Bewegung«, sagte der Mann.
Die Frau stand auf. Sie trat an Easy heran und hielt ihm die Mündung direkt vors Gesicht.
Unaufgefordert streckte Easy die Hände über den Kopf.
»Nein«, sagte der Mann. »Hinter den Rücken.«
Bevor er begriff, was mit ihm geschah, schnappten die Handschellen zu. Er hatte noch nie Handschellen getragen, das Metall schnitt ihm ins Fleisch. Unversehens stand er mit dem Gesicht zur Wand, der Mann trat ihm die Füße auseinander und filzte ihn.
»Sauber«, sagte er, packte Easy bei der Schulter und drehte ihn um.
Die Polizistin steckte ihre Waffe ins Holster und holte ein Walkie-Talkie aus dem Gürtel.
»Wir haben ihn«, sagte sie.
Dabei lächelte sie Easy an. Er spürte ihren Atem im Gesicht. Widerwärtig.
»Also, Arschloch, du bist verhaftet und kommst mit«, sagte die Frau. Kalt. »Wir hätten da ein paar Fragen.«
Easy machte wohl eine verdutzte Miene, denn die Polizistin fügte hinzu: »Am besten verrätst du mir gleich mal, wieso du eine Kreditkarte benutzt, die einer ermordeten Collegestudentin in Miami gehört.«
Scheiße!, dachte Easy.
Er ließ sich mit der Antwort einen kurzen Moment Zeit. *Ich werde doch wohl beim Einchecken in dieses Drecksloch nicht so müde gewesen sein, dass ich die falsche Karte gezogen habe? Unmöglich. Wirklich?*
»Nein«, sagte er ruhig. »Ich hab keine Ahnung, wovon Sie reden.«
Die Polizistin lachte.
»Gehen wir, Arschloch«, sagte sie. Mit einem Mal hatte er fünf, sechs uniformierte Polizisten im Rücken – er hatte keine Ahnung, wo die plötzlich herkamen. Er hoffte, das alles wäre eine Halluzination und nichts davon passierte tatsächlich gerade. Hinter der Gruppe entdeckte er den Mann am Empfang. Auch er hatte eine Pistole gezogen und steckte sie jetzt gemächlich weg. Jetzt hing ihm die goldene Marke eines polizeilichen Ermittlers um den

Hals. Er grinste. Wenige Schritte hinter ihm lief der junge Bursche, mit dem Easy des Nachts am Empfang gerechnet hatte. Keine Grippe. Easy wurde unsanft an der Schulter gepackt. Es war die Polizistin, die ihn vorwärtsdrängte. Im Vorbeigehen drehte sie sich zu den anderen Beamten um. »Stellen Sie das Zimmer auf den Kopf und sorgen Sie dafür, dass nichts übersehen wird. Nicht das geringste bisschen. Und ich brauche jede Menge Fotos. Man weiß nie, was dieses Arschloch hier dort hinterlassen hat.«
Und ohne ein weiteres Wort wurde Easy im nächtlichen Dunkel zu einer Gruppe Streifenwagen abgeführt, die wie aus dem Nichts auf dem Parkplatz standen. Die Welt verschwamm ihm vor den Augen. Plötzlich war ihm kalt. Er befand sich in einer Situation, mit der er nie gerechnet hatte: in den Händen *der Gestapo*.

TEIL ZWEI

DIE SCHWIERIGKEIT,
GEZIELTE FRAGEN ZU BEANTWORTEN …

KAPITEL 26

VERNEHMUNGSRAUM 1 …

Easy wusste nicht, wie angreifbar er war.
Sehr?
Ein bisschen?
Er saß allein in dem kleinen fensterlosen Raum und war sich der Tatsache mehr als bewusst, dass eine Überwachungskamera oben an der Wand alles aufnahm, was er tat, und bald auch alles festhalten würde, was er sagte. Er war nun schon seit über einer Stunde in dem Raum und hatte nicht übel Lust, eine obszöne Geste in Richtung Kamera zu machen, hielt sich jedoch zurück. Immerhin hatten sie ihn ziemlich ruppig hier hineingeschubst und ihm wenigstens die Schellen abgenommen, sodass er sich die tauben Handgelenke massieren konnte. Er saß an einem kleinen Tisch auf einem äußerst unbequemen, billigen Stuhl aus geformtem Kunststoff. Er wechselte immer wieder die Sitzhaltung. Ein, zwei Mal räkelte er sich, um *der Gestapo* zu signalisieren, dass ihn diese Unterbrechung seiner Alltagsroutine langweilte. Einmal stand er auf und machte auf dem Boden ein paar Liegestütze. Nachdem er wieder auf dem unbequemen Stuhl Platz genommen hatte, legte er den Kopf auf die Arme und stellte sich schlafend, um ihnen klar zu zeigen, wie spät es schon war. Bis jetzt hatte Easy, abgesehen von der Bemerkung: *»Ich hab keine Ahnung, wovon Sie reden«* im Motel, noch kein einziges Wort zu einem Cop gesagt. Er versuchte, eine möglichst gleichgültige, unbeschwerte Miene aufzusetzen, während er innerlich im Schnellverfahren alle Möglichkeiten durchging. Er wusste, dass *die Gestapo* sein Motelzimmer gefilzt hatte und dass sie jeden Moment hier zur Tür hereinspazieren würden, um ihn mit dem zu konfrontieren, was sie herausgefunden hatten.
Er nahm eine Schadensfeststellung vor. Wie der Kapitän eines

Schiffs nach einem nächtlichen Zusammenstoß mit einem unbekannten Objekt musste er herausbekommen, wie gefährlich die Situation war. *Sind wir aufgelaufen oder manövrierfähig? Oder sinken wir?* Er lächelte. *Hoffentlich sind wir nicht die Titanic.*

Was könnten sie finden?

Easy atmete langsam aus.

Nicht viel.

Keinen Laptop.

Kein Handy.

Um die zu finden, müssten sie schon schwimmen gehen.

Easy klopfte sich innerlich dafür auf die Schulter, beides in den Fluss geworfen zu haben. Da war ihm sein mörderischer sechster Sinn zu Hilfe gekommen, so wie bei jedem Raubtier, das sich von einem Feind eine Sprosse höher in der Nahrungskette bedroht sieht. Er nickte unwillkürlich. Dann fuhr er mit seiner Risikoeinschätzung fort. Was hatten sie gegen ihn in der Hand?

Keine Belege für eine verdächtig sprunghafte Reiseroute von Miami aus.

Keine Flugscheinabrisse oder Leihwagen-Quittungen.

Die werden grundsätzlich auf der Stelle entsorgt.

Keinen Zettel, auf dem Socgoal02s *Adresse prangt.*

Natürlich nicht. Ich bin doch nicht blöd.

Keine Fotos.

Keine Waffe.

Aller Wahrscheinlichkeit nach würden sie auch auf seiner Kleidung keine verräterische DNA finden, weder von Socgoal02 noch von der Freundin. Schließlich hatte er die beiden lediglich observiert. Und sosehr es ihm in den Fingern gejuckt hatte, sie zu berühren, hatte er es nicht getan.

Auch nicht von einem seiner früheren Morde.

Ich bin in allen Punkten aus dem Schneider, sagte er sich. *Und überhaupt – was habe ich mir denn zuschulden kommen lassen? Ich habe nur Leute beobachtet. Das ist schließlich nicht verboten. Schlimmstenfalls können sie mir ein Spannerdelikt anhängen. Und widerrechtliches Betreten eines Grundstücks? Mehr jedenfalls nicht.*

So zog er weiter Bilanz.
Das brenzligste Indiz: *seine Brieftasche.*
Problematisch. Sie enthielt mehrere Kreditkarten auf unterschiedliche Namen, dazu mehrere Führerscheine aus unterschiedlichen Bundesstaaten, mit Fotos von ihm, aber unterschiedlichen Adressen, keine davon auf seinen Klarnamen ausgestellt. Alle mit der gestohlenen Identität von Toten, denen er sein Gesicht aufgedrückt hatte. Keine der Kreditkarten und keines der anderen Dokumente verriet: *Uber-Fahrer, Miami, Florida. Wohnhaft in der Nähe des Flughafens. Kein Vorstrafenregister. Mit verhasster Ehefrau. Stiefvater zweier Kinder, die ihm jedoch herzlich am Arsch vorbeigingen. Scheinbar ein Typ von nebenan. Wenn auch in Wahrheit ein ganz und gar außergewöhnlicher Mann, aber euer Pech, Mr und Miss* Gestapo, *das kriegt ihr nicht raus, denn wenn ich unterwegs bin, habe ich nichts dabei, was mich mit meiner wahren Existenz in Verbindung bringt. Ihr hegt vielleicht einen Verdacht, aber das will nicht viel heißen.*
Easy beruhigte sich: *Damit werden sie zur Tür hereinspaziert kommen.*
»Wer sind Sie?«
Easy wusste seine wahre Identität sorgfältig zu schützen. Natürlich wusste er auch, dass *die Gestapo* ihm seine falschen, gestohlenen Identitäten um die Ohren hauen würde.
»Wer sind Sie wirklich?«
Ich halte einfach den Mund.
Wie lange können sie mich hier festhalten, ohne mich eines Verbrechens anzuklagen?
Vierundzwanzig Stunden?
Achtundvierzig Stunden?
Zweiundsiebzig Stunden?
Allerhöchstens.
Schließlich ist das hier kein rechtsextremes osteuropäisches Land, wo sie dich wochenlang in irgendeinem Loch verrotten lassen können, oder irgend so eine Wüstenprovinz im Nahen Osten, wo sie mich mit Waterboarding traktieren oder mir Elektroden an die Genitalien

hängen und so lange den Strom hochfahren, bis ich winsle, gestehen zu dürfen, was sie wissen wollen.

Nee.

Das hier sind die guten alten USA. Sternenbanner über dem Land der Freien und Heimat der Tapferen. Wir haben Vorschriften. Wir haben Gesetze. Die mögen mir drohen. Tacheles reden. Die alte Good Cop, Bad Cop-*Nummer abziehen. Gähn, gähn. Sie können sich schlauer geben, als sie sind. Wieder nur ein müdes Gähnen. Wahrscheinlich lügen sie mir auch ins Gesicht. Sie werden sagen: »Wir haben dich kalt erwischt, Arschloch. Wir können dir nur raten, auszupacken, damit wir dir helfen können, wenn du dem Richter vorgeführt wirst.«* Bullshit. *Sie werden versuchen, mir ein Beinchen zu stellen. Mir ein Geständnis zu entlocken – wegen Mordes. Oder auch wegen verkehrswidriger Straßenüberquerung oder widerrechtlicher Müllentsorgung. Vielleicht auch wegen Identitätsbetrug. Was weiß ich. Viel Glück dabei,* Gestapo. *Sie werden vor mir mit der Hand auf den Tisch schlagen. Sie werden so dicht an meine Visage herankommen, dass ich ihre Spucke auf der Zunge schmecke. Sie werden mich anbrüllen. Mir diese Handschellen vielleicht noch enger anlegen. Sie könnten sogar handgreiflich werden, aber dafür kann ich dann irgend so einen auf Unfallmandate spezialisierten, widerwärtigen Winkeladvokaten anheuern, der sie dafür drankriegt. Und sofort erscheint die American Civil Liberties Union mit ihren Harvard-Abschlüssen und ihrem verfassungsrechtlichen Eifer auf dem Plan, um ihm zu helfen.*

Jedenfalls kann ich, wenn's sein muss, notfalls mehrere Tage dichthalten.

Easy fasste zusammen:

Sie haben absolut nichts in der Hand, was ihnen sagt: Das ist Easy, Mitglied von *Jack's Boys.*

Nur gut, dass wir keine Mitgliedsausweise haben, dachte er, *wo draufsteht: Tragen Sie Ihre Karte mit Stolz und kommen Sie in den Genuss von 10 % Rabatt bei Walmart.*

Easy entspannte sich. Wenn auch nur ein bisschen.

Also gut. Ich habe einen dämlichen Fehler begangen. Ein zweiter wird mir nicht passieren. Ich hätte die Kreditkarte von diesem verdammten Mädchen nicht dabeihaben dürfen. Kann mich nicht mal erinnern, wann und wieso ich sie in meine Brieftasche gesteckt habe. Hätte sie der Kleinen, die ich umgebracht habe, gar nicht erst abnehmen sollen. Nicht besonders klug. Genauer gesagt ziemlich dumm. Gedankenlos. Dieses blöde Bedürfnis, ein Andenken an einen Mord zu behalten – das reitet dich rein, wenn du nicht ultravorsichtig bist. Das nächste Mal sei besser auf der Hut. Du liebe Güte, hoffentlich dringt das nicht zu den anderen Jack's Boys *durch. Gott, wär das peinlich! Aber habt ihr auch nur die leiseste Ahnung, wie erschöpft ich war, als ich in dieser miesen Absteige eingecheckt habe? Einen Moment war ich nicht ganz bei der Sache. Gut, das kann man zu Recht kritisieren. Aber das ist auch der einzige Fehler, der mir je unterlaufen ist. Und ich rede mich da schon irgendwie raus.*

Falls ich mich überhaupt dazu entschließe zu reden. Easy ging seine Möglichkeiten durch. *Sie haben mir bis jetzt noch nicht meine Rechte verlesen. Aber wenn sie es tun und ich mir dann sofort einen Anwalt nehme – wahrscheinlich ratsam –, kann ich ihnen nicht mehr ausreden, mich irgendeines Vergehens anzuklagen. Sobald du das Wort »Anwalt« in den Mund nimmst, gehen sie davon aus, dass du schuldig bist. Womit sie ja richtiglägen. Sie wissen es nur nicht. Vermutlich jedenfalls nicht.* Easy entspannte sich noch ein wenig mehr.

Denk wie Alpha, sagte er sich. *Mit einer Prise Charlie und einer Prise Delta.*

Die an meiner Stelle würden nicht einen Schweißtropfen darüber verlieren.

Ich auch nicht.

Er atmete langsam aus, trommelte mit den Fingern auf den Tisch. Einen einfachen Vierviertelaktakt, der klassische Rhythmus Tausender Rock-Songs, von dem Moment an, als Buddy Holly in Texas zum ersten Mal einen E-Dur-Akkord, einen A-Dur- und einen D-Dur-Akkord griff und sang: »*A love for real and not fade away …*« Langsam kehrte Easys Selbstvertrauen zurück.

Gut möglich, dass sie nicht annähernd genug gegen mich in der Hand haben, um mich weiter hier festzuhalten.
Bei Lichte betrachtet …
… bin ich in fünf Minuten hier raus. Oder zehn. Wenn's hochkommt.
Auf dem Weg zur Tür werden sie sich bei mir entschuldigen.
Und dann verschwinde ich.
Vollkommen entspannt. Unbeteiligt. Tatsächlich gelangweilt. Wenn auch mit dem unterschwelligen Gefühl, vielleicht ein klitzekleines bisschen zu optimistisch zu sein. *Das mit der Entschuldigung kannst du wahrscheinlich knicken. Und höchstwahrscheinlich werden sie mich so lange festhalten, wie sie können, während sie versuchen, rauszukriegen, wer ich bin und was ich hier treibe. Woran sie sich die Zähne ausbeißen werden. Früher oder später geben sie auf, weil* die Gestapo *immer auf klare Fakten aus ist, und die wird sie bei mir nicht finden.* Easy spürte ein leichtes Ziepen, wie von einem zum Reißen gespannten Gummi.
Dass wir alle unabhängig voneinander agieren und jeder von uns bei Plan Manson unterschiedliche Aufgaben übernimmt, ist, wie Alpha sagt, zu unserem Schutz.
Wie richtig er damit liegt.
Und sobald ich hier wegkomme, finde ich heraus, was zum Teufel mit Bravo passiert ist.
Allein schon bei dem Gedanken an seinen Kumpan lief es ihm eiskalt den Rücken herunter. Er rief sich noch einmal die schockierenden Bilder ins Gedächtnis, die sich in dieser Nacht vor seinen Augen abgespielt hatten. Das letzte bekam er nicht so schnell aus dem Kopf: wie Bravo zusammensackte und dann reglos neben dem Bett lag, wie die Wand plötzlich blutverspritzt war und vollkommen unerwartet eine Gestalt an *Socgoal02s* Seite stürzte.
Easy warf den Kopf zurück. Die Frustration jagte ihm Schockwellen durch den Körper. Ihn packte eine unbändige Wut. Er presste die Lippen zusammen.
Easy dämmerte:
Auf Jack's Special Place *sind sie jetzt online wieder zusammen und sondieren die nächsten Schritte.*

Easy hätte alles darum gegeben, dabei zu sein. Eines jedenfalls stand fest:

Bravo hat in unser aller Auftrag gehandelt.

Wir waren bei jedem seiner Schritte bei ihm.

Er hat nicht verdient, so zu sterben.

Etwas, das wir nicht vorausgesehen haben. Etwas, das wir nicht in Betracht gezogen haben. Etwas, wofür wir keinen Plan hatten.

Das sieht Jack's Boys *nicht ähnlich.*

Ein Teil von uns ist mit ihm gestorben.

Ich denke daher, wir werden etwas unternehmen müssen.

Easys Empörung über Bravos unverschuldetes, tragisches Ende kannte keine Grenzen, als endlich die Tür zu dem kleinen Vernehmungsraum aufging.

DRAUSSEN, WO ES ALLMÄHLICH KALT WURDE …

»Okay, Mr Mitchell, gehen wir noch einmal alles durch.«

Ross war allmählich etwas gereizt.

»Zum dritten Mal«, stellte er fest.

»Tun Sie uns den Gefallen«, sagte der Detective. Der stämmige Mann mit raspelkurzem Haar und einer Neun-Millimeter unter dem Sportjackett machte eine Miene, als stünde zu befürchten, dass ein Lächeln, sollte er je dazu gezwungen sein, ihm das Gesicht zerreißen könnte. Seine nicht weniger untersetzte Partnerin mit toupierter, dunkelbrauner Mähne, in Jeans und Parka, dieselbe Neun-Millimeter an der Hüfte, wenigstens aber mit freundlicherer Miene, aufmerksamer als er, hatte Notizbuch und Stift gezückt und wartete auf Ross' Erklärung.

»Na schön«, sagte Ross. »Alles noch mal. Aber zuerst will ich mich vergewissern, dass es meinem Enkel gut geht. Und ich will mit meiner Frau im Krankenhaus sprechen, um zu hören, was mit Niki ist. Dann …« Sein Blick zeigte den Ermittlern, dass er nicht mit sich spaßen ließ. »Erst dann gehe ich alles noch einmal mit Ihnen durch.«

Die beiden Detectives tauschten einen unauffälligen Blick.

»Von mir aus«, erwiderte der Mann. »Völlig verständlich. Aber sagen Sie uns erst, wo genau Sie sich befanden, als …«

Ross fiel ihm ins Wort.

»Als ich den Angreifer zum ersten Mal sah? Wie bereits gesagt, auf meiner Gartenliege …«

»Sie waren also ganz allein da draußen, ohne Licht, ohne Jacke in der Kälte, und haben einfach so in den Himmel gestarrt …«, fing Raspelkopf an.

Die Frau sekundierte: »Machen Sie das oft?«

»Das sind 'ne Menge Fragen auf einmal«, antwortete Ross. »Und ich werde sie Ihnen alle beantworten. Aber zuerst bekomme ich die Informationen, um die ich gebeten habe. Denn sonst bin ich hier in genau einer Sekunde raus, um meinen Enkel zu holen und zum Krankenhaus zu fahren.«

Nach einer langen Pause – so lange, dass Ross spürte, wie ihm die nächtliche Kälte in die Knochen kroch – nickten die beiden Detectives.

»Also gut«, sagte die Frau, »gehen wir rüber und sehen nach Ihrem Enkel. Ich bin mir ziemlich sicher, dass ihm nichts fehlt. Steht nur ein bisschen unter Schock.«

Connor saß angezogen und in eine Rettungsdecke gehüllt auf der Heckklappe eines Krankenwagens, während ein Sanitäter seine Werte nahm und ein paar Funktionstests mit ihm durchführte. Als der Mann ihn anwies, mit den Augen seinem Finger zu folgen, fühlte Connor sich an die Trainerin erinnert, die aufs Feld gerannt war, um ihn auf eine mögliche Gehirnerschütterung zu untersuchen, und so versicherte er dem Sanitäter immer wieder: »Mir fehlt nichts, mir fehlt nichts, ich bin nicht verletzt. Ich will nur wissen, was mit Niki ist.«

Sein Gesicht war in das rote und gelbe Licht der Signallampen getaucht. Der Tatort war großflächig mit Flatterband umspannt. Mindestens fünf, sechs Streifenwagen, alle mit blinkenden Lampen, bildeten Straßensperren. Hinter einigen Polizeifahrzeugen sah Connor Nachbarn zusammenströmen, die er kaum kannte.

Was geht hier vor? Grassierende Neugier. Er hätte gern gewusst, ob sich das Stichwort *Mord* schon herumgesprochen hatte.
Als er aufblickte, sah er GP in Begleitung zweier Detectives herüberkommen. Er sprang auf. »GP, wir müssen sofort zum Krankenhaus und sehen, was mit Niki ist. Die sagen mir hier nichts.«
»Ich hab versucht, deine Großmutter zu erreichen«, antwortete Ross, »aber ihr Telefon sprang sofort auf Mailbox. Ich hab ihr eine Nachricht hinterlassen. Sobald sie etwas weiß, meldet sie sich. Ich glaube, die Templetons sind sofort rübergefahren.«
Ross sah die Angst in Connors Gesicht.
»Ich muss zu ihr«, sagte er. »Wenn sie nun …« Das Wort *stirbt* brachte er nicht über die Lippen, schon gar nicht *tot*. »Ich muss hin«, wiederholte er.
Die Ermittlerin schaltete sich ein.
»Wir haben immer noch Fragen, Connor«, sagte sie. »Wir versuchen immer noch, uns einen Reim auf das alles zu machen.« Ross entging nicht, dass sie ihn beim Vornamen anredete – eine freundliche Masche, die dem Jungen die Angst nehmen sollte, während sie herauszufinden versuchte, ob er irgendwie in die Tat verstrickt war oder, wie es den Anschein hatte, nur Opfer war. »Wir verstehen einfach nicht, was da heute Nacht passiert ist, und wir brauchen unbedingt eine vollständige Aussage von Ihnen.«
Connor machte den Mund auf, doch Ross sah, dass er es sich plötzlich anders überlegte.
»Ich will Niki sehen«, sagte er.
»Das mit der Kamera gibt uns ein Rätsel auf. Die Live-Übertragung an einen Ort, den wir nicht ausfindig machen können, weil er augenblicklich dichtgemacht wurde, als Ihr Großvater hereinkam und schoss. Wir werden versuchen, die Spur nachzuverfolgen, aber die IP-Adresse scheint verschlüsselt zu sein. Und da ist da noch diese andere Stimme …«
Sie wandte sich an Ross. »Sie sind sich auch ganz sicher, eine zweite Stimme gehört zu haben? Eine Drohung? Das war wirklich nicht der Tote da oben?«
»Ja. Ich bin mir sicher, absolut«, sagte Ross und nickte. »Ich hörte

›Stirbst auch du‹, deshalb habe ich gehandelt. Mir blieb keine Wahl.«

In der Hoffnung, Ross würde weiterreden, schwieg die Ermittlerin.

Sie wurde enttäuscht.

Und so sagte sie: »Sie sind ein beachtlicher Schütze. Das ist eine schwere Handfeuerwaffe. Kopfschuss. Körpermitte. Schulter. Drei Schuss. Drei Treffer. Wahrscheinlich wäre jeder für sich tödlich gewesen. Üben Sie viel?«

Ross erkannte die Provokation. *Ob er viel geübt habe, um jemanden umzubringen,* lautete ihre Frage. Worauf genau die Polizistin hinauswollte, konnte er nicht sagen. Er wusste nur, dass ihm die Richtung nicht passte.

»Nein, ich übe nicht. Jedenfalls kaum einmal. Aber ich war bei den Marines. Wenn Sie einmal gelernt haben, mit der Waffe umzugehen, vergessen Sie es nicht. Das kommt wieder, wenn man es braucht. Auch wenn man hofft, dass es nie wieder dazu kommt, greift man, wenn nötig, darauf zurück.«

Er war überzeugt von dem, was er da sagte, auch wenn es für die Situation etwas zu philosophisch klang.

Die Polizistin lächelte. *»Semper Fi«,* sagte sie. »Zweiter Golfkrieg, Operation Wüstensturm. Erstes Marine-Bataillon. Dann, bei meinem zweiten Einsatz, Falludscha. Danach hatte ich von der Wüste die Nase voll und habe hier in meiner Heimatstadt zur Polizei gewechselt.«

»Danke für Ihren Dienst am Vaterland«, antwortete Ross mit einer anderen Formel.

»Unsere Kriegsgeschichten können wir uns ein andermal erzählen«, fuhr die Ermittlerin fort. »Aber eins bekomme ich noch nicht auf die Reihe: Der Tote da oben … Zuerst hat er behauptet, es sei ein Einbruch, richtig?«

»Ja«, beantwortete Connor die Frage. »Das hat er uns zuerst gesagt. Aber das stimmte nicht.«

»Nein«, bekräftigte die Polizistin. »Offensichtlich nicht. Und keiner von Ihnen beiden hatte den Angreifer schon mal gesehen?«

»Er trug eine Kapuze. Sein Gesicht war die ganze Zeit verdeckt.« Auch dies von Connor.

»Ich hab ihn bis jetzt noch nicht zu sehen bekommen«, fügte er hinzu. »Ich meine, sein Gesicht.«

Sie drehte sich zu ihm um.

»Und Sie haben auch nicht seine Stimme erkannt? Oder sonst irgendetwas?«

»Nein.«

»Sie haben keine Ahnung, wer der Mann ist?«

»Nein.«

»Und Sie wissen auch nicht, um wen es sich bei dieser zweiten Stimme handelt? Die ihm befohlen hat, Sie beide zu töten?«

»Nein.«

»Hat Sie in jüngster Zeit irgendjemand bedroht?«

»Nein. Nicht dass ich wüsste.«

»Aber wieso wollten diese Leute Sie dann ermorden? Ich meine, Sie beide sind noch so jung. Wieso haben Sie Feinde, die Sie tot sehen wollen?«

Connor antwortete nicht.

Dabei wusste er, wieso. Er konnte, was der Tote zu ihm gesagt hatte und was er bei der Übertragung gehört hatte, nur nicht begreifen.

Ihm dämmerte: *Connor hat keine Ahnung, aber* Socgoal02 *weiß ziemlich genau, wer ihn töten wollte.*

Connor kämpfte mit sich. Einerseits wollte er die Wahrheit loswerden, doch eine andere Stimme hielt ihn zurück: *Halt so lange den Mund, bis du genau weißt, was heute Nacht passiert ist. Meinst du wirklich, die glauben dir auch nur ein Wort, wenn du etwas von* Jack's Boys *faselst? Und selbst wenn, wer sind die überhaupt? Irgendeine Website, über die ich mal gestolpert bin, unter den vielen anderen, die Niki und ich besucht haben? Ein einziges Mal, ein paar kindische Spötteleien, ganz normal fürs Internet – und dafür wollen die mich ermorden?* Er warf einen Blick auf die Polizistin und ihren Partner. *Glaubst du, du kannst ihnen trauen, wenn du ihnen davon erzählst?*

Ja.
Nein.
Wenn ich das wüsste.
Können die uns schützen?
Ja.
Nein.
Wenn ich das wüsste.
Er holte tief Luft. *Keine Ahnung. Nein.*
Niki.
Jeder andere Gedanke versiegte wie eine auslaufende Welle im Sand. Nicht sterben. Bitte, bleib am Leben. Werde gesund. Bitte, war das Einzige, was er noch denken konnte.
Es ähnelte ein wenig einem Gebet.
»Wir müssen los«, sagte er. »Sofort.«
»Connor«, sagte die Frau in verständnisvollem Ton, »wir brauchen einfach ein paar Antworten. Diese Situation ist sehr undurchsichtig.«
Doch Connor wandte sich seinem Großvater zu. »GP, bitte, ich will zum Krankenhaus«, sagte er, »ich muss zu Niki.«
Ross sah die Mischung aus Angst und Schmerz im Gesicht seines Enkels. Er wusste, dass Connor nichts mehr sagen würde, bis er wusste, wie es Niki ging. Und das konnte er nur im Krankenhaus erfahren.
»Also, genug der Fragen. Die müssen warten. Wir fahren jetzt unverzüglich zum Krankenhaus.«
An die beiden Polizisten gewandt: »Wir werden später eine umfassende Aussage machen«, versicherte er ihnen. »Falls Sie keinen anderen Grund haben, uns hier länger festzuhalten, gehen wir.«
Den hatten sie, wie er wusste, aber sie würden es nicht tun.
»Wir fahren Sie hin«, sagte die Ermittlerin. »Und danach können wir noch ein bisschen reden. Wenn Ihre Fragen beantwortet sind, sind wir noch mal mit unseren Fragen dran.«
»Faires Angebot«, sagte Ross. Auch wenn er sich da nicht sicher war.

ALPHA … IN SEINEM KELLER, AUF DEM BODEN …

Alpha lag in halb embryonaler Stellung auf der Seite. Er fühlte sich wie im Fieber. Mit Schüttelfrost, in abwechselnd heißen und kalten Wogen. Als hätte er Malaria. Er stöhnte leise.

Er, der seinen vielen Opfern als Mörder nicht ein einziges Mal auch nur ein Quäntchen Empathie entgegengebracht hatte, quälte sich mit dem, was er in dieser Nacht gesehen hatte. *Alles hatte sich genau nach Deltas Plan abgespielt. Die beiden waren so weit, zu sterben. Eine von beiden war, genauer gesagt, schon halb tot, und der andere wusste, dass es aus war mit ihm. Es lief perfekt. Auf Video festgehalten. Und dann …* Alpha trommelte mit der Faust auf den Betonboden, als könnte ihm der Widerstand der harten Fläche dabei helfen, die Sekunden aus dem Kopf zu verbannen, in denen es mit der Perfektion plötzlich vorbei war und alles danebenging.

Er war mein erster Schüler.

Alpha hatte Bravo nie von Angesicht zu Angesicht gesehen, doch in diesem Moment überwältigte ihn die Erinnerung an jedes Wort, das Bravo geschrieben hatte, an jeden Kommentar, jede Erkenntnis, jeden Aspekt von Bravos zwei Einbrüchen, den er mit *Jack's Boys* geteilt hatte, jede anerkennende Bemerkung über Alphas, Charlies, Deltas oder Easys *Abenteuer*. Alpha drehte sich auf den Rücken und starrte zur Decke. Der Gedanke, dass er und die übrigen *Jack's Boys* Bravo in den Tod geschickt hatten, erfüllte ihn mit einem Gefühl, das ihm ganz und gar fremd war, einer fast romantischen Empfindung, die eines Hemingway würdig gewesen wäre. Und in dieser schmerzlichen Sekunde gelangte Alpha zu dem Schluss: *Wir müssen für Gerechtigkeit sorgen.*

Auch wenn er es in diesem Moment nicht wusste, wäre er, hätte er nur darüber nachgedacht, schnell darauf gekommen: Easy ging, während er im Verhörzimmer auf die Polizei wartete, ziemlich genau derselbe Gedanke durch den Kopf.

In seinem Bett, neben seiner schnarchenden Frau, doch mit weit offenen Augen, ohne an Schlaf auch nur denken zu können, kreiste Charlie mehr oder weniger um dasselbe Thema.

Auf dem Boden kauernd, mit dem Rücken ans Bett gelehnt, während seine Eltern in ihrem jeweiligen Zimmer mit ihrem eigenen Sterben beschäftigt waren, ballte Delta die Fäuste und ging exakt diesen Überlegungen nach.

KAPITEL 27

JEDE MENGE WEITERE FRAGEN. EINIGE BEANTWORTET, EINIGE NICHT ...

AUF DER INTENSIVSTATION ...

Niki träumte. Sie bekam keine Luft. Sie ertrank. Sie befand sich unter der Oberfläche eines endlosen Ozeans, krallte sich an Connors Hand, schnappte nach Luft, als sie auf die Wellenkämme hinaufgezogen wurde, sah, wie auf einem Strand in unerreichbarer Ferne ihre Eltern winkten, während Strömung und Gezeiten sie von ihnen wegspülten und wieder unter Wasser tauchten: Sie spürte, wie Connor ihre Hand losließ, strampelte, kämpfte sich endlich erneut nach oben und sah, wie hinter dunklen Gewitterwolken über ihr die Sonne hervorbrach.

Mit flatternden Lidern machte sie die Augen auf.

Sie fühlte sich, als sei sie zusammengeschlagen worden.

Eine nie gekannte Mattigkeit in den Beinen. Eine nie gekannte Kurzatmigkeit. Sie fragte sich, wo ihre Kraft geblieben war.

Sie wusste nicht, wo sie war.

Die Sonne, die sie im Traum gesehen hatte, erwies sich als Deckenlampe, die ihr grell ins Gesicht schien.

Sie versuchte, ihre Eindrücke zu sortieren und zu begreifen, was real war.

Maschinen.

Schläuche.

Eine Atemmaske auf dem Gesicht.

Sie versuchte, die Hand zu heben und sie wegzuziehen, aber selbst dafür waren ihre Muskeln zu schwach. Ihr kam der Gedanke, dass sie vielleicht tot war und in einer Art seltsamer außerkörperlicher Erfahrung auf sich herabblickte, auf eine Niki, die nur noch ein

Schatten ihrer selbst war. Für einen Moment kniff sie die Augen zusammen und machte sie blinzelnd wieder auf.

Nein, ich lebe.

Sie sah sich um.

Ein Krankenhauszimmer. Musste es wohl sein. Jedenfalls nicht ihr Zimmer zu Hause. Das war ihre letzte Erinnerung.

Niki bemühte sich weiter, für das, was sie sah, und für das, woran sie sich erinnern konnte, eine Erklärung zu finden.

Also, ich war mit Connor in meinem Zimmer. Wir hatten uns geliebt. Es war wundervoll. Der gewohnte Samstagabend. Er hatte sein Spiel verloren, aber ich meinen Wettlauf gewonnen. Er hatte einen Bluterguss an der Seite.

Dann war da ein Mann.

Mit einer Waffe. Maskiert. Schwarz gekleidet.

Fesseln. An die erinnere ich mich. Hände und Füße.

Ich war nackt.

Er hat mich gezwungen, Tabletten zu schlucken. Sie haben einfach nur schrecklich geschmeckt. Mir wurde schwindlig. Alles hat sich gedreht.

Ich bin bewusstlos geworden.

Jetzt bin ich hier.

Okay, dann habe ich es wohl überlebt.

Wie?

Wo ist Connor?

Ist er am Leben?

Hat der Mann ihn auch ermordet?

Aber ich bin ja nicht tot. Glaube ich jedenfalls nicht.

Was ist passiert?

Niki stieß ein lautes Stöhnen aus.

Sie wackelte mit den Zehen.

Gut. Das funktioniert. Wenn ich tot wäre, brächte ich keinen Laut heraus.

Das ist gut.

Wo ist Connor?

Sie drehte den Kopf ein wenig zur Seite und fand diesmal die Kraft, die Hand zu heben und sich die Sauerstoffmaske vom Gesicht zu ziehen. Sie stöhnte ein zweites Mal.

Ihr gegenüber ging eine Tür auf.

GM.

Als sie Kate sah, versuchte sie zu lächeln.

»Ich glaube, ich lebe«, sagte Niki.

Kate kam an ihr Bett und nahm ihre Hand.

»Allerdings«, sagte sie lächelnd. »Dann hole ich mal deine Eltern. Die sind schon die ganze Nacht hier.«

Was Kate nicht sagte: *Ich auch.*

Ebenso Connor und Ross.

Und mehrere Detectives.

Niki nickte. Es tat weh.

»Was ist passiert?«

Kate wusste nicht, wo sie anfangen sollte.

»Ich denke, ich hole erst mal deine Eltern. Sie haben sich schreckliche Sorgen gemacht und wollen dich sehen. Spar dir deine Kraft für sie auf.«

Und für eine Aussage bei der Polizei.

»Connor.«

»Den hole ich dir auch.«

»Kate«, sagte Niki mit Bedacht, »sag mir bitte zuerst, was passiert ist. Wie bin ich hierhergekommen?«

Kate lag schon auf der Zunge: *Ross hat euch beide gerettet,* aber sie verkniff sich die Bemerkung, so stolz sie auch auf ihn war. Das konnte warten.

»Der Mann, der bei euch eingebrochen ist, hat dich gezwungen, eine hohe Überdosis verschiedener Schmerzmittel zu nehmen, unter anderem Narkotika und Krebsmittel. Wie er an diese Krebsmittel kam, ist allen ein Rätsel. Jedenfalls wurdest du gerade noch rechtzeitig in die Notaufnahme gebracht. Du hast ein Gegenmittel gegen die Narkotika bekommen. Man hat dir den Magen ausgepumpt, deshalb tut dir noch alles weh …«

Kate kämpfte mit sich, ob sie ihr auch sagen sollte:

In der Notaufnahme hattest du einen Herzstillstand. Aber nur ein paar Sekunden. Du hast Glück gehabt. Du wurdest mit Elektroschocks wiederbelebt. Gott sei Dank wussten die Ärzte und Schwestern, was zu tun war. Du warst tot, aber nicht tot genug. Du wurdest also gerettet, von ihnen und von Ross, und jetzt bist du am Leben, und morgen auch und noch lange danach.

Niki nickte.

»Ich dachte, ich sterbe«, sagte sie. Sie hatte eine heisere Stimme. Sie wusste nicht, dass das an den Schläuchen lag, die ihr in der Kehle gesteckt hatten. »Ich habe geträumt, ich wäre tot.«

Das warst du auch.

»Ich hole jetzt deine Eltern, Liebes, und ein bisschen später Connor. Aber du brauchst vor allem Ruhe. Du hast viel durchgemacht, Niki, auch wenn dir das erst nach und nach dämmert. Dein Körper muss sich jetzt erst einmal erholen. Aber das wird er. Du wirst wieder rennen.«

»Okay«, erwiderte Niki. »Danke.« Kate sah, wie Niki das Wasser in die Augen trat und ihr eine Träne die Wange herunterlief. Sie nahm ein Papiertuch von ihrem Nachttisch und wischte sie ihr weg.

WIEDER IM VERNEHMUNGSRAUM. WIEDER EIN BISSCHEN SPÄTER …

Easy musterte die beiden Detectives bedächtig, um abzuschätzen, wer von ihnen die Führungsrolle und wer die Drohgebärden übernehmen würde. Er schätzte, die Frau spielte den *guten* Cop, während dem anderen Polizisten mit dem Gewichtheber-Charme und dem Raspelkopf der *böse* Cop auf den Leib geschrieben war. Die Frau hatte ihm gegenüber an dem kleinen Tisch Platz genommen, während sich der Mann mit verschränkten Armen und düsterer Miene an die Wand des winzigen Zimmers lehnte.

Genauso, wie Easy es erwartet hatte …

Die Frau legte, nach drei Identitäten sortiert, seine Ausweispapiere auf den Tisch. Es folgten die Kreditkarten. Sie erinnerte ihn ein wenig an einen Kartengeber bei der Pokervariante Texas Hold'em, der die *River Card* umdreht.

»Also«, sagte sie und deutete mit dem Kopf auf die Dokumente. »Sie sind *keiner* von denen. Wer sind Sie?«

Easy lächelte.

Sie tippte mit dem Zeigefinger auf einen der Führerscheine.

»Der Mann hier ist vor drei Jahren an einem Herzinfarkt gestorben.«

Ihr Finger wanderte zum nächsten.

»Der hier fuhr einen großen Sattelschlepper und starb, als sich sein Truck auf der Interstate 80 in Nebraska überschlug.«

Ihr Finger tippte auf den dritten Ausweis.

»Bei dem hier handelt es sich um das Opfer eines Tötungsdelikts in New Orleans. Um einen Schwarzen. Ungefähr in Ihrem Alter. Schießerei im Vorbeifahren. Das hat unser Interesse geweckt. Aber er war nicht Sie, und Sie sind nicht er. Wie heißen Sie also wirklich?«

Easy taxierte die Frau.

Sie war wahrscheinlich Anfang dreißig und trotz ihrer abgebrühten Miene, die ihm sagte: *Das ist mir alles nicht neu,* durchaus hübsch. Gerade jung genug, um seinen Vorlieben zu entsprechen.

Mann, hätte ich Lust, dir einen Plastikbeutel über den Kopf zu stülpen und dich zu ficken, bis dir die Luft wegbleibt.

Easy dachte über die Frage nach.

»Johnson«, sagte er.

Sie schüttelte den Kopf, das blonde Haar flog ihr ums Gesicht.

»Na gut, der gefällt Ihnen offenbar nicht. Wie wär's dann mit Jones?«, sagte Easy.

Sie lehnte sich zurück.

»Oder vielleicht Smith? Wäre Ihnen das genehm?« Easy grinste.

Ihr Gesicht verfinsterte sich. Für seinen Geschmack ruinierte sie damit ihr Aussehen.

»Williams. Brown. Miller. Davis …«

Jetzt brachte sich der andere Detective ein. Er verließ seinen Beob-

achtungsposten an der Wand und kam ein, zwei Schritte auf Easy zu.
»Hören Sie auf, uns zu verarschen.«
Na also, geht doch, Klartext unter Männern, in möglichst bedrohlichem Ton, stellte Easy fest.
Er lächelte. »Was halten Sie von García? Ist das besser? *Mi nombre es Juan García, Señor Policía.* Besser?«
»Arschloch«, erwiderte der Polizist.
Wie könnte ich da widersprechen?, dachte Easy. *Dein Pech.*
»Wollen Sie mich hier festhalten, nur weil ich ein paar falsche Papiere bei mir habe?«, wollte Easy wissen. »Ich frage nur, weil Sie dann so ziemlich jeden minderjährigen Studenten an der Uni in Gewahrsam nehmen müssten. Haben Sie dafür genügend Zellen?«
Die Ermittlerin sah ihn mit ungerührter Miene an.
»Nur dass die meisten Studenten nicht versuchen, mit einer Kreditkarte zu bezahlen, die auf eine ermordete Frau ausgestellt ist«, sagte sie. »Vielleicht haben Sie die Güte, uns das zu erklären?«
Easy verspürte einen Anflug von Angst. *Nicht zu fassen, dass dieser verdammte Typ am Empfang genug Grips hatte, die Cops zu holen, als ihm die Karte als verloren oder gestohlen gemeldet wurde. Normalerweise bitten sie nur um eine andere Karte. Verdammt.*
Im Schnelltempo spulte Easy ab: »Hab ich auf der Straße gefunden. Hab mir nichts weiter dabei gedacht. Konnte ja nicht ahnen, dass die Besitzerin gewaltsam gestorben ist. Ich wollte sie einfach nur in der nächsten Bankfiliale abgeben, hab sie dann aber in meine Brieftasche gesteckt und wohl vergessen. Im Motel habe ich sie versehentlich herausgezogen. War ein langer Tag gewesen, bevor ich da eingecheckt hab.«
Zugegeben, sämtliche *Karten sind faul. Mein Fehler.*
»Langer Tag, ja? Woher kamen Sie denn?«
»Cleveland.«
»Sind Sie da zu Hause?«
»Nein, tut mir leid. Memphis. Uups, wieder falsch. San Antonio. Oder war es nicht Salt Lake City? Oder Santa Fe? Los Angeles? Tut mir leid, Detective. Hab ich vergessen.«

»Arschloch«, wiederholte sich der männliche Ermittler.
Womit du nach wie vor richtigliegst. Aber immer noch besser Arschloch *als die treffendere Bezeichnung* Killer. *Und unendlich viel besser als die ganze Wahrheit: Einer von* Jack's Boys.
Die Frau rückte mit dem Stuhl vom Tisch zurück.
»Sie wollen hier kein bisschen kooperieren, oder? Wenn Sie uns ein bisschen entgegenkämen, hätten wir die Sache viel schneller vom Tisch, und Sie kämen viel schneller hier raus.«
Ah, da haben wir die erste richtig fette Polizistenlüge. Mit »ein bisschen Entgegenkommen« habe ich im Handumdrehen eine Anklage wegen einer schweren Straftat am Hals. Sobald ich die Klappe aufmache, fahre ich ein.
Nein danke, Detective.
Easy lächelte einfach nur. Er zog sein Schweigen in die Länge. Er blieb dabei.
»Wie Sie wollen«, sagte die Frau, als offensichtlich war, dass sie mit einer Antwort nicht rechnen konnte. »Wir behalten Sie hier, bis wir ein paar vernünftige Antworten von Ihnen haben. Und so leid es mir tut, unsere Räumlichkeiten sind hier ziemlich primitiv. Werden nicht allzu oft geputzt. Betrunkene übergeben sich da gerne mal. Bin auch nicht sicher, ob die Toilette funktioniert, und ich glaube, wir haben hier gerade ein paar Rudelbumser, die es gar nicht lustig finden werden, wenn sie das Zimmer mit Ihnen teilen müssen. Aber ich bin mir sicher, Sie kommen zurecht, Mr …«
»Wilson. Wie der Präsident. Oder vielleicht ein besserer Präsident. Lincoln? Clinton? Washington? Bush? Ganz zu schweigen von dem vorigen Burschen.«
»Arschloch«, fiel dem bulligen Bullen dazu ein drittes Mal ein.
Easy blickte von ihm zu der Frau.
»Verfügt Ihr Partner da auch noch über irgendein anderes Wort in seinem Vokabular?«
Daraufhin trat der Detective mit geballter Faust einen Schritt auf ihn zu.
Easy zeigte nur zu der Kamera hoch, die alles aufnahm.

»Na los. Schlag doch zu, was haste, was kannste. Kostet dich nur den Job. Die Karriere. Die fette Pension, für die du dir zwanzig Jährchen den Hintern wund sitzt. Vielleicht kommst du dafür sogar in den Knast. Tätlicher Angriff auf einen Mann, der nicht mal offiziell verhaftet wurde, es sei denn, du hättest vergessen, mir meine Rechte zu verlesen. Jedenfalls, nur zu, gönn dir 'nen Treffer. Findet die Innenrevision bestimmt ganz spannend. Also, tu, was du nicht lassen kannst. Auch wenn es mir wie Verschwendung vorkommt.«

Die Frau hielt die Hand hoch. *Wie eine Verkehrspolizistin. Wetten, die hat, wenn's hochkommt, erst vor einem knappen halben Jahr ihre Beförderung bekommen, als Gleichstellungsmaßnahme,* tippte Easy.

»Wir verbuchen Sie dann als *Name unbekannt*«, sagte sie.

»Etwas prosaisch«, erwiderte Easy, »finden Sie nicht? Wie wär's mit Mister X?«

»Angenehmen Aufenthalt noch«, erwiderte sie. »Wir sprechen uns.«

»Was ich zu bezweifeln wage«, sagte Easy achselzuckend und täuschte ein Gähnen vor.

Insgeheim war er davon überzeugt, dass die anderen *Jack's Boys* ihn dafür bewundern würden, wie er sich geschlagen hatte.

DER RECHTE MOMENT, DER FALSCHE MOMENT ZUM NACHDENKEN …

Alpha saß wieder vor dem Computer in seinem Keller, sah jedoch für den Augenblick nicht hin. In der linken Hand hielt er einen Permanentmarker, von dem er wusste, dass es mit der Permanenz nicht so weit her war. Auch wenn er sich zugutehielt, beinahe beidhändig zu sein, schrieb sich Alpha mit dem Marker den Namen *Bravo* sorgfältig in die rechte Hand. Das war, fand er, die angemessene Stelle zum Gedenken an seinen toten Gesinnungsgenossen. Auf diese Weise konnte er in den kommenden Tagen immer einmal wieder auf den Namen schauen und bei der Planung der nächsten Schritte auf Eingebungen hoffen, bevor die schwarze Tinte verblasste.

Dann wandte er sich seinen Computern zu.

Als Erstes setzte er eine Nachricht für Charlie, Delta und Easy ab.

Kappe die bisherigen elektronischen Zugänge zu Jack's Special Place. *Verwende neue Presets zu geänderter Webpräsenz. Nächstes Treffen für 23:00 östliche Sommerzeit anberaumt.*

Bitte Empfang bestätigen.

Binnen weniger Minuten bekam er zurück:

Verstanden, von Charlie.

Okay, von Delta.

Er wartete auf eine dritte Antwort von Easy, doch die blieb aus.

Alphas erster Gedanke war: *Er ist unterwegs. Wahrscheinlich gerade nicht in einer Umgebung, wo er sich einloggen und melden kann. Dann bekommt er die Nachricht eben später und weiß, was zu tun ist.*

Als er für sie alle *Jack's Special Place* eingerichtet hatte, war Alpha sehr darauf bedacht gewesen, verschiedene Back-up-Routen zu schaffen. Jedes Mitglied von *Jack's Boys* hatte seinerseits eigene Methoden entwickelt, um den Chatroom zu erreichen. *Dieser Klick, jener Klick, dieser Server, jener Server, ein paar irreführende Wegabschnitte, falsche Passwörter und Authentifizierungen.* Alpha hatte jeden von ihnen aufgefordert, sich Alternativen zum gewohnten Zugang zu schaffen. Dies alles diente dazu, ihre Spuren im Internet zu verwischen. Der neue und zugleich alte Chatroom, in dem sie sich am Abend treffen wollten, würde nach außen hin als etwas vollkommen anderes erscheinen, als es in Wirklichkeit war. *Jack's Special Place* schmückte sich mit leuchtenden Frühlingsblumen und tänzelnden pinkfarbenen Ponys, die nur über eine Anzahl weiterer Klicks den Ort freigaben, an dem sie den Tod feierten. Es war ein bisschen so, als rechnete man damit, auf die Website zu Disneys *Die Eiskönigin* zu kommen, und fände sich stattdessen auf *Pornhub* wieder. Dieses Täuschungsmanöver schützte sie vor Spürnasen jedweder Couleur.

Falls überhaupt jemand versuchte, sie aufzuspüren.
Was sie bezweifelten.
Mehr oder weniger jedenfalls.
Beunruhigt waren sie alle von der Frage, ob die unterbrochene Live-Übertragung, die Bravo vor seinem Tod im Haus *der Freundin* eingerichtet hatte, sie irgendwie verraten könnte. Die Schnelligkeit, mit der Alpha den Feed abgebrochen hatte, beruhigte sie. Dank ihres prompten elektronischen Fluchtmanövers waren sie höchstwahrscheinlich alle außer Gefahr. Ihre virtuelle Präsenz in jenem Zimmer hatte sich von einer Sekunde zur anderen in den Kosmos des Internets verflüchtigt. Doch ganz konnten sie die Ungewissheit nicht abschütteln. Zum ersten Mal seit *Socgoal02s* unerwünschtem Besuch plagte sie eine gewisse Nervosität.
Es war ein wenig, wie wenn ein gewöhnlicher Benutzer eine Virusmeldung bekommt und feststellt, dass die auf seinem privaten Computer gespeicherten persönlichen Daten von irgendeinem Hacker in Thailand oder Russland gekapert worden sind. Eine Art *E-Panik*. Bislang hatte diese verbreitete Angst noch keinen von *Jack's Boys* heimgesucht.
Doch jetzt geisterten die verschiedensten Szenarien durch ihren Kopf:
Ein Klopfen an der Tür.
Zwei naseweise Detectives.
Eine Frage, die misstrauisch machte:
»Wieso waren Sie am Samstag um Punkt 21:29 Östliche Sommerzeit auf einer Website namens Jack's Special Place *eingeloggt und haben in Echtzeit zugesehen, wie ein Verbrechen begangen wurde?«*
Eine schwache Reaktion:
Da gibt es kein Verbrechen zu sehen.
Die Wahrheit:
Wir waren alle zusammen dabei, die beiden Jugendlichen umzubringen.
Gemeinsam.
Es kostete Alpha einige Zeit, *Jack's Special Place* einen neuen Ort zu eröffnen, die Firewalls wiederherzustellen und die Sicherungs-

systeme zu verbessern. Er widmete sich der Aufgabe mit voller Konzentration und merkte, dass es ihn von der Wut über Bravos Ermordung ablenkte. Angesichts der Ungerechtigkeit von Bravos Tod knirschte Alpha mit den Zähnen. Noch nie hatte ihn etwas in eine solche Rage versetzt. Selbst als *Socgoal02 Jack's Boys* beleidigt hatte, trafen sie ihre Entscheidung, den Jungen dafür zu töten, immer noch wohlkalkuliert und mit kühlem Kopf. Für Alpha wie auch für die anderen war die Planung seines Todes nur die natürliche Folge dessen, was er getan und gesagt hatte. Es war logisch. Es passte in ihre Welt.

Doch diese kühle Selbstbeherrschung hatte Risse bekommen. Alpha war entschlossen, sie zu kitten.

Ebenso war er fest entschlossen, grausam Rache zu üben. Eine Rache, die seinem Zorn entsprach.

Delta verbrachte den Nachmittag damit, sich in sämtliche Zeitungen und Fernsehsender aus der Umgebung der Stadt einzuloggen, in der Bravo zu Tode gekommen war.

Er fand weit weniger heraus als erhofft.

Artikel und Nachrichten in unmittelbarem Gefolge des Geschehens, das Delta als *das Vorkommnis im Haus der Freundin* bezeichnete, waren höchst verworren und ungenau. Er las von einem *eskalierten Einbruch* und von Hinweisen darauf, dass *Drogen im Spiel* waren – eine schwammige Formulierung, die Delta murmelnd mit »Was du nicht sagst« quittierte. Es gab sensationsheischende Berichte über *einen wachsamen Nachbarn, der etwas Ungewöhnliches bemerkt hatte,* und eine Meldung, die gar von einer *Heldentat* schwärmte. Über die beiden Jugendlichen gab es so gut wie keine Informationen, außer dass *eines der Opfer mit lebensgefährlichen Verletzungen ins Krankenhaus eingeliefert worden, inzwischen aber außer Gefahr sei.* Die Polizei gab die Namen der betreffenden Jugendlichen nicht preis, womit Delta gerechnet hatte, da die Cops grundsätzlich darauf bedacht waren, Minderjährige in Zusammenhang mit Verbrechen zu schützen. Auch die Identität des *wachsamen* und *heldenhaften* Nachbarn, las er, werde nicht offengelegt.

Delta wusste, wer es war.
Auch Charlie hatte die Presseberichte gelesen. Doch er war noch einen Schritt weitergegangen.
Der Bundesstaat Massachusetts hielt eine öffentlich zugängliche Liste sämtlicher Personen bereit, die berechtigt waren, Waffen verdeckt zu tragen. Es war für ihn nicht weiter schwer, an die Namen sämtlicher Besitzer registrierter Waffen in *Socgoal02s* Kleinstadt zu gelangen und diese Namen mit der Straße abzugleichen, in der *Socgoal02* wohnte. In einem Radius von zwei Meilen gab es gerade einmal drei Lizenzen und registrierte Waffen.
Und nur eine davon war auf *Socgoal02s* Großvater ausgestellt.
Gesetzestreu, dachte Charlie. *Wie schön. Du hast Formulare ausgefüllt und an die örtliche Polizei geschickt, damit dein Name auf eine behördliche Liste kommt.* Charlies Tätigkeit an der Universität erlaubte ihm Einblicke in die Persönlichkeit des Großvaters. *Die Einschätzung eines Akademikers durch einen anderen.*
Ich unterrichte, aber ich töte auch. Auf dem einen Gebiet mache ich mich gut, auf dem anderen bin ich überragend.
Vielleicht bist du jetzt auch zum Mörder geworden. Aus Versehen. Mehr Glück als Verstand. Ohne Expertise, ohne Plan.
Dich widert der Tod vermutlich an.
Für uns ist er berauschend.
Und daraus folgt, dass du gegen uns keine Chance hast.
Charlie wusste, dass er diese Überlegung mit allem Nachdruck beim nächsten Treffen auf *Jack's Special Place* vorbringen würde.

EIN PAAR STUNDEN SPÄTER …

Alpha, Charlie und Delta waren alle eingeloggt. Bereit, miteinander ihren nächsten Schritt zu planen. Sie waren alle in unterschiedlichem Maße erbost und entschlossen. Sie alle fühlten sich betrogen. Verraten. Sie alle wollten etwas dagegen tun.
Sie warteten nur noch darauf, dass Easy sich einloggte.

Eine Minute.
Fünf Minuten.
Zehn.
Dann schrieb Delta:
Wo zum Teufel bleibt Easy?

KAPITEL 28

IN DER KRANKENHAUSKANTINE …

»Okay«, sagte die Polizistin, »ich fasse Ihre Geschichte mal so zusammen: Sie haben draußen auf Ihrer Gartenliege geruht, in Hemdsärmeln bei ein paar Grad über null, weil … weil …«
Ross fiel ihr ins Wort:
»Weil mir derzeit ziemlich viel durch den Kopf geht.«
Über seine Oktober-Depression, seinen toten Freund Freddy, die Ziellosigkeit seines Pensionärsdaseins oder sonst etwas, das vage erklärt hätte, *warum* er in dem Moment dort gelegen hatte und in der einbrechenden Dunkelheit über die Gärten gestarrt hatte, verlor er kein Wort.
»Hatten Sie getrunken?«
»Nein. Kategorisches Nein.«
»Okay«, erwiderte die Ermittlerin, »tut mir leid. Ich musste Ihnen diese Frage stellen. Und dann sehen Sie plötzlich …«
»Eine schwarz gekleidete Gestalt, die im Laufschritt den Garten der Templetons durchquert und in ihr Haus einbricht. Ich wusste, dass Connor und Niki dort drin waren.«
Nichts über den Vietcong oder die nordvietnamesische Armee oder Erinnerungen daran, wie er vor fünfzig Jahren in die trügerisch stille Nacht gestarrt und bei jedem Schatten tödliche Gefahr gewittert hatte. Einen Moment lang drängte sich Ross die Frage auf, wieso die Vergangenheit so nahtlos in die Gegenwart überging und was das für die Zukunft besagte. Die Ermittlerin holte ihn mit ihrer nächsten Frage in die Gegenwart zurück:
»Wieso haben Sie nicht sofort den Notruf gewählt?«
Ross lehnte sich zurück. Sie saßen an einem Tisch in der Krankenhauskantine, von Ärzten, Pflegern und Schwestern in OP-Kleidung umgeben. Draußen neigte sich die Nacht dem Ende zu.

Oben in der Notaufnahme erholte sich Niki. Kate wachte über sie. Nikis Eltern waren da. Sie schienen wenig Fragen und umso mehr Ängste zu haben. In der Kantine saß Connor neben ihm und trank in großen Schlucken aus einer Wasserflasche. Er merkte, wie bei seinem Enkel alle paar Sekunden das Bein zuckte.

Bevor Ross antworten konnte, kam die Ermittlerin auf ihre Frage zurück:

»Wieso haben Sie nicht auf der Stelle den Notruf gewählt und Hilfe angefordert? Ein bewaffneter Mann. Da war ein Raubüberfall im Gang. Aber Sie fühlten sich berufen, eigenmächtig zu handeln, statt die Behörden einzuschalten. Der Notruf hätte Ihre allererste Reaktion sein müssen«, endete die Ermittlerin in aggressivem Ton.

Die erste und die falsche, dachte Ross.

Wenn man die letzte Wache übernimmt, gibt es keinen Notruf. Da ist man mit sich und seiner Waffe und seinem Nachtsichtgerät, vielleicht auch noch mit ein paar Gebeten, mit der Erschöpfung, der Angst und der Dunkelheit ganz allein.

»Tut mir leid. Hätte ich wahrscheinlich tun sollen. Aber ich hatte zu sehr Angst um die Kinder …«

»Und da haben Sie Ihre Waffe geholt?«

»Genau. Ich musste sie aus einem Stahltresor in meinem Arbeitszimmer holen.«

»Sie sind also ins Haus gegangen, haben sich die Zeit genommen, Ihre Waffe zu holen, und es immer noch nicht für nötig gehalten, die Polizei zu rufen?« Die Ermittlerin machte kein Hehl daraus, dass sie ihm nicht glaubte.

»Das habe ich Ihnen bereits erklärt. Ich habe die 357er.«

Sicher verschlossen und geladen.

»Und dann sind Sie dieser Person, die Sie beim Einbruch in das Haus beobachtet hatten …«

»Richtig. So schnell ich konnte. Aber gleichzeitig möglichst lautlos, um mich unbemerkt anschleichen zu können und das Überraschungsmoment auf meiner Seite zu haben.«

»Wussten Sie, dass der Mann mit einer automatischen Pistole bewaffnet war?«

»Nein.«
»Aber Sie gingen davon aus …«
»Ich habe damit gerechnet, dass er eine Waffe hat.«
»Und Ihnen ist dabei nicht in den Sinn gekommen, dass Sie ein gewaltiges Risiko eingehen?«
»Selbstverständlich.«
»Und dennoch haben Sie nicht die Polizei geholt …«
»Ich habe es für ein größeres Risiko gehalten zu warten. Ich hatte das Gefühl, dass die Zeit drängt.«
Ich war darauf trainiert, augenblickliche Entscheidungen zu treffen, denn hätte ich im falschen Moment gezögert und abgewartet, hätte es meinen ganzen Zug das Leben kosten können. Ein wirklich dämlicher Grund zu sterben. Das ist ja schließlich Sinn und Zweck einer Wache. Das sollte ich Ihnen, Detective, nicht erklären müssen, schließlich haben Sie dieselbe Ausbildung hinter sich.
»Und Sie haben gehandelt, als …«
»Als ich die Tür zu Nikis Zimmer erreichte, hörte ich, wie sie unmittelbar bedroht wurden, und konnte nur den Schluss daraus ziehen, dass mein Enkel und Ms Templeton in höchster Gefahr waren, eine Einschätzung, die sich als absolut richtig erwies, Detective.«
Ross klang in seinen eigenen Ohren wie ein genervter Akademiker vor Studenten, die einfachste Fakten nicht begreifen wollten. Die Ermittlerin schwieg. Ross nutzte die Gelegenheit.
»Finden Sie, dass ich etwas falsch gemacht habe, Detective? Das finde ich nämlich ganz und gar nicht. Finden Sie, ich hätte hier eine Straftat begangen? Auch da bin ich ganz und gar anderer Meinung. Hätte ich den Notruf gewählt und auf Hilfe gewartet, wäre es zu spät gewesen. Hätte ich nicht, ohne zu zögern, geschossen, wäre es zu spät gewesen. Hätte ich die geringste Kleinigkeit anders gemacht, wäre es zu spät gewesen. Das kann Ihnen doch wohl nicht entgangen sein?«
Sie musterte Ross mit eindringlichem Blick. »Aktionen nach Art einer Bürgerwehr treten wir grundsätzlich entgegen. So etwas macht die Tragödie meist nur noch schlimmer, statt sie zu verhin-

dern. Dieser ganze Blödsinn, den die National Rifle Association da verzapft – *die einzige Möglichkeit, einen Bösen mit einer Waffe unschädlich zu machen, ist ein Guter mit einer Waffe* –, diese ganze Propaganda bringt unterm Strich mehr und nicht etwa weniger Tote mit sich. Die Polizei ist für solche Situationen ausgebildet und am besten geeignet, sie zu meistern.«

Mit einem solchen Vortrag hatte Ross gerechnet.

Ihm lag schon etwas auf der Zunge wie *Auch ich wurde einmal für solche Situationen ausgebildet.* Doch ihm dämmerte, dass die Ermittlerin in ihm einen kürzlich in Pension gegangenen Universitätsdozenten sah. Während er noch überlegte, was er darauf antworten sollte, wendete sich die Polizistin unvermittelt an Connor.

»Beschreiben Sie mir doch noch mal die Sache mit der Videokamera.«

Connor war sich unschlüssig, wie weit er die Wahrheit sagen und an welcher Stelle er sie verschweigen sollte.

»Der Kerl mit der Maske und der Waffe hat uns wie gesagt gefesselt. Dann hat er Niki gezwungen, die Pillen zu schlucken. Das war, nachdem er uns gesagt hatte, er würde gehen. Das war offensichtlich gelogen …«

»Offensichtlich.«

»Dann hat er die Kamera installiert und eine Verbindung zu irgendeiner Internetadresse hergestellt. Ich habe gehört, wie er jemanden, der von irgendwoher zusah, aufforderte, etwas zu sagen. Das hat mein Großvater dann mitgehört …«

»Demnach«, fiel ihm die Polizistin ins Wort, »war das Ganze kein gewöhnlicher Einbruchdiebstahl, richtig?«

»Wohl kaum.«

»Es war demnach etwas völlig anderes?«

»Ich vermute mal, ja.«

»Was war es dann, Connor?«

»Keine Ahnung.«

Das kam einer Lüge schon nahe. *Wissen konnte er es tatsächlich nicht.* Connor versuchte, sich seine Gedanken nicht anmerken zu lassen.

Die Polizistin bombardierte ihn weiter mit Fragen.
»Sie wissen sicher, dass Drogendealer jemanden gerne schon mal mit ihrem eigenen Produkt umbringen. Eine deutliche Botschaft. Haben Sie schon mal mit Drogendealern zu tun gehabt, Connor?«
»Nein, noch nie.«
»Und Niki? Ich meine, sie ist ziemlich unangepasst. Offenbar geht ihr der Ruf voraus, ein bisschen exzentrisch zu sein …«
»Völlig ausgeschlossen. Nein. Sie ist Sportlerin.«
Connor wurde ein bisschen rot.
»Na schön«, sagte die Ermittlerin in einem Ton, der vor Skepsis nur so triefte. »Wir kommen später noch mal darauf zurück. Also, diese Stimme über Video …«
»Die hab ich vorher noch nie gehört. Sie klang, als wäre sie elektronisch verzerrt. Ist ja nicht weiter schwer. Sie klang jedenfalls ziemlich seltsam. Können Sie die nicht irgendwie zurückverfolgen?«
Die Ermittlerin antwortete nicht, was sich auch erübrigte, denn Connor ahnte, dass er selbst unendlich viel mehr über Computer und das Internet wusste als die Polizistin. *Nein.*
»Und was hat diese Stimme gesagt?«
»Ich hatte viel zu viel Angst. Das rauschte irgendwie an mir vorbei, so als hätte jemand in einer Fremdsprache gesprochen …«
Das war seine erste große Lüge.
Er sah der Polizistin an, dass sie ihm nicht wirklich glaubte, sich aber nicht sicher war. Es war ein Drahtseilakt.
»Also gut, Connor«, sagte sie schließlich. »Vielleicht kommen wir, nachdem wir mit Ms Templeton gesprochen haben, noch einmal auf Ihre Erinnerungen zurück. Glauben Sie, dass Nikis Geschichte über das, was passiert ist, mit dem zusammenpasst, was Sie uns erzählen?«
»Ja«, antwortete er, wahrscheinlich eine Spur zu laut. »Tut mir leid, Detective. Das ging alles so schnell. Es war so unwirklich, ein Albtraum.«
Connor war sich bewusst, dass er Klischees bediente. Er hoffte, dass sich die Polizistin damit zufriedengab.

Sie lächelte.
Er traute diesem Lächeln nicht, auch wenn er nicht hätte sagen können, warum.
»Gehen Sie nach Hause, Connor. Sehen Sie zu, dass Sie ein bisschen Schlaf bekommen. Wir können das hier ein andermal fortsetzen.«
Connor und Ross machten Anstalten, sich zu erheben und die Kantine zu verlassen. Aber wieder hob die Polizistin die Hand, denn in diesem Moment betrat ein Kollege von ihr den Raum und kam zu ihnen herüber. Er beugte sich zu ihr vor und flüsterte ihr etwas zu, das Ross und Connor nicht hören konnten. Die Polizistin machte ein ungläubiges Gesicht – aber nur eine Sekunde lang, bevor sie wieder ihr Pokerface aufsetzte. Ihr Partner wandte sich zu Connor um und strafte ihn mit einem vernichtenden Blick.
Zehn, vielleicht zwanzig Sekunden lang. Niemand sagte etwas.
Dann gab ihnen die Polizistin mit einer kleinen Handbewegung zu verstehen, dass die Befragung beendet sei. Doch als Connor und Ross aufstanden, schob sie in aufgesetzt höflich interessiertem Ton die Frage hinterher:
»Ach, noch etwas, Connor, wenn Sie nichts dagegen haben …«
Er sah sie an.
»Wieso haben Sie und Ms Templeton heute Nacht elektronisch Ihren Selbstmord angekündigt?«
Connor sah sie verblüfft an. Er brauchte einen Moment, um sich zu fassen und gegen das Schwanken anzugehen.
»Haben wir nicht!«
»Tatsächlich? Sie haben sich also nicht zum gemeinsamen Selbstmord verabredet?«
»Nein! Nie und nimmer! Fiele uns im Traum nicht ein. Das ist irre!« Seine Stimme klang schrill. Wütend. Schockiert.
»Okay«, sagte sie, doch ihr Lächeln wich einer grimmigen Miene. »Genug für den Moment. Aber vielleicht denken Sie gut darüber nach, weshalb Sie mich in diesem Punkt belügen, denn das wirft die Frage auf, was an Ihrer Aussage sonst noch gelogen sein könn-

te. Wenn wir uns wieder sprechen, wäre es weitaus besser für Sie, Connor, mit der Wahrheit herauszurücken, und zwar sehr bald.«
Mit einer erneuten wegwerfenden Handbewegung entließ sie ihn und seinen Großvater.
Connor und Ross verließen die Kantine. Connor fühlte sich so erschöpft wie noch nie nach einem Spiel. Lügen, Halbwahrheiten und unbequeme Wahrheiten hatten ihn fertiggemacht.

EINE ABRUPTE PLANÄNDERUNG …

Auch Easy war erschöpft.
Er fühlte sich schmutzig. Ungepflegt. Roch wahrscheinlich auch schlecht.
Den Rest der lausigen Nacht hatte er auf einer Metallpritsche in einer Zelle verbracht und nur hoffen können, nicht von einem der anderen schmuddeligen, stinkenden, heruntergekommenen Subjekte neben ihm begrapscht zu werden. Doch nur einmal hatte er sich gezwungen gesehen, einem von ihnen zu drohen – einem Obdachlosen mit zauseligem Bart, nur noch wenigen Zähnen und eiternden Geschwüren im Gesicht, einer Kreatur, die irgendwo zwischen vierzig und hundert Jahre alt und ihm ein bisschen zu nahe gekommen war. Die angekündigten Rudelbumser hatten sich glücklicherweise nicht eingestellt. Es war bei Easy und einem Häufchen Besoffener und Bekiffter geblieben, und bei Flöhen und Viren. Wenn er dabei auf zwei oder drei Stunden Schlaf gekommen war, konnte er sich glücklich schätzen.
Er brauchte eine Dusche. Er musste aufs Klo. Er wollte sich die Zähne putzen. Vor allem aber wollte er nichts wie raus.
Jedes Mal, wenn ein Wärter oder ein Polizist vorbeikam, hob er erwartungsvoll den Kopf.
Die können mich nicht viel länger hier festhalten. Nicht ohne eine ordentliche richterliche Verfügung. Und wahrscheinlich haben sie immer noch nichts gefunden, was sie mir zur Last legen können.

Sieht denen ähnlich, die Gestapo-*Idioten erkennen nicht, was sie direkt vor der Nase haben.*
Genie.
Solche Gedanken machten ihm Mut. Easy war klar, dass *Jack's Boys* erwarteten, von ihm zu hören. Es gab ihm ein mieses Gefühl, ausgerechnet jetzt von der Kommunikation abgeschnitten zu sein, wo die Gruppe so dringend auf Solidarität und Zusammenhalt angewiesen war. Allerdings war er sich nicht sicher, ob er den anderen stecken würde, dass er eine Nacht in Untersuchungshaft verbracht hatte.
Ihm wurde bewusst, dass damit höchstwahrscheinlich zum allerersten Mal ein Mitglied von *Jack's Boys* von der *Gestapo* verhört worden war.
Folglich war es wohl das Beste, die Sache für sich zu behalten. Außerdem sollte gar nicht erst jemand auf den Gedanken kommen, ihm wäre etwas herausgerutscht oder er hätte sich mit etwas erwischen lassen, wie etwa einem Handy oder einem Computer, etwas, das die Schnüffler möglicherweise in den Weiten des Internets auf die Spur von *Jack's Boys* bringen könnte.
So wie die Stunden dahinkrochen und der Morgen gleitend in den Mittag überging, stieg in Easy die blanke Wut hoch. Er war kurz davor, jeden, der auf der anderen Seite der Gitterstäbe den Gang entlangkam, anzubrüllen, und es kostete ihn die größte Selbstbeherrschung, die Schimpfwörter, die ihm auf der Zunge lagen, herunterzuschlucken. Und mit jedem brabbelnden Besoffenen oder halb bewusstlosen beziehungsweise aufgedrehten Junkie, der nach der gemeinsamen Nacht aus der Zelle geführt wurde, wuchs bei Easy der blanke Zorn weiter. Das alles war so unglaublich unfair.
Kurz nach zwei Uhr Nachmittag, eine gute Stunde, nachdem man Easys letzte Zellennachbarn freigelassen hatte und er allein zurückblieb, kam ein Beamter herüber und blieb vor der Gittertür stehen.
»Also, Mr X, dann kommen Sie mal mit.«
Easy hatte sich hingelegt und zur Decke gestarrt. Im Nu saß er senkrecht, streckte die Glieder und sprang auf.

»Wurde auch langsam Zeit«, murmelte er.
Der Polizist deutete auf eine kleine rechteckige Öffnung in der Tür.
»Handschellen?«, fragte Easy. »Das kann nicht sein. Ich komm hier raus.«
Der Polizist zuckte mit den Achseln.
»Ist Vorschrift«, sagte er in ausdruckslosem Ton. Als sei das alles für ihn so alltäglich, dass er jeden Handgriff im Schlaf beherrschte.
Easy streckte, nicht ganz geschlossen, die Hände aus der Öffnung.
»Scheiß drauf«, sagte er.
Der Polizist nickte. »Wem sagen Sie das«, antwortete er.
Der Polizist schloss die Tür auf.
»Mir nach«, sagte er, obwohl er Easy dann, mit dem spitzen Finger in seinem Rücken, vor sich hertrieb. Zu einer angrenzenden Tür kam ein anderer Cop herein und übernahm die Führung. Doch statt sich in Bewegung zu setzen, blieben sie stehen.
Da ist was faul, dachte Easy.
Als er etwas zuschnappen hörte, blickte er über die Schulter.
Und er sah:
den bulligen Ermittler, der kaum ein Wort mit ihm gesprochen hatte, in weißem Tyvek-Anzug, mit Überschuhen aus Zellophan und blauen Einweghandschuhen. Er betrat die Zelle, aus der Easy gerade kam. Easy sah, wie er an seinem Schlafplatz Abstriche nahm, anschließend mit einer kleinen Taschenlampe die Stelle beleuchtete, an der er mit dem Kopf gelegen hatte, und mit einer Pinzette sowie einem kleinen Probefläschchen hantierte.
DNA. Haarfasern.
Da ist etwas faul.
Beide uniformierte Polizisten hielten die Stellung, sodass Easy zusehen konnte, wie der Detective in der Zelle seine Spuren nahm.
Eine kleine Einlage nur für mich, dachte er. Im nächsten Moment stieß ihm der eine Cop ohne Vorwarnung in den Rücken und brummte mürrisch: »Also, Mr X, die Show ist vorbei. Bewegen Sie sich.«
Easy wurde einen Flur entlanggeschleust, dann an einem Großraumbüro vorbei, mit Schreibtischen, an denen Männer und Frau-

en in Zivil arbeiteten. Einige von ihnen starrten ihn im Vorbeigehen an. Am Ende fand er sich in demselben Verhörzimmer wieder, in dem er in der Nacht vernommen worden war.
Diesmal nahm ihm der Uniformierte nicht die Handschellen ab, sondern drückte Easy mit wenig Zartgefühl auf den unbequemen Stuhl.
Und ging dann hinaus.
Mit einem Klick schloss sich hinter ihm die Tür. Und Easy wartete.
Aus fünf Minuten wurden fünfzehn. Aus fünfzehn dreißig.
Er blickte zur Kamera hoch.
»Hey! Ich muss mal auf die Toilette!«
Nichts.
Keine Reaktion.
»Können Sie mich hören? Ich muss auf die Toilette!«
Schweigen.
»Und wie wär's mit einer Flasche Wasser? Oder einer Tasse Kaffee? Schwarz. Ohne Zucker.«
Stille.
Mistkerle, dachte er. Im Flüsterton machte er seinem Ärger durch Schimpfwörter Luft.
Aus dreißig wurden fünfundvierzig Minuten.
Wieder wandte er sich an die Kamera.
»Arschlöcher!«
Nach ungefähr zweiundfünfzig Minuten ging die Tür endlich auf. Zwei Männer – einer klein und gedrungen, in zerknitterter kakifarbener Hose und grellem Sportjackett, das ihm vielleicht zehn Jahre zuvor gepasst hatte, der andere mit einem dunklen Nadelstreifen-Anzug zur leuchtend roten Krawatte für den Anlass eher overdressed, betraten den Raum. Beide trugen ihre Dienstausweise an Bändern um den Hals. Sie nahmen Easy gegenüber Platz.
Der besser Gekleidete der beiden starrte Easy einfach nur an, sekundenlang. Dann sagte er: »Ich bin Detective Raúl Hernández, vom Morddezernat Metro-Dade, und das ist mein Partner, Detective Lawrence. Wir sind heute eigens von Miami hergeflogen, um mit Ihnen zu sprechen, Mr X. Vielleicht beginnen wir diese Unter-

haltung einfach damit, dass Sie uns Ihren richtigen Namen nennen, um uns das Ganze zu erleichtern.«

Easy zuckte mit den Achseln.

»Mr X passt ganz gut«, antwortete er.

»Wir beide leiten die Ermittlungen im Mordfall Sheila McIntyre von vor elf Monaten. Sie war Studentin an der Florida International University und ist damals nach einem Abendkurs verschwunden. Hat es nicht nach Hause geschafft. Ihre verweste Leiche wurde vor sieben Monaten zufällig in den Everglades entdeckt. Ziemlich schockierender Anblick für harmlose alte Leute, die Vögel beobachten wollten und auf der Suche nach Reihern und Papageien waren. Vielleicht haben Sie über den Fall in den Nachrichten gehört?«

Easy starrte Detective Hernández an. Anfang dreißig. Wie geleckt. Zweifellos ein Junge aus Miami, dessen Eltern oder Großeltern in den Fünfzigern aus Kuba geflohen waren. Nun hat er die Verheißung von einem guten Leben in Freiheit und Demokratie wahr gemacht.

»Kann mich an den Fall nicht erinnern«, antwortete Easy mit abermaligem Schulterzucken.

»Tatsächlich? Kam damals auf allen Kanälen.«

»Tut mir leid. Hab's nicht so mit Zeitungs- oder Fernsehnachrichten.«

»Aber wie Sie an diese Kreditkarte kommen, daran erinnern Sie sich doch vielleicht?«

Easy gab sich entspannt.

»Das ist lange her. Ich meine, ich hätte sie auf einem Bürgersteig gefunden. Ich wollte sie, wie ich schon den anderen Detectives erklärt habe, bei der Bank abgeben, muss sie aber in meine Brieftasche gesteckt, dann vergessen und sie diese Woche versehentlich benutzt haben.«

»Versehentlich?«

»Ja. Tut mir echt leid, dass Sie sich extra die Mühe gemacht haben, mit dem Flieger herzukommen. Das hätten Ihnen auch diese anderen Cops sagen können.«

»Haben sie«, antwortete der Untersetzte. »Also, Mr X, was führt Sie her?«
»Ich weiß, ehrlich gesagt, nicht, was das damit zu tun haben soll«, erwiderte Easy.
»Das wird sich zeigen.«
Es trat eine Pause ein. Easy nutzte die Gelegenheit.
»Hören Sie, ein Fehler, ja. Es tut mir leid. Und jetzt möchte ich, falls Sie keinen Haftbefehl oder eine richterliche Anordnung gegen mich haben, endlich diese Handschellen loswerden und gehen.«
Eine weitere Pause.
Das Schweigen behagte Easy nicht.
»Miss McIntyre wurde an Händen und Füßen gefesselt und mit einer Plastiktüte über dem Kopf langsam erstickt. Sie wurde auch sexuell missbraucht«, sagte Hernández. »Überaus grausam, dieses Verbrechen. Von einem echten Sadisten begangen, vermuten wir. Sind Sie ein Sadist, Mr X? Und wissen Sie was? Das Ganze ähnelt einem weiteren Fall, in dem wir ermitteln.«
Und noch einem, von dem ihr keine Ahnung habt. Euer Pech, dachte Easy.
»Wie schrecklich«, antwortete Easy, wahrscheinlich ein wenig zu schnell. »Furchtbar, so zu sterben. Aber ich habe damit nichts zu tun.«
»DNA, Mr X. Wir haben den Eindruck, dass der Mörder sich damit ganz gut auskannte, dass er genau wusste, wie man jemanden ermordet und sich nicht verrät. Hat wahrscheinlich Handschuhe getragen. Bei dem sexuellen Übergriff ein Kondom. Wahrscheinlich auch eine Art Schutzanzug, als er die Leiche fortbrachte. Beeindruckend umsichtig in Bezug auf Körperflüssigkeiten. Zu seinem Pech allerdings …«
Er ließ den Satz eine Weile schweben, während die beiden Detectives Blicke wechselten, um sich dann wieder Easy zuzuwenden.
»… nicht umsichtig genug. Und deshalb möchten wir Sie gerne fragen, Mr X, ob Sie glauben, dass eine dieser Proben, die hier in der Zelle, in der Sie die Nacht verbracht haben, genommen wurde,

vielleicht mit dem übereinstimmt, was wir an Ms McIntyres Leiche gefunden haben?«

Unmöglich, dachte Easy.

Er achtete peinlich genau darauf, nicht die geringste Reaktion zu zeigen.

Dafür war ich viel zu vorsichtig.

Zu professionell.

Ich weiß genauso viel über diese Dinge wie die beiden Cops.

Sie haben recht. Ich hab mich eingelesen. Ich hab das Metier studiert.

Ich hab ein Diplom im Fach Morden vorzuweisen.

Ich bin zu clever. Viel zu sehr auf der Hut.

Ich glaube nicht, dass ihr irgendetwas an ihrer Leiche gefunden habt.

Die beiden bluffen. Ich bin mir sicher.

Nur, dass er das nicht war. Jedenfalls nicht ganz.

Easy lächelte die beiden Detectives an. Dabei ging er im Kopf etliche Möglichkeiten durch. Auch wenn er sich nicht an den Namen des Opfers erinnern konnte, spulte er das Verbrechen von Anfang bis Ende noch einmal ab, um selbst den kleinsten Fehler zu entdecken, auch wenn er nicht glaubte, dass ihm einer unterlaufen war, er es letztlich nur nicht hundertprozentig wissen konnte. Er fand nichts. Wie ein Sportler nach einer zufriedenstellenden Trainingseinheit wollte er gerade einen Seufzer von sich geben, überlegte es sich aber anders und führte sich zum zweiten Mal jede Sekunde, die er mit der jungen Frau in Kontakt gewesen war, vor Augen. Er wollte sich vergewissern, dass er jede mögliche Fehlerquelle ausgeschaltet hatte. Doch jetzt überkamen ihn diffuse Zweifel. Und Easy hasste Zweifel.

»Mit diesem Mord habe ich nichts zu tun«, sagte er. Natürlich hätte es seinen Reiz, sich zu der Tat zu bekennen und die Detectives mit einem Geständnis zu schockieren, die Schlagzeilen zu beherrschen und die öffentliche Aufmerksamkeit zu genießen.

Die glauben, dieser Mord bringt Schlagzeilen. Stell dir nur mal vor, was nach einem Geständnis los wäre. Ich wäre berühmt. Platz da, Ted Bundy, Easy steht jetzt an erster Stelle unter den Verbrechern in Florida.

Die Worte lagen ihm schon auf der Zunge, doch er schluckte sie hinunter.

Die beiden können mich mal. Die gehen heute leer aus.

»Tut mir leid, Leute«, sagte er mit breitem Grinsen. »Die Richtung, die diese Unterhaltung nimmt, schmeckt mir nicht. Ich hätte gerne einen Anwalt.«

Er lächelte wieder.

»Muss mich erst mit einem Rechtsbeistand beraten, bevor ich Ihnen beiden oder wem auch immer noch irgendetwas sage. Und mit dieser Bitte ist diese kleine Befragung offiziell und hundertprozentig beendet. Das gilt auch für etwaige weitere, die Sie möglicherweise planen. So will es das Gesetz, stimmt's?«

»Wir haben Ihnen bis jetzt noch gar nichts zur Last gelegt«, erwiderte Detective Lawrence förmlich. »Solange Sie nicht offiziell angeklagt worden sind, können Sie auch keinen Anwalt hinzuziehen. Wir haben Ihnen noch nicht mal Ihre Rechte verlesen und …«

Easy lehnte sich zurück und fiel ihm ins Wort.

»Anwalt«, wiederholte er.

Dann wandte er sich von den beiden Detectives ab und blickte in die Kamera, die diese Sitzung aufzeichnete.

»Anwalt«, sagte er wieder. »A-N-W-A-L-T. Und nicht zu vergessen: ›*Falls Sie sich keinen Anwalt leisten können, wird Ihnen einer gestellt …*‹ – die bekannte Floskel. Mr Miranda sei Dank. Na, jedenfalls kenne ich meine Rechte.«

Er zeigte mit dem Finger auf die Kamera und dann auf die beiden Polizisten.

»Anwalt, Anwalt, Anwalt, Anwalt.«

Er erhob die gefesselten Hände und winkte spöttisch mit der einen Hand. *Auf Wiedersehen.* Das würde sie tierisch ärgern, und das überhebliche Lächeln würde ihnen vergehen. *Die glauben, sie haben mich am Wickel. Tja, da liegen sie gründlich daneben. Easy hat immer unter Kontrolle, was mit Easy passiert.*

KAPITEL 29

VIERUNDZWANZIG STUNDEN SPÄTER ...

ALPHA ...

Er hatte immer noch nichts von Easy gehört, und mit jeder Minute, die verging, wuchs seine Sorge. Ohne sie eigens zu fragen, wusste er, dass es Delta und Charlie genauso ging. *Easy abwesend. Bravo tot. Ihre Welt aus den Fugen.* Alle *Jack's Boys* zogen große Befriedigung aus der Verlässlichkeit ihrer Pläne und aus dem Moment, in dem alles genau wie vorgesehen ablief. Alles musste seine Ordnung haben. Sie waren besessen davon.

Für Alpha war mit einem Mal alles, was so genial eingefädelt und begonnen worden war, in Zweifel gezogen und besudelt.

Alpha hasste das.

Er schrieb:

Müssen uns auf die nächsten Schritte einigen.

Als er sich Bravo tot im Zimmer *der Freundin* vor Augen führte, fügte er hinzu:

Das können wir so nicht stehen lassen.

Das entsprach schon viel eher der Wut, die ihn erfüllte.

Die Reaktionen kamen prompt:

Charlie:

Stimme zu.

Und Delta:

Absolut. Beunruhigt.

Alle drei Mitglieder von *Jack's Boys* hofften, jeden Moment den Eintrag auf ihrem Bildschirm zu sehen: *Easy ist dem Chat beigetreten.* Darauf würde prompt in Easys unverkennbarer altmodischer, doch beruhigender Manier etwas folgen wie *Kein Scheiß, Sherlock.* Etwas Vertrautes. Etwas Amüsantes.

Doch weiterhin kein Wort von ihm.

Alle drei verabschiedeten sich. Entmutigt. Aufgewühlt.

Alle drei hatten denselben Gedanken: *Es muss einen Grund dafür geben, dass Easy sich nicht gemeldet hat.*

Tot? *Nein.*

Abgetaucht? *Nicht gegenüber seinen Brüdern.*

Was dann?

Alpha sah nur *eine* mögliche Erklärung. Jeder für sich sahen sie auch Charlie und Delta. Keiner wollte sie aussprechen. Für Männer, die sich zugutehielten, keinerlei Angst zu kennen, war das problematisch.

Schließlich erteilte sich Alpha – ohne es Charlie oder Delta mitzuteilen – einen Befehl:

Finde Easy!

Er wusste mehr oder weniger, wie, und mehr oder weniger, wo er nach ihm suchen musste.

ROSS, CONNOR UND KATE …

»Nur dass wir uns nicht missverstehen«, sagte Ross in ungläubigem Ton, »du hast in einem privaten Chatroom irgendwelche Männer beleidigt, die daraufhin hergekommen sind, um dich und Niki zu töten?«

»Ja.«

»Du hast sie beschimpft?«

»Ja.«

»Wie ein kleiner Junge im Kindergarten?«

»Ja.«

»Und das ist für die Grund genug, dich umzubringen?«

»Ja.«

»Und Niki gleich mit?«

»Ja. Sieht so aus.«

Ross legte wieder eine Pause ein. »Hat Niki sie denn auch beleidigt?«

»Nein. Nur ich. Sie saß zwar neben mir, aber ich war an meinem Computer. Sie hat nicht mit ihnen kommuniziert.«
»Wie konnten sie dann überhaupt von Niki wissen?«
»Keine Ahnung. Nicht die leiseste Ahnung. Ist mir ein Rätsel, ich meine, wie kommen die auf sie?«
Er hatte eine trockene Kehle. Und ob er wusste, wie. Von Facebook, Instagram und sämtlichen anderen Plattformen, auf denen sie unterwegs waren.
Connor saß am Küchentisch, Ross ursprünglich ihm gegenüber. Doch als er von seinem Enkel diese Geschichte hörte, hielt es ihn nicht auf seinem Platz.
»Die Stimme, die du gehört hast, der Mann in Schwarz …«
»Das waren die Männer, die ich beleidigt hatte. Ich hätte im Leben nicht gedacht, dass sie *echte* Killer sind. *Jack's Boys.* Ich meine, was soll das? Im Internet wird so viel gefakt. Keiner sagt die Wahrheit. Und dann sagt mir diese Stimme auf einmal, ich würde sterben, und Niki auch, weil ich sie vor Wochen beleidigt hätte. Ich meine, ich hatte die Sache völlig vergessen. Der Mann in Schwarz, der mich gerade erschießen wollte – ich schätze, es sollte so aussehen, als wollten wir Selbstmord begehen, denn diese Abschiedszeilen haben wir definitiv nicht geschrieben, das war jemand anders. Mich mit einer Pistole und Niki mit Tabletten. Das war offenbar der Plan. Und so wäre es auch gelaufen, wärst du nicht in dem Moment gekommen.«
Connor verstummte. Ihm wurde plötzlich eiskalt.
Er hatte kaum einen Moment Zeit gehabt, um das Unbegreifliche sinken zu lassen. *Ich sollte sterben. In dem Moment. Wofür?* Er bekam keine Luft. *Niki sollte sterben. Wegen mir. Um ein Haar wäre alles vorbei gewesen.* Die Erkenntnis traf ihn fast mit der Wucht einer außerkörperlichen Erfahrung. Als sähe er den toten Connor und die tote Niki nackt auf dem Bett liegen. Kein Ross mit seiner 357er. Keine Schüsse. Kein toter Killer. Kein Krankenwagen, keine Intensivstation und keine Polizisten. Nur der Tod.
Ihm wich alles Blut aus dem Gesicht, ihm drehte sich alles im Kopf. »Ich brauche ein Glas Wasser«, sagte er, stand auf, tappte

unsicher zum Spülbecken, füllte ein Glas und trank es in großen Schlucken aus.

Schweigend beobachtete Ross, wie sein Enkel zu seinem Platz zurückkehrte. Zum ersten Mal, seit er abgedrückt hatte, kam ihm die Frage: *Wie ist dieser Mann überhaupt in das Zimmer gekommen? Wie konnte er wissen, wo Connor und Niki zu finden waren? Und niemand sonst?*

Er sah viele Puzzleteile.

Ihm dämmerte: *Es steckte ein Plan dahinter. Was er mit knapper Not vereitelt hatte, fügte sich in ein größeres mörderisches Schema ein. Es war ein Schlachtfeld.*

Das Einzige, womit sie nicht gerechnet hatten, war ich. Ich war der Querschläger in ihrer Schlachtordnung. Blücher, der in Waterloo eintrifft, unmittelbar bevor Wellington den Rückzug anordnet, und Napoleons Schicksal besiegelt. Oder die Dechiffrierung der japanischen Codes vor der Schlacht um die Midway-Inseln.

Während Ross diese Überlegungen anstellte, wedelte Kate plötzlich mit der Hand.

»Du musst es der Polizei sagen«, erklärte Kate.

Sie hockte erschöpft auf ihrem Stuhl. Auch ihr war fast schwindelig. »Was sind das für Menschen, die ein Teenager-Pärchen umbringen wollen?«, fragte sie.

»Keine Ahnung«, antwortete Connor. Obwohl er es im Innersten wusste. »Ich meine, so ist das Internet nun mal, da hauen sich ständig Leute die schrecklichsten Sachen um die Ohren. Es wimmelt von Verschwörungsmythen, QAnon und anderem erfundenen Quatsch. Ihr könnt posten, der Mond bestünde aus Käse, und irgendjemand sagt: ›Genau!‹ Jemand anders widerlegt es, und wieder jemand anders sagt, dafür verdienst du den Tod. So was in der Art ist hier beinahe passiert. Manche Leute meinen eben, nur weil sie anonym sind, können sie sagen, was sie wollen, und keiner kann was dagegen tun, und vielleicht sind sie im wirklichen Leben ganz anders, aber wahrscheinlich eher nicht.«

Etwas anderes fiel ihm nicht ein.

»Aber wie wir jetzt wissen, warst du nicht anonym«, murmelte Ross.

Connor schüttelte den Kopf. »Ich hab meinen normalen User-Namen verwendet.«

Wie dämlich, dämlich, dämlich, dachte Connor. Er konnte nur hoffen, dass *GP* und *GM* nicht zu demselben Schluss kamen.

»Und du meinst, den konnten sie zu dir zurückverfolgen?«

Connor nickte. »Das Militär kann das mit links. Der NSA. Das FBI. Genauso in anderen Ländern. So wie die russischen Wahlhacker. Oder die Chinesen. Computerexperten sind in Nachverfolgung geschult. Kommt einfach drauf an, wie gut sie und ihre Systeme sind. Nur dass man ein ausreichend gutes System schon in jedem Apple Store kaufen kann.«

»Nein, nein«, knüpfte Kate an ihre Frage an, als hätte sie der Unterhaltung gar nicht zugehört. »Ich meine, was sind das für Menschen …«

Sie verstummte.

»Das kann ich dir sagen«, antwortete Ross und setzte seine Worte mit Bedacht. »Die schlimmste Sorte. Und von der laufen mehr herum, als man denkt.«

Nach einer Pause fügte er hinzu:

»Machen schließlich ständig Schlagzeilen. Der eine erschießt Leute in einer Kirche, der andere wahllos Schwule in einem Nachtclub, und wieder einer Migranten, die einfach nur Arbeit suchen – gibt ’ne Menge kranke Leute da draußen. Gehört nicht viel dazu, sie zu provozieren, und schon rasten sie aus.«

»Aber …«, fing Kate noch einmal an und führte den Gedanken wieder nicht zu Ende. Sie merkte, dass es unzählige Einwände gab, konnte aber nicht sagen, welcher davon wichtig war.

Ross holte tief Luft. »Das ist das Schlimme an dieser Welt«, sagte er. Ihm war klar, dass er belehrend klang wie ein alter, grauhaariger Besserwisser, der mahnend den Finger hob und von jüngeren Menschen nicht mehr ernst genommen wurde. »Sobald du sagst, ›*Das kann hier nicht passieren*‹, ist es schon passiert. Sobald du sagst, ›*Das ist unmöglich*‹, hat es schon jemand getan. Sagst du,

›*Das ist Irrsinn*‹, geschieht es trotzdem.« Er sah Kate an. »Was für uns in Connors Alter Privatsphäre war, existiert nicht mehr. Nichts – und ich *meine* nichts – ist heute unvorstellbar, oder?«
Verbrechen, irrationale Exzesse, das Undenkbare überflutete sie alle. Der alltägliche Irrsinn.
Ross drehte sich abrupt zu Connor um. »Wie viele Männer hast du beleidigt?«
Connor schien im Kopf nachzurechnen.
»Wie viele?«, wiederholte Ross seine Frage.
»Also, als ich dem Chat beigetreten bin, waren, glaube ich, vier oder fünf online …«
»Hatten die Namen?«
»Nein. Einer war Alpha, ein anderer Delta …«
»Bezeichnungen beim Militär. Wie viele?«
»Nicht mehr als fünf«, sagte Connor.
Ross machte ein nachdenkliches Gesicht. »Minus eins«, murmelte er.
»Wir müssen die Polizei einschalten«, wiederholte Kate. Etwas anderes fiel ihr nicht ein. Sie drehte sich zu Connor um, versuchte, sich die Angst nicht anhören zu lassen, und fragte sich für einen Moment, wo die vernünftige, stets ruhige Intensivschwester geblieben war. »Du musst denen auf der Stelle sagen, was du uns gesagt hast. Die werden dann wissen, was zu tun ist.«
Es herrschte Schweigen im Raum.
»Meinst du?«, fragte Ross schließlich zurück.
Er beantwortete die Frage selbst.
»Ich glaube nicht.«
»Aber was ist …«, fing Kate an, wagte aber nicht, auszusprechen, was sie dachte. *Die Alternative,* wären die nächsten Worte gewesen.
»Diese Männer«, sagte Ross gedehnt, »die haben Connor aufgespürt. Sie haben Niki aufgespürt – obwohl Niki ihnen rein gar nichts getan hat. Es ist ihnen gelungen, die beiden heimlich bis in unsere Straße und bis in ihr Haus zurückzuverfolgen, und um ein Haar hätten sie beide getötet. Glaubst du nicht, dass sie auch in der Lage sind, sich vor der Polizei zu verbergen?«

Kate saß kerzengerade.
»Ja, schon«, sagte sie. »Aber das ist kein Grund, es nicht der Polizei zu sagen. Die können Connor beschützen. Niki. Und uns.«
»Glaubst du wirklich?«, fragte Ross zurück.
»Wir brauchen Schutz«, beharrte Kate.
»Wartet mal einen Moment«, sagte Ross. Er hielt die Hand hoch, stand auf, verließ die Küche und ging in sein Arbeitszimmer, um seinen Laptop zu holen. Seit er nicht mehr an der Universität war, benutzte er ihn nur noch selten. Er kam schnell zurück, schob ihn seinem Enkel hin.
»Zeig's mir«, forderte er ihn auf.
»Ich weiß nicht, ob ich den Chatroom wiederfinde«, sagte Connor. »Niki und ich haben einfach nur was im Darkweb ausgecheckt, als ich darauf gestoßen bin. Die Adresse war verschlüsselt, aber es gibt immer einen Weg, so etwas zu umgehen. Ich glaube, es war ein reiner Zufallstreffer. Ich hab einfach ziemlich wahllos Sachen eingegeben, und plötzlich war es da. Bin mir nicht sicher, ob ich das wiederholen kann. Außerdem haben sie sich nach dem, was passiert ist, sicher auf eine andere Internetadresse verlegt. Passwörter und Anmeldeverfahren geändert und ihre IP-Adressen verdeckt und wer weiß was sonst noch für Schutzvorkehrungen getroffen. Falls sie überhaupt noch da sind.«
»Zeig's mir«, wiederholte Ross.
»Das Darkweb?«, fragte Kate. »Was habt ihr zwei denn da zu suchen?«
Sie hatte das Gefühl, durch eine Tür in einen Raum zu treten, in dem sie ganz und gar nicht sein wollte.
Connor wollte die Frage nicht beantworten.
Und so log er. Ein bisschen. Eine harmlose Lüge, hoffte er.
»Wir waren nur neugierig«, sagte er. »Wir hatten an der Schule davon gehört und wollten wissen, was da abgeht. Das machen andere auch.«
Ross war sich nicht sicher, ob er sich die Behauptung selber abnahm. Bei Kate verfing es. Bodenständig, wie sie war, würde sie etwas, was ihr Enkel sagte, nicht hinterfragen. Manchmal hörte

Kate, wenn Connor sprach, wohl die Stimme ihrer toten Tochter heraus. Zumindest vermutete das Ross.

In diesem Moment kam ihm der Gedanke, ob Connors Frage neulich über das Töten und über Rache etwas mit seiner Erkundung im Darkweb zu tun haben könnte.

Er wollte ihn gerade danach fragen, doch sein Blick streifte Kate.

Nein, dachte er. *Behalt das besser für dich.*

Fürs Erste.

Und Ross kamen noch zwei weitere Gedanken, die er genauso wenig gegenüber seinem Enkel und seiner Frau oder irgendjemandem sonst äußern wollte:

Das Töten hatte ihn schon einmal verändert, damals, als er jung war.

Das Töten würde ihn ein zweites Mal verändern, jetzt, wo er alt war.

KAPITEL 30

WER SONST KÖNNTE MR X SEIN?

ALPHA …

Eine Stunde.
Zwei Stunden.
Noch dreißig Minuten.
Klick. Klick. Öffnen. Lesen. Weiter zur nächsten. Klick. Klick. Öffnen. Lesen.
Dann fand Alpha, wonach er suchte: eine Kurznachricht auf einer Website mit »Lokalnachrichten« aus der Gegend, in der Socgoal02 *und* die Freundin *lebten. Spärliche Angaben unter einer dürren Überschrift:*
Polizei verhaftet Mann wegen Verwendung falscher Kreditkarte.
Alpha war klar: Betrug. Ein geringfügiges Vergehen. Nicht einmal eine lokale Kurznachricht wert. Wenn überhaupt in Untersuchungshaft, dann wahrscheinlich sofort wieder draußen – es sei denn …
… es sei denn, die Gestapo witterte etwas Größeres dahinter. Weitere Klicks. Weitere Suchen. Dann endlich eine Prozessliste des Gerichts.
Ein Name, der bei ihm die Alarmglocken schrillen ließ.
Alpha wusste augenblicklich, dass er sich schnellstens auf den Weg machen musste.

In dunklem Ferragamo-Anzug, einen Aktenkoffer aus geprägtem Leder in der Hand, mit wenig mehr darin als einer Handvoll gefälschter Visitenkarten und einem Schreibblock für den Fall, dass er sich Notizen machen musste, nahm Alpha auf einer der hinteren Reihen des voll besetzten Gerichtssaals Platz und gab sich den Anschein, ganz selbstverständlich dort hinzugehören. Es war ein moderner Raum mit gnadenloser, greller Deckenbeleuchtung, unter der jeder so aussah, als befände er sich auf der letzten Reise in die Leichenhalle. Vorne in der Mitte befand sich die Richterbank aus Holz, seitlich davor standen zwei schlichte Tische und Stühle für den Rechtsbeistand, eine unbesetzte Geschworenenbank, dazu zwei Flaggen – die amerikanische und die des Bundesstaats Massachusetts. In der Nähe der Richterbank war ein muskelbepackter Gerichtsdiener postiert, dem die Botschaft ins Gesicht geschrieben stand: *Ich verstehe keinen Spaß, ich dulde keine Gefühlsausbrüche, egal, wie ungerecht du dich behandelt fühlst.* Weiter vorne saß eine Gerichtsschreiberin mittleren Alters mit maskenhaftem Gesicht an ihrer Maschine.

Weiter seitlich, sodass Alpha ihn gut sehen konnte, hing ein großer Flachbildschirm. In dem trostlosen Gerichtssaal drängte sich ein Bevölkerungsquerschnitt des Bundesstaats. Einige Vertreter des unteren Segments. Jeans und Kapuzenjacken, dreckige Fingernägel und verwitterte Gesichter. Einige Exemplare, die sich einen wohlhabenden Anschein gaben und offensichtlich zum ersten Mal seit Jahren ein Jackett und eine Krawatte aus dem Schrank geholt hatten. Andere, so wie Alpha, im Anzug und mit Aktenkoffer waren wohl Anwälte, die auf ihre Termine warteten. Mehrere hatten ihre Mandanten neben sich und flüsterten ihnen von Zeit zu Zeit Anweisungen zu, wie Alpha vermutete. So etwas wie: »*Sagen Sie* Ja. *Sagen Sie* Nein. *Sagen Sie* nicht schuldig. *Sagen Sie sonst nichts.*« Die Mandanten deckten alle Altersstufen ab. Einige wirkten ängstlich, andere abgestumpft gegenüber einer Show, in der sie schon allzu oft aufgetreten waren. Ein paar zappelten vor Unbehagen, andere schienen irritiert. Es gab etliche Polizisten in Uniform mit Vorladungsverzeichnissen oder Dokumentenmappen unter dem Arm, die sich schon jetzt zu langweilen schienen. Eine Reihe Detectives in Zivil, die regelmäßig auf die Armbanduhr sahen, als hätten sie Wichtigeres zu tun. Ein paar, die trotz des handgeschriebenen Schilds »*Alle Mobiltelefone aus*« an der Tür in ihre Handys flüsterten. Es war ein Ort, an dem die rudimentären ersten Schritte des Justizapparats für jedermann zu verfolgen waren. Alles Mögliche, von widerrechtlichem Betreten eines Grundstücks bis hin zu Gewaltverbrechen, wurde verhandelt. Alpha blickte in die Runde, um herauszufinden, welche Cops für Easys Fall zuständig waren. Er bemerkte einen geleckten jungen Detective und einen zerknitterten Typ mit Bürstenhaarschnitt zwei Plätze weiter. Sie schrieben wie wild Nachrichten auf ihren Handys. *Das müssen sie sein,* dachte Alpha. Womit er richtiglag.

In seiner schwarzen Robe fegte der Richter herein, und mit dem übrigen Publikum erhob sich Alpha aufs Stichwort.

Easy ist bestimmt der Erste, schätzte Alpha.

Womit er wieder richtiglag.

Der Richter warf einen Blick auf seine Prozessliste.

»Wir haben hier die Vorführung eines *John Doe* vor dem Haftrichter?«, fragte er in den Saal.

Der geleckte Detective und sein Bürstenschnitt-Partner hatten ihre Handys weggesteckt. Sie standen auf und quetschten sich an den Leuten in ihrer Sitzreihe, direkt auch an Alpha, mit einem wiederholten formalen »Entschuldigung« vorbei, begaben sich nach vorne und nahmen am Tisch des Bezirksstaatsanwalts Platz. Es folgte eine kurze Besprechung, dann wandte sich der Staatsanwalt an den Richter.

»Euer Ehren«, begann er, sichtlich bemüht, sich nicht zu verhaspeln. »Der Angeklagte weigert sich, seinen Namen und seine Adresse zu nennen, und er hatte bei seiner Festnahme keine Ausweispapiere bei sich, die nicht gefälscht oder gestohlen waren. Diese beiden Beamten sind von der Polizei Miami, wo der Angeklagte mehrerer Tötungsdelikte verdächtigt wird …«

Bei so einem Fall schicken sie die jüngsten, unerfahrensten Staatsanwälte im ersten Jahr vor, damit sie lernen, wie der Hase läuft. Der Staatsanwalt wandte sich kurz an die Polizisten, als wolle er sich bei ihnen vergewissern, dass sein kurzer Vortrag korrekt war. Weiteres Kopfnicken und kurze Verständigung im Flüsterton, dann fuhr er fort: »Sie warten im Moment noch auf verschiedene gerichtsmedizinische Ergebnisse und DNA-Testresultate … Diese sollten in Kürze vorliegen, sodass wir die Anklage entsprechend präzisieren können.«

Das klingt nicht gut, erkannte Alpha.

»Demnach liegen Beweise vor, die diese Person unmittelbar mit den von Ihnen erwähnten Verbrechen in Verbindung bringen?«, hakte der Richter nach.

Eine weitere kurze Besprechung zwischen Detectives und Staatsanwalt. »So sieht es aus, Euer Ehren«, erwiderte der junge Staatsanwalt.

Das wage ich zu bezweifeln, dafür ist Easy im Töten viel zu versiert. Aber allein schon die Tatsache, dass sie mit Beweisen rechnen …

… das ist nicht gut.

Der Richter nickte und wandte sich zum Fernsehbildschirm um.

Alpha reckte sich vor.

Er sah einen Mann von Ende dreißig im orangefarbenen Gefängnis-Overall, mit Dreitagebart und unbekümmertem Gesicht.

»Sie weigern sich, Ihren Namen zu nennen?«

»John Doe gefällt mir«, erwiderte der Mann grinsend.

Hallo, Easy.

Alpha lächelte ihm zu. Am liebsten hätte er ihm zugewinkt.

»Also, Mr Doe«, sagte der Richter in einem genervten Ton, der dem Angeklagten signalisierte: *Ich fasse es nicht, dass mein ohnehin schon viel zu langer Tag mit so einem Blödsinn anfängt.* »Wir haben keine Zeit für derlei Albernheiten …«

Easy zuckte mit den Achseln.

»Ich schon«, sagte er. »Ich habe alle Zeit der Welt.«

Mit dieser Antwort zerstreute er bei Alpha die letzten Zweifel daran, dass *John Doe* und *Easy* ein und dieselbe Person waren.

»Fürs Protokoll: Sie plädieren auf nicht schuldig«, fuhr der Richter fort. Brüsk. Nüchtern. »Und ordne, bis weitere Untersuchungsergebnisse vorliegen, eine Haft ohne Kautionsmöglichkeit an. Verfügen Sie über die Mittel für einen Rechtsbeistand?«

Easy lachte. Er klopfte sich mit der Hand an die Hüfte, als suche er nach einer Brieftasche.

»Nee«, sagte er und zog die Silbe in die Länge, als wolle er dem

Gericht den Stinkefinger zeigen. Selbst in Handschellen strahlte er Draufgängertum aus.

So wie ich es von ihm erwartet habe, dachte Alpha insgeheim.

Im Gesicht des Richters blitzte Verärgerung auf. Dann blickte er wieder nach unten. Alpha vermutete, dass er eine Liste mit Pflichtverteidigern durchging und darauf nach einem Namen suchte, der entweder etwas bei ihm guthatte oder den er bestrafen wollte. Oder auch beides. »Ihnen drohen möglicherweise schwere Anklagen, Mr Doe.« Der Richter ließ den Blick plötzlich über die erste Reihe der Anwälte schweifen, die hinter der Schranke saßen. »Mr Considine, können Sie diese ersten Schritte übernehmen und dafür sorgen, dass im Falle einer Überstellung von Mr Doe nach Florida Mr Does Rechte angemessen gewahrt bleiben?«

Daraufhin erhob sich ein schmächtiger Mann unbestimmten Alters mit schlechtem Haarschnitt und in einem abgetragenen, zerknitterten grauen Anzug, der zu seinem jetzt schon müden Gesichtsausdruck passte. Er sah in seinem Terminkalender nach und schüttelte den Kopf. »Ich habe mehrere Fälle anhängig, Euer Ehren …«

Und der hier riecht nach einem schlecht bezahlten Job, bei dem ich mir den Arsch aufreißen muss und am Ende noch den Hals riskiere, führte Alpha die Gedanken des zerknitterten Anwalts zu Ende.

Und damit liegst du wahrscheinlich in jeder Hinsicht richtig.

Das Gesicht des Richters verfinsterte sich. »Mr Considine, wir haben alle zu tun. Können Sie …«

Pinkel dem Richter nicht noch mehr ans Bein, dachte Alpha.

»Ja, Euer Ehren. Das kann ich übernehmen.«

»Ausgezeichnet«, sagte der Richter. »Ich weise Sie also dem Fall zu. Zum üblichen Gebührensatz.«

»Danke, Euer Ehren«, erwiderte der Anwalt.

Und der fragt sich: »Danke wofür?«, dachte Alpha.

Der Unglückliche wandte sich dem Bildschirm zu, um Easy ins Gesicht zu sehen. »Ich komme dann in Kürze zu Ihnen, Mr Doe. Bis dahin sprechen Sie bitte mit niemandem. Nicht mit anderen Insassen. Nicht mit Wärtern. Mit niemandem. Und schon gar nicht mit der Polizei.« Während er dies sagte, strafte der Anwalt die versammelten Detectives und den jungen Staatsanwalt mit einem warnenden Blick.

Alpha ließ den unglücklichen Mr Considine nicht aus den Augen. *Der Tropf hat keine Ahnung, worauf er sich einlässt.*

Alpha erhaschte einen letzten Blick auf Easy, der jetzt von einem Gefängniswärter aus dem Radius der Kamera weggeführt und im Handumdrehen von einem anderen Mann ersetzt wurde – dieser mit wildem Haar, wilden Augen und angsterfülltem Gesicht.

»Nächster Fall«, intonierte der Richter.

Alpha sah dem Easy zugewiesenen Pflichtverteidiger dabei zu, wie er seine Sachen zusammenpackte und zum Ausgang strebte. Er sah noch, wie die Polizisten wieder die Köpfe zusammensteckten, und stand auf, um den anderen zu folgen.

NIKI ...

WENN DIE WAHRHEIT UNGLAUBWÜRDIG WIRD UND LÜGEN LOGISCH ERSCHEINEN ...

Zuerst fühlte es sich so an, als habe ihr jemand die Sehnen durchgeschnitten, dann, als seien ihre Muskeln drainiert worden.

Und zuletzt kam es ihr so vor, als habe ihr jemand die Luft aus den Lungen gepumpt.

Schon nach drei Runden auf dem Krankenhausflur fühlte sich Niki ausgelaugt. Sie lehnte sich an eine Wand und kämpfte gegen die Tränen an. Die Pflegehelferin an ihrer Seite fragte sie, ob sie wieder ins Bett und sich ausruhen wollte, doch Niki schüttelte den Kopf. Sie stieß sich von der Wand ab und ging los. Einen Schritt vor den anderen. Dann mit größerer Schrittlänge. Dann die Arme mitgenommen. Dann ein wenig schneller. Ihr Krankenhaushemd flatterte ihr um den Leib. Es verdeckte nur notdürftig ihr nacktes Gesäß, das da, wo sie der Schuss gestreift hatte, mit Wundpflastern versehen war. Es war ihr egal. *Finde als Erstes zu einem regelmäßi-*

gen Schrittmuster zurück, schärfte sie sich ein. *Dann geh schneller. Und am Ende richtig schnell. Irgendwann schaffst du das.*
Die Ärzte hatten sie gewarnt, dass ihre Tablettenvergiftung und die Behandlung sie in ihren Fähigkeiten erst einmal einschränken würden, machten ihr aber Mut, sie mit entsprechender Übung schnell wiederzuerlangen. Niki war entschlossen, *schnell* in *Lichtgeschwindigkeit* zu verwandeln. Sie war entschlossen, sich auch künftig von niemandem schlagen zu lassen. Also lief sie weiter. Als sie am Schwesternzimmer vorbeikam, drehte sie sich, ohne aus dem Tritt zu kommen, zu einer Assistenzärztin und einer Schwester um, die an einem Computermonitor standen, und sagte: »Ich will heute hier raus, koste es, was es wolle.« Sie antworteten nicht. Niki blickte wieder geradeaus und lief weiter. Sie ignorierte die Erschöpfung, so, wie sie es auch bei einem harten Wettrennen tat, wenn sie sich mit jeder Faser auf die Ziellinie konzentrierte, und dachte nur an Connor, der jeden Moment zur Stationstür hereinkommen musste. Sie hoffte, dass er sie mit einem Lächeln begrüßen würde. Froh und glücklich, dass sie beide am Leben waren. Ihr wurde bewusst, dass sie viel zu bereden hatten.

Die Ermittlerin war skeptisch.
»Habe ich Sie da richtig verstanden? Sie sind im Internet irgendwelchen Leuten in die Quere gekommen, die beschlossen haben, Sie umzubringen, nur weil Sie die Typen mit Schimpfnamen belegt haben?«
Connor wurde klar, dass er wenig überzeugend klang.
»Ich glaube, ja.«
»Und zwar Leute, denen Sie nie persönlich begegnet sind?«
»Stimmt.«
»Also, ich weiß nicht, Connor. Das klingt ziemlich weit hergeholt«, erwiderte die Ermittlerin. Sie schüttelte den Kopf, machte sich aber Notizen. Auf dem Tisch in dem beengten Vernehmungszimmer lief ein kleiner, altmodischer Kassettenrekorder.
Connor sah zu Ross und Kate auf. Mit versteinerter Miene folgten sie dem Gespräch.

Wut stieg in ihm hoch. *Nur weil man jung ist,* dachte er, *hören sie nicht auf einen. Niki hat recht. Sie nehmen uns nicht ernst. Sie behandeln uns wie kleine Kinder. Dabei ist das, was uns passiert ist, so kindisch, wie es nur geht.*

Connor beugte sich zu der Polizistin vor.

»Wieso, Detective? Wieso halten Sie das für abwegig?«

Sie zuckte zwar mit den Achseln, musterte ihn aber mit einem eindringlichen Blick.

»Weil es für Mord gewöhnlich handfeste Motive gibt, Connor. Hass vielleicht. Wut ziemlich oft. Sexuelle Begierde von Zeit zu Zeit. Drogen recht häufig. Rache, wenn auch seltener, als Krimis suggerieren. Bei einer Mordermittlung lernt man als Erstes, sorgfältig nach dem Offensichtlichen zu suchen, denn darauf läuft es fast immer hinaus. Sie kennen ja den alten Spruch: *Wenn du hinter dir Hufe hörst, denk nicht an ein Zebra, sondern an ein Pferd.*«

Connor nickte. »Sicher, Detective. Deshalb haben Sie mich nach Drogen gefragt und Niki und …«

Sie fiel ihm ins Wort: »Und nach einem Selbstmordpakt. Bei Jugendlichen, die unter Depressionen leiden und sich ausgegrenzt fühlen, kommt das gar nicht so selten vor … bestimmt kennen Sie selber jemanden …«

Womit sie recht hatte. Er ließ ihre Gesichter Revue passieren. Niemand, den er gut kannte, aber mehr als einen. *In den USA kommt man nicht durch die Highschool,* dachte Connor, *ohne mit der einen oder anderen Tragödie konfrontiert zu werden. Aber,* dachte er auch, *das gilt nicht für uns. Nicht für Niki und nicht für mich.*

»Wissen Sie, Detective, was ich Ihnen erzählt habe, ist ganz und gar nicht so weit hergeholt«, sagte er bedächtig. Er versuchte, so wie Ross zu klingen, und hoffte, das Interesse der Ermittlerin zu wecken. »Im Internet bedrohen sich die Leute von morgens bis abends. Selbst ein Comedian, der in seiner Sendung für einen billigen Lacherfolg den falschen Politiker beleidigt, kann Gift darauf nehmen, dafür Todesdrohungen von irgendwelchen Trollen zu bekommen, und nicht nur er selbst, sondern seine Familie gleich mit …«

Die Ermittlerin nickte. »Teil unserer neuen anonymen Welt, nehme ich an, oder, Connor?«

»Ja«, antwortete er.

»Hören Sie, Detective«, meldete sich Kate zu Wort. »Connor ist hier das Opfer … genauso wie Niki …«

»Ja«, erwiderte die Polizistin in übertrieben nachsichtigem Ton, »schon klar. Fragt sich nur, wieso sie zu Opfern wurden. Ich meine, da haben ein paar Leute keine Mühe gescheut, um in dieses Zimmer vorzudringen, Niki diese Pillen in den Hals zu stopfen und Connor die Pistole an den Kopf zu halten. Ich versuche, das zu verstehen.«

Da sind wir schon zwei, dachte Kate. Doch sie hielt den Mund. Die Ermittlerin wandte sich wieder Connor zu.

»Also gut. Sie haben Ihren Laptop dabei, ja? Dann zeigen Sie mir diese Killer, die wegen einer einzigen Beleidigung hinter Ihnen her sind. Muss ja eine Wahnsinnsbeleidigung gewesen sein …«

»Ich glaube nicht …«, fing er an, überlegte es sich aber anders. »Deren Website ist bestimmt nicht mehr da«, sagte er. »Ich hab versucht, sie meinen Großeltern zu zeigen, aber …«

»Zeigen Sie es mir«, beharrte sie.

Connor bückte sich nach seinem Rucksack und zog seinen Laptop heraus. Dabei zitterte ihm die Hand ein wenig. Es widerstrebte ihm, einer Polizistin, so wie bereits seinen Großeltern, zu demonstrieren, wie vergeblich der Versuch war.

Er öffnete seinen Browserverlauf jenes Tages vor mehreren Wochen und zeigte auf einen Eintrag.

Die Polizistin beugte sich zum Bildschirm vor.

Er sah, wie sich ihr Blick in die Liste bohrte. Er sah, wie sie nach ihrem Notizblock griff.

»Da«, sagte er. *»Jack's Special Place.«*

»Okay«, sagte sie. »Also … wer ist Jack?«

»Keine Ahnung.«

»So wie *Jack-in-the-Box*, wo man diese miesen Burger kriegt? Oder Cracker Jacks, dieses dreckig süße Popcorn? Oder *Jack of all Trades,* Hansdampf in allen Gassen? Vielleicht jemand aus Jacksonville?

Jackson Hole? Oder vielleicht Jackson, Mississippi? Darüber gibt es einen alten Country-Song …«

»Keine Ahnung«, wiederholte Connor.

Die Polizistin machte sich eine Notiz. »Na schön«, sagte sie und schrieb ihren Eintrag zu Ende, bevor sie mit dem Stift auf eine Zeile im Browserverlauf zeigte. »Öffnen Sie die Seite.«

Connor schüttelte den Kopf. »Ich kann's versuchen, aber ich glaube …«

»Zeigen Sie's mir.«

Genau wie zuvor bei seinen Großeltern klickte Connor den Eintrag an und bekam nur *URL Not Found.*

»Ich schätze, sie haben den Chatroom verlegt. Oder gelöscht. Oder irgendwo versteckt. Es gibt da Möglichkeiten, wenn man im Internet nicht gefunden werden will. Die Spezialisten fürs Darkweb kennen sich da aus.«

Die Polizistin atmete langsam aus. »In Ordnung«, sagte sie, »ich setze einen unserer IT-Spezialisten darauf an. *Jack's Special Place.* Klar doch. Klingt ja wirklich speziell. Eher nach einem Restaurant. Können Sie mir sämtliche Schritte zukommen lassen, über die Sie dahin gekommen sind?«

»Also, ich kann's versuchen.«

Sie deutete auf den Computer. »Tun Sie's.«

Einen Moment lang legte sich Schweigen über den Raum, das nur vom Klicken der Tasten unterbrochen wurde, während Connor in einer E-Mail an die Ermittlerin eine Liste mit den Schritten zusammenstellte, an die er sich auf dem Weg zu *Jack's Special Place* erinnern konnte. Dabei wusste er, dass einige fehlten, weil er nicht mehr genau wusste, welche Tastenkombinationen er verwendet hatte.

»Okay«, sagte sie. »Und den nehme ich mit.«

Sie zeigte auf den Laptop. Connor zögerte, schob ihn dann aber über den Tisch. »Und die Passwörter. Alle!« Sie deutete auf einen Zettel.

Connor schrieb *Nikilove* auf.

Sie starrte auf das Wort. »Wie lieb«, meinte sie. »Noch andere?«

»Nein.«
»Den bekommen Sie zurück. Zu gegebener Zeit«, sagte sie. Was Connor vornehm für sich behielt, war die Tatsache, dass er gewohnheitsgemäß seine Browserverläufe und andere Informationen über die besuchten Websites löschte. In regelmäßigen Abständen. Alle paar Wochen. Seit er auf *Jack's Special Place* gestoßen war, allerdings nicht mehr.
Die Polizistin starrte auf den Bildschirm.
»Was sind das für Dateien?«, fragte sie.
»Hausaufgaben größtenteils«, erwiderte er.
»Eine hier heißt BF. Wofür steht das?«
Connor erstarrte. BF stand für *betrunkener Fahrer*. In der Datei hatte er seine gesamten Recherchen zu dem Mann gesammelt, der seine Eltern getötet hatte.
»Ach so«, sagte Connor. »BF steht für *Betrifft Fußball*. Ich mache mir To-do-Listen, zur Schule, aber auch zu allem Möglichen sonst …«
Er führte den Satz nicht zu Ende und hoffte, dass seine Lüge verfing. Dabei wagte er nicht, *GP* und *GM* anzusehen. *Wenn die beiden sehen, womit ich mich beschäftigt habe, wissen sie, warum.* Er sah die Polizistin an. *Wenn sie sieht, was ich recherchiert habe, weiß sie, was ich vorhabe.*
Er versuchte, der Panik Herr zu werden. *Einatmen. Ausatmen. Es ist wie vor einem Elfmeter.*
Die Ermittlerin beobachtete ihn einen Moment lang, griff dann in eine Schreibtischschublade und holte eine Mappe heraus. Sie enthielt acht, neun oder zehn Hochglanzfarbfotos, die sie Connor hinschob. Er schluckte. Auf den Fotos sah er das Gesicht des Mannes, den Ross erschossen hatte, aufgenommen im Zuge der Autopsie. Von vorne. Dann von halb rechts. Dann halb links. Mit einer klaffenden Wunde an der Schläfe. Keine schwarze Maske, die ihn versteckte. Nur tot. Connors Mund fühlte sich staubtrocken an.
»Wer ist das?«
»Ich weiß nicht.«
Ross schaltete sich ein.

»Muss das wirklich sein, Detective?«
»Ja. Sind Sie sich ganz sicher, dass Sie diesen Mann nie zuvor gesehen haben?«
»Ja.«
Sie wandte sich an Ross und Kate.
»Und Sie beide? Kommt er Ihnen vielleicht bekannt vor?«
Unter jeweils anderen Umständen hatten sie beide den Tod schon in Augenschein genommen. Deshalb schockierte sie der Anblick nicht annähernd so wie Connor, auch wenn er Ross einen Stich wie von einem Eiszapfen versetzte, als er sich klarmachte: *Das ist der Mann, den ich getötet habe.*
Ross schüttelte den Kopf. »Nein«, sagte Kate.
»Sind Sie ganz sicher?«, hakte die Ermittlerin nach. »Ich meine, haben Sie vielleicht schon mal einen Patienten auf der Intensivstation behandelt, der gestorben ist und wütende Angehörige hinterlassen hat? Oder als Sie, Mr Mitchell, bei der Zulassungsstelle an der Uni waren, haben Sie da vielleicht mal einen Studenten abgewiesen, der sich dafür an Ihnen rächen will?« Sie lächelte. »Erscheint Ihnen weit hergeholt, oder? Aber nicht mehr als das, was Connor uns erzählt hat.«
Nach kurzer Überlegung sagte sie: »Connor, was halten Sie davon, mir abgesehen von diesem *Jack's Special Place,* der nicht zu existieren scheint, noch von ein paar anderen Ihrer Computerrecherchen zu erzählen?« Sie drehte den Laptop wieder um und schob ihn Connor hin. Er wusste, dass noch einige Websites aus dem Darkweb darauf waren. Er zögerte. »Rufen Sie doch noch mal Ihre aktuelle Chronik auf«, ergänzte sie.
Er sträubte sich, begriff aber, dass ihm nichts anderes übrig blieb. Die Polizistin zeigte auf einen Eintrag in der Liste. *Wiemantötet.com.*
»Also, was mag Sie an einer solchen Seite wohl interessieren, Connor?«
Er antwortete nicht.
»Mord interessiert Sie, nicht wahr? Und auch Niki? Finden wir dasselbe auf ihrem Computer?«

Die Antwort war *ja.* Er sagte: »Nein.«
Sie drehte sich zu Ross und Kate um. »Wussten Sie, dass er sich auf solchen Portalen tummelt?«
»Nein«, sagten sie fast im selben Atemzug.
»Porno wäre besser«, bemerkte die Ermittlerin zynisch. »Das hier ist so was wie Todesporno.«
Die Polizistin beugte sich vor. Sie tippte mit dem Finger auf die Fotos des Toten.
»Das hier ist echt, nicht wahr, Connor?«
»Ja«, erwiderte er.
»Was glauben Sie, Connor, wer das ist?«
»Keine Ahnung«, sagte er.
»Keine Vermutung?«
»Nein.«
»Ein Typ aus der Versandabteilung einer Firma in der Nähe von Cleveland. Und jetzt sagen Sie mir, was diesen Mann veranlasst haben könnte, sich auf den weiten Weg hierher in unsere kleine Stadt im schönen Massachusetts zu machen, mit der Absicht, Sie und Niki zu töten?«
»Weiß ich nicht. Abgesehen von dem, was ich Ihnen schon gesagt habe.«
»Sagen Sie's mir, Connor. Glauben Sie, wir leben noch im achtzehnten Jahrhundert?«
»Was?«
»Ich meine, damals konnte eine Beleidigung in der Öffentlichkeit schon mal zu einem Duell führen. Hamilton und Burr? Gleichwertige Pistolen. Drei Meter Abstand und Schuss? Oder auch mit dem Degen, im Morgengrauen? Oder meinetwegen auch im ach so wilden Westen? Ein bisschen zu viel Hollywood für meinen Geschmack, *O. K. Corral* oder *High Noon,* so was in der Art. Und Sie glauben, das gäbe es heute noch in echt?«
»Weiß nicht. Ja. Vielleicht.« Connor fühlte sich in die Ecke gedrängt.
»Kommen Sie, Connor. Sie sind ein Einserschüler. Wie heißt noch dieses Stück über den Mann mit der großen Nase, der immer

gleich zum Duell herausfordert, wenn ihn jemand darauf anspricht …«

»Cyrano de Bergerac«, antwortete er.

»Ach ja. Hab ich noch vom College in Erinnerung. Sie meinen also, das hier wäre so was wie ein Duell? Im Ernst? Wegen einer tödlichen Beleidigung?«

Connor hätte schwören können, dass es mit einem Mal sehr heiß im Zimmer war. Einen Moment lang ruckte er unruhig auf seinem Stuhl herum, dann wurde ihm klar, dass er damit schuldbewusst wirkte, auch wenn er keine Ahnung hatte, was er sich hatte zuschulden kommen lassen. *Jemanden beleidigt zu haben?*

»Was halten Sie davon, erst mal nach Hause zu gehen und über all das in Ruhe nachzudenken?« Wieder beugte sie sich zu ihm vor. »Ich weiß, dass einiges von dem, was Sie mir erzählt haben, wahr ist, Connor. Aber ich glaube, es sind auch ein paar Lügen dabei. Vielleicht kommen wir voran, wenn Sie mir nur noch die Wahrheit erzählen«, meinte die Polizistin. »Ich muss herausfinden, in welcher Beziehung dieser Mann zu demjenigen steht, dessen Stimme Ihr Großvater und Sie gehört haben. Sonst kann ich nicht viel tun.«

Aus ihrem Ton war Misstrauen herauszuhören.

Sie schaltete das Aufnahmegerät aus und erhob sich.

»Ich sage die Wahrheit«, erwiderte Connor. »Sie gefällt Ihnen nur nicht.«

Dieser Protest zeigte keine Wirkung.

Auch Ross und Kate standen auf.

Nach kurzem Zögern meldete sich Ross in gewichtigem Ton noch einmal zu Wort. »Wissen Sie, Detective, ich hege keinen Zweifel daran, dass es auf die meisten Fälle, mit denen Sie zu tun haben, schnelle und offensichtliche Antworten gibt. Häusliche Gewalt. Rivalisierende Drogenbanden. So was in der Art. Aber es gibt auch Verbrechen, die nicht fein säuberlich in Ihre Schubladen passen.«

In diesem Moment war Ross sehr daran gelegen, dass die Polizistin ihm ins Gesicht blickte und in ihm den halb intellektuellen, pensionierten Universitätsangehörigen sah. Einen Mann, der regelmäßig Zeitung und außerdem Bücher liest, die es nicht auf die Bestsellerliste der *New York Times* schaffen, der den *New Yorker* und die *Atlantic Monthly* abonniert. Jemanden, der Weißwein trinkt und eine gepflegte Unterhaltung über Politik zu schätzen weiß. Nicht einen Mann, der keinerlei Reue darüber empfindet, gerade jemanden getötet zu haben.

Einen Fremden.

Einen Feind.

»Das wird sich zeigen«, erwiderte die Polizistin.

»Stimmt«, sagte Ross, »das wird sich zeigen.«

Ross nahm Kate, die geschwiegen hatte, bei der Hand. Mit dem freien Arm manövrierte er Connor vom Schreibtisch der Polizistin weg.

Kate flüsterte den beiden zu: »Connor, du hast das Richtige getan. Wenigstens hast du der Polizei gesagt, was du zu sagen hattest.«

»Sie glaubt mir kein Wort«, entgegnete er.

»Das können wir letztlich nicht sagen«, bemerkte Kate etwas steif.

Als sie die Wache verließen, murmelte Ross: »Als hätte ich es nicht geahnt. Mit den Cops zu reden, das war einerseits richtig, gleichzeitig fühlt es sich falsch an. Immerhin möglich, dass die jetzt übernehmen und der Sache zügig auf den Grund gehen, und wir sind da raus. Vielleicht sind sie längst dran und sagen es nur nicht. Wie auch immer, zumindest für eine Weile sind wir, denke ich, auf uns gestellt.«

Er war froh, dass er sich verkniffen hatte zu sagen, was er eigentlich dachte: *ganz und gar auf uns gestellt.*

Nach kurzem Zögern fügte er hinzu: »Wir und Niki. Wir müssen mit ihr darüber sprechen. Und gewappnet sein.«

Auf dem Weg zum Auto drängte sich Ross die Frage auf: *Gewappnet wogegen?*

Dann sagte er zu Connor: »Ich hab da noch ein paar Fragen.«

Zum Beispiel: Wie viel weißt du eigentlich übers Töten?

Doch statt die Fragen auszusprechen, biss er sich auf die Lippen. Er wollte Kate mit Connors Antwort nicht beunruhigen.

ALPHA ...

EINE SACHE SAGEN, EINE ANDERE MEINEN ...

Im Flur vor dem Gerichtssaal ließ sich Alpha in der Menschenmenge, die nach draußen strömte, absichtlich zurückfallen, um den Verteidiger, den jungen Staatsanwalt und die beiden Ermittler aus Miami im Auge zu behalten. Sie standen etwas abseits und steckten die Köpfe zusammen. Alpha beobachtete, wie der Staatsanwalt dem Verteidiger ein Papier aushändigte. *Anklageprotokoll.* Er sah, wie der Mann es überflog und sich den Polizisten zuwandte. Es folgte ein Wortwechsel. Kurz, aber lebhaft. Mit Kopfschütteln. Ausholenden Gesten. Der Anwalt machte sich Notizen. Nach einem weiteren Austausch Kopfnicken und Händeschütteln. Ihre Wege trennten sich. Alpha behielt den Verteidiger im Blick, der sich mit dem Rücken an die Wand lehnte und das Dokument noch einmal durchging. Die beiden Detectives aus Miami marschierten an Alpha vorbei und verschwanden in der Menschentraube.

Er wartete, bis sich der Verteidiger gesammelt hatte.

Alpha wusste, wo der Mann jetzt hinwollte.

Zurück zu den Haftzellen. Zu seinem Mandanten.

Ohne die leiseste Ahnung, wer ihn da erwartete. Nicht den blassesten Schimmer, über welche Fähigkeiten Easy verfügte, mit was für einem Kaliber er es zu tun hatte.

»Also, wer sind Sie?«

Auf die Antwort kann er lange warten.

Dann wird er sagen: »Das sind ernste Beschuldigungen, Mr Doe.«

Und Easy würde ihm ins Gesicht lachen.

Er wird sagen: »Die werden Ihre Haft nicht zur Kaution aussetzen.«

Womit Easy gerechnet hat.

Der Anwalt dürfte ungeduldig werden. »Wie soll ich Sie verteidigen, wenn ich nicht einmal weiß, wie Sie heißen?«

Darüber wird Easy vermutlich witzeln: »Tun Sie Ihr Bestes.«

Er wird Easy sagen, dass er wahrscheinlich nach Florida überstellt wird. Dabei wird er für sich behalten, dass er genau darauf hofft, um Easy und damit einen schwierigen Fall so schnell wie möglich loszuwerden. Er wird Easy sagen, dass diese beiden Detectives wahrscheinlich bereits einen entsprechenden Flug gebucht und mit der Airline Vorkehrungen getroffen haben. »Wir bringen einen Mann in Handschellen an Bord.«

Easy wird das egal sein.

Dann wird der Anwalt ihm sagen, es sähe besser für ihn aus, wenn er kooperierte. Wenigstens schon mal mit seinem Klarnamen rausrückte.

Schlechter Rat.

Easy wird ihn nicht befolgen.

Alpha sah sich unauffällig um. Er fühlte sich unsichtbar.

Gegen eine Welt der Polizei und der Staatsanwälte, der Verteidiger und Richter, eine Welt, in der man den Gesetzen ohne Ansehen der Person – wenngleich mitunter als Kuhhandel zwischen Anklägern und Verteidigern – Geltung verschaffte, gegen diese Welt fühlte sich Alpha vollkommen immun. So als schwebe er über den Dingen, als gingen ihn derartige Banalitäten nichts an.

Für mich gilt das alles nicht.

Für keinen von Jack's Boys.

Wir sind von einer anderen Welt.

In zügigem Schritt, an Leuten vorbei, von denen er kaum Notiz nahm, sodass er einen älteren Mann zur Seite stieß, eilte er dem Verteidiger hinterher.

KAPITEL 31

DIE ERSTE UNGEWÖHNLICHE UNTERHALTUNG ...

ALPHA ...

»Entschuldigen Sie, Mr Considine!«

Alpha hatte den Anwalt, der mit der Eile eines Verurteilten auf dem Weg zum Galgen in Richtung Zellentrakt lief, bis auf zwei, drei Schritte eingeholt.

Der Anwalt drehte sich um, musterte Alpha von oben bis unten – gut gekleidet, gepflegt, sportliche Figur, nur wenige graue Strähnen im gut frisierten Haar, kurz gesagt, ein wohlsituierter Mann. Er wirkte überrascht. Die unteren Stufen der Gerichtsbarkeit – Verkehrsdelikte, Scheidungs- oder Haftprüfungsverfahren wie das, dem Alpha gerade beigewohnt hatte – waren von eher graumäusiger Trostlosigkeit. Alpha verströmte hingegen das Selbstbewusstsein eines Mannes, der die Justiz auf seiner Seite weiß und eher in den Hallen des Supreme Court wandeln sollte.

»Ja?«, antwortete er. »Kann ich etwas für Sie tun?«

»Hätten Sie vor Ihrem Treffen mit Ihrem neuen Mandanten wohl einen Moment Zeit?«

»Meinem neuen ...«

»Mr Doe.«

Considine zögerte. Sein Gesichtsausdruck verriet einen Funken Interesse. »Sind Sie wegen dieses Falls hier?«

»Ja, in der Tat«, erwiderte Alpha.

»Dann kennen Sie ihn womöglich mit seinem richtigen Namen? Das würde die Sache für ihn sehr erleichtern.«

Nun ja, dachte Alpha und hielt seine Verärgerung hinter einem Lächeln zurück. *Du meinst nicht* für ihn. *Du meinst, für dich. Außerdem kommt es ganz darauf an, was du unter seinem* richtigen

Namen verstehst. In der einen Welt fungiert er unter dem einen Namen, darin bin ich nicht eingeweiht. Aber sein wahrer, klarster *Name lautet Easy. Nur dass ich dir über diese Identität deines Mandanten zu meinem Bedauern keine Auskunft geben kann.*
Und selbst wenn, wüsstest du wahrscheinlich sowieso nichts damit anzufangen.
Alpha schüttelte den Kopf.
»Das nun wieder nicht«, fuhr Alpha fort. »Aber lassen Sie mich Ihnen einen komplizierten Sachverhalt möglichst einfach erklären. Ich denke, ich kann Ihnen behilflich sein.« Alpha wusste, dass er bei dem Pflichtverteidiger mit diesem Angebot auf offene Ohren stieß.
Considine nickte. »Gut«, sagte er. »Aber machen Sie's kurz. Ich muss da rüber, bevor sie ihn wieder ins Gefängnis überstellen und es den ganzen Nachmittag dauert, bis ich ihn besuchen kann.«
»Selbstverständlich«, erwiderte Alpha. Er geleitete den Pflichtverteidiger aus dem Getümmel zu einem ruhigen Plätzchen an der Wand, wo niemand ihre Unterredung belauschen konnte. Auch wenn mit Sicherheit niemand im Flur ein Interesse daran hatte. An diesem Ort war jeder so von seinen eigenen Problemen in Anspruch genommen, dass er für nichts anderes einen Sinn hatte. Er hätte nackt durch den Flur laufen und einen zusammenfantasierten Mond anheulen können, dachte Alpha, und kaum jemand hätte Notiz davon genommen.
Considine beugte sich zu ihm hin.
»Also, inwieweit interessieren Sie sich für diesen Fall?«
»Am besten stelle ich mich Ihnen erst einmal vor«, erwiderte Alpha. Er holte ein kleines Lederetui aus der Innentasche seines Jacketts und klappte es auf. Darin steckten Visitenkarten aus edlem Pergament, die Alpha auf seinem Computer kreiert hatte, als ihm dämmerte, Easy könnte verhaftet worden sein. Dabei hatte er sich gleich mit Karten für mehrere Berufe eingedeckt, Arzt, Geschäftsmann, politischer Berater, Volkswirt. Er blätterte sie durch und fand diejenige, die ihm hier am zweckdienlichsten erschien. Er reichte sie dem Anwalt.

Die erste Zeile, in Fettdruck:

BRAVO INVESTMENTS LLC.

Darunter:

Alfred Erstman, J. D. M. B. A.
Präsident und Geschäftsführer
100 Jack Boy Street
Penthouse 1
St. Louis, Missouri

Auf den letzten Zeilen folgten Festnetz- und Mobilfunknummer, Internetauftritt und Fax.

Der Pflichtverteidiger sah sich die Karte an. *Scheinfirma und zugleich eine kleine Hommage an ihren ermordeten Gefährten. Falscher Titel. Falsche Adresse. Falsche Telefonnummern. Falsche Internetadresse.*

Wenn er diese Karte dagegen Easy übergab, würde dieser sofort begreifen:

Alfred für Alpha.

Erstman für den Ersten unter Gleichen.

Eine Jack Boy Street gibt es natürlich nicht, na und?

Für Easy alles glasklar. Und St. Louis – eine Zufallswahl – erfüllte nur das einzige Kriterium, dass seines Wissens keiner von Jack's Boys zu dieser Stadt in irgendeiner Beziehung stand.

Als Considine aufblickte, versuchte er zu verbergen, wie beeindruckt er war.

»Danke, Mr Erstman. Und inwiefern betrifft das meinen Mandanten John Doe?«

»Nennen Sie mich Al«, sagte Alpha jovial. »Wie in dem Paul-Simon-Song.«

»Okay, also Al, zu meiner Frage.«

»Die ich Ihnen gerne beantworten will, Mr Considine«, fuhr Alpha fort. Er rief sich ins Gedächtnis, dass er sich einer Sprache

bedienen musste, wie sie der Anwalt von dem oberen einen Prozent erwarten würde. *Kling wie jemand, der reich und wichtig ist, und er wird dich für reich und wichtig halten. Was ich, wie es der Zufall will, ja auch bin. Reich auf einzigartige Weise.*
Er holte Luft und ließ seiner Fantasie freien Lauf, baute nur hier und da eine Halbwahrheit ein, um seiner Geschichte Substanz zu verleihen: »Ich vertrete eine sehr wohlhabende und prominente Gruppe von Leuten mit einem substanziellen – wir reden hier von Hunderten Millionen, Mr Considine – Treuhandfonds. Nun habe ich vor Kurzem von einigen Treuhändern den Hinweis erhalten, dass einer der, sagen wir, etwas unberechenbaren Empfänger von Zuwendungen aus diesem Fonds hier in Ihrer hübschen kleinen Stadt verhaftet wurde. Mir wurde zugetragen, diesem Empfänger – ein schwarzes, ein pechschwarzes Schaf, Mr Considine – drohe womöglich eine schwerwiegende Anklage. Dies wiederum könnte unerwünschte Aufmerksamkeit auf die Treuhänder lenken, denen ihre Privatsphäre heilig ist, wenn Sie verstehen, was ich meine, Mr Considine. Ich möchte betonen, dass …«
Das, dachte Alpha, *ist wahr.*
Er fuhr fort:
»Ich wurde beauftragt, der Sache nachzugehen und mich darum zu kümmern. Aus diesem Grund bin ich auf der Stelle hergeeilt, mit dem Privatjet, wissen Sie. Erspart einem die ganzen bürokratischen Unannehmlichkeiten, aber wem sage ich das …«
Er legte eine wirkungsvolle Pause ein.
»… Und so habe ich es geschafft, heute Morgen gerade noch rechtzeitig zu diesem Haftprüfungstermin zu erscheinen. Nun sollten Sie etwas erfahren, das Ihre Aufgabe nicht gerade leichter macht. Diese recht prominente Familie hat mich etwas wissen lassen, was durch meine eigenen Kontakte mit Mr Doe Bestätigung erfahren hat … also, dass unser schwarzes Schaf häufig an Wahnvorstellungen leidet, dass er dem narzisstischen Spektrum zuzuordnen ist und möglicherweise auch noch heftige bipolare Stimmungsschwankungen zu ertragen hat, die ihn in Verhaltensextreme treiben, von äußerst rücksichtslosem, waghalsigem Benehmen – Sie

wissen schon, schnelle Autos, Frauen, Geld zum Fenster hinaus – bis hin zu beängstigenden Halluzinationen und anderen schwerwiegenden Geistesstörungen, die ich hier gar nicht ausführen will. Außerdem sind ihm suizidale Anwandlungen nicht fremd. Mal hat er sich für Tierschutz starkgemacht, dann ist er einer Nazipartei beigetreten. Dann fiel ihm plötzlich ein, die Religion zu wechseln. Er hat Judaistik studiert. Danach Scientology. Sie sehen, worauf ich hinauswill? Ich weiß nun aus zuverlässiger Quelle, dass er bedauerlicherweise schon seit Wochen, wahrscheinlich Monaten seine Medikamente nicht mehr nimmt und gegenwärtig darauf besteht, sie nie wieder zu nehmen …«

So lieferte Alpha im Schnellfeuertempo eine beängstigende Mixtur an psychiatrischen Diagnosen. Dass sich einige darunter gegenseitig widersprachen, fiel dem Pflichtverteidiger sicher nicht weiter auf. Considine hing ihm an den Lippen.

»Dieser vorläufige Polizeibericht zum Beispiel, den Sie da in Händen halten«, fuhr Alpha fort, »wurden in Mr Does persönlichem Besitz vielleicht Medikamente gefunden?«

Der Anwalt schüttelte den Kopf. »Da ist nichts aufgeführt.«

»Sehen Sie? Genau mein Punkt. Da hätten welche sein müssen. Antipsychotika.« Alpha wusste genau, was er sagte. Er forschte im Gesicht des Verteidigers:

Jetzt wird ihm mulmig bei der Aussicht, einen geistesgestörten Mandanten an der Backe zu haben … Andererseits sieht er Verteidigungsstrategien. Nicht schuldig wegen Unzurechnungsfähigkeit … beeinträchtigtes Urteilsvermögen … Er sieht Argumente, mit denen er den Fall gewinnen kann. Selbst ein wenig versierter Anwalt kann sich da eine Verteidigungsstrategie vorstellen, bei der er einerseits erfolgreich für seinen Klienten kämpfen und andererseits ein saftiges Honorar einstreichen kann. Eine Win-win-Situation.

»Wurden Waffen beschlagnahmt?«

»Nein, offenbar nicht.«

»Oder vielleicht persönliche Gegenstände – Handy, Laptop – so was in der Art?«

»Nein, nichts dergleichen steht in dem vorläufigen Bericht.«

Alpha atmete innerlich auf.
»Ich bin beeindruckt«, sagte Considine und streckte die Fühler aus. »Und was genau möchten Sie jetzt von mir?«
Alpha lächelte.
»Das ist Ihre erste Begegnung mit Mr Doe. Erlauben Sie mir, Sie zu begleiten.«
»Würde er Sie kennen?«
»Bedauerlicherweise nein. Wir sind uns noch nie persönlich begegnet. Aber wir haben in der Vergangenheit schon kommuniziert, er wird also wissen, wer ich bin. Und in wessen Auftrag ich komme.« Considine nickte. »Und was genau versprechen Sie sich von diesem Treffen?«
»Vielleicht bringt es ihn dazu, sich wenigstens schon einmal vorzustellen und sich weniger, wie soll ich sagen, renitent zu benehmen. Dann hingen Sie juristisch nicht länger in der Luft. Es könnte Fortschritte geben. Und ich könnte ihm gut zureden, dass die ganze Familie, von der er sich so entfremdet hat, in diesem Moment hinter ihm steht und bereit ist, ihm zu helfen – nicht nur in diesem ärgerlichen Kriminalfall, sondern auch, was die angemessene psychiatrische Betreuung angeht, auf die er so dringend angewiesen ist.«
Klinge ich nicht wie ein vor Wohlwollen triefender Menschenfreund?, dachte Alpha, innerlich grinsend.
Und wenn Easy eines nicht nötig hat, dann psychiatrische Betreuung. Considine schien über den Vorschlag nachzudenken.
Er wird über seinen Schatten springen, schätzte Alpha.
»Das wird es für alle Beteiligten leichter machen, mal ganz abgesehen davon, dass man Ihre Diskretion, sagen wir, entsprechend honorieren wird. Mit großem Wohlwollen.«
»Honoriert« in klingender Münze.
»Also, das ist ungewöhnlich. Ziemlich außer der Reihe …«
»Wie recht Sie haben! Aber Mr Doe ist nun mal – entgegen dem äußeren Anschein – auch wahrlich kein Klient von der Stange.«
»Sie könnten mir doch aber seinen Namen nennen, und ich richte ihm aus, was Sie ihm zu sagen haben …«

Ah, netter kleiner Versuch!

»Ich gehe davon aus, dass er sein künftiges Verhalten entscheidend ändern wird, wenn er es von mir persönlich erfährt«, sagte Alpha mit unschuldigem Augenaufschlag. »Außerdem wird es die anderen Familienmitglieder beruhigen, wenn sie wissen, dass ich ihn persönlich gesehen und ihm klargemacht habe, wie sehr sie sich um ihn sorgen.«

Seine Familienmitglieder: Delta, Charlie und ich.

Considine sah auf das Anklageprotokoll in seiner Hand.

»Glauben Sie, es gibt eine einfache Erklärung dafür, dass Mr Doe im Besitz der Kreditkarte einer ermordeten Frau ist? Etwas, das ihn nicht unmittelbar mit ihrem Tod in Verbindung bringt?«

»Ich bin mir sicher, dass wir den wahren Grund erfahren werden.«

»Die Untersuchungen, die da gerade laufen … DNA, Haarfasern, Fingerabdrücke, was weiß ich. Fest steht, dass sie ihn dieses Mordes anklagen wollen. Und sei es nur, weil sie keinen anderen Verdächtigen haben …«

»Sie erhoffen sich ein Geständnis, richtig, Mr Considine? Tut mir leid, ich habe seit Jahren nichts mehr mit einem Kriminalfall zu tun gehabt.«

Diese Lüge ging Alpha locker über die Lippen.

»Ja, ich denke schon«, erwiderte der Anwalt.

»Ein Grund mehr, ihn so schnell wie möglich zu besuchen und ihn daran zu hindern, Dinge zu äußern, mit denen er sich nur belastet. Oder etwas, das falsch verstanden werden könnte, Mr Considine. Wir wissen doch beide, wie die Polizei, wenn sie sich erst einmal auf jemanden eingeschossen hat, dessen Rechte mit Füßen tritt. Darüber hinaus können wir auf diese Weise verhindern, dass sich die Familien-Treuhänder einer höchst unerwünschten Publicity ausgesetzt sehen.«

Damit warf er dem Hund einen Knochen hin.

»Na schön«, sagte der Anwalt, »folgen Sie mir.«

Alpha überkam dasselbe Hochgefühl wie bei einem Schauspieler am Broadway, wenn am Ende des Stücks der Vorhang fällt und sich unter dem tosenden Applaus des Publikums wieder hebt.

DIE ZWEITE UNGEWÖHNLICHE UNTERHALTUNG …

EASY UND ALPHA …

Easy sah überrascht auf.
Zwei, wo er nur mit einem gerechnet hatte.
Den Anwalt, der ihm als Pflichtverteidiger zugewiesen worden war, erkannte er wieder. Selbst das unscharfe Bild auf dem Fernseher im Gerichtssaal hatte ihm die mickrige Figur unvergesslich eingeprägt. Doch der andere Mann neben ihm war aus anderem Holz geschnitzt. Easy war bei seinem Erscheinen augenblicklich hellwach und musterte ihn von oben bis unten, ohne sich sein Erstaunen anmerken zu lassen.
In einem kahlen Raum hatten sie Easy auf eine Stahlbank gesetzt. Wie schon im Verhörzimmer bei der Polizei stand in der Mitte, vor seiner Bank, ein Tisch. An den Ecken der Sitzfläche waren Stahlringe angelötet, um gegebenenfalls eine Kette und Handschellen hindurchzuführen. Easy war nicht gefesselt. Ob dies seitens der Gefängniswärter, die ihn zu seiner ersten Unterredung mit dem Anwalt hergeführt hatten, ein Versehen oder Absicht war, konnte er nicht sagen. Ihm wurde klar, dass es wohl eher daran lag, dass er des Mordes nicht angeklagt worden war.
Noch nicht.
Er faltete die Hände auf dem Tisch und beugte sich zu den beiden Männern vor, die ihm gegenüber Platz nahmen.
»Hallo, Herr Verteidiger«, sagte er. »Und wer ist das?« Dabei würdigte er den Anwalt keines Blickes.
Alpha lächelte.
»Wir haben schon mal miteinander kommuniziert, Mr Doe«, sagte er.
»Okay«, erwiderte Easy. »Und wann soll das gewesen sein?«
»Schon oft. Regelmäßig.«
Der Anwalt meldete sich zu Wort.
»Ich denke, es ist an der Zeit, dass Sie Ihren Namen nennen. Au-

ßerdem müssen wir miteinander durchgehen, was die Polizei gegen Sie in der Hand hat. Mr Doe. Sollten die laufenden Untersuchungen Sie mit diesem Verbrechen in Verbindung bringen, werden Sie einer schweren Straftat angeklagt. Und wenn Sie nach Florida ausgeliefert werden … vergessen Sie bitte nicht, dass es in dem Bundesstaat noch die Todesstrafe gibt. Hier in Massachusetts dagegen nicht. Es ist daher schon mal von größter Wichtigkeit, diese Auslieferung zu verhindern. Falls Sie ins Gefängnis kommen, dann ist dieser Bundesstaat hier entschieden vorzuziehen …«

Easy ignorierte den Anwalt.

»Sie sind hier …«

Alpha hielt die Hand hoch. Während er sprach, griff er zu seiner gefälschten Visitenkarte und legte sie vor Easy auf den Tisch.

»Im Auftrag Ihrer Familie. Die möchte Ihnen helfen. *Take it easy,* haben sie gesagt, alles wird gut.«

Easy warf einen kurzen Blick auf die Karte und wusste augenblicklich, wen er vor sich hatte.

Alpha.

Vor Aufregung zitterte er fast. Er fühlte sich geehrt.

»Hallo«, begrüßte er seinen Mitverschwörer.

Alpha fiel ihm ins Wort.

»Al Erstman.«

Alpha, der Erste. Easy war beeindruckt.

Er holte tief Luft. *Immer schön Haltung bewahren.*

»Wie schön, Sie endlich einmal persönlich kennenzulernen, Al«, sagte er. »Unser bisheriger Online-Austausch war mir stets ein Vergnügen.«

Der Anwalt unterbrach.

»Mr Erstman hat mir erklärt, Sie wären der Begünstigte eines Fonds. Er hat mich wissen lassen, die übrigen Treuhänder seien höchst besorgt …«

Treuhänder steht für Treue, dachte Easy. *Jetzt bist du am Zuge.* Jack's Boys *haben mir vertraut. Ich werde sie nicht enttäuschen.*

»Habe ich mir schon gedacht«, erwiderte Easy. Jedes Wort, das er sagte, richtete er an Alpha.

Von der Seitenlinie aus fuhr der Anwalt fort: »Ich vermute, dass Ihnen damit auch kein Pflichtverteidiger zusteht …«

Auch Alpha ließ Easy nicht aus dem Blick, fiel dem Anwalt jedoch mit selbstbewusster Nonchalance ins Wort. »Wie ich schon sagte, Mr Considine, wird Bravo Investments Ihre Honorarkosten begleichen.«

»Bravo hat ja bereits überaus großzügig investiert«, sagte Easy.

»Also«, antwortete der Anwalt. »Mr Doe, um hier weiterzukommen, muss ich, müssen wir wissen, wer Sie sind. Um eine angemessene Verteidigung auf die Beine zu stellen, ist Ihre Identität von …«

»Ich ziehe weiterhin John Doe vor«, sagte Easy. Dabei nickte er Alpha zu. »Ist nicht so … *easy,* meinen Klarnamen preiszugeben.«

Mit einem Lächeln hakte Alpha nach: »Auch mir wollen Sie diese Information vorenthalten?« Eine juristische Spitzfindigkeit. Easy nickte. »Selbstverständlich«, sagte er. Considine machte ein frustriertes Gesicht. Alpha und Easy mussten sich zusammenreißen, um nicht loszuprusten.

Sie waren beide voneinander wie elektrisiert. Obwohl es ihnen so vorkam, als würden sie sich schon eine Ewigkeit kennen, war es ein großartiges Gefühl, einander zum ersten Mal von Angesicht zu Angesicht zu begegnen. Easy war außer sich vor Begeisterung, fast wie ein Hundewelpe. Für Alpha fühlte es sich an wie das unverhoffte Wiedersehen mit einem alten Freund. Beide Männer hatten das Bedürfnis, sich über Dinge auszutauschen, die tabu waren – darüber, was Bravo zugestoßen war, und darüber, wie sie jetzt am besten weiter verfuhren. Beide hätten gerne miteinander über vergangene Triumphe geschwelgt. Über Fotos, Morde und Unterhaltungen gelacht, von ihrem gemeinsamen Erfahrungsschatz aus *Jack's Special Place* gezehrt. Insbesondere hätte Alpha liebend gern seiner Wut darüber Luft gemacht, dass *Socgoal02* und *die Freundin* mit dem Leben davongekommen waren. *Nicht mehr lange,* dachte er.

»Mr Doe, dann können Sie mir vielleicht zumindest sagen, was Sie über diesen Mord in Miami wissen«, versuchte der Anwalt sein Glück.

»Nicht viel«, antwortete Easy.
Wenn du's genau wissen willst, alles.
Das gilt auch für Alpha hier, weil ich mich über jede Einzelheit mit ihm und den anderen ausgetauscht habe.
»Also, irgendetwas werden Sie doch wissen«, hakte der Anwalt nach. Easy schüttelte den Kopf.
Alpha beugte sich ein Stückchen weiter vor, um Easy noch ein wenig näher zu sein.
»Diese gerichtsmedizinischen Untersuchungen – glauben Sie, die könnten Sie mit dem besagten Mordfall in Verbindung bringen?«
Mit erstaunter Miene drehte sich der Anwalt zu Alpha um. Keinem Verteidiger käme je diese Frage über die Lippen, schon gar nicht bei einem ersten Treffen. Ebenso gut hätte er fragen können: *»Waren Sie's?«*
Easy antwortete: »So oder so ist das nicht meine größte Sorge, Herr Anwalt.«
»Ich verstehe nicht ganz«, warf Considine ein.
Brauchst du auch nicht, dachte Easy.
Es genügt, wenn es Alpha und die anderen verstehen.
Was Alpha tat.
Früher oder später findet die Polizei heraus, wer Easy ist. Und selbst wenn sie keine stichhaltigen Beweise gegen ihn haben, gelangt sein Name in eine polizeiliche Akte und wird auch noch mit ein, zwei anderen Morden, wenn nicht noch weiteren in Verbindung gebracht werden. Heute, morgen, nächste Woche oder auch nächsten Monat, nächstes Jahr wird Easy ihr Haupttatverdächtiger, für immer und ewig. Von dem Tag an trägt er ein Kainsmal. Eine winzige Unachtsamkeit – eine verdammte Kreditkarte –, und er kommt nie wieder frei. Selbst wenn er irgendwo die Straße entlangläuft und vor Freude über das schöne Wetter Luftsprünge macht, ist er nicht frei. Die Anklagen werden ihm anhaften wie der Gestank eines Hundekadavers.
Alpha setzte seine Worte mit Bedacht: »Ich glaube, Mr Doe, Ihre Familie möchte Sie beschützen. Und umgekehrt.«
Easy schwieg einen Moment. Er ging die Möglichkeiten durch.
Seine Antwort war wohlüberlegt und nicht nur an Alpha, sondern

auch an Charlie und Delta gerichtet, wo auch immer sie gerade sein mochten.

»Nichts auf dieser Welt ist mir wichtiger, als meine Familie zu beschützen«, sagte er. »Bitte richten Sie das allen aus.«

Alpha nickte.

Genau die Antwort, mit der er gerechnet hatte.

»Ich würde die Familie nie einer Gefahr aussetzen«, fügte Easy hinzu, »ihre … Anonymität ist mir heilig.«

In dieser Sekunde wurde Alpha von einem höchst seltsamen Gefühl überwältigt, das er zum ersten Mal empfand. Er spürte die Loyalität, die aus jedem Wort sprach, das Easy sagte. Er spürte, wie das Band zwischen ihnen nur noch fester wurde. Jeder Moment, den sie auf *Jack's Special Place* miteinander verbracht hatten, untermauerte diese Beziehung. Er sah, wie sich ihm gegenüber Easy kerzengerade aufrichtete, wie er die Hände zu Fäusten ballte und das Kinn vorschob. Alpha sah die Entschlossenheit in seinem Gesicht und hörte die Ernsthaftigkeit in seinem Ton. Easy glich dem Spion, der sich in Feindeshand den Verhören stellt, ohne sich vor Folter zu fürchten. Ohne sich vor irgendetwas zu fürchten. Nicht bereit, auch nur das kleinste Detail seiner Aufträge preiszugeben, egal, wie viel Schmerzen und Qualen er dafür erdulden muss.

Alles in Alpha schrie danach, aufzustehen und seinen Kampfgenossen zu umarmen.

Er hielt sich zurück.

In ruhigem Ton erwiderte er: »Nun, die ganze Familie hofft, dass Sie tun, was für alle Beteiligten das Beste ist. Und, Mr Doe, Sie sollten wissen, dass sich für alles, was der Familie unlängst zugestoßen ist, eine Lösung findet. Ihr Einsatz und Ihre Loyalität waren stets von großer Bedeutung und werden es immer sein, egal in welcher Situation Sie sich befinden.«

Easy lehnte sich lächelnd zurück.

Tötet ihn. Tötet Socgoal02. *Tötet sie. Tötet* die Freundin.

Tut es für Bravo.

Tut es für mich.

Easy spürte im Raum eine Energie wie von einem Atommeiler.

Jetzt erst wandte er sich an Considine, der den Wortwechsel zwischen Alpha und Easy mit offenem Mund verfolgt hatte, ohne ein Wort zu verstehen, als habe er in einer Fremdsprache stattgefunden, deren er nicht mächtig war. Ein Dialog zwischen zwei Mitgliedern eines tief im Regenwald versteckten Stammes, der – isoliert und frei – noch nie mit der modernen Gesellschaft in Berührung gekommen war.

»Danke, Mr Considine. Seien Sie ganz unbesorgt, ich werde Ihren Rat befolgen und den Mund halten. Und sollte ich irgendeines weiteren Verbrechens angeklagt werden, sehen wir dann, wie wir weiter verfahren. Ich setze vollkommenes Vertrauen in Sie.«

Das, fügte Easy in Gedanken hinzu, *war ein Witz.*

Easy wandte sich wieder an Alpha.

»Ich fühle mich geehrt, dass Sie den weiten Weg zurückgelegt haben, um mich persönlich zu treffen. Ich werde Ihnen nie vergessen, welche Mühe Sie auf sich genommen haben …«

Mühe, wusste Alpha, stand für *Risiko.*

»Ich werde das hier klären, ohne auch nur eines der Familienmitglieder mit hineinzuziehen«, sagte Easy. »Seien Sie ganz unbesorgt. Ich werde tun, was nötig ist. Koste es, was es wolle. Vertrauen Sie mir.«

Sagen Sie allen Jack's Boys, *dass sie meinetwegen nicht um ihre Sicherheit zu fürchten brauchen.*

Alpha stand auf.

»Ich denke, wir sind hier fertig, Mr Considine. Aber, Mr Doe, ich bitte Sie, die Ehre ist ganz meinerseits.«

Auch der Anwalt erhob sich und ließ Easy am Tisch zurück.

Ohne sich noch einmal umzudrehen, verließ Alpha, dem Pflichtanwalt voran, den Raum.

EASY ...

Ein paar Sekunden lang blieb Easy allein im Vernehmungszimmer. Alles, was Alpha gesagt hatte, hallte in ihm wider. Es war merkwürdig, stellte er fest, sich gleichzeitig so energiegeladen und innerlich vollkommen ruhig zu fühlen. Fast kam das, was er empfand, an den Zustand beim Töten heran.

Als die Tür aufging, hob er den Kopf.

Zwei Gefängniswärter, einer mit Hand- und Fußschellen über dem Arm, traten ein.

Easy stand auf und streckte ihnen wortlos die Hände entgegen. Die Wärter legten ihm die Schellen an und schubsten ihn Richtung Tür.

Im Gang standen schon zehn, elf andere Männer Spalier. Alle ähnlich gefesselt wie er.

»Auf geht's«, sagte einer der Wärter.

Easy und die anderen Männer – ein Querschnitt durch die Welt der Alkoholiker, Drogensüchtigen, Einbrecher, jugendlichen Vandalen und sonstigen Straftäter – schlurften durch den Keller des Gerichts, bis sie die Tür zu einem Parkplatz erreichten. Draußen standen einige uniformierte Cops neben Streifenwagen und überwachten, wie die Männer in einen Transporter verfrachtet wurden, der sie ins Bezirksgefängnis zurückbrachte.

Er stieß einen Mann aus dem Weg, der nach Erbrochenem roch. Der Mann beklagte sich nicht.

Auf dem Weg durch die kleine Stadt starrte Easy aus dem Fenster. Er sah Menschen draußen vor einem Coffeeshop. An einer Tankstelle Autoschlangen an den Zapfsäulen. In der Nähe der Einkaufsgegend kam der Transporter im dichten Verkehr nur stockend voran, bevor er auf einer breiten Straße die Stadt hinter sich ließ. Das Gefängnis, ein hässlicher Betonklotz ein gutes Stück vom Highway entfernt, kam in Sicht.

Auf dieselbe Weise, wie sie in den Wagen verfrachtet worden waren, stiegen sie auch aus.

Die Männer wurden über einen Parkplatz und anschließend durch eine Tür geführt, die sich hinter ihnen schloss.
In einem langen Trakt wurden ihnen Zellen zugewiesen, und Easy wartete, bis er an der Reihe war. Vor seiner Zelle nahm ihm einer der Wärter die Hand- und Fußschellen ab. Dann wurde er unsanft hineingeschoben. Hinter ihm fiel krachend die Tür zu.
Erst jetzt drehte er sich zu dem Wärter um, der ihn einschloss.
»Hey«, sagte er.
Der Wärter sah auf.
»Du hast was zu sagen?«, fragte er grimmig.
»Ja«, erwiderte Easy.
»Na schön, John Doe, was gibt's?«
»Sie kennen diese Detectives, die Kleine von hier und die zwei Typen aus Miami?«
Der Wärter nickte.
Easy lächelte.
»Richten Sie denen bitte etwas von mir aus. Ich möchte mit ihnen reden. Die werden hören wollen, was ich ihnen zu sagen habe. Und sagen Sie denen, sie sollen sich beeilen, bevor ich es mir anders überlege.«

KAPITEL 32

ALPHA …

Er schüttelte dem Pflichtverteidiger die Hand, versprach ihm, sich in den nächsten Tagen wieder zu melden und sich mit ihm über ein gesondertes Honorar zu verständigen, mit dem der Treuhänder sich für dessen Mühe erkenntlich zeigen wollte. Als Considine das leidige Problem mit dem richtigen Namen zur Sprache brachte, erklärte er ihm, da seien ihm zu seinem größten Bedauern die Hände gebunden. Er versicherte Considine, zusammen mit ihm eine Strategie zu entwickeln, sobald er sich mit den anderen Familienmitgliedern des Bravo Investment Trusts verständigt hätte.

Kurz gesagt, er versprach ihm das Blaue vom Himmel herunter.

Nicht alles war gelogen. Definitiv hatte er vor, sich auf *Jack's Special Place* mit Delta und Charlie zu beraten.

Nachdem er sich von dem Anwalt verabschiedet hatte, begab sich Alpha zu seinem Leihwagen. Bis zum Rückflug in seine Stadt hatte er noch einige Stunden Zeit totzuschlagen.

Er wusste genau, wo er hinwollte.

Das Navigationssystem im Wagen führte ihn zur Straße von *Socgoal02* und dessen *Freundin*. Er parkte – genauso wie seines Wissens Easy nur wenige Tage zuvor – am Ende des Häuserblocks, starrte einen Moment lang einfach nur aus dem Wagen hinaus und versuchte, sich die Einzelheiten der Gegend einzuprägen. Es war früher Nachmittag, die Rasenflächen verschwanden unter dem Herbstlaub, das die eine oder andere Böe aufwirbelte und über die Bürgersteige wehte. Nicht weit von ihm spielten ein paar kleinere Kinder an einer Schaukel. Sie wurden von zwei Frauen in Parkas, eine davon mit einem Buggy, beaufsichtigt. Ein paar Autos kamen an ihm vorbei. Die neusten Modelle der europäischen und japanischen Mittelklasse-Limousinen oder auch der eine oder andere SUV für den Transport der Kinder zum Fußballtraining. Alpha suchte nach irgendeinem Anzeichen von Angst, nach irgendetwas, das eine unterschwellige Sorge in dieser heilen Vorstadtwelt verriet. Am liebsten wäre er ausgestiegen und hätte ihnen allen zugerufen: *Habt ihr eigentlich eine Ahnung, wer ich bin?*

Er hätte sie alle umbringen können.

Kinder. Mütter. Jugendliche. Väter. Den Gärtner. Den Pizzalieferanten.

Jeden, der sich hier selbstzufrieden in Sicherheit wähnte.

In diesem Moment wäre Alpha am liebsten ein wild um sich schießender Selbstmordattentäter gewesen. Texas Tower. Columbine. Las Vegas. Ein Amokläufer an einer Schule mit einem Manifest. Ein verdrossener, gut bewaffneter Angestellter, der über den Laden herfällt, der ihn gefeuert hat. Oder ein religiöser Fanatiker, von dem Gedanken besessen: *Jesus will, dass ich alle töte. Oder Allah. Welcher Gott gerade zupasskommt.* Ein irrer, politisch motivierter Fanatiker mit militärischem Hintergrund: *Ich dachte, die Regierung will mir meine Waffen wegnehmen, und wir müssen einen Rassenkrieg lostreten.* Ein Maskierter, ein Geistesgestörter im Kampfanzug mit Dschungeltarnmuster, der mit seinem Automatikgewehr wahllos in die Gegend ballert. Im allzu vertrauten heiligen Zorn amerikanischer Prägung wollte er am liebsten das ganze Viertel heimsuchen.

Er stieg aus.

Atmete schwer. Mit rasendem Puls.

Er stand am Straßenrand. Er sah auf seine Uhr.

Alpha dachte an Easys Dokumentation. Präzise Planungsdaten auf der Basis sorgfältiger Observierung.

Wenn Socgoal02 *und* die Freundin *schon wieder zur Schule gehen, sollten sie jetzt jeden Moment nach Hause kommen.*

Er rückte sich die Krawatte gerade. Strich sich über den teuren Anzug.

Ich bin unsichtbar. Fragt sich nur, für wie lange.

Er richtete den Blick wieder auf die Straße.
Er wartete.
Fünf Minuten. Zehn.
Zu lange. Jemand könnte auf ihn aufmerksam werden. Der Anzug ist eine gute Verkleidung. Aber nicht perfekt. Und nach Bravos tragischem Ende im Haus der Freundin *waren die Leute wahrscheinlich vor Fremden auf der Hut.*
Alpha stieg wieder ein. Er warf den Motor an und legte den Gang ein, fuhr auf die Straße und langsam an zwei Häusern vorbei. Bei der Vorstellung, wie Bravo da oben im Zimmer *der Freundin* ermordet am Boden lag, krallte er in blanker Wut die Hände ums Lenkrad.
Alpha hatte schon viele Opfer verfolgt. Er war ein Meister im Untertauchen. Noch nie war jemand hinter sein Geheimnis gekommen. Noch nie hatte ihn jemand erwischt, identifiziert oder auch nur Notiz von ihm genommen. Alpha wusste, dass es, wenn er zuschlug, für das Opfer immer völlig unerwartet kam. Wie der Blitz aus heiterem Himmel.
Nichts wünschte er sich so sehr, wie *Socgoal02* und *die Freundin* zu sehen.
Er wollte sehen, ob ihre Erfahrung sie verändert hatte. Ob Bravo sie vollkommen verändert hatte. Er wollte sehen, ob sie, misstrauisch und auf der Hut, vor Waffen strotzten. Oder ob sie sich nur noch mit einem Tross von Bodyguards, Polizisten, Angehörigen oder gar Scharfschützen in den Bäumen vor die Haustür wagten, wenn nicht gar mit einem Hubschrauber am Himmel. Oder wenigstens abgerichteten Deutschen Schäferhunden oder Rottweilern mit Schaum vor dem Maul, die an der Leine zerrten und nur auf das Zauberwort *Fass!* warteten, um ihre Beute zu zerfetzen.
Alpha wusste: *Das alles wäre durchaus angebracht.*
Er wusste auch: *Das werden sie nicht tun.*
Sie werden zurückwollen zur Normalität.
So schnell sie können.
Sie werden das, was ihnen passiert ist, so schnell wie möglich vergessen wollen.

Das liegt nun mal in der menschlichen Natur.

Wie dumm.

Er ignorierte den überwältigenden Drang, an diesem prächtigen Nachmittag auf die Einfahrt zum Haus *der Freundin* einzubiegen, auszusteigen, anzuklopfen und sich vorzustellen: »*Hi, ich bin Alpha, ich war gerade zufällig in der Gegend und dachte, ich schau mal vorbei …*« Stattdessen wendete er und fuhr davon.

Alpha grinste. Auch wenn er eigentlich vor Wut kochte, kehrte zugleich das berauschende Gefühl der Kontrolle zurück. Zum ersten Mal seit Bravos Tod musste er wieder an die Idee mit seinen Memoiren denken. Als er sich in der spießigen Welt von *Socgoal02* und *der Freundin* umsah, hatte er, wurde ihm schlagartig klar, in der Chronik seiner Morde ein neues Kapitel aufgeschlagen, das seiner Geschichte gerade durch die Harmlosigkeit der äußeren Umstände Tiefe und Kontrastschärfe verleihen würde. Besser noch: Es würde Bravos Opfer ehren und den geneigten Leser in Angst und Schrecken versetzen – in einen neuen Albtraum, der selbst den Experten, die sich einbildeten, Menschen wie *Jack's Boys* durchschauen zu können, nichts als Rätsel aufgab.

Eure lächerlichen Versuche, uns einzuordnen, sind zum Scheitern verurteilt. Alpha kam Arnold Schwarzeneggers berühmte Zeile aus dem ersten *Terminator*-Film in den Sinn. Er liebte den Streifen wegen der mörderischen Unbeirrbarkeit des Cyborgs. Der Cyborg besaß eine unglaubliche Kraft, dank seiner Programmierung eine übermenschliche Entschlossenheit und war noch dazu beinahe unverletzbar. *Das alles und noch viel mehr gilt auch für mich.*

Und so zitierte er bei seinem Abgang:

»*Ich komme wieder.*«

DELTA …

Er hing in der Luft.

Nachdem er wie immer die flehentlichen Bitten seiner Mutter und die stummen Blicke der Hospizschwestern ignoriert hatte, verließ Delta am Morgen die elterliche Villa und fuhr in die Stadt. Er parkte den Wagen und tauchte in den Strom der Angestellten, die, an den allgegenwärtigen Obdachlosen vorbei, zu ihren Büros und anderen Arbeitsplätzen eilten. Stundenlang lief er durch die berühmten Viertel – Chinatown und das Presidio, Fisherman's Wharf und den Golden Gate Park. Bis zur Erschöpfung. Bis ihm die Füße und die Knie wehtaten. Bis er die Blasen spürte, die er sich gelaufen hatte. Bis er vollkommen verschwitzt war. Er benahm sich, dachte er, wie ein Tourist, der auf Teufel komm raus sämtliche Sehenswürdigkeiten abhaken wollte, ohne sie wirklich zu sehen oder zu würdigen. *Ich war da.*

Er gab sich redliche Mühe, unter den Passanten nicht nach potenziellen Opfern Ausschau zu halten. Was unmöglich war. Mehr als einmal fasste er die eine oder andere Person ins Auge und stellte sich die Straße, auf der er sich gerade befand, bei Nacht vor, im Schutz der Dunkelheit.

Delta plagten Schuldgefühle. Oder etwas, das er dafür hielt.

Er ging im Kopf noch einmal Schritt für Schritt durch, wie er den Plan zur Ermordung von *Socgoal02* und *der Freundin* entwickelt hatte, nahm jedes Element unter die Lupe.

Er konnte keine Fehler entdecken und fühlte sich besser. *Nicht meine Schuld,* dachte er. *Na ja, vielleicht ein bisschen.*

Zu guter Letzt gönnte sich Delta eine Pause, ließ sich auf die nächstbeste Parkbank plumpsen. Nicht weit davon hatte sich eine Familie auf einer Decke ausgebreitet, während ihre kleinen Kinder daneben spielten.

Ihm wurde klar, dass sich mit Bravos Tod ein Klischee bewahrheitete: *Mit ihm ist auch ein Teil von uns gestorben.*

Und so ging Delta seine Optionen durch. *Jack's Boys* im Stich zu

lassen, kam nicht infrage. Das Kräftespiel der Gruppe war zu wichtig.
Was ihn zu der Frage führte, wo Easy steckte.
Er hoffte, dass Alpha mit seiner Suche erfolgreich war. Schon jetzt vermisste er Easys trockenen *Ihr könnt mich mal*-Humor.
Und dann wanderten seine Gedanken zu *Socgoal02* und *der Freundin.*
Ihm wurde bewusst, wie sehr es ihn wurmte, dass die beiden nicht tot waren. Dass Bravo tot war und sie noch lebten, verdankten sie einem unfassbaren Glück, Zufall oder auch göttlicher Fügung, jedenfalls etwas ganz und gar Unerwartbarem.
Ein Gedanke nagte an Delta und ließ ihn nicht mehr los:
Jede Minute, die sie weiter auf diesem Planeten herumlaufen, ist ein Affront.
Eine Beleidigung.
Ihr Überleben spottet unseren Fähigkeiten Hohn. Unserer Entschlossenheit. Unserem Können. Unserer Größe. Der unbezweifelbaren Gültigkeit unserer Entscheidung.
Er beschloss, darüber mit Alpha, Charlie und Easy zu reden, denn was als Nächstes passieren musste, lag auf der Hand.
Dies war der Moment, klar und unmissverständlich Flagge zu zeigen.
Delta blickte sich im Park um. Er sah jede Menge geeignete Opfer, die er mit dem größten Vergnügen ermorden würde. Diese junge Mutter da drüben mit ihrem Kinderwagen. Oder dieser Jogger, der auf seiner Apple Watch Strecken- und Zeitziel überprüft. Diese Turteltauben, für den Rest der Menschheit blind. Vielleicht auch der abgeranzte Penner da vorne, der Selbstgespräche führt.
Gleichzeitig wurde ihm klar, dass jeder von ihnen so lange das falsche Opfer war, bis sie die Richtigen zur Strecke gebracht hatten. Keiner von denen konnte mit den beiden Personen mithalten, die er *unbedingt* tot sehen wollte. Delta begriff, dass er erst wieder nach vorne blicken konnte, wenn diese Angelegenheit erledigt war.

Wenn nur endlich *Socgoal02* und *die Freundin* starben, käme er sogar damit klar, wenn seine Mutter und sein Vater sich noch eine Weile länger ans Leben klammerten. Das klang fast wie ein Witz von Easy, und Delta musste laut lachen.

CHARLIE ...

Zu Semesterbeginn hatte Charlie an mehrere Studenten Gruppenreferate zum Thema Kannibalismus vergeben. Eine Gruppe sollte zu westlichen kulturellen Tabus recherchieren. Eine andere den Forschungsstand zum *Korowai*-Stamm auf Neuguinea referieren, mit Schwerpunkt auf ihrer Praxis, Frauen zu verspeisen, die sie als Hexe ausgemacht hatten, weil sie Krankheit oder anderes Unglück über die Gemeinschaft brachten.

Wieder eine andere Gruppe sollte sich mit einer Variante des Kannibalismus befassen, die aus der Not geboren war, wie etwa bei den Überlebenden eines Flugzeugabsturzes in den Anden in den Siebzigerjahren. Ein weiteres studentisches Team hatte er beauftragt, sich mit Jeffrey Dahmer zu befassen, dem Kannibalen, der die Vorlage für Hannibal Lecter lieferte.

Diese Gruppe hielt ihr Referat als letzte.

Als sie es beendet hatte, fragte Charlie: »Können Sie irgendwelche Vergleiche zu den anderen Formen von Kannibalismus ziehen, von denen wir gehört haben?«

Der Sprecher der Gruppe – ein exzellenter Student, der höchstwahrscheinlich promovieren und eine glänzende Universitätslaufbahn einschlagen würde – antwortete prompt: »Ja. Es finden sich deutliche Ähnlichkeiten zu Aspekten bei jeder der anderen Gruppen.«

Der junge Mann schien sich seiner Sache sicher zu sein und rechnete offensichtlich mit der nächsten Frage: *Als da wären?* Den Blättern nach zu urteilen, die er in der Hand hielt, hatte er sich darauf vorbereitet. Sich Notizen gemacht. Dieser Student würde sich nicht so leicht von einer unerwarteten Frage aus dem Konzept bringen lassen.

Charlie beschloss, ihm einen Strich durch die Rechnung zu machen. »Haben Sie sich eigentlich schon mal gefragt, wie Menschenfleisch schmeckt?«

Es folgte leises Gekicher im Raum. Charlie lächelte, wedelte mit der Hand und sagte zu den Studenten: »Nicht? Also, sollte Ihr Zimmergenosse mal laut darüber nachdenken, melden Sie sich vielleicht besser beim Studenten-Center und bitten die, Ihnen ein anderes Zimmer zu geben.«

Und sorgte damit für lautes Gelächter.

Während Charlie den Blick über die Seminarteilnehmer schweifen ließ, die gespannt auf den Referenten blickten, gingen ihm Bilder von ihnen durch den Kopf. Tot. Mit zerfleischten Gliedmaßen. Dann zerlegt, gehackt, gebraten, gekocht, als Frikassee serviert. Im Wechsel sah er nunmehr Hunderte *Socgoal02s* und Hunderte *Freundinnen* im Seminarraum sitzen. Alle nackt. Es war fast so, als könnte er durch die Fenster nach draußen blicken und überall auf dem Campus nur nackte *Socgoal02s* und *Freundinnen* sehen, die auf den Fußwegen zwischen den Gebäuden dutzendweise zu den Instituten eilten, aus den Kantinen und den Wohnheimen kamen, auf den Höfen Frisbee spielten, sich zum Football oder zur Cheerleader-Übung anzogen. Er stellte sich vor, wie *Socgoal02* und *die Freundin,* mit dem Notizblock in der Hand, ohne sich für ihre Nacktheit zu schämen, wie Reporter für die Studentenzeitung an seine Seminartür klopften und fragten: »*Wieso wollten Sie uns töten?*«

Seine Welt, spürte Charlie, hatte einen Riss bekommen.

Alles, was sie über unvergessliche Wochen hinweg genüsslich vorbereitet hatten, war in einem einzigen Moment zunichtegeworden, weil es ihnen nicht gelungen war, das Pärchen zu töten. So kurz vor der Vollendung zu scheitern, war mehr als ärgerlich. Die Störung drohte sie auffliegen zu lassen. Der Wissenschaftler in ihm nahm eine Abschätzung vor.

Risiko gegen Belohnung.

Niemand auf der ganzen Welt wüsste von den Korowai *und ihren fragwürdigen Essensgewohnheiten, hätten sich nicht tapfere Wissenschaftler in ihre Welt vorgewagt, auf die Gefahr hin, selbst zum Mittagessen verspeist zu werden.*
Er versuchte, das Bild von Bravos Tod aus dem Kopf zu verbannen.
Er blickte in die Gesichter der Studenten.
Nach Charlies fester Überzeugung verstanden alle Studenten, dass sie aus ihren Fehlern lernen mussten, und nicht etwa nur, um sie nicht zu wiederholen. Die besten Studenten analysierten ihre Irrtümer und zogen daraus einen Erkenntnisgewinn. Jeder Fehler, selbst der kleinste, machte sie stärker.
Die letzte Gruppe im Kurs über Kannibalismus beendete ihren Vortrag, und die anderen Studenten applaudierten.
Sie werden alle Bestnoten bekommen, dachte Charlie.
Genau wie ich.

ALPHA, CHARLIE UND DELTA …

Am selben Abend schrieb Alpha auf *Jack's Special Place:*
Praktische Überlegung: Die Gestapo *wird sich Bravos Leben vornehmen, um eine Erklärung dafür zu finden, was ihn zum Haus* der Freundin *geführt hat. Und sie werden sich über den Videochat wundern und kapieren, dass diese Morde geteilt werden sollten. Nach meiner einschlägigen Erfahrung können sie den Feed zu keinem von uns zurückverfolgen. Da erwartet sie im Internet nur ein schwarzes Loch. Von der Seite her haben wir also nichts zu befürchten. Und ich glaube, es gibt auch sonst nirgendwo kompromittierendes Material.*
Kurz darauf meldete sich Charlie:
Darüber habe ich mir Sorgen gemacht. Danke.
Alphas nächster Beitrag:
Noch eine bestürzende Nachricht:
Easy wurde verhaftet.

Charlie und Delta fuhr der Schock in die Glieder. Es verschlug ihnen die Sprache. Alpha war sich der Wirkung seiner Nachricht bewusst und schrieb schnell hinterher:

Wegen anderer Vergehen. Er hat eine faule Kreditkarte benutzt, so wie Israel Keyes, dieser Mörder aus Alaska, der es in New Mexico vergeigt hat. Aber Easy hatte absolut nichts dabei, was ihn mit Bravo in Verbindung gebracht hatte. Oder mit uns. Und Easy wird Jack's Boys *schützen. Hundertprozentig. Von ihm haben wir nichts zu befürchten. Aber ansonsten müssen wir von nun an ohne ihn auskommen.*

Seine Worte hinterließen bei Charlie und Delta ein Loch, ein Gefühl, das ihnen normalerweise fremd war. Charlie fasste sich zuerst und schrieb:

Bist du sicher?

Mit der Frage hatte Alpha gerechnet.

Ja. Absolut. Ich konnte mich mit ihm in Verbindung setzen. Ich habe vollkommenes Vertrauen darin, dass die Anonymität von Jack's Boys *keinen Schaden nimmt. Er wird uns nicht verraten.*

Charlie und Delta lasen sich diese Antwort mehrmals durch. Sie hatten beide Fragen – die Wendung *in Verbindung setzen* konnte in ihrer euphemistischen Ausdrucksweise vieles bedeuten. Doch es war am bequemsten für sie, Alpha einfach beim Wort zu nehmen.

Und so schrieb Charlie:

Easy wird uns fehlen.

Und Delta fügte hinzu:

Mit seinem Humor. Seiner Fähigkeit, Informationen zu liefern. Seinem vielseitigen Musikgeschmack.

Über letztere Bemerkung mussten Alpha und Charlie schmunzeln. Sowie das Lächeln von ihren Gesichtern schwand, verbannten sie beide, ebenso wie Delta, Easy und alle Besorgnis um und über ihn aus ihren Gedanken. Jeder der drei Männer tröstete sich auf seine Weise mit dem beruhigenden Gefühl: *Wir sind in Sicherheit. Uns wird nichts passieren. Wir können so weitermachen wie bisher.*

Nach einem Moment der Funkstille schrieb Alpha:

Und wir sollten jetzt eine Entscheidung darüber treffen, wie es mit Socgoal02 *und* der Freundin *weitergehen soll.*

Charlies Antwort folgte prompt:

Ich habe darüber nachgedacht. Gründlich. Wenn wir die Sache nicht weiterverfolgen und zu Ende bringen, was wir angefangen haben, werden wir die beiden für den Rest unseres Lebens nicht mehr los. Fast unmöglich, weiterzumachen und die ganze Zeit über zu wissen, dass die noch am Leben sind und froh und munter vögeln, als wäre nichts geschehen.

Alpha starrte auf seinen Bildschirm und ertappte sich dabei, wie er zustimmend nickte. Ganz offensichtlich waren Charlie ähnliche Gedanken durch den Kopf gegangen wie ihm. Und so schrieb er:

Dazu habe ich mir zwei Dinge durch den Kopf gehen lassen:

Erstens … sind wir diesmal alle zur selben Zeit vor Ort.

Zweitens … müssen wir einen Zeitpunkt wählen, wo sie am meisten Angriffsfläche bieten. Nach dem, was mit Bravo passiert ist, werden sie deutlich wachsamer sein. Aber das hält nicht lange an. Früher oder später wird es ihnen zu viel, ständig auf der Hut zu sein. Das geht allen so.

Und … alte militärische Binsenweisheit: Armeen bereiten sich immer auf den Krieg vor, den sie gerade hatten, und nicht auf den von morgen.

Dem fügte Alpha – stets der Planer, stets der Philosoph – hinzu:

Folgender Vorschlag:

Lassen wir der Gestapo *Zeit, sich bis zum Überdruss in all den Sackgassen zu verrennen, in die wir sie führen. Lassen wir ihr Zeit, in neuen Fällen zu ertrinken. Sie werden frustriert sein und nach vorne schauen wollen. Ich tippe auf einen Monat. Vielleicht auch zwei. Mehr nicht.*

Dann kommen wir höchstpersönlich entweder zum nächsten oder zum letzten Akt von Jack's Boys *zusammen. Eins von beiden. Diesmal schwebt mir allerdings so etwas wie eine Romeo-und-Julia-Inszenierung vor, bei der zwei Familien den Preis dafür zahlen, dass ihre Kinder es vermasselt haben.* Das *wird all den kleinen Spießern da draußen ewig in Erinnerung bleiben. Ein Albtraum für alle. Wir setzen uns damit ein Denkmal, mit dem wir unserem Namensvetter alle Ehre machen.*

Von jetzt an sind wir drei.

Über diese Botschaft schüttelten Charlie und Delta den Kopf, doch nicht aus Verständnislosigkeit, sondern vor sprachloser Bewunderung und aus Wut darüber, dass *Socgoal02* und *die Freundin Jack's Boys* einen der Ihren gekostet hatten. Mit jeder Minute wuchs die Schuld, in der die beiden Jugendlichen bei *Jack's Boys* standen.

KAPITEL 33

UND WIE STEHT'S MIT EASY? …

Der Gefängniswärter würdigte Easy kaum eines Blickes, als er mit einem knappen »Gehen wir, Kumpel« gegen seine Zellentür schepperte. Mit einer stummen Geste forderte er ihn auf, die Hände durch die Gitteröffnung zu stecken und sich Schellen anlegen zu lassen. Ein zweiter Wärter stand mit Fußeisen bereit. Nachdem Easys Hände gesichert waren, bückte sich der zweite Wärter und legte ihm die Fußschellen um die Knöchel.

Easy grinste die beiden Wärter an.

»Die beiden Detectives, die Sie sprechen wollten, warten im Vernehmungszimmer«, sagte einer der Wärter, während er Easy vorwärtsschob.

»Wurde aber auch Zeit«, erwiderte Easy und schlurfte los. »Ich bin ein viel beschäftigter Mann. Das nächste Mal sollten sie sich besser bei meiner Sekretärin einen Termin geben lassen.«

Einer der Wärter musste darüber tatsächlich lachen. Von dem anderen bekam er nur einen weiteren Schubs.

Das Vernehmungszimmer im Gefängnis glich im Prinzip den anderen, in denen Easy schon gewesen war: eine Kamera dicht unter der Decke, ein Einwegspiegel zu seiner Observierung, ein Metalltisch mit einem eingeschweißten Ring an einer Seite, um ihn anzuketten, ein paar unbequeme Stühle aus Stahl.

Er wurde auf seinen Stuhl gesetzt und an dem Ring festgemacht.

Dann wartete er. An einer Wand hing – in unerreichbarer Höhe – eine Uhr. Easy sah, wie die Minuten dahintickten, und wettete insgeheim: *Sie werden mich fünf Minuten warten lassen, nein, zehn, um mir klarzumachen, wer hier das Sagen hat. Nämlich sie. Wenn sie sich da mal nicht täuschen.*

Als die Tür aufging und drei Detectives hereinkamen, war eine

Viertelstunde vergangen. Die zwei aus Miami sahen noch so geschniegelt beziehungsweise verknittert aus wie im Gerichtssaal, die Ermittlerin von hier machte Easy ganz den Eindruck, als habe sie bis gerade eben mit ihrer Freundin Gewichte gestemmt. Sie setzten sich.
»Sie wollten uns sprechen?«, ergriff die Frau das Wort.
»Ja.«
»Sie kennen Ihre Rechte? Sie wissen, dass Sie einen Anwalt haben, der Ihnen eindringlich geraten hat zu schweigen? Ihnen ist klar, dass Sie sich, wenn Sie jetzt mit uns sprechen, hinterher nicht auf Ihr Schweigerecht berufen können?«, klärte sie ihn auf.
Easy wusste, dass dies alles pro forma war.
»Ich kenne den ganzen Scheiß«, sagte er und zuckte mit den Achseln.
»Möchten Sie jetzt, nachdem Sie darüber aufgeklärt wurden, mit uns sprechen?«
Dies von dem Detective aus Miami. Überaus zugeknöpft. Misstrauisch.
»Offensichtlich«, erwiderte Easy. Er blickte zur Kamera hoch. »Nehmen Sie das auf«, sagte er in beinahe spöttischem Ton.
»Fürs Erste werden Sie lediglich beschuldigt ...«, fing die Frau an.
»Ich weiß, was man mir zur Last legt«, fiel ihr Easy ins Wort.
Er sah die Polizisten aus Miami an.
»Ist bei Ihren forensischen Untersuchungen was rausgekommen? Haare? DNA? Fingerabdrücke?«
Einer der beiden lächelte nur, ohne zu antworten.
»Also Fehlanzeige bis jetzt?«, hakte Easy nach. »Das übliche Schneckentempo der Bürokratie?«
Keine Antwort.
»Und? Meinen Klarnamen schon rausgekriegt?«
Keine Antwort.
»Aber Sie bemühen sich, richtig?«
Einer der beiden Detectives machte den Mund auf. »Selbstverständlich, was sonst.«
»Gar nicht so easy, was?« Der versteckte Hinweis auf seinen Eh-

rennamen bereitete ihm ein diebisches Vergnügen. Es war ein Witz, über den nur er selber lachen konnte. *Jack's Boys* hätten seinen Humor natürlich zu schätzen gewusst.

»Also«, fragte einer der Detectives, »wozu sind wir hier, Mr Doe? Was wollten Sie uns sagen?«

»Wäre es nicht für alle viel einfacher, wenn ich schlicht und ergreifend ein Geständnis ablegen würde?« Easy lehnte sich so weit zurück, wie es die Fesseln zuließen. Er verzog das Gesicht zu einem spöttischen Grinsen: »Ich meine, mit so einem Geständnis würde ich allen eine Menge Zeit, Energie und wahrscheinlich auch Unannehmlichkeiten ersparen, oder?«

Die Polizisten wechselten Blicke. Easy genoss das Theater.

»Natürlich, Mr Doe«, sagte der Geschniegelte. »Ich bin ganz Ohr.«

Easy nickte. »Also, Detective, wie viele ungelöste Mordfälle haben Sie denn in Ihrem Dezernat?«

»Da kommen ein paar zusammen. Die genaue Zahl weiß ich nicht.«

»So eine Statistik kann schon mal reichlich unangenehm sein, wenn das nächste Jahresbudget ansteht oder die nächste Bundeszuschussbewilligung, stimmt's?«

Der Detective zuckte nur mit den Achseln.

»Was wollten Sie mit uns besprechen, Mr Doe?«

Easy schwieg einen Moment, als müsse er sich erst entsinnen.

»Wir haben uns hier zusammengesetzt, um Ihnen das Leben etwas zu erleichtern, Detective. Wir sind hier, um einen Deal zu machen.« Das *wir* war als Pluralis Majestatis zu verstehen.

Im Vernehmungszimmer trat Stille ein.

Zeig nicht zu viel Eifer, Detective.

Bleib schön cool.

Sag etwas, um mich zum Reden zu bringen. Das haben sie dir beigebracht, zuerst auf der Polizeischule, dann auf der Straße und zuletzt, als du diese goldene Marke bekommen hast. Find einen Dreh, mir die Zunge zu lösen. Gib dich als mein Freund aus. Mein Vertrauter. Komm schon, Detective. Das ist die *Chance …*

»Was für einen Deal, Mr Doe?«

»Na ja, Detective, aus Ihrer Warte betrachtet, der beste Deal, den Sie sich denken können.«
»Ich höre.«
»Also, Sie haben forensische Untersuchungen zu, warten Sie, ein oder zwei Fällen in Auftrag gegeben? Zu diesen zwei Morden, ja?«
Der Detective antwortete nicht sofort, sagte dann aber: »Wie Sie bereits bei der Anhörung erfahren haben.«
Du hältst also hinterm Berg, ja?
Vor Freude und Erleichterung solltest du Luftsprünge machen, Halleluja singen, im Chor mit einem Haufen Kollegen, über einen solch unerwarteten Megaerfolg.
»Diese Fälle gehören in die Zuständigkeit des Dade County, richtig? Also Ihres Morddezernats? Erster Bezirk, oder?«
»Wieso fragen Sie, wenn Sie es so genau wissen?«
»Weil die Leichen in den Glades gefunden wurden, nicht wahr?«
»Ja.«
»Aber von ungelösten Fällen, die in die Zuständigkeit des Morddezernats Miami fallen, wissen Sie nichts? Die haben mit Ihrer Dienststelle nichts zu tun. Schon seltsam, wie die bürokratischen Mühlen in Florida mahlen – wie die Großstädte ihre eigenen Morddezernate mit jeder Menge Ermittlern haben, die Countys wieder andere, und wie die jeweiligen Ermittler sich gegenseitig nicht über den Weg trauen und ihre forensischen Untersuchungsergebnisse oder andere Erkenntnisse nicht miteinander teilen.«
Da war er wieder, dieser verstohlene Blickwechsel zwischen den beiden Detectives.
Einen Nerv getroffen, wie?
»Sie übertreiben, Mr Doe«, warf der Polizist ein, der immer noch an der Wand stand. »Unsere Dezernate kommen gut miteinander aus.«
Easy drehte sich zu ihm um.
»Wissen Sie was, Detective? Ich lüge Sie nicht an. Wieso tischen Sie mir dann Lügen auf?«
Der Detective hielt den Mund.

»Was soll das Ganze hier eigentlich werden, Mr Doe?«, fragte der gelackte Detective aus Miami.
»Wissen Sie was, Officer?«, fragte Easy in bedächtigem, sonorem Ton, sodass jedes Wort von den Wänden des kleinen Zimmers widerhallte. »Suchen Sie einfach *sämtliche* ungelösten Mordfälle mit Opfern zwischen sechzehn und zweiunddreißig bis dreiunddreißig Jahren zusammen, vornehmlich weiblichen Geschlechts, aber setzen Sie vielleicht auch männliche mit weiblichem Einschlag auf die Liste. Ach so, nur Weiße oder Latinos. Keine Schwarzen. Wenn ich mich recht entsinne. Und fordern Sie auch die von Miami an. Und danach rufen Sie die Kollegen in den Countys Broward und Fort Lauderdale an. Und vergessen Sie nicht Monroe, und schon gar nicht Key West. Wo wir schon gerade dabei sind: Lassen Sie sich am besten auch noch eine Liste aus Naples, Saint Petersburg und Tampa schicken. County und Stadt. Beschaffen Sie sich die alle, und zwar schnell, bevor ich es mir anders überlege und Ihnen vielleicht doch nicht sage, was ich Ihnen erzählen wollte. Und dann setzen wir uns wieder zusammen …«
Easy atmete langsam aus. Dann fügte er hinzu:
»Ach, Detective, diese Altersgruppen sind natürlich nur geschätzt. Denken Sie mit. Sie dürfen getrost davon ausgehen, dass ich nie eine nach ihrem Geburtsdatum gefragt habe. Oder danach, wo sie herkommt, oder auch nicht nach ihrem Namen …«
Easy verstummte und blickte zur Decke, als denke er nach.
»Hieß die eine nicht Suzy? Oder vielleicht Mary? War eine Consuela dabei? Oder doch eher Conchita? Muss mir entfallen sein.«
Damit müsste ich sie am Haken haben.
Als er weitersprach, brauchte Easy nicht lange zu überlegen.
»Wissen Sie was, Detectives? Wäre nicht schlecht, wenn Sie, wo Sie schon dabei sind, auch Ihre Vermissten durchgingen. Das wäre sogar ein sehr kluger Schritt. Ich meine, Sie haben doch eine Menge Fälle, bei denen Sie nicht einmal wissen, ob derjenige tot ist oder nicht, stimmt's? Keine Leiche. Kein Verbrechen. So etwas in der Art. Nur ein paar Leute in Oshkosh, Wisconsin, oder Santa Fe,

New Mexico, oder Biddeford Pool, Maine, die sich jede Nacht die Augen ausheulen, weil die kleine Kathy oder die kleine Sandy in den Ferien in den Sunshine State geflogen und nie nach Hause zurückgekehrt ist …«

Das, dachte Easy, ging den beiden mit Sicherheit unter die Haut, egal, wie cool sie sich gaben.

Lasst euch die Freude nicht anmerken, Jungs, und meine Dame, auch wenn ihr schon die Schlagzeilen mit euren Namen seht.

»Ich würde euch ja liebend gerne mit besseren Beschreibungen dienen, Leute, aber nach einer Weile verschwimmen die Erinnerungen. Vielleicht besorgen Sie sich Fotos, die Sie mir zeigen können. Das wäre durchaus sinnvoll.«

Wieder wechselten die Detectives Blicke.

»Na schön, Mr Doe, nehmen wir mal an, wir stellen eine solche Liste zusammen – was ein paar Stunden dauern wird, vielleicht auch einen Tag. Wie soll's dann weitergehen?« Dem gelackten Detective war der Eifer tatsächlich nicht anzumerken. Er sprach sehr langsam. Wog jedes Wort ab.

Darauf falle ich nicht rein.

Easy lächelte.

»Na ja, Detective. Dann reden wir. Oder genauer gesagt, dann rede ich, und Sie hören zu. Dabei fällt mir ein …« Easy zeigte auf die Kamera in der Ecke. »… ich denke, Sie sollten für den Anlass eine bessere Videoausrüstung besorgen. Mit High Definition. 1080i. Kinoqualität. Sie wollen doch das, was ich Ihnen zu sagen habe, nicht in altmodischem, grieseligem Schwarz-Weiß festhalten. Sie brauchen etwas, das jeden Blick und jede Geste gestochen scharf in Farbe aufnimmt.«

Easy war in Fahrt und beschloss, die Schraube noch ein wenig anzuziehen.

»Überlegen Sie doch mal, Detectives, welchen Ruhm Sie dann einheimsen werden. Jede Zeitung wird damit aufmachen, die Fernsehnachrichten werden über nichts anderes berichten. Und vergessen Sie nicht Ihre Beförderung. Ihre Vorgesetzten werden Sie mit Medaillen behängen, Stadtväter Ihnen symbolische Schlüssel überreichen. Sie werden berühmt. Sie erscheinen auf CNN. Oder in *60 Minutes.* Vielleicht schreiben Sie ein Buch darüber. Jedenfalls ist, soweit ich weiß, noch jedes Buch über Ted Bundy ein Bestseller geworden und hat dem Schreiberling inklusive Filmrechte ein hübsches Sümmchen eingebracht. Hollywoodproduzenten werden Ihnen die Bude einrennen. Vielleicht sollten Sie beide sich einen Agenten nehmen. Denken Sie über all das mal in Ruhe nach. Aber erst mal sollten Sie sich beeilen.«

Easy beugte sich vor.

»Beeilen Sie sich, Detectives. Ruhm, Reichtum, ein gewaltiger Karrieresprung – das alles ist mit Händen zu greifen. Aber auf solche Entscheidungen …«

Er legte eine wirkungsvolle Pause ein.

»Wie soll ich sagen, Detectives, darauf ist kein Verlass. Ich könnte es mir anders überlegen. Wer weiß, welche ernsthaften Bedenken mir plötzlich kommen? In zwei Minuten, zwei Stunden oder auch in zwei Tagen? Ich könnte doch noch den Schwanz einziehen und dem Rat meines Anwalts folgen. Was meinen Sie? Soll ich auf ihn hören? Auch wenn er nur ein unbedeutender kleiner Anwalt von der Stange ist, kennt er sich doch gut genug aus, um mir den guten Rat zu geben, am besten den Mund zu halten. Was meinen Sie, Detectives? Wäre ich damit gut beraten?«

Die beiden schwiegen.

Easy grinste wieder.

»Das war ein Witz. Leider hat niemand gelacht.« Der gelackte Detective veränderte unauffällig seine Sitzhaltung.

»Und was wünschen Sie sich im Gegenzug, Mr Doe?«

Easy überlegte einen Moment.

Ihm war klar, dass sie mit einer Forderung rechneten wie: *»Dass ich nicht die Todesstrafe bekomme«* oder *»meine Zeit im normalen Strafvollzug absitze«* oder sonst etwas, das sie ihm zum Schein versprechen konnten.

Stattdessen antwortete Easy: »Nichts. Außer Respekt.«

Für einen Augenblick herrschte Schweigen, doch Easy war in seinem Element und fuhr fort:

»Ich will das, was die große Aretha, Gott segne sie, gesungen hat: ›*R-E-S-P-E-C-T, find out what it means to me …*‹«
Easy erhob die Stimme wie die Popsängerin.
»Krieg das nicht ganz so hin wie die Queen of Soul, oder?«, erkundigte er sich und rechnete nicht mit einer Antwort.

NIKI – UND CONNORS NEUE NORMALITÄT …

Einen Tag bevor Niki aus dem Krankenhaus entlassen werden sollte, riefen ihre Eltern Connor an und baten ihn zu sich herüber. Er rechnete mit einer Standpauke. Oder auch mit etwas wie: *»Du kannst nicht länger mit unserer Tochter zusammen sein«*, oder *»Wir hassen dich«*, doch nichts dergleichen erwartete ihn.
Sie wollten einfach nur, dass er ihnen dabei half, Nikis Sachen aus ihrem Zimmer ins Gästezimmer zu schaffen und umgekehrt. Es waren ein paar schwere Möbelstücke dabei, der Schreibtisch etwa oder das Bett. Er sollte ihnen beim Aufhängen ihrer Bilder im neuen Zimmer helfen. Ihre Mutter sagte: »Sie wird nicht in einem Raum schlafen wollen, in dem ein Mann getötet wurde.«
Mit wackeliger Stimme hatte die Mutter hinzugefügt: »Würde ich auch nicht wollen. Vielleicht wäre es das Beste, wenn wir umziehen würden.« Doch als sie Connors untröstliche Miene sah, schwieg sie. Allein schon der Gedanke war ihm unerträglich.
Umso mehr strengte er sich an, das neue Zimmer so einladend wie möglich zu gestalten. Er versuchte, es mit Nikis Augen zu sehen. *Das Bild da wird sie vom Bett aus vor sich haben wollen. Ihre Bücher hat sie sicher gerne ordentlich im Regal stehen. Den Schreibtisch will sie bestimmt vor dem Fenster haben.*
Wahrscheinlich will sie möglichst wenig Veränderung.
Vielleicht will sie aber auch, dass alles anders ist.

Ihre Eltern holten sie ab.
Auf der Heimfahrt sagte Niki kein Wort. Irgendwann sprach ihre

Mutter sie an, wenig später ihr Vater, doch sie bekam nichts davon mit. Sie starrte nur durch das Fenster auf die vorbeirauschende Welt und dachte daran, dass nichts mehr so wie vorher war, obwohl sie nicht die geringste äußere Veränderung sehen konnte. Dieselben Herbstfarben. Dieselben Autos vor dem Lebensmittelladen. Dieselben Leute auf den Bürgersteigen. Dieselben Hunde an der Leine. Dieselbe Sonne, die im Westen unterging. Eine Sekunde lang versuchte sie zu begreifen, wieso sie zu ihren Eltern nicht dieselbe Liebe und Zugehörigkeit empfand. Ihr kam der seltsame Gedanke: *Die ist da noch irgendwo tief drin. Im Moment komme ich nur nicht dran.* Sie betrachtete ihr Leben und versuchte dahinterzukommen, was nicht mehr so wie früher war. In der Schule würde sich nichts ändern: *Ich war schon immer eine Außenseiterin, das wird sich höchstens verstärken. Alle werden mich jetzt für noch seltsamer halten. Und über das, was passiert ist, werden jede Menge Gerüchte und Missverständnisse die Runde machen. Die Spekulationen werden sich überschlagen.* Sie fragte sich, wie gut sie wieder rennen würde: *Wie viel habe ich eingebüßt? Sekunden oder Minuten? Bin ich noch unschlagbar?* Sie beschloss, nach ihrer Rückkehr sofort wieder mit dem Training anzufangen. Ihr stellte sich die Frage, ob sich das, was geschehen war, auf ihre College-Chancen auswirken würde: *Wie werden sie sich das erklären, falls es ihnen überhaupt zu Ohren kommt?* Nackt. Drogen. Mordversuch. Krankenhaus. Das alles vermengte sich in ihrem Kopf zu einem Gebräu, das ihre Zukunft bedrohte. Sie beschloss, sich damit an Ross zu wenden – nicht an den ehemaligen Marine-Soldaten, Schützen und Lebensretter, sondern an den Universitätsangehörigen im Ruhestand, der für die Zulassungen verantwortlich gewesen war und ihr sagen konnte, was sie bei ihren Bewerbungen erwartete. Auch kam ihr die Frage, ob sie Ross etwas schuldig war, da sie ohne sein Eingreifen jetzt tot wäre, wusste aber nicht, wie sie ihm danken sollte. *Was könnte dafür angemessen sein?* Sie hätte gern gewusst, ob ihre Eltern – sosehr sie einen solchen Gewaltakt innerlich verabscheuten – gegenüber ihrem Retter eine ähnliche Verpflichtung empfanden. Sie war zwischen widerstreitenden Gefühlen hin- und hergerissen. Sie wusste auch, dass Kate in der Notaufnahme bei ihr gewesen und ihr die Hand gehalten hatte. *Noch eine Dankeskarte? Und Blumen?* Niki hatte Kates Stimme im Ohr, wie sie ihr Mut machte und sie anfeuerte, zu kämpfen und zu überleben. Die Erinnerung war wie ein Traum. So als habe sie die Worte aus einem anderen Zimmer gehört.

Doch am meisten sorgte sich Niki um Connor.

Ist zwischen uns jetzt alles anders?

Oder hat sich nichts geändert?

Liebt er mich noch?

Liebe ich ihn noch?

Was ist mit uns passiert?

Niki hatte Angst vor Berührung und sehnte sich zugleich danach. Sie hörte ihre Mutter sagen: »Niki, Liebes, dein Vater und ich fänden es gut, wenn du dich ein paar Mal mit einer Therapeutin zusammensetzt, einfach nur, um das, was du durchgemacht hast, zu verarbeiten. Sonst könnte es dir dauerhaft Probleme bereiten, und das kann schließlich niemand wollen. Wir haben schon mal vorsorglich einen Termin für dich gemacht.«

Niki war verärgert – *ich brauche keine Hilfe, ich komm schon klar!* Aber sie war vernünftig genug, ihre aufflackernde Wut herunterzuschlucken und zu lügen:

»Ist vielleicht eine gute Idee. Ich denk drüber nach.«

Ihr Vater sagte in feierlichem Ernst: »Du kannst von Glück sagen, dass du noch am Leben bist.«

Worauf du Gift nehmen kannst.

»Es wird ein paar neue Regeln geben«, fügte er hinzu.

Worauf du Gift nehmen kannst.

»Wenn wir zu Hause sind, setzen wir uns alle zusammen – wir und Connor und seine Großeltern – und arbeiten sie aus.«

Niki konnte es kaum abwarten, endlich Connor wiederzusehen, nicht nur im Krankenhaus, um schweigend Händchen zu halten; ebenso wenig, um bei sturmfreier Bude Sex mit ihm zu haben, sondern um gemeinsam herauszufinden, wie sie beide das alles verändert hatte.

Von dem, was ihre Eltern ihr zu sagen hatten, wollte sie nichts hören. Sie redeten immer noch auf sie ein, doch sie holte Ohrhörer und ihr Handy heraus und drehte sich zum Fenster um, während sie Jefferson-Airplane-Songs aus den Sechzigern und Fleetwood Mac aus den Siebzigern spielte und sich plötzlich so alt fühlte wie die Songs.

Wenn es nach Connor gegangen wäre, hätte alles möglichst bald wieder möglichst normal sein sollen, genauso wie bis zu dem Moment, in dem der Mann in Ninja-Kluft in ihr Zimmer gestürmt war.

Er wusste, das war zu viel verlangt.

Bedrückt saß er neben Niki auf dem Sofa, so gerade eben berührten sich ihre Schultern. Ihnen gegenüber hatten sich Nikis Eltern mit *GP* und *GM* zu einem Treffen der beiden Familien zusammengefunden, bei dem sie eigentlich über alles, was geschehen war, sprechen wollten, das aber am Ende darauf hinauslief, Regeln und Beschränkungen zu diskutieren.

Er musste plötzlich an die Lacher denken, die der Komiker Bill Maher für seine satirischen Kurznachrichten *New Rules* bekam.

Im Hause Mitchell lachte niemand.

Hier stellte man nur rauf und runter Regeln auf.

Für die Wochentage wurden für die Zeit ab Schulschluss regelmäßige Meldungen per Handy festgelegt, übers Wochenende von morgens bis abends. Keine langen Abende oder Nächte. Grundsätzlich keine Treffen zwischen den beiden ohne Aufsicht: Wenn Connor zu Niki herüberkam, musste ein Elternteil im Haus sein. Unterm Strich, das wurde Niki sehr schnell klar, wäre sie überhaupt nie mehr allein zu Hause. Oder auch sonst irgendwo. Das hatte weniger mit Sex zu tun als mit der Fassungslosigkeit ihrer Ex-Hippie-Eltern über das, was den beiden Teenagern zugestoßen war. Gleichzeitig wurde beiden der Computerzugang drastisch beschnitten. So waren sämtliche Passwörter und Internetverläufe täglich mitzuteilen und zu überprüfen. Kein heimliches Surfen im Darkweb. Kein Inkognito-Modus. Nur Hausaufgaben. Kein Face-

book oder Instagram, keine Podcasts. In digitaler Hinsicht wurden sie um ein Jahrzehnt zurückgestuft.
Keiner von ihnen hatte Lust, sich dabei Sprüche anzuhören wie: *»Das ist nur zu eurem Besten«* oder *»Wir müssen dafür sorgen, dass ihr euch nicht unnötig weiteren Gefahren aussetzt«*. Hätten sie Connor gefragt, wäre es für ihre Sicherheit besser gewesen, wenn er und Niki ein paar Trainingseinheiten im Nahkampf bekommen hätten. Er spielte mit dem Gedanken, sich ein Jagdmesser in den Schulrucksack zu packen, wusste allerdings, dass er von der Schule fliegen würde, wenn es entdeckt würde. Niki dachte weniger an Waffen als daran, dass sie üben musste, in jeder noch so prekären Lage einen Notruf abzusetzen. Außerdem war sie in Versuchung, nie mehr ohne Pfefferspray aus dem Haus zu gehen, wusste aber, dass dies ein Grund war, sie von der Schule zu verweisen. Auf keinen Fall sollte ein entsprechender Vermerk in ihren Bewerbungen fürs College stehen.
Connor und Niki erklärten sich mit allem einverstanden. Zwar brachten sie den einen oder anderen Einwand vor und erinnerten mit genervtem Augenrollen daran, dass sie keine kleinen Kinder mehr waren, doch insgeheim wussten beide, dass die Beschränkungen, wenn sie sich ihnen jetzt fügten, nach und nach gelockert würden, sobald die Wunden bei allen allmählich verheilten.
Connor taxierte: *zwei Wochen, vielleicht auch drei. Dann sind sie es allmählich leid, unablässig darauf zu pochen. Und für uns wird alles allmählich wieder normal.*
Niki wurde klar, dass sie mit ein bisschen Planung und Vorausschau letztendlich mit allem durchkommen würden, womit sie durchkommen wollten.
Zum Beispiel die neue Regel: *Wenn Connor rüberkommt, muss immer ein Erwachsener im Haus sein.*
Ihr könnt mich mal, dachte sie.
Träumt weiter.
Doch im Vertrauen darauf, dass sie ihre Eltern in diesem Punkt austricksen konnten, stimmte sie klaglos zu.
Dasselbe galt für andere allzu unliebsame Vorschriften.

Je mehr sie in diese Richtung dachte, desto näher fühlte sie sich Connor.
Allein schon, auf seinen Atem zu hören oder die Muskeln an seinen Armen zu spüren, wenn sie sich an ihn lehnte, gab ihr ein beruhigendes Gefühl.
Connor erging es ähnlich.
Ihn quälte die Vorstellung: *Um ein Haar hätte ich sie umgebracht.* Auch wenn das so nicht ganz stimmte, war der Gedanke nicht völlig daneben. An einem Punkt in dem langen Hin und Her drückte ihm Niki die Hand. Es war fast so sinnlich wie ihr erster Kuss.
Während der ganzen Zusammenkunft machte Ross kein einziges Mal den Mund auf. Er überließ Kate das Reden. Er blickte von den beiden jungen Leuten zu Nikis Eltern und schließlich zu Kate, die mit lebhaften Gesten etwas erläuterte, das an ihm vorbeirauschte, und dachte nur:
Alle glauben offenbar, es ist vorbei.
Alle wollen *glauben, es sei vorbei.*
Alle wünschen sich so schnell wie möglich den Anschein von Normalität zurück.
Ich auch.
Und das kann ein verhängnisvoller Fehler sein.
Ich brauche mein Gewehr zurück.

EASY UND DAS SENSATIONELLSTE, FÜRCHTERLICHSTE GESTÄNDNIS ALLER ZEITEN …

Easy legte während seiner kurzen Haft ein vorbildliches Betragen an den Tag.
Bei jeder Gelegenheit *Entschuldigen Sie bitte* und *Herzlichen Dank, Officer.*
Während die Detectives fieberhaft damit beschäftigt waren, die verlangten Informationen einzuholen, musste er sich im Warten üben. Er malte sich aus, wie sie sich in panischer Hektik quer

durch Florida mit den Kollegen der fraglichen Morddezernate in Verbindung setzten. Natürlich mussten sie die entsprechenden Diensthilfegesuche irgendwie begründen: »*Wir haben hier einen Tatverdächtigen, der ein Geständnis ablegen will …*« Sie mussten Namen und Daten und Fotos aus Dutzenden Bezirken zusammentragen und sich gleichzeitig ebenso viele neugierige Ermittler vom Halse halten. Dabei mussten sie an diese Listen kommen, ohne anderen Dezernaten ihren genauen Ermittlungsstand preiszugeben. Oder etwa, wo ihr John Doe einsaß. Sobald sie nämlich verrieten, jemanden in Untersuchungshaft zu haben, der es kaum abwarten konnte, sich zu zahlreichen Verbrechen zu bekennen, würde jedes Morddezernat darauf bestehen, eigene Leute in die Haftanstalt zu schicken und sich selbst anzuhören, was Easy zu sagen hatte – die Situation würde völlig aus dem Ruder laufen.

Die drei Detectives, mit denen er gesprochen hatte, würden alles daransetzen, die Kontrolle zu behalten. *Das könnte schwierig werden.*

Bei Lichte betrachtet, überlegte Easy, während er in seiner Zelle ausharrte, *wollen sie mich ganz für sich.*

Wahrscheinlich hatten sie bereits beim FBI und bei der berühmten Einheit für Verhaltensforschung in Quantico angerufen, um sich Ratschläge einzuholen, wie sie am besten vorgingen und ihre Fragen formulierten, um ihm die bestmöglichen Antworten zu entlocken, gleichzeitig aber sämtliche kollegialen Ersuchen abgewiesen, eigene Experten für Serienmörder bei den geplanten Sitzungen zuzulassen.

Er wusste auch, dass die Detectives alles daransetzen würden, so schnell wie möglich loszulegen. Und er wusste, dass seine Andeutungen, es sich mit seinem Geständnis vielleicht noch einmal zu überlegen, bei ihnen verfangen hatten. Eine Horrorvorstellung für die Beamten, dass er im letzten Moment dichtmachen könnte. Dass sie am Ende doch kein Wort aus ihm herausbekämen.

Diese Detectives waren sich ihrer prekären Lage also schmerzlich bewusst. Bei jeder noch so kleinen Information, die sie einholten, würde sie die Sorge antreiben, es ja nicht zu vermasseln.

Hätte ich sie noch ein bisschen stärker provozieren können?, überlegte er.
Noch weiter aufs Glatteis führen?
In der Einsamkeit seiner Gefängniszelle lächelte Easy und beantwortete die eigenen Fragen.
Nee.
Den ganzen Tag lang war er gegenüber jedem Wärter, der an seiner Zelle vorbeischaute, ausgesucht freundlich. Ihm war klar, dass er unter besonderer Beobachtung stand und die Wärter angehalten waren, so weit wie möglich jeden Kontakt zwischen ihm und anderen Gefangenen zu unterbinden. Niemand wollte, dass irgendein Insasse zu ihm sagte: *»Hey, Kumpel, wenn du klug bist, hältst du die Klappe.«* Er wurde von den Übrigen isoliert, ohne dass ihm jemand sagte, dass man ihn in Isolationshaft hielt. Er wusste, dass die Gefängnisleitung alles daransetzte, mit den Detectives zu kooperieren, ohne eingeweiht zu sein, was genau sie sich von Easy erhofften.
Nämlich *Ruhm und Reichtum*.
Und so machte Easy ihnen das Leben leicht, als zwei Wärter ihn zu einer halben Stunde an der frischen Luft in den Hof geleiteten. Ein paar Hampelmänner, ein paar Liegestütze und ein kleiner Spaziergang um den Hof, aus dem Schatten in die Sonne und wieder zurück. Selbst als er feststellte, dass er im Freien der einzige Gefangene war – eine ungewöhnliche und fragwürdige Maßnahme der Gefängnisleitung –, sagte er nichts. Es konnte ihm nur recht sein. Eine solche Behandlung stand nur Tatverdächtigen zu, an denen ein großes öffentliches Interesse bestand, wie berüchtigten Drogenbossen oder Mafiosi. Wenn sie ihn zum Duschraum führten, war es das Gleiche.
Auch dort war keine Menschenseele.
Wenigstens kein Wärter, der wegsieht, wenn mich jemand vergewaltigt, dachte er.
Und so sang er, während er sich einseifte, vergnügt vor sich hin. Kinderlieder wie *Row, Row, Row Your Boat* und *The Bear Went Over the Mountain.*

Die Mahlzeiten wurden ihm in die Zelle gebracht. Er trug sein Lob und seine Dankbarkeit dick auf.
Einen besseren, entgegenkommenderen Gefangenen, stellte Easy fest, hatte die Welt noch nicht gesehen.
Eine Bitte hatte er dann doch. Einen höherrangigen Wärter in einer schickeren Uniform, der offenbar nur kurz vorbeikam, um einen Blick auf ihn zu erhaschen, fragte er, ob er etwas zu lesen bekommen könne.
»Was hätten Sie denn gern?« Der Offizier, ein Leutnant, schien froh, dass er einen Anlass hatte, stehen bleiben zu können.
»Haben Sie irgendwelche Harry-Potter-Bände da?«, erkundigte sich Easy.
»Ich glaube nicht.«
»Oder sonst irgendeinen Roman, den Sie auftreiben können? Von mir aus auch etwas über Geschichte. Die Gründerväter und der Bürgerkrieg faszinieren mich. Oder irgendein anderes Sachbuch. Über Bergsteigen vielleicht. Was Sie halt haben. Ich bin da nicht so festgelegt.«
»Okay, ich seh mal, was sich machen lässt.«
»Und eine Bibel, zum Beten«, fügte Easy hinzu.
»Selbstverständlich. Wollen Sie einen Priester sehen?«
»Nein, nicht nötig. Ich halte meinen eigenen Gottesdienst ab. Mit meiner eigenen Kommunion. Sie wissen schon, der Leib und das Blut. Sage ein paar *Gegrüßet seist du, Maria, voll der Gnade* und Vaterunser auf. Also nicht nötig. Aber danke, dass Sie fragen.«
Easy hegte nicht die Absicht, etwas über Harry und Voldemort, über Washington, Jefferson und Lincoln oder über die Besteigung des Mount Everest zu lesen. Erst recht hatte er nicht das Bedürfnis, auch nur einen Blick in die Bibel zu werfen, die er für reine Zeitverschwendung hielt. Er wollte den Leutnant nur länger vor seiner Zelle festhalten, um ihm, als er sich schon zum Gehen wandte, noch eine letzte Frage zu stellen.
»Ach so, falls das nicht zu viel verlangt ist – ob Sie oder einer Ihrer Kollegen mir vielleicht …«– er lächelte und sprach im freundlichsten, fast vertraulichen Ton – »… Bescheid geben könnten,

bevor die Detectives zurückkommen, um mich wieder zu vernehmen. Sie werden das Verhörzimmer vielleicht auch mit besserer Elektronik ausrüsten wollen …«

Der Offizier nickte.

»Das sehen Sie richtig«, sagte er.

»Und dürfte ich, falls es Ihnen nichts ausmacht, wohl um ein paar Blatt Papier und einen Bleistift bitten? Ich würde gern einen Brief schreiben, eine Erklärung an meine Familie.«

»Das lässt sich einrichten«, erwiderte der Leutnant.

Jetzt fragt er sich natürlich, dachte Easy, *ob ich mich in diesem Brief belaste. Die Detectives haben ihn längst angewiesen: »Geben Sie Mr Doe, was immer er wünscht.«*

Easy hatte längst begriffen, dass alle im Gefängnis die Order hatten, möglichst nett zu ihm zu sein, eine ungewöhnliche Devise gegenüber einem Mordverdächtigen. *Ich genieße höchste Priorität. Deshalb fassen sie mich mit Glacéhandschuhen an. Auch wenn sie nicht wissen, wieso, wurde ihnen eingeschärft, mich nicht zu verärgern. Nicht das Geringste zu tun, was mich veranlassen könnte, es mir mit meinem Geständnis noch einmal zu überlegen. Diese Cops wissen, dass sie einer wahren Sensation auf der Spur sind. Die sich hinter Bundy, Gacy oder Zodiac nicht zu verstecken braucht. Und sie setzen alles daran, es nicht im letzten Moment noch zu vermasseln.*

Es war bereits früher Abend, als ein Vertrauensmann der Häftlinge in Begleitung des Leutnants zu Easys Zelle kam. Der Vertrauensmann reichte Easy ein Blechtablett – mit Hackbraten, Kartoffelmus, etwas undefinierbarem Gemüse, einer Scheibe Weißbrot, einem Klacks Butter und einem Schokokeks. Der Offizier reichte ihm einen zerfledderten Thriller von John D. MacDonald sowie eine Bibel mit Kunstledereinband durch die Klappe. Zuletzt händigte er Easy einen weichen Bleistift und drei Blatt weißes Papier aus.

Easy bedankte sich.

Der Offizier beugte sich zur Zellentür vor.

»Wie Sie schon vermutet haben, ist im Vernehmungszimmer ein neues Kameraüberwachungssystem installiert worden. Sie werden wohl gleich morgen früh geholt.«

Easy machte ein leicht nachdenkliches Gesicht.

»Ausgezeichnet«, sagte er. »Ich kann's kaum erwarten. Hab denen eine Menge zu erzählen.«

Er ging davon aus, dass der Leutnant diese Bemerkung an die Detectives weitergeben würde. *An Schlaf ist bei den dreien heute Nacht wohl kaum zu denken*, dachte er. *Sie werden bis zum letzten Moment fieberhaft versuchen, den Kollegen in all den* Cop Shops kreuz und *quer durch Florida möglichst viele Informationen aus der Nase zu ziehen. Und sie werden sich genau überlegen, wie sie es angehen wollen. Wer soll die meisten Fragen stellen? Welche Taktik sollen sie anwenden? Was ist ihre Strategie für den Fall, dass er zögert?* Fast spürte er ihre Hektik bis in die Zelle.

Ob sie ihre Vorgesetzten in Miami angerufen haben? Ihnen schon mal Bescheid gegeben haben, dass etwas Unglaubliches bevorsteht?

Easy überlegte einen Moment und beantwortete sich die Frage selbst: *Und ob.*

Easy aß seine Mahlzeit und wartete darauf, dass sie das Tablett wieder abholten. Als der Vertrauensmann kam, tat er so, als sei er in die Bibel vertieft. Kaum lief der Mann den Gang im Zellenblock weiter entlang, entspannte sich Easy für ein paar Minuten. Legte auf der harten Pritsche die Füße hoch. Drückte sich die abgewetzte Decke und das uralte Kissen in den Rücken. Bald würden die Lichter ausgehen, dann herrschte Dunkelheit im Block. Er freute sich auf diesen Moment. Er dachte an Bravos Tod und an Charlie und Delta. Im Geist ging er noch einmal alles durch, was Alpha zu ihm gesagt hatte. *Was für ein unglaublicher Moment, als ich gemerkt habe, dass ich Alpha vor mir hatte!* Er ließ die vielen Gelegenheiten Revue passieren, bei denen sie auf *Jack's Special Place* gemeinsam in den Schilderungen ihrer Morde geschwelgt hatten. All diese Erinnerungen gaben Easy Kraft. Er hätte laut lachen können. *Größe,* überlegte er, *hat viele Gesichter.*

Aus einigen anderen Zellen im Block kamen Geräusche von ande-

ren Männern. Gelegentliche Schreie. Wütend oder verzweifelt. Sie ließen ihn kalt.
Easy griff zu Bleistift und Papier und schrieb in Druckbuchstaben ein paar sorgfältig gewählte Worte. Er nahm sich die Zeit, seine Botschaft noch einmal durchzulesen. Zufrieden machte er sich an die Arbeit.
Er zog sein weißes T-Shirt aus. Schnell, sorgfältig und geschickt zerriss er es in lange Streifen. Die er anschließend aneinanderknotete. Auf einen Signalton gingen im Zellenblock die Lichter aus. Seine Augen brauchten ein paar Sekunden, um sich an die Dunkelheit zu gewöhnen. Von der Rückseite des Blocks, wo die Wärter der Nachtschicht, wenn auch nicht besonders aufmerksam, Wache schoben, drang ein schwacher Lichtschimmer herüber.
Easy knüpfte ein Ende seines selbst gemachten Stricks zu einem Schiebeknoten. Das andere Ende befestigte er mit zwei Überhandknoten an der Zellentür, so weit oben, wie er konnte. Dann legte er sich die Schlinge um den Hals. Das mit wenigen Worten beschriebene Blatt steckte er sich so in die Hose, dass es nicht zu übersehen war.
Anschließend lehnte er sich mit dem Rücken an die Zellentür.
Er befahl sich: *Setz dich mit einem Ruck hin. Aber nicht so heftig, dass der Strick reißt.*
Die seltsame Mischung aus Frieden und Erregung war überwältigend.
Ihm war danach, seinen Triumph herauszuschreien.
Jack's Boys *werden den Witz wahrhaft zu schätzen wissen,* dachte er. *Diese Cops haben sich eingebildet, ich würde sie berühmt machen. Dass ich nicht lache! Sie haben sich auf eine denkbar aussichtslose und genial eingefädelte Jagd eingelassen, sind mir auf den Leim gegangen. Den Ruhm streicht hier nur einer ein, nämlich ich. Easy. Der John Doe, den sie so schnell nicht vergessen werden.*
Er ließ sich schnell zu Boden fallen und spürte, wie sich die Schlinge um seinen Hals zuzog. Ihn flog der Gedanke an, dass er gerade dasselbe zu spüren bekam wie alle seine Opfer. Das gefiel ihm. Eine eigentümliche Vertrautheit. Während er langsam erstickte,

hieß er die Dunkelheit willkommen, die ihn umfing, und musste schmunzeln.
Einmal noch keilten seine Beine aus.
Seine Arme zitterten und zuckten.
Auf dem Blatt Papier stand:

Ich bin Jack.
Ich lebe für immer weiter.

TEIL DREI

HAPPY HOLIDAYS

ERSTER PROLOG: EINEN TAG NACH EASYS ABGANG VON DIESER WELT, BÜHNE LINKS

EIN KURZER AUSTAUSCH, MIT EINEM MEHR ODER WENIGER ERWARTBAREN VERLAUF …

Am Vormittag klingelte das Einweghandy nonstop.

Alpha hatte eine Reihe Wegwerfhandys auf seinem Tisch aufgereiht, neben seinem Computer und seinen diversen Waffen. Jedes Telefon war sorgfältig mit der Nummer, dem Anbieter und einer kleinen Karte mit den nächstgelegenen Handymasten versehen, über die alle Gespräche liefen, außerdem mit einer handschriftlichen Liste der Anrufe, die er mit diesem Gerät zu welchem Zeitpunkt und wo getätigt hatte. Die meisten Listen waren leer, weil die meisten überhaupt noch nie verwendet worden waren. Außerdem achtete Alpha streng darauf, keines davon längere Zeit zu behalten. Er tauschte sie, ob gebraucht oder nicht, regelmäßig aus. Übervorsichtig wechselte er auch die SIM-Karten von Zeit zu Zeit. Doch er sah auf Anhieb, dass es sich bei dem klingelnden Telefon um die Nummer handelte, die er Easys Anwalt gegeben hatte.

Er ging ran, räusperte sich. Schärfte sich ein, genauso zu klingen wie bei ihrer Begegnung vor zwei Tagen.

»Erstman. Mr Considine?«

»Ja. Ich überbringe ungern schlechte Nachrichten, doch leider habe ich eine verstörende Nachricht Mr Doe betreffend«, sagte der Anwalt.

Alpha schnappte nach Luft. Er fand sich auf gänzlich unbekanntem, unsicherem psychologischen Terrain wieder. Was da plötzlich in ihm vor sich ging, verblüffte ihn selbst. Ihm wurde schwer ums Herz.

Er hatte das unbestimmte Gefühl, dass etwas, das er aufgebaut hatte, auseinanderfiel. *Zuerst Bravo, jetzt Easy …*

Er hörte den Provinzanwalt sagen:
»Unser gemeinsamer Klient hat offenbar Selbstmord begangen.«
Alpha wusste, welche unmittelbaren Reaktionen jetzt am Platze waren.
Großes Theater. Dick aufgetragene Lügen. Theaterdonner.
»Oh mein Gott!«, entfuhr es ihm. »... Aber wie ... warum?«
»Anscheinend«, erzählte Considine, »ist es Mr Doe gelungen, ein Kleidungsstück zu zerreißen, zu einer Schlinge zu verknoten und sich in seiner Gefängniszelle damit zu erhängen. Im Strafvollzug ist das eine recht häufige Todesursache.«
»Das kommt jetzt völlig unerwartet«, erwiderte Alpha.
Keineswegs.
»Er hatte im Leben doch noch so viel vor ...«, brachte Alpha heraus.
Was der Wahrheit entspricht. Während der Anwalt dabei vermutlich an Geld, Erfolg oder Liebe dachte, wusste nur Alpha, wofür Easy tatsächlich gelebt hatte.
»Sie müssen wissen, Mr Erstman ...«– wo es um Leben und Tod ging, war das vertrauliche Al nun vom Tisch –, »... dass Mr Doe vor seinem Freitod offenbar mit der Polizei geredet hat. Entgegen unserem Rat ...«
Aber natürlich hat er das.
»Und die Detectives hatten vor, sich erneut mit ihm zusammenzusetzen, ohne mich hinzuzuziehen ...«
Was denn sonst.
»... und einiges weist darauf hin, dass Mr Doe die Absicht hegte, sich zu einer ganzen Reihe von Verbrechen zu bekennen ...«
»Verbrechen?«, sagte Alpha in ganz und gar ungläubigem Ton. »Was für Verbrechen denn um Gottes willen?«
Die personifizierte Ahnungslosigkeit.
»Morde, wie ich höre. Eine größere Anzahl ungelöster Morde, über ganz Florida verteilt. Eine schockierende Verbrechensserie. Vielleicht hat dieses bevorstehende Geständnis zu seinem Selbstmord geführt. Mehr weiß ich leider auch nicht.«
»Aber das ist ja erschütternd«, erwiderte Alpha.

In keinster Weise.

Alpha begriff auf Anhieb, worauf Easys Strategie hinauslief.

Er hatte *die Gestapo* in ein undurchdringliches Chaos gestürzt.

»Und wie soll's jetzt weitergehen?«, fragte er.

Dabei wusste er die Antwort bereits.

»Schwer zu sagen. Die Anklagen, welche die Detectives mithilfe von Mr Does Geständnis zu erheben *hofften,* hängen jetzt natürlich in der Luft. Keine Ahnung, wie die Polizei jetzt weiter damit verfährt. Wo es nun keinen Angeklagten mehr gibt, werden sie vermutlich nicht allzu viele Dienststunden an die Lösung alter Fälle mehr verschwenden. Sie werden wohl eher beschließen, diese Fälle zu den Akten zu legen.«

»Also«, entgegnete Alpha, »das erscheint mir falsch …«

Und genau darauf hatte Easy gesetzt.

Ein passender Grabspruch für ihn: Dein letzter bester Witz.

»Ich nehme an, dass Sie als Anwalt des Treuhandfonds die Leiche überführen wollen …«

»Ja, selbstverständlich. Dieser Todesfall ist für die anderen Mitglieder ein schwerer Schlag.«

Daraufhin ratterte Considine eine Reihe von Namen und Telefonnummern herunter – von der Gefängnisleitung über den Gerichtsmediziner bis hin zu den Detectives der örtlichen Polizei –, damit der fiktive Al Erstman übernehmen konnte.

Alpha machte sich nicht einmal die Mühe, mitzuschreiben.

Er hatte weder vor, den Leichnam überführen zu lassen, noch, sich an die Behörden zu wenden. Sobald das Gespräch beendet war, gedachte er, das Handy und die verbliebenen Visitenkarten zu vernichten. Damit würde ihn nichts mehr mit Easy und seinem Ableben verbinden. Und dann würde Alpha so spurlos aus der Welt des Anwalts verschwinden, als habe er nie existiert. Hatte er ja auch nicht, streng genommen.

»Da wäre nur noch eine Frage«, sagte der Anwalt.

»Ich höre?«

»Nun ja, er hat einen Abschiedsbrief hinterlassen. Sehr kurz. Sehr rätselhaft. Keiner kann sich einen Reim darauf machen …«

»Was stand denn drin?«

Considine gab Alpha Easys letzte Worte wieder.

In einer Woge der Gefühle, einer Mischung aus Wut und Respekt, biss Alpha die Zähne zusammen. Wut auf *Socgoal02* und *die Freundin,* deren Schuld sich gerade verdoppelt hatte. Verdreifacht. Vervielfacht. *Wer sonst ist daran schuld, was da gerade mit* Jack's Boys *passiert?* Außerdem Respekt – ohne zu wissen, dass sich Easy genau das als Lohn für sein Bekenntnis erhofft hatte –, Respekt dafür, wie Easy allen ein Schnippchen geschlagen hatte. Sein Opfer war, wenn man bedachte, dass er improvisieren musste, atemberaubend raffiniert. In gleichem Maße wie seine Bewunderung wuchs allerdings auch seine Wut. Beides schrie nach Tod.

»Fällt Ihnen etwas dazu ein, wer oder was mit *Jack* gemeint sein könnte?«, fragte der Anwalt.

»Nicht die leiseste Ahnung«, erwiderte Alpha.

ZWEITER PROLOG: AM SELBEN ABEND

EIN WEITERER AUSTAUSCH, DIESMAL ONLINE:

Alpha schrieb:

Erster Punkt der Geschäftsordnung: schlechte Neuigkeiten.

Nur dass er insgeheim dachte: *Eigentlich sind es gute Neuigkeiten.*

Alpha wusste, dass er den übrigen Mitgliedern von *Jack's Boys* die Wahrheit sagen musste. Teilweise zumindest. Es verblüffte ihn immer noch, wie aufgewühlt er war. Er befahl sich, klar, präzise und nüchtern zu denken, obwohl sich in seinem Kopf seltsam komplizierte Dinge abspielten. Alpha musste innehalten, er suchte nach Worten und kam am Ende zu dem Schluss, es geradeheraus zu sagen:

Easy hat sich in seiner Gefängniszelle das Leben genommen.

Von Charlie und Delta kam erst einmal nichts. Alpha gab ihnen Gelegenheit, die Nachricht sacken zu lassen. Und so schrieb er weiter:

Auf seine charakteristische und gekonnte Art hat Easy die Gestapo *an der Nase herumgeführt und denen vorgegaukelt, er wollte ein Geständnis über Dutzende, wenn nicht mehr ungelöste Kriminalfälle überall in Florida ablegen. Damit hat er sie heillos in einen Sumpf aus Hoffnungen, Möglichkeiten und Widersprüchen manövriert. Er hat Ermittlungen losgetreten, bei denen sie mit allen Mitteln versuchen werden, ihm Morde anzuhängen, die er unmöglich begangen haben kann. Er hat ein beispielloses Durcheinander angerichtet, besonders wenn dann die Angehörigen, die Presse und die Medien Wind davon bekommen, was früher oder später so kommen wird. Mit der einen oder anderen gezielten E-Mail oder einem entsprechenden Hinweis an die Lokalzeitungen können wir unsererseits noch ein bisschen mehr Staub aufwirbeln …*

Schließlich war er die moderne Ausgabe von Jack.

Er legte eine weitere Pause ein, damit Delta und Charlie sich das Dilemma *der Gestapo* vor Augen führen konnten. Dann fuhr er fort:

Er hat es getan, um uns zu schützen.

Während sich die Behörden mit der einen oder anderen falschen Spur in immer neue Sackgassen verrennen, hat uns niemand auf dem Schirm.

Es war ein Akt jener selbstlosen Hingabe an die Gruppe, die wir nunmehr, wie ich denke, alle erwarten.

An seinem Computer murmelte Delta jede Menge Kraftausdrücke.

An seinem Bildschirm ballte Charlie die Fäuste.

Der Verlust von Bravo war ein Schlag in die Magengrube gewesen. Der Verlust von Easy hatte diesen ersten Schmerz in einem Maße verstärkt, wie sie ihn noch nie zu spüren bekommen hatten – Psychopathen, die zum ersten und wahrscheinlich einzigen Mal Trauer empfanden. Und diese Empfindung behagte ihnen nicht.

Zugleich erfasste sie eine Woge der Erleichterung, die all die ungewohnten, unerwünschten menschlichen Gefühle hinwegspülte. *Jetzt haben wir wirklich nichts mehr zu befürchten. Wir sind in Sicherheit.*

Alpha schrieb weiter:

Dank Easy können wir uns jetzt … ganz auf Rache konzentrieren.

Aufs Töten.

Aber erst einmal sollten wir, wie ich finde, diejenigen bestrafen, die das alles zu verantworten haben.

Mir sind da auch schon ein paar Ideen gekommen.

Charlie und Delta ebenso. Alpha fuhr fort:

Wir müssen sie fertigmachen. So richtig fertigmachen.

Wir müssen ihnen das Leben zur Hölle machen. Und wenn sie dann sehen, dass alles den Bach runtergeht, und sie verzweifelt versuchen, wieder Boden unter die Füße zu kriegen, bringen wir sie um. Wir gehen es mit Raffinesse an. Wir bereiten ihnen einen spektakulären Tod.

Delta und Charlie waren mit ihm ganz und gar einer Meinung.

Allen dreien schwirrte in einer Woge mörderischer Kreativität der Kopf vor Ideen. Wie ein Ohrwurm, ein Kinderreim, bekamen sie es nicht mehr aus dem Kopf:
Mach sie fertig.
Mach sie fertig.
Mach sie fertig.
Mach sie fertig! Fertig! Fertig!
Und dann tot.

KAPITEL 34

»EINE ABWECHSLUNG WIRD EUCH GUTTUN …«

CONNOR UND NIKI …

Sie lernten schnell, die neuen Vorschriften zu umgehen. Ein wenig mehr Heimlichkeit. Ein wenig mehr Planung. Dabei stellten sie fest, dass sie ihre Regelverstöße genossen. Sie kommunizierten häufiger, was sie selber überraschte, weil sie es kaum für möglich gehalten hätten. Anrufe, Textnachrichten, FaceTime und Zoom. Für das allzu offensichtliche *Abhängen* führten sie Umschreibungen ein, so als könnten sie für ihre kleine Welt eine eigene Sprache erfinden, die nur sie beide verstanden – so wie das Schnalzen von Buschmännern in der Kalahari oder die kehligen Laute indigener Stämme im Amazonas-Dschungel. Dabei ahnten sie nicht, dass *Jack's Boys* sich einer ähnlichen Methode bedienten.

Ihre Heimlichkeiten halfen ihnen dabei, sich von dem Knacks zu erholen, den sie von dem beinahe tödlichen Überfall zurückbehalten hatten.

Gleichzeitig arbeitete Niki hart daran, wieder zu ihrer alten Form zurückzufinden.

Und zu ihrer Schnelligkeit.

Sie stemmte Gewichte. Selbst bei schlechtem Wetter und fast immer nach harten Verhandlungen mit ihren Eltern, die nicht wollten, dass sie allein aus dem Haus ging, joggte sie durch ihr Viertel, bis in eisigem Regen bei jedem Schritt die durchnässten Schuhe quietschten. Sie merkte, wie ihre Muskeln wieder fester wurden. Zusätzlich zu ihrer Malerei fing sie an, Gedichte zu schreiben, zuweilen direkt in die Rothko-artigen Linien und Flächen ihrer Gemälde hinein. Nichts Zuckersüßes. Wütende *Fick dich!*-Gedichte. Manchmal stellte sie Connor Fragen wie: »Was reimt sich auf Bas-

tarde?«, oder: »Meinst du, die jambischen Pentameter aus Shakespeares Sonetten passen auch zu etwas Härterem?«
Auch wenn das, was geschehen war, bei allem mitschwang, brachten sie es nur ein einziges Mal zur Sprache.
Auf dem Heimweg von der Schule, wahrscheinlich in taktvollem Abstand von *GP* im Wagen eskortiert, platzte Connor plötzlich heraus:
»Es tut mir leid. Ich hätte mich gegen ihn wehren sollen.«
Nikis Antwort kam prompt:
»Du hättest verloren. Er hätte uns beide umgebracht.«
»Ich bin stark. Wenn ich ihn in die Finger bekommen hätte ...«
»Er hatte die Situation vom ersten Moment an unter Kontrolle. Ich glaube, er hat das nicht zum ersten Mal gemacht, er wusste also, bis zu dem Moment, in dem *GP* uns gerettet hat, genau, was er tat. Wir hatten keine Chance, nicht die geringste, keine Sekunde lang, bis ihm *GP* einen Strich durch die Rechnung gemacht hat.«
»Ich hätte es trotzdem versuchen sollen. Du wärst um ein Haar gestorben.«
»Ich bin gestorben. Sie haben mich zurückgeholt. Kate hat dabei geholfen.«
Er schwieg. »Ab jetzt«, sagte Connor, »werde ich kämpfen. Versprochen.«
Kämpfen wogegen? Oder gegen wen?, dachte Niki.
Schweigen.
»Ich hätte diesen Typen in ihrem Chatroom nie in die Quere kommen sollen«, sagte Connor.
»So was passiert ständig«, entgegnete Niki. »Wie hätten wir denn ahnen sollen ...«
Sie ließ den Satz in der Schwebe, während die beiden noch ein Stück weiterliefen.
Wieder Schweigen.
»Ich habe Albträume«, sagte sie nach einer Weile. »Auch in dem neuen Zimmer.«
»Ich auch«, antwortete Connor. »Einmal habe ich geträumt, wie

GP zur Tür hereinkam, aber ich war schon tot. Vor Angst bin ich aufgewacht.«

»Bei mir ganz ähnlich«, sagte Niki. »Manchmal hab ich Angst vor dem Einschlafen.«

Auf dem restlichen Weg versanken sie in Schweigen. Niki stellte sich unwillkürlich die Frage, ob sie beide sich je wieder anfassen konnten, ohne daran zu denken, wie nahe sie dem Tod gekommen waren.

Connor verbrachte einen Teil seiner Freizeit als Torwart bei verschiedenen Hallenfußballspielen, die auf umfunktionierten Hockeyfeldern ausgetragen wurden. In der Schule war er Siebter in einer Basketballmannschaft, für ihn eine ideale Position, weil sie ihm reichlich Training bei wenig Verantwortung bot. Er las Karl Marlantes' Vietnamroman *Matterhorn,* um seinen Großvater besser zu verstehen, stellte aber am Ende der Lektüre fest: *Ich kann nicht glauben, dass du so warst.* Allein in seinem Zimmer, sah sich Connor YouTube-Videos über Selbstverteidigung an, ahmte dabei die Handkantenschläge nach und stellte sich die Würgegriffe und Spinning Back-Kicks vor.

Als Ersatz für seinen Laptop, der immer noch bei der Polizei war, hatte Ross ihm seinen geborgt. Connor überlegte sich gut, was er darauf machte.

Seine Recherchen zum *betrunkenen Fahrer, den ich töten werde,* hatte er ausgesetzt. Nach dem, was passiert war, hätte wohl niemand auch nur das geringste Verständnis für eine solche Freizeitbeschäftigung.

Dieser Verzicht hinterließ bei ihm ein Loch. Trotzdem hatte er begriffen, dass Töten im echten Leben hässlicher war als gedacht. Nicht wie in Videospielen. Oder Hollywood-Schockern. Zumindest ging er davon aus, dass ihn all seine bisherigen Recherchen nicht zum Kriminellen gemacht hatten.

Nicht ganz jedenfalls.

Als sich Niki und Connor das erste Mal wieder liebten, war es heimlich und gehetzt, in der kurzen Zeit, in der Nikis Mutter auf einen Sprung zum Lebensmittelladen um die Ecke gegangen war, um Mandelmilch zu kaufen. Sie hatten kaum Zeit gehabt, sich zu küssen. Es hatte eher einer Entladung geglichen, und hinterher hatte es sich für sie beide so angefühlt, als müssten sie sich etwas, das ihnen abhandengekommen war, wenn auch nicht vollständig, zurückerobern.

Das zweite Mal liebten sie sich an einem Abend, der dem des Überfalls auf beklemmende Weise ähnelte. Beide empfanden eine Scheu, die sie nur schwer überwinden konnten. Kate war auf der Intensivstation, Nikis Eltern in ihrem Restaurant. Den Anstandswauwau gab Ross, doch er beschloss, die beiden in Ruhe zu lassen, und komplimentierte sie aus dem Haus.

»Ich komm mal so in 'ner Stunde rüber, um nach dem Rechten zu sehen. Vielleicht auch in anderthalb. Oder ihr ruft mich einfach an. Das ist besser. Meldet euch einfach von Zeit zu Zeit übers Handy.«

»Wir haben Hausaufgaben«, sagte Niki. Eine lahme Ausrede.

Hatten sie nicht.

Was Ross egal war.

Kaum waren sie bei Niki im Haus, schoben sie die Bücher weg und umarmten sich. Niki flüsterte: »Ich glaube, jetzt.« Connor war einfühlsam genug, es langsam anzugehen. Es war fast wie bei ihrem ersten Mal. Ein wenig unsicher und verlegen. Zärtlichkeiten. Tastendes Erkunden. Die Freisetzung wochenlang aufgestauter Gefühle – nicht nur sexuellen Begehrens, sondern all dessen, was sie durchgemacht hatten. Das sagte er auch Niki. Danach.

Sie antwortete: »Es ist wie eine Hymne aufs Überleben.«

Sie streichelte ihn und lauschte dem beschleunigten Herzschlag in seiner Brust.

Sie liebten sich noch einmal.

Beim zweiten Mal holte Niki zu Connors Verblüffung ihr Handy heraus und drückte auf Videoaufnahme. In pornografischer Intimität hielt sie, kalt und effizient, alles fest, was sie miteinander taten. Erektion, Penetration und Orgasmus. Die Rebellin in ihr stachelte sie an, es der ganzen Schule zu zeigen. *Seht her! Wir leben noch! Die Normalität hat uns wieder!* Dann wieder juckte es sie in den Fingern, es ihren Eltern zu schicken, mit dem Kommentar: *Seht ihr? Egal, wie viele Vorschriften ihr uns macht, ihr könnt mich nicht daran hindern, so zu sein, wie ich bin.* Nichts dergleichen hatte sie wirklich vor. »Nur für uns beide«, sagte sie und meinte in Wahrheit, *nur für mich*.

Hinterher zeigte Connor auf die Handykamera.

»Sei vorsichtig damit«, sagte er.

Ohne sich anzuziehen, stand Niki auf und holte ihren Laptop. Sie schickte das Video per E-Mail vom Handy auf ihren Computer und speicherte es auf einem USB-Stick, bevor sie alles von der Festplatte löschte. Den USB-Stick versteckte sie hinten in einer Wäscheschublade. »Meine Eltern können meinen Computer überprüfen, wie sie wollen«, sagte sie, »das hier werden sie nicht finden.« Connor sah ihr wortlos zu. Ihm lag schon eine Bemerkung über die automatische Cloud-Speicherung auf der Zunge, aber er sagte nichts. Er verkniff sich auch die Bitte um eine Kopie. Beide begriffen, dass die Bilder in den wenigen Sekunden, in denen sie sich auf dem Handy und anschließend im Foto-Ordner auf dem Computer befanden, nur wenige, achtlose Klicks von dem Schritt in die Öffentlichkeit entfernt waren, auch entgegen ihrer Absicht. Gefährlich. Eine Abwandlung dessen, was als *Racheporno* bekannt war. Das hier war Nikis *Ihr-bestimmt-nicht-über-mich-Porno. Ihr Widerstandsporno.* Sie genoss den Nervenkitzel. So wie auch ihre *Fickt euch!*-Gedichte oder ihre wütenden Malereien passte es zu ihrer Stimmung.

Trotz allem hatten sie gegen Ende des Schulsemesters beide wieder die Klassenspitze erreicht. Sie wussten, dass in dem Moment, in dem sie mit ihren Bestnoten winken konnten, die letzten von ihnen umschifften Schranken endgültig fallen würden.

Keiner von beiden wollte an die Nacht zurückdenken, in der sie fast gestorben wären, dabei geisterte sie ihnen von morgens bis abends fast sekündlich durch den Kopf.

WAS NIKI CONNOR NICHT ERZÄHLTE ...

An einem ganz normalen Nachmittag gingen Connor und Niki von der Highschool nach Hause, doch statt ihn hereinzubitten, erklärte sie, nach dem Gewichtestemmen sei sie zu erschöpft, sie würde ihn später anrufen. Er verabschiedete sich an der Haustür.

Kaum war er weitergegangen, schlüpfte sie in Sportschuhe und Trainingsanzug. Sie kippte ihren Schulrucksack aus, schnallte ihn sich auf den Rücken und machte sich wieder Richtung Stadtzentrum auf den Weg, ein Fußmarsch von ein paar Meilen.

Die erste Meile legte sie im Sprint zurück, danach ging sie in ein gemächlicheres Tempo über. Sie hielt sich an die Bürgersteige. Nach und nach nahm der Verkehr zu.

Das Viertel im Grünen lag hinter ihr, vor ihr verdichtete sich die Stadt.

Einen Häuserblock vom Restaurant ihrer Eltern entfernt, verfiel sie in einen gemächlichen Laufschritt und atmete durch. Sie wollte entspannt wirken, wenn sie eintrat.

Die rechte Hand ihrer Eltern sah sie, kaum dass sie zur Tür hereinkam.

»Hey, Niki, du hast ja lange nicht mehr vorbeigeschaut. Wir haben gehört ...« Nach kurzem Zögern fuhr sie fort: »... was dir passiert ist. Aber du siehst großartig aus. Hast du Hunger? Kann ich dir was bringen? Wir wär's mit einem Weizenkeim-Sojamilch-Shake? Wirkt Wunder nach dem Training ...«

»Nein danke. Sagen Sie, sind meine Eltern da oder einer von beiden?«

Niki wusste, dass die Antwort *nein* war.

Sie wusste, dass ihre Eltern an diesem Tag zu Farmen in der Umgebung fuhren, um frische Lebensmittel für die Restaurantküche einzukaufen.

»Oh, tut mir leid«, sagte die Mitarbeiterin. »Sie sind noch nicht zurück.«

Niki lächelte. »Hey«, sagte sie und sah sich um. »Haben Sie die Küche umgebaut?«
Auch darauf wusste sie die Antwort – *ja*. Und sie wusste auch, wer die Veränderung angeregt hatte.
Die Angestellte lächelte.
»Ist jetzt alles viel effizienter. Die Kellnerinnen rempeln sich nicht mehr an. Mein bescheidener Beitrag.«
Niki lachte. »Na dann… War wohl 'ne richtig gute Idee.«
Mit dieser Schmeichelei verfolgte sie einen Zweck.
»Willst du dir mal ansehen, was wir verändert haben?«, fragte die Frau.
»Unbedingt«, antwortete Niki, auch wenn *nicht wirklich* ehrlicher gewesen wäre.
Sie ließ sich in die Restaurantküche führen und von der Stellvertretung ihrer Eltern erklären, welche Vorzüge die Versetzung der Türen ihnen brachte. Niki brauchte nicht lange, um zu entdecken, was sie in Wirklichkeit hergeführt hatte: ein dreißig Zentimeter langes Tranchiermesser.
Bei ihrer Küchenausstattung knauserten ihre Eltern nicht. Das hier war aus rostfreiem Stahl »Made in Germany«. Zweischneidig. Sobald die Frau sich einen Moment abwandte, griff Niki zu und steckte das Messer in ihren Rucksack, erstaunt über ihr eigenes Geschick.
Sie wusste, dass ein fehlendes Messer im Restaurant so schnell nicht auffallen würde. Es gab zu viele davon. Zu Hause dagegen hätte es ihre Mutter auf der Stelle gemerkt.
Und wieder ab nach Hause, dachte Niki.
Versteck es unter dem Kopfkissen.
Nie wieder kriegt mich jemand ahnungslos in die Finger.

WAS CONNOR NIKI NICHT ERZÄHLTE …

Er war oben in seinem Zimmer, als *GP* von unten rief: »Hey Connor, ich fahr mal eben zum Supermarkt rüber. Heute Abend gibt's Burger, und wir haben keinen Ketchup mehr. Bin in zwanzig Minuten zurück.«

»Ich glaube, wir brauchen auch Orangensaft«, ergänzte Connor.

»In Ordnung.«

Connor wartete, bis unten die Tür zuging und das Riegelschloss einschnappte. Das war neu. Früher hatte *GP* kaum einmal abgeschlossen.

Connor ging zum Bett. Er zog sich die Schuhe aus und legte sich hin, holte sein Handy heraus und öffnete eine Timer-App.

Er startete die Stoppuhr und sprang vom Bett.

Rannte durchs Zimmer. Zur Tür hinaus. Durch den Flur. So schnell er konnte.

Er zählte mit. *Drei Sekunden. Zwölf Sekunden.*

Er hastete die Treppe hinunter. *Achtzehn Sekunden.*

Er packte den Handlauf und schwang sich um eine Ecke. Seine Füße tappten über den Holzboden. *Zweiundzwanzig Sekunden.*

Er stürzte in *GPs* Arbeitszimmer.

Mit wenigen Schritten hatte er den Gewehrschrank erreicht.

Er kniete sich hin und gab *GPs* Geburtstagsdatum in das Zahlenschloss ein.

Zweiunddreißig Sekunden.

Mit einem Klick sprang das elektronische Schloss auf.

Er griff hinein und holte die von *GP* noch nie benutzte Jagdflinte Kaliber 30.06 heraus. Dann griff er so heftig nach einer Schachtel Patronen, dass einige von ihnen zu Boden fielen. Er öffnete den Kammerverschluss, legte eine Patrone ein und klappte ihn wieder zu, sobald die Patrone saß. Dann wirbelte er herum, legte das Gewehr an, zielte auf die Tür und feuerte in Gedanken ab.

Er sah auf die Stoppuhr.

Sechsundvierzig Sekunden.

Nicht annähernd schnell genug.
Er warf die Patrone aus, sammelte die verstreuten Patronen ein, legte Gewehr und Munition exakt so zurück, wie er sie vorgefunden hatte, und schloss die Safe-Tür, verriegelte sie.
Connor kehrte in sein Zimmer zurück und legte sich wieder aufs Bett.
Noch einmal, befahl er sich. *Wie das Training auf dem Fußballplatz.* Ihm fiel ein, was ein Trainer einmal zu ihm gesagt hatte: *Ein Amateur trainiert so lange, bis er es richtig macht. Ein Profi trainiert so lange, bis es nicht mehr schiefgehen kann.*
Er stellte die Stoppuhr wieder auf null.
Los!
Sei schnell. Schneller.
Einmal tief Luft geholt, und schon sprintete er zum zweiten Mal los.

KATE …

An einem Tag gegen Ende November, an dem auf der Intensivstation zwei Patienten mittleren Alters gestorben waren – einer am Morgen ganz allein, einer am Nachmittag im Kreis seiner Angehörigen, einer an Herzversagen, einer an Darmkrebs –, ertappte sich Kate bei dem Gedanken, dass der Alltag sie wiederhatte.
Soweit sie es beurteilen konnte, hatte Connor in die Routine seines letzten Highschooljahrs zurückgefunden. Dasselbe galt wohl auch für seine Beziehung zu Niki: Sie hielten wie früher Händchen, machten zusammen Hausaufgaben, hörten Rap, hüteten kleine Geheimnisse wie jeder rebellische Teenager.
Und Ross hatte endlich seine Oktober-Depression überwunden. Er wirkte aktiv und energiegeladen, so als habe er einen Monat lang vor sich hingewelkt und dann wieder frisch ausgetrieben. Der Gedanke, dass das Erschießen eines Mannes dabei geholfen haben könnte, machte ihr Angst. Er trieb wieder Sport, fuhr bei

jedem Wetter mit dem Fahrrad und trat einem Fitnessclub bei. Vor allem aber sang er wieder im Chor der Baptistenkirche, auch wenn er nicht besonders gläubig war, schon gar nicht Baptist, und die sonntägliche Predigt nur über sich ergehen ließ. Ross hatte einfach Freude daran, seine Stimme zu erheben. Gut möglich, dachte Kate, dass sie sich mit ihrer optimistischen Sicht etwas vormachte. Beim Thanksgiving-Festessen hatte sie Ross und Connor gefragt, wofür sie dankbar seien, und beide hatten geantwortet: »Dafür, noch am Leben zu sein.« Bei Connor war die Antwort natürlich nachvollziehbar, und er hatte mit einem Lachen Ross auf die Schulter geklopft. Als Ross auf dieselbe Frage genau dasselbe sagte, war ihr allerdings der Gedanke gekommen, ob er eines nahen Oktobertages vielleicht zu dem Schluss käme, die Last der Vergangenheit lange genug mit sich herumgeschleppt zu haben.

Sie selbst hatte einfach nur gesagt: »Und ich bin dankbar dafür, dass wir alle hier zusammensitzen können.«

Fand sie einmal die Zeit, über alles nachzudenken, hatte sie das mulmige Gefühl, nicht genug getan zu haben. Dabei fiel ihr, wenn sie jene Nacht noch einmal Revue passieren ließ, kein einziger Moment ein, in dem sie mehr hätte tun können. Sie war stolz auf Ross, der sich als der tapfere Kämpfer erwies, für den sie ihn schon immer gehalten hatte. Aber auch sie war eine Kriegerin, und es schien ihr, als habe sie eine unsichtbare Messlatte verfehlt.

Das eigentliche Geschehen blendete sie aus. Sie wagte nicht, sich vorzustellen,

wie Niki gezwungen wurde, die Tabletten zu schlucken,

wie Connor die Pistole an die Schläfe gehalten wurde,

wie die Schüsse fielen, als sich Ross in den Kampf stürzte.

Und erst recht wagte sie nicht, sich den Toten im Zimmer vorzustellen.

Wenn er mit dem Fahrrad fuhr, wenn er im Fitnessraum trainierte oder den Nachbarshund ausführte, und besonders, wenn er dienstag- und donnerstagabends oder am Sonntagmorgen in seiner prächtigen violett-weißen Robe im Chor sang, wurde Ross zu einem Tenor des Todes. Die Stimme, die er gehört hatte, ließ ihn nicht mehr los.

Dann stirbst du auch.

Einen Monat nach der denkwürdigen Nacht im Oktober, in der er gehofft hatte, mit jenem Vietcong Jahrzehnte zuvor zum letzten Mal im Leben einen Menschen getötet zu haben, suchte Ross die Ermittlerin auf, die ehemals bei den Marines gewesen war.

»Hallo, Detective«, grüßte er einigermaßen freundlich. »Können Sie mir ein paar Fragen beantworten, die mir einfach nicht aus dem Kopf gehen?«

»Vielleicht schon, Mr Mitchell. Es ist allerdings immer noch eine laufende Ermittlung, allzu viel kann ich Ihnen daher nicht sagen.«

Ross ignorierte die Bemerkung und kam zum Punkt.

»Was haben Sie über den Mann, den ich getötet habe, herausgefunden?«

»Nicht allzu viel. Wie ich schon sagte, arbeitete er in einem Logistikzentrum. Den Kollegen nach war er ein bisschen seltsam, aber nichts deutete darauf hin, dass er einen Mord verüben würde. War alleinstehend. Keine Angehörigen. Keine Freunde. Die Nachbarn kannten ihn nur flüchtig. Das Übliche: *›Er war ein stiller Mensch und lebte zurückgezogen.‹* Auf unser Ersuchen hin hat die örtliche Polizei sein Haus durchsucht. Nicht viel gefunden. Teure Computer, aber die Festplatte entfernt. Die Verläufe, zu denen sie Zugang hatten, waren verschlüsselt. Also nichts, was ihn mit Ihrem Enkel und seiner Freundin in Verbindung bringen würde. Wir haben auch sein Fahrzeug durchsucht – es fand sich ein paar Blocks hinter dem Haus der Templetons. Abgesehen von einem handgeschriebenen Zettel mit der Adresse war es sauber. Die Kollegen sind immer noch mit Nachforschungen zu seinem Hintergrund beschäftigt.«

»Wie ist er auf uns gekommen? Haben Sie dazu etwas in Erfahrung bringen können?«

»Wir versuchen gerade herauszubekommen, ob die Adresse Ihrer Nachbarn in der Datei des Logistikunternehmens verzeichnet ist. Die haben einige Restaurants unter ihren Kunden.«

»Was ist mit dem Video? Und mit dieser Stimme, die ich gehört habe und die Befehle erteilt hat?«

»Fehlanzeige. Das Handy war noch nie verwendet worden, folglich gab es keine Anrufliste. Unsere Techniker haben versucht, den Feed zurückzuverfolgen, sind aber in eine Art Internet-Niemandsland geraten. Das Portal war ebenfalls verschlüsselt – offenbar professionell – und anschließend deaktiviert worden. Sie haben zwar noch nicht aufgegeben ... aber selbst wenn sie dahinterkämen, wer bei der Übertragung mit von der Partie war, sind diese Leute längst verschwunden. Ich meine, elektronisch ...«

»Wie sieht es mit Connors Laptop aus?«

»Den können Sie wieder mitnehmen«, sagte sie. »Dieselbe Geschichte.« Sie legte eine Pause ein. »Wir sind ein kleines Dezernat«, fügte sie hinzu – als sei das eine Erklärung.

»Und was passiert jetzt?«

»Nicht viel. Die Kollegen dort, wo er herkommt, haben ein paar ungelöste Fälle und versuchen, herauszufinden, ob es eine Verbindung zu ihm gibt. Aber aus deren Warte, na ja, er ist nun mal tot. Abgesehen von dem, was Ihr Enkel uns erzählt hat, tappen wir alle in Bezug auf das Motiv nach wie vor im Dunkeln. Und Connors Geschichte klingt immer noch ziemlich weit hergeholt. Ich meine, sie würde erklären, wieso ein Mann mit einer Waffe, mit Medikamenten und einer Videokamera die achtstündige Fahrt zum Haus Ihrer Nachbarn auf sich nimmt – nebenbei bemerkt, *nicht* zu Ihrem Haus, in dem Connor zu erwarten gewesen wäre –, aber zum gegenwärtigen Zeitpunkt ist uns das Ganze noch ein Rätsel. Bin mir nicht sicher, ob es da sinnvoll ist, allzu viele Arbeitsstunden an den Fall zu verschwenden.«

»Aber diese Stimme existiert doch irgendwo da draußen.«
»Ja. Aber den Burschen, der dabei war, das Verbrechen für diesen Mann auszuführen, haben Sie erschossen.«
Sie legte eine Denkpause ein.
»Haben Ihr Enkel oder Ms Templeton zwischenzeitlich irgendwelche weitere Drohungen erhalten? Gibt es irgendwelche Hinweise darauf, dass mit weiteren Problemen zu rechnen ist?«
»Nein.«
»Sicher?«
»Ja. Nach allem, was passiert ist, würden sie es uns doch auf jeden Fall sagen?«
»Wahrscheinlich.«
Ross gefiel die Korrektur nicht, doch er sagte nichts.
»Wäre vielleicht hilfreich«, fuhr die Ermittlerin fort, »wenn Sie und die Templetons die Namen von Leuten aufschreiben würden, die gegen einen von Ihnen möglicherweise einen Groll hegen und über die Mittel verfügen, einen billigen Auftragskiller anzuheuern …«
»Einen Auftragskiller?«
»Ja. Ganz richtig. Ich weiß, wie unwahrscheinlich das klingt. Aber so weit hergeholt ist das nun auch wieder nicht. Die meisten denken bei Auftragsmördern immer gleich an so etwas wie bei James Bond oder an die *Deadly Viper Assassination Squad* aus den *Kill Bill*-Streifen, aber für gewöhnlich handelt es sich dabei um Typen mit ganz normalen Tarnberufen, die bereit sind, für zehn Riesen jemanden umzubringen. Wenn nicht sogar für weniger. Die verprügelte Ehefrau heuert jemanden an, den sie im Internet findet. Oder der gehörnte Ehemann beauftragt irgendeinen Kerl, den er in einer Bar trifft. Was sag ich, wir haben sogar schon von einem Vater gehört, der sich so eine Dumpfbacke aus einer Motorradgang geholt hat, nur weil ein Football-Trainer seinen Sohn auf die Strafbank geschickt hat und Dad hoffte, sein Junge bekäme ein College-Stipendium. Im realen Leben ist das Ganze viel banaler, als Hollywood suggeriert …«
Für Ross war, was sie vorbrachte, nicht viel überzeugender als ihr

erster Verdacht, Connor und Niki hätten etwas mit einem Drogendealer zu tun, und es brachte sie genauso wenig weiter.

»… jedenfalls«, nahm die Polizistin den Faden wieder auf, »wäre das in diesem Fall ein näherliegendes Szenario. Ich meine, wir wissen ja nicht einmal, wem der Anschlag primär gegolten hat. Ihnen? Den Templetons? Connor? Niki? Denken Sie mal zusammen darüber nach. In der Zwischenzeit ermitteln wir weiter. Wie gesagt, wir haben den Fall noch nicht abgeschlossen. Wir wissen nur im Moment nicht recht, was wir noch tun könnten.«

Ross war sich nicht sicher, was er sich unter *nicht abgeschlossen* vorzustellen hatte.

Sie schüttelte den Kopf. »Hören Sie, falls Ihr Enkel oder Ms Templeton etwas Verdächtiges bemerken, etwas Ungewöhnliches, etwas, das sie aus irgendeinem Grund nervös macht, oder wenn ihnen jemand im Internet etwas Ungewöhnliches schickt oder sie einen Anruf, eine verdächtige Textnachricht oder was weiß ich bekommen, dann sollten sie sich auf der Stelle mit mir in Verbindung setzen. Ich gebe Ihnen meine Handynummer. Richten Sie ihnen bitte aus, dass sie mich jederzeit anrufen können, rund um die Uhr. Das gilt auch für Sie. Wie steht's mit Ihrem Haus? Haben Sie Kameras? Eine Alarmanlage?«

»Nein. Schien bis jetzt nicht nötig zu sein.«

»Ja, stimmt. Bis zu diesem Ereignis. In Ihrer Gegend sonst wirklich eher überflüssig. Ich meine, eine der niedrigsten Verbrechensraten im Bundesstaat. Die Straftaten beschränken sich auf Jugendliche, die Gras rauchen, oder College-Studenten, die ein Fahrrad klauen. Ab und an ein Fall von häuslicher Gewalt, der vor dem Scheidungsrichter landet. Alles ganz normal. Bis auf …«

»Bis auf diese Nacht im Oktober.«

»Richtig. Und deshalb wäre es wohl nicht verkehrt, Ihr Haus entsprechend abzusichern. Moderne Anlagen kosten nicht die Welt. Ich meine, treffen Sie alle Vorkehrungen, die Ihnen möglich sind – aber abgesehen von verstärkten Polizeipatrouillen in Ihrem Viertel, die ich veranlassen kann, weiß ich ehrlich gesagt nicht, was ich sonst noch für Sie tun kann. Wir haben einen Bericht ans FBI geschickt. Gut möglich, dass die Kollegen dort die Sache weiterverfolgen. Die könnten sich auch bei Ihnen melden. Aber erwarten Sie nicht zu viel.«

»Glauben Sie, die finden was heraus?«

Sie sah ihn eindringlich ein. »Wäre sicher beruhigend für Sie, wenn ich *Ja* sagen würde, aber mein Bauchgefühl sagt mir leider das Gegenteil. Tut mir leid. Die sind mit Anfragen völlig überlastet. Im Internet wimmelt es nur so von üblen Akteuren. Überall Drohungen, und das Netz ist unendlich. Aus dem ganzen Wust die realen Gefahren herauszufiltern, ist schwer, wenn nicht gar unmöglich, dabei verfügen die über die entsprechenden Computerprogramme und Algorithmen und ein Heer an jungen IT-Spezialisten, die sich im Internet auskennen. Die verwenden eine Menge Zeit darauf, den echten Akteuren im Hintergrund auf die Spur zu kommen. Aber versuchen Sie nur mal, sich vorzustellen, wie viele Möglichkeiten es da draußen gibt. Terroristen im Ausland, Terroristen im Inland. Russische Hacker. Ultrarechte Hassgruppierungen. Neonazis und der Ku-Klux-Klan. Außerdem Wirtschaftskriminalität. Bankenbetrug, Verletzung der Sicherheitsvorschriften. Für solche Dinge sind die in erster Linie zuständig. Ihr Fall passt nicht so leicht in ein Profil.«

Ross hatte noch jede Menge Fragen, aber nur eine, die an ihm nagte.

»Glauben Sie, wir sind immer noch in Gefahr?«

Wieder überlegte die Polizistin.

»Schwer zu sagen. Für diesen Fall habe ich Ihnen vorgeschlagen, Ihr Haus zu sichern. Aber meinen Sie nicht auch, dass die unmittelbare Bedrohung für Ihre Familie und die Templetons fürs Erste so ziemlich …« Sie suchte nach dem richtigen Wort. »*Ausgeschaltet* wurde? Immerhin haben Sie den Auftragsmörder unschädlich gemacht. Wer da sonst noch involviert war, wie zum Beispiel diese Stimme, wird höchstwahrscheinlich abgehauen sein. Entspricht nach meiner Erfahrung der menschlichen Natur, Mr Mitchell. Wahrscheinlich folgen die dieser Logik und tauchen unter. Die wissen natürlich, dass wir nach ihnen suchen, aber sie können nicht wissen, über welche Ressourcen wir verfügen, und die Chancen stehen nicht schlecht, dass sie vor uns das Weite suchen.«

Klar sucht ihr nach denen. Fragt sich nur, wie gründlich. Gerade eben hast du gesagt, dass es aussichtslos ist.

Bei der Chorprobe an diesem Abend achtete er kaum auf den Text des Lieds, das Eintauchen in die festlichen Klänge brachte seine rasenden Gedanken zur Ruhe. Und doch verfolgte Ross zwischen den Proben zu *Stille Nacht, heilige Nacht* und Bachs *Magnificat* in D-Dur, die der Chor für die Weihnachtsgottesdienste einübte, die Frage:

Wer war diese andere Stimme?

Und:

Was denkt derjenige in diesem Moment?

KAPITEL 35

Mach sie fertig.
Mach sie fertig.
Mach sie fertig.
Siegesgewiss wusste jeder von ihnen:
Das kann ich. Ist gar nicht mal so schwer.

ALPHA UND DER BOILERMAKER …

»Was darf's heute Abend sein?«
Der Kragen seines Jeanshemds kratzte am Hals. Die schmutzig braune Arbeiterhose hing ihm locker um die Taille. Die verschlissene Holzfällerjacke, die er über die Stuhllehne gehängt hatte, würde ihn nicht wirklich warm halten, wenn er nach dem plötzlichen Wintereinbruch aus der Bar hinaustrat. Er nahm sich vor, die ganze Kluft, die er in einem Secondhandladen aufgestöbert hatte, am Morgen im nächstbesten Kleidercontainer zu entsorgen. Auch wenn Alphas Klamotten kratzten, juckte es ihn vor Tatendrang in den Fingern.
Der Barkeeper würdigte ihn kaum eines Blickes. »Einen Boilermaker, bitte«, murmelte Alpha, ohne unter seiner tief ins Gesicht gezogenen Baseballkappe den Kopf zu heben. Er schätzte, dass er seit Jahren der Erste war, der in dieser Bar das Wort *Bitte* benutzt hatte.
An dem langen Holztresen hockten ein Stück weiter noch drei Männer. Nur für einen davon interessierte sich Alpha.
Sie waren alle schweigend in ihre Gedanken und ihren Scotch vertieft.
Es war eine bescheidene Kaschemme. Es brannte kaum Licht, sodass der schummrige Raum einer Höhle glich. Ein paar mit Werbung für Biermarken geschmückte Spiegel. Eine vergilbte Titelsei-

te des *Boston Globe* vom Oktober 2004, als die Red Sox endlich den sechsundachtzig Jahre langen »*Fluch*« brachen und die *World Series* gewannen. Ein anderes Foto, vielleicht zehn Jahre alt, feierte die örtliche College-Fußballmannschaft für einen Sieg. An einer Wand befand sich eine Reihe von Sitzecken. Alle leer. Auf einem Hocker nicht weit davon kauerte eine Kellnerin mittleren Alters und wartete auf Kundschaft, die auf eine der Bänke rutschen und ein arterienverstopfendes Sandwich bestellen würde.

Alpha mied jeglichen Blickkontakt.

Als der Barkeeper ihm den Whiskey und das Glas Bier auf der Theke hinschob, sorgte er dafür, dass der Mann sah, dass er außer dem Zehn-Dollar-Schein, den er dafür hinblätterte, kein Geld mehr im Portemonnaie hatte.

Alpha kippte den Schnaps ins Bier und sah zu, wie es aufschäumte. Er beugte sich darüber und schlürfte den Schaum, bevor er das Glas in die Hand nahm und einen großen Schluck trank.

Er hasste den bitteren Geschmack.

Ein Gesöff, das einem einzigen Vergnügen diente: *sich zu betrinken.*

Er hätte etwas darum gegeben, jetzt in einem seiner konservativen dunkelblauen, aus England importierten, maßgeschneiderten Anzüge zu stecken, ein geschliffenes Kristallglas mit gekühltem *Pouillay-fuisse* oder robustem *Saint-Emilion* in Händen zu halten und sowohl das Bouquet als auch andere Feinheiten des Weins zu würdigen, während er ebenso genüsslich an seine nächste Aneignung dachte.

Muss sein, sagte er sich.

Und er redete sich gut zu:

Wirst schon sehen, am Ende wird das hier ein mächtiger Spaß. Versprochen.

Alpha warf einen unauffälligen Blick auf eines seiner Wegwerfhandys.

Kurz vor 21:00.

Jeden Moment ist es so weit.

Ihm kam der ironische Gedanke: *beeindruckende Arbeit*, Socgoal02, *präzise Recherche zu einem klar definierten Zweck. Du hast den Tagesablauf des Mannes voll drauf. Wann er eintrifft. Was er trinkt. Wann er wieder geht. Wann er nach Hause torkelt. Guter Blick fürs Detail. Ich bin stolz auf dich,* Socgoal02. *Ein Mörder in der Ausbildung. Das hätte dich beinahe – ganz hätte es natürlich nicht gereicht – für die Mitgliedschaft bei* Jack's Boys *qualifiziert.*

Am anderen Ende der Bar rutschte der Gast, den er vor allem unter dem Pseudonym *der betrunkene Fahrer* kannte, unsicher von seinem Hocker. Alpha trank sein Bier aus und ließ das Glas dabei an den Zähnen klirren.

»Noch einen?«, fragte der Barkeeper.

»Nee, genug für heute Abend«, erwiderte er.

Den Rest der zehn Dollar ließ er als Trinkgeld auf dem Tresen liegen.

CHARLIE … IN SEINEM DIENSTZIMMER AN DER UNIVERSITÄT …

Es war Semesterende, die Besprechungstermine jagten sich. Er sah auf die Armbanduhr, wohl wissend, dass jeden Moment eine Kylie oder Jennifer oder ein Kyle oder Jason anklopfen würde, den Rucksack vollgestopft mit unangebrachten Einsprüchen und läppischen Sorgen. Er hatte seinen für Mord reservierten Laptop offen vor sich auf dem Schreibtisch. Manchmal, wenn er einen besonderen Nervenkitzel brauchte, hatte er darauf das eine oder andere Lieblingsfoto von *Jack's Boys* geöffnet – gewöhnlich eines, das er vor der Sprechstunde besser in die Gefilde des Internets hätte verbannen sollen, solange er sich das Gejammer eines Studenten anhören musste – und den Laptop so gedreht, dass er, für den Ratsuchenden nicht einsehbar war, Charlie, hingegen einen heimlichen, bewundernden Blick darauf werfen konnte. An diesem Morgen verfolgte er auf dem kleinen Bildschirm allerdings zum zehnten oder auch tausendsten Mal etwas Quietschlebendiges, während er auf das unvermeidliche Klopfen wartete.

Statt ans Sterben ging es hier zur Sache: zwei nackte, leidenschaftlich verschlungene Körper.
Er liebte es, sich Sex anzusehen.
Wilden, hemmungslosen, unzweideutigen Sex.
Jungen, begierigen, ungezügelten Sex.
Jeden Stoß sog er mit den Augen ein. Jedes Streicheln, jede Berührung. Lippen. Beine. Finger. Schweiß.
Es kam zwar nicht an einen guten Mord heran, aber immerhin.
Erst recht, wenn er genau wusste, wem er dabei zusah.
Es erregte ihn.
»Hi, *Socgoal02*«, flüsterte er. »Und hallo, *Freundin*. Ihr zwei habt eindeutig Spaß miteinander. Gute Kameraarbeit mit diesem iPhone. Ein bisschen vom guten alten Rein/Raus. Hättet allerdings doch besser ein wenig vorsichtiger sein sollen. Und dabei denke ich nicht an Kondome und Verhütungspillen.«
Als er das erwartete Klopfen hörte, schmunzelte er. Die Tür wurde langsam aufgeschoben, und jemand steckte den Kopf herein. Mit einer stummen Geste bot er der jungen Frau einen Platz an, warf einen letzten Blick auf das junge Liebespaar und dachte: *Wie lange hattet ihr dieses kleine Video wohl auf eurem PC, bevor es in eure Cloud gewandert ist? Ein paar Sekunden? Eine Minute? Zwei Minuten?*
Dummes Ding. Da war es genau dort, wo ich es mir am leichtesten holen konnte.
Wahrscheinlich hast du gedacht, du hättest es gelöscht. Vor neugierigen Augen versteckt.
Du solltest begreifen: Nichts verschwindet aus dem Internet. Es mag eins von Millionen, von Trillionen sein, aber es ist da, irgendwo.
Und was soll ich jetzt damit anstellen?
Sie fertigmachen.
Dazu gingen ihm eine ganze Reihe Möglichkeiten durch den Kopf.
Den Eltern der Freundin *schicken? Dem Schuldirektor?*
Und in dieser Sekunde fiel es ihm ein. Er grinste.
Er wandte sich der Studentin zu, die mit sichtlichem Unbehagen vor ihm saß. *Will wahrscheinlich eine Empfehlung, die sie nicht ver-*

dient. Oder dass ich ihr eine Note raufsetze, damit sie ihr Stipendium nicht verliert. Einen Moment lang hätte er am liebsten den Laptop zu ihr herumgedreht und sie gefragt: »*Hör mal, hast du je etwas auch nur annähernd so vollkommen Dämliches getan, wie dich dabei zu filmen?*«
Er tat es nicht, sondern fragte: »Wo drückt der Schuh, Ashley?«
Ohne ihre Antwort abzuwarten, wanderte er in Gedanken zu der verlockenden Gelegenheit zurück, die sich ihm mit der Szene bot, welche die meisten Menschen mit *Liebe machen* verbinden würden, Charlie hingegen mit *Töten.*

DELTA ... HEKTISCH BEI DER ARBEIT ...

Online verwandelte sich Delta in *Socgoal02.*
Mit einer gestohlenen Kreditkartennummer – im Internet mühelos zu bekommen – eröffnete Delta ein Amazon-Prime-Konto, indem er mehrere Namen von *Socgoal02s* Lieblingsspielern verband, aber die Anschrift und E-Mail-Adresse des Jugendlichen verwendete. Dies zielte darauf ab, *Socgoal02* als Inhaber ungeschickt zu verbergen. Dabei versuchte er, die Fehler einzubauen, die für einen Teenager typisch wären, um seine Naivität und Unreife zu betonen. Die Arbeit gab ihm das Gefühl, mit *Socgoal02* zu kommunizieren, eine höchst amüsante Vorstellung.
Kaum hatte er das Amazon-Konto erfolgreich eingerichtet, bestellte er darüber Leni Riefenstahls NS-Propagandafilm *Triumph des Willens,* an *Socgoal02s* Lieferadresse. Dann fügte er *Mein Kampf* hinzu. Dabei ließ er ein paar Dollar extra für die Eilzustellung springen.
Nicht so ganz das Buch, das du dir zu Weihnachten gewünscht hättest, oder?
Delta war nicht zu bremsen.
Unter *Socgoal02s* neuer Identität besuchte Delta Websites der Proud Boys, der Oath Keepers, der Three Percenters und der Michigan

Militia, allesamt ultrarechte Portale voller Hassrhetorik und rassistischer Kommentare. Auf einem davon bestellte er eine Sonderausgabe von *The Turner Diaries.* Auf einem anderen registrierte er sich in einem Forum, in dem Jean-Marie Le Pens Memoiren *Sohn der Nation* besprochen wurden. Insbesondere schrieb er dort einige aufwieglerische, antisemitische Kommentare. In einer Spalte postete er ein paar offen rassistische Bemerkungen – nicht ohne ein, zwei technische Fragen zur Handhabung von leistungsstarken Magazinen bei billig angefertigten Sturmgewehren hinterherzuschicken.

Er spendete zehn Dollar an eine *GoFundMe*-Website, für einen Jugendlichen, der im Gefolge einer *Black Lives Matter*-Kundgebung zwei Demonstranten erschossen hatte. Der Spende fügte er ein langatmiges Statement über die Notwendigkeit hinzu, für »Freiheit, Gerechtigkeit, Jesus und ein weißes Amerika« zu kämpfen.

Danach erwarb er ein T-Shirt, auf dem die Konföderiertenflagge prangte, *Stars and Bars.* Dies alles mit Zustellung an *Socgoal02s* Adresse.

Ganz in seinem Element, rief Delta einen alten E-Mail-Wechsel zwischen *Socgoal02* und *der Freundin* auf, den Charlie seinem Recherchematerial über das Paar hinzugefügt hatte. In dieser E-Mail hatte *Socgoal02* seine letzte Auswahlliste der Colleges genannt, an denen er sich bewerben wollte.

Dem für die Zulassungen zuständigen Dekan jeder dieser Lehrinstitute schickte Delta anonym die gleichlautende kryptische Botschaft:

Connor Mitchell bewirbt sich an Ihrem College.

Gute Noten. Guter Sportler. Viel Potenzial.

Ein wirklich guter Kandidat …

Aber bevor Sie ihn im nächsten Semester mit einem Studienplatz belohnen, sollten Sie vielleicht einmal seine wahren Interessen recherchieren.

Delta sorgte dafür, dass die Zulassungsbeauftragten der jeweiligen Colleges bei ihrem Versuch, den Urheber dieser E-Mail ausfindig zu machen, in ein Labyrinth von Fake-Konten und Postings aus den hintersten Winkeln der Welt gerieten. Wenn sie dagegen *Socgoal02s* eigene Internetauftritte überprüften, würden sie mühelos auf viel Interessantes stoßen, alles unter seiner eigenen E-Mail-Adresse. Für jemanden, der schon oft schockierende Fotos von Mordopfern an Polizeistationen geschickt hatte, war dies eine leichte Übung. Delta war auf seine digitalen Fähigkeiten fast genauso stolz wie auf sein mörderisches Können. Er hakte *Socgoal02* innerlich auf seiner Liste ab. Auch für die Eltern *der Freundin* und die beiden Großeltern ließ er sich die eine oder andere Überraschung einfallen.

ALPHA … UND EINE ANEIGNUNG DER BESONDEREN ART …

Von seinen zahlreichen Beschattungen war diese für Alpha die leichteste. Der schwarze Pick-up Marke Toyota fuhr wiederholt Schlangenlinien und beschädigte in mehr als einer Kurve parkende Autos. Alpha wusste, dass der Mann hinterm Lenkrad nicht auf die Scheinwerfer in seinem Rückspiegel achten würde. Er hatte auf dem Heimweg von seiner Stammkneipe zu dem kleinen, heruntergekommenen Apartmentkomplex sechs Häuserblocks entfernt genug damit zu tun, vorgebeugt bis zur Windschutzscheibe die Kontrolle über sein Fahrzeug zu behalten. Alphas einzige Sorge war, dass irgendeinem Polizisten, der im Viertel patrouillierte, die schlingernde Fahrweise des Mannes ins Auge sprang und er ihn rechts ranfahren ließ. An diesem Abend käme er nicht mit einer strengen Verwarnung oder einem Knöllchen davon, sondern würde, sobald der Beamte Führerschein und Fahrzeugzulassung durch den Computer jagte, auf der Stelle verhaftet – und Alphas Pläne wären zunichte.

Das Mietshaus hatte er schon am Nachmittag inspiziert.

Keine Überwachungskameras.

Keine wichtigtuerischen älteren Nachbarn, die hinter ihren Fenstern genau registrierten, wer dort ein und aus ging.

Keine Sicherheitspatrouillen der »freiwilligen Bürgerwehr« oder »Verbrechensbekämpfer«.
Nach Alphas Eindruck war der Wohnblock der ideale Ort für eine *Aneignung*. Mehr als eine Außenleuchte funktionierte nicht. Rings um den Gebäudekomplex herrschte winterliches Dunkel. Die Kälte hatte die Leute in ihre Wohnungen getrieben, aus denen nur wenig Licht, darunter auch der Schimmer von Fernsehgeräten, nach außen drang. Es war das genaue Gegenteil des adretten, baumreichen Vorstadtviertels, in dem *Socgoal02* und *die Freundin* nur wenige Meilen entfernt ihr Zuhause hatten. Kündete die eine Gegend von Selbstzufriedenheit und sozialem Aufstieg, ließen die trostlosen Mietskasernen den Kampf gegen den langsamen, doch unaufhaltsamen Abstieg ahnen.
Alpha sah, wie der Mann auf einen Parkplatz abbog und seinen Pick-up quer über mehrere Parkstreifen abstellte. *Darüber wird jeder, der später hier auftaucht, stinksauer sein.* Alpha fuhr in eine nicht weit entfernte Lücke, ließ jedoch den Motor seines Leihwagens laufen.
Er sah, wie *der betrunkene Fahrer* den Kopf aufs Lenkrad legte, und fürchtete schon, der Kerl sei jetzt vollends hinüber. Doch dann stieg *der betrunkene Fahrer* zu seiner Erleichterung aus und torkelte, die Wagenschlüssel in der Hand, in Richtung seiner Wohnung.
Alpha verließ ebenfalls seinen Wagen und folgte dem Mann bis zur Haustür. Erdgeschosswohnung, ein »Garten-Apartment« im Marklerjargon, nur dass es weit und breit keinen Garten gab.
»Entschuldigen Sie«, sagte Alpha.
Der betrunkene Fahrer drehte sich zu ihm um.
»Was wollen Sie?«, lallte er.
»Tut mir leid«, sagte Alpha. »Ich möchte Ihnen keine Umstände machen, aber es wäre hilfreich für uns, wenn Sie heute Abend sterben würden.«
»Was?«
Der betrunkene Fahrer starrte ihn begriffsstutzig an und bemerkte kaum das Rasiermesser, mit dem Alpha ihm die Kehle aufschlitzte.

Der betrunkene Fahrer taumelte rückwärts gegen die Tür seiner Wohnung und griff sich an die Wunde, während er etwas herauszuwürgen versuchte, das sein ungläubiges Staunen zum Ausdruck brachte. Stattdessen gurgelte Blut aus der Wunde. »Na? Schlagartig nüchtern, was?«, sagte Alpha ruhig. In seiner Fassungslosigkeit hatte der Mann die Augen weit aufgerissen. Alpha ging ganz dicht an ihn heran und fügte leise hinzu: »Was dachtest du denn? Dass du Leute umbringen kannst und keiner schert sich darum?« Als Antwort brachte der Mann nur ein Husten und einen Schwall Blut heraus, das zwischen den Fingern hervorquoll. Alpha nutzte diesen Moment, um dem Mann einen Zettel in die Jackentasche zu stecken. Die eigenen blutverschmierten Finger und das Rasiermesser wischte er an der Brust des Mannes sauber. *Der betrunkene Fahrer* beäugte ihn immer noch fassungslos, was Alpha der Situation angemessen fand. *Ein guter Gesichtsausdruck zum Sterben.* Er holte sein Handy heraus und knipste ein einziges Foto – für Jack's Boys. Dann machte Alpha kehrt und ging zu seinem Wagen zurück. Ohne Eile. Nach seiner Schätzung würde *der betrunkene Fahrer* bis zu seinem letzten röchelnden Atemzug fast eine Minute brauchen. Gefunden würde er in der Dunkelheit sicher nicht allzu schnell – da säße Alpha längst sauber und adrett, in Anzug und Krawatte, erster Klasse im Flieger. Das hier war, zugegeben, nicht seine bevorzugte Art zu morden. Eher etwas Geschäftsmäßiges. Nichtsdestotrotz hatte es seinen eigenen Reiz, und Alpha lehnte sich zufrieden in seinem Sitz zurück. *Nicht so gut wie sonst, aber angesichts der Umstände gar nicht übel.* Für eine Haarsträhne in seinem Sammelalbum reichte es allerdings nicht.

KAPITEL 36

EINE UNERWARTETE E-MAIL …

NIKI …

Kurz vor Mitternacht war sie mit geputzten Zähnen, zurückgebundenem Haar, in T-Shirt und Höschen gerade auf dem Weg ins Bett, als an ihrem PC das charakteristische Signal eine eingehende E-Mail vermeldete.

Ihr erster Gedanke: *Was braucht Connor denn heute Abend noch?*

Sie ging zu ihrem Schreibtisch hinüber und starrte auf den Laptop.

Zu ihrer Überraschung war die Mail nicht von Connor. Kein spätabendliches *»Ich liebe dich«*. Auf den ersten Blick war ihr der E-Mail-Absender unbekannt, schien aber zumindest vage vertraut, sodass sie die Nachricht nicht für Spam hielt: XCountrywinner@gmail.com.

Niki klickte sie an.

Kurze und knackige Nachricht:

Hey, Läuferflittchen, vielleicht schaust du dir deine sportliche Höchstleistung mal auf Seeingpink.com an. Haben wir alle schon.

Niki starrte einen Moment lang auf die E-Mail, bevor sie den eingefügten Link anklickte. Die Website kannte sie nicht, und sie zögerte, bevor sie die Eingabetaste drückte, weil es sich vielleicht um Betrug handelte, so angelegt, dass der Absender durch einen einzigen Befehl Zugriff auf Informationen hatte oder aber einen Virus in ihren Laptop schleuste. Andererseits wusste sie, dass es sich bei den meisten dieser Phishing-Mails um erfundene Firmen und falschen Alarm zu falschen Behauptungen handelte. Was sie vor sich hatte, wirkte spezifischer. *Muss von jemandem sein, den ich besiegt habe, und zwar so richtig. Mehr als einmal.*

Sie sah auf den ersten Blick, um was für eine Website es sich handelte: ein Portal, auf dem Amateur-Porno-Videos gepostet wurden.
»Oh nein«, entfuhr es ihr.
Beim Anblick eines Fotos von Connor und ihr, das von ihrer Facebook-Seite stammte, schnürte es ihr die Kehle zu. Unter das Foto hatte jemand einen leicht abgewandelten alten Kindervers geschrieben:

Niki und Connor, küsst euch mal,
auf der Straße hundert Mal,
Noch ein Kuss,
Dann ist Schluss.
Sieh mal nach, was ich für dich habe!

Niki ging mit dem Cursor auf das Bild und drückte die Eingabetaste.
Und sie sah, so wie es jeder andere auf der Welt sehen konnte, was sie naiverweise für ganz und gar privat gehalten hatte.

ROSS UND CONNOR ...

Sporadisch fiel leichter Schneeregen, eben genug für einen kalten, ungemütlichen Morgen, als die Ermittlerin bei Ross anrief.
»Mr Mitchell?«
»Ja. Hallo, Detective«, meldete sich Ross, als er ihren Namen auf dem Display sah. Im Geist sah er das argwöhnische Gesicht der Ex-Marine-Soldatin vor sich. »Haben Sie Neuigkeiten für uns?«
»Nicht wirklich«, sagte sie. »Die Forensiker sind mit Ihrer Waffe und dem PC Ihres Enkels fertig. Wollen Sie vielleicht vorbeikommen und beides abholen?«
»Ja, natürlich.«
»Ausgezeichnet«, sagte die Polizistin. »Und können Sie am besten

gleich Ihren Enkel mitbringen? Ich hätte noch ein paar letzte Fragen an Sie beide. Nur das übliche Prozedere.«

Ross war ein wenig verstimmt. Sie klang kalt. Aber er erklärte sich einverstanden. Wieso auch nicht.

Das Dezernat befand sich in einem dreistöckigen roten Klinkerbau unweit der Einkaufszone ihrer kleinen Stadt. An der Seite parkten Streifenwagen mit ein wenig glitzerndem Schnee auf dem Dach und kleinen Eiszapfen, die sich an den Lichtbalken gebildet hatten. Die Fahrbahn bis zur Wache war stellenweise glatt. Sie hatten ein paar Mal geflucht und waren einmal mit beschleunigtem Puls gegen ein Stoppschild geschlittert. Ross und Connor hatten wie in einem Atemzug »Achtung!« gerufen und hinterher, als der Wagen zum Stehen kam, darüber gelacht. In Ross' Gemütsverfassung machte der gefrierende Regen die ganze Welt zu einem grauen, unglücklichen Ort. Selbst die Weihnachtsdekoration an den Geschäften und Straßenschildern wirkte gedämpft. Der traditionelle Weihnachtsmann der Heilsarmee mit rotem Kostüm, Glocke und schwarzer Sammelbüchse in den Händen hatte seinen gewohnten Platz vor einem großen Gebäude mit mehreren Geschäften verlassen. Kleidung. Schmuck. Schuhe. Nippes- und Geschenkeläden. Normalerweise hätte hier ein stetiger Menschenstrom, beladen mit fröhlichen bunten Tüten, hier ein und aus gehen müssen, doch selbst so kurz vor den Festtagen hielt das Wetter die Leute vom Einkaufen ab.

Connor hatte auf der Fahrt Stöpsel in den Ohren und hörte Musik.

Die Ex-Soldatin kam ihnen in der Eingangshalle entgegen.

»Danke, dass Sie hergekommen sind«, sagte sie. Ihr Partner mit Raspelschnitt hielt sich dicht hinter ihr. »Nur ein paar Fragen.«

Sie führte die beiden in ein Nebenzimmer. Nichts weiter als ein Tisch und ein paar Stühle. Eine Videokamera in einer Ecke unter der Decke. Ein Raum wie zahllose andere in Polizeirevieren auf der ganzen Welt. Ross hatte nicht erwartet, zusammen mit Connor an eine solche Örtlichkeit geführt zu werden. Er fragte sich, ob auf seinem Stuhl normalerweise ein Straftäter saß, der versuchte, sich mit Lügen herauszureden.

»Zu Ihrem Revolver kommen wir gleich«, sagte die Ermittlerin. »Da gibt es noch etwas Formularkram zu erledigen.«

»Okay«, erwiderte Ross. Nach einer Pause: »Sie meinten, Sie hätten noch die eine oder andere Frage an Connor?«

»Und auch an Sie«, erwiderte die Ermittlerin.

Nach kurzem Zögern fragte sie: »Könnten Sie beide mir sagen, was Sie am vergangenen Donnerstagabend gemacht haben, so zwischen zwanzig und dreiundzwanzig Uhr?«

Ross starrte die Polizistin an. Er bekam mit, wie Connor leicht zusammenzuckte.

»Wieso ist das wichtig?«, wollte Ross wissen. »Ich dachte, ich wäre hier, um meine Waffe in Empfang zu nehmen.«

Statt die Frage zu beantworten, sagte sie nur: »Vor zwei Tagen. Sie wissen bestimmt noch, wo Sie da waren.« Dabei musterte sie sowohl Ross als auch Connor mit durchdringendem Blick.

Connor antwortete als Erster.

»Die Schule war so um fünf herum aus, nach dem Basketballtraining, es sind die letzten Tage vor den Ferien. Ich bin nach Hause, hab Schularbeiten gemacht, ein bisschen was gegessen und wurde dann von einem Freund abgeholt. Genauer gesagt, seine Mutter hat uns gefahren, und ich hab von acht bis neun Uhr Hallenfußball gespielt. Ich glaube, so um halb zehn war ich wieder zu Hause. Ich hab nicht drauf geachtet. Dann habe ich Niki angerufen, und wir haben ein bisschen gequatscht. Das können Sie anhand meiner Handydaten nachprüfen. Bin dann vor zwölf ins Bett. Wieso?«

Die Polizistin antwortete nicht.

Dafür schrieb sie ebenso wie ihr Kollege alles, was er sagte, auf. »Dann wurden Sie sicher von einigen Leuten gesehen?«, fragte sie. »Könnten Sie uns wohl deren Namen und Kontaktdaten zukommen lassen?«

»Ja, klar.«

Sie schob ihm ein leeres Blatt Papier und einen Kugelschreiber hin. »Dann legen Sie mal los«, forderte sie ihn auf. Er fing zu schreiben an.

»Worauf wollen Sie hinaus, Detective?«, meldete sich Ross. »Was soll das Ganze?«
Mit Schwung drehte sie sich zu ihm um.
»Donnerstagabend? Zur fraglichen Zeit?«
»Chorprobe. Bin ein paar Minuten vor Connor von zu Hause los. War so um halb elf zurück. Ich musste noch ein Solo einüben.«
Letztere Information erübrigte sich bei näherer Betrachtung.
Die Polizistin schien einen Moment zu überlegen. Sie warf ihrem Partner einen Blick zu, und der Raspelschnitt fragte: »Die anderen Leute im Chor können das bezeugen?«
»Selbstverständlich«, erwiderte Ross mit etwas erhobener Stimme. Nach kurzem Zögern fragte er: »Was zum Teufel geht hier eigentlich vor?«
»Connor war zu Hause, als Sie zurückkamen?«
»Ja.« Er verstummte, als die Ex-Marine-Ermittlerin ein zweites Blatt Papier hervorzog. Sie schob es Connor und Ross über den Tisch. Sie sahen es sich beide an. Es handelte sich um ein klassisches Polizeifoto-Triptychon: rechte und linke Seite und einmal Vorderansicht von einem Mann mit einer Erkennungsnummer unter den Bildern. Sein Name sowie andere personenbezogene Daten waren sorgfältig geschwärzt.
»Kennen Sie den?«, fragte sie.
Was sowohl auf Connor als auch auf Ross zutraf. Gefrorene Erinnerungen.
Ein Bild aus der Vergangenheit.
Connor schluckte und sagte: »Er ist jetzt älter. Von wann stammt die …«
Ross fiel seinem Enkel ins Wort.
»… das ist kurz nachdem er meine Tochter, Connors Mutter … und seinen Vater … bei dem Autounfall … getötet hat. Vor über zehn Jahren.«
»Wahrscheinlich sieht er jetzt anders aus«, sagte Connor. Er wusste aus eigener Anschauung, dass es so war. Mehr graue Haare. Fülliger um die Körpermitte. Aber ansonsten derselbe. Connor konnte sich von den Fotos nicht losreißen.

»Natürlich«, murmelte der andere Cop.
»Sie haben einige Zeit und beträchtliche Mühe darauf verwandt, diesen Mann im Blick zu behalten, nicht wahr, Connor? Wir haben das alles auf Ihrem PC gefunden.«
»Ja.«
»Wozu?«
Connor suchte nach einer Lüge, doch auf die Schnelle fiel ihm keine ein.
»Was hatten Sie mit all den Informationen vor, die Sie über ihn gesammelt haben?«
»Keine Ahnung«, stammelte Connor.
Die Ermittlerin wandte sich abrupt Ross zu. »Haben Sie in letzter Zeit größere Beträge von Ihrem Bankkonto abgehoben, Mr Mitchell?«
»Was?«
»In bar, Mr Mitchell. Sie benötigten eine große Summe in bar?«
»Nein, natürlich nicht.«
»Wenn wir das überprüfen – und glauben Sie mir, das werden wir tun –, finden wir das hoffentlich bestätigt, Mr Mitchell.«
Ross drehte sich zu Connor um.
»Sag nichts mehr, bis wir wissen, was hier eigentlich los ist.«
Connor merkte, wie sein Bein zu zucken anfing.
Die Ermittlerin nickte. Sie lehnte sich vor. »Erinnern Sie sich noch daran, was ich Ihnen über Auftragskiller gesagt habe? Über Leute, die billig zu haben sind und jemanden für einen umbringen?«
»Was …«, war alles, was er herausbrachte.
In der Stille, die entstand, zog die Polizistin mehrere Fotos heraus, die sie ebenfalls über den Tisch schob. Es handelte sich dabei um farbige Hochglanzaufnahmen von einem Tatort. Connor und Ross sahen Blut, ein erstarrtes Gesicht und eine klaffende Wunde am Hals. Auf den Bildern war schwer zu erkennen, wer da getötet worden war, dennoch war es ihnen beiden klar.
»Donnerstagabend«, sagte die Ermittlerin.
»Damit haben wir nichts zu tun«, platzte Ross heraus.
Die Polizistin schwieg. Sie lächelte – so ähnlich vielleicht wie eine

Spinne, wenn ihr eine Fliege ins Netz geht und sich freizustrampeln versucht.

»Das kann ich nur hoffen«, sagte sie.

Sie drehte sich wieder zu Connor um.

»Sagen Sie's mir«, fing sie in eisigem Ton an, »Connor, Sie sind derjenige, der diesen Mann nicht aus den Augen gelassen hat. Wer könnte wohl sonst noch ein Interesse an seinem Tod haben?«

»Keine Ahnung«, brachte Connor mit dünner Stimme heraus.

Wieder herrschte kurzes Schweigen.

»Sie wissen es nicht?«

Er schüttelte den Kopf.

»Ihnen fällt überhaupt niemand ein?«

Wieder schüttelte er den Kopf.

»Aber vielleicht können Sie mir ja sagen, wieso wir das hier in der Jacke des Toten gefunden haben?«

Ein weiteres Blatt wurde über den Tisch geschoben – diesmal allerdings in einer Plastikhülle und in Rot mit einer Beweismarkierung, dem Datum und an der Außenseite in großen Druckbuchstaben mit der Aufschrift *Beweismittel* versehen.

Eine Ecke des Blatts war blutverschmiert. Doch in der Mitte waren zwei weitere Fotos, aus der Vergangenheit:

Eines stammte aus einem Highschool-Jahrbuch.

Das zweite war einem Nachruf in einer Zeitung entnommen.

Connor wusste, dass er kein Wort herausbekommen würde.

Auch Ross schnürte es die Kehle zu.

Es waren Fotos von Connors Mutter im Alter von siebzehn Jahren sowie von seinem Vater nach dem Collegeabschluss und seinem Berufsstart bei einer Versicherungsanstalt; sie waren zwei Tage nach ihrem Tod in der Zeitung abgedruckt worden.

»Weshalb wohl trug ein Mann, der am Donnerstagabend ermordet wurde, diese beiden Fotos mit sich herum?«, fragte die Ermittlerin. In schneidendem, eisigem Ton.

»Keine Ahnung«, sagte Ross, bevor Connor antworten konnte.

Sie wandte sich an Connor.

»Und ich nehme mal an, Sie ebenso wenig«, sagte sie.

Connor konnte nur stumm nicken.

Wieder an Ross gewandt: »Ich wette, dieses Foto von Ihrer Tochter steht gerahmt irgendwo in Ihrem Haus?«

Er erwiderte nichts. Sie hatte recht.

Ross war schwindelig. Nicht so, als drehte sich alles in seinem Kopf, sondern so, als drehte sich plötzlich die Welt, die er sah, unkontrollierbar. Wie ein sausender Kreisel auf einem Tisch.

Er holte tief Luft und versuchte, seinen rasenden Puls zu beruhigen.

»Legen Sie uns hier irgendetwas zur Last?«, brachte er heiser heraus.

»Nein. Wir sammeln nur Fakten«, antwortete sie. Das war zwar keine offene Drohung, klang aber so. Sie fügte hinzu: »Ich denke, wir werden wieder miteinander reden müssen. Das gilt für Sie beide.«

Noch ein frostiges Lächeln.

»An dieser Stelle trage ich Ihnen auf, nicht zu verreisen. Halten Sie sich zu unserer weiteren Verfügung. Klingt abgedroschen, nicht wahr? Wie aus einem Krimi. Ist aber unumgänglich.«

Ross schoss der Gedanke durch den Kopf: *Ich habe getötet, ja. Aber jetzt glaubt sie, ich hätte jemanden umgebracht, mit dessen Tod ich nichts zu tun habe.* Es war etwas verwirrend. Er nahm noch einen tiefen Atemzug, um wieder Herr der Lage zu sein.

»Mein Revolver«, sagte er. Seine Stimme war zum Zerreißen gespannt. »Sie sagten, ich könne ihn mitnehmen.«

Wieder setzte die Polizistin ein wenig freundliches Lächeln auf. »Ihre Waffe wurde von der Forensik freigegeben. Wie ich Ihnen schon am Telefon sagte, müssten Sie noch ein paar Formulare unterschreiben.«

Es war kalt im Wagen. Ross legte die Hand auf den Anlasser, startete dann aber nicht. Neben ihm saß Connor, wie festgefroren und mit bleichem Gesicht.

Ross überlegte: *Bei den Marines habe ich, blutjung, gelernt, Befehlen zu gehorchen.*

Ohne Wenn und Aber.
Jedes Feuergefecht war anders.
Jedes Feuergefecht war gleich, eines wie das andere.
Jeder Tod war unverwechselbar.
Der Tod war unser tägliches Geschäft.
Die Befehle, die ich gehört habe – ob im Gefecht gebrüllt oder bei einer Lagebesprechung ruhig ausgesprochen –, sollten allen denkbaren Szenarien gerecht werden. Wurden sie aber längst nicht immer.
Vom Gewöhnlichen zum Außergewöhnlichen.
Ross überlegte: *Was für Befehle würde ich jetzt bekommen?*
Damit ging es schon los: Nicht abschalten. Nicht schlafen. Immer die Augen offen halten. Immer in Alarmbereitschaft, auf alles gefasst sein.
Weil du nicht weißt, was da draußen lauert.
Vielleicht ist da ja nichts.
Vielleicht ist da jemand, der dich töten will.
Vielleicht auch Hundertschaften, die es auf dich abgesehen haben.
Derlei Gedanken hämmerten auf ihn ein.
Vielleicht versucht da gerade jemand, dir einen Mord anzuhängen.
Jemand ist darauf aus, unser Leben zu ruinieren.
Und weiter:
Kenne deinen Feind.
Kenne seine Mittel. Kenne seine Neigungen. Kenne seine Wünsche.
Denn offensichtlich kennt er uns.
Versuche, vorauszusehen, was er als Nächstes tut.
Und wie?
Er begriff, dass alle anderen – Connor und Niki, ihre Eltern und Kate – sich zumindest nach dem Anschein von Normalität zurücksehnten. Und sie taten alles dafür, dem Albtraum zu entfliehen. Die Witze, die sie machten, waren wirklich lustig, das Essen schmeckte gut, und statt sich vor dem Tod zu fürchten, konnte er um Sportergebnisse bangen. *Normal*, dachte er. *Was für ein dämliches Wort. Es gibt keine Normalität. Gab es noch nie. Wird es nie geben.*
Er öffnete, an Connor vorbei, das Handschuhfach und verstaute

seine 357er darin. Er spürte das Gewicht der Waffe in der Hand. Er wusste, dass er daheim in einer Schachtel in seinem Waffenkoffer noch reichlich Munition hatte. Ross beschloss, Connor, Kate und Niki in die Handhabung einzuweisen. Die korrekte Haltung. Der Griff. Tief durchatmen. Sorgsam zielen. Den Abzug betätigen. Ihnen einzuschärfen, niemals zu zögern.

Zögerlichkeit bringt den Tod.

Das hatte er bei den Marines gelernt.

KAPITEL 37

KATE, CONNOR UND ROSS … BEI IHRER HEIMKEHR …

Als Connor und sein Großvater zur Haustür hereinkamen, flötete Kate: »Hey, Connor! Für dich sind ein paar Päckchen gekommen.«

»Päckchen?«

»Eilzustellung.«

»Ich habe nichts bestellt.«

»Nicht mal Weihnachtsgeschenke für deinen Großvater und mich?«, hakte sie lachend nach, doch als sie Connors Gesicht sah, verging ihr das Lachen.

»Was war los bei der Polizei?«

»Nichts«, sagte Connor.

Ross schaltete sich ein. »Da war was«, erwiderte er.

»Und was?« Kate war alarmiert.

In diesem Moment klingelte Connors Handy. Er warf einen Blick darauf. »Niki«, sagte er und ging ran. »Hey, ich komm gleich rüber …«

An der Stelle verstummte er und hörte zu. Weder Ross noch Kate bekamen mit, was Niki sagte.

»Alles in Ordnung?«, fragte Kate.

»Nein«, antwortete Connor.

Er drehte sich zu ihr um. »Was für Päckchen?«

Kate zeigte darauf. Es war ein kleiner Stapel. Connor schnappte sich das oberste. Als er ungestüm die Packung aufriss, fiel ein Buch heraus.

Mein Kampf.

Auf dem Umschlag prangte ein schwarzes Hakenkreuz auf rotem Grund.

Sie alle starrten darauf.

»Das habe ich nicht …«, stammelte Connor.

Der restliche Satz blieb ihm im Halse stecken. Ihm lagen nur noch Flüche auf der Zunge, doch er brachte keinen über die Lippen. Er war zu schockiert. Nicht so sehr der Titel machte ihm Angst, sondern die Frage, wer sonst noch wusste, dass ihm dieses Buch nach Hause geliefert worden war. Kate zuckte einfach nur davor zurück wie vor einer Schlange. Ross biss sich auf die Lippen und hegte ganz ähnliche Gedanken wie sein Enkel.

»Es ist ganz und gar nicht vorbei«, sagte er ruhig.

Er begriff: *Noch jedes Mal, wenn er den gewaltsamen Tod vor Augen hatte, war es erst der Anfang gewesen. Nicht das Ende.*

EINIGE ANDERE MOMENTE …

NIKI …

Auf dem Sprung zu Connor hinüber lief sie die Treppe hinunter und konnte keinen anderen Gedanken fassen als: *Was mache ich bloß? Ich war so dämlich, ich hätte uns nie dabei filmen dürfen, wenn das* GP *und* GM *zu sehen kriegen, regen sie sich bestimmt furchtbar auf. Meine Eltern natürlich auch. Wie kann ich das verhindern?* Ihr fielen keine Antworten ein. Bei der Vorstellung, wie sich das Video verbreiten würde, empfand sie nur Scham und geriet immer mehr in Panik. *Nicht nur das Miststück, das ich geschlagen habe … sondern meine Teamkameradinnen … und meine Freunde … und die Leute an meiner Schule … und deren Eltern … und dann noch …* Niki sah vor sich, wie sich *jeder* um sie herum, *jeder* auf der ganzen Welt jetzt und bis in alle Ewigkeit ansehen würde, wie sie sich in ihren intimsten Momenten bloßstellte, und die Angst prasselte wie ein Wasserfall auf sie ein, in dem sie zu ertrinken drohte. Doch als sie zur Haustür eilte und nach ihrem Mantel griff, erhaschte sie einen Blick auf ihre Eltern im Wohnzimmer und sah auf Anhieb, dass sie sich stritten. Oder dass etwas anderes nicht mit ihnen stimmte. Während sie in die Ärmel schlüpfte, fragte sie: »Was ist los?«

Ihr Vater drehte sich um. »Ach, nichts. Nein, das stimmt nicht.«
Sie sah, dass ihre Mutter den Tränen nahe war.
»Was ist los?«, fragte Niki.
Ihr Vater schüttelte den Kopf. »Beim hiesigen Gesundheitsamt ist eine anonyme Beschwerde gegen uns eingegangen. Jemand behauptet da, in der Küche Rattenkot gesehen zu haben. Das stimmt nicht, wir sind, wie du weißt, penibel, der Bereich wird täglich geputzt und keimfrei gemacht, aber …«
Ihre Mutter beugte sich vor. »Gott sei Dank machen sie uns nicht gleich dicht. Ich meine, die Festtage sind für uns wichtig. Aber es wird eine Inspektion und eine Vorladung geben, das heißt, wir müssen uns einen Anwalt nehmen und einen Berater für Nahrungsmittelzubereitung ins Boot holen, das kostet uns eine Stange Geld …«
Niki wusste, dass sie etwas sagen sollte, rannte jedoch stattdessen ohne ein Wort zur Tür hinaus.

KATE …

Im Lauf des Nachmittags bekam Kate einen Anruf von der Pflegedirektorin an ihrem Krankenhaus.
»Kate?«, sagte die Frau. »Offenbar gibt es auf der Intensivstation ein Problem.«
»Was für ein Problem?«
»Wir haben eine schriftliche Forderung auf Einsicht in die Krankenakte eines kürzlich verstorbenen Patienten bekommen. In dem Brief werden namentlich zwei Ärzte und Sie genannt.«
»Aber was …«, fing Kate an, brachte den Satz aber nicht zu Ende.
»Hören Sie, es ist bestimmt nichts weiter dran. Ich bin mir sicher, dass Sie sich genau an die Vorschriften gehalten haben. Der Anwalt ist nicht von hier, ich kann Ihnen also nichts Genaueres sagen. Bestimmt nur eine haltlose Behauptung, aber irgendwer hat sich irgendwo einen Anwalt genommen und Beschwerde wegen

Fahrlässigkeit eingereicht. Ich wollte Sie daher nur darauf vorbereiten, dass es Rückfragen geben könnte.«

»Ich habe noch nie …«, stammelte Kate und verstummte.

»Das könnte dienstrechtliche Konsequenzen für Sie haben«, fuhr die Pflegedirektorin fort. »Während wir den Fall von einem unabhängigen Sachverständigen untersuchen lassen, müssen Sie vielleicht beurlaubt werden.«

»Sie meinen, es gibt Ermittlungen?«

»Ja. Wahrscheinlich. Die übliche Verfahrensweise.«

Sie antwortete nicht. Ihr Magen fühlte sich zunehmend an wie ein gähnender Abgrund.

»Wie gesagt, ich hoffe, dass sich die Sache in Luft auflöst. Aber falls Sie jemand darauf anspricht, wenden Sie sich bitte sofort an die Anwälte des Krankenhauses. Bis jetzt wissen wir noch nicht, um was für ein Problem es geht. Aber wir müssen auf der Hut sein.«

Umsicht war Kates zweite Natur. In diesem Moment schien es eine ganz neue Bedeutung anzunehmen.

ROSS, ZWEI TAGE SPÄTER …

Im Lauf des Vormittags bekam Ross einen Anruf vom Leiter der Zulassungsstelle an der Wesleyan University, einem Mann, der für Ross mehr als nur ein Bekannter, wenn auch weniger als ein echter Freund war, nachdem sie beide ein paar Jahre vor seiner Pensionierung auf einer Konferenz einige Zeit miteinander verbracht hatten. Der Mann hatte bei verschiedenen Aspekten, die bei der Studienplatzvergabe eine Rolle spielten, oft als Berater fungiert.

Nach kurzem höflichem Geplänkel und vorhersehbaren Fragen wie: *»Was macht der Unruhestand?«*, kam der Mann ohne weitere Umschweife zur Sache:

»Streng genommen dürfte ich dieses Gespräch gar nicht führen … könnte als Ethikverstoß verstanden werden, behalte es also bitte für dich …«

»Klar, das respektiere ich, selbstverständlich«, versicherte Ross.
»Verletzt das Gebot der Vertraulichkeit«, fügte der Kollege hinzu.
Was Ross nicht neu war.
»Weil wir uns ja nun schon ziemlich lange kennen«, nahm der Mann den Faden wieder auf, »und unter Kollegen hatte ich das Gefühl, dir diesen Anruf schuldig zu sein.«
»Das weiß ich zu schätzen«, erwiderte Ross. Ihn beschlich eine düstere Ahnung, und schlagartig wusste er genau, worauf der Anruf hinauslief. Das sagten ihm die unerwünschten Päckchen, die Connor in den letzten Tagen bekommen hatte.
»Ross, ich weiß, dass dein Enkel sich hier bei uns beworben hat – als starker Kandidat. Aber nun haben wir einen Hinweis bekommen, dass er in *White-Supremacy*-Organisationen involviert sein und sich mit rassistischen Bemerkungen in öffentlichen Internetforen hervorgetan haben soll. Wenn sich diese Anschuldigungen bewahrheiten …« – der Mann zögerte –, »na ja, das ist wirklich ein Problem. Das wäre ein Ausschlussgrund. Wir stehen hier für Vielfalt und Offenheit, aber das brauche ich dir ja nicht zu sagen.«
Ross war perplex.
»Ich glaube, Connor ist das Opfer eines Hackerangriffs geworden«, sagte er. »Das sieht ihm nicht ähnlich. Das passt überhaupt nicht zu ihm. Nie im Leben würde er …«
In dieser Sekunde wurde Ross klar, dass er Connors Zukunft immer zu seiner eigenen Sache gemacht hatte.
Ross brachte kein weiteres Wort heraus. Er wusste, dass sein Enkel bereits mindestens sechs Bewerbungen eingereicht und noch einige mehr vorbereitet hatte.
Alles für die Katz.
»Das kann ich nur hoffen«, sagte der Freund. Und Ross wusste in dieser Sekunde, dass bei jeder Universität, an der sich Connor beworben hatte, derselbe *Hinweis* eingegangen war.

KAPITEL 38

ALPHA, AM 1. DEZEMBER …

Am späten Nachmittag begab sich Alpha in einen Geschenkeladen und kaufte einen teuren Adventskalender. Jedes kleine Türchen war mit Weihnachtsmotiven verziert und enthielt jeweils ein Stück Schokolade, jedes Mal ein anderes. Der aufwendige Kalender war für wohlhabende Eltern und privilegierte Kinder gemacht. Er gefiel Alpha, weil er eine Schwäche für Schokolade hatte, obwohl er sich da zurückhalten sollte, wie er wusste, und weil jedes Türchen genügend Platz bot, um im besten Monat des Jahres einen Tag nach dem anderen abzuhaken.

In dem Monat, in dem *Socgoal02* und *die Freundin* – wie so viele Kinder zu Weihnachten – bekommen würden, was sie verdienten.

Böse Kinder genauso wie gute Kinder, dachte er.

Die beiden zählten eindeutig zu den *bösen*. Und was er vorhatte, war eindeutig *gut*.

Als er sich kurz vor Mitternacht auf *Jack's Special Place* einloggte, lautete sein erster Eintrag:

Und? Wie geht's voran mit dem Macht sie fertig-*Plan?*

Ich habe eine eigentlich ganz angenehme Aufgabe erledigt. Einen Taugenichts eliminiert. Hier kommt das Foto, und Socgoal02 *wie auch sein Großvater stehen jetzt – trotz ihrer Alibis – auf der Liste der Verdächtigen für einen Mord. Starke Motive.*

Folglich war's das dann wohl mit der Hilfe, die sie bei der Jagd nach uns von der Gestapo *bekommen haben … ab jetzt können sie von denen, schätze ich mal, nicht mehr viel Entgegenkommen erwarten.*

Alpha kicherte beinahe, während er dies schrieb.

Charlie meldete sich prompt zurück:

Würde sagen, die Freundin *hat's im Moment nicht leicht. Sie fragt sich, wie viele Menschen ihr beim Vögeln mit* Socgoal02 *zusehen.*

Außerdem habe ich mir was für ihre Eltern einfallen lassen. Die machen wir auch fertig.

Und Delta schrieb:

Da kann ich gleich hinzufügen, dass sich Socgoal02s *strahlende Zukunftsaussichten am College gerade mächtig eingetrübt haben. Genauso wie die seiner Großmutter als Krankenschwester auf der Intensivstation.*

Er erläuterte, was er getan hatte.

Verdammt clever, dachten Alpha und Charlie. Besonders genial fanden sie, dass Delta Namen und Anschrift eines echten Anwalts für ärztliche Kunstfehler verwendet hatte.

Anschließend kam Alpha auf einen Aspekt ihrer Vorgehensweise zu sprechen, der ihm besonders am Herzen lag.

Glückwunsch!

Meister der Irreführung.

Seht ihr, was wir fertiggebracht haben?

1888 hat Jack für Aufruhr gesorgt, und das tun wir jetzt auch. Die sind jetzt alle ganz und gar mit dem beschäftigt, was wir angerichtet haben. Sie sind fest davon überzeugt, dass die Bedrohung vor allem aus dem Internet kommt. Sie werden sich Norton und Avast oder McAffee und andere Viren-Programme herunterladen und versuchen, sich mit VPN-Verschlüsselung zu schützen, sie werden sämtliche Passwörter ändern und was ihnen sonst noch einfällt. Sie werden in ständiger Sorge sein, welchen Streich wir ihnen als Nächstes im Internet spielen könnten, um ihnen das Leben schwer zu machen. Sie werden von ihrer elektronischen Sicherheit ganz und gar besessen sein.

Denn sie müssen glauben, dass sich die Gefahr an Tastendrücken und Backslashs bemisst.

Womit sie gründlich danebenliegen.

Wir *sind die Gefahr.*

Analog. Nicht digital.

Charlie reckte die Fäuste. Delta dachte dabei an den Jubeltanz nach dem Touchdown.

Geh'n wir's an!
Und Charlie, nicht weniger begeistert, aber stets auf der Hut, tippte:
Hast du schon einen Plan ausgeheckt?
Worauf Alpha erwiderte:
Allerdings.
Alpha überlegte. Die Befriedigung, die ihm die Ermordung *des betrunkenen Fahrers* gebracht hatte, hielt sich in Grenzen. Ihm dämmerte, dass *Socgoal02* und *die Freundin* ihn in seinen natürlichen Impulsen hemmten und ihm bei seiner gewohnten Herangehensweise dazwischenfunkten. Plötzlich wurde ihm klar, dass er seit Bravos Tod schon oft eine Straße entlanggegangen und ein passendes Ziel ausgespäht, dann aber irgendeine Entschuldigung dafür gefunden hatte, *nicht* zu handeln. Ein potenzieller Zeuge an einem Fenster. Ein vorbeifahrendes Auto. Sein Handy, das er *nicht* abgeschaltet hatte, sodass sein Standort zurückverfolgt werden konnte. Er wusste, dass ihm dieses Verhalten nicht ähnlich sah, und verachtete sich dafür. Er wünschte sich nichts sehnlicher, als die Uhr zu der Zeit zurückzudrehen, bevor sich *Socgoal02* und *die Freundin* in sein Leben gedrängt hatten. Dieser Wunsch nagte an ihm. Zum ersten Mal hallte er in ihm nach und ließ nicht locker. *Bis ich dieses Problem gelöst habe, werde ich nie wieder wahre Befriedigung finden,* machte sich Alpha klar.
Und mit *dieses Problem* waren natürlich *Socgoal02* und *die Freundin* gemeint.
Mit ihrem erbärmlichen Leben.
Das musste ein Ende haben.
Und dann der tröstliche Gedanke …
Wird es auch bald.
Dies, so viel stand fest, war für ihn die einzige Möglichkeit, zur Normalität zurückzufinden.
Zum normalen Töten.
Sie werden sterben.
Ich bin frei.
Und so drängte sich ihm in diesem Moment die Frage an Delta und Charlie auf, ob er vielleicht, dem NATO-Alphabet folgend,

noch einen Foxtrot, Golf und vielleicht sogar einen Hotel anheuern sollte. Zweifellos gab es da draußen Männer, die sich geehrt fühlen würden, *Jack's Special Place* beitreten zu dürfen und zu einem von *Jack's Boys* erkoren zu werden. Doch gleichzeitig sträubte sich alles in ihm gegen diese Vorstellung. Die ursprünglichen fünf waren ausnahmslos in den berauschenden ersten Monaten dazugekommen. Sie hatten alle die unausgesprochenen Regeln und Zielsetzungen verstanden und ihren eigenen *Modus Operandi* an die Richtlinien von *Jack's Special Place* angepasst. Über die Jahre hatte Alpha hier und da in einer Zeitung oder aus einer Nachricht von einem Verbrechen erfahren, das herausstach und ihm bemerkenswert erschien. In seinen Augen allerdings letztlich nie bemerkenswert genug. Er machte das an einem Mangel an Qualität und Originalität fest. *Diese Mörder können Jack nicht das Wasser reichen. Im Unterschied zu Bravo und Easy.* Er hatte sogar daran gedacht, seine Fühler nach Europa und Asien auszustrecken. Jemand Neues aus einem anderen Kulturkreis brächte vielleicht eine andere Perspektive und frischen Wind herein. Doch jedes Mal kam er bei diesen Erwägungen letztlich zu dem Schluss, dass die Integrität der ursprünglichen fünf viel kostbarer war als jeder Neuzugang.

Und so hatte er es gelassen.

Ebenfalls zum ersten Mal hatte Alpha das Gefühl, dass ihm physisch, intellektuell und emotional Fesseln angelegt waren.

Er fühlte sich geschrumpft.

Geschwächt.

Er hasste es.

Also wandte er sich auf *Jack's Special Place* erneut an Charlie und Delta:

Allerdings habe ich einen Plan.

Etwas ganz Besonderes.

Für uns alle. Er wird uns nämlich zum ersten – und wahrscheinlich einzigen – Mal alle zusammenbringen. In Jetzt-Zeit und physisch. Das wird einmalig. Unglaublich.

Einzelheiten folgen, aber auf eines könnt ihr euch verlassen …

Charlie und Delta warfen gleichzeitig ein:
Mach's nicht so spannend …
Worauf denn nun?
Alpha richtete sich vor seinem Computer auf, holte tief Luft und schrieb:
Für die Toten wird es keine fröhliche Weihnacht geben.

KAPITEL 39

CHARLIE, AM 5. DEZEMBER …

In ihrem bescheidenen Wohnzimmer saß ihm seine Frau gegenüber.
Sie hatte ihren Laptop vor sich und recherchierte Reiseziele für ihren Urlaub über die Feiertage und überprüfte gleichzeitig, ob sie für das Auslandsstudienprogramm infrage kamen. Sie glaubte, ihm damit bei seinen akademischen Aufgaben behilflich zu sein – zum Totlachen.
Costa Rica. Italien. Chile.
Vor ein paar Jahren war ihre Wahl auf Melbourne gefallen, das seine männlichen Studenten mit Party, Strand und Saufen assoziierten und wo, wie er aus sicherer Quelle wusste, die australische Polizei den Mord an einer dortigen Studentin immer noch nicht aufgeklärt hatte.
Marokko. Finnland. Südafrika.
Alles Länder mit guter Infrastruktur zum Töten, überlegte Charlie – wobei die finnische Polizei technisch sehr versiert war, weshalb sich eher Marokko empfahl. Zu Südafrika hatte er noch nicht genug recherchiert. Er war einfach immer davon ausgegangen, dass die Polizei dort in rassistisch motivierten Mordfällen ertrank, was ihn auf die Idee brachte, ob er einen Mord so aussehen lassen könnte, als passe er in dieses Muster, sodass die Ermittler diesen offensichtlichen Lösungsansatz verfolgten, während er längst im sicheren Flieger saß.
Doch Charlie begriff, dass er den nächsten Forschungsurlaubsmord erst wieder ins Auge fassen konnte, wenn *Socgoal02* und *die Freundin* eliminiert waren.
Während seine Frau sagte: »Ich war noch nie in Santiago, sieht eigentlich interessant aus, andererseits Kapstadt aber auch«, dachte

er an das bevorstehende Treffen mit Alpha und Delta, ein denkwürdiges, aufregendes Ereignis. *Jack's Boys* zum ersten Mal zusammen.

Zugleich fand er es auf der intellektuellen Ebene kurios, dass so viel von dem, was er tat, vom Gütesiegel der Gruppe abhing. Er warf einen Blick auf seine Frau. Die Psychologin in ihr wäre von seinen Gedankengängen fasziniert.

Die Ehefrau wäre entsetzt.

Fassungslos.

Worüber er schmunzeln musste.

Was ihr wohl nicht entging, denn sie fragte: »Was ist so komisch?«

Charlie ließ sich eine Erklärung einfallen.

»Ach so, musste nur gerade an eine der Fragen bei der Abschlussprüfung denken. Ich hab mir was völlig Unerwartetes einfallen lassen, das über den Stoff weit hinausging, sodass sie ihre Intuition spielen lassen mussten. Hab ihnen einen kleinen Streich gespielt …«

»Na ja, gar nicht mal schlecht, um zu sehen, ob sie gelernt haben, die Dinge kulturell einzuordnen«, erwiderte sie. Einmal Professorin, immer Professorin. *Langweilig. Vorhersehbar. Am liebsten würde ich mir ein Küchenmesser schnappen, lässig hinter dich treten, dich an den Haaren packen, dir den Kopf zurückziehen und die Kehle aufschlitzen. Vielleicht würde ich dich auch noch vögeln, während du verblutest. Das wäre dann ganz und gar nicht langweilig.*

»Ja, da kann ich dir nur recht geben, Schatz«, antwortete Charlie in bester Walter-Mitty-Manier.

Er schenkte seiner Frau ein Lächeln.

Heute Abend kommst du noch einmal davon.

Hast du auch nur die leiseste Ahnung, wie sehr es mich in den Fingern juckt, dich zu töten?

Er ließ seiner Fantasie einen Moment die Zügel schießen: *Zuerst würde er seine Frau umbringen. Dann seinen Dekan. Dann den Verwaltungsdirektor, und den Kanzler. Den Football-Trainer – einfach aus Prinzip, weil er im Vergleich zu jedem Fakultätsmitglied das x-fache Jahresgehalt bekam. Und dann noch ein paar seiner Kol-*

legen – diejenigen, die hinter seinem Rücken über die Qualität seiner Arbeit tratschten und sich darüber beklagten, dass er zu gute Noten vergab. Ihnen allen wünschte er einen langsamen Tod.

»Santiago wäre vielleicht auch interessant«, sagte Charlie zu seiner in den PC vertieften Frau. »Das Aufeinanderprallen der modernen, hoch industrialisierten Welt mit indigenen Völkern. Natürlich hat auch Kapstadt seine eigenen sozioökonomischen Probleme, die entsprechende Feldstudien lohnen. Könnte reizvoll sein.«

Und beide Städte empfehlen sich durch:

Dunkle Straßen.

Junge Frauen.

Gute Flughäfen für eine sichere Exitstrategie.

Er schloss einen Moment die Augen und rief sich jede Einzelheit von Bravos Ermordung ins Gedächtnis. Dabei erfassten ihn Wogen der Wut, und er musste sich zusammenreißen, damit seine Frau nichts bemerkte, die munter weiterredete, ohne dass er ein einziges Wort davon mitbekam. *Blablabla.* Er fühlte sich wie ein zum Zerreißen gespanntes Gummiband, das darauf wartete, losgelassen zu werden und wieder die seine Form anzunehmen.

Ich will nichts weiter, dachte Charlie, *als Alphas Plan.*

Dass er uns zusammenbringt.

Und uns sagt: Zeit zum Töten.

DELTA, AM 7. DEZEMBER …

Siebeneinhalb Stunden nach dem Trauergottesdienst für seinen Vater und ein paar Minuten vor Mitternacht an jenem Tag, an dem viele der Schmach von Pearl Harbor gedachten, tötete Delta eine heruntergekommene, betrunkene Frau, die nicht weit vom Bankenviertel in einem schmalen Durchgang, in einem Karton hinter einem Müllcontainer, versuchte, ihren Rausch auszuschlafen.

Es war kein befriedigender Mord.

Er war überstürzt. Ungeplant. Unvorbereitet. Ein Anflug von Raserei. Reine Spannungsabfuhr ohne jede Genugtuung. Er hatte sich nicht einmal das Vergnügen gegönnt, mit ihr zu reden. Er hatte es nicht genossen, ihr die Klinge in den Hals zu treiben. Er hatte keine Fotos für *Jack's Boys* gemacht.

Er hatte sie einfach entdeckt, war hinübergegangen und hatte sie, ohne sich viel dabei zu denken, exekutiert. Hatte sich sogar nur flüchtig umgeschaut, um sicherzustellen, dass ihn niemand sah. Sowie er aus der schmalen Gasse trat, ging er ein hohes Risiko ein. Er hatte noch das Blut der Frau an der Kleidung. Er hatte sich nicht einmal die Mühe gemacht, die Umgebung nach Überwachungskameras abzusuchen. Seinen Wagen hatte er in einer Parkgarage gerade einmal zwei Blocks entfernt gelassen, sodass seine Anwesenheit mit Zeitstempel nachgewiesen werden konnte. Er fuhr so schnell los, dass er mit quietschenden Reifen auf die Straße kam, ein Manöver, mit dem er womöglich unerwünschte Aufmerksamkeit erregte. Er hatte auch nicht wie sonst falsche Nummernschilder angeschraubt. Seine Kleidung zog er erst zu Hause aus, fuhr somit blutverschmiert meilenweit. Immerhin hatte er, bevor er sich ans Lenkrad setzte, einen Plastikbeutel aus dem Kofferraum geholt, in den er seine Sachen steckte, nachdem er sich auf der Heimfahrt zum Herrenhaus splitternackt ausgezogen und sich nicht einmal darum geschert hatte, ob ihn eine der diensthabenden Pflegerinnen sah. Handschuhe, Schuhe, Hemd, Jacke, Balaklava, seine gesamte Mörderuniform wanderte in die Tüte. Normalerweise entsorgte er das alles im Müllcontainer eines nahe gelegenen Geschäfts, dessen Inhalt regelmäßig in einen Verbrennungsofen wanderte. Genau das hatte er auch diesmal vor, nachdem er sich geduscht hatte. Er rief sich ins Gedächtnis, anschließend den Innenraum seines Wagens gründlich mit einem Bleichmittel einzusprühen. Doch abgesehen davon hatte er diesmal sämtliche Vorsichtsmaßnahmen in den Wind geschrieben, gegen die meisten seiner eigenen Mordregeln verstoßen, ja geradezu riskiert, erwischt zu werden, im großen Stil das Schicksal herausgefordert. Es war, als hätte er einen bis dahin dienstbaren Geist dazu aufgefordert, das Blatt zu wenden und ihn zu bestrafen. Er schrieb sein impulsives, unbedachtes Verhalten einer Gemütsverfassung zu, in der sich das Gefühl der Unbesiegbarkeit mit dem Hass auf seinen Vater und der Schadenfreude über sein Ableben mischte. Bei der Beerdigungsfeier hatte er sich endlose Lobeshymnen über die Tugenden eines Mannes angehört, der keine besaß. Es war ihm gelungen, bis zum Schluss eine feierliche Miene aufzusetzen, nach dem Motto: *Ist es nicht ein Jammer, dass ein so begnadeter Geschäftsmann und wundervoller Vater viel zu früh von uns gegangen ist, weil ihn all sein Geld nicht vor der Krankheit bewahren konnte?*

Seine Mutter sagte, sie wolle an seiner Seite sein.

Doch am Ende war sie zu unpässlich gewesen, um das Haus zu verlassen. Behauptete sie jedenfalls. Also blieb sie im Bett und rief ab und zu nach ihm, obwohl sie wusste, dass er nicht da war, sondern allein in der vordersten Bankreihe saß und sich die schamlosen, mit Inbrunst vorgetragenen Lügen von Kollegen, Priestern und einigen Politikern über seinen alten Herrn anhörte.

Nach der Trauerfeier und der Beisetzung in einem Familiengrab hatte es zu regnen angefangen, und während seine Anzugjacke an den Schultern durchnässt wurde und sich ringsum Schirme aufspannten, wurde ihm klar, dass er in dieser Nacht zum Töten hinausgehen würde.

Und als er jetzt, Stunden später, nackt in der Einfahrt stand, sah Delta die ganze Welt in feuchtkalten Dunst gehüllt. Die klamme Kälte bei vielleicht gerade einmal zehn Grad spürte er nicht. Es machte ihm nichts aus.

Und zum allerersten Mal seit Jahren musste er sich eingestehen, dass er seine letzte Tat nicht mit *Jack's Boys* teilen konnte.

Ihm dämmerte auch:

Sie hätten mich davor gewarnt, so überstürzt zu handeln.

Sie hätten mich vor mir selbst geschützt.

Er stand mit ausgebreiteten Armen vor dem stattlichen Haus, als wolle er das Füllhorn der Reichtümer, Immobilien und der Macht entgegennehmen, das an diesem Tag einen deutlichen Schritt näher gekommen war. Dabei fühlte er sich erbärmlich leer.

Er wusste, dass er auftanken musste. Und er wusste auch, wie. Durch eine Tat, die dazu angetan war, sein Leben wieder ins Lot zu bringen. Als er den Kopf in den Nacken legte und in den kalten, schwarzen Nachthimmel blickte, konnte Delta nur noch an *Socgoal02* und *die Freundin* denken. Er fühlte sich wie ein Rennpferd in der Startmaschine, das mit zuckenden Muskeln auf das Klingeln wartet, um loszupreschen und die geballte Energie zu entladen. Die tote Obdachlose von vor einer Stunde bedeutete ihm nichts. Sein nunmehr toter Vater und seine in Bälde tote Mutter bedeuteten ihm nichts. *Socgoal02* und *die Freundin* bedeuteten ihm alles. *Jack's Boys* bedeuteten ihm alles. Und so sprach er aus, was er dachte: »Es wird Zeit, sie zu töten. Es gibt nichts Wichtigeres auf der Welt.« Er lauschte seinen eigenen Worten. *Nichts Wichtigeres?* Er korrigierte sich. *Wohl eher nichts anderes auf der Welt.*

KAPITEL 40

DINGE LERNEN, DIE MAN NIE LERNEN WOLLTE …

ROSS …

AN EINEM DEZEMBERMORGEN, EINE WOCHE VOR WEIHNACHTEN …

Er wartete, bis Kate das Haus verlassen hatte, um ihre Schicht auf der Intensivstation anzutreten. Sie beklagte sich nicht über die Untersuchung, die das Krankenhaus eingeleitet hatte und in die sie hineingeraten war. Sie sagte nur: *Das wird schon*, wenn auch in einem Ton, der verriet, dass sie selbst nicht daran glaubte. »Ich habe nichts falsch gemacht«, fügte sie hinzu, und Ross konnte nur hoffen, dass ihr nicht aus Versehen doch ein Fehler unterlaufen war. Connor schlief oben in seinem Zimmer. Ross wollte dem Jungen noch eine Stunde gönnen, bevor er ihn weckte. Er wusste, dass Connor sich mit den entsprechenden Zulassungsstellen in Verbindung gesetzt hatte. Seine Noten waren hervorragend, nützten ihm aber möglicherweise nichts. Ross fürchtete sich vor dem nächsten Buch in der Post oder dem nächsten Päckchen per UPS, mit einem Poster oder einem Sweatshirt oder einer Flagge, auf denen provokante Embleme prangten. Er zog Connors Laptop aus dessen Rucksack, nahm ihn mit in die Küche und stellte ihn auf den Tisch. Im selben Moment regte sich oben etwas. Eine Tür ging auf und zu, und die Dusche lief. Nach wenigen Minuten hörte er Schritte die Treppe herunterkommen.

Als Connor hereinkam, drehte sich Ross zu ihm um.

»Dir ist klar, dass wir unter Beschuss sind?«

»Ja«, erwiderte Connor. Nicht die typische Teenager-Antwort: *Lass mir ein bisschen Zeit, ich bin noch nicht ganz da*. Oder: *Ich hab im Moment keine Lust, darüber zu reden.* Vielmehr sah es danach aus, als habe Connor schon seit einer Stunde im Bett gelegen und über die Situation nachgedacht. Während er sich einen Kaffee machte, sagte er: »Was uns da gerade passiert … also, so läuft das heute. Irgendwie in Zeitlupe, als wollten sie einem sagen: *Ratet mal, was als Nächstes kommt.* Das ist zeitgemäß. ›*Ich kann euer Leben ruinieren, ohne vom Schreibtisch aufzustehen, nur mit ein paar Klicks.*‹ Vielleicht sogar: ›*Ich kann euch fertigmachen, ohne euch umzubringen.*‹ Danach sieht es jedenfalls aus.«

Ross gab ihm recht.

»Ohne dass mir etwas nachgewiesen werden kann, bin ich gezwungen, meine Unschuld zu beweisen«, sagte Connor und schüttelte den Kopf. »Ich habe bei jedem College und jeder Uni angerufen, wo ich mich beworben habe, und denen gesagt: ›*Ich bin nicht Mitglied bei irgend so einer wiederauferstandenen Hitlerjugend. Ich habe keine Ku-Klux-Klan-Vierteljahresschrift abonniert, falls es so was gibt.*‹ Wie soll ich das beweisen? Hat mir jemand von denen geglaubt? Wenn ich das wüsste. Ich kann es nur hoffen, aber ich bezweifle es.«

»Ich brauche Unterricht von dir«, sagte Ross.

»Worin?«

»Hass im Internet.«

Connor nickte.

»Vielleicht sollte ich Niki bitten, rüberzukommen?«, schlug Connor vor.

»Gute Idee«, antwortete Ross. »Die steckt wahrscheinlich auch in irgendwelchen Schwierigkeiten.«

Und ob, dachte Connor, *aber ich sage dir nicht, in welchen.*

Niki war früh aufgestanden und hatte sich in der morgendlichen Kälte zum Joggen aufgemacht. Thermowäsche, Ohrhörer und die Meile in unter sechs Minuten. Ab und zu drangen erste Scheinwerferkegel durch die frühe Morgendämmerung, und sie bildete sich ein, dass jeder Fahrer, der sie sah, herüberstarrte und dachte: *Hey, ist das nicht das Mädchen mit den kleinen Brüsten, dem ich beim Vögeln zugesehen habe?* Die Musik, die sie hörte, folgte demselben Takt wie das Klatschen ihrer Sohlen auf dem Bürgersteig. Wie spöttisches Gelächter. Die eisige Luft raubte ihr den Atem, woraufhin sie erst recht das Tempo erhöhte. Mit vor Anstrengung gerötetem Gesicht – nicht viel anders als vor Scham. Sie bog gerade um die Ecke in den letzten Block, als sie das Signal einer Nachricht von Connor hörte. Sie hielt an und las: *Komm zu mir rüber.* GP *hat Fragen.*

Sie wusste auf Anhieb, um welche Art Fragen es sich handeln würde, Fragen, die sie lieber nicht beantworten wollte. Sie schrieb zurück: *Bin in zwei Minuten da,* steckte ihr Handy wieder in die Reißverschlusstasche und joggte die letzte Viertelmeile zu Connors Haus. Unter dem Trainingsanzug war sie verschwitzt. Den Pferdeschwanz hatte sie sich unter eine Wollmütze gesteckt. Sie zog die engen synthetischen Laufhandschuhe aus und spürte die Kälte an den Händen wie einen winterlichen Gruß. Sie hielt es nicht für nötig, erst heimzugehen, zu duschen und sich fertig zu machen. Für das, was Ross von ihr wissen wollte, brauchte sie nicht vorzeigbar zu sein.

Ross rückte drei Stühle zurecht. Niki und er nahmen links und rechts von Connor Platz.

»Also«, sagte er, »zuerst zeigt ihr mir im Darkweb etwas über Mord.«

Connors Finger schwebten über der Tastatur.

»Bist du sicher?«

Ross tat die Frage mit einer stummen Geste ab.

»Also gut. Ist nicht schwer.«

Ein paar Klicks, und vor ihnen war im Vollbildmodus ein Keller zu sehen, darin ein an einen Stuhl gefesselter Mann, von dem nur noch ein kopfloser Torso übrig war.

»Verstehst du?«, fragte Connor.

Ross starrte einen Moment auf das Bild.

»Ist das echt?«, fragte er.

»Vielleicht. Vielleicht auch nicht«, antwortete Niki. »Auf jeden Fall behauptet das jemand. Aber ist es das wirklich? Man kann heute mit dem Computer so ziemlich jedes Bild erstellen.«

»Wenn du es real haben willst, ich meine, garantiert real«, fügte Connor hinzu, »kann ich dir ein paar Enthauptungen von ISIS raussuchen.«

Ross schüttelte den Kopf.

»Nicht nötig. Ich glaub's dir auch so.«

Ross schwieg einen Moment. »Ich hab über eine Menge Dinge nachgedacht«, sagte er schließlich.

Was du nicht sagst, dachte Connor leicht respektlos.

Haben wir wohl alle. Oder auch nicht, dachte Niki.

»Connor, die Polizei wollte, dass du ihnen zeigst, wie du das erste Mal in diesen Chatroom gelangt bist, oder?«

»Ja.«

»Ich denke, das ist zwecklos.«

»Sieht so aus«, bestätigte Niki.

»Aber das eine oder andere werdet ihr euch gemerkt haben«, hakte Ross nach.

»Also, ich habe sie beschimpft«, sagte Connor. »Als altes Kaffeekränzchen, ich meine, das war natürlich kindisch ...«

Er warf Niki einen Blick zu, die stumm nickte.

»Nein«, sagte Ross bedächtig. »Ich habe gehört, was du zu den Cops gesagt hast. Die wollten von dir wissen, was *du* getan hast. Das ist der falsche Blickwinkel. Ist mir ehrlich gesagt egal, als was du sie bezeichnet hast. Ich interessiere mich für Zahlen. Wir müssen wissen, womit wir es zu tun haben.«

Auf Nikis verständnislosen Blick hin fügte Ross hinzu: »Fünf. Minus den einen, den ich getötet habe. Somit noch maximal vier.« Was er für sich behielt: *hoffe ich.*

»Also gut, wie finden wir sie?«, fragte er die beiden jungen Leute. Sie wechselten einen Blick.

»Können wir nicht«, sagte Niki.

»Komm schon, Niki«, sagte Ross. »Es muss doch eine Möglichkeit geben, sie zurückzuverfolgen ... ihr seid doch gut in so was.«

»Sind wir auch. Und ja, die gibt es«, sagte Connor, »aber das übersteigt unsere technischen Möglichkeiten. Dazu bräuchten wir besondere Spezialkenntnisse und Ausrüstung, die wir nicht haben. Wenn wir eine Million Dollar lockermachen könnten, um jemanden mit einem IT-Abschluss zu engagieren, dann vielleicht … oder wenn wir jemanden aus der Abteilung für Cyberkriminalität beim FBI kennen würden, oder meinetwegen auch einen Typen im Silicon Valley, der sich von der Arbeit am nächsten technischen Must-have freinehmen kann, um uns zu helfen, dann ja. Aber selbst denen wäre von Anfang an klar, dass sie die Leute, die sie im Internet aufspüren, damit noch lange nicht zu den realen Personen führen, die dahinterstecken. Das Internet lebt von der Anonymität.«

Nikki ergänzte: »Du findest im Internet jede Menge zutreffende, korrekte Informationen. Aber vom Gegenteil vielleicht noch mehr.«

Ross lehnte sich entmutigt zurück. Er fühlte sich entsetzlich alt, so als habe ihm gerade jemand gesagt, *deine Zeit ist um, Oldtimer.*

»Wie auch immer«, antwortete er, »wir müssen etwas unternehmen, sonst ruinieren uns diese Mistkerle das Leben.«

»Whac-A-Mole«, sagte Connor.

»Was?«

»Das ist ein Spiel, bei dem man versucht, Maulwürfe zu treffen, die unvorhersehbar aus Erdlöchern auftauchen. Schwer zu gewinnen.«

»Na toll.« Noch mehr Entmutigung.

»Wahrscheinlich können wir lediglich versuchen, vorherzusehen, wo sie als Nächstes zuschlagen werden, um uns fertigzumachen.«

Ross hielt einen solchen Versuch für zwecklos.

Es ist ein Krieg. Aber nicht so, wie ich ihn in Erinnerung habe, stellte er fest.

»Na schön«, sagte er und überlegte einen Moment. »Dieser Name – *Jack's Boys* –, sagt uns das was?«

»Ja«, erwiderte Niki.

Sie schwieg einen Moment, bevor sie weitersprach:

»In der Welt von Mördern gibt es nur einen *Jack*«, sagte sie.

»White Chapel, London, 1888«, murmelte Connor.

Als Ross an einem gewöhnlichen Morgen wie diesem genug von barbarischen Morden hatte, dankte er Connor und Niki und versicherte ihnen, sie hätten ihm viel zu denken gegeben. Seine Befürchtungen behielt er für sich, auch wenn er die beiden für klug genug hielt, selbst darauf zu kommen.

Bis zu diesem Moment, dachte er, hatte er über *Jack the Ripper* nicht mehr gewusst als das, was man eben so weiß. Nachdem Connor mit ihm Dutzende Einträge über den Serienkiller und seine Verbrechen durchgegangen war, von Wikipedia bis zu einer ganzen Reihe akademischer und teilweise spekulativer Artikel, hatte er mehr über ihn erfahren, als ihm lieb war. Und diese Lektüre hatte ihn verstört.

Er fasste seine wesentlichen Erkenntnisse zusammen:

Der ursprüngliche Jack war ein Raubtier.

Er reizte, stichelte, forderte heraus. Er schrieb Briefe an die Zeitungen. »Lieber Boss« und »Aus der Hölle«. Und der Polizei war es nie gelungen, seinem Treiben ein Ende zu setzen.

Möglicherweise hatte er im Wahnsinn geendet und war in einer Anstalt gelandet. Oder er hatte beschlossen, sich ins Ausland abzusetzen und an einem neuen Schauplatz unter neuem Namen mit einer neuen Verbrechensserie zu beginnen. Oder irgendein anderes Ereignis hatte ihn unschädlich gemacht: Wurde er von einer Kutsche überfahren? Erkrankte er an Typhus? An Krebs? Oder eben nichts dergleichen war passiert. Vielleicht ging er damals einfach von White Chapel nach Birmingham oder Manchester und tötete dort weiter, und es fiel niemandem weiter auf, weil Prostituierte im viktorianischen England nicht so wichtig waren. Hätte er Industrielle getötet oder andere Vertreter der Oberschicht, hätte Scotland Yard ihn vielleicht aufgespürt. Tat er aber nicht, und so fanden sie ihn nicht. Wie auch immer, Jack ging in die Geschichte ein.

Berühmt wurde er nicht für die Zahl seiner Morde – darin wurde er von späteren Serienkillern locker übertroffen. Berühmt wurde er für seine Brutalität, für sein Zeitalter. Für seine Unauffindbarkeit. Für seine Gabe, in der Welt, in der er lebte, Informationen zu manipulieren. So berühmt, dass bis heute Schriftsteller, Forensiker und von ihm besessene Hobbyforscher immer noch herauszufinden versuchen, wer er war.

Ross hatte gelesen, was der *Ripper* geschrieben hatte beziehungsweise ihm nach einhelliger Meinung zugeschrieben wurde:

»Ich habe gelacht, wenn sie sich so schlau geben und daherreden, als wären sie auf der richtigen Spur …«

Und:

»Ich bin hinter Huren her und werde nicht aufhören, sie aufzuschlitzen, bis man mich schnappt …«

Ross wusste nun tatsächlich mehr, als ihm lieb war. Ihm fiel wieder ein, wie Connor der Polizei gesagt hatte:

»Sie sagten, sie wären Jack's Boys und ich hätte sie beleidigt, und deshalb müssten Niki und ich sterben.«

Und die Polizei fragte sich, was das für ein Mordmotiv sein soll.

Ross überlegte weiter:

Vielleicht das beste überhaupt – wenn man sich nämlich für den geistigen Erben des berühmtesten Mörders hält, der je unschuldigen Opfern nachgestellt hat.

Ross versuchte, die gewonnenen Erkenntnisse logisch zu verarbeiten und wie fünfzig Jahre zuvor abzuschätzen, wo der Feind lauerte und wann und wie er zuschlagen würde.

Kenne den Feind.

Er lotete aus, was er wusste und was nicht.

Jack sagte, überlegte Ross, *ich werde nicht aufhören, sie aufzuschlitzen …*

Was wollen demnach diese Männer?

Uns ruinieren?

Genau danach sieht es im Moment aus.

Ross dachte weiter: *Würden sich Jack's Boys damit zufriedengeben, uns alle erdenklichen Probleme zu bereiten und uns das Leben zur Hölle zu machen? Kann ein solches Zerstörungswerk einem Mörder das Töten ersetzen?*

Die Antworten auf diese Fragen waren aufschlussreich.

Niki und Connor gingen. Ross' Enkel bestand darauf, Niki die paar Meter bis zu ihrer Haustür zu begleiten, die logische Folge all dessen, was die beiden über *Jack* gelernt hatten, so etwas in der Art wie: *Ich weiß ja, dass da draußen kein Mörder im Gebüsch lauert, aber ich will trotzdem auf Nummer sicher gehen.* Ross begab sich in sein Arbeitszimmer und starrte den stählernen Waffenschrank an. Eine Jagdflinte Kaliber 30.06. Sein Colt Magnum .357. Munition. *Nicht ansatzweise genug,* stellte er fest.

Und:

Im Angesicht des Bösen fühlt man sich nackt.

Vor Nikis Tür sagte Connor: »Wir sind nicht sicher.«

Niki blieb stehen. Sie nickte.

»Ich versuche, das Video aus dem Netz zu kriegen. Ich habe dem Betreiber eine E-Mail geschrieben und denen erklärt, dass es unbefugt hochgeladen wurde. Die haben nur zurückgeschrieben: ›*Wir gehen der Sache nach.*‹ Heute Morgen war es noch da. Vielleicht haben sie es ja inzwischen gelöscht. Ich seh gleich mal nach.«

»Der Schaden ist trotzdem nicht wiedergutzumachen.«

Ich hoffe doch, dachte Niki. Dann begriff sie: *Ja, er hat recht.*

Und ihr dämmerte weiter: *Ich habe etwas unwiederbringlich verloren.* Sie schüttelte den Kopf, als müsse sie jedes Bild, das ihr Freude gemacht hatte, solange es nur ihr und Connor gehörte, und das ihr, seit es öffentlich verfügbar war, solche Qualen bereitete, aus dem Gedächtnis tilgen. Es war eine Perversion von Intimität.

»Wie sieht's mit deinen Bewerbungen aus?«, fragte sie, um das Thema zu wechseln.

»Ich tue, was ich kann.«

»Tun wir alle«, sagte sie. »Aber wir müssen uns Gedanken darüber machen, was die vorhaben. Als Nächstes meine Bewerbungen? Gut möglich. Dann diese Beschwerde über das Restaurant? Die Anschuldigung gegen *GM?* Was ist mit Bankkonten? Vielleicht …«

»Nein«, sagte Connor, »damit würden sie den Sicherheitsdienst der Bank oder die Cops auf den Plan rufen.«

»Dann was anderes?«
»Ja. Wo können sie uns noch treffen? Und wo können wir uns nur eingeschränkt zur Wehr setzen?«
Die Antwort war ihnen beiden klar. *Es gab jede Menge Schwachpunkte, die ihnen nicht einmal im Traum einfallen würden.*
»Wenn sie dich zum Beispiel anonym beschuldigen würden, leistungssteigernde Substanzen zu nehmen, und daraufhin eine amtliche Untersuchung gegen dich eingeleitet würde, man dir daraufhin all deine Wettkampfsiege absprechen würde so wie bei diesen Sportlern bei der Olympiade, die ihre Medaillen verlieren …«, sagte Connor.
Niki erstarrte.
»Oder sie hacken sich als Nächstes in deine schulischen Leistungsnachweise ein und manipulieren deine Noten …«, fügte sie hinzu.
Connor bekam plötzlich keine Luft.
»Alles, was für uns ein Gewinn ist, könnte zum Verlust werden«, murmelte er.
»Wir müssen versuchen, so wie die zu denken«, fuhr er fort. »Wie Mörder. Wie *Jack*.«
Niki wurde eiskalt. »Das kriegen wir hin«, antwortete sie, auch wenn sie sich da keineswegs sicher war. Und so griff sie lieber auf das zurück, was sie bereits wussten: »Wir lesen, wir lernen, wir sind nicht blöd. Wir wissen eine Menge.« Dabei machte ihr jedes Wort, das sie über die Lippen brachte, Angst.

Ross verbrachte fast den ganzen Tag am Computer. Er las über *Jack*. Er machte sich über andere Mörder und ihre Verbrechen schlau, über Jahrzehnte und Jahrhunderte hinweg. Ein Schnellkurs in Brutalität und Niedertracht. Dann wechselte er den Fokus und verlegte sich auf Militärgeschichte. Er sah sich von Clausewitz an (»Der ganze Krieg setzt menschliche Schwäche voraus, und gegen sie ist er gerichtet.«)
Und Sun Tzu (»Beschäftige die Menschen mit dem, was sie erwarten … Es lullt sie ein und macht sie vorhersehbar … während du auf den außergewöhnlichen Moment wartest – den Moment, mit dem

sie nicht rechnen können …«). Machiavelli und Hemingway und Tolstoi. Manche Absätze bei Ulysses S. Grant und William Westmoreland las er oder las er wieder, wobei er Letzteren dafür verachtete, dass er unter dessen Befehl auf die Patrouille geschickt wurde, bei der Freddy starb.

Am späten Nachmittag hatte Ross das Gefühl, schon einiges mehr zu wissen … und zu ahnen, wie viel mehr er nicht wusste.

Er wusste, dass Kate jeden Moment zurückkommen musste, und rief zu Connor hinauf, er müsse noch mal schnell weg. So schnell wurde er die Bilder der Dunst- und Nebelschwaden im London Ende des neunzehnten Jahrhunderts nicht los. Ein paar Minuten lang fuhr er einfach planlos herum, bis zum frühen Sonnenuntergang. Mit Einbruch der Dunkelheit kam schlagartig die Angst, und Ross fuhr zielstrebig zur Filiale einer großen Ladenkette für Sportartikel in einem Einkaufszentrum, etwa fünfzig Autominuten entfernt.

Er kaufte eine Remington-Flinte Kaliber 12 und eine Schachtel Schrotmunition. An der Schauwand fiel sein Blick neben gewöhnlichen Jagdgewehren auf Nullachtfünfzehn-Billigkopien des M-16, das er in Vietnam getragen hatte. Daneben befanden sich Nachbildungen des AK-47, das der Feind verwendet hatte. Er spielte mit dem Gedanken, das Nullachtfünfzehn-AR-15 zu kaufen, wusste jedoch, dass die ersten Versionen dieses Typs, den er damals in- und auswendig kannte, zu Ladehemmung neigten. Theoretisch war ihm klar, dass sie diesen Fehler bei den zivilen Modellen sicherlich längst behoben hatten, doch seine Erinnerung daran war zu mächtig. Genauso schwer erträglich war der Anblick der verschiedenen Kalaschnikow-Modelle – vergoldet, versilbert oder sogar mit Tarnmuster. Mit dieser Waffe hatten sie Freddy erschossen. Nie und nimmer würde er eine auch nur anrühren, geschweige denn benutzen. Und so entschied er sich für eine Schrotflinte, deren Streuladung sich als nützlich erweisen konnte, falls die Waffe aus irgendeinem Grund in ungeübten Händen landete. Connor. Kate. Niki.

Und noch eine Billigkopie entdeckte er – von jenem K-Bar-Messer, das in Vietnam bei jedem Marine-Soldaten am Gürtel hing. Auch das kaufte er, zusammen mit zwei Dosen Mace-Pfefferspray. An der Kasse, an der Ross in bar bezahlte, würdigte der Kassierer seine Einkäufe keines Blickes. Dabei kam er sich selbst so vor wie ein Irrer aus der Weltuntergangs-Prepper-Szene oder ein Neonazi, QAnon-Anhänger oder durchgeknalltes Mitglied der Michigan Militia, die sich für den Sturz der Regierung wappnete. Er murmelte etwas über die Jagdsaison, doch der Kassierer überhörte es und wünschte ihm, während er die Waffen einpackte, einen schönen Tag.

Als Ross wieder nach Hause kam, war es Abend.
In seiner Straße war weit und breit kein Mensch zu sehen. Er drosselte das Tempo, um zu erkennen, ob bei den Templetons Licht brannte. Nichts. Nicht eine Lampe an. Vollkommene Stille.
In Panik durchzuckte ihn der Gedanke: *Vielleicht sind sie alle schon tot.* Er atmete ein paar Mal tief durch und riss sich zusammen. Er spähte mehrmals die Straße rauf und runter sowie in die benachbarten Häuser. Obwohl sich auch dort nichts regte, versprühten sie mit ihren Weihnachtsdekorationen Normalität. Wo man hinsah, Rentiere mit blinkenden weißen Lichtern; dickbäuchige Weihnachtsmänner auf ihren Plastikschlitten. Auf den welken Rasenflächen, die im schwindenden Licht schwarz aussahen, hielten sich noch ein paar Streifen nasser Schnee. Das Wort *Totenstille* drängte sich Ross auf, doch er zwang sich zu dem Gedanken: *Alles in bester Ordnung.*
An seinem eigenen Haus brannte über der Haustür eine Lampe, und durchs Fenster zur Straße drang ein bunter Lichtschimmer von der Weihnachtsbeleuchtung, die sie am Baum angelassen hatten. Erst in dieser Woche hatten sie ihn geschmückt. Es war eine willkommene Abwechslung von all dem gewesen, was gerade mit ihnen geschah, und so hatten sie die Minuten genossen, in denen bunte Weihnachtskerzen die Furcht verdrängten. Connor und Kate liebten es immer besonders, den Stern auf die Spitze zu setzen. Niki hatte mitgemacht. Sie hängte am liebsten die silbernen

Zapfen an die Zweige. Erneut sah er sich in der Nachbarschaft um. Die Vorstadtidylle erschien ihm mit einem Mal gefährlich, so als stünden die Häuser auf einer Sanddüne und drohten unter Sturmgetöse und turmhohen Wellen ins Meer gerissen zu werden.

Er bog in seine Einfahrt ein und stellte den Motor ab.

Einen Augenblick blieb er einfach noch sitzen.

Die Erinnerungen holten ihn ein.

Wie Kate und er als College-Studenten nackt zusammen in einem Bett im Wohnheim gelegen hatten und sie ihn, obwohl sie die Antwort kannte, fragte:

»Hast du in Vietnam viele Gefechte erlebt?«

Und er hatte erwidert:

»Schon ein einziges Gefecht ist zu viel.«

Er erinnerte sich lebhaft daran, wie er, kurz nachdem Connor bei ihnen eingezogen war, wohl einer seiner düstersten Oktober, einem jungen Psychologen für Veteranen gegenübergesessen hatte. Der eifrige Therapeut hatte wahrscheinlich gerade erst seinen Abschluss gemacht, und die Tinte auf seinem Diplom war noch feucht. Neunundneunzig Prozent von dem, was der Mann ihm sagte, ignorierte Ross, besonders den Rat, die schwere Zeit hinter sich zu lassen, als handle es sich um Müll, den man einfach entsorgt und vergisst. Eine Bemerkung allerdings war ihm haften geblieben:

»Was Ihnen da drüben passiert ist, wird nie verschwinden. Sie müssen ihm nur in Ihrem Innern einen anderen Platz zuweisen, sonst können Sie sich kein normales Leben aufbauen.«

»Genau das habe ich getan«, sagte Ross laut vor sich hin. Er sah sich um.

Die Kunst bestand darin, die richtige Balance zu finden. Zwischen dem vergangenen, dem gegenwärtigen und dem künftigen Leben. All diese widersprüchlichen und verwirrenden Bilder und Gedanken jagten ihm noch durch den Kopf, als er seine neuen Waffen aus dem Auto holte und – dankbar dafür, dass ihm der Mann an der Kasse nicht angeboten hatte, sie als Geschenk in buntes Weihnachtspapier einzupacken – langsam zur Haustür trottete. Er beschloss, sein neues Arsenal zusammen mit den vorhandenen Waffen zu verstauen. Eine Stimme in ihm sagte: *Ich werde alt. Zu alt. Das hier sind Waffen für* eine *Art von Krieg. Ich habe keine Ahnung, ob sie für den Krieg taugen, den wir hier ausfechten.* Eine andere, energischere Stimme hielt dagegen: *Ich muss mir in Erinnerung rufen, was ich in jungen Jahren gelernt habe.*

Letztlich läuft es auf dasselbe hinaus: ein Gefecht.

KAPITEL 41

ZWEI TREFFEN ZUM SELBEN THEMA ...
DAS ERSTE TREFFEN ... UND DIE ENTSCHEIDUNG, VON DER ALLE DREI WUSSTEN, DASS SIE ALTERNATIVLOS WAR ...

20. Dezember
22:45, Central Standard Time – Chicago
22:45, Central Standard Time – Madison, Wisconsin
16:45, Pacific Standard Time – Marin County bei San Francisco

ALPHA, CHARLIE UND DELTA ONLINE ...

Alpha schrieb:
Bin ich froh, wieder hier mit euch zusammen zu sein.
Habt ihr bei dem, was wir gemacht haben, euren Spaß gehabt?
Prompte Antwort:
Ja.
Ja.
Alpha fuhr fort:
Sind wir jetzt definitiv bereit zu handeln?
Prompte Antwort:
Ja.
Ja.
Alpha schmunzelte.
Sind wir gemeinsam der Auffassung, dass wir Socgoal02 *und* die Freundin *ordentlich fertiggemacht haben?*
Er wusste die Antwort schon vorher:
Ja.
Ja.

Alpha schrieb weiter:
Darum ging es ja, oder?
Also, folgender Sachstand:
Meiner unmaßgeblichen Meinung nach sollten wir Bravo die letzte Ehre erweisen, indem wir den Überfall nach dem gleichen Muster planen wie den, bei dem er so tragisch endete. Wir sollten uns seinen Stil zu eigen machen, wie er ihn uns zuvor dargestellt hat. Eine Hommage an seine Wünsche und Neigungen. Wir sollten uns von Bravos Vorgehensweise leiten lassen. Auch wenn dafür jeder von uns seine Komfortzone verlassen muss – wie könnten wir ihm ein besseres Denkmal setzen?
Und Delta fügte hinzu:
Sehe das hundertprozentig so, wie du sagst. Erscheint mir nur logisch, dass wir diesmal durchziehen, was wir beim ersten Mal geplant hatten. Also bei ihnen zu Hause. Vor der Nase der Gestapo. *Stellt euch ihre Gesichter vor, wenn sie bei* Socgoal02 *eintreffen und sehen, was wir in Szene gesetzt haben. »Wir hätten das verhindern können …« Hätten sie natürlich nicht. LMAO.*
Und nicht zu vergessen: Auch Jack hat mit dem Aufschlitzen weitergemacht, obwohl die Gestapo *ihn suchte. Damit gehen wir in die Geschichte ein.*
Alpha grinste. Er hätte es nicht besser sagen können.
Auch Charlie meldete sich zu Wort:
Wichtig übrigens noch: diesmal nichts überstürzen. Wir sollten uns so viel Zeit wie möglich nehmen. Schließlich haben wir es mit mindestens drei Zielen zu tun. Vielleicht sogar bis zu sechs. Und wir sind drei. Mir scheint, Alpha sollte Socgoal02 *übernehmen. Und ihm die Lektion erteilen, die Bravo für ihn hatte und die er sich wahrscheinlich nicht gemerkt hat. Meine Vorliebe ist eindeutig* die Freundin. *Mir fällt so einiges ein, was ich an ihr exerzieren kann. Und falls nötig, übernehme ich auch ihre Eltern. Mit links. Delta hat – wie er uns mehrfach so eindrücklich vor Augen geführt hat – viel Erfahrung mit alten Leuten, weshalb ich denke, dass er die ideale Besetzung für die Großeltern ist, besonders für den, der Bravo auf dem Gewissen hat. Leuchtet euch das ein? Und* Socgoal02 *und* die Freun-

din *sollten dabei zusehen. So zahlen wir es ihnen doppelt heim. Ich finde, wir sollten der ganzen Welt einen Schock versetzen. Ich hab nachgedacht. Was im Oktober passiert ist, war eine einzige verlorene Schlacht. Viele Heerführer, von Alexander dem Großen über Wellington bis zu Patton, haben es verstanden, durch geschicktes Manövrieren, eine drohende Niederlage in einen Sieg zu verwandeln. Wir sollten das Gleiche tun.*

Für einen Moment kamen ihm Bedenken, dass er mit seinem Vergleich aus der Geschichte seine Bildung und seinen Status in der akademischen Welt verraten haben könnte. Das hatte womöglich nach dem Lehrstuhlinhaber geklungen, der er war. Doch dann dachte er: *Scheiß drauf. Wenn ich* Jack's Boys *nicht trauen kann, wem dann?*

So schrieb er nur:

Und wie gehen wir's an?

Auch Delta war neugierig:

Ich scharre auch mit den Hufen. Lass hören.

Alpha beugte sich über seine Tastatur. Es war ein aufregendes Gefühl, wieder in der Planungsphase zu sein. Vorfreude war die schönste Freude. Und so tippte er schnell:

Also, ich habe mir Folgendes gedacht:

Sie müssen uns hereinbitten.

Sie dürfen nicht ahnen, wen sie sich da ins Haus holen.

Wir müssen es ganz und gar harmlos aussehen lassen …

Bis zu der Sekunde, in der sie begreifen, dass sie einen Fehler gemacht haben …

Also, im Moment denken sie, die Drohung käme von dem, was sie auf dem Computer sehen. Das wird sich als Irrtum erweisen, sobald wir in ihr echtes Leben hineinspazieren.

Und sobald wir drin sind, können wir uns ein bisschen mit dem austoben, was in Deltas Lieblingsfilm Alex berühmt gemacht hat …

Delta musste so laut prusten, dass er sich die Hand vor den Mund hielt. Über *Uhrwerk Orange* war er ein Jahr zuvor in einem Programmkino gestolpert, das den Film trotz der lautstarken Proteste von Feministinnen gezeigt hatte. Daraufhin hatte er *Jack's Boys* dringend ans Herz gelegt, sich den Streifen ebenfalls anzusehen, und damit einen höchst unterhaltsamen Chat angeregt. Eine Wortwahl des Erzählers Alex im Film war ihm besonders haften geblieben: *Etwas Ultragewalt. Genau das,* dachte er, *sollten wir verabreichen. Alex und seine Droogs wären stolz auf uns. Und neidisch.* Charlie ertappte sich dabei, eifrig zu nicken wie ein Student, der plötzlich die Antwort auf eine komplexe Frage glasklar vor sich sieht. Alle Anthropologen kannten diesen Film. Der Regisseur und Produzent Stanley Kubrick war ein Liebling jedes Akademikers, der sich mit den Zerfallserscheinungen der Gesellschaft auseinandersetzte.

In diesem Moment hatten Charlie und Delta eine weitere Nachricht von Alpha auf dem Bildschirm.

Ja. Die Einzelheiten besprechen wir, wenn wir uns treffen.

Und zwar da …

Es folgte eine Adresse, die sie auf Anhieb erkannten.

Um diese Zeit. An diesem Datum. Bitte haltet ein Buch in der Hand, das ihr besonders schätzt. Daran werden wir uns erkennen.

Als sie die Direktiven sahen, hatten Charlie und Delta denselben Gedanken. *Perfekt. Mehr als perfekt. Überragend. Alpha hat's wirklich drauf.*

Alpha schrieb weiter:

Charlie, das ist für dich.

Es folgte ein Bild. Charlie lachte laut.

Delta, das bringst du am besten mit.

Ein zweites Bild erschien. Auch Delta musste lachen.

Es folgte eine letzte Anweisung.

Bringt die Instrumente mit, die euch die größte Befriedigung verschaffen. Stichwort: intime Nähe.

Alpha selbst spielte mit dem Gedanken an eine Garrotte, eine spanische Schlinge, um *Socgoal02s* letzte röchelnde Atemzüge zu spüren, zusammen mit der Neun-Millimeter-Glock, die in erster Linie dazu diente, sich seiner Klienten zu bemächtigen. Er hatte sich schon immer darüber gewundert, dass ein potenzielles Opfer fast ausnahmslos mehr Angst vor einem schnellen Tod durch eine Kugel hatte als vor dem, was Alpha in aller Muße mit ihnen machen konnte. Dank der Waffe hielten sie still. Bis er sie gefesselt hatte. Jack's Opfer müssen genau dasselbe gedacht haben. *Solange ich gehorche, passiert mir nichts.* Die menschliche Natur. Völlig daneben. *Viel gescheiter, den leichteren Abgang zu wählen und mich zu zwingen, sie sofort zu erschießen, statt mir Gelegenheit zu geben, meinen Spaß mit ihnen zu haben. Die Menschen sind Schafe. Sie sind dumm, haben Angst davor, die falsche Wahl zu treffen.* »Und genau diese falsche Wahl«, sagte er zu seinem Computerbildschirm, »werden sie treffen.«

Er loggte sich aus. Glücklich. Zufrieden. Müde und erschöpft bis auf die Knochen, nachdem er all die nervöse Energie, die ihn über Wochen wach gehalten hatte, in konkrete Pläne kanalisiert hatte. Alpha war bereit, reichlich Schlaf nachzuholen, um für die nächsten Tage Energie zu tanken.

KAPITEL 42

DAS ZWEITE TREFFEN …

Die letzten Takte des Chorals, zu denen sich bei dem Weihnachtslied *The Holly and the Ivy* ihre Stimmen vereinten, hallte Ross noch in den Ohren, als er von der Chorprobe nach Hause kam. Er freute sich darüber, wie gut es bei den letzten Proben gelaufen war. Beim Weihnachtsgottesdienst würden sie in Bestform singen. Die Musik entspannte ihn. Zerstreute ihn. Ließ ihn für eine Weile vergessen, was ihnen seiner Überzeugung nach bevorstand. Doch sowie er die Eingangstreppe zu seinem Haus hinaufstieg und sich in der Kälte Atemwölkchen bildeten, waren die festlichen Gesänge verklungen und von düsteren Gedanken verdrängt.

Im Wohnzimmer warteten Kate, Connor und Niki schon neben dem bunt geschmückten Baum.

»Kleinen Moment«, sagte Ross, während er aus dem Mantel schlüpfte und den Schal ablegte, um in sein Arbeitszimmer zu gehen und den Waffenschrank zu öffnen. Er klemmte sich Gewehr und Schrotflinte unter den Arm, steckte die von der Polizei freigegebene Pistole in den Hosenbund und balancierte die Pfefferspraydosen sowie das Messer auf seinem Laptop, als er zu den anderen zurückkehrte.

Wortlos legte er die Waffen vor den Augen der drei auf den Boden und stellte den Laptop daneben.

Er ließ ihnen Zeit, sich an den Anblick zu gewöhnen.

»Das haben wir zur Verfügung, um uns zu verteidigen«, sagte er. »Wenn nötig, kann ich auch noch mehr besorgen.«

Kate starrte das Arsenal an.

Sie hasste alles, was sie sah.

»Ich denke, wir sind uns alle darin einig«, fuhr Ross fort, »dass diejenigen, die den Mann geschickt haben, um Connor und Niki

zu töten, immer noch da draußen lauern. Und so verrückt, irrational und abartig wir seine Motive finden mögen, es wird sich daran nichts geändert haben.«
Für einen Moment trat Schweigen ein.
»Einer ist tot«, sagte Ross. »Ich glaube, dass die genau wie ihr Namensgeber niemals aufgeben werden.«
Kate merkte, wie sie in Panik geriet. So wie auf der Intensivstation, wenn ein Patient kollabierte, hörte sie im Kopf alle Alarmglocken schrillen.
»Das ist doch absurd. Ich meine, was …«
Sie brach mitten im Satz ab und sah die anderen an.
Keiner der drei hielt für absurd, was Ross gerade gesagt hatte.
»Wir sollten die Polizei herbitten. Die sollten sich mal anhören, was du da sagst«, schlug sie vor und deutete auf die Waffen. »Die wissen am besten, was zu tun ist. Und diese …«
Ihr wurde bewusst, dass sie damit in dieselbe alte Kerbe schlug.
»Die Cops gehen möglicherweise davon aus, dass Connor und ich ein Verbrechen begangen haben«, antwortete Ross. »Und selbst wenn sie bereit wären, uns zu helfen, was sollten sie deiner Meinung nach denn tun? Rund um die Uhr draußen vor dem Haus einen Streifenwagen abstellen? Glaubst du, das würden sie tun? Und wenn ja, wie lange? Einen Tag? Eine Woche? Einen Monat? Bis in alle Ewigkeit? Und selbst wenn, was genau würde uns das bringen?«
Niemand sagte ein Wort.
»Die Polizei klärt Verbrechen auf, die schon begangen worden sind. Wir haben es mit einem Verbrechen zu tun, das noch geschehen *könnte*«, erklärte Ross.
»Und«, fiel ihm Connor ins Wort, »wir können nicht einmal sagen, ob sie vorhaben, eine davon zu benutzen.« Er zeigte auf die Schusswaffen. »… oder den.« Er deutete auf den Laptop.
Niki hatte bis dahin geschwiegen. Jetzt beugte sie sich vor. Mit einem Blick auf die Waffen sagte sie: »Ich meine, aus welchem Grund sollten sie aufgegeben haben? Weshalb sollten sie je aufgeben?«
Kate schüttelte energisch den Kopf.
»Weil es schiefgegangen ist. Weil ihr Mann dabei umgekommen

ist. Weil die Polizei an dem Fall dran ist. Haben die Cops nicht gesagt, sie wären untergetaucht?«

»Ja«, sagte Ross. »Aber was, wenn sie sich irren? Selbst wenn sie untergetaucht sind, hindert das diese Burschen nicht daran, trotzdem weiter ihre Mordpläne zu schmieden, oder? Und was, wenn sie die Polizei nicht weiter ernst nehmen? Wenn es ein, zwei, drei, vier Männer immer noch auf Connor und Niki abgesehen haben? Wie schützen wir uns dann? Was machen wir?«

»Vielleicht sollten wir uns verstecken«, sagte Kate.

Ross erhob die Stimme. »Und wie, bitte schön? Diese Kerle – diese *Jack's Boys* – brauchen sich doch nur im Internet zu verstecken. Bei uns reicht das nicht. Wir müssten uns physisch verstecken. Wie sollen wir das anstellen und dabei zusammenbleiben? Und wie lange? Müssen wir dann Connor und Niki so weit wie möglich auseinanderbringen? Und wären ihre Eltern damit einverstanden? Sollen sie irgendwelche entfernten Verwandten besuchen? Freunde? Sagen wir einfach zu denen: ›*Hört mal, Leute, passt bitte gut auf Connor und Niki auf, selbst wenn ein paar Mörder hinter ihnen her sind, die euch gleich mit umbringen könnten?*‹ Und was sollen wir so lange machen? Abwarten und Tee trinken? Und was tun wir, wenn sie tatsächlich auftauchen? Sagen wir: ›*Hey, Jungs, tut mir echt leid, aber Connor und Niki sind gerade nicht da. Könnt ihr später noch mal vorbeikommen?*‹«

Seine zunehmende Wut entlud sich in Sarkasmus. »Oder was schlägst du sonst vor? Sollen wir andere Namen annehmen? Wegziehen? Wo wären wir sicher? Irgendwo im Ausland? Wer sagt uns überhaupt, dass *Jack's Boys* nicht irgendeine internationale Killerorganisation ist?«

Nach kurzer Überlegung sah Ross Kate an.

»Auf der Intensivstation – wie geht ihr da gegen eine Krankheit vor? Eine Infektion. Sagen wir, mit einem Virus? Mit etwas Verstecktem und Gefährlichem? Etwas wirklich Bedrohlichem?«

Alle schwiegen.

Kate fielen jede Menge Antworten ein, aber keine, die ihr schmeckte.

»Wir müssten aggressiv dagegen vorgehen«, erwiderte sie, »verschiedene Tests durchführen, um die Diagnose zu sichern. Dann entschlossen dagegen angehen, bevor der Patient weiter geschädigt wird. Medikamente. Eine Reihe anderer Maßnahmen. Auf Bewährtes zurückgreifen, nötigenfalls auf neuere Verfahrensweisen ausweichen …«

Ross nickte. »Wir müssen einen Weg finden, genau dasselbe zu tun.«

Niki war geschlaucht. Überfordert. Monatelang hatte sie über Mörder gelesen und Verbrechen analysiert, um zusammen mit Connor herauszufinden, wie ihm all diese Informationen dabei nützen könnten, einen *betrunkenen Fahrer* aus dem Verkehr zu ziehen. Dann die kolossale Demütigung und Beschämung. Und jetzt die Ungewissheit, was ihnen als Nächstes bevorstand. Sie fühlte sich wie jemand, der mit verbundenen Augen auf das Zeichen für das Exekutionskommando wartet.

Sie überlegte: *Jack hat sich das Überraschungsmoment zunutze gemacht. Die Prostituierten in White Chapel würden seinetwegen nicht von den Straßen verschwinden. Er wusste, wo sie zu finden und wann sie ihm wehrlos ausgeliefert waren, sodass er ihnen nach Belieben auflauern konnte.*

»Sie sind bald wieder hier«, sagte sie. Die Worte brachen aus ihr heraus.

Kate fuhr zu ihr herum. »Woher willst du das wissen?«

»Erstens schon mal, weil wir hier alle schon bald nicht mehr zusammen sind. Wenn die ihm nicht sämtliche Bewerbungen versaut haben, geht Connor bald auf ein College und ich wahrscheinlich auf ein anderes, vorausgesetzt, sie pfuschen als Nächstes nicht mir dazwischen.« *Was sie vielleicht schon getan haben, ich weiß es nur noch nicht,* fügte sie innerlich hinzu. Sie schluckte den Gedanken herunter und spann den Faden fort: »Das ist ein Problem für sie. Denn sobald sie uns an unterschiedlichen Örtlichkeiten jagen müssen, steigt für sie das Risiko. *Jack* hat White Chapel nie verlassen. Jedenfalls nicht, dass man wüsste. Und zweitens sind sie wahrscheinlich stinksauer wegen allem, was passiert ist. Was sie dazu treiben wird, schnell zu handeln. Oder zumindest in Bälde. Denn jede Veränderung in unserem Leben, in unseren Zeitabläufen, selbst jede Veränderung in unseren Onlineprofilen, das alles macht es ihnen schwerer …«

Sie konnte nicht weiter. Sie legte den Kopf zurück. Sie hatte einen trockenen Hals. Ihre Lippen spannten. Von dem, was sie sagte und dachte, wurde ihr übel. *Ich denke und rede wie ein Mörder.*

»Sie brauchen uns wehrlos und alle zusammen an einem Fleck«, brachte Niki den Satz dennoch zu Ende.

Sie holte tief Luft.

»Ehrlich gesagt«, endete sie mit wackeliger Stimme, »wundert es mich, dass sie nicht schon längst wiedergekommen sind.«

»Was macht dich da so sicher?«, fragte Ross.

Er deutete zum Fenster. Auf die Straße hinaus. In die Dunkelheit. Genau in dem Moment glitt ein Wagen vorbei, und die Scheinwerfer erfassten die Weihnachtsdekoration. Wie eine Antwort auf seine Frage.

Kate schnürte es die Kehle zu.

Ross fröstelte. Er sprach leise. »Wir müssen uns gut überlegen, wo wir den Kampf ausfechten wollen. Wir müssen einen Ort finden, an dem wir uns auskennen. Und dahin müssen wir sie locken.«

Er vermied das Wort *Falle* oder *Hinterhalt,* doch in diese Richtung gingen seine Überlegungen. Die der anderen auch.

Connor starrte in die bunten Lichter am Weihnachtsbaum. Er hörte, was Niki und Ross sagten, und plötzlich kam ihm der Gedanke: *Ich weiß, was wir machen müssen.*

Es lag ihm schon auf der Zunge, doch er überlegte es sich anders. *Sprich erst mit Niki.* Er versuchte, in den Gesichtern von *GP* und *GM* zu lesen, und war sich nicht sicher, ob sie seinem Vorschlag zugestimmt hätten.

Und so behielt er ihn für sich.

»Sie wollen uns alle umbringen«, sagte Niki. »Da bin ich mir sicher.«

Leicht gesagt. Unvorstellbar. Aber damit lag sie, ohne es zu wissen, ganz und gar richtig.

KAPITEL 43

EIN BRANDGEFÄHRLICHER PLAN ...

Als Niki hörte, was Connor vorschwebte, bestürmten sie tausend Zweifel.

»Wäre das nicht so, wie einen bösartigen Hund zu reizen?«, fragte sie. Connor überlegte einen Moment und nickte. »Ja, genau. Aber was passiert, wenn du diesen bösartigen Köter provozierst? Er kommt aus der Deckung.«

Er wartete gespannt auf Nikis Reaktion.

»Ich habe keine Angst«, fügte er hinzu.

»Solltest du aber haben«, wies sie ihn zurecht. »Mir macht es jedenfalls eine Heidenangst.«

»Niki, dir macht gar nichts Angst.«

Nettes Kompliment, dachte sie, *aber völlig daneben.*

Sie waren oben in seinem Zimmer und saßen keusch an seinem Schreibtisch. Unten hatte sich Ross in sein Arbeitszimmer zurückgezogen, Kate war in der Küche. »*Jack's Boys* sind uns gegenüber heftig im Vorteil«, sagte Connor bedächtig. »Ihr größter Trumpf ist unsere *Ungewissheit.* Wir wissen nicht einmal, wer sie sind. Wir wissen nur, *was* sie sind. Wir wissen nicht, wann sie zuschlagen könnten. Oder auch, wie und wo. Und überhaupt wissen wir herzlich wenig. Wie soll es also weitergehen? Sollen wir rumsitzen und Däumchen drehen, wochen- oder auch monatelang? Während sie sich in aller Seelenruhe neue Schikanen einfallen lassen, mit denen sie unser Leben ruinieren? Wie lange sollen wir uns noch von ihnen auf die Folter spannen lassen und hoffen, dass sie uns irgendwann in Ruhe lassen? Von der Bildfläche verschwinden. Vielleicht anderer Leute Kinder ermorden. Dich und mich auf ihrer Liste nach hinten schieben. Das ist doch Schwachsinn. Oder hast du Lust, ständig über die Schulter zu sehen? Bei jedem Geräusch

im Dunkeln zusammenzuzucken? Ich jedenfalls nicht, und du bestimmt auch nicht. Ich habe mich also gefragt, was wir an der Situation ändern können. Und da kam mir diese Idee.«
Niki schüttelte zwar den Kopf, war aber nicht wirklich dagegen.
»Wir müssen die Bedingungen ändern. In White Chapel wusste *Jack* genau, dass die Prostituierten, auf die er es abgesehen hatte, so weitermachen würden wie bisher. Ihr Lebensunterhalt hing davon ab. Sobald es Nacht wurde, waren sie wieder draußen auf der Straße. Er genauso. Wie hat er noch gleich gesagt? ›*Ich werde nicht aufhören, sie aufzuschlitzen …*‹ Mit diesem Satz: ›*Ich bin hinter Huren her …*‹, meinte er, dass sie für ihn eine Zumutung waren. Ihre Existenz war ihm ein Dorn im Auge. Er musste einfach nur auf die Dunkelheit warten und eine abgeschiedene Stelle finden. Für *Jack's Boys* sieht die Sache nicht viel anders aus. Und genau das müssen wir ändern. Wir müssen sie aus der Deckung holen. Und wir wissen, was sie nicht ertragen können.«
»Wir sollten zuerst mit Kate und Ross reden«, sagte Niki.
»Wenn wir das tun«, erwiderte Connor prompt, »sagen sie ›*Nein! Lasst das sein!*‹, zumindest *GM*. Sie hasst es, sich Ärger einzufangen. Aber uns bleibt gar nichts anderes übrig. Wenn wir sagen: ›*Seht euch an, was wir gerade getan haben …*‹, müssen sie wohl oder übel mitmachen.«
Niki musste ihm recht geben. Sie hoffte, dass sie sich nicht täuschten.
»Bist du dir sicher, dass wir sie überzeugen können?«, fragte sie.
»Nein«, antwortete Connor. »Aber einen Versuch ist es wert.«
»Ich weiß immer noch nicht so recht«, sagte sie, gegen ihre Überzeugung. *Du hast zwei Möglichkeiten,* überlegte sie im Stillen, *du kannst entweder von hinten kommen und versuchen, den Gegner einzuholen, oder du bringst dich nach vorne und lässt dich von den anderen Läufern jagen.* Sie wusste, was bei einem Rennen, das sie unbedingt gewinnen mussten, die bessere Strategie war.

WAS ALPHA IM LAUF DIESER NACHT ZU SEHEN BEKAM ...

MITTERNACHT, EASTERN STANDARD TIME. 21. DEZEMBER ...

Klick.
Klick.
Socgoal02s Facebook-Timeline ...
Seit Oktober hatte der junge Mann nichts mehr gepostet. Alpha rechnete so wie immer mit einer kurzen Routineüberprüfung vor dem Schlafengehen. Doch jetzt erschien zu seinem ungläubigen Staunen ein brandneuer Videoverschnitt. Die Filmsequenzen waren alle von der Seitenlinie oder der Tribüne aus mit dem Handy aufgenommen. Nicht sehr professionell. Ein bisschen verwackelt. Jede nur ein paar Sekunden lang. Jede von einer Lachkonserve unterlegt.
Bei den ersten vier handelte es sich um Strafstöße, denen sich Connor im Tor gegenübersah. In jedem Video trug er ein anderes Trikot, womit klar war, dass sie aus unterschiedlichen Spielzeiten stammten.
Nummer eins – der Spieler schoss den Ball zwei Meter über die Latte, und Connor klatschte erleichtert in die Hand. Nummer zwei – der Spieler trat den Ball in die aus Connors Sicht rechte Ecke, doch er hatte ihn richtig taxiert und wehrte ihn ab. Nummer drei – dasselbe, nur diesmal links, wobei Connor sich weit hinausreckte und den Ball mit einer Hand abfälschen konnte. Und Nummer vier – der Spieler traf den Ball nicht richtig, sodass er weit danebenging und Connor mit erhobener Siegerfaust in die Luft sprang.
Jedes der Videos war laienhaft zusammengeschnitten.
Der Ball am Elfmeterpunkt war mit einem Text versehen:
Alpha *ging haushoch über die Latte.*
Bravo *wurde rechts gehalten.*
Charlie *wurde links gehalten.*
Delta *ging hoffnungslos daneben.*
Es folgte ein fünftes Video. Darauf spielte Connor in einer High-

school-Basketballmannschaft, allem Anschein nach erst vor wenigen Wochen. Er ging ganz allein, unter Hochrufen und Jubelgelächter, zum Gegenangriff über und versenkte mit spielender Leichtigkeit einen Ball mit einem Smiley-Gesicht und einem Namen:
Easy.
An seinem Computerbildschirm bebte Alpha vor Wut.
Außer sich vor Empörung, sah er eine kurze Nachricht unter dem neuen Facebook-Post:
»Ihr wisst, was passiert, wenn man einen Elfmeter hält und das Spiel gewinnt? Man ist der Held und sackt die Trophäe ein.«
Alpha kehrte noch einmal zu dem Video-Mischmasch zurück. Jetzt legte sich mit leichter Zeitverzögerung ein rosafarbener Filter über die Bildersequenz. Er blieb und verdeckte die Videos einige Sekunden lang, dann erschien etwas Neues:
Socgoal02 und *die Freundin* saßen auf der Bettkante und blickten in die Kamera.
In der Mitte erschien der Abspielpfeil.
Alpha klickte darauf.
Das kurze Video begann. Es kam in Zeitlupe:
Socgoal02 und *die Freundin* hoben synchron die Hände und streckten den Mittelfinger aus.
Das nahezu universale Zeichen für:
Ihr könnt uns mal.
Und Alpha wusste, dass es an ihn und die übrigen *Jack's Boys* gerichtet war. Exklusiv.
Nach ein paar Sekunden ließen *Socgoal02* und *die Freundin* die Hand sinken. *Die Freundin* griff neben sich und hob ein handgeschriebenes Schild hoch, das sie in die Kamera hielt. Darauf stand:
Wir sind die Jack-Killer.
Das Video war zu Ende.
Alpha stieß einen kehligen Laut aus, wie ein Raubtier, wenn es seine Beute zwischen den Pranken hält. Seine Fingerspitzen streckten sich zur Tastatur, als grabe er sie, während er in die Tasten haute, *Socgoal02* in den Hals.
Alpha schnappte nach Luft.

Er starrte auf seinen Bildschirm, konnte nachher nicht sagen, wie lange er vollkommen reglos dasaß. *Zehn Sekunden? Zehn Minuten? Zehn Stunden?* Er konnte nur den einen Gedanken fassen: *Höchste Zeit, dass sie sterben.*

Er tippte los.

Charlie und Delta sollten das Video sehen, bevor die Dreckskerle es von ihrer Facebook-Seite nahmen. Er wollte seinen Zorn mit ihnen teilen.

KAPITEL 44

ZWEIERLEI WICHTIGE VORBEREITUNGEN
ERSTENS: UM ZU TÖTEN
ZWEITENS: UM NICHT GETÖTET ZU WERDEN …

ALPHA …

Als Erstes schickte er Charlie und Delta kommentarlos die Links zu den Facebook-Videos. Überflüssig, ihnen zu schreiben, wie wütend er war. In brutaler Deutlichkeit kam von Delta zurück:
Macht unseren bevorstehenden Besuch umso dringlicher.
Die Silvesterfeier, auf die sie sich freuen, können sie knicken.
Wenige Minuten später kommentierte Charlie sarkastisch:
Unser Video wird ihres weit in den Schatten stellen.
Woran Alpha und Delta keinen Zweifel hegten. Bevor sie sich alle ausloggten, schrieb Alpha kalt:
An die Vorbereitungen, wie vereinbart. Bis bald.
Während er noch mit der Wut kämpfte, machte sich Alpha an die Arbeit: Flugbuchung. Mietwagen. Hotelzimmer.
Falscher Name, gefälschte Kreditkarte und was sonst noch zu fälschen war.
Alpha legte seine Tarnexistenz ab, schritt als der Mann, der er wirklich war, in seinem Stadthaus von Zimmer zu Zimmer und stieg in seine Mörderhöhle im Keller hinab. Dort suchte er zusammen:
seine Garrotte, Marke Eigenbau, eine Halsschlinge mit Holzgriffen und isoliertem Draht.
Seine Glock, Kaliber 9 mm. Zwei Ladestreifen mit teflonbeschichteten Patronen. Das alles packte er in einen Koffer mit TSA-Schloss, für die Gepäckaufgabe.
Kabelbinder. Eng anliegende Lederhandschuhe.

Kleider zum Wechseln.
Ein spezielles Outfit.
Drei neue, topmoderne iPads zum Filmen in Hochauflösung. Bei drei verschiedenen Händlern über drei verschiedene falsche Konten gekauft. Jedes davon hatte er mit einer falschen Identität eröffnet und mit drei Passwörtern gesichert: Jack1, Jack2 und Jack3.
Sein Reisegepäck sortierte er auf dem Kellerboden.
Die organisatorische Aufgabe half ihm dabei, sein mentales Gleichgewicht wiederzufinden. *Die sind sowieso bald tot,* redete er sich gut zu. *Ein bisschen Geduld. Ihre Ermordung schmeckt nur umso süßer.* Dann begab er sich an den Computer und speicherte die Videos von *Socgoal02* und *der Freundin* auf einem USB-Stick. Ihm war klar, wie wichtig es war für seine geplanten Memoiren, die er in diesem Moment einmal wieder Seite für Seite, Kapitel für Kapitel klar vor Augen hatte, jeden einzelnen Moment bis zu ihrem Tod akribisch zu dokumentieren. Alpha war sich darüber im Klaren, dass sich im Internet computerbesessene Wichtigtuer und Nerds, die kein eigenes Leben hatten, die Zeit damit vertrieben, jedwede Behauptung infrage zu stellen und zu zerpflücken. So etwas sollte ihm mit seinen Erinnerungen nicht passieren, dafür würde er sorgen. *Größe ist nicht verhandelbar.*
Die Wahrheit hat es immer schwerer in der Welt, dachte er. Aus ihr *wird von Verrückten Hackfleisch gemacht.*
Aus diesem Grund war es Alpha ungeheuer wichtig, dass seine Dokumentation, sein *Das haben wir getan* und *Willkommen in unserer mörderischen Welt,* unanfechtbar war, wenn er sie auf eine ahnungslose, schockierte Öffentlichkeit losließ.
Keine Kontroversen wie um den Schützen auf dem Grashügel beim Kennedy-Attentat. Keine Behauptungen wie: »Die Mondlandung war getürkt«, »Elvis lebt« oder »Die Russen haben auf unsere Wahl keinen Einfluss genommen«. Keine solchen albernen Spekulationen. Keine Verschwörungstheorien. Kein derartiger Schabernack.
Jack's Boys *werden die ultimative Reality-Show abliefern.*
Diese Leute haben wirklich gelebt. Und seht her! Jetzt sind sie alle tot.

Keine Greenscreen-Technik wie in einem Hollywood-Streifen.
Sondern Cirque du Soleil, A Chorus Line *in Las Vegas oder die Superbowl-Halbzeitshow.*
Was wir machen, passiert wirklich.
Es ist die ultimative Wahrheit.
Nicht anders als das, was Jack *1888 abgeliefert hat.*
Er überlegte:
Wie viele Klicks werden wir bekommen, wenn wir ihr Sterben hochladen? Hundert Millionen? Eine Milliarde?
Sobald die Morde eingestellt waren, würden alle drei verbliebenen *Jack's Boys* natürlich sämtliche bisherigen elektronischen Verbindungen kappen müssen. Ihre PCs mit den Verläufen, mit allem, was je auf den Festplatten gespeichert war, entsorgen. Desgleichen die Handys. Alles, was sie irgendwie und -wo damit in Verbindung brachte, musste verschwinden. Sie selbst mussten verschwinden. Zurück in die Steinzeit. Und nicht minder wichtig: Sie durften keine Fuß- und Fingerabdrücke hinterlassen. Keine DNA. Kein Haar, kein Blut, keinen Schweiß, keine Spucke und kein Sperma. Sobald Alpha von einem neuen *Jack's Special Place* aus die Morde auf die Welt losließ, würden sie nur noch durchs Internet spuken und sich als reale Personen in Luft auflösen. Er sah schon die Nachrichten vor sich, über die Betroffenheit bei Facebook und YouTube und andere mögliche Portale, sobald das Problem aufkam: *Aber das können wir unmöglich zeigen!* Und: *Das müssen wir löschen.*
Muss schon sagen, ich liebe das Recht auf freie Meinungsäußerung, dachte Alpha grinsend. *Das steht* Jack's Boys *genauso zu wie der Presse, der Kirche oder der Regierung.*
Alpha hatte vor, Delta und Charlie bei ihrer persönlichen Begegnung zu erklären, wie sie sich auf einer neuen Website wiedertreffen würden – *Was haltet ihr von* Whitehall1888.com? –, wenn *die Gestapo* ohnehin schon unter Schock und unter dem gewaltigen Druck öffentlicher Empörung stand. *Nein,* dachte er. *Auch staatlicherseits unter Druck.* Er lachte leise. Er sah die unzähligen Blogger und True-Crime-Webseiten vor sich, die sich wie besessen

über den Tod von *Socgoal02* und *der Freundin* auslassen würden. Endlose Spekulationen, nutzloses Palaver. Vermeintliche Spuren hier. Steile Thesen dort. Ein Sammelsurium an Fehlinformationen. Die Vorstellung bereitete ihm ein diebisches Vergnügen. *Jack's Boys* werden unsterblich sein.
Und Bravos und Easys Opfer werden wir damit ein Denkmal setzen.
Er konnte es kaum erwarten, endlich die Männer persönlich kennenzulernen, die ihm so vertraut geworden waren.
Er wünschte sich, der ursprüngliche *Jack* könnte ihnen jetzt aus einem dunklen Versteck in White Chapel zusehen und darüber staunen, wer sie waren und was sie zuwege brachten – in seinem Namen.
Er wäre stolz auf uns ... und vielleicht auch ein wenig neidisch.
Sein Mordgepäck war gebündelt, ebenso seine Wut und seine Begierde. Sein Plan stand.

DELTA ...

Delta sah sich die Videos von *Socgoal02* und *der Freundin* mindestens fünfmal an, bevor er sich zurücklehnte, ihren Bildern den Mittelfinger entgegenstreckte und flüsterte:
»Fickt euch, fickt euch, fickt euch. Wir werden ja sehen, wer von uns zuletzt lacht.«
Delta stellte fest, dass es in den Tagen nach der Beerdigung seines Vaters im Haus viel stiller geworden war. Die Schwestern, die sich jetzt um seine Mutter kümmerten, schienen auf Zehenspitzen zu gehen, als fürchteten sie, bei jedem Geräusch eine kostbare Antiquität zu zerbrechen.
Seine Mutter verbrachte seither die Tage im Bett vor dem Fernseher, ohne alle paar Minuten nach ihm zu rufen. Er fragte sich ernsthaft, ob sie den Tod seines Vaters vielleicht mit seinem durcheinanderbrachte und vergessen hatte, dass es ihn in dem Zimmer am anderen Ende des Flurs noch gab. Ihm entging auch nicht, dass

der Fernseher, der bisher in ohrenbetäubender Lautstärke gelaufen war, weil sie sich geweigert hatte, ihre Hörgeräte zu tragen, jetzt stumm geschaltet war. Offenbar reichte es ihr, auf die bewegten Bilder zu starren, ohne Dialog oder Sinnzusammenhang, geschweige denn einen Plot. Delta vermutete, dass sie langsam auch ihr Augenlicht im Stich ließ und sie einfach nur bei jedem Szenenwechsel die Farbspiele auf dem Bildschirm betrachtete. Vielleicht so etwas wie das Relikt eines LSD-Trips aus den psychedelischen Sechzigerjahren. Die gute alte Zeit.

Das Haight-Ashbury-Mantra:

Tune in. Turn on. Drop out.

Das ergab Sinn. Auf seine Weise folgte er selbst diesem Motto. Drei Dinge, fasste er zusammen, standen ihm noch im Weg, bevor er endlich ganz und gar der sein konnte, der er seiner Bestimmung nach war.

Seine sterbende Mutter.

Socgoal02 *und* die Freundin.

Und, ergänzte er, als ihn erneut die Wut über das Pärchen packte, *da wäre noch der alte Scheißkerl, der Bravo getötet hat.*

Nummer vier.

Er versuchte, sich einzuschärfen, dass er diesen Gegner besser nicht unterschätzen sollte, doch das fiel ihm schwer. Alte Leute waren für Delta sein toter Vater, seine sterbende Mutter und die Obdachlosen in den Nebenstraßen, die er mit Vergnügen und routinemäßig ins Jenseits beförderte.

Auch Delta packte seine Sachen für die Reise.

Sein Ticket für den Flug an die Ostküste war erster Klasse.

In seiner Schultertasche befand sich der »Spezialanzug«, den Alpha ihm zugedacht hatte.

Genau wie Alpha und Charlie wusste er, dass er seinen Koffer am Flughafen aufgeben musste, weil sich darin das große Jagdmesser befand, eine Spezialanfertigung, seine bevorzugte Waffe. Er streichelte es, bevor er es in die Lederscheide steckte und in den Koffer zurücklegte. Ein rasierklingenscharfes Bowiemesser mit 23 Zentimeter langer Drop-Point-Klinge aus Damaszenerstahl, 120

Schichten, Spezialanfertigung. Griff aus Maserholz, von dem Schmied in Minnesota sorgfältig an die Maße seiner Hand angepasst.
Das Messer war seine verlängerte Hand.
Es war jeden Penny der sechstausend Dollar wert, die er dafür hatte springen lassen.
Jedes Mal, wenn er es benutzte, fühlte es sich für ihn so an, als würde er ein Weihnachtsgeschenk auspacken – für das anstehende Vorhaben ein höchst passender Vergleich.
»Ho, ho, ho«, flüsterte er, »ihr seid alle so gut wie tot.«

CHARLIE …

So erbost er auch war, nachdem er sich die provozierenden Videos von *Socgoal02* mehrmals angesehen hatte, riss sich Charlie dennoch zusammen und konzentrierte sich auf sein größtes Problem:
Wie kann ich mich über die Feiertage verdrücken, ohne in einer Zeit, in der die Leute unbeschwert zusammen sein wollen, zu viel Aufmerksamkeit zu erregen?
Unten war seine Frau gerade dabei, Geschenke für Nichten und Neffen zu verpacken. Sie summte dabei fröhlich vor sich hin. Er hasste jeden Ton.
Passend zur Jahreszeit hatten sie geplant, ihren Bruder mit Familie zu besuchen. Eine dreistündige Autofahrt. Das Festessen war für vier Uhr nachmittags angesetzt, mit anschließendem Weihnachtsliedersingen und Bescherung.
Er hasste die Singerei.
Er hasste ihren Bruder.
Er hasste dessen Frau. Er hasste die Kinder der beiden. Er hasste ihre Eltern.
Er hätte sie alle umbringen können.
Er vermutete, dass sie alle seine Gefühle erwiderten.

Was hilfreich wäre.
Er könnte verspätet dazustoßen, und keiner hätte etwas dagegen einzuwenden.
Charlie suchte nach Flügen und überschlug im Kopf ein paar Dinge. Er addierte die Fahrtzeit hinzu, sah, wie das Timing zu den Feiertagsplänen seiner Frau und ihrer Familie passte, versuchte, auch noch wetterbedingte Verspätungen einzukalkulieren, und gelangte zu einem machbaren Zeitplan. *Tu dies, tu das, tu jenes … und dir steht frei, zu tun, was du willst.*
Ein besonderes Weihnachtsgeschenk. Nur für mich.
Er griff zu seinem Handy, ging zur Tür seines Arbeitszimmers und machte sie auf. Ohne das Handy einzuschalten, hielt er es sich ans Ohr. Laut und in aufgesetzt gestresstem Ton sagte er: »Aber das ist ja furchtbar. Selbstverständlich … selbstverständlich … dafür habe ich doch vollstes Verständnis … ja, du kannst auf mich zählen … sofort.«
Er wusste, dass seine Frau etwas davon aufschnappen und seinen Konflikt heraushören würde. *Ich hätte zur Bühne gehen und Shakespeare spielen sollen.*
Sie erschien auf der Treppe und sah mit besorgter Miene zu ihm auf.
»Stimmt was nicht, Schatz?«
»Allerdings«, sagte er zugeknöpft und gab sich niedergeschlagen.
»Was ist los?«
Er zögerte, als müsse er um Worte ringen. Dies war Teil der Vorstellung. »Erinnerst du dich noch, wie ich dir von meiner Studentenverbindung damals erzählt habe?«
Er hatte ihr nie davon erzählt, weil er nie in einer gewesen war.
Sie runzelte die Stirn, als kramte sie in ihren Erinnerungen.
»Nicht so richtig«, antwortete seine Frau.
»Also, ich hab dir da nicht die ganze Wahrheit gesagt …«
Dabei machte er ein schuldbewusstes Gesicht.
Jetzt war sie ganz Ohr. Gespannt kam sie die Treppe hoch. Es kam nicht allzu oft vor in einer Ehe, dass jemand zugab, nicht ganz ehrlich gewesen zu sein. *Sie glaubt jetzt,* dachte Charlie bei sich, *das*

hier wäre das erste Mal, dass ich sie belogen hätte. Folglich platzt sie vor Neugier.

»Wie meinst du das?«

»Ich war nicht in einer Verbindung. Ich war am College in einem Geheimbund.«

Sie überlegte und sagte dann: »Du meinst, so etwas wie Skull & Bones an der Yale?«

Charlie nahm den Faden dankbar auf. »Oder Wolf's Head. Auch an der Yale. Oder die Eucleian Society an der New York University, die Gimghoul an der University of North Carolina oder die Cadaver Society an der Washington and Lee …«

»Also, welche …«, fiel sie ein.

Er schnitt ihr das Wort ab.

»Das darf ich dir nicht sagen. Tut mir leid. Das macht schließlich einen Geheimbund aus. Selbst die Menschen, die einem am nächsten stehen, weiht man nicht ein.«

Ihr Blick sagte ihm: *Wie kindisch ist das denn?* Was er geflissentlich ignorierte, während er im Stillen dachte, *mein wahrer Geheimbund ist* Jack's Boys.

»Wie du meinst«, sagte sie. »Aber was hat das mit …«

»In meinem Geheimbund haben wir damals einen Blutschwur geleistet, jedem Mitglied, das je auf Hilfe angewiesen wäre, augenblicklich beizustehen, egal wann, bei Tag oder Nacht, ohne Fragen zu stellen …«

Jetzt sah sie ihn doppelt skeptisch an.

»Und?«

»Das war der Anruf, den ich eben bekommen habe. Einer meiner Brüder aus dem Bund ist in Schwierigkeiten. In großen Schwierigkeiten. Ich muss hin und ihm helfen.«

»Jetzt?«

»Ja.«

»Also, das ist doch Schwachsinn. Die Feiertage stehen vor der Tür, und wir haben schon Pläne. Familiäre Verpflichtungen. Kann das nicht ein anderer von diesen Kindsköpfen übernehmen, die diesen dämlichen Eid geleistet haben? Was ist überhaupt das Problem?«

»Das darf ich nicht sagen. Und nein, es gehörte zu dem Schwur zu handeln, wenn wir darum gebeten werden, ohne Wenn und Aber.«

»Das klingt, ehrlich gesagt, alles vollkommen lächerlich.«

»Ist Drogenabhängigkeit lächerlich?«, konterte Charlie. »Oder ein Herzinfarkt? Inoperabler Krebs? Oder meinetwegen auch ein Konkurs? Ein Kind in Schwierigkeiten? Häusliche Gewalt? Oder ein Nervenzusammenbruch mit Selbstmordgefahr?« Er hechelte die Möglichkeiten durch, die ihm gerade in den Sinn kamen, um an das Herz der Psychologin zu appellieren.

»Na schön«, sagte sie. »Verstehe, worauf du hinauswillst.«

»Schwur ist Schwur«, sagte er. »Mir passt das auch nicht in den Kram, und du hast ja recht, dass es albern klingt nach so vielen Jahren, noch dazu, wo es nach all der Zeit zum ersten Mal passiert. Aber ich glaube, ich würde mich bedeutend mieser fühlen, wenn ich diese dämliche Verpflichtung ignorieren würde, als wenn ich hingehe.«

Dieses Argument traf bei ihr mit Sicherheit auf offene Ohren.

»Letztlich geht es eher darum, was ich tue, als darum, was derjenige für ein Problem hat«, fügte er hinzu.

Auch dies traf bei seiner Psychologenfrau einen Nerv. Er hätte schallend lachen können. *Ein Kinderspiel.* Er wartete auf ihre Reaktion.

Sie wirkte einfach nur genervt.

Auch wenn sie es nicht zugibt, dachte er, *ist sie wahrscheinlich sogar froh, ein bisschen Zeit mit ihrem Bruder und seiner Familie ohne mich verbringen zu können. Genau wie ich ihr gegenüber zieht sie ihrerseits mir zuliebe eine Show ab. Aber sie wird die Gelegenheit lieben, meine zahlreichen Fehler und Versäumnisse anzuprangern und dabei auf verständnisvolle Ohren zu treffen. Sie kann die Märtyrerin spielen, während sie die ganze Zeit auf seine missratenen Kinder neidisch ist, die ihre Geschenke auspacken und das ganze übrige Feiertagsgedöns genießen, das Krethi und Plethi so am Herzen liegt.*

»Ich bin rechtzeitig zum Weihnachtsliedersingen zurück, versprochen«, sagte Charlie. *Wahrscheinlich nicht, aber was soll's?* »Ansonsten kann ich, wie gesagt, leider keinerlei Fragen dazu beantworten. Ich melde mich von unterwegs …«

»Wo musst du überhaupt hin? Das wirst du mir doch wohl sagen können«, fragte seine Frau.

»Des Moines, Iowa«, antwortete Charlie wie aus der Pistole geschossen.

Die Stadt hatte er aus dem Hut gezaubert. Tatsächlich ging es in die entgegengesetzte Richtung.

»Ich finde das zwar immer noch lächerlich. Und alle werden dich vermissen …«

Nein, bestimmt nicht.

Sie machte eine resignierte Handbewegung – *tu, was du nicht lassen kannst.* Er stellte sich vor, wie er bei seinem verspäteten Eintreffen zur Familienfeier mit einer wundervollen Entschuldigung herausrückte, sah sich im Haus seines Schwagers zur Tür hereinspazieren – mit einem bluttriefenden Messer in der Hand, erschöpft, aber glücklich und zufrieden. Auf die Frage seiner Frau und ihrer Familie, weshalb er so aussehe, und vielleicht auch noch, wessen Blut das sei, würde er achselzuckend erwidern: *Tut mir leid, Leute. Darüber darf ich nicht reden, weil ich auf absolutes Stillschweigen eingeschworen bin. Wann gibt's Abendessen? Ich hoffe, den Truthahn gibt's mit Füllung.* Er spürte, wie sich sein Puls beschleunigte. Er kehrte in sein Arbeitszimmer zurück, um fertig zu packen, konnte dabei aber an nichts anderes denken als daran, *Socgoal02* sterben zu sehen, während er sich seinen Spaß mit *der Freundin* gönnte, bevor er sie tötete. Für Charlie war dies der absolute Traum eines gelungenen Weihnachtsfests.

CONNOR UND ROSS …

Connor hatte einmal auf dem Discovery Channel einen Dokumentarfilm gesehen, in dem jemand eine gefährliche Giftschlange mit bloßen Händen fing. Der Mann hielt der Schlange die linke Hand mit gespreizten Fingern vor die Augen, um sie abzulenken, und packte sie dann mit der rechten Hand hinter dem Kopf. Das, dachte Connor, versuchten sie gerade.

Die Uhr tickte, dafür hatte er gesorgt.

Es war Morgen. Den Laptop in der Hand, um Ross zu zeigen, was er auf Facebook hochgeladen hatte, ging er die Treppe hinunter. Er wusste nicht, ob sein Großvater wütend sein würde. Oder verständnisvoll reagieren würde – denn bei dem, was *GP* ihnen erklärt hatte, war Connor zum ersten Mal das Wort *Falle* in den Sinn gekommen.

Der Horchposten.

Am Schreibtisch, in der Nähe seiner Waffen, erinnerte sich Ross: *Ein paar Jungs im Dschungel, in einem Erdloch ein verstecktes Funkgerät, um die Basis vor einem bevorstehenden Angriff zu warnen.*

Der sichere Weg in den Tod.

Niemand wünschte sich diesen Befehl.

»Hey, Gefreiter, laufen Sie mal ein paar Hundert Meter da raus und …«

Seine Erinnerung wanderte viele Jahre zurück:

Wie er Oliver Stones Film Platoon *gesehen hatte, wie ihm dabei der kalte Schweiß ausgebrochen und ihm übel geworden war. In den letzten Szenen, in denen sich die nordvietnamesische Armee zu einem Angriff auf den Artilleriestützpunkt sammelt, hielt er es kaum noch aus. Mit bebenden Händen sah er, wie sich der Militär in den Schauspieler Dale Dye verwandelte und die unsichtbaren Soldaten auf ihrem Außenposten anflehte, ihm zu sagen, was sie kommen sahen – »Stöpsel einfach den Hörer ein, mein Junge« –, während ihm langsam dämmerte, dass sie entweder schon tot waren oder gerade starben und das, was da im Anmarsch war, ihre schlimmsten Be-*

fürchtungen übertraf. Der hilflose Blick im Gesicht des Schauspielers nistete sich als fester Bestandteil in Ross' Albträumen ein. Danach hatte er sich geschworen, nie wieder einen Vietnamfilm zu sehen – egal wie viele Oscars er gewann. *Apocalypse now, The Killing Fields, Rambo, Who'll Stop the Rain?, Hamburger Hill, Full Metal Jacket* kamen in die Kinos, ins Kabelfernsehen oder wurden im Internet gestreamt, ohne dass er sich eine einzige Szene daraus antat. Im Lauf der Jahre machte er um *Jarhead, The Hurt Locker* und *Zero Dark Thirty* einen großen Bogen. Doch die Bilder aus *Platoon* wurde er nicht mehr los. Die erbarmungslosen Schwarmangriffe schnürten ihm die Kehle zu.

Er begriff: *Der Feind ändert sich nie.*

Er verfolgt immer das gleiche Ziel.

Er mag die Taktik ändern, seine Strategie.

Es würde Finten, Überraschungsmomente und Täuschungsmanöver geben.

Aber das alles diente immer ein und demselben Zweck.

Ross stand vom Schreibtisch auf und begab sich auf einen Rundgang durchs Haus, um sich zu überlegen, wie sie es gegen einen Angriff ähnlich dem im Oktober, den er abgewehrt hatte, am besten verteidigten. Er führte sich vor Augen, wie vier Männer – gleich demjenigen, den er erschossen hatte, alle in Schwarz – sein Haus erstürmen. Dabei hallte ihm die Zahl *vier, vier, vier* durch den Kopf. Mit so vielen *Jack's Boys* hatten sie es noch zu tun, soweit er wusste. Er inspizierte das Haus, um die Schwachstellen zu finden.

Haustür. *Der unwahrscheinlichste Zugang.*

Das Panoramafenster rechts im Wohnzimmer. *Schon eher. Aber* laut, *sollten sie die Scheibe einschlagen. Nicht klug.*

Das Kellerfenster. *Schon viel besser. Leiser. Aber ziemlich klein, um sich da hindurchzuzwängen und auf den Zementboden fallen zu lassen. Andererseits, wenn sie erst mal drin sind …*

Küchentür und Veranda. *Die ungeschützteste Angriffsfläche. Uneinsehbar. Dürftiges Schloss. Da ist der Mann, den ich erschossen habe, in Nikis Haus eingebrochen. Würden seine Mittäter dasselbe versuchen? Und ob.*

Wie sichere ich jeden dieser Zugänge ab? Er hatte bereits bei einer Firma für Alarmanlagen angerufen, um sich das Modernste, was sie auf Lager hatten, einbauen zu lassen – aber wie sehr er auch betteln mochte, sie sahen sich nicht imstande, seinen Auftrag auf der Liste nach vorn zu schieben. Da hätte es wenig gebracht, zu sagen: »*Jetzt hört mal gut zu, Jungs, da draußen laufen ein paar Leute herum, die in absehbarer Zeit hier auftauchen werden, um meinen Enkel zu ermorden …*« Die Antwort der Firma klang routinemäßig, nach dem Motto: *Warum haben Sie es so eilig?* Er verkniff sich die Bemerkung, *Routinemäßiges* könnten sie sich in ihrer Situation nicht leisten.

Also keine Hilfe.

Es bleibt an uns hängen. An mir.

Er hatte Schlafprobleme – auch wenn das nichts Neues war. Mal war er bis Mitternacht wach, mal bis drei Uhr oder auch bis zur Morgendämmerung.

Jedes Mal schien es der naheliegende Moment für einen Überfall zu sein. In einem Zimmer schlief Connor. In seinem Bett lag Kate auf ihrer Hälfte, während Ross, immer eine seiner Waffen in der Hand, durchs Haus geisterte und auf die verräterischen Geräusche eines Einbrechers horchte.

Die Ankunft des Todes.

Im Geiste ging er durch, was er in der Grundausbildung über Verteidigungspositionen gelernt hatte, und er versuchte, sich die Trainingsanweisungen der Marines ins Gedächtnis zu rufen. Einzelne Formulierungen und Lektionen stürmten auf ihn ein. Gefechtslinien und Kontrollmaßnahmen, unverzichtbare und flankierende Manöver, flächendeckendes Geschützfeuer und Zersetzungstaktiken. Das alles vermengte sich in seinem Kopf, und um Ordnung hineinzubringen, sah er sich um und zwang sich, sein eigenes Vorstadthaus als einen einsamen Vorposten zu betrachten, vom Feind umzingelt und unter Beschuss, dabei von jeder Verstärkung abgeschnitten. Noch ein Film – diesmal ein alter in Schwarz-Weiß – fiel ihm wieder ein. *Beau Geste.* Gary Cooper. In dem Streifen stellten die belagerten französischen Fremdenlegionäre tote Kameraden an den Wänden auf und klemmten ihnen Gewehrkolben unter die leblosen Arme, damit die Angreifer glaubten, das Fort werde noch gut verteidigt.

Wie könnte mir etwas Ähnliches gelingen, überlegte er. Er wusste, dass sein Viertel nicht mehr der gutbürgerliche, sichere Hort war. Es war ein Schlachtfeld.

Während ihm all diese Gedanken durch den Kopf schwirrten, kam Connor die Treppe herunter.

»*GP*«, sagte er. »Ich würde dir gerne etwas zeigen.«

Er brachte ein gequältes Lächeln zustande – *Haben wir keine anderen Sorgen?* – und antwortete: »Sicher, Connor. Lass sehen.«

»Niki und ich«, fing Connor an. Er hatte den Laptop dabei. »Das heißt, eigentlich vor allem *ich* haben beschlossen, *Jack's Boys* noch einmal zu beleidigen.«

»Was?«, entfuhr es Ross.

Was er dann von seinem Enkel hörte und anschließend auch sah, erschien ihm überstürzt und nicht bis zu Ende gedacht, jedenfalls hochriskant. Andererseits nicht ganz daneben – da es seitens der Angreifer das Überraschungsmoment verringerte und sie selbst alle in höchste Alarmbereitschaft versetzte.

Es war nicht viel anders als der Befehl:

»Gefreiter, gehen Sie da mal ein paar Hundert Meter raus …«

Der Horchposten.

KATE …

Ein alter Mann, Mitte bis Ende achtzig – *ein Herr,* korrigierte sie sich –, kam am Morgen aus einem nahe gelegenen Pflegeheim mit fortgeschrittener Lungenentzündung herein. Er rang nach Luft, und am frühen Nachmittag war er tot. Er hatte das Atemgerät, ebenso alle anderen Behandlungen, abgelehnt, und so war es ein wenig verwunderlich, dass er überhaupt auf die Intensivstation eingeliefert wurde, zumal er eine Anordnung zum Verzicht auf

Wiederbelebung unterschrieben hatte und eigentlich in seinem eigenen Bett hätte sterben sollen. Das zumindest dachte Kate, bis sie die Angehörigen des alten Mannes sah, die sich zäher an ihn klammerten als er an sein Leben.
Er akzeptierte den Tod.
Sie wollten dagegen ankämpfen.
Doch ihre einzigen Waffen waren Tränen, Schluchzen und Händchenhalten.
Nachdem ein Assistenzarzt mit routiniertem betroffenen Gesicht die Familie schließlich hinausgeleitet hatte und bevor die Leute vom Beerdigungsinstitut eintrafen, ging Kate zu dem alten Mann, setzte sich an sein Bettende und sah ihn an, als könne er ihr noch irgendetwas über das Sterben mitteilen, das ihr bislang entgangen war.
Kate hatte ihr ganzes Berufsleben hindurch versucht, Menschen am Leben zu erhalten; sie hatte beständig gekämpft, manchmal gewonnen, manchmal verloren. Nachdem sie dem Tod jahrzehntelang ins Auge gesehen hatte, glaubte sie, für sich selbst die Angst vor dem Sterben verloren zu haben. Aber sie hatte Angst davor zu töten.
Und vor Mördern.
Jack's Boys.
Sie flehte innerlich: Nicht Connor. Nicht Niki.
Die beiden dürfen nicht sterben, dachte sie inbrünstig, während sie auf die porzellanweißen Züge des toten Mannes starrte. *Die beiden müssen die Chance haben, alt zu werden. Selbst wenn nichts Besonderes aus ihnen wird, sie nicht wichtig sind und ein stinknormales Leben führen, müssen sie die Chance haben, alt zu werden.*
Als Kate aufblickte, sah sie, wie zwei Männer in dunklem Anzug eine Bahre durch den Flur rollten. Ein Rad klickte bei jeder Umdrehung. Mitten auf der Bahre lag, aus glänzendem Plastik, in dem sich die Deckenlampen spiegelten, ein gefalteter schwarzer Leichensack. Sie stand auf, und einer der Männer trat ein.
»Wir kommen wegen …«, fing er an.
»Ich weiß«, sagte Kate.

»Da wären noch Formulare auszufüllen«, sagte er.

»Es gibt immer Formulare auszufüllen«, antwortete Kate.

Der Tod sollte auf einem Schimmel geritten kommen, dachte sie, *düster und bedrohlich, in einen flatternden schwarzen Mantel gehüllt und eine Sense schwingend. Aber das trifft es nicht. Stattdessen kommt der Tod in einem billigen Anzug mit Clip-Krawatte und einem aufgesetzt mitfühlenden Blick.*

Und mit einem Leichensack.

Ob ihnen diese Feststellung dabei helfen würde, am Leben zu bleiben, konnte sie nicht sagen.

KAPITEL 45

EINE UNANGENEHME UNTERHALTUNG BEIM ESSEN …

ROSS, CONNOR, KATE UND NIKI …

Kate kochte, während Connor und Niki den Tisch deckten, bevor sie zum Weihnachtsbaum hinübergingen. Ross suchte die Notenhefte für die letzte Chorprobe vor ihrem Auftritt am Heiligabend zusammen und legte sie auf einem kleinen Tisch in der Nähe der Haustür bereit. Daneben stellte er eine der beiden Dosen Pfefferspray.

Die andere Dose stand auf Kates Nachttisch neben ihrem Kingsize-Doppelbett. Auf seinem Nachttisch lag der .357 Magnum Revolver, doch da würde er nicht bleiben.

Entsichert und sechs Patronen im Röhrenmagazin.

Die Remington-Jagdflinte .30–06 hatte er aus dem Schrank geholt. Es war ein Single-Shot-Karabiner, ebenfalls geladen und entsichert. Am Holzkolben hatte Ross mit Klebeband weitere sechs Patronen befestigt. Außerdem hatte er nach einiger Überlegung das Jagdfernrohr abgeschraubt. *Es wird ein Nahkampf werden, da ist das Fernrohr nur im Weg.* Doch dann hatte er es sich anders überlegt und das Fernrohr wieder aufgeschraubt. Vielleicht kommt es ja doch zu einem Schuss auf Distanz. Er nahm das Gewehr und stellte es hinter eine Wohnzimmergardine, um es griffbereit zu haben. Das Ka-Bar-Messer kam auf einen Beistelltisch zwischen einer aktuellen Ausgabe von *The Atlantic Monthly* und einer zwei Monate alten Nummer von *The New Yorker.*

Blieb nur noch das brandneue Gewehr Kaliber 12. Er lud es, war sich allerdings noch nicht sicher, wo er es hinstellen sollte. Er ging mögliche Verstecke durch – in einem Garderobenschrank, unter ein paar Sofakissen –, wo er es sich jederzeit schnappen konnte.

Jederzeit war natürlich Selbstbetrug.

Im Keller hatte er unter dem einzig möglichen Fensterzugang eine Reihe Stolperfäden – dünne Elektrokabel aus dem Baumarkt – gespannt und leere Dosen angehängt. Außerdem hatte er Zuckerrübensirup auf die Fensterbank geschmiert und Glasscherben hineingestreut. Natürlich würde das früher oder später die Mäuse anlocken, und falls sie in dem klebrigen Zeug hängen blieben, gäbe es hinterher eine ziemliche Schweinerei wegzumachen, aber die Mäuse waren seine geringste Sorge.

Er hatte lange Nägel in ein dünnes Brett gehämmert und die Trittfalle draußen unter dem Panoramafenster platziert, mit den Spitzen nach oben. *Punji Sticks.* In Vietnam hatte der Feind diese Fallen oft mit Exkrementen beschmiert, um die Infektionswahrscheinlichkeit zu erhöhen. Er widerstand dieser Versuchung. Ähnliche Vorrichtungen hatte er unter dem Seitenfenster zum Esszimmer und dem Fenster seines Arbeitszimmers angebracht.

Die Hintertür war jetzt zusätzlich mit einem Vorhängeschloss gesichert, ebenso mit einer Eisenstange quer über das untere Ende, sodass sie sich nicht öffnen ließ. Ein Bewegungsmelder im Innern des Hauses würde ihnen signalisieren, wenn sich an diesem Zugang etwas tat. Auf der Veranda draußen, von der aus er im Liegestuhl den Einbrecher zum Haus der Templetons hatte schleichen sehen, hatte er kreuz und quer auf unterschiedlichen Höhen Stolperdrähte gespannt und mit einer Luftdruckfanfare verbunden. Nach demselben Prinzip hatten in Vietnam die Sprengfallen funktioniert – nur dass der Draht damals mit dem Stift einer Handgranate verbunden war. Wer auf der Veranda ins Stolpern geriet, würde nur ein lärmendes Signal auslösen.

Dabei machte er sich keine Illusionen darüber, dass diese Vorsichtsmaßnahmen jemanden, der wild entschlossen war, ins Haus einzudringen, letztlich davon abhalten konnten.

Erst recht, nachdem Connor und Niki sie dazu eingeladen hatten. Ross hatte versucht, böse auf die beiden zu sein. Doch ihm wurde klar, dass sie möglicherweise das Richtige getan hatten. *Nicht zu wissen, wann, ist schlimmer, als sich auf* bald *einzustellen.*

Kate holte gerade Lasagne aus dem Ofen. Sie hatte über Ross' Heimwerkerprojekte kein Wort verloren, sondern auf der Suche nach einem Topf oder einem anderen Küchenutensil mehr als einmal einen großen Schritt über die Stolperdrähte gemacht.

Ross machte Inventur. *Oben Waffen. Unten Waffen. Die Fenster gesichert, wenn auch nicht besonders gut. Nicht besonders effizient. Immerhin so, dass es ein bisschen schwerer ist, einzusteigen, als erwartet.*

Er war noch nicht zufrieden.

Er wusste nicht, was er sonst noch tun sollte.

Als sie mit dem Kochen fertig war, bat Kate mit einer Geste alle zu Tisch. Connor und Niki bekamen große Portionen. Dann klatschte sie Ross etwas auf den Teller und reichte ihm sein Essen.

»Du bist fleißig gewesen«, sagte sie.

»Alle sind fleißig gewesen«, erwiderte er und beschloss, Kate nichts von Connors Facebook-Post zu sagen. Entweder hatte er damit das Richtige getan oder genau das Falsche. Die Antwort auf diese überlebenswichtige Frage würde die Zukunft bringen.

»Ich möchte nicht, dass hier jemand in einen Nagel tritt oder ein Signal auslöst.« Er sah Kate an. »Alles, was ich angebracht habe, lässt sich ziemlich leicht wieder entfernen. Und das ist alles dicht an der Wand, sodass wir uns einigermaßen normal im Haus bewegen können.«

Kate nickte. »Mal was anderes als Weihnachtsdekoration«, meinte sie ungerührt.

Ross schwieg.

Er blickte aus dem Fenster. Es kam ihm so vor, als sei es die schwärzeste Nacht seit Jahren.

»Wie lange werden wir noch mit Waffen in jedem Winkel des Hauses leben müssen? Mit dieser Alarmanlage, Marke Eigenbau, und Brettern mit Nägeln unter den Fenstern?«

»So lange wie nötig«, erwiderte Ross. Als er merkte, wie schroff er klang, schob er versöhnlich hinterher: »Wir versuchen nur, gewappnet zu sein.« Dabei verkniff er sich die Bemerkung: *Und Connor und Niki haben die Konfrontation beschleunigt.*

Glaube ich jedenfalls. Auch wenn ich es nicht weiß. Ich weiß nur eins: Früher oder später schlägt der Feind zu.

Kate versuchte, die Gefahrenlage aus der Perspektive der Intensivstation einzuschätzen. *In der Medizin haben wir es immer mit einer Mischung aus handfesten Fakten und Unwägbarkeiten zu tun.* Ihr machte die Vorstellung Angst, dass noch so viele Nagelbretter und Lufthörner und Stolperdrähte am Ende nicht genügten. Oder sich sogar als vollkommen nutzlos erwiesen. Viren mutierten und wurden noch tödlicher, und die Medizin hechelte hinterher. Manchmal konnten noch so viele Maschinen, Therapien und sogar die Wissenschaft selbst einen Patienten nicht am Leben erhalten.

Manchmal, dachte sie, *muss man sich einfach eingestehen: Wenn deine Zeit um ist, dann ist es eben so.*

»Tja«, sagte Ross.

Luft anhalten, beten und hoffen, dass es der Angriff wird, auf den wir vorbereitet sind.

Connor wippte auf seinem Stuhl hin und her. Er fühlte sich wie ein Grundschulkind, das die Antwort auf eine Frage des Lehrers weiß und heftig aufzeigt, dabei halb von seinem Sitz springt.

»Stell dir nur mal für einen Moment vor, du wärst anno 1888 ein Straßenmädchen in White Chapel in London und *Jack* gabelt dich auf. Vielleicht hält er dir ein oder zwei Pfund unter die Nase, damit du dich entspannst und weniger vorsichtig bist, aber genau in der Sekunde, in der er dich aufschlitzen will ... *passiert etwas, womit er nicht gerechnet hat.* Etwas, das seinen Mord vereitelt. Vielleicht kommt gerade ein Wachtmeister vorbei. Oder er wird von ein paar Hafenarbeitern gestört, die ein bisschen Spaß haben wollen, oder von einem Wachhund, der wie wild zu bellen anfängt, keine Ahnung, jedenfalls *irgendetwas,* das ihm einen Strich durch die Rechnung macht. Natürlich ist das nie passiert. Zumindest nicht, dass wir wüssten. Aber stellt euch das einfach mal vor. Was meint ihr? Wie hätte *Jack* wohl reagiert?«

Weder Kate noch Ross rückten auf die Schnelle mit einer Antwort heraus. Niki brach das Schweigen. »Die Boulevardzeitungen von damals hätten mit fetten Schlagzeilen verkündet: *Sie ist den Fängen des Rippers entronnen!* So was in der Art. Sie hätten ihn verspottet. *Jack hat versagt! Kann die Sache nicht zu Ende bringen!* Und stellt euch nur mal vor, wie *Jack* sich gefühlt hätte, wenn er so was gesehen hätte.«

Als immer noch niemand etwas sagte, fügte sie hinzu: »Er wäre mehr als frustriert gewesen, es hätte mächtig an ihm genagt.«

Sie blickte in die Runde.

»Er wäre nicht davongelaufen. Er hätte vielmehr alles darangesetzt, dass sein nächstes Opfer wieder für Angst und Schrecken sorgt und die doppelte Aufmerksamkeit bekommt. Was auch immer er mit dieser Frau, die ihm entwischt wäre, vorgehabt hätte – nur dass ihm, soweit wir wissen, nie eine entkommen ist –, er würde es seinem nächsten Opfer mit doppelter Münze heimzahlen. Er würde an ihr Rache nehmen. Und er würde schnell zur Tat schreiten, weil er es nicht ertragen hätte, zum Gespött zu werden.«

Kate blickte von Connor zu Niki und wieder zurück. Niki holte Luft und fuhr fort:

»Viele Mörder lieben die öffentliche Aufmerksamkeit – der Zodiac Killer, BTK und der Night Stalker und Son of Sam. Habt ihr übrigens gewusst, dass Bonnie Parker, ihr wisst schon, Bonnie und Clyde – die hat Gedichte für die Zeitungen geschrieben. Unsere Jungs sind einfach nur viel moderner. Sozusagen Mörder auf dem neuesten Stand.«

Ross war – milde – schockiert darüber, dass die Siebzehnjährige, die an seinem Esstisch Lasagne aß, die Namen so vieler Verbrecher herunterrasseln konnte.

Was für eine verrückte Welt.

Niki forschte in den Gesichtern von *GP* und *GM*. Dass Ross der Herausforderung gewachsen war, daran zweifelte sie nicht, schließlich hatte er dies gerade erst bewiesen. Bei Kate war sie sich da nicht so sicher. Sie wusste zwar, dass die Krankenschwester jeden retten konnte, was sie schließlich am eigenen Leib erfahren hatte. Die Großmutter Kate stand auf einem anderen Blatt. Als wären es zwei verschiedene Personen. »Was ich damit sagen will, je mehr ich darüber nachdenke, desto mehr glaube ich, dass wir uns am angreifbarsten machen, wenn Connor und ich zusammen sind. Und am angreifbarsten sind wir alle, wenn wir alle zusammen sind …«

Bevor sie ihren Gedanken zu Ende bringen konnte, fiel ihr Connor ins Wort.

»Jeder – uns beide eingeschlossen – fühlt sich sicherer, wenn er nicht alleine ist. Er meint, er bekommt Verstärkung. Fühlt sich als Teil einer Gemeinschaft. In der Menge bist du sicher. Ist menschlich, ganz normal. Aber Niki und ich glauben, dass wir damit unser Risiko erhöhen.«

Es wurde still am Tisch.

Kate merkte, wie sich ihr Atem beschleunigte.

»… wie zum Beispiel in diesem Moment«, brachte Niki den Gedanken zu Ende.

Sie sahen sich alle an.

Kate hielt sich instinktiv an der Tischkante fest.

Es war eine abstrakte Argumentation. Hergeleitet, mit einem Schuss Kreativität. Es war, als blickte man auf eine leere Leinwand und sähe dabei zu, wie bei den Gemälden von Rothko, die sie so bewunderte, wie durch das Auftragen von Farben und die Modellierung von Formen in einer Welt des willkürlichen Mordens allmählich eine nachvollziehbare Ordnung Gestalt annimmt.

Im selben Augenblick stellte Ross schweigend seinerseits einige Gleichungen auf. *Wir haben es immer gewusst,* dachte er. *Der Feind konnte jederzeit an der nächsten Waldgrenze lauern und auf den richtigen Moment für den Angriff warten. Oder auch nicht. Vielleicht stand auch nur eine weitere ereignislose, lange, heiße Nacht bevor. Man konnte tatsächlich gleichzeitig Angst haben und sich langweilen. Ein Dummkopf aber, wer die Angst ignoriert und sich der Langeweile überlässt. Umgekehrt wurde ein Schuh daraus.*

Ross fühlte sich plötzlich wieder wie damals mit achtzehn Jahren, wenn er über die Sandsäcke hinweg in die undurchdringliche Dunkelheit starrte. Allein und doch nicht allein.

Er stand auf.

»Also, ihr drei, jetzt erst mal eine Führung, damit ihr wisst, wie ich das Haus gerüstet habe. Und dann ein Probelauf. Jeder von euch muss wissen, wie er mit dem, was wir haben, umzugehen hat. Schon mal eine Waffe abgefeuert, Niki?«

»Nein, tut mir leid.«

»Also, ich zeig's euch am besten mal. Sie unterscheiden sich alle ein bisschen. Eine Pistole wird anders gehandhabt als das Jagdgewehr. Und das ist wiederum nicht dasselbe wie eine Schrotflinte. Nur das Pfefferspray erklärt sich mehr oder weniger von selbst.«

»Und das Messer«, sagte Connor.

»Also, nicht so …«, sagte Ross, griff dabei nach einem Besteckmesser und hielt es über den Kopf. »Sondern so …« Er hielt das Messer vor sich und vollführte damit Hiebe in der Luft. Kate bekam eine Gänsehaut. Sie hasste es, dass er sich mit diesen Dingen auskannte, und war gleichzeitig froh darüber.

»Okay«, sagte Ross. »Wird Zeit, alles nacheinander durchzugehen. Kommt mit.«

Na toll, dachte Niki. *Hier sind sie vorbereitet. Dumm nur, dass es bei mir zu Hause keine Nagelbretter und Schusswaffen gibt. Glutenfreies Brot und Sojamilch, das ist alles.*

Ross räusperte sich.

Wenn der Vorhang sich hob, kam es ihm plötzlich in den Sinn, mussten sie alle ihren Beitrag zur Vorführung leisten, genauso wie sein Chor. *Tief Luft holen, auf den ersten Schlag des Dirigenten mit dem Taktstock warten und unisono ertönen.*

KAPITEL 46

EINE ÜBERAUS ANGENEHME UNTERHALTUNG BEIM ESSEN …

ALPHA …

Warten.
23. Dezember, 19:00.
Die Eltern *der Freundin* hatten ihr Naturkostrestaurant *The Green Thumb* genannt. Der grüne Daumen. In Alphas Augen nicht besonders originell. Alpha hatte einen Platz in einer der Ecken gewählt, etwas separiert von den anderen Gästen. Im Restaurant herrschte reger Verkehr. Es wimmelte von Leuten, die von ihren Weihnachtseinkäufen kamen. Überall waren leuchtend bunte Tüten mit festlichen Päckchen auf dem Boden abgestellt, während sich die Gäste über die Speisekarte oder ihren Teller beugten. Alpha hatte eine ähnliche Einkaufstasche auf den Stuhl neben sich gelegt. Aus einer unsichtbaren Lautsprecheranlage spielte eine Musikkonserve Weihnachtslieder, die Alpha wie eine Endlosschleife von *Der kleine Trommler* vorkamen.
Er hegte nicht den geringsten Zweifel daran, dass die Frau mittleren Alters mit einer wallenden Mähne grau gesträhnten Haars, in Jeans und Batik-T-Shirt mit Logo des Restaurants, die Mutter *der Freundin* war, die zur Stoßzeit über die Feiertage als Bedienung aushalf. »Wir sind drei«, sagte er, »die anderen kommen noch.« Am liebsten hätte er hinzugefügt: *»Übrigens werden Delta, Charlie und ich in Kürze deine Tochter vor deinen Augen vergewaltigen und töten. Nur so zu deiner Info, und du wirst absolut nichts dagegen machen können …«*
Während er an einem moussierenden alkoholfreien Orange-Mango-Gebräu nippte, das wie ein süßliches, gänzlich unwirksames Mundwasser schmeckte, hatte er nicht mehr als einen flüchtigen

Blick auf die Karte geworfen. In diesem gesundheitsbesessenen Restaurant konnte er nicht einmal eine Cola light bekommen. Ein fünfzig Jahre alter Single-Malt-Whisky als Aperitif zu einem sehr blutigen Filet Mignon mit Sauce béarnaise wäre ihm tausendmal lieber gewesen, doch das hatte »Der grüne Daumen« definitiv nicht im Angebot. Von Zeit zu Zeit warf er einen Blick zur Mutter *der Freundin* hinüber und dachte: *Du hast nicht die leiseste Ahnung, was morgen auf der Tageskarte steht.*
Alpha versuchte, sich vorzustellen, wie er auf die nun unmittelbar bevorstehenden *»Dr. Livingston, nehme ich an?«*-Momente reagieren würde. Er war jedenfalls wie elektrisiert, ihm kribbelten sämtliche Nervenenden.
Er hatte Delta und Charlie gebeten, als Erkennungszeichen jeweils ein Buch mitzubringen. Wie ihm sehr wohl bewusst war, eine gänzlich überflüssige Vorkehrung.
Sie würden sich auf Anhieb erkennen.
Wie Wölfe, die sich im Wald begegnen.
Das mit dem Buch war eher so etwas wie ein kleiner Test. *Es darf kein Buch sein, das Aufmerksamkeit erregt.* »Das Schweigen der Lämmer« *oder* »Der Fremde in meinem Bett« *wäre für Weihnachten eher nicht so passend.* »Winnie Puh« *oder* »Harry Potter und der Stein der Weisen« *ginge aber auch nicht.*
Als er aufblickte, sah er, wie die Ex-Hippie-Mutter der todgeweihten Siebzehnjährigen einen Mann in seine Richtung geleitete.
Mitte dreißig. Dunkles Haar. Schlanke, sportliche Figur. Designerjeans und teure schwarze Lammfelljacke über schwarzem Rollkragenkaschmirpullover. Rolex-Armbanduhr. Er sah genau so aus, wie Alpha ihn sich vorgestellt hatte. Gut gekleidet, aber unauffällig genug, um in der Menge aufzugehen. Für Männer, die es in die exklusive Runde von *Jack's Boys* schafften, gab es einen unausgesprochenen Dresscode, davon war Alpha überzeugt. *Wir sehen nach nichts Besonderem aus, bis zu dem Moment, in dem das Besondere zum Vorschein kommt. Für alle Welt mögen wir wirken wie stumpfe, angelaufene Bronze, dabei sind wir rot glühender Stahl.*

In der rechten Hand hielt der jüngere Mann eine Taschenbuchausgabe von *Der Kaufmann von Venedig.*
Shakespeare passt immer, stellte Alpha fest. *Der gute Mann liebte Rachegeschichten. Hamlet. Othello. Richard III.*
Alpha hob die Hand zu einem verhaltenen Gruß.
Hallo, Delta.
Aus dem verhaltenen Winken wurde ein beherzter Handschlag. Ein wenig länger als üblich. Wie alte Freunde, die sich nach Jahrzehnten wiedersehen, so als wäre seit ihrem letzten Treffen kaum mehr als ein Tag vergangen. Aus dem Handschlag wurde eine halbe Umarmung.
»Hallo, Al«, sagte Delta.
»Hallo, Dee«, antwortete Alpha.
Beide Männer konnten ihr Strahlen nicht verbergen.
»Darf ich die Kellnerin zu Ihnen schicken, um Ihnen etwas zu trinken zu bringen?«, fragte die ahnungslose Mutter-Wirtin, während sie Delta eine Speisekarte hinlegte.
»Ich nehme genau dasselbe wie mein Freund«, antwortete Delta, ohne lange zu überlegen oder auch nur einen Blick auf Alphas Drink zu werfen.

CHARLIE …

Nach seiner Ankunft im Logan Airport steckte er im Stau. Und egal wie viele Flüche er in seinem engen Leihwagen ausstieß, hatte er durch den Ted-Williams-Tunnel, am Beacon Hill vorbei, durch Chinatown und Fenway Park dreißig Minuten lang Stop-and-go über sich ergehen lassen müssen, bis er endlich auf den Massachusetts Turnpike kam und an Cambridge und Watertown vorbeiflitzte. Charlie fuhr, so schnell er konnte, ohne irgendeinem Polizisten aufzufallen, der den Feiertagsverkehr mit einer Laserpistole überwachte.
Als er nach einer gehetzten, neunzigminütigen Fahrt endlich die

Kleinstadt von *Socgoal02* und *der Freundin* erreichte, hatte er Mühe, einen Parkplatz zu finden.

Weitere Flüche.

Während er langsam durch ein Parkhaus fuhr, sah er mehrmals auf die Uhr. Endlich fand er eine Lücke, in die er sich mit dem Kleinwagen zwängen konnte. Zwar war sie, einem Schild nach zu urteilen, für Elektroautos reserviert und hatte eine kleine Ladestation, aber Charlie vertraute bei dem Ansturm der Weihnachtskundschaft auf einen Freischein.

Ich komme nie zu spät, dachte er frustriert. Egal zu welcher Verabredung, zu welchem Termin – mit einem Dekan, mit einem Studenten, der um eine Verlängerung bittet, zu einem Flug oder um jemanden zu töten –, auf seine Pünktlichkeit war Charlie stolz. Und jetzt, wo es darum ging, die beiden einzigen Menschen auf der ganzen Welt kennenzulernen, die er ernsthaft respektierte, setzte ihm seine Verspätung zu.

Das macht sich nicht gut.

Er holte das mitzubringende Buch, eine Leinenausgabe, aus dem Koffer und ging zügig zum Fußgängerausgang. Dem GPS auf seinem Handy zufolge gelangte er quer durchs Einkaufszentrum in die Straße, an der *The Green Thumb* lag.

Mit ausholenden Schritten, die Arme vor dem Parka verschränkt, die wollene Baseballmütze bis zu den Ohren heruntergezogen, bahnte sich Charlie einen Weg durch die Käufer auf den letzten Drücker, wie jemand, dem gerade eingefallen war, dass er noch nichts für seine Frau besorgt hatte, was sie am Weihnachtsabend auspacken konnte.

Er entdeckte das Restaurant.

An Topfpflanzen und Farnen vorbei trat er ein, rückte seine Drahtgestellbrille auf der Nase zurecht und ließ den Blick über die Gäste schweifen.

»Kleinen Moment«, rief ihm die Wirtin zu. Ein kurzer Blick genügte, und Charlie zog denselben Schluss wie vorher Alpha und Delta. Die Frau wies gerade einem jungen Paar seinen Platz zu.

Am liebsten hätte er geantwortet: *Hi, Mom. Genießt du die letzten*

Tage, bevor wir dir den Rest deines Lebens ruinieren? Und wie läuft's so mit dem Gesundheitsamt und dem Rattenproblem? Wetten, dass niemand, der hier heute isst, etwas davon weiß?
Stattdessen antwortete er: »Ich bin mit ein paar Freunden verabredet …«
Über die Schulter antwortete sie: »Ach so, die sitzen, glaube ich, da drüben in der Ecke. Ich bringe Ihnen gleich die Karte …«
Er blickte in die Richtung und sah:
Unverkennbar.
Charlie durchquerte, zwischen den voll besetzten Tischen hindurch, den Raum. Die beiden Männer hoben den Kopf und brachen in strahlendes Lächeln aus. Er merkte, dass es ihm nicht anders erging. Er legte sein Buch neben den *Kaufmann von Venedig* auf den Tisch und rutschte zu Delta auf die Bank, Alpha gegenüber.
»Meine Herren«, sagte er. »Das ist ein besonderer Moment.«
Seine ersten Worte hatte er sich vorher überlegt.
»Ein historischer Moment. Ein einmaliger Moment.« Er beugte sich vor und schüttelte Alpha die Hand, doch im selben Moment legte Delta seine darauf, sodass sie alle drei ganz ähnlich miteinander verbunden waren wie eine Mannschaft, die nach der Halbzeit wieder zusammenkommt, nachdem ihr der Trainer den Spielplan für die Endrunde dargelegt hat, die Entscheidung über Sieg oder Niederlage. Sie verharrten einen Moment so und spürten die Energie, die zwischen ihnen floss.
»Ich glaube«, ergriff Alpha bedächtig das Wort, »das verspricht, das beste Weihnachten unseres Lebens zu werden.«
Darüber mussten sie alle lachen. Sie entspannten sich.
Alpha zeigte auf Charlies Buch.
Es war eine zerfledderte Ausgabe von *Traurige Tropen,* von dem berühmten französischen Ethnologen Claude Lévi-Strauss. So ziemlich das erste Buch, das jeder Student in Charlies Einführungskurs las.
»Wenn ich mich recht entsinne«, sagte Alpha, »habe ich das am College gelesen, vor dem BWL-Studium. Lang, lang ist's her.«
Charlie nickte. »Das stand während des ganzen Studiums in mei-

nem Bücherregal. Es ist fast so etwas wie ein Reisebericht, bei dem man den verschiedensten Kulturen begegnet und dabei lernt, neben den offensichtlichen auch die subtileren Unterschiede zu sehen. Es ist ein Standardwerk, um sich überall zu Hause zu fühlen und tun zu können, was immer man will …«

»*Was immer* ist ein wunderbares Prinzip«, sagte Delta.

In diesem Moment kam eine junge Kellnerin zu ihnen. Enge Jeans, fast hautenger Pullover. Leuchtend buntes Stirnband. Sie verströmte einen Frohsinn, als wären Tofu, grüner Tee und brauner Reis das geeignete Mittel gegen so ziemlich alle Übel dieser Welt.

»Hi«, sagte sie. »Ich heiße Caledonia und bediene Sie heute Abend.«

»Was für ein hübscher Name«, sagte Alpha. Die junge Frau erwiderte sein Lächeln.

In diesem Moment dachten sie alle unisono: *Ich würde dich am liebsten umbringen.*

Langsam.

Sie sahen sich an. Jeder wusste genau, was im Kopf der anderen vorging, und so brachen sie in ein übermütiges Lachen aus, als hätten sie gerade den lustigsten Witz der Welt gehört.

ALPHA, DELTA UND CHARLIE …

Alpha kam sofort auf den Punkt:

»Ihr habt das Video von *Socgoal02* und *der Freundin* gesehen. Ich denke, man kann mit Fug und Recht sagen, dass sie das, was passieren wird, mehr als verdient haben.« Alpha forschte in Charlies und Deltas Gesichtszügen.

»Aber hallo«, murmelte Delta.

»Kann's kaum erwarten«, sagte Charlie. »Gibt nicht den geringsten Grund, auch nur eine Sekunde länger zu warten.«

»Wohl wahr«, pflichtete ihm Delta bei.

Damit war dieser Punkt geklärt. Alpha beugte sich vor. Er nahm

einen Schluck von seiner Brause und erhob das Glas. Er kam zum nächsten, fast genauso wichtigen Tagesordnungspunkt:
»Auf Bravo! Auf Easy!«, sagte er. »Wir stehen tief in ihrer Schuld.«
Charlie und Delta stießen zum Gedenken mit ihm an.
»Wird ohne die beiden nicht dasselbe sein«, sagte Charlie.
Nur dass jeder von ihnen im Stillen dachte: *Oh doch. Es wird sogar noch besser.*
»Wäre Easy jetzt hier«, sagte Delta, »hätte er uns dazu die passende Musik geschickt. Zum Beispiel *Born to be wild ... oder ...*«
»*Killing for love*«, steuerte Charlie bei.
Alpha deutete mit einer vagen Handbewegung auf die anderen Tische im Lokal.
»Wie wär's mit *O come, all ye Faithful ...* würde zu den Feiertagen passen und uns drei beschreiben, wie wir hier versammelt sind.«
»Die drei Weisen aus dem Abendland«, sagte Delta.
Jack's Boys fanden das zum Schreien komisch.
Die Unterhaltung ging weiter. Scherze und Geplänkel. Sie alle fühlten sich, als habe in diesem Moment ihre Zukunft begonnen. Dabei bedienten sie sich die ganze Zeit der Euphemismen von *Jack's Special Place. Aneignen* und *entsorgen.* Während sie alle drei genau wussten, wovon die Rede war, hätte jemand, der zufällig an ihrer Sitzecke vorbeikam – eine Kellnerin oder ein anderer Gast –, nichts Ungewöhnliches aufgeschnappt, sondern gedacht, dass da drei gute alte Freunde über die Feiertage ein bisschen Quality Time miteinander verbrachten, bevor sie wieder in ihr eintöniges Leben mit Frau und Kindern zurückkehrten.
Keiner von ihnen verschwendete viel Aufmerksamkeit an das Essen, während sie sich in der persönlichen Begegnung sonnten. An einem Punkt nahm Charlie einen Bissen von seinem Freilandhühnchen und sagte: »Mag ja ein verdammt gesundes Restaurant sein, aber wisst ihr was, meine Herren? Ich fühle mich noch kein bisschen gesünder. Oder merkt ihr schon was davon, dass der Blutdruck runtergeht und die Lungenkapazität rauf?«
»Na ja, ich glaube, wir wissen, was unser Allheilmittel ist«, parierte Alpha.

Die anderen beiden nickten.
Charlie beugte sich über den Tisch und senkte verschwörerisch die Stimme.
»Al, jetzt, wo wir hier alle drei zusammen sind. Gibt es schon einen detaillierten Plan?«
»Ja. Schlicht und einfach. Ich bin tatsächlich zu dem Schluss gekommen, dass die Unkompliziertheit des Plans der Schlüssel zum Erfolg ist. Die werden mit etwas Kompliziertem rechnen. Etwas Originellem. Modernem. Dabei finde ich, wir sollten es eher nostalgisch angehen. Vielleicht war der erste Versuch etwas zu verkopft.«
»Einfachheit ist schön und gut, solange der Plan alle Eventualitäten abdeckt«, wandte Charlie ein.
»Wenn der Plan dir zusagt und du glaubst, er funktioniert, Al, dann genügt mir das«, sagte Delta.
Alpha stellte fest, dass beide Männer so reagiert hatten, wie er es von ihnen erwartet hatte. Charlie liebte es von vorn bis hinten durchgeplant. Delta war es spontan und riskant lieber.
Alpha sah die beiden Männer an.
»Ihr habt, wie verabredet, das Kostüm dabei?«
»Ja.«
»Ja.«
»Und eure bevorzugten Utensilien?«
Delta sah sein maßgefertigtes Jagdmesser vor sich.
Charlie hatte ein klappbares Rasiermesser im Gepäck.
Beide Männer hatten darüber hinaus Schusswaffen in vorschriftsmäßigen Koffern dabei. Delta hatte sich für eine halbautomatische Ruger, Kaliber .40 entschieden, die er vor Jahren aus dem Nachttisch seiner Mutter entwendet hatte, kurz nachdem sie sich die Waffe von seinem Vater hatte besorgen lassen. *Altersparanoia,* glaubte Delta. *Sie hatte die fixe Idee, der* Golden State Killer *hätte sie im Visier.*
Dabei hasse ich Mr Ruger.
Ich liebe mein Messer.
Bei Charlies Waffe handelte es sich um eine ebenfalls halbautoma-

tische, kleine Smith & Wesson, Kaliber .22, eher etwas für die Handtasche einer Frau. Oder auch die Waffe der Wahl für einen Auftragskiller. Außerdem hatte er den Lauf mit einem Schalldämpfer versehen, den er nach einer Anleitung auf YouTube selbst gebastelt hatte. Die Waffe hatte locker in einer tiefen Hosentasche Platz.

Schusswaffen haftete etwas Unpersönliches an. *Jeder Idiot, der den Laden um die Ecke überfällt, kann damit umgehen. Jedes unbedeutende Gangmitglied, jede verprügelte Ehefrau oder auch jeder irregeleitete, militante Neonazi, der sich einbildet, die Regierung klopfte jeden Moment an seine Tür, um ihm seine Bürgerrechte wegzunehmen, kann mit so einem Ding um sich ballern.*

Alles Feiglinge.

Er beugte sich noch dichter zu den anderen vor und sagte: »Meine Sorge ist das *Feuerelement* …« Das war bei *Jack's Boys* eine Umschreibung für *Schusswaffe*. »Und wir wissen schließlich, dass der verfluchte Großvater ein Handelement hat.«

»Ich habe ein vergleichbares dabei«, sagte Alpha. »Aber es kommt nur in der Anfangsphase darauf an, dass jeder von uns etwas in der Hand hält. Ungefähr so wie auf den Schildern in einem Kaufhaus: *Ansichtsexemplar*. Wenn wir uns erst mal Zutritt verschafft haben und sie für unsere kleine Weihnachtsfeier vorbereitet haben, können wir nach Belieben und persönlicher Neigung mit unseren bevorzugten Gerätschaften weitermachen. Das war Bravos Stil. Wir werden genau nach diesem Muster verfahren, bis zu dem Moment, wenn …«

Er verstummte, nicht nötig, den Satz zu Ende zu führen.

»Geht klar, was mich betrifft«, sagte Delta.

»Und jeder von euch hat ein paar Weihnachtsgeschenke dabei?«

Sie nickten. *Blackout-Kapuzen. Kabelbinder für Hand- und Fußgelenke.*

Bei seinen nächsten Fragen ging Charlie in Flüstern über, da er Angst hatte, mit Euphemismen nicht mehr weiterzukommen und zu deutlich zu werden. »Nur aus Vorsicht: Haben die an ihrem Haus vielleicht eine Alarmanlage installiert? Sind die möglicherweise sonst irgendwie auf uns vorbereitet? Das wissen wir nicht, oder?«

Alpha lächelte.

»So einfach mein Plan auch sein mag, er deckt diese Möglichkeit ab.«

Charlie sah sich im Restaurant um. Niemand schien auf die drei Männer zu achten. Trotzdem sagte er:

»Nicht der ideale Ort, um das zu besprechen.«

Alpha schüttelte den Kopf.

»Normalerweise würde ich dir zustimmen und solche Pläne nicht an einem öffentlichen Ort wie diesem diskutieren. Aber in diesem Moment …«, mit einer ausladenden Handbewegung deutete er auf die voll besetzten Tische und die Gäste, die überall fröhlich durcheinanderschnatterten. »… und um diese Jahreszeit, wo alle mit sich beschäftigt sind, kann ich mir keinen besseren Ort dafür wünschen. Es ist wie eine einsame Insel.«

Charlie folgte Alphas Blick und dachte: *Du weißt, wie recht er hat.* Das Szenario war ganz nach Deltas Geschmack. Es schmeichelte seiner besonderen Fähigkeit, in aller Öffentlichkeit zu töten. *Alpha ist clever,* dachte er, *nirgends kann man sich so gut verstecken und anonym bleiben wie mitten in einer Menschenmenge, wo jeder etwas anderes im Sinn hat.*

»Also gut«, sagte Delta. »Was ist der nächste Schritt?«

Alpha griff in eine seiner Jackentaschen. Er schob ein Faltblatt aus Hochglanzpapier über den Tisch. Etwas wie eine Broschüre.

»Dort werde ich sein. In meiner Verkleidung. Und ich breche in dem Moment auf …«

Er tippte auf das Blatt. Die anderen beiden Männer nickten.

»Da bringen wir den Stein ins Rollen.«

Alpha steckte das Blatt wieder ein, holte sein Handy heraus und öffnete MapQuest.

»Genau da treffen wir uns. Im Festgewand …« Er wechselte zu einer zweiten Karte. »Da es Nacht ist, werdet ihr unsichtbar sein …«

Sowohl Delta als auch Charlie dachten: *Er hat recht.*

Alpha fuhr fort.

»Da gehen wir hin. Einer mit mir. Der andere dorthin.« Er griff in seine Jacke und zog zwei Briefumschläge heraus. Er reichte Charlie und Delta je einen. Sie sahen, dass er sie mit dem jeweiligen Namen versehen hatte.

Alpha beugte sich über den Tisch.

»Lest das später. Darin findet ihr eine Kurzfassung des Plans. Lernt ihn auswendig. Ist nicht weiter schwer. Dann verbrennt ihn. Verstreut die Asche. Okay?«

»Kein Problem«, antwortete Delta.

»Wird gemacht«, sagte Charlie. »Es bereitet mir Vergnügen, Teil einer gut geölten Maschine zu sein. Einer Maschine, bei der nichts kaputtgeht oder versagt. Das sind *Jack's Boys*. Ein Perpetuum mobile.«

Mit den Händen mimte er zwei Bälle, die aneinanderschlugen. Endlos.

»Das ist ein schönes Bild«, sagte Alpha. »Wie wahr!«

Delta stieß Charlie freundschaftlich an die Schulter.

»Reine Poesie«, sagte er. Es trat Stille ein, nach einer Weile sagte Alpha: »Zurück zur Geschäftsordnung … ich habe noch ein weiteres Geschenk für jeden von euch. Das bekommt ihr, wenn wir uns wiedersehen …«

»Ein Geschenk? Ach, das wär doch wirklich nicht nötig gewesen …«, sagte Charlie.

Sie prusteten alle los.

Alpha fuhr fort: »Morgen bleibt uns ein bisschen Freizeit. Ihr solltet die Gelegenheit nutzen, dort vorbeizuschauen und euch so gut wie möglich mit der Örtlichkeit vertraut zu machen. Aber bleibt nicht zu lange. Und falls ihr *Socgoal02* oder *die Freundin* seht, zieht keinerlei Aufmerksamkeit auf euch. Was sag ich, selbst wenn ihr euch gegenseitig seht, dürft ihr euch nicht beachten. Und noch etwas. Falls ihr ein persönliches Handy oder einen Laptop dabeihabt oder sonst irgendetwas Elektronisches, SIM-Karten, Chips, egal, was, werft es noch heute Abend in den Müll.«

Wieder nickten Charlie und Delta.

Das leuchtete ein. Sie hatten es ohnehin vorgehabt.

»Nach dem Fest«, fuhr Alpha fort, »lasse ich euch wissen, wie ihr mit funkelnagelneuen elektronischen Geräten Zugang zum neuen *Jack's Special Place* bekommt. Ich habe ihn übrigens umbenannt: *White Chapel 1888*. Da treffen wir uns am ersten Januar um elf, östliche Standardzeit, okay? Wir läuten zusammen das neue Jahr ein.«

Charlie grinste.

Delta überlegte, was für ein *Geschenk* Alpha wohl für sie hatte. Er dachte: *Kann es ein besseres Geschenk geben als das, was wir vorhaben?*

KAPITEL 47

EIN PAAR WICHTIGE ÜBERLEGUNGEN ZU HEILIGABEND AM FRÜHEN NACHMITTAG …

ROSS … UM ETWA 15:00 UHR …

Er saß am frühen Nachmittag in seinem Arbeitszimmer. Vor ihm auf der Schreibtischplatte lagen seine Schrotflinte und Patronen aus einer Munitionsschachtel, und er war sich immer noch nicht sicher, wo genau er die Waffe verstecken sollte, um sie in Reichweite zu haben. Er überlegte: *Im Schlafzimmer? Im Wandschrank? Im Flur? Im Badezimmer? In der Küche?* Er versuchte, sich vorzustellen, wie sich der Überfall abspielen würde. Damals als Soldat wusste er bei einem Feldlager auf Anhieb, wo die Schwachstelle war. Als in die Jahre gekommener Pensionär in dem Vorstadthaus, in dem er seit Jahrzehnten lebte, war das schwerer. Er lud und entlud die Flinte dreimal, indem er fünf Schrotpatronen in die Kammer schob und sie durch Zurückziehen des Vorderschafts wieder auswarf.

Diesen Vorgang hatte er Niki, Connor und Kate gezeigt. Er hatte die Flinte jedem von ihnen in die Hand gedrückt und sie den Vorgang jeweils dreimal üben lassen, damit ihnen in etwa klar war, wie sie funktionierte. Dabei hatte er lieber für sich behalten, dass einem bei falscher Handhabung der Rückschlag die Schulter brechen konnte. Er hatte befürchtet, dass sie im Ernstfall womöglich mehr auf ihre Haltung achten würden als darauf, den Abzug zu betätigen, wo es darauf ankam, ohne Zögern zu schießen. Dasselbe hatte er mit dem Jagdgewehr gemacht, das hinter der Wohnzimmergardine stand, nicht weit vom Weihnachtsbaum mit seinen blinkenden roten, grünen, weißen und goldenen Lichtern. Zu seiner Genugtuung hatte er gesehen, wie schnell sich die beiden jungen Leute mit den unterschiedlichen Funktionsmechanismen der beiden Waffen vertraut gemacht hatten und wie gut sie gelernt hatten, nachzuladen. Jagdgewehr: *Verschluss öffnen. Patrone laden. Schießen.* Schrotflinte: *Aufklappen, Patrone in den Lauf. Flinte fest zuschnappen lassen. Schießen.*

Er hatte ihnen vorgeführt, wie man sorgfältig zielt, den Gewehrkolben korrekt an die Schulter legt, und wie man atmet, während man den Abzug betätigt. Sie waren gelehrige Schüler. Er hatte ihnen eingebläut, ein einziger guter Schuss sei besser, als blind draufloszuballern. Dabei war er sich nicht ganz sicher, ob er damit richtiglag. Das hatte er damals am Schießstand bei den Marines von einem Ausbilder gehört, doch später, im Feindgelände, hatte es viele Momente gegeben, in denen Männer ihre Waffen auf Vollautomatik gestellt und aus dem Dschungel Kleinholz gemacht hatten, indem sie aufs Geratewohl ins Dickicht schossen, auch wenn sie nur Schlingpflanzen zerfetzten. Er selbst hatte das mehr als einmal getan, besonders nach der tödlichen Verwundung seines Freundes Freddy.

Als er auf das Gewehr vor ihm starrte, machte er sich klar, dass sich solch ein blindwütiges Dauerfeuer in seinem Haus von selbst verbot. Er war sich nicht einmal ganz sicher, dass die beiden jungen Leute, wenn sie tatsächlich ein menschliches Ziel vor sich hatten, wie gefährlich auch immer, tatsächlich abdrücken würden. Er hatte sie gefragt: *Könnt ihr einen Killer erschießen, bevor er euch erschießt?*

Sie hatten das beide, ohne zu zögern, bejaht. Trotzdem blieben Zweifel. Zu *denken*, dass man es kann, und es auch zu *tun*, war zweierlei. Er hatte mehr als einen Mann, kaum älter als Connor und Niki, im Gefecht zur Salzsäule erstarren sehen. Oder sich wimmernd auf dem Boden zusammenrollen, unfähig, das Feuer des anstürmenden Feindes zu erwidern. Andererseits kam ihm ein Zitat aus Kriegserinnerungen wieder in den Sinn, in denen der Verfasser aus der Offiziersschule berichtet. *»Bevor Sie hier rausgehen, Sir«, hatte ein Ausbilder gesagt, »werden Sie lernen, dass ein ganz gewöhnlicher neunzehnjähriger Amerikaner zu den brutalsten*

Dingen auf der Welt gehört.« Angesichts der bevorstehenden Gefahr hoffte er, dass dies auch schon für etwas jüngere Teenager galt. *Für Jungen und Mädchen.* Und er hatte nicht vergessen, dass er selber einst zu diesen *brutalen Dingen* gezählt hatte. Aber das war nach Abschluss der Grundausbildung gewesen, nach dem ideologischen Drill bei den Marines. Diese Tradition mit ihrer Pflichtauffassung reichte Jahrhunderte zurück und versetzte die Rekruten in die Lage, Bruchteile von Sekunden vorauszuschauen und entsprechend zu handeln.

Er wusste nicht, ob Connor und Niki die Erfahrung, nur knapp einem gewaltsamen Tod entronnen zu sein, Lehre genug war, um im entscheidenden Moment nicht eine Sekunde zu zögern.

Sie waren wie Klingen in der Schmiede. Gehärteter Stahl. Vielleicht.

Vielleicht waren sie aber auch spröde und würden beim ersten Gebrauch zerspringen.

Nachdem er das Gewehr ein letztes Mal geladen hatte, nahm er es in die Hand.

Hier. In meinem Arbeitszimmer. Offen auf dem Schreibtisch. Entsichert. Falls wir angegriffen und zum Rückzug gezwungen sind, werden wir diese Stellung halten, als letzten Gefechtsstand. Ein Alamo. Nur eine Tür zu verteidigen.

Der Schreibtisch bietet Deckung.

Und wir können Hilfe rufen.

Er würde, wusste er jetzt, Niki und Connor sagen, dass sich das Gewehr dort befand, und welches das Zeichen wäre, sich ins Arbeitszimmer zu flüchten. Kate würde er dasselbe sagen, doch wie schon befürchtet, hatte sie sich bei der Einweisung in die Handhabung der Waffen als ziemlich hoffnungsloser Fall erwiesen.

KATE ... UM DIE GLEICHE ZEIT ...

Beim Umgang mit den Waffen spürte sie, dass sie unbeholfen und ungeschickt war.

Vielleicht sogar alt – ein seltenes Gefühl für sie.

Als sie das Gewehr zum ersten Mal hochhob, fühlte es sich so schwer wie eine Langhantel an. Als sie sich an der Schrotflinte versuchte, kam sie ihr unförmig vor, und sie schaffte es nicht, durch das Zielfernrohr scharf zu sehen. Alles war verschwommen. Als sie es sich an die Wange drückte, fühlte es sich am Kinn an wie ein Stück trockenes Eis, das zugleich Kälte verströmte und an der Haut brannte. Ross hatte ihr gezeigt, wie sie mit leicht gegrätschten Beinen, angewinkelten Knien, vorgeneigtem Oberkörper und festem Stand die Pistole Kaliber .357 halten und zielen musste. Doch die Übung hatte sie an eine Foltermethode erinnert, bei der ein Gefangener gezwungen wird, einen vollen Wassereimer so lange mit gestreckten Armen zu halten, bis ihm die Muskeln versagen und er zusammenbricht.

Ross hatte sie auch aufgefordert, das Ka-Bar-Messer zu nehmen und in tödlicher Absicht zu schwingen. Obergriff. Untergriff. Schneidende Bewegungen. Zustechen. Er zeigte ihr die Stellen an seinem eigenen Körper, an denen man tödliche Stiche setzen konnte, doch sie hasste allein schon den Griff in der Hand und bezweifelte, dass sie die Selbstüberwindung aufbringen würde, einem anderen Menschen die Klinge ins Fleisch zu treiben.

Töten, dachte sie, *erfordert Entschlossenheit.*

Und so begab sich Kate lieber in die Küche und backte einen Kuchen.

Eier. Mehl. Zucker. Halbbitterschokolade.

Sie kämpfte mit sich: *Was kann ich tun, um uns zu schützen, wenn ich mich außerstande sehe, eine Waffe abzufeuern oder jemanden mit dem Messer anzugreifen?*

Ofen auf 180 Grad vorheizen. In einer Dreiundzwanzig-Zentimeter-Springform.

Der Durchmesser genau die Länge des Ka-Bar-Messers.
Sechsunddreißig Minuten backen.
Was mache ich auf der Intensivstation?
Ich verschaffe mir einen ersten Eindruck. Ich sehe einen Verletzten vor mir. Ich sehe einen Kranken.
Ich suche nach Symptomen.
Ich messe den Puls, die Sauerstoffsättigung. Den Blutdruck. Die Atemfrequenz.
Aus dem Ofen nehmen und zehn Minuten abkühlen lassen.
Schokoladenguss gleichmäßig darüber verteilen.
Mit bunten Zuckerstreuseln garnieren. Mit einem zuckersüßen Weihnachtsmann.
Perfekt zum Knabbern nach dem Konzert.
Sie stellte den Kuchen auf den Tisch.
Auf der Intensivstation gibt es detaillierte Vorschriften und Protokolle, über die Jahre bewährt bei Hunderten von Patienten. Wissenschaftlich fundierte Therapiepläne und präzise dokumentierte Dosierung von Medikamenten.
Diese Krankheit hier ist etwas anderes.
Kate leckte den Schokoladenguss vom Löffel.
Fragt sich also, wie ich mit einer unbekannten Krankheit umgehe?
Beim Betreten des Wohnzimmers fiel ihr Blick als Erstes unwillkürlich auf die Gardine, hinter der sich das Jagdgewehr verbarg, und wanderte dann zu den alten Zeitschriften weiter, zwischen denen das Messer steckte.
Jeder Arzt würde so vorgehen wie Ross. Dem Rätsel mit so vielen Lösungsansätzen wie möglich zu Leibe rücken und hoffen, dass einer davon hilft.
Auf das Ergebnis der Autopsie zu warten, um dann im Nachhinein zu wissen, was es war, dachte sie, *hilft uns jedenfalls nicht weiter.*
Die warme Schokolade am Löffel gab ihr frische Energie.
Wenn wir sie nicht kommen sehen, werden wir nicht zurückschlagen können.
Kate nickte.
Demnach ist das hier mein Job. Ich darf mich nicht von etwas Unbe-

kanntem überraschen lassen. Ich muss nach verräterischen Anzeichen suchen. Auf die kleinsten Merkwürdigkeiten achten, auf Anhieb sehen, wenn etwas nicht stimmt. Ross Bescheid geben. Er ist in diesem Fall der Arzt. Niki und Connor in Sicherheit bringen. Das Töten Ross überlassen, damit nicht zwei junge Menschen für den Rest ihres Lebens dieselbe Last mit sich herumtragen wie Ross all die Jahre. Er ist alt und kann es emotional verkraften. Die beiden vielleicht nicht. Demnach ist es wie eh und je meine Aufgabe, die Gefahr vorauszusehen. Dem Tod zuvorzukommen und ihn auf Abstand zu halten.

Das kann ich.

Hoffe ich jedenfalls.

Während sie immer noch den Löffel ableckte, ging Kate ins Wohnzimmer, trat ans Fenster und blickte die Straße draußen rauf und runter. Auch wenn sie nicht wusste, wonach, sagte ihr ein Instinkt, dass sie nach einem entscheidenden Zeichen Ausschau halten musste.

CONNOR UND NIKI ...
IM WEITEREN VERLAUF DES NACHMITTAGS ...

»Ich werde nicht zulassen, dass sie dir noch einmal etwas antun«, brach es wild entschlossen aus Connor heraus. »Nicht ein zweites Mal.« Jede Menge Großtuerei.

»Schön«, meinte Niki. »Ganz meinerseits. Finde ich nur fair, dass wir da zusammen drinstecken. Einer für alle und alle für einen, schätze ich mal.«

»Du und ich, das sind erst zwei Musketiere«, antwortete Connor trocken.

»Wir können Kate und Ross dazurechnen«, sagte Niki. »Drei und vier. Meinetwegen bist du d'Artagnan.«

Connor musste lachen.

Beide hofften, dem anderen nicht nur etwas vorzumachen.

Sie waren in Nikis Zimmer in ihrem Haus, Nikis Eltern unten. Niki legte ihre Kleider für den Abend heraus. Sie hielt eine cremeweiße Seidenbluse in einer Hand, einen schlichten schwarzen Pulli in der anderen und sah Connor fragend an. »Passt beides«, sagte Connor. »Die werfen sich in der Kirche nicht richtig in Schale. Ist eher ein zwangloser Anlass, und wir gehören ja nicht mal so richtig dazu. Wir gehen doch eigentlich nur ab und zu hin, weil *GP* gerne singt und das hier sein großer Abend ist. Muss einfach nur seriös sein. Mit der zerrissenen Jeans würdest du allerdings schief angeguckt.«
Connor wusste, wie sehr es Niki hasste, sich fein zu machen.
»Was ziehst du denn an?«
»Sakko und Krawatte. Cordhose. Spießig adrett.«
Niki legte den Pulli aufs Kopfkissen.
»Eigentlich wäre ein Tarnanzug angemessen. Jagdklamotten. Nein, besser noch ein Kampfanzug«, sagte sie in einem Ton, als wäre das ein Witz. Alles, um gegen die Angst und Ungewissheit anzukämpfen.
»Vielleicht hinterher.«
Sie überlegte. »Sollen wir meinen Eltern etwas sagen?«
Worüber sie ihre Mutter und ihren Vater in Kenntnis zu setzen hätten, wäre eine Mischung aus *Jack's Boys* und der Überzeugung, dass sie jeden Moment hier sein konnten, dass sie schon auf der Lauer lagen.
Die Antwort war ihr klar, bevor sie die Frage stellte.
Nein.
»Es würde ihnen nur Angst machen«, sagte Connor.
»Täte ihnen vielleicht ganz gut.«
»Wir haben alle Angst, und dann wieder nicht. Schon seltsam.«
Wenn es nach Niki ging, saßen Connor und sie mit *GP* und *GM* zusammen in einem Rettungsboot, das einsam und allein auf dem Ozean trieb. Soweit das Auge reichte, nichts als Wellen und Wasser. Der gnadenlosen Sonne ausgesetzt, während sich in der Ferne bedrohliche dunkle Gewitterwolken zusammenballten. Unter ihnen nichts als die Tiefe der See. Dabei wurden sie so heftig von

starken Strömungen hin- und hergerissen, dass sie manövrierunfähig waren, außerdem von Tieren bedroht, die außer Sichtweite über und unter ihnen kreisten. Sie erinnerte sich, wie sie Winslow Homers berühmtes Gemälde *Der Golfstrom* angestarrt hatte; genauso hilflos wie der Mann in dem sturmgepeitschten Segelboot auf dem Bild fühlte sie sich jetzt. Bei der Betrachtung des Gemäldes hatte sie sich gefragt: *Ist er verloren? Oder wird er von dem Boot im Hintergrund gerettet? Beides ist möglich.* Sie sackte aufs Bett.

Connor setzte sich neben sie, stand wieder auf und sah, genauso wie Kate in diesem Moment, hinaus. Sein Blick folgte einem Wagen, der die Straße entlangfuhr und am Ende des Blocks wendete. Er rührte sich nicht vom Fleck und sah einen zweiten Wagen, der vor Nikis Haus in Schritttempo überging, bis zu seinem Haus, bevor er dann in der einsetzenden Dämmerung des Spätnachmittags verschwand.

»Wird heute Abend jede Menge Feiern geben«, sagte er.

Er sehnte sich danach, die Anspannung loszuwerden, die mit jeder Stunde wuchs. Er wollte ihre alte Beziehung wiederhaben. Jede Minute herausschlagen, um miteinander zu reden. Sex zu haben. Zusammen zur Schule zu gehen. Um sich über das eine oder andere zu beklagen. Vielleicht auch, um ein bisschen über Klassenkameraden zu lästern. Um Sport zu treiben und im Internet abzuhängen. Fernzusehen. Ins Kino zu gehen. Um sich über *GP* und *GM* künstlich aufzuregen. Endlos über die College-Auswahl zu diskutieren. Sich ihre Zukunft auszumalen. Alles, nur nicht das, was im Moment in ihm vor sich ging. Er ballte die Hände zu Fäusten und öffnete sie wieder, um seine Beklemmung ein wenig zu lösen. Für einen Moment schwappte eine Woge von Schuldgefühlen über ihn hinweg. *Wäre ich nicht so dämlich und so darauf fixiert gewesen,* den betrunkenen Fahrer *umzubringen und mir diesen ganzen Scheiß reinzuziehen, wären wir jetzt nicht in dieser Lage.* Er wollte sich bei Niki entschuldigen. *Sie hat das hier nicht verdient,* dachte er. *Das ist alles meine Schuld.*

Aber jetzt kann ich daran auch nichts mehr ändern.

Außer, wenn nötig, diese Scheißkerle zu erledigen.

Niki sah Connors gequältes Gesicht. Sie wollte etwas Tröstliches zu ihm sagen. Oder ihn in die Arme nehmen. Oder küssen. Oder einfach nur bei der Hand nehmen.

Aber sie war wie gelähmt.

Sie hasste das. *Wenn ich handeln muss, werde ich nicht vor Angst erstarren,* redete sie sich gut zu.

In diesem Moment wünschte sie sich, sie wäre mehr Rennen mit knappem Ausgang gelaufen. Es hätte ihr jetzt sicher geholfen zu wissen, wie es sich anfühlt, wenn einem der Gegner im Nacken sitzt, ein zäher, genauso entschlossener Gegner, der ihr mit jedem Schritt den Sieg streitig zu machen droht. Jemand, der über die Kraftreserven verfügt, es bis zur Ziellinie zu schaffen.

Nach einer Weile zuckte Connor mit den Achseln.

»Ich denke, der schwarze Pulli. Der steht dir richtig gut. Ein bisschen sexy. Genauer gesagt, sehr sexy. Außerdem wird es heute Abend kalt. Es gibt vielleicht Schnee. Und Frost.«

DELTA ... AUF ERKUNDUNGSFAHRT ...

Fast gab es ihm das Gefühl, nach langer Reise heimzukehren. Er fuhr im Schritttempo die Straße entlang, zuerst am Haus *der Freundin* und dann an dem von *Socgoal02* vorbei. Alles sah genauso aus, wie er es sich vorgestellt hatte, und so, wie er es von den Fotos in Erinnerung hatte, die Easy ihnen im Oktober geschickt hatte, auch wenn Delta einräumen musste, dass der Wintereinbruch die Landschaft ein wenig verändert hatte. *Mehr kahle Bäume. Einfahrten mit gefrorenem Schnee. Von den lebhaften Herbstfarben war nichts geblieben. Jetzt war alles eher grau in grau – selbst mit den fröhlichen Weihnachtsdekorationen hier und da und den erleuchteten Christbäumen, die man durch die Fenster sah. Trotzdem immer noch dieselbe Idylle einer kleinen Universitätsstadt. Ein guter Ort, um dort eine Pizza oder chinesisch zu essen. Ein Ort, an dem die Drugstore-Filialen mit einer Vielfalt an Kondomen jedwe-*

der Farbe und Größe aufwarteten. Straßen, in denen sich mehr als ein Buchladen über Wasser halten konnte, Friseure, bei denen man sich für günstiges Geld die Haare schneiden lassen konnte, und ein florierender Cannabisshop – in seinen Augen der ideale Ort, um die Leute in Angst und Schrecken zu versetzen. Vielleicht sogar noch besser als seine Heimatstadt San Francisco. Egal wie viele Obdachlose er umbrachte, egal wie alt oder verrückt oder krank sie waren, überlegte er, ließ das die übrige Bevölkerung kalt.

Jedenfalls die meisten.

Er sah sich um.

Hier sieht die Sache ganz anders aus. Hier werden die Leute bald wissen, wie sich Angst anfühlt.

Er verließ das Viertel von *Socgoal02* und *der Freundin* und ging im Kopf noch einmal genau Alphas Plan durch.

Verabredungsgemäß hatte er das Blatt mit der Beschreibung des Plans verbrannt. Irgendwie war es ihm gegen den Strich gegangen. In seiner genialen Einfachheit war der Plan seiner Meinung nach höchst elegant. Ihn zu vernichten, fühlte sich ein wenig so an, wie Mona Lisas Gesicht zu verunstalten.

Delta gönnte sich in der Hoffnung, für eine Sekunde *Socgoal02* oder *die Freundin* zu entdecken, einen letzten Blick, doch sie waren nirgends zu sehen. Er hätte sich auch mit den beiden Großeltern zufriedengegeben, die nur noch wenige Stunden zu leben hatten. Er wendete und riss sich von dem Ort los, den er am Abend und dann für immer und ewig heimsuchen wollte.

KAPITEL 48

24. DEZEMBER, 19:30 UHR ...

ROSS ...

Eine halbe Stunde vor dem Weihnachtsgottesdienst parkte Ross auf dem Parkplatz der Kirche, schaltete den Motor ab und wartete, bis die nächtliche Kälte durch die Karosserie des Wagens drang und ihm in die Knochen kroch. Auf dem Beifahrersitz lag, ordentlich gefaltet, seine violett abgesetzte weiße Robe, die Einheitstracht des Kirchenchors, für besondere Gelegenheiten wie diese gekauft. Als er aufblickte, sah er durch die Windschutzscheibe andere Mitglieder – es waren zweiundzwanzig Sänger und ein Organist – zum Hintereingang der Kirche eilen. Vor dem Haupteingang mit der großen Flügeltür aus dunklem Holz strömten die ersten Besucher zusammen, um möglichst schnell aus der Kälte zu kommen und sich drinnen auf den Kirchenbänken die besten Plätze zu sichern.

Auf seiner Robe lag seine .357 Magnum.

Er sah sich um – winterliche Dunkelheit bis zur Eingangstreppe, drinnen einladende, festliche Lichter – und fragte sich, ob er genug getan hatte, um sie alle zu beschützen.

Oder nicht.

Ob sie sich überhaupt jemals wieder sicher fühlen würden.

Da der Chor schon ein wenig früher zum Gottesdienst erwartet wurde – einfach nur, um sich zu ordnen, ein Glas Wasser zu trinken, die Kehle freizubekommen, die Stimmbänder mit einem Spray geschmeidig zu halten und sich vergeblich um Entspannung zu bemühen, bevor sie die Weihnachtslieder anstimmten –, war Ross mit seinem Wagen schon mal vorgefahren. Connor und Kate würden wenig später mit Niki und ihren Eltern nachkommen.

Niki würde neben Connor sitzen wollen und ihre Eltern sich zu Kate gesellen – Überlegungen von atemberaubender Belanglosigkeit.

Er nahm den Revolver zur Hand.

Ich kann wohl schlecht eine Waffe zum Weihnachtsgottesdienst mitnehmen.

Er summte eine Anspielung auf den Weihnachtssong von John Denver vor sich hin:

Away in a manger, no crib for his head ...

Aber einen Revolver mit Hohlspitzgeschossen neben sich ...

Über seine Umformulierung des Liedtextes verzog Ross den Mund zu einem bitteren Lächeln. Es hieß ja immer so schön, Humor sei die beste Verteidigung. Fragte sich nur, wogegen.

Widerstrebend schloss er die Schusswaffe im Handschuhfach weg. Ross betrachtete sich im Spiegel der Sonnenblende und fand sein Erscheinungsbild akzeptabel. Ordentlich frisiertes Haar. Der Krawattenknoten gerade. Kein allzu zerfurchtes Gesicht.

Er strich mit den Fingerspitzen über den Seidenbesatz an seiner Robe. Alleine, im Auto, sang er einmal die Tonleiter herauf und herunter. Sowenig er der Religion anhing, so inbrünstig glaubte er an den Gesang. Und im Chor war ihm die Verpflichtung heilig, seine Stimme so rein und vollkommen wie möglich einzubringen, ganz besonders bei seinem mit Spannung erwarteten, wenn auch kurzen Solo.

In der Dunkelheit, draußen auf dem Parkplatz, wollte er wenigstens ein paar Minuten lang nicht an Mörder denken.

Er glaubte nicht, dass jemals irgendein Gott über ihn gewacht hatte. Als Soldat hatte er sich weit mehr der Führung des Feldwebels überlassen, der den Zug befehligte, als irgendeiner höheren himmlischen Instanz, dem alten Spruch, wonach es im Schützengraben keine Atheisten gebe, zum Trotz. Er sagte sich, dass er sich an diesem Abend glücklich schätzen konnte. Ein Feuerwerk hymnischer Musik würde ihn in Sphären tragen, in denen er seine bösen Ahnungen vergessen konnte. Für einen Moment machte er die Augen zu, doch es war unmöglich, die tief sitzende Angst auch nur für

Sekunden zu verdrängen. Ross räusperte sich einmal kräftig, trat in die kalte Nacht und winkte ein paar anderen Chormitgliedern zu, die zu ihrem Treffpunkt eilten. Er lächelte. Sie winkten zurück. Alle, die er sah, waren aufgeregt und glücklich.

ALPHA …

Todschick in seiner Tracht.

Bei dem Gedanken prustete er laut los.

Alpha machte sich mit aller Sorgfalt für seinen Auftritt fertig. *Wenn du deine Rolle überzeugend spielen willst,* sagte er sich, *muss jede Kleinigkeit stimmen. Du kannst dir keinen Fehler leisten, nichts, was irgendein wachsames Auge misstrauisch machen könnte. Sei so penibel wie ein Broadway-Mime in seiner Garderobe.* Er liebte die Verstellung. Nichts bereitete ihm eine solch diebische Freude, wie seine wahre Natur zu verbergen. Dabei konnte er sich ganz einfach auf eine besorgte Miene beschränken, ein paar beruhigende Worte oder eine lässige Körperhaltung, um die Person, die er sich als Opfer erwählt hatte, in dem Glauben zu lassen, was da gerade passierte, bilde sie sich nur ein. Es ging nach seinem Verständnis darum, angesichts des bevorstehenden Todes so lange wie möglich die Illusion der Harmlosigkeit aufrechtzuerhalten. Nach seiner Überzeugung, die er mit allen *Jack's Boys* teilte, nahm ein Mord seinen Lauf, lange bevor das Opfer, das es treffen sollte, überhaupt ausgemacht war. So wütend er auf *Socgoal02* und *die Freundin* war, hatte er für impulsive, wahllose Morde im Affekt nur Verachtung übrig. Der Ehemann, der nach Hause kommt und seine Frau mit einem anderen Mann im Bett antrifft. Der Teenager, der in panischer Hast einen Laden überfällt. Gangster, die drauflosschießen auf eine rivalisierende Bande, die zufällig draußen auf den Eingangsstufen sitzt. In Alphas Augen waren dies banale Morde, Unfälle, durch Armut und Dummheit von der Gesellschaft selbst heraufbeschworen. *Im Unterschied zu dem, was wir tun.* Von dem Moment an, in dem er sich zu einem Mord entschied, über jeden Schritt der Vorbereitungen bis hin zum eigentlichen Akt, folgte er einem mächtigen inneren Drang. Und diese Nacht versprach, ganz und gar außergewöhnlich zu werden.

Der Inbegriff perfekter Rache.

Wer hat je zuvor Rache an denjenigen geübt, die einen Mörder getötet haben?

Niemand außer uns.

Es fühlte sich an wie ein Outing. Ein Statement. Ein Bekenntnis zu dem, was man ist.

Aus der Deckung kommen und aller Welt zeigen: *Wir sind* Jack's Boys, *und wir können machen, was wir wollen.*

Wann wir wollen.

Wo wir wollen.

Heute Abend sind wir hier.

Morgen sind wir woanders.

Und niemand kann uns daran hindern.

Nach dieser Nacht dürfte wahrscheinlich eines seiner größten Probleme sein, Kandidaten für die Mitgliedschaft bei *Jack's Boys* zurückzuweisen. Selbstverständlich gab es jede Menge Seelenverwandte da draußen, und mehr als genug unter ihnen, die liebend gerne Easys oder Bravos Platz einnehmen würden. *Wie viele Menschen wären gerne Killer? Viele. Viele. Viele.* Logischerweise würde auch *die Gestapo* versuchen, *Jack's Special Place* zu infiltrieren. Er konnte es kaum erwarten, sie zu enttarnen und einmal mehr zu verspotten, während er und Charlie und Delta und wer sonst noch neu zu der Gruppe stieß, sich weiterhin im Darkweb verborgen hielten.

Die ultimative Schachpartie.

Eine für die Ära, der Alpha, Charlie und Delta ihren Stempel aufdrückten. So wie Jacks Spiel für seine Zeit auf Erden *genau richtig* gewesen war. *Jack machte sich Nacht und Nebel zunutze, wir das Internet.*

Er rückte sich den Kragen gerade. Zupfte sich das Gewand zurecht.

Seine Waffen hatte er in einer ledernen Aktentasche dabei, dazu ein iPad, mit dem er jede Sekunde dieser Nacht einfangen wollte. Es war wichtig, nein, essenziell, dass nicht nur die Tötungen selbst festgehalten wurden, sondern auch jeder Schritt bis dorthin. Es wäre schwindelerregend zu demonstrieren, wie sich *Jack's Boys*, Gespenstern gleich, unter die ahnungslosen Leute mischten.

Bei diesen Überlegungen wurde ihm warm ums Herz, so sehr, dass er trotz der eisigen Kälte auf einen Mantel hätte verzichten können.

Er zog sich trotzdem einen über, ein schwarzes, wadenlanges Designermodell aus Kaschmir. *Das passende Kleidungsstück für einen reichen Geschäftsmann,* dachte er, *für eine geschäftsmännische Haltung zum Töten.* Das brachte ihn auf einen Song.

Heavy Metal.

Megadeth.

Er summte seinen Lieblingssong leise vor sich hin.

Manchmal hatte er ihn jungen Frauen beim Sterben vorgespielt, nachdem all ihre Schreie und flehentlichen Bitten verstummt und sie sich am Ende in ihr Schicksal gefügt hatten:

»It gives me great pleasure to say my next job is you. Don't you know killing is my business and business is good.«

CHARLIE …

»Zeit zum Feiern ist es wieder …«

Dieses Weihnachtslied erschien Charlie überaus passend, als er, für den Anlass gekleidet, an Gürtel, Hose, Stiefel und Jacke letzte Hand anlegte. Dann setzte er sich in seinem billigen Motelzimmer auf die Bettkante und ging im Kopf noch einmal die Strecken durch.

Soundso lange zur richtigen Straße.

Soundso lange bis zum Park und zum Ausgang.

Soundso lange bis zum Treffpunkt mit Alpha und Delta.

Soundso lange für die ihm zugeteilten Aufgaben.
Er war an diese überschlägigen Rechnungen im Vorfeld seiner Taten gewöhnt. Genauso ging er bei seinen mörderischen Auslandsreisen vor. Einem Mann, der in seinem akademischen Umfeld ständig planen und organisieren und mit seiner Zeit haushalten musste, wurde das zur zweiten Natur. *Soundso viel Zeit für die Studentensprechstunden. Soundso viele Stunden für das Lesen und Korrigieren der Essays. Soundso viele Stunden zum Vorbereiten seiner nächsten Vorlesung. Soundso viele Stunden für Dozentenbesprechungen.* Er liebte es, Stundenpläne zu erstellen und auf eine innere Uhr abzustimmen.
Er ging noch einmal durch, wie die Nacht nach Plan ablaufen sollte. Er überprüfte ein letztes Mal sein Kostüm. Er warf jede einzelne Patrone aus dem Magazin seiner Automatik .22 aus und lud sie neu. Er schraubte den Schalldämpfer Marke Eigenbau ab und wieder drauf. Er legte die Waffe weg, griff zu seinem altmodischen Rasiermesser und berührte vorsichtig die Klinge. Er wusste, wie scharf sie war, doch die Schärfe der Schneide stand symbolisch für seine eigene Befindlichkeit beim Warmlaufen für einen Mord. Er bezwang seine Vorfreude, zähmte seinen Trieb. Manchmal stellte Charlie sich vor, wie er seine Emotionen in eine Flasche abfüllen und im entscheidenden Moment zu seiner größtmöglichen Befriedigung freisetzen konnte.
»Nur noch ein bisschen Geduld«, flüsterte er sich zu. »Nur nichts überhasten.«
Wie ein Kind, das am Weihnachtsmorgen einen ersten Blick auf die bunten Geschenke unter dem Christbaum erhascht.
Er wischte dieses Bild beiseite und spulte im Kopf noch einmal ab, wie er seinen Laptop und sein Handy vernichtet und entsorgt hatte. Gegenüber seiner Frau hatte er sich die Entschuldigung zurechtgelegt, sie seien ihm heruntergefallen und kaputt. Sie würde den Köder ohne Weiteres schlucken, weil sie sich nicht im Geringsten dafür interessierte, wie es mit seinem Beistand für diesen Bundesbruder gelaufen sei. Sie würde lediglich fragen: *Bis wann kannst du hier sein?* Und zu seiner Zufriedenheit passte Alphas

Plan perfekt in das Timing für seine Rückkehr zu Weib und Familie und damit für ein perfektes Alibi.
Neben dem Bett stand eine Digitaluhr.
Mit roten Ziffern.
Er sah zu, wie die Zahlen wechselten.
Fa-la-la-la-la, dachte er. *Dies ist die Jahreszeit, fröhlich zu sein.*

DELTA ...

Auch er machte sich bereit.
Überprüfte wie die anderen mehrmals seine Waffen.
Seine Kleidung für den Abend hatte er auf dem Hotelbett ausgebreitet. Sein Kostüm lag, sorgsam zusammengelegt, in der Mitte, eine Faltschachtel daneben, in der er es hinterher, wenn alles vorbei war, verschwinden lassen konnte. Er hatte es einmal anprobiert und auf Anhieb gewusst, wieso sich schon andere vor ihm für diese Tarnung entschieden hatten. Sie verlieh ihm eine beinahe himmlische Erscheinung. Wie ein Todesengel.
Delta stand in seiner Suite im besten Hotel, das er finden konnte, nicht allzu weit von *Socgoal02s* Haus entfernt, nackt vor dem bodentiefen Spiegel.
Er hielt sein spezialangefertigtes Jagdmesser in der Hand.
Er hieb damit vor sich durch die Luft.
Einmal. Zweimal. Dann schwindelerregend schnell hintereinander.
Er bildete sich ein, ein ganz leises Geräusch zu hören, wenn die Klinge durch die abgestandene Luft im Zimmer schnitt. Dabei spürte er förmlich, wie die Klinge auf Fleisch traf, das fast keinen Widerstand leistete, während es Blut sprudeln ließ und Leben nahm. Er fühlte, wie ihn die Vorstellung erregte.
Zum ersten Mal in seiner gesamten Mörderkarriere stand etwas bevor, das sich von seinem bisherigen *Portfolio* radikal unterschied. Er hatte Alphas Instruktionen gelesen und sich klarge-

macht, dass ihm in dieser Nacht die Aufgabe zufiel, Menschen zu töten, die einen Namen, eine Persönlichkeit und eine Geschichte hatten. Seine bisherigen Opfer waren ausnahmslos anonym gewesen. Nullen, deren Leben in dieser Welt schon längst an einem seidenen Faden hing. Seine bisherigen Taten hatte er daher stets als das Ausmerzen von Ungeziefer verstanden. Was diese Nacht bevorstand, versprach ein weit größeres Vergnügen. Diesmal würde er, wenn seine Klinge eine Kehle berührte, einen Namen flüstern.

Hallo, Ross Mitchell, du bist tot.

Guten Abend, Kate Mitchell. Das war's, auch für dich.

Was an diesem Abend geschehen würde, übertraf alles, was er sich je erträumt hatte.

Es eröffnete ihm einen gänzlich neuen Horizont.

Dabei staunte er, wie Alpha seinen geheimsten Wünschen entgegenkam. Was seine Bewunderung für ihn nur noch vertiefte.

Delta breitete die Arme aus. Warf den Kopf zurück. Schloss langsam die Augen und stellte sich vor, wie es in wenigen Stunden ablaufen würde. Wie sein Messer im Licht aufblitzte. Hätte er gewusst, wie, hätte er ein Selfie gemacht. Eine Minute lang blieb er so stehen. Atmete schwer. Fühlte, wie sich sein Puls beschleunigte. Wie ihm das Blut durch die Adern schoss.

Er betrachtete seinen nackten Körper im Spiegel.

Er setzte die Klinge an die Brust und rasierte sich damit ein Büschel Brusthaar ab.

Scharf.

Perfekt.

Dann sagte er: »Wird Zeit. Es ist so weit.«

Er entspannte sich ein klein wenig, drehte sich zum Bett um und zog sich für die Nacht an.

Dann nahm er den Brief mit Alphas Anweisungen und steckte ihn sich in die Tasche. In der Hotellobby brannte in einem urigen Kamin ein einladendes Feuer. *Typisch Neuengland,* dachte er. *Weihnachtliche Behaglichkeit.*

KATE, CONNOR, NIKI UND IHRE ELTERN …

Nikis Eltern besaßen einen großen Sprit fressenden SUV, und sie hatten sich erboten, alle fünf zu Ross' Auftritt zu fahren. Bei mehr als einer Gelegenheit hatte Niki sich geweigert, in den Wagen zu steigen, weil sie es scheinheilig fand, mit ihrem Restaurant einen gesunden, ökofreundlichen Lifestyle zu propagieren und zugleich ein solches Ungetüm zu fahren. An diesem Abend beklagte sie sich nicht. Sie hatte nur den einen Wunsch, sich eng an Connor zu schmiegen. Sie war sich nicht sicher, ob sie sich auf die Vorführung freute oder Angst davor hatte. Vielleicht sogar beides zugleich.

Wir hören Musik, dachte sie, *Ross' Stimme. Das sollte Freude machen.*

Es ist in einer Kirche.

Es ist Weihnachten.

Es ist die schönste Jahreszeit.

Was sollte daran gefährlich sein.

Doch sie wusste:

Die Gefahr lauert überall.

An jedem Ort.

Jede Minute.

So gut wie jeder könnte einer von Jack's Boys *sein.*

Bereit, zuzuschlagen.

Connor zu töten.

Mich.

Uns alle.

Niki ertappte sich dabei, wie sie mögliche Szenarien durchspielte:

Wenn dies passiert … tu das.

Wenn das passiert … tu jenes.

Sei auf alles gefasst.

Und zaudere nicht.

Letzteres erschien ihr schwieriger als alles andere.

Während Connor zu Hause darauf wartete, dass die Scheinwerfer von Nikis Familienauto in ihre Einfahrt einbogen, und Kate in der Küche ein paar Teller mit Gebäck für ihre Rückkehr von der Kirche vorbereitete, merkte er, wie ihn jedes Geräusch, das er nicht zuordnen konnte, erschreckte. Im nächsten Moment wurde ihm klar, dass ihm auch die Geräusche, die er kannte, gefährlich und beunruhigend erschienen. Er wollte sich sicher fühlen, und sei es auch nur für eine Minute.

Manchmal hatte er das Gefühl, als hätten es alle auf ihn abgesehen. *Für uns gibt es kein Morgen,* dachte er, *solange nicht das Gestern mit* Jack's Boys *vorüber ist.*

Connor ging zum Fenster. Er legte die Hand an die Scheibe und spürte die Kälte draußen. Dann drehte er sich um und berührte den Lauf des Jagdgewehrs in seinem Versteck. Mit einem Satz war er bei dem Ka-Bar-Messer zwischen den Zeitschriftenstapeln und sagte sich: GP *war Soldat. Ich kann auch einer werden.* Als er sich wieder zum Fenster umdrehte, blickte er wie erwartet in die Scheinwerfer des SUV.

»*GM!*«, rief er laut. »Sie sind da. Wir müssen los.«

Er hörte Kate aus der Küche: »Ich komm schon. Zieh dir schon mal was über.«

Connor schlüpfte in seinen Parka und zog gegen die Eiseskälte draußen den Reißverschluss zu. Kate folgte seinem Beispiel.

Vergiss nicht, rief er sich in Erinnerung, *Niki zu sagen, wo Ross das Gewehr versteckt hat.*

KAPITEL 49

EIN LOBLIED AUF DIE MILDTÄTIGKEIT, EIN ARMER MANN UND SCHNEIDENDE KÄLTE …

KATE …

Sie setzte sich bewusst in die Mitte einer hinteren Bank, da Ross die Reihen nach ihr absuchen würde. Dann würde er ihr, wenn er die Stimme erhob, jede Note widmen. Sie hatte es immer geliebt, dass er nur für sie sang. Sie hatte oft das Gefühl, dass ihre Beziehung von diesen kleinen unausgesprochenen Gesten und Gedanken lebte, und sie hätte gern gewusst, ob sich zwischen Connor und Niki etwas Ähnliches entwickelte. *Ja* und *Nein*, sagte sie sich. *Auch wenn sie es nicht wissen, sie sind dafür noch viel zu jung, und es nicht lange dauern wird, bis sie etwas auseinanderreißt und alles in Herzzerbrechen endet. Vielleicht aber auch nicht. So ist das Leben. So ist es in ihrem Alter. Aber vielleicht haben sie in ihrer Beziehung genug gelernt, um etwas davon an ihre nächste Liebe weiterzugeben. Wahrscheinlich. Hoffentlich. Vorausgesetzt, sie leben lange genug und es gibt eine nächste Liebe.* Sie mahnte sich zur Wachsamkeit. Die unmittelbar bevorstehende Zukunft war gefährlich. Was danach geschah – falls sie es denn alle noch erlebten –, lag im Dunkel. Sie ließ den Blick langsam über die Gesichter schweifen.
Mehr als eine Familiengruppe.
Einige junge Paare. Zwei Frauen waren offensichtlich schwanger.
Ein schwules Paar.
Ältere Leute, die langsam liefen.
Kinder, die vor Aufregung nicht stillhalten konnten. Überdreht.
All diese Menschen interessierten Kate nicht. Sie hielt Ausschau nach:
Männern ohne Begleitung.

Kalten Augen.
Wie sieht ein Mörder aus?
Wie du und ich? Normal? Wie der Durchschnitt? Gewöhnlich? Irre? Jung? Alt? Groß? Klein?
Sie hätte nicht sagen können, ob sie *Jack's Boys* erkennen würde, wenn sie sich neben sie setzten.
Muss ich aber.
Und so suchte Kate sämtliche Gesichter in ihrem Blickfeld ab. Musterte jeden Hinterkopf und jedes Paar Schultern, wandte sich unablässig nach links und rechts, um jeden ins Visier zu nehmen, der einen der Gänge entlangkam und in der sich rasch füllenden Kirche nach einem Platz Ausschau hielt. Dabei schloss sie im Schnellverfahren Mörderkandidaten aus, indem sie im Kopf eine Art Fragebogen durchging. *Der Mann dort mit dem Kleinkind an der Hand. Nein. Ein Mörder, der meiner Familie nachstellt, wird wohl kaum sein Kind mitbringen. Oder etwa doch? Haben Mörder Kinder? Keine Ahnung. Vielleicht. Sieh dich weiter um. Was ist mit dem da drüben? Wäre zumindest im richtigen Alter. Denke ich. Aber er ist in Begleitung seiner Frau. Ich sollte Connor und Niki fragen, ob ein Mörder seine Frau mitbringen würde. Ja, nicht auszuschließen. Ich bin hier, um Ross beim Singen zu unterstützen. Was wäre dann so abwegig daran, wenn eine ihm treu ergebene Frau ihren Mann beim Morden unterstützt? Also gut. Ich sollte ihn im Auge behalten. Und die Frau.*
So spähte sie mit Argusaugen durchs Kirchenschiff.
Wenn sie nur gewusst hätte, worauf sie achten sollte.
Ihr war nur klar, dass sie es erkennen sollte, sobald sie es sah.

ALPHA …

Am wenigsten passte es ihm, dass sie hinter ihm saßen. Sechs Reihen weiter. Auf der anderen Seite des Gangs. Doch als er eingetreten war und sie entdeckt hatte, saßen sie bereits, und so hatte er sich gezwungen gesehen, an ihnen vorbeizugehen. Kaum hatte er eine leere Bank gefunden, hatte er der Versuchung nicht widerstehen können und sich entgegen seiner eisernen Regel, Blickkontakt zu meiden, bis die Situation unter Kontrolle war, auf seinem Sitz umgedreht und sie dort alle zusammen betrachtet. *Hallo, Socgoal02. Hallo, Freundin. Hallo, der Rest der Familie, der sterben wird. Genießt das Konzert.* Er kämpfte gegen den überwältigenden Drang an, sich immer wieder umzudrehen und sie im Blick zu behalten, während immer mehr Menschen in die Kirche strömten.

»Entschuldigen Sie, *Vater*, aber können wir uns da reinquetschen?«

Alpha blickte auf und schenkte einer jungen Frau, die neben ihm im Gang stand, ein Lächeln. Sie hatte zwei kleine Kinder dabei und ein Baby im Arm, während ein gestresst wirkender Ehemann die Nachhut bildete. Er war mit bunten Anoraks, Fausthandschuhen, die ständig zu Boden fielen oder verloren zu gehen drohten, mit Strickmützen und einer Schultertasche beladen, in der Alpha Windeln, eine Auswahl an Schnullern, eine Decke und Flaschen mit Säuglingsnahrung vermutete. Der klassische amerikanische Packesel aus der Mittelschicht.

»Aber sicher«, sagte er. »Reichlich Platz für alle.«

»Danke, *Vater*«, sagte der Papa. »Sie haben heute Abend keinen Gottesdienst zu halten?«

»Erst die Mitternachtsmette, mein Sohn«, erwiderte Alpha und berührte dabei das weiße Kollar, das er trug. Außerdem hatte er einen schwarzen Anzug und schwarze Schuhe an und sich ein goldenes Kruzifix um den Hals gehängt. »Aber der Chor hier singt so schön, dass ich mich von unseren eigenen Vorbereitungen davongestohlen habe, um die Musik zu genießen.«

Alpha liebte es, die salbadernde Sprechweise eines Geistlichen nachzuahmen.
Er lächelte dem Mann zu und erwiderte den neugierigen Blick eines der Kinder mit einem wohlwollenden Grinsen. Er liebte seine Verkleidung.
Wer hätte gedacht, dass ein Priester an Heiligabend in einer Kirche fehl am Platze ist?
Wer hätte gedacht, dass Jack *hinter dem Priester steckt?*
Als allgemeines Geraune durch die Menge ging, blickte er auf.
Mit zügigen Schritten begab sich der Pastor zum Altar. Er strahlte übers ganze Gesicht.
Er machte eine einladende Geste, und hinter ihm marschierte durch zwei Seitentüren der Chor herein. Die Sänger trugen strahlend weiße, purpurfarben abgesetzte Roben. Sie nahmen ihre Plätze vor einem großen Kruzifix ein. Ihre Gesichter und ihre Gewänder leuchteten im Scheinwerferlicht. In der Kirche trat, bis auf ein weinendes Baby, Stille ein.
»Dies ist wahrlich eine besondere Nacht, die wir heute feiern«, erhob der Pfarrer das Wort. »Eine wundersame und freudige Nacht.«
Was du nicht sagst, dachte Alpha.

DELTA …

Delta lief in der kleinen Stadt mehrmals die Hauptstraße rauf und runter und schlängelte sich durch Scharen von Käufern, die in letzter Minute noch ein Geschenk suchten. Am Ende fand er ein chinesisches Restaurant, das noch geöffnet hatte, und aß einen Teller scharf gewürzte Nudeln, während er unablässig auf die Uhr sah.
Er wollte reichlich Zeit für die Fahrt zum verabredeten Treffpunkt einkalkulieren.
Andererseits wollte er nicht zu früh da sein und warten müssen.
Er konnte das Essen nicht genießen.

Er war dabei, einen gewaltigen Schritt nach vorn zu machen, ein neues Kapitel aufzuschlagen. Unbekanntes Terrain zu betreten. Diese und ähnliche Gedanken bewegten ihn. Er war entschlossen, in dieser Nacht über sich hinauszuwachsen. *Der perfekte Start ins neue Jahr.*

CHARLIE …

Nicht auszuschließen, dachte Charlie, dass er ein wenig lächerlich aussah, andererseits, tröstete er sich, würde sein Erscheinen dadurch umso mehr verstören. Ängste wecken.
Denkwürdig wäre es allemal.
Auch er sah immer wieder auf die Uhr.
Jetzt singen sie, dachte er.
Er musste laut lachen.
Nicht mehr lange, und sie singen wieder.
Aber das wird anders klingen.

ROSS …

Es dauerte nicht mehr lang bis zu seinem Solo.
Herbei, o ihr Gläub'gen hatten sie schon gesungen. Ebenso *Away in a Manger*. Der Chor hatte *Jingle Bells* geschmettert und war nahtlos zu einer rhythmischen *A Cappella*-Version von *Santa Claus is Coming to Town* übergegangen, schließlich zu *Rudolph, the Red-Nosed Reindeer*. Diese Lieder richteten sich an die vielen kleinen Kinder unter den Zuhörern, während sich der Chor bei *The Twelve Days of Christmas* so ins Zeug legte, dass die Gemeinde begeistert den Refrain *Five Golden Rings* mitsang und am Ende in donnernden Applaus ausbrach. Jetzt sang der Chor die letzte Strophe von *Stille Nacht, heilige Nacht*. In Ross' Ohren hatten sie nie

besser geklungen. Es machte ihm so viel Freude, ein Lied nach dem anderen anzustimmen, dass es all seine Sorgen und Ängste fast hinwegfegte. Fast. Obwohl er sich mit aller Macht auf die Liedtexte und Noten konzentrierte, jagten ihm gleichzeitig Todesszenarien durch den Kopf.

Die letzten Töne waren verklungen. Stille legte sich über die Kirche. Ross sah, wie der Geistliche, der gleichzeitig als Kantor fungierte, zu ihm hinüberblickte.

Plötzlich schoss ihm eine Erinnerung an Weihnachten zehn Jahre zuvor durch den Kopf.

Connor als achtjähriger Junge. Wie er ihn fragte: *»Wer war dieser Stephanus in eurem Weihnachtslied?«*

Ihm fiel wieder ein, wie er zu seinem Enkel sagte:

»Also, das war der erste Märtyrer der Christenheit.«

Woher er das gewusst hatte, konnte Ross nicht mehr sagen.

»Was ist ein Märtyrer?«

»Jemand, der sich opfert. Für eine gute Sache. Oder für einen anderen Menschen. Oder seinen Glauben. Ist meistens keine so gute Idee.«

Er sah, wie der Pastor-Kantor die Hände hob.

Warte auf das Zeichen mit dem Taktstock.

Eine andere Erinnerung stellte sich plötzlich ein. Wie er Kate, kurz nachdem sie sich kennengelernt hatten, als jede Berührung zwischen ihnen, und sei es nur zufällig mit der Schulter oder mit den Händen, elektrisierend und verheißungsvoll war, zu einem Konzert eingeladen hatte. *Grateful Dead.* Ins Fillmore East im East Village in New York, ein verranztes, schäbiges, ehemaliges Kino, bei Hippies, Studenten und Counter-Culture-Vertretern in weitem Umkreis überaus angesagt. Die Band hatte das Konzert mit dem Song *Saint Stephen* eröffnet: *Saint Stephen with a rose, in and out of the garden he goes …*

Er suchte die hinteren Bänke nach Kate ab.

Er sah, wie der Kantor die Hände senkte, er trat vor und warf sich mit Leib und Seele in den Gesang:

»Good King Wenceslas looked out, upon the Feast of Stephen. As the

snow lay round about, deep and crisp and even. Brightly shone the moon that night, though the frost was cruel … When a poor man came in sight, gathering winter's fuel …«

ALPHA …

Winter's fuel, winterliches Brennmaterial, dachte Alpha. *Welch schöne Ironie!*

Nicht mehr lange, und wir heizen denen ganz schön ein. Er schob die Hände in seinen Mantel und flüsterte: »Entschuldigung, darf ich mal durch? Ich möchte pünktlich zu meiner eigenen Feier«, während er sich an der Familie vorbeizwängte und die Kirche vor dem furiosen Chor-Finale mit *O Come, All Ye Faithful* verließ. Die gedämpften Töne begleiteten ihn, als er in die Nacht hinaustrat.

KAPITEL 50

WER WÜRDE DA NICHT DIE TÜR AUFMACHEN? …

ROSS …

Ross fand sie alle draußen auf dem Bürgersteig, der zum Parkplatz führte. Es war so kalt, dass man von einem Bein aufs andere trat, Eiswolken ausatmete, die Mütze ins Gesicht und den Schal bis unters Kinn zog. Die Winter in Neuengland sind ein ständiges Hin und Her – Tauwetter und Kälteeinbrüche wechseln so oft und so schnell, dass alle ein bisschen neben sich stehen, permanent mit Schnupfen kämpfen und die Grippe fürchten. Es kommt vor, dass man an einem Tag eine unberührte, märchenhafte Schneelandschaft vorfindet und am nächsten Morgen bei gefrierender Nässe im Matsch versinkt. Dies war eine jener arktischen Nächte, mit einem scharfen Wind, der unbarmherzig aus Kanada herunterwehte und stündlich zunahm, sodass sich die Wetterfrösche im Fernsehen veranlasst sahen, vor derart eisigen Temperaturen zu warnen, dass sich Obdachlose in Schutzunterkünfte begeben sollten.

Er wurde mit Glückwünschen überschüttet. Kate nahm ihren Mann in die Arme, und Connor verneigte sich ehrerbietig – *welcher Glanz in unserer Mitte*. Niki klatschte Ross ab.

»Ihr habt eine tolle Show hingelegt«, sagte Niki. »Große Klasse. Ich liebe deinen Song. Ich habe mich übrigens schon immer gefragt, wann eigentlich der Stephanstag ist.«

»Am 26.«, antwortete Ross. »Übermorgen.«

»In England haben sie da Bescherung«, sagte Connor. »Großer Tag für die englische Premier League, von morgens bis abends große Mannschafts-Derbys.«

»Es ist schon spät«, sagte Kate, »was uns nicht daran hindert, zu

Hause noch ein bisschen nachzufeiern. Es gibt Kekse, einen Kuchen, den ich gebacken habe, und Kaffee oder heiße Schokolade. Ein Hoch auf den Tenor«, sagte sie und stupste Ross liebevoll in die Seite.

»Klingt verlockend«, beeilte sich Niki zu sagen. Sie wusste, dass ihre Eltern dankend ablehnen würden. Kate verwendete bei ihren Rezepten weißen Zucker.

Erwartungsgemäß sagte ihre Mutter: »In Ordnung, Niki, Liebes. Aber nicht zu lange, ja?«

Ich bin kein kleines Kind mehr, lag es Niki auf der Zunge.

»Einen Keks«, sagte sie. »Einen Becher Schokolade. Dann bringt mich Connor nach Hause.«

»Bis spätestens halb zehn.«

»Zehn.«

Ihre Mutter grinste. Klassische Teenager-Verhandlung. »Viertel vor zehn.«

»Connor«, fügte Nikis Mutter hinzu. »Wir verlassen uns auf dich.«

»Schon klar«, sagte er grinsend. »Dann bis zwei.« Unbeschwert. Passend zur Hochstimmung nach dem Konzert. »Niki will doch nicht verpassen, wenn der Weihnachtsmann zum Kamin reinkommt.«

Trotz der Kälte mussten alle lachen.

Es war die denkbar normalste Unterhaltung an einem Abend, an dem jede Normalität außer Kraft gesetzt werden sollte.

ALPHA …

Auf der Fahrt zum *Schlachthaus* sah Alpha eine lange Reihe parkender Autos vor einem lichtergeschmückten Haus. Eine große Weihnachtsfeier, stellte er fest. Er fuhr im Schritttempo weiter und spähte in die Fenster. Er sah Menschen, die um einen Christbaum standen, jede Menge hässliche Weihnachtspullover, gemustert mit roten und grünen Fichten, Eiskristallen oder Wichtelmännern.

Wahrscheinlich singen sie gerade, dachte er. *Auf jeden Fall haben sie zu viel getrunken. Apfelwein und Grog.*
Die Leute hatten keinen Schimmer, wer da gerade an ihnen vorbeiging.
Einer von Jack's Boys.
Er kam sich wie ein Hai vor, der nicht weit vom Strand unbemerkt zwischen planschenden Urlaubern umherschwimmt.
Dieser Kontrast zwischen Festtagsstimmung und dem bevorstehenden Horror elektrisierte ihn.
Wer würde sich in dieser Nacht etwas Böses denken?
Er malte sich eine Unterhaltung aus, und musste darüber selber lachen:
»*Was ist das für ein Geräusch, Schatz?*«
»*Na, der gute alte Weihnachtsmann, der mit seinem Rentier und dem Schlitten auf dem Dach gelandet ist. Nicht* Jack's Boys.«
Er prägte sich genau ein, wo die Weihnachtsfeier stattfand, und die Entfernung von dort zum *Schlachthaus.* Die Party könnte sich sogar als nützlich erweisen. Er genoss es immer, ein Überraschungsmoment in seine Mordpläne einzubauen. Dabei konnte sich seine Kreativität entfalten.
Alpha hielt genau an der mit Charlie verabredeten Stelle in einer benachbarten Straße an, keine halbe Meile von *Socgoal02s* Haus entfernt. Binnen weniger Sekunden sah er im Rückspiegel die Fahrzeuge der anderen beiden hinter ihm halten.
Pünktlich.
Delta und Charlie stiegen aus.
Charlie hatte sich bereits für den Abend in Schale geschmissen. Delta hatte, wie Alpha vermutete, sein Kostüm in einer Schachtel dabei. Er sah, wie sich die beiden Männer umarmten und Delta zurücktrat, um Charlies Verkleidung zu bewundern. Sie lachten ein bisschen miteinander und kamen zu Alphas Wagen. Er entriegelte die Türen, Delta stieg neben ihm ein und Charlie hinten.
»Das ist eigentlich nicht meine klassische Arbeitskleidung«, sagte er grinsend.

Er trug einen leuchtend roten, weiß abgesetzten Weihnachtsmann-Anzug.
Darunter hatte er sich einen falschen Bauch umgeschnallt, trug hohe, glänzende schwarze Stiefel und eine Mütze mit weißem Bommel. Den Bart zum Ankleben hielt er in der Hand.
Alpha zeigte auf sein Kollar. »Gleichfalls«, sagte er.
»Ho, ho, ho«, kommentierte Charlie in einem gequälten Ton, der die anderen beiden zum Lachen brachte.
»Ich finde, du siehst großartig aus«, sagte Alpha. »Ich würde dich für meine Feier sofort anheuern.«
»Ho, ho, ho«, wiederholte Charlie.
»Du hast deins in der Schachtel?«, fragte Alpha, an Delta gewandt.
»Aber klar«, erwiderte Delta. »Soll ich es jetzt schon überziehen?«
»Nein. Warte lieber, bis wir da sind und anfangen. Aber lass mal sehen.«
Delta öffnete die Schachtel und zeigte das weiß-purpurfarbene Chorhemd. Es entsprach haargenau den Roben, die Ross und sein Chor zu ihrer Vorführung getragen hatten.
»Darin siehst du bestimmt wie ein Engel aus«, sagte Charlie.
Allen dreien war der unschätzbare Wert ihrer jeweiligen Verkleidung bewusst.
Wer würde einem Geistlichen nicht die Tür aufmachen?
Dem Weihnachtsmann?
Einem Mitglied des Chors an Heiligabend?
An diesem Abend würde es keine Einbrüche geben, keine zerbrochenen Fensterscheiben, die Alarmanlage würde nicht losgehen. Alpha setzte auf ein anderes Überraschungsmoment. Sie würden sich zur Haustür hereinbitten lassen.
An diesem Abend machten die Leute mehr als irgendwann sonst bereitwillig auf.
Allen drei Männern war die psychologische Taktik klar: *Sie werden vielleicht mit vielen Möglichkeiten rechnen, wie* Jack's Boys *zuschlagen könnten. Aber nicht damit, dass sie an der Haustür klingeln.*
Alpha nickte. »Also«, sagte er, »habt ihr diese große Party etwa

sechs Blocks weiter hinten gesehen? Ich parke irgendwo zwischen den anderen vor dem Haus. Da fällt der Wagen mit Sicherheit nicht auf. Charlie, lass du deinen hier stehen und fahr mit Delta rüber. Und sorge dafür, dass der Weihnachtsmann alles im Sack hat, was wir brauchen.«

»Geht klar«, meinte Charlie.

Alpha fuhr fort: »Delta, du folgst mir bis zu dieser Party, von dort fahren wir alle drei zusammen zu *Socgoal02s* Haus. Auf diese Weise parken wir alle drei getrennt. Hinterher fahren wir alle mit Deltas Wagen weg und verteilen uns ruckzuck. Drei Männer, die von einer Feier nach Hause wollen. Was könnte daran verdächtig sein?«

Nicht das Geringste, pflichtete Charlie ihm bei.

»Hier, eure Weihnachtsgeschenke«, sagte Alpha.

Er händigte jedem ein brandneues iPad aus.

»Ich war so frei und habe vorab jedes für unsere Erfordernisse eingerichtet. Sie sind startklar, sodass wir leicht miteinander kommunizieren können, aus getrennten Räumen. Tippt einfach das Video-Sharing-Symbol an. Split-Screen, sodass jeder von uns jederzeit sehen kann, was die anderen machen. Auf diese Weise wird dieser Abend ganz und gar zu einem gemeinsamen Erlebnis, auch wenn wir an verschiedenen Orten sind. Und das iPad nimmt jeden von uns simultan auf. Auf die Weise können wir hinterher mit ein bisschen Bearbeitung ein großartiges Video in Kinoqualität daraus machen und im richtigen Moment *der Gestapo* als Überraschungsgeschenk präsentieren.«

»Ausgezeichnet«, sagte Charlie. »Kann's kaum erwarten, das Ganze auf YouTube zu sehen.«

»Perfekt«, bekräftigte Delta. »Auch wenn ich mir nicht so sicher bin, ob denen bei Apple das, was wir damit anstellen, vorschwebte, als sie es so benutzerfreundlich gemacht haben. Schätze mal, die hatten da eher an Heimwerker-Pornos gedacht. Wie das von *Socgoal02* und *der Freundin.*«

Sie mussten alle grinsen, und Alpha sagte: »Genau das hätte Easy gesagt, wenn er heute bei uns wäre.«

Für einen Moment trat im Wagen Schweigen ein. *Wie wahr,* dachten die anderen beiden. Von einem Moment zum anderen schlug ihr stilles Gedenken in blanke Wut und Rachegelüste um. Und sie alle hatten mehr oder weniger denselben Gedanken: den einhelligen Wunsch, in dieser Nacht, ausgerechnet dieser Nacht, den Menschen, die mehr als jeder andere auf der ganzen Welt den Tod verdient hatten, etwas abgründig unfassbar Böses anzutun.

»Heute Nacht werden eine Menge Schulden beglichen«, sagte Delta.

»Dann sehe ich keinen Grund, auch nur einen Moment länger damit zu warten«, sagte Alpha.

»Frohe Weihnachten euch allen und eine gute Nacht«, deklamierte der in seinem voluminösen Weihnachtsmannkostüm etwas ungelenk wirkende Charlie. »Das ist die letzte Zeile in Clement Moores Gedicht. *The Night Before Christmas.*«

Ohne ein weiteres Wort stiegen Delta und Charlie aus.

KAPITEL 51

DIE LETZTEN AUGENBLICKE, BEVOR DAS SCHICKSAL SEINEN LAUF NAHM …

ROSS, KATE, CONNOR UND NIKI, HEILIGABEND, 21:37 UHR …

»Ich mag die kleinen Marshmallows«, sagte Niki.

Sie trank den letzten Schluck ihrer dampfend heißen Schokolade.

»Müsste *GP* nicht längst da sein?«, fragte Connor. Er blickte zum Fenster.

In scherzendem Ton antwortete Kate: »Wahrscheinlich musste der Chor sich erst einmal ausgiebig gratulieren. Jede Menge Schulterklopfen und endlose Wünsche zu den Feiertagen, bevor sie sich alle auf den Heimweg machen. Dauert immer ein bisschen länger als erwartet. Aber er müsste jeden Moment hier sein.«

In dem Moment sah Connor die Scheinwerfer um die Ecke biegen.

»Da ist er«, sagte er.

Niki stellte ihren leeren Becher ab.

»Ich sag nur schnell *Hi* und geh dann, okay, Con?«

»Klar. Ich bring dich rüber.«

Kate nahm ein paar Becher und Teller mit selbst gemachten Schokohaferkeksen mit in die Küche. Sie wusste, dass Ross lieber Kaffee trinken würde, und bereitete ihm eine Tasse. Als Connor klein war, hatte Ross an Heiligabend immer mehrere Tassen Kaffee nach dem Essen getrunken, um lange wach zu bleiben und, nachdem der Junge schon schlief, die Geschenke einzupacken. Auf diese Weise fand Connor, wenn er am nächsten Morgen vor Aufregung früher als sonst herunterkam, schon stapelweise Geschenke unter dem Baum. Ross und sie hatten immer gehofft, genug Geschenke für ihr Enkelkind zu haben, damit er die beiden Menschen vergaß, die an diesem Morgen nicht da waren.

Ross hielt auf der Einfahrt und stellte den Motor ab.
Er betrachtete sein Zuhause. Es war einladend und hell erleuchtet.
Es kam ihm so vor, als seien seine Gefühle auf unterschiedliche Schubladen verteilt – in einer die Angst; in wieder einer anderen die Freude; die Erleichterung in einer dritten. Und zwischen diesen Schubfächern gab es keine Verbindung.
Er holte seinen Revolver aus dem Handschuhfach. Ein paar Sekunden lang wog er ihn in der Hand. Einerseits beruhigend. Andererseits eine Erinnerung an das, was ihnen bevorstand. Er schwamm in einem Meer widerstreitender Gefühle: Fröhliche Festtagsstimmung zog ihn nach drinnen zu seinen Lieben, tückische Strömungen und Strudel trieben ihn in entgegengesetzter Richtung unaufhaltsam *Jack's Boys* in die Arme.

Die beiden jungen Leute zogen sich gerade ihre Winterjacken an, als Ross zur Tür hereinkam.
»Ein Hoch auf den strahlenden Tenor«, sagte Niki.
Als ihm Nikis Begeisterung entgegenschlug, schob Ross seine Ängste für einen Moment beiseite.
»Du kommst doch morgen Vormittag wieder?«, fragte er sie beschwingt. Und augenzwinkernd: »Falls es ein gewisser junger Mann rechtzeitig aus den Federn schafft und die Bescherung endlich beginnen kann?«
»Ich verschlafe schon nicht«, beteuerte Connor.
»Wer's glaubt …«, sagte Niki.
Connor runzelte die Stirn – *keine Ahnung, was ihr meint.*
Niki umarmte Ross.
»Fröhliche Weihnachten, *GP*«, sagte sie, »dann bis morgen.«
Die beiden Teenager verließen das Haus.
Ross ging nach hinten in die Küche.
»Kaffee für dich«, sagte Kate.
»Ich lechze danach«, antwortete Ross. »Kann sowieso noch nicht schlafen, bin ziemlich aufgedreht. Ist gut gelaufen heute Abend, oder?«

»Alle waren toll, du warst fantastisch. Schon beinahe Rockstar-Qualität, wie Freddie Mercury im Film. Mick Jagger. Robert Plant.«
»Nicht Pavarotti? Du enttäuschst mich.«
Er wollte sich die Winterjacke ausziehen, stockte jedoch, als er die Waffe in seiner Tasche fühlte und seine Stimmung augenblicklich umzuschlagen drohte. Er holte sie heraus und legte sie auf die Arbeitsplatte. Kate starrte einen Moment lang auf den Revolver wie auf eine zischende Schlange. Dann sagte sie: »Hässlich, nicht wahr? Sie passt ganz und gar nicht zu dem, worum es an diesem Abend geht, oder?«
Sie drückte Ross den Kaffeebecher in die Hand und deutete auf die selbst gemachten Fallen und Stolperdrähte. Sie nahm die Handfeuerwaffe und verstaute sie in einer Küchenschublade. Eine Sekunde lang wollte er sie daran hindern und den Revolver lieber in seinem Arbeitszimmer hinterlegen oder neben dem Bett. Oder in der Toilette – an irgendeiner Stelle, wo Kate sie nicht sah und nicht an ihre Situation erinnert wurde. Doch er hielt sich zurück. *Ich kann sie ja später rausholen, wenn sie schon im Bett ist,* dachte er. Und so wärmte er sich stattdessen die Hände an dem warmen Henkelbecher.

Auf den Eingangsstufen zu ihrem Haus drehte sich Niki um und gab Connor einen langen, leidenschaftlichen Zungenkuss. Als sie sich aus der Umarmung lösten, lachte sie laut. »Da hast du was, wovon du heute Nacht träumen kannst statt von Zuckerfeen und all dem Weihnachtskram«, sagte sie.
»Worauf du dich verlassen kannst«, erwiderte Connor.
»Bis morgen«, fügte sie hinzu. »Dann gibt's noch ein paar Geschenke.«
Connor beugte sich vor und flüsterte: »Ich liebe dich.«
Niki lachte. »Ich dich auch. Aber es ist zu kalt, um länger hier draußen rumzustehen und zu reden, selbst wenn es um Liebe geht.«
»Echt jetzt?«, antwortete Connor grinsend. »Na dann, fröhliche Weihnachten.«

»Gleichfalls.«
Er riss sich von ihr los und lief zum Gartentor. Auf dem Bürgersteig beschleunigte er und rannte schneller bis zu seinem Haus. Niki sah ihm noch einen kurzen Moment hinterher.
Dann ging sie hinein und flötete: »Bin wieder da. Genau zur verabredeten Zeit. Bitte zu würdigen, dass ich mich daran gehalten habe.« Dies in unbeschwertem, ironischem Ton. Ihre Eltern saßen im Wohnzimmer. Nachdem sie ihren Mantel in eine Ecke geworfen hatte, gesellte sich Niki zu ihnen und plumpste in einen Sessel. In einer Innentasche ihres Mantels befand sich ihr Handy.

ALPHA, DELTA UND CHARLIE …
UM 21:38 UHR IN DELTAS LEIHWAGEN …

Alpha, Delta und Charlie sahen zu, wie *Socgoal02 die Freundin* umarmte, dann kehrtmachte und nach Hause lief, während sie hineinging und verschwand.
»Na, war das nicht süß?«, sagte Charlie mit beißendem Spott.
»Ganz rührend«, pflichtete Delta ihm bei.
»Eine letzte schnelle Überprüfung«, sagte Alpha. Dabei wechselte er in einen Befehlston, so eiskalt wie die Nacht. Er hielt sein iPad hoch. Die anderen beiden schalteten ihre an und stellten fest, dass sie mehrere Ansichten auf dem Bildschirm hatten. Sie drehten die Tablets hin und her, sodass der Kamerawinkel wechselte und sie sich mit eigenen Augen davon überzeugen konnten, dass auf ihrem Tablet erschien, was die anderen aufnahmen.
Es folgte ein Test der eingebauten Mikrofone. Sie konnten einander mühelos hören.
»Startklar«, stellte Charlie fest.
»Meins auch«, verkündete Delta.
»Okay, bleibt von jetzt an auf der App«, sagte Alpha. »Und fangt mit der Aufnahme an.«

Beide Männer folgten seiner Anweisung. »Und jetzt noch eine schnelle Überprüfung.«
Die anderen wussten auf Anhieb, was er meinte.
Die Waffen für den Anlass.
Charlie holte zuerst sein altmodisches Rasiermesser heraus und anschließend seine kleine halbautomatische Pistole mit dem selbst gebauten Schalldämpfer. Er lud durch. Delta folgte seinem Beispiel. Als Erstes hielt er sein Spezialmesser hoch, dann seine halbautomatische Waffe, Kaliber .40. Delta steckte das Messer in ein Schulterholster, das er unter seinem Chorhemd trug, und steckte sich die Pistole in den Gürtel, sodass beide Waffen nicht zu sehen waren. Alpha zeigte sein Würgeisen vor und danach seine Glock.
»Bewaffnet und gefährlich«, stellte Charlie fest. »Sogar *sehr* gefährlich, würde ich sagen.« Dies in fast unbeschwertem Ton.
»Wir geben dir einen kleinen Vorsprung, Charlie«, sagte Alpha ruhig. »Eine halbe bis eine Minute. Sobald bei *der Freundin* die Tür aufgeht und du drinnen bist, überqueren wir die Straße.«
Alpha überlegte einen Moment.
»Noch etwas«, sagte er bedächtig. »Dass wir auf zwei verschiedene Orte verteilt sind und nur zu dritt … macht unser Vorhaben etwas komplizierter. Wir müssen abgestimmt agieren, aber in zwei Häusern. Problematisch. Andererseits wird die Wirkung, wenn alles nach Plan geht und die Welt sieht, was wir zustande gebracht haben, natürlich umso größer sein. Was ich sagen wollte: Für den Fall, dass es bei einem von uns Ärger gibt und derjenige von den Übrigen Hilfe braucht oder dass die Situation, was weiß ich, heikel wird oder außer Kontrolle gerät, was ich natürlich keine Sekunde lang glaube, dann brauchen wir ein Alarmzeichen, ein Codewort, damit wir schnell reagieren können.«
Er lächelte.
»Charlie, ich denke, das betrifft in erster Linie dich, weil du solo arbeitest. Andererseits übernehmen Delta und ich das Haus, wo, wie wir wissen, Waffen sind, und dieser gottverdammte Großvater wird seine Pistole benutzen, wenn er dazu kommt. Ich habe mir also Folgendes überlegt: Wenn einer von uns über unsere Video-

schalte den Namen *eines* der fünf Hauptopfer *des Rippers* nennt, wissen die anderen, dass sie reagieren müssen. Dass sie sofort abbrechen müssen, womit sie sich gerade vergnügen, und es auf der Stelle zu Ende bringen müssen, um zu Hilfe zu kommen.«

Zu Ende bringen hieß *töten*.

Er schwieg. »Wird natürlich nicht passieren, aber …«

»*Ripper*-Opfer?«, fragte Delta. »Großartige Idee.«

Charlie und Delta lachten beide, eine Mischung aus Spaß und Spannungsabfuhr.

»Mary Ann Nichols, sie war die Erste, im August 1888«, sagte Charlie. »Mit Sicherheit um einiges wärmer als heute Nacht.«

»Annie Chapman, Elizabeth Stride oder Catherine Eddowes«, sagte Delta. Er schien zu überlegen. »Und Mary Jane Kelly. Mit der hat er echt eine Nummer abgezogen.«

»Ist seelenruhig gegangen und hat damit Geschichte gemacht«, fügte Charlie – einmal Akademiker, immer Akademiker – hinzu. »Jeder beliebige Name aus der White-Chapel-Ära heißt also *Hilfe?*«

»Frederick Abberline sicher nicht«, warf Delta grinsend ein. »Auf den Namen würde ich nicht reagieren.«

Abberline hatte bei Scotland Yard die Ermittlungen zum *Ripper* geleitet.

»Perfekt«, sagte Alpha. »Also nicht Abberline. Schlussendlich war auf den genauso wenig Verlass wie heutzutage auf *die Gestapo*.«

Alle drei Männer nickten grinsend.

Alle drei zogen sich eng anliegende OP-Handschuhe an. Dies verstand sich von selbst. Sie alle kannten das Einmaleins eines Mordvorhabens.

»Nach getaner Arbeit treffen wir uns wieder hier. Delta, am besten schließt du den Wagen nicht ab und lässt die Schlüssel auf dem Armaturenbrett, wo sie zur Hand sind, falls wir beschließen, einen schnellen Abgang zu machen. Aber wie gesagt, dazu wird es nicht kommen. Wir haben die ganze Nacht«, sagte Alpha.

Er sah den anderen *Jack's Boys* in die Augen und konnte sich ein Grinsen nicht verkneifen. »Wie der Weihnachtsmann, der allen braven kleinen Jungen und Mädchen Geschenke bringt. Was der in einer Nacht schafft, das schaffen wir auch.«

Die anderen beiden nickten.

Charlie befestigte seinen weißgrauen Bart am Gesicht und zupfte seine Bommelmütze zurecht.

»Wie sehe ich aus?«, fragte er und fügte hinzu: »Und dass mir keiner lacht.«

»Wie ein sehr einsamer Weihnachtsmann, der sich in der Gegend nach einem Fest umsieht, bei dem man ihn braucht«, antwortete Alpha. »Und genauso sollst du wirken. Harmlos.«

»Ho, ho, ho«, wiederholte Charlie seinen Spruch. »Nur dass sich der gute Weihnachtsmann diese Nacht selber beschert. Mit dem womöglich schönsten Geschenk aller Zeiten.«

Charlie schüttelte den Kopf, als sei ihm gerade ein Gedanke gekommen.

»Was hast du?«, fragte ihn Alpha.

Charlie stieß einen leisen Seufzer aus. »Ich hatte schon immer den Wunsch, eine meiner Studentinnen an der Universität, ähm, *zu beseitigen*. Eine Bande selbstgefälliger, ichbezogener Schnösel, mit einer Anspruchshaltung zum Davonlaufen. Die holen das Schlimmste aus mir heraus. Schätze mal, es sollte mir einige Genugtuung bringen, mir heute Nacht *die Freundin vorzunehmen.*«

Delta grinste. »Ich hab's gewusst«, sagte er.

»Was?«

»Ich hab dich von Anfang an für jemand Hochgebildeten gehalten. Was unterrichtest du?«

»Ethnologie. Darin habe ich meinen Doktor gemacht.«

»Cool«, sagte Delta. »Da kannst du viel reisen. Und unterwegs unglaubliche Dinge tun …«

»In der Tat«, erwiderte Charlie und grinste zurück.

Alpha rief sie wieder zur Tagesordnung:

»Denkt dran. Wir müssen uns gegenseitig sehen. Es ist wichtig, dass es auch *Socgoal02* sieht. Bevor er …« Alpha lächelte. »… den Abgang macht.«

Alle drei erfasste eine gespannte Vorfreude.

Delta strich sich über den weißen Stoff seines Chorhemds und anschließend mit dem Finger über den purpurfarbenen Besatz.
»Hoffentlich fordern sie mich nicht auf, etwas zu singen«, sagte er. »Dann fiele ich nämlich dumm auf.«
Mit diesem Witz war die letzte Anspannung im Vorfeld des Mordes verflogen.
»Legen wir los«, sagte Alpha. »Was für eine Nacht!«
So wie bei ihrem Treffen im Restaurant legten die drei Mörder die Hände aufeinander.
»Dann bis bald«, sagte Charlie und fügte hinzu: »Nicht vergessen: Wir haben einem hohen Maßstab gerecht zu werden.«
Delta und Alpha wussten genau, wie er das meinte. Ein kleiner Hinweis, der sie an Easy und Bravo erinnern sollte – und an all ihre eigenen Morde, die sie über die Jahre auf *Jack's Special Place* miteinander geteilt hatten. Kurzes Schweigen signalisierte hundertprozentige Zustimmung. Dann stieg Charlie als Erster von den drei *Jacks,* die alle auf Mord aus waren, aus dem Wagen und schloss behutsam die Tür hinter sich. Einen Moment lang blieb er stehen und suchte die Straße in beide Richtungen ab. Weit und breit keine Menschenseele unterwegs. *»Not a creature was stirring, not even a mouse …«*, murmelte er vor sich hin, den Slogan eines populären Disney-T-Shirts im Sinn. Dann machte er sich zügig zum Haus *der Freundin* auf. Von der Vorfreude auf das, was er mit *der Freundin* machen würde, wurde ihm so warm, dass er die eisigen nächtlichen Temperaturen nicht spürte.

KAPITEL 52

WAS DIE KINDER VON DER ERSTEN BEGEGNUNG MIT EINEM VON JACK'S BOYS GELERNT HATTEN …

DER ERSTE ÜBERFALL …

CHARLIE TRIFFT AM HAUS VON NIKI EIN …

Als es an der Tür klingelte, waren sie alle drei überrascht.

Ohne nachzudenken, fragte Nikis Mutter nur: »Wer kann das sein?«

Niki dachte: *Hat Connor was vergessen?*

Nikis Vater hievte sich aus dem Sessel und sagte: »Ich seh mal nach.«

Niki blickte ihrem Vater auf dem Weg zur Haustür hinterher. Sekunden später hörte sie ihn sagen: »Es ist ein Typ im Weihnachtsmannkostüm.«

Niki hatte das überwältigende Gefühl, dass etwas nicht stimmte. Was konnte es Normaleres geben als jemanden, der sich am Heiligabend als Weihnachtsmann verkleidet? Nur dass Niki plötzlich der Gedanke beschlich, dass es alles andere als normal war. Sie hörte, wie ihr Vater die Tür aufmachte und sagte: »Hi, wie kann ich Ihnen helfen?«

Von draußen hörte sie die Antwort:

»Entschuldigen Sie bitte die Störung, aber ich hab gesehen, dass Licht brennt, und ich habe mich wohl verlaufen …«

An dieser Stelle schrie Niki, ohne recht zu wissen, warum: »Nein! Nicht!«

Eine heiße Woge der Angst schlug über ihr zusammen. Ihre Mutter neben ihr machte ein entsetztes Gesicht. Sie erstarrte. Als ob sie sich plötzlich in einem Albtraum wiederfände, den sie mit aller

Macht hatte vergessen wollen. Und dann hörte Niki zuerst: »Hey!«, von ihrem Vater, gefolgt von einem seltsamen, gutturalen Laut, halb Stöhnen, halb ungläubiger Aufschrei. Dann ein weiterer Schrei und ein dumpfer Schlag, als der nächtliche Besucher ihrem Vater mit dem Pistolengriff ins Gesicht schlug. Nikis Vater stürzte zuerst mit dem Hinterkopf gegen einen Wandtisch und fiel, schmerzgeblendet, auf den Dielenboden. Niki und ihre Mutter sprangen auf, konnten aber nirgendwohin. Sie sahen beide dasselbe: *Roter Anzug. Schwarze, blank geputzte Stiefel. Mütze mit weißem Bommel. Falscher Bart. Eine auf sie gerichtete Waffe.*

In einer Mischung aus Angst und Fassungslosigkeit machte ihre Mutter den Mund auf. Ihr Schrei blieb stumm.

»Nein«, sagte Charlie. »Verhalten Sie sich ruhig.«

Sein Ton war beherrscht, aber schneidend. Umsichtig. Kalt.

Eine präzise Anweisung. Der man sich nicht widersetzte. Erteilt, als der Tod sich Zutritt verschaffte.

Er klang nach einem Mann in seinem Element.

Er klang nach einem Mann, der geübt war in dem, was er gerade tat. Und das war genauso Furcht einflößend wie die Mündung, in die sie beide blickten.

DER ZWEITE ÜBERFALL …

ALPHA UND DELTA AN DER TÜR VON CONNOR, ROSS UND KATE … WENIG SPÄTER …

Das energische, mehrmalige Klopfen an der Haustür besagte: *Es ist kalt draußen.*

Ross war in der Küche. Nachdem er mit wenigen Schlucken seinen Kaffee ausgetrunken hatte, stand er jetzt vor einem Berg schmutzigen Geschirrs im Spülbecken, um, egal wie schön er gesungen hatte, wie gewohnt den Abwasch zu machen. Kate war nicht weit.

Sie hatte gerade Connor seinen zweiten Teller mit noch warmen Schokokeksen bereitet und Kakao in seinem Becher nachgefüllt. Connor war gerade am Kamin im Wohnzimmer vorbei auf dem Weg zum Fernseher, um sich die vorhersehbaren Weihnachtsfilme wie *Ist das Leben nicht schön?* oder *Der Grinch* anzusehen. Er lief gerade durch den Flur.

»Ich mache auf«, sagte er.

Ross blickte vom Waschbecken auf, das sich gerade mit schaumigem Wasser füllte.

Ein Backblech in den Händen, blieb Kate wie angewurzelt stehen.

Ross drehte sich um und trocknete sich die Hände an der Hose ab.

Wer kann das um diese Zeit noch sein?, wunderte er sich.

Sein zweiter Gedanke: *Hat Niki was vergessen?*

Sein dritter Gedanke war eine diffuse Mischung aus Angst und einer bösen Ahnung. Er setzte gerade zu einer Warnung an, als Connor rief:

»Hey, es ist ein Priester. Und jemand von *GP*s Chor …«

Und die Tür aufmachte.

»Nein«, sagte Kate. »Ross!«

Es klang alarmiert, doch da drängte Ross bereits an ihr vorbei zur Vorderseite des Hauses.

»Connor, nicht aufmachen!«, brüllte er.

Er wusste, dass es bereits zu spät war.

Dann ging alles ganz schnell.

Connor versuchte, die Tür, die er nur einen Spalt geöffnet hatte, zuzuknallen, als er Ross' Schrei hörte. Doch die beiden Männer stießen ihn zurück und drangen mit einem Kälteschwall von draußen ein.

Der Mann mit dem Priesterkragen stand im Flur und gestikulierte mit einer riesigen Handfeuerwaffe, die er wie ein Magier hervorgezaubert hatte. Kekse und Kakao gingen zu Boden, Becher und Teller zerbrachen, als Connor unter der Wucht der Attacke nach hinten geschleudert wurde. Das Klirren von zerbrochenem Geschirr vermischte sich mit dem Echo von Ross' Ruf und Connors schrillem Schrei. Dicht hinter dem Priesterkragen stürmte der

Mann im Chorhemd herein und knallte die Tür hinter sich zu. Auch er schwenkte eine Faustfeuerwaffe.

Schnapp dir das Gewehr!, war der einzige Gedanke, den Ross fasste.

Es lag nur wenige Meter entfernt auf seinem Schreibtisch im Arbeitszimmer.

Doch in diesem Moment sah er, wie Connor wieder auf die Beine kam und nach der Pistole des Priesterkragens griff.

Im Abstand von Sekundenbruchteilen hatte Connor nur zwei Gedanken:

Jack's Boys. *Sie bringen uns um.*

Wehr dich!

Er stürzte sich auf den Mann im Priesterkragen, und sie taumelten beide zurück, als der mit aller Kraft den Griff seiner Waffe auf Connors Schulter krachen ließ. Es gab ein widerwärtiges Geräusch von splitternden Knochen. Connor schrie vor Schmerz auf. Als er von der Wand abprallte, warf er sich, ohne zu zögern, erneut auf *Priesterkragen* und krallte sich an ihn, als gäbe es keine Schusswaffe und das, was sie anrichten konnte. Wie in einem Totentanz bewegten sich der Junge und der als Priester verkleidete Mann, ineinander verschlungen, durch den Flur.

Und Ross vergaß alles außer dem Gedanken: *Die sind hier, um meinen Enkel zu ermorden!* Wie ein verwundetes Tier stürzte er los.

EINE FLUCHT. EIN KAMPF …

Kurioserweise hatten Niki und Charlie, der Weihnachtsmann, mehr oder weniger denselben Gedanken: *Behalte die Oberhand.*

Der Unterschied bestand darin, dass Niki ihrer Panik und unkontrollierbaren Nervosität erst befehlen musste, Ruhe zu geben, während sich Charlie in kühler Abschätzung der Situation einschärfte, dafür zu sorgen, dass auch hier, wie bei all seinen früheren Mordexpeditionen, alles genau nach Plan verlief und er mit *der Freundin* nach Lust und Laune verfahren konnte, bevor er sie umbrachte.

So wie in einem überfüllten Hörsaal mithilfe eines Power-Point-Lasers die Studenten, schüchterte er mit dem Lauf seiner Waffe Niki ein.

»Auf die Knie«, befahl er. »Auf der Stelle! Hände hinter dem Kopf verschränkt. Tu, was ich dir sage, oder du stirbst.«

Er sah zu, wie sie sich auf den Boden kauerte und die gewünschte Position einnahm. *Hast du's immer noch nicht kapiert?*, fragte er sie stumm. *Wie dämlich kann man sein? Du stirbst, so oder so.*

Mit Genugtuung registrierte er, wie fest seine Stimme klang.

Wenn ein gelassener, ruhiger Ton ihnen nicht sagt, was gleich passieren wird, dann ist ihnen nicht zu helfen, stellte er fest.

Er durchbohrte Niki mit seinem Blick.

»Hast du wirklich geglaubt, wir würden euch vergessen?«

Sie antwortete nicht. Ihre Kehle war wie zugeschnürt. Was auch immer sie hätte antworten können, blieb ihr im Halse stecken.

Dabei dachte sie innerlich schon weiter: *Nein, ich habe euch keinen einzigen Moment lang vergessen.*

»Ich weiß, du bist schnell. Aber in der ganzen Menschheitsgeschichte ist noch keiner einer Kugel davongelaufen«, sagte er. »Versuch also nicht, die Erste zu sein.«

Er wartete, bis seine Worte Wirkung zeigten, und wandte sich der Mutter zu.

»Du«, sagte er und deutete auf Nikis Mutter, die aschfahl geworden war und wirkte, als würde sie jeden Moment zu einem schluchzenden Häufchen Elend zerfließen. »Komm her!« Niki sah zu, wie ihre Mutter vorwärtsstolperte. Dabei starrte ihre Mutter wie gebannt auf Nikis Vater, der wie ein Sack Müll ächzend und blutend zusammengekrümmt auf dem Boden lag.

»Bitte, bitte«, flehte jetzt ihre Mutter, »wir haben Ihnen doch nichts getan … Lassen Sie uns gehen.«

Doch, haben wir, hatte Niki begriffen.

Sie hämmerte sich ein: *Tu nicht, was er sagt! Er bringt dich trotzdem um. Mach es ihm nicht auch noch leicht.* Das hätte sie auch gern ihrer Mutter gesagt, hätte sie nur gewusst, wie. Und als sie sah, wie ihre Mutter hilflos am ganzen Körper zitterte, wurde ihr unabweislich klar: *Da ist nichts zu machen.*

Sie warf einen Blick auf ihren Vater. Er blutete im ganzen Gesicht. Es war entstellt, Nase und Kiefer waren wahrscheinlich gebrochen, sicher auch ein paar Zähne ausgeschlagen. Kurz vor der Bewusstlosigkeit. Unter Schock.

Er kann uns auch nicht helfen, wurde ihr klar. *Aber wenigstens ist er nicht tot.*

Noch nicht.

Bis jetzt keiner von uns.

Wenn wir nicht handeln, ist es nur eine Frage der Zeit.

Nein, es liegt jetzt an mir. Nur an mir.

Noch ist Zeit.

Um was zu tun?

Sie starrte den Weihnachtsmann an und dachte: *Jack's Boys.*

Sie haben einmal gelogen und dann versucht, mich umzubringen.

Das erste Mal waren es Tabletten und die Bewusstlosigkeit. Mich haben die Medizin, Connors Großvater und eine gute Portion Glück gerettet.

Diesmal nicht.

Diesmal wird es schlimmer.

Unwillkürlich spannte sie jeden Muskel an.

»Du, *Mom*«, sagte der Weihnachtsmann ruhig, doch mit unverhohlenem mörderischem Sarkasmus. »Nimm die hier und fessle damit deinem Mann die Hände …«

Er schob ihr mehrere schwarze Kabelbinder hin. Zwei davon ließ sie zu Boden fallen.

Der Weihnachtsmann hob die Pistole und drohte, ihr die Waffe um die Ohren zu hauen.

»Stell dich nicht so ungeschickt an, oder du kriegst auch was ab.«

Nikis Mutter bückte sich zitternd nach den Kabelbindern.

»In seinem Rücken, nicht vorne«, fügte Charlie hinzu. »Dann seine Füße. Dann deine Füße. Und dann hinlegen, mit dem Gesicht zum Boden.«

Während er sprach, hielt er ihr den Lauf seiner Waffe ins Gesicht, um ihr zu zeigen, dass er es ernst meinte. *Befolge meine Anweisungen, oder du bist tot.*

Niki wusste, dass er log. *In Wirklichkeit sagt er ihr, sei schön brav, damit ich dich nach Belieben abschlachten kann.*

Nikis Mutter wimmerte. Niki hörte, wie sie, während sie ihm die Fußknöchel fesselte, unentwegt den Namen ihres Mannes flüsterte. Außer erneutem Stöhnen antwortete er nicht.

»Fester«, befahl Charlie.

»Er ist verletzt. Er blutet ...«, würgte Nikis Mutter heraus.

»Sicher«, antwortete Weihnachtsmann Charlie zynisch. Er fühlte sich stark. Er spürte seinen Machtzuwachs, schwelgte in seiner Größe. Mit jeder Sekunde, in der er das Szenario, das er sich genüsslich ausgemalt hatte, in die Tat umsetzte, spürte er, wie er Schritt für Schritt klüger, *besser* und furchterregender wurde. Er liebte dieses Gefühl, das ihm heiß den Rücken herunterrieselte. Es war, als würde, in gleitendem Übergang zwischen Schlaf und Wachen, ein wundervoller Traum wahr.

Blitzschnell drehte er sich zu Niki um.

»Und du, *Socgoal02s Freundin,* keine Bewegung. Kein Wort. Rühr dich nicht vom Fleck, sonst erschieße ich dich als Erste. Oder ich erschieße zuerst deine Mutter und deinen Vater und danach dich, damit du sie sterben siehst und weißt, dass du sie mit deinem gedankenlosen Verhalten auf dem Gewissen hast. Verstanden?«

»Ja«, sagte Niki so krächzend und heiser, dass sie ihre eigene Stimme nicht erkannte.

»Wenn du willst, dass sie lebend davonkommen, bleibst du, wo du bist«, fügte Charlie hinzu.

Lügner!, dachte sie.

Ich weiß, was du planst. Wir sollen so oder so alle sterben.

Das habe ich im Oktober begriffen.

Das habe ich seitdem die ganze Zeit gewusst. Jeden Tag, jede Stunde, jede Minute bis zu diesem Moment.

Wenn Jack's Boys *zur Tür hereinkommen, bleibt keiner am Leben.*

Charlie hatte sich wieder ihrer Mutter zugewandt.

»Und nun zu dir, *Mom,* gut gemacht. Und jetzt neben deinem Alten auf den Boden. Gesicht nach unten. Hände hinter den Rücken. Wenn du nicht tust, was ich dir sage, tja, dann muss ich wohl deine Tochter erschießen, und du wirst, so wie sie, wissen, dass es deine Schuld ist.«

Der Weihnachtsmann sprach nach wie vor in ruhigem, eisigem Ton.

Tu das nicht!, hätte Niki ihrer Mutter am liebsten zugebrüllt. *Wehr dich!*

Doch sie schwieg.

Sie sah zu, wie sich der als Weihnachtsmann verkleidete Eindringling über ihre Mutter beugte, ein weiteres Paar Kabelbinder hervorholte und ihrer Mutter damit die Hände fesselte. Er ging dabei zügig und geübt ans Werk, konnte jedoch den Finger nicht mehr am Abzug der Waffe behalten.

Niki spähte zur Rückseite des Hauses. Sie überlegte:

Ich bin auf den Knien.

Fast wie in Läuferstellung beim Start.

Aber der Flur ist lang. Die Gartentür ist abgeschlossen. Nicht so schnell aufzubekommen. Kostet wertvolle Sekunden. Da holt er mich ein. Und selbst wenn ich es mit viel Glück nach draußen schaffe, kann er mich immer noch auf der Veranda erschießen. Oder im Garten. Im Dunkeln. Er hat recht. Einer Kugel läuft niemand davon. Aber das gilt nur für eine Flucht geradeaus.

Ihr wurde klar, dass die Treppe nach oben näher war. Auf dem Absatz in halber Höhe wechselte sie die Richtung und würde sie aus der Schusslinie bringen. Ein vorgegebener Zickzackkurs. *Falls* sie so weit kam.

Und was brächte es ihr, in diese Richtung zu rennen?

Die Gedanken jagten ihr so schnell durch den Kopf, dass ihr vor Angst fast schwindelig wurde. Während sie gegen die totale Panik ankämpfte, schrie alles in ihr, sich zusammenzureißen und einen klaren Kopf zu bewahren. Sie riskierte einen zweiten Blick zur Treppe.

Es brächte nur eines:

Wenn ich hierbleibe, bin ich so gut wie tot. Vielleicht nicht sofort, aber tot.

Sie sah, wie ihre Mutter am ganzen Körper bebte, wie sie ihr Schluchzen nicht mehr zurückhalten konnte. *Ich sterbe lieber bei dem Versuch, wegzurennen, als darauf zu warten, dass er mich so umbringt, wie er es sich zweifellos vorstellt. Wie er es geplant hat. Gefesselt und missbraucht. Wehrlos wie ein Tier. Nicht mit mir. Nicht mit mir. Ich renne, seit ich auf eigenen Beinen stehen kann. Das habe ich schon immer geliebt, und das kann ich am besten. Wenn ich schon sterben muss, dann wenigstens so.*

»Verdammt noch mal, *Mom*, halt endlich still«, sagte der Weihnachtsmann irritiert.

Im selben Moment sah Niki, wie er in eine seiner Taschen griff, denn in diesem Moment gab es ein plötzliches, unerwartetes, anhaltendes Geräusch – unerklärlich und wie von ferne, blechern, aber trotzdem da. Es klang nach einem Kampfgetümmel. Der Weihnachtsmann schien zwischen dem Zucken und Schluchzen ihrer Mutter und diesen neuen Geräuschen, die von irgendwoher kamen, hin- und hergerissen und für einen Moment abgelenkt.

Irgendetwas läuft da nicht nach Plan, Connor, dachte sie.

Ein Kampf. Er wehrt sich.

Das ist meine einzige Chance.

Los!

Gegen gewaltige innere Widerstände stützte sich Niki mit den Händen vom Boden ab und sprang auf. Mit drei weit ausholenden Schritten war sie an der Treppe, packte das Geländer und raste, zwei Stufen auf einmal, hinauf. Dabei war ihr nicht einmal klar, dass es ein überraschender Zug war, *nicht* in Panik zur Tür zu rennen. Das kam für den Mörder unerwartet. Nach oben statt ins Freie. Damit schlug sie ihm ein Schnippchen. Es war ein rasanter Start mit Vollgas, in Bruchteilen von Sekunden von null auf achtzig, bei einem Wettlauf, den sie um jeden Preis gewinnen musste.

»Hey!«

Sie hörte ihn.

»Halt!«

Dann hörte sie das *Pock Pock Pock* von drei schallgedämpften Schüssen, die in ihre Richtung abgefeuert wurden und in Rigips krachten. Ein vierter Schuss zersplitterte direkt hinter ihr das Treppengeländer, sodass ihr Holzspäne wie Nadeln in den Hintern drangen, und schlug in ein Familienfoto ein, auf dem sie mit ihren Eltern vor dem Restaurant posierte. Klirrend landete das verglaste, gerahmte Bild auf den Stufen.
Sie flog weiter die Treppe hinauf. Nicht zu einer sicheren Zuflucht. Zu nichts weiter als ein paar Sekunden Lebensverlängerung. In ihren fieberhaften Gedanken war es das wert.

Delta, der direkt hinter Alpha zur Haustür hereingekommen war und sie hinter sich zugeschlagen hatte, wurde von Connors Angriff auf Alpha mit Wucht zurückgeschleudert, sodass er mit dem Hinterkopf an den Holzrahmen schlug und einen Moment benommen war, während er dennoch versuchte, seine Waffe auf den Jungen zu richten. Es gelang ihm zwar nicht, dafür feuerte er aber wie wild auf den Großvater, der sich in der Enge der Eingangsdiele auf die drei stürzte.
Jedwede *Kontrolle,* für sie alle überlebenswichtig, hatte sich in einer Sekunde in Luft aufgelöst.
Bei keinem ihrer zahlreichen Morde war auch nur einer von *Jack's Boys* auf Gegenwehr gestoßen und in einen Kampf Mann gegen Mann geraten.
Jedes Opfer hatte sich, gekonnt außer Gefecht gesetzt, gefesselt, geknebelt und ohne zu wissen, was ihm bevorstand, einfach in den Tod gefügt. Von der Aneignung *bis zur Ausführung der Tat hatte Alpha jede Note des Lieds vom Tod im Kopf. Bei Delta wiederum waren es plötzliche, lustvolle Spasmen, mörderische Aufwallungen, wenn seine Klinge vollkommen ahnungslose Kehlen aufschlitzte und wieder ein Opfer sein Leben ausröchelte, bevor es überhaupt begriff, was mit ihm geschah, während Delta den Moment auskostete wie nach einem Liebesakt.*
Das hier hatte weder mit Alphas noch mit Deltas Stil auch nur das Geringste zu tun.

Das hier kam unerwartet.
Es traf sie unvorbereitet.
Es lief ganz anders als geplant. Sie hatten gewusst, dass ihre Verkleidung ihnen die Tür öffnen würde. Von da an hätte alles wie von selbst laufen sollen.
Sie hatten mit der gewohnten Gefügigkeit gerechnet.
Nicht mit einem Kampf.
Ein Handgemenge, bei dem alle Beteiligten nach den Waffen griffen. Faustschläge, Würgen, verschlungene Leiber. Ächzen, Stöhnen, Kriegsgeschrei und das Krachen von berstendem Mobiliar erfüllte den kleinen Flur. Noch nie waren Delta oder Alpha in einen solchen Wirrwarr geraten. Bei ihren bisherigen Unternehmungen war jede *Berührung* einem genüsslich zelebrierten Protokoll gefolgt. Dieser Kampf hatte nicht die geringste Ähnlichkeit mit ihren bisherigen tödlichen Abenteuern, und keiner von ihnen begriff, dass sie für eine so unberechenbare Schlacht schlecht gerüstet waren.
Alpha erfasste ein Anflug von Panik.
Connor hatte ihn mit einem eisernen Griff am Handgelenk gepackt und riss ihm jetzt den Arm so nach oben, dass die Neun-Millimeter zur Decke zeigte. Der Teenager – athletisch, jung, unglaublich stark, im Wissen um die Absicht von *Jack's Boys* sämtliche Muskeln zum Zerreißen angespannt und anscheinend ohne die Schmerzen im gebrochenen Schlüsselbein zu spüren – drohte ihn zu überwältigen. Sie krachten zusammen gegen die Wand, wurden zur Seite geschleudert, prallten an Delta und *GP* ab, die genauso erbittert miteinander rangen. Connor stieß Alpha den Ellbogen ins Gesicht.
Delta fasste es nicht.
Die versuchen, uns zu töten! Uns!
Im Kampf gegen *den alten Mann* versuchte Delta, seine Pistole freizubekommen. Ohne Sinn und Verstand, nur mit blindwütigem Überlebensdrang, verknäuelten sie sich. Eben noch zeigte die Waffe Kaliber .40 nach links, im nächsten Moment nach rechts. Nach oben zur Decke, nach unten auf den Boden. Unberechenbar.

Dreimal drückte Delta ab, in der Hoffnung, den alten Mann ins Herz zu treffen.
Die Schüsse übertönten das Kampfgetümmel.
Ein Schuss ging in die Decke. Ein zweiter zerschmetterte im angrenzenden Wohnzimmer eine Weihnachtskugel am Christbaum. Der dritte streifte Ross am Ohr, sodass er für den Moment nichts mehr hörte und, ohne es zu merken, aufschrie. Er wusste nur, dass es ihm irgendwie gelingen musste, den Mann, mit dem er sich herumschlug, zu töten, bevor dieser ihn, Kate oder Connor umbrachte. Er war mit Adrenalin vollgepumpt. Wie ein Berserker zerrte er an dem Mann, der dasselbe Kostüm anhatte wie er selber wenige Stunden zuvor. Er kratzte ihn, krallte ihm die Finger ins Fleisch, stieß ihm das Knie in den Leib, schlug sich, mit allem, was er hatte. Er kämpfte härter denn je in seinem Leben. All die Jahre, die in seinem ruhigen, routinierten Leben in der Vorstadtidylle mit seinen akademischen Pflichten als singender, treu ergebener Großvater dahingegangen waren, lösten sich in nichts auf. Ross war wieder der todesmutige Marine. Kampferprobt. Ein Veteran blutiger Gefechte. Entschlossen. Furchtlos. *Du magst mich töten, aber nicht, bevor du selber einen schrecklichen Preis dafür zahlst.*
Ross stürzte sich auf den Chorknaben und grub ihm die Zähne in die Schulter.
Delta schrie vor Schmerz auf.
Der Mann, mit dem er es zu tun hatte, war wie ein Pitbull.
Er spürte, wie ihm das Fleisch von den Knochen gerissen wurde und das Blut den Arm herunterlief.
Mehrmals hintereinander drückte er ab. Einmal, zwei-, dreimal. Dann *Klick*!, als der Hammer auf die leere Kammer schlug.
Ein Schuss zerfetzte Ross die Hüfte, ein anderer den Fuß.
Der dritte drang ihm in den Bauch. Er war blind vor Schmerz.
Ross wusste, dass er den Chorknaben nicht loslassen durfte. Also zog er ihn an sich und stieß ihm den Kopf ins Gesicht.
Ross wusste, dass er verwundet war. Vielleicht tödlich.
Eine Stimme in ihm wollte, dass er sich ergab und einfach zu Boden sackte. *Du hast verloren, verblute, und alles ist vorbei.*

Die andere Stimme lehnte sich dagegen auf: *Nicht mit mir.*
Und so kämpfte er weiter, vollführte mit dem Chorknaben Pirouetten, bis sie sich im Wohnzimmer auf dem Boden wiederfanden. Der Mann fiel auf ihn, mit einem Zentnergewicht. Bei ihrem Sturz prallten sie vom Sofatisch ab, sodass die Glasscheibe zerbrach und die Glasuntersetzer ebenso wie die Zeitschriften herunterfielen. Ross wusste, dass sich irgendwo in dem Durcheinander das Ka-Bar-Messer befand. Er wusste aber auch, dass er keine Gelegenheit hatte, danach zu suchen. Wie von ferne bekam er mit, dass sein Blut die Robe seines Gegners rot färbte. In einer gewaltigen Kraftanstrengung kämpfte er gleichzeitig gegen die Bewusstlosigkeit und den Mann an, der auf ihm lag.

Oben angekommen, stolperte Niki. Sie fing sich genau in dem Moment, als ihr ein weiterer Schuss seitlich durchs Gesäß schnitt. Sie spürte es kaum. Der nächste zischte ihr dicht über den Kopf.
Sie schrie nicht, sie weinte nicht, sie hielt nicht an.
Sie stürzte in ihr Zimmer, knallte die Tür hinter sich zu und schloss ab. Mit dem Rücken an der Tür, ließ sie den Blick durchs Zimmer schweifen.
Ihr war klar, dass es zu lange dauern würde, die Kommode herüberzuziehen und unter die Türklinke zu schieben. In dieser Sekunde wurde ihr bewusst, dass ihr Handy noch unten in der Manteltasche steckte. Sie konnte also keine Hilfe rufen, es sei denn, sie riss das Fenster auf und brüllte hinaus. Dabei würde sie sowieso niemand hören, außer vielleicht Connor, doch sie wusste instinktiv, dass er selbst um sein Leben kämpfte. Sie spürte, wie ihr etwas Blut die Beine herunterlief, und – unfähig, sich zu rühren – wunderte sich, dass sie keine Schmerzen hatte. Das Ganze schien einer anderen Niki zu passieren und nicht ihr.
Jetzt hörte sie, wie donnernde Schritte die Treppe heraufkamen und draußen vor ihrer Tür anhielten.
Die Tür hinter ihr wackelte plötzlich in den Angeln, als sich der Weihnachtsmann mit Wucht dagegen warf. Niki tat das Gleiche von innen und versuchte mit aller Kraft, die Tür zuzuhalten. Zum

zweiten Mal spürte sie unter der Wucht des Mannes die Tür im Rücken. Sie hörte den Weihnachtsmann fluchen. Als der Killer in die Tür schoss, folgte ein dreifaches *Pock*.

Dickes Holz. Ein einziger Schuss aus der kleinkalibrigen Waffe schaffte es hindurch. Diese Kugel zischte knapp an ihrer Wange vorbei, bevor sie weiterflog. Das war knapp. Ein Schrei blieb ihr im Hals stecken.

Niki blickte zum Bett.

Ihre letzte Chance, dachte sie, und stürzte hinüber. Unterdessen stieß Charlie draußen einen Schwall von Flüchen aus. Als er den Hahn wieder spannte, stellte er fest, dass er die letzte Kugel verschossen hatte. Da er genau wie die anderen beiden *Jack's Boys* nie beabsichtigt hatte, von der Waffe Gebrauch zu machen, hatte er keine Ersatzmunition dabei.

Er warf die Pistole weg, sodass sie unter einem Flurtisch landete, holte sein Rasiermesser heraus und öffnete es in einer geübten, schwungvollen Bewegung.

Dann warf er sich erneut gegen die Tür.

Sie flog auf, und er taumelte ins Zimmer. Was er dort vor sich hatte, sah er so zum ersten Mal.

Connor und Alpha kämpften um die Neun-Millimeter.

Sie fochten in dem Wissen miteinander, dass die Waffe mit einem Schlag den Ausgang des Kampfs entscheiden würde, je nachdem, wer sie als Erster abfeuern konnte.

Connor wusste, dass er nicht verlieren durfte, wenn er am Leben bleiben wollte. Zugleich begriff er, dass er verletzt war, vielleicht sogar schwer, aber in den nächsten Sekunden nicht darauf achten durfte. *Priesterkragen* und er krallten beide Hände um die Waffe und drehten sich dabei wie ein irre gewordenes Tänzerpaar. Der Lauf zeigte zur Decke, und mit einem Knall löste sich ein Schuss. Es regnete Gipsbröckchen auf sie herab, und in der Sekunde erkannte Connor, dass er der Stärkere von ihnen beiden war.

Connor spannte alle Muskeln an, verdrehte dem Mörder den Arm und zog ihn in ein und derselben Bewegung nach unten. Es war

wie eine Judotechnik – der Gegner kam aus dem Gleichgewicht und, alle vier Hände an der Waffe, krachten sie in das Gestell eines Flurtischs. Connor drangen Holzsplitter in die Finger, doch er ignorierte die Schmerzen und sah im selben Moment, wie ihnen beiden die Waffe aus den Händen flog und, während sie stürzten, von ihnen weg über den Boden schlitterte.
Alpha verstand nicht, was da gerade passierte, außer dass alles schiefging.
Während er auf Connor eindrosch, fing er an, Namen zu brüllen, *Namen aus einer fernen, tödlichen Vergangenheit.*
»Mary Ann Nichols! Annie Chapman! Mary Jane … Mary Jane … Mary Jane Kelly!«
Er wusste, dass das iPad in seiner Jacke die Warnung *Wir sind in Schwierigkeiten, komm sofort rüber!* aufnehmen und senden würde. Er wusste nicht, wie lange Charlie brauchen würde, um zu reagieren, sondern nur, dass sie auf seine Hilfe angewiesen waren. Verzweifelt.
Connor hatte keine Ahnung, was diese Namen sollten. Er ahnte nur, dass sie von Bedeutung waren. Sie weckten vage Erinnerungen, die mit dieser Nacht irgendwie in Verbindung standen. Inwiefern, konnte er nicht sagen. Also kämpfte er mit der Erkenntnis: *Ich könnte gewinnen,* einfach weiter.
Gleichzeitig mit der Sorge: *Ich könnte jeden Moment sterben.*
Nicht weit von ihnen, auf dem Boden des Wohnzimmers, kämpfte Ross in einem Knäuel aus Armen und Beinen wie ein Tier gegen den Mann mit dem Chorgewand. Sein Gegner war jünger als er. Kräftiger als er. Andererseits kein Mann, der für seine Familie kämpfte.
Sie bluteten beide, doch Ross war bei Weitem schwerer verletzt.
Er biss die Zähne zusammen.
Er spürte, wie ihm schwindelig wurde. Mit jeder Sekunde drohte er das Bewusstsein zu verlieren. Er spürte, wie ihn das Leben verließ.
Doch innerlich – er dachte, laut – schrie er sich einen Schlachtruf zu: *Wenn du aufgibst, sterben wir alle.*

Während er weiter nach dem Gegner schnappte, nahm er die letzten Kräfte zusammen und drückte dem Chorknaben die Hand um den Hals, um ihn zu erwürgen. Irgendwo neben ihm musste zwischen den Glasscherben und Holzsplittern auf dem Boden das Ka-Bar-Messer sein, das er zwischen den Zeitschriften versteckt hatte. Er tastete nach der Waffe aus seiner Jugend, bekam aber nur Teppich und Tischbeine zu fassen.
In dieser Sekunde richtete sich Delta plötzlich auf, sodass er fast rittlings auf Ross saß. Auch er bekam eine Hand frei. Mit der anderen zog er fest an Ross' Hand, die sich ihm gnadenlos um die Kehle drückte. *Der alte Mann bringt mich noch um!*, dachte er. Er zerrte an seinem Chorgewand, das jetzt als *Sesam öffne dich* ausgedient hatte und ihm nur noch hinderlich war. Er riss am Stoff, um an sein spezialangefertigtes Messer zu kommen. Als er mit den Fingern den eigens für seine Hand geformten Griff berührte, spürte er eine Woge der Erleichterung. Er bekam das Messer aus dem Futteral.
Delta hielt es auf Schulterhöhe.
Bring ihn jetzt um! Bring ihn sofort um!
Die Detonationen hinter seinem Kopf hörte Delta nicht mehr.
Sechs Schuss, die Kate mit der .357 auf den Mann im Chorhemd abfeuerte, der dabei war, den Mann zu töten, den sie liebte, seit sie ihm zuerst begegnet war.

Teddybär.
Große Nackenrolle.
Zwei Zierkissen.
Zwei normale Kissen.
Eine bunte Tagesdecke.
Eine Wolldecke für den Winter.
Weiße Baumwolllaken.
Mit ihren Händen suchte Niki darunter:
Ein gefährliches Küchenmesser mit Sägeschliff, aus dem Restaurant ihrer Eltern entwendet und unter all dem Bettzeug versteckt.
Sie packte den Griff und drehte sich in dem Moment zur Tür um,

als der Weihnachtsmann hereinstürzte. Sie sah, dass er jetzt statt der Schusswaffe ein Rasiermesser in der Hand hielt, und schöpfte Hoffnung, dass sich das Blatt auf diese Weise vielleicht gewendet haben könnte.
Sie kauerte auf ihrem Bett. Auf Knien. Und sah ihn an.
Wie Ross es ihr vorgeführt hatte, hieb sie mit dem Messer wild durch die Luft. Wappnete sich für den Angriff.
Als Charlie *die Freundin* so sah, stutzte er. Charlie war verblüfft.
Es herrschte Schweigen. Im Zimmer war nur ihrer beider keuchender Atem zu hören.
Noch nie hatte er es mit einer jungen Frau zu tun gehabt, die entschlossen war, sich zu wehren.
Er fasste sich und starrte *die Freundin* an.
Er beugte sich in der Taille ein wenig vor, nahm die Kampfstellung ein.
Taxierte im Kopf die Situation.
Ich weiß, wie man tötet.
Sie nicht.
Glaube ich jedenfalls.
Erledige sie.
Wie? Niki hielt ihm die Klinge entgegen.
»Na los«, sagte sie. Schrill, aber wild entschlossen. Eine Walküre. Eiskalt. Allem Anschein nach unerschrocken.
So etwas hatte er noch nie zu hören bekommen.
Es brachte ihn durcheinander. Er zögerte. Zum ersten Mal nach so vielen Morden wusste er nicht, was er machen sollte.
Er trat von einem Fuß auf den anderen, scheinbar sprungbereit.
Sie folgte ihm mit den Augen und dem Oberkörper. Hielt das Messer fest in der Hand.
Charlie machte einen Schritt zurück. Auch das hatte es bei allen seinen *Abenteuern* noch nie gegeben.
Er machte eine neue Rechnung auf.
Ich kann sie töten.
Wahrscheinlich.
Aber die Chancen, dass sie mich mit dieser Klinge aufschlitzt, bevor

sie stirbt, stehen fünfzig zu fünfzig. Abgesehen davon, dass ich es so nicht, wie geplant, vorher mit ihr treiben kann. So wie ich es wollte. So wie ich es brauche. So wie ich es verdient habe.
DNA. Blut. Mein Blut. Nicht gut. Was habe ich hier sonst noch für Spuren hinterlassen?
Schachmatt.
Ihm wurde heiß und kalt.
Aus dem in einer Innentasche seiner Jacke versteckten iPad, das ihn mit dem anderen Haus verband und mit dem er in dieser Nacht seinen Triumph festhalten und senden wollte, hörte Charlie plötzlich Schüsse.
Er wusste, was das hieß. Nicht genau, aber er konnte es sich denken.
Nichts lief wie geplant.
Alles war schiefgegangen.
Mit allen seinen Voraussagen für diese Nacht hatte Charlie falschgelegen.
In dieser Sekunde lösten sich seine Träume in Wohlgefallen auf. Ihm war, als verflüchtige sich alles, was *Jack's Boys* über die Jahre erreicht hatten. Alles, was er mit *der Freundin* hatte anstellen wollen, rückte in unerreichbare Ferne. Er fühlte sich plötzlich klein. Gewöhnlich. Sosehr er es hasste, begriff er, dass dieses Gefühl möglicherweise seine Rettung war.
Wieder zögerte er.
Die Stimme des Mörders in ihm schrie: *Bring's zu Ende. Greif sie an! Töte sie, auf der Stelle! Du schaffst das!*
Der Universitätsprofessor in ihm sprach mit der Stimme der Vernunft: *Du weißt nicht, ob du gewinnen kannst. So etwas hast du noch nie erlebt. Du konntest dir deiner Sache immer sicher sein, diesmal nicht.*
Nikis Augen blitzten.
»Na los!«, wiederholte sie und hieb mit der Klinge hin und her. Deutscher Stahl. Leise, doch im Brustton der Empörung schickte sie hinterher: »Fick dich. Fick dich. Komm schon, Arschloch. Worauf wartest du?«

Charlie sah sie an.
Triff eine Entscheidung.
Er konnte nicht einfach *Annie Chapman* oder *Mary Jane Kelly* ins iPad brüllen und Alpha oder Delta zu Hilfe holen. Diese Option gab es nicht mehr. *Die haben ihre eigenen Probleme. Die kommen nicht. Was heißt das?*, überlegte er.
Er kannte die Antwort:
Jeder ist sich selbst der Nächste.
»Glück gehabt«, sagte er und wedelte mit dem Rasiermesser, um ihr vor Augen zu führen, wie tödlich es war. Nichts als Kraftmeierei. »Ich komme wieder. Eh du dichs versiehst. Und dann *wirst* du sterben. Verlass dich drauf.«
Er wünschte, er hätte es mit mehr Überzeugung sagen können, denn so war er nicht sicher, ob ihm *die Freundin* glaubte.
Ohne ein weiteres Wort drehte er sich um und ging, machte sich nicht einmal die Mühe, die Tür zu schließen. Er vergaß seine Pistole. Er rannte einfach nur, so schnell er konnte, die Treppe hinunter. Er stieg über die nach wie vor am Boden liegenden, gefesselten Eltern, hastete durch den Flur, zog die Haustür zu und rannte hinaus in die eiskalte Nacht. Das Weihnachtsmannkostüm behinderte ihn beim Laufen, besonders die klobigen schwarzen Stiefel. Auf dem Weg die stille Straße entlang zu Deltas Leihwagen machte er bei jedem Schritt ein hohles Geräusch. Er sprang hinters Lenkrad. Die Schlüssel lagen noch da, wo sie Delta auf dem Armaturenbrett hinterlegt hatte. In Panik startete Charlie den Motor. Er warf einen kurzen Blick auf *Socgoal02s* Haus. Auch wenn er nicht sehen konnte, was drinnen passierte, wusste er, dass nichts nach Plan gelaufen war.
Ich sollte auf Delta und Alpha warten.
Das wäre nur recht und billig.
Scheiß drauf. Jeder von uns ist auf sich gestellt. Nichts wie weg.
Von dem einen feigen Gedanken beseelt – *Rette sich, wer kann!* –, schaltete Charlie in *Drive* und fuhr los. Sein eigener Leihwagen stand nur wenige Blocks entfernt in einer dunklen Nebenstraße. Er wusste, dass er es dorthin schaffen, unbemerkt den Wagen

wechseln und verschwinden konnte, bevor *die Freundin* dazu kam, Hilfe zu holen. War er erst einmal dort, konnte er auch das Weihnachtsmannkostüm loswerden. *Der Gestapo* würde – wenn sie die Kurve kriegte und überhaupt kapierte, was passiert war – nichts anderes übrig bleiben, als nach jemandem in einem Weihnachtsmannkostüm zu fahnden, und in dieser Nacht, in der jede Menge Weihnachtsmänner auf dem Heimweg waren, konnten sie lange nach dem richtigen suchen.

Es war seine einzige Chance. Aber eine gute.

»Sie hat noch mal Glück gehabt«, murmelte er.

Er hatte keine Ahnung, wie er Alpha und Delta seine Entscheidung erklären sollte.

Er wusste nicht, ob das überhaupt nötig werden würde.

»Lebt wohl, *Jack's Boys*«, sagte er, als er in stetigem Tempo davonfuhr. Der Verlust gab ihm einen Stich. *Jack's Boys* waren wahrscheinlich das Zweitbeste, was ihm je passiert war, fast so gut wie die wundersame Erkenntnis, wer er war und welche Statur er einmal erlangen könnte. »Ein Jammer«, sagte er. »Aber das Leben muss weitergehen.« *Der Tod auch.* Er entdeckte seinen Leihwagen am Straßenrand unter einer großen kahlen Eiche, die sich wie ein riesiges knöchernes Gespenst über das Fahrzeug neigte. Wenn er zügig vorankam, überlegte Charlie, würde er es nicht nur bis zum Abendessen zur Familienfeier seiner Frau schaffen, sondern sogar schon zur Bescherung, mit all der gespielten Freude über die Geschenke. *Sein Geschenk*, dachte er bitter, *kam noch mal davon.*

Er ging in der nächtlichen Dunkelheit unter und war auf seiner Flucht dankbar für diese Unsichtbarkeit.

Niki kauerte, immer noch das Tranchiermesser in der Hand, wie gelähmt auf ihrem Bett. Sie keuchte wie am Ende eines Wettlaufs, nur dass in diesem Fall, wie sie begriff, das Rennen nicht vorbei war, sondern noch eine beträchtliche Strecke vor ihr lag.

Sie konnte nicht glauben, dass sie schon in Sicherheit war.

Sie konnte nicht glauben, dass der Weihnachtsmann, der versucht hatte, sie umzubringen, und versprochen hatte, wiederzukommen, nicht in diesem Moment draußen vor ihrer Tür stand und nur darauf wartete, ihr mit dem Rasiermesser die Gurgel aufzuschlitzen – obwohl sie seine Schritte auf der Treppe und danach die Haustür aufgehen und zuschlagen gehört hatte. Sie konnte nicht glauben, was der Verstand ihr sagte. Einen Augenblick lang hatte sie das Gefühl, gar nicht mehr am Leben zu sein, als sei das Leben nur ein Traum und der Tod die Realität. Sie überprüfte ihre Sinne: Sehkraft, Geruch- und Tastsinn, Gehör – alles schien intakt. Sie kämpfte gegen die Verwirrung an und versuchte trotz der verbleibenden Angst, zu überlegen, was sie jetzt tun sollte. Sie spürte, wie ihr Blut die Oberschenkel hinunterlief, und begriff, dass sie angeschossen worden war. Doch sie spürte keinen Schmerz. Sie stieg vom Bett, tappte unsicher zur Tür und spähte durch einen Spalt hinaus.

Keiner da.

Obwohl ihr entscheidende Teile fehlten, versuchte sie, wie auf einem Puzzlebrett alles zusammenzufügen.

Was mache ich jetzt?

Sie merkte, wie sie langsam wieder einen klaren Kopf bekam.

Mom. Dad.

Connor. Diese wenigen Gedanken genügten ihr, um die Lähmung zu überwinden.

Niki hastete die Treppe hinunter. Unten lagen ihre Eltern immer noch hilflos auf dem Boden. So schnell sie konnte, schnitt sie die Kabelbinder an Händen und Füßen durch. Ihre beiden Eltern stöhnten. Ihr Vater schien nach wie vor am Rande der Ohnmacht zu sein. Noch nie hatte sie ihre Eltern so ausgeliefert und verletzt gesehen. Es hätte umgekehrt sein sollen: Nicht sie hätte sich um die beiden, sondern ihr Vater und ihre Mutter hätten sich um sie kümmern sollen. Es machte ihr Angst, trotzdem packte sie ihre Mutter an der Schulter und schrie ihr ins blasse, immer noch schockstarre Gesicht. »Hol Hilfe! Einen Krankenwagen. Die Polizei. Sofort! Hierher und zu Connors Haus! Mach schnell!«

Sie sah, wie ihre Mutter nickte, als käme sie langsam wieder zu sich und begriffe, was zu tun war. Ihre Mutter krabbelte ins Wohn-

zimmer, wo ihr in den ersten Sekunden der Panik das Handy heruntergefallen war. Niki wartete nicht.
Mit dem gestohlenen Küchenmesser in der Hand flog sie zur Tür hinaus in die kalte Nacht.

EIN EINZIGER AUSWEG ...

Alpha bekam Connors zerschmetterte Schulter zu fassen – er holte aus und schlug mit der Faust so fest zu, dass *Socgoal02* vor Schmerz laut aufschrie.
Kate war deshalb ein paar Augenblicke lang wie erstarrt.
Der Mann, der Ross überwältigt hatte, war von der Wucht der Schüsse, die ihn trafen, weggeschleudert worden und mit verrenkten Gliedern am Christbaumständer liegen geblieben, wo ihm Eiszapfen und anderer Weihnachtsschmuck auf den Kopf und ins Gesicht gefallen waren. Mindestens drei Schüsse waren ihm durch Brust und Rücken gedrungen, die drei Projektile steckten irgendwo in den Wänden und der Decke.
Das Blut sickerte ihm durchs Chorhemd.
Der Mann machte ein ungläubiges Gesicht, als er starb – *wie konnte mir so was passieren?*
Ross sackte zu Boden und starrte reglos zur Decke.
Bei diesem Anblick packte Kate die blanke Angst.
Er ist schon tot, dachte sie.
Ross stöhnte.
Sie hörte Connor schreien.
Sie wirbelte herum und eilte in seine Richtung. Im Flur richtete sie die .357 auf den Priester, der mit ihrem Enkel kämpfte, und drückte ab, ohne das dreifache Klick wahrzunehmen, mit dem der Hammer auf die leeren Kammern traf.
Die Schmerzen durchzuckten Connor wie Blitze. Er wusste, dass er nicht aufgeben durfte, egal, wie schwer verletzt er war. Er stieß den Priester mit dem Rücken gegen die Wand und hörte, wie er

ächzte. Doch der Gegner bekam dabei den rechten Arm frei, und im nächsten Moment prasselten Connor Schläge ins Gesicht und auf die verletzte Schulter. Connor kämpfte zugleich gegen den Schmerz im ganzen Körper und gegen den Mann im Priestergewand an.

Im nächsten Augenblick versetzte ihm der Priester überraschend einen kräftigen Stoß, und Connor merkte, wie ihm die Pistole entglitt, während er mitsamt dem Gegner zu Boden ging.

Kate feuerte immer wieder leere Schüsse ab.

Connor sah, wie die Neun-Millimeter über den Boden rutschte und in einer Ecke liegen blieb.

Das sah auch sein Gegner.

Eine Sekunde ... und der Priester und sein junger Gegenspieler robbten hinüber.

Im nächsten Moment stockte Alpha.

Er ist schneller da als ich.

Und er wusste:

Es gibt nur einen Ausweg.

Während Connor schon nach der Waffe grapschte, holte Alpha aus und trat dem Jungen in die Magengrube. Möglicherweise hätte er in dieser Sekunde einen Satz über den jungen Mann machen und die Pistole in seine Gewalt bringen können, doch da hatte Kate die Gefahr erkannt und schon zum Sprung angesetzt und die leere Pistole aus der Hand fallen lassen. Zitternd griff sie nach der Neun-Millimeter und versuchte, dicht bei Connor am Boden liegend, die Hand um den Griff und den Finger um den Abzug zu bekommen. Als sie sich endlich zu dem Priester umdrehen konnte, der mit ihrem Enkel kämpfte, und mit erhobener Waffe mehr schlecht als recht in Schießstellung ging, wusste sie genau, dass ihr nur Bruchteile einer Sekunde blieben, um Connor vor dem Killerpriester zu retten. Doch der war plötzlich verschwunden.

EINE GUTE FRAGE: »WIE VIELE?« ...
EINE LÜGE: »KEINE AHNUNG, WAS DIE FRAGE SOLL ...«
EINE WAHRHEIT: »MEHR, ALS DIR LIEB IST.« ...

Auf der Eingangstreppe rutschte Alpha beinahe aus.
Als er sich wieder fing und aufblickte, sah er zweierlei:
Am Ende der Straße die Rücklichter von Deltas Wagen um die Ecke biegen.
Die Haustür zum Haus *der Freundin* aufgehen.
Als Nächstes ein Schimmer blondes Haar.
Dann ein Messer, das im Licht der Eingangslampe aufblitzte.
Alpha hatte keine Zeit, den Gedanken zu formen: *Charlie, du hast uns im Stich gelassen,* genauso wenig, wie er realisierte: *Jetzt ist auch noch Delta tot.* Er dachte nur an Flucht, während ihm vage dämmerte, dass sich *die Freundin* irgendwie vom Opfer zu einer Bedrohung gewandelt hatte.
Alpha rannte davon, so schnell er konnte.
Bis zu seinem Wagen, den er vor dem Haus zwischen den Fahrzeugen der Weihnachtsgäste geparkt hatte, war es nicht weit.
Er traute sich zu, rechtzeitig hinzukommen.
Ohne Aufmerksamkeit zu erregen.
Und dann:
Nichts wie weg.
Und dann:
Fang noch mal von vorne an.
Auf seinem Fluchtweg über *Socgoal02s* Rasen hinterließ er zweifellos schwache Fußspuren im dünnen Neuschnee. Auf dem vereisten Bürgersteig suchte er in jedem Schatten Deckung. Die eisige Kälte spürte er nicht. Er fühlte sich nicht geschlagen – aufgeschoben war nicht aufgehoben. Mit jedem Schritt kam Alpha wieder zu Kräften. Auch wenn diese Nacht ein Desaster war, würde er in nicht allzu langer Zeit in einer anderen Nacht wieder zu Bestform auflaufen.
Als Niki bei Connor zur Haustür hereinstürzte, saß ihr ein Schrei in der Kehle: *Nein!*

Für den Bruchteil einer Sekunde fürchtete sie, Kate, die wie ein Häufchen Elend an der Wand kauerte, mit beiden Händen eine halbautomatische Pistole hielt und genau in ihre Richtung zielte, würde auf sie schießen.

»Kate!«, brüllte Niki.

Connor, der nicht weit von Kate entfernt war, rief: »Vorsicht! Vorsicht! Das ist Niki!«

Kate starrte ungläubig zur Tür. Doch im nächsten Moment gewannen die vielen Jahre Berufserfahrung in der Notaufnahme die Oberhand über den Schockzustand. Sie ließ die Pistole fallen, rappelte sich auf und wankte ins Wohnzimmer hinüber, wo ein Toter und ein Sterbender lagen.

Nur einer von beiden war ihr wichtig.

Connor hatte alle Mühe, trotz der höllischen Schmerzen bei klarem Verstand zu bleiben, und rief Niki zu: »Bist du okay?« Es folgte ein gequälter Wortschwall.

Der Mann, der sich als Priester verkleidet hat … hast du den gesehen?

»Ja. Als er eben hier rauskam.«

Jack's Boys. Das war einer von denen, er hat versucht, mich umzubringen.

»Bist du verletzt, Con?«

Ja. Ja, verletzt, aber nicht weiter gefährlich. Deine Eltern …

»Ich glaube, nichts Schlimmes.«

Hast du die Polizei gerufen?

»Ja, das heißt, meine Mom. Und einen Krankenwagen …«

Gut. Gut. Einer ist tot. GP *hat mit ihm gekämpft.* GM *hat ihn erschossen. Der Priester, der ist entwischt. Er ist ein Killer. Niki, lass ihn nicht …*

Den Rest konnte Niki sich selbst zusammenreimen.

… entwischen.

Sie sah sich um und entdeckte die Neun-Millimeter, die Kate hatte fallen lassen. Sie schnappte sich die Waffe. Im Wohnzimmer sah sie Kate über eine Gestalt am Boden gebeugt. *Ross.* Kate war fieberhaft damit beschäftigt, seine Blutungen zu stillen.

»Lauf«, sagte Connor. Und in angespanntem Ton: »Wenn er davonkommt, können wir uns nie wieder sicher fühlen, und alles fängt von vorne an, ob morgen oder …« Er brauchte nicht weiterzureden, sie wusste genau, was er meinte. Es war nicht viel anders als das, was sie jahrelang über den Mann gesagt hatten, der Connors Eltern auf dem Gewissen hatte.

Verlass dich nicht darauf, dass er aus dem Verkehr gezogen wird.

Verlass dich nicht darauf, dass er nie wiederkommt.

Glaub nicht, irgendwann ist alles gut.

Verlass dich nicht darauf, dass uns jemand anders abnehmen wird, was wir jetzt, in diesem Augenblick, tun sollten.

Ohne ein weiteres Wort machte Niki, die Pistole in der Hand, auf dem Absatz kehrt und war zur Haustür hinaus.

Es war ein Wettlauf wie keiner zuvor.

Noch nie zuvor hatte sie hinten gelegen. Noch nie war sie gezwungen gewesen, jemanden einzuholen. Noch nie hatte sie zu jemandem mit einem Vorsprung aufschließen müssen. Das hier war für sie vollkommen neu.

Außerdem hatte sie keine Ahnung, wo die Ziellinie war – einfach nur irgendwo da draußen in Dunkelheit und Kälte.

Doch sie wusste, dass sie schnell war. Sie wusste auch, in welche Richtung der als Priester verkleidete Mann weggerannt war. Und sie schaltete sofort in einen hohen Gang und rannte mit flatternder Mähne, ohne auf das schlüpfrige Pflaster oder die eisige Luft zu achten, schneller als je zuvor. Die bohrenden Schmerzen im Gesäß ignorierte sie ebenso wie das klebrige Gefühl an der Rückseite der Beine, wo ihr das Blut heruntertropfte. In der Hoffnung, auf dem schwarzen Teer einen besseren Tritt zu haben, wechselte sie vom Bürgersteig auf die Straße. Sie hatte richtig vermutet. Binnen Sekunden legte sie ein gnadenlos schnelles Tempo hin. Die Waffe in einer Hand, schwang sie in gleichmäßigem Rhythmus die Arme mit. Die Pistole war schwer und drohte sie aus dem Takt zu bringen, doch sie verlagerte nur ein wenig das Gewicht und rannte gegen all das an, was in dieser Nacht und im Oktober geschehen war und was ihnen in irgendeiner zukünftigen Nacht drohte, wenn sie es nicht schaffte, den Mann dort vorne einzuholen.

Alpha merkte nicht, dass ihm jemand folgte.

Die Nacht war ein schriller Kontrast von tiefer winterlicher Dunkelheit und grellroter, grüner und weißer Weihnachtsbeleuchtung, die durch die Fenster auf den glitzernden Frost der Vorgärten fiel. Aus dem einen oder anderen Haus drangen gedämpfte Stimmen, die *Jingle Bells* und andere Weihnachtslieder sangen, während er draußen von einer Festgesellschaft zur anderen weiterrannte. Alpha war ein Stadtmensch, er liebte die U-Bahn und Schnellstraßen, Hochhäuser und Wolkenkratzer, Überführungen und mit Graffiti übersäte Zementbollwerke. Er mochte gute Restaurants und Kunstgalerien, Straßenschluchten und Neonlichter, die sich nach dem Regen im Pflaster spiegelten. Die Leere, die er behaglich fand, hatte mit der Leere, die ihn hier umgab, nicht das Geringste zu tun. Jene Großstädte waren sein Jagdrevier, die spießige Vorstadtidylle mit ihren Alleen und angrenzenden Wäldchen war erbärmlich. Er fand das alles so irritierend, dass er am liebsten stehen geblieben und jeden umgebracht hätte, der ihm in die Quere kam.

Stattdessen rannte er los.

Er wusste, dass ein Priester, der, noch dazu um diese Zeit, durchs Viertel sprintete, Aufmerksamkeit auf sich lenkte. Falls ihn jemand bemerkte, würde es derjenige nicht vergessen.

Und so drosselte Alpha das Tempo, nachdem er auf dem Weg zu seinem Wagen bereits ein gutes Stück zurückgelegt hatte.

Er keuchte. Die kalte Luft, die er einsog, brannte ihm wie Nadeln in der Brust, und sein warmer Atem bildete eine weiße Wolke.

Sowie sich sein Puls etwas beruhigte, stieg Ärger in ihm hoch. Delta *tot*. Easy *tot*. Bravo *tot*. Und Charlie *verschwunden*.

»Charlie«, flüsterte er, »ich hätte dich nicht für einen Feigling gehalten. Ich hätte dir mehr Loyalität zugetraut.«

Als er in die Straße abbog, in der fünfzig Meter weiter sein Wagen neben den Fahrzeugen der Weihnachtsgäste stand, beschloss er, sich in den nächsten Monaten die Zeit zu nehmen, Charlie aufzuspüren, um es ihm heimzuzahlen, dass er Delta und ihn im entscheidenden Moment im Stich gelassen hatte. Charlie hatte dem Plan zugestimmt, sich gegenseitig zu warnen, und nicht nur gegen diese Abmachung verstoßen, sondern auch den Geist von *Jack's Boys* verraten. Zuerst dachte Alpha: *Ich weiß genug, um ihn an* die Gestapo *auszuliefern. Sollen die sich doch den Verräter vorknöpfen.* Doch dann verwarf er die Idee. *Charlie könnte sich seinerseits gegen mich wenden. Sein Leben gegen meins tauschen, also besser nicht. Bleibt nur eine Lösung.* Beweisführung, Schlussplädoyer, Urteilsspruch – alles auf einmal. Strafe: *der Tod. Das hätte anno 1888 auch* Jack *verlangt.*

Alpha erkannte, dass er noch nie zuvor in Erwägung gezogen hatte, einen anderen Mörder zu töten, noch dazu ein Gründungsmitglied von *Jack's Boys.* Dabei ging er in Gedanken schon einen Schritt weiter und überlegte, wie sich die unumgängliche Exekution von Charlie eventuell mit einem weiteren Schlag gegen *Socgoal02* und *die Freundin* verbinden ließ. Sie verdienten weiterhin den Tod. Sofort kam er zu dem Schluss, dass sie nie mehr ohne Angst leben durften. Sie durften keine sichere Minute mehr haben. Dafür würde er sorgen. Schon malte er sich aus, was für E-Mail-Botschaften er ihnen schicken, welche Instagram-Bilder er hochladen oder welchen gelegentlichen Tweet er absetzen sollte, um *Socgoal02* und *die Freundin* in permanente Alarmbereitschaft zu versetzen, sobald er wohlbehalten in seine eigene Welt zurückgekehrt war.

Auf dem letzten Wegstück, das er schnell, aber auch nicht zu schnell zurücklegte, überlegte er, dass er diese drei Tötungen ganz oben auf seine Liste setzen würde, auch wenn er am liebsten anonym tötete, in seinem gewohnten Stil, nicht zuletzt, indem er der jungen Frau eine Haarsträhne abschnitt, bevor sie starb. *Ich muss mir etwas Neues einfallen lassen.* Er wurde mit dem Gedanken warm. *Etwas Cleveres, etwas Unerwartetes. Etwas Wunderbares. Aber,* rief er sich in Erinnerung, *sieh erst mal zu, dass du hier wegkommst.*

In der Ferne hörte er Sirenen, die näher kamen.
An einem unbebauten Grundstück voller Dornengestrüpp und mit Schneehaufen übersät, blieb er stehen. Er sah sich kurz um, holte die Garrotte heraus, die er bei sich hatte, und schleuderte sie so weit weg, wie er konnte. Dann zog er das iPad hervor, das immer noch auf Aufnahme lief, und löschte eilig alles, was diese Nacht festgehalten hatte, von den Gesprächen in Deltas Wagen über den Kampf in *Socgoal02s* Haus bis zu diesem Moment. Dann zertrümmerte er zur Sicherheit das Gerät auf dem Boden, sammelte die Bruchstücke auf und warf sie in alle Richtungen.
In dem beruhigenden Gefühl, nichts mehr bei sich zu haben, das ihn als Mörder überführte, marschierte er zügig zu seinem Wagen.
Zeit zu gehen. Immer hübsch unauffällig. Füg dich ein.
Das Übrige kannst du später klären.
Er sah, wie Leute aus dem Haus mit der Festgesellschaft kamen. Auf dem Fußweg drängte sich eine Menschentraube in Mänteln und Mützen. Sie schüttelten sich die Hände. Umarmten einander. Freunde an einem vergnüglichen Abend. Einige von ihnen entriegelten bereits ihre Fahrzeuge, sodass direkt vor ihm die Scheinwerfer und Innenbeleuchtungen angingen. Er dachte: *Winke freundlich, und sie werden dich alle für einen der Gäste halten.*
»Fröhliche Weihnacht«, rief er einem Paar zu, das gerade einstieg. »Frohes Fest!«
Doch er hatte noch nicht zu Ende gesprochen, als er etwas ganz anderes hörte.
Schritte. Eilige Schritte auf der Straße.
Alpha drehte sich um. Mit einem Mal war ihm kalt.
Vielleicht vierzig oder fünfzig Meter entfernt schälte sich eine Gestalt aus dem Dunkel: *die Freundin.*
Irrtum ausgeschlossen. Sie rannte schnell. Viel schneller als er. Als schwebte sie über dem Pflaster.
Er wollte fliehen.
Er tat es nicht.
Sie hat noch nie mein Gesicht gesehen, überlegte er. *Sie könnte mich ohne Weiteres für irgendeinen Priester halten, der von einer Weih-*

nachtsfeier kommt. Sie kann nicht wissen, dass ich der Todespriester bin.
Er spähte an ihr vorbei.
Von *Socgoal02* war weit und breit nichts zu sehen. Ebenso wenig vom Großvater oder der Großmutter, die ihn hätten wiedererkennen können.
Blitzschnell dachte er nach:
Ich habe nichts zu befürchten.
Dann sah er die Neun-Millimeter in ihrer Hand.
Seine eigene Waffe.
Alpha wandte sich ab von dem Albtraum, der ihn verfolgte, und begab sich im Laufschritt zu seinem Wagen. Dabei war er sich vage der Tatsache bewusst, dass die Leute, die aus dem Haus strömten, neugierig guckten und ihren Augen nicht trauten.
Er hatte die Hand fast am Türgriff, als er hörte:
»Halt, stehen bleiben!«
Die Aufforderung war nicht gebrüllt und nicht geschrien. Sie erfolgte fast im Flüsterton, zwischen keuchenden Atemzügen in der kalten Luft.
Er packte den Türgriff.
Hörte einen zweiten Befehl.
»Lassen Sie das!«
Er drehte sich zu *der Freundin* um. Sie stand nur fünf Meter entfernt, ein wenig vorgebeugt, mit leicht angewinkelten Knien, die Pistole mit beiden Händen gepackt und auf ihn gerichtet. Genauer gesagt, auf den Massenmittelpunkt. Lektionen, die sie von Ross gelernt hatte.
Plötzlich kam in seiner Nähe Gemurmel auf. Besorgte und verblüffte Stimmen. Die Festgäste schienen zu merken, dass vor ihrer Nase etwas Seltsames vorging, etwas, das mit gepflegter Konversation, reichlich Wein und gutem Essen, mit Gesang und Fröhlichkeit wenig zu tun hatte. Etwas, das man eher in den Nachrichten oder auf einem heimlich aufgenommenen Video im Internet erwarten würde. Etwas, das an jedem anderen Ort passieren konnte, nur nicht hier.

»Miss …«, sagte er ruhig und bedächtig. »Stecken Sie diese Waffe weg. Ich habe keine Ahnung, was Sie sich dabei denken oder für wen Sie mich halten …«
Niki fiel ihm ins Wort.
»Ich weiß genau, wer Sie sind.«
Alpha verstummte. Er nahm die Hände hoch.
»Sie sind kein Priester«, sagte sie. »Sie sind ein Mörder.«
»Nein, Sie irren sich«, entgegnete Alpha.
Ein Mann, der in der Nähe stand, warf ein: »Miss, bitte nehmen Sie die Waffe runter …«
Seine Frau neben ihm rief: »Sei still. Halt dich da raus!« Sie packte ihn am Arm und zog ihn aus der Schusslinie hinter einen Wagen.
Jetzt war zu hören, wie ein anderer Mann die Polizei rief. »Da ist ein Mädchen mit einer Pistole …«
Eine Frau hielt ihr Handy in die Höhe und fing an, die Szene zu filmen. Eine zweite Person folgte ihrem Beispiel. Inzwischen hatte sich auf dem Bürgersteig mindestens ein Dutzend Gäste versammelt und verfolgte wie gebannt, was sich da vor ihren Augen abspielte.
Alpha hielt den Zeitpunkt für gekommen, es noch einmal zu versuchen.
»Stecken Sie diese Waffe weg. Tun Sie nichts, was Sie für den Rest Ihres Lebens bereuen werden«, sagte er – in ganz und gar ruhigem Ton. Ohne Angst und ohne Hast. Auch wenn er innerlich wütete: *Wenn ich dich in die Finger kriege, stirbst du qualvoller als jede andere, die ich mir jemals vorgeknöpft habe. Dein Tod wird spektakulär und entsetzlich sein. Nicht einmal der Satan könnte sich in seinen schlimmsten Momenten ausdenken, was ich mit dir machen werde. Ich ziehe dir lebendig die Haut vom Leib, was sage ich, ich häute dir die Seele. Du wirst Schmerzen erdulden, wie sie kein Mensch je erlitten hat. Und dann führe ich deinen Tod aller Welt vor, damit sie wissen, wie unglaublich ich sein kann.*
»Es ist nicht so gelaufen, wie es sein sollte, oder?«, fragte Niki.
»Miss, Sie verwechseln mich mit jemandem.«
Niki schüttelte den Kopf. Zum ersten Mal drang die Kälte durch die Körperwärme, die sie bei ihrem Sprint entwickelt hatte.

»Nein«, sagte sie und starrte ihn an. »Wie viele Priester«, fügte sie bedächtig hinzu, »tragen am Heiligabend OP-Handschuhe?«

Alpha blickte zu seinen erhobenen Händen hoch. *Verflucht!*, dachte er und wandte sich wieder dem Teenager zu. Zum ersten Mal wurde er ein wenig nervös. Er wusste nicht recht, was er sagen sollte.

»Hören Sie, Miss, es ist Heiligabend. Sie haben gewiss nicht vor, mich ausgerechnet in dieser Nacht vor all diesen Leuten hier zu erschießen.«

Niki zielte ungerührt weiter auf seine Brust.

Mit einem Mal wurde er sich der vielen Augenpaare bewusst, die auf ihn gerichtet waren. Ein Schauspieler auf einer berühmten Bühne in der besten Szene, die je geschrieben wurde.

»Tun Sie das nicht«, sagte Niki. Ihr Finger krümmte sich am Abzug. Dabei war sie sich nicht sicher, worauf genau sich ihre Warnung bezog. Sie wusste einfach nur, dass sie es sagen musste.

»Sie wollen gewiss nicht zur Mörderin werden, mein Kind«, sagte Alpha in bester *Father O'Malley*-Manier, als würde er in dem Kinohit *Der Weg zum Glück* mitspielen. »Lassen Sie sich nicht zu etwas hinreißen, das nicht zu Ihnen passt«, fuhr er fort. Innerlich sagte er zu sich: *Du bist einfach nur ein dämliches kleines Mädchen und kannst jemandem wie mir nicht das Wasser reichen.*

»Wie viele?«, fragte Niki unvermittelt.

»Wie viele was?«, antwortete er. Und lächelte weiter. »Keine Ahnung, was die Frage soll. Wie viele Gottesdienste ich heute Abend abgehalten habe? In wie viele Häuser ich gebeten wurde, um meinen Segen zu erteilen?«, Alpha hielt immer noch die Hände hoch. Er hoffte, das umstehende Publikum für sich zu gewinnen.

»Wie viele wie mich und Connor?«, fragte sie in forderndem Ton.

Mehr, als dir lieb ist, dachte Alpha.

Doch er antwortete: »Miss, ich habe keine Ahnung, was Sie von mir wollen. Bitte nehmen Sie die Waffe herunter, dann können wir reden. Meinetwegen hier oder auch im Beichtstuhl.«

»Ich bin es leid zu reden. Ich bin es leid, Angst zu haben«, sagte Niki.

Und drückte vier Mal ab.
Jeder Schuss traf. In die Körpermitte.
Er flog rückwärts gegen den Leihwagen und blickte zum Himmel. Lichterlose Nacht stürzte über ihn herein. Sein letzter Gedanke war: *Das kann nicht sein.*
Hinter Niki und dem falschen Priester suchten verblüffte Festgäste Deckung, als hätten ihnen die Schüsse den Schutz der Dunkelheit genommen. Eine Frau schrie. Zwei Männer brüllten vor Angst und ungläubigem Staunen. Niki blieb wie angewurzelt stehen und starrte auf den Mann, den sie getötet hatte. Er war zusammengesackt und lag mit offenen Augen und einem fassungslosen Gesichtsausdruck in der Blutlache, die sich unter ihm sammelte. Sie hörte nicht einmal das Getöse der Sirenen, das beharrlich näher kam. Sie war so geistesgegenwärtig, die Waffe fallen zu lassen und die Hände zu heben, obwohl sie eigentlich nicht wusste, wieso. Es erschien ihr in diesem Moment einfach nur angebracht. Sie spürte kaum die Hände einiger Gäste, die sie rüde packten und festhielten, als dicht vor ihr zwei Streifenwagen mit Blinklichtern quietschend zum Stehen kamen. Dann plötzlich hörte sie die aufgeregten Rufe, die ringsum hin und her gingen, ein Stimmengewirr, in dem sie aber keine Worte ausmachen konnte. Jemand stieß sie gegen einen Wagen, doch es war ihr egal. Sie rechnete damit, die nächtliche Kälte zu spüren, doch zu ihrer Verwunderung durchwogte sie bei dem Gedanken: *Vielleicht sind wir von jetzt an in Sicherheit,* eine angenehme Wärme.
Nur dass, wie sie wusste, ein todbringender Weihnachtsmann noch auf freiem Fuß war.

KAPITEL 53

SEKUNDEN …

KATE …

Obwohl Kate unvermindert Druck auf die Wunde in Ross' Bauch ausübte, gurgelte immer noch dunkles Blut zwischen ihren Fingern hervor. Sie hörte flehentliches Bitten und grimmige Befehle und merkte erst zeitversetzt, dass sie selbst Ross beschwor, genauso wild entschlossen gegen seine schweren Verwundungen zu kämpfen wie zuvor gegen den Mann, den sie getötet hatte. Die Sirene eines Krankenwagens, der die Straße entlangkam und schließlich in ihre Einfahrt bog, dröhnte ihr in den Ohren. Nur von ferne bekam sie mit, wie Connor, die Hand an der verletzten Schulter, mit schlaff herunterhängendem Arm, in der Haustür stand und den Sanitätern zubrüllte, sie sollten sich beeilen.

Kurz darauf hörte sie Schritte in ihrem Rücken. Ohne sich umzusehen, zählte sie die Verletzungen auf, die sie bei ihrem Mann bereits festgestellt hatte. »Schusswunde im linken Unterbauch. Zweite Wunde in der rechten Hüfte. Erfordert Druckverband. Blutdruckabfall, schwacher Puls …« Die beiden wussten, wer sie war, und so sagte einer von ihnen, während er die Hände auf Ross' Bauch drückte und sie dabei zur Seite schob: »Kate … wir übernehmen.« Sie stand langsam auf und trat von Ross zurück. Es ging ihr gegen die Natur, *nichts* zu tun, selbst wenn es für sie *nichts* mehr zu tun gab. Doch als der andere Sanitäter Anstalten machte, sich die Leiche des Mörders anzusehen, sagte sie in bewusst harschem Ton: »Den hat's erwischt. Für den können Sie nichts mehr tun.«

Sie schwieg einen Moment und schluckte.

»Für den *sollten* Sie nichts tun.«
Nach kurzem Zögern die Wahrheit:
»Ich habe ihn getötet.«
Und noch eine Wahrheit:
»Er hat versucht, uns zu ermorden.«
Dann wieder zum Wesentlichen: »Ross muss schnellstens in den OP. Beeilen Sie sich!«
Bei dem Einwand: »Wir müssen ihn erst stabilisieren …«, schnitt sie dem Sanitäter das Wort ab.
»Nein. Dafür ist keine Zeit! Fahren Sie los!«
Sie hatte recht, und die beiden wussten es. Sie konnten ihn immer noch auf der Fahrt ins Krankenhaus stabilisieren. Binnen Sekunden hatten sie ihm eine Plasmainfusion in den rechten Arm gelegt, eine Sauerstoffmaske aufgesetzt, am Bauch eine Kompresse gelegt und einen Schlauchverband ums Bein. Auf eins, zwei, drei hatten sie Ross auf eine Bahre geschnallt und aus dem Haus geschoben. Während die Räder des Fahrgestells die Eingangsstufen und den Fußweg hinunter zur Straße ratterten, gab einer der Sanitäter über sein Schultermikrofon Angaben zu Verletzungen und Vitalzeichen durch. Kate lief neben ihnen her und hielt Ross die Hand. Die Kälte der Weihnachtsnacht war nichts im Vergleich zu dem Gefühl in ihrer Brust. Die Intensivschwester in ihr flüsterte: *Er kommt nicht durch.* Die Ehefrau, die in den Krankenwagen stieg und »Los, los, los« brüllte, flehte innerlich: *Nicht sterben, Ross! Du schaffst das. Ich bin bei dir.* Eine dieser Stimmen würde recht behalten. Sie wollte nicht wissen, welche, da Erstere sich immer mehr Gehör verschaffte, während Letztere immer kleinlauter wurde.

ROSS …

Streng genommen tat ihm nichts weh, auch wenn er wusste, dass in unmittelbarer Nähe Schmerzen lauerten. Nur ganz von fern bekam er mit, wie ihn die Sanitäter fieberhaft versorgten. Es war fast so, als sei er aus seinem zerfetzten Körper getreten und sähe ihnen mit abgeklärter Neugier zu. Als Marine hatte er Männer sterben sehen und fragte sich jetzt, ob das hier dieselbe Melodie war, nur auf einem anderen Instrument. Er spürte Kates Anwesenheit und begriff, dass sie es war, die seine Hand hielt. Er glaubte zu hören, dass sie mit ihm sprach, und so fragte er sie: »Connor?« Durch die dichten Nebelschwaden hindurch, die ihn einhüllten, bekam er ihre Antwort mit: »Ihm ist nichts passiert. Er ist okay. Kämpf weiter! Bleib bei uns …« Diese Worte hielten die Schmerzen, die er eigentlich haben müsste, noch mehr in Schach, und er war dankbar dafür. Mit flatternden Lidern öffnete er die Augen und sah, wie Kate sich über ihn beugte. Es kam ihm so vor, als sei er taub und lese ihr von den Lippen: »Bitte, Schatz, bitte, Liebster, kämpfe, du musst kämpfen.«

Irgendwie hatte er das Gefühl zu fliegen und durch den Weltraum zu schweben, und hoffte, dass es in Wahrheit nur der Krankenwagen auf seiner rasenden Fahrt zum Krankenhaus war. Er hörte die Sirene. Hörte, wie die Reifen auf der Fahrbahn quietschten. Spürte die Schieflage in den Kurven. Den Schub, wenn sie Gas gaben. Genauso gut konnte es aber auch sein, dass ihn etwas anderes unerbittlich himmelwärts hob. Er hatte das Bedürfnis, die Augen zu schließen und nur ein paar Sekunden lang darüber nachzudenken, was in dieser Nacht passiert war.

Wieder blickte er auf, und diesmal sah er einen guten alten Bekannten, der ihm die Hand entgegenstreckte. »Hey Freddie«, flüsterte er. »Schön, dich zu sehen. Ist viel zu lange her. Du hast mir echt gefehlt, Kumpel. Warst du heute Nacht da? Klar, ich weiß es. Danke. Du hast mir wirklich geholfen. Mann, was für ein Kampf!« Doch der Geist antwortete nicht, sondern lächelte nur. Stattdessen hörte er aus weiter Ferne Kate brüllen: »Verdammt! Schneller!« Das galt wohl nicht ihm. Und in diesem Moment dachte Ross, dass es eigentlich mehr oder weniger so gekommen war, wie er es erwartet hatte. Egal wie diese Nacht für ihn enden mochte, der Tauschhandel ging für ihn in Ordnung.

MINUTEN ...

CONNOR ...

Ein dritter Sanitäter kümmerte sich um Connor und leuchtete ihm, um eine Gehirnerschütterung auszuschließen, mit einer Diagnostiklampe in die Augen. Den Teil kannte Connor bereits vom Fußballplatz. Er folgte dem Licht und sagte: »Mir geht's gut«, auch wenn ihm die immer heftigeren Schmerzen in der Schulter etwas anderes sagten.

Im Heck des zweiten Krankenwagens wurde er an ein Blutdruckmessgerät angeschlossen. Die erste Ambulanz war bereits mit *GP* und *GM* in rasendem Tempo zum Krankenhaus unterwegs. Durch die geöffnete Hecktür sah er einen dritten Krankenwagen vor Nikis Haus. Aus der Tür wurde wie vor wenigen Minuten bei *GP* eine Bahre herausgefahren. Die Gestalt, die darauf lag, konnte er nicht erkennen, doch als Sekunden später Nikis Mutter ins Freie trat und sich hastig einen Mantel überzog, schloss er daraus, dass sie Nikis Vater zur Notaufnahme brachten.

Jemand hatte Connor Decken um die Schulter gelegt.

Der Sanitäter, gerade mal ein paar Jahre älter als er, sprach ihn an. »Wir werden dich ratzfatz in die Röntgenaufnahme bringen, Kumpel. Hast du große Schmerzen?«

Connor spürte das stetige Pochen in Schulter und Schlüsselblatt. Zu seinem Staunen wurde es ihm erst jetzt bewusst. *Wahrscheinlich das Adrenalin,* schätzte er. Auch das hatte er vom Fußball in Erinnerung. Einmal hatte er mit eigenen Augen gesehen, wie ein

Profi mit einem beängstigenden Knöchelbruch noch dreißig Meter weiterlief, bevor er zusammenbrach. Der Sanitäter half ihm behutsam dabei, den Arm ein wenig anzuheben, und Connor verzog das Gesicht und stieß unwillkürlich einen kleinen Schmerzensschrei aus. Der Sanitäter schüttelte den Kopf. »Also, Connor, sieht nicht gut aus. Wir fahren dann mal los.«

Connor nickte. Er konnte sich nicht erinnern, dem Sanitäter seinen Namen genannt zu haben. Bevor sie die Tür zuklappten, sah er sich noch einmal um.

In kleinen Gruppen standen Polizisten vor dem Haus, ein paar von ihnen auf dem leicht verschneiten Rasen im Vorgarten. Andere gingen zur Haustür ein und aus. Sie fingen an, gelbes Flatterband zu spannen. Von mehr als einem Streifenwagen und den Ambulanzen blitzten rote, blaue und gelbe Lichter durch die Dunkelheit – wie eine außer Rand und Band geratene Weihnachtsparty.

Er sah, wie die Ermittlerin, die ihn im Oktober vernommen hatte, herüberkam. Sie hielt den Sanitätern ihre Marke hin, die stumme Aufforderung, noch einen Moment zu warten.

»Wie geht's Ihnen, Connor?«, fragte sie.

»Einigermaßen«, antwortete er. »Geht schon.« Er wollte keine Schwäche zeigen. »Nichts Ernstes, glaube ich.«

»Ganz schön heftiger Kampf«, sagte sie. »Wissen Sie, wer der Tote im Haus ist?«

»Einer von *Jack's Boys*«, antwortete Connor und fügte bitter hinzu: »Ich habe Ihnen schon vor Monaten von denen erzählt. Sie haben mir nicht gut zugehört.«

Die Polizistin sah ihn mit einer Mischung aus Verlegenheit und Ärger an. Sie machte den Mund auf, doch Connor kam ihr zuvor.

»Wo ist Niki?«, fragte er und fügte dann, als ihn eine Woge der Angst und unbeschreiblicher Trauer überwältigte, unvermittelt hinzu: »Wo ist *GP?*« Dabei wusste er, dass sein Großvater auf dem Weg ins Krankenhaus war. Noch bevor er eine Antwort bekam, traten ihm die Tränen in die Augen, und er musste den Kloß im Hals herunterschlucken.

NIKI …

In Schießstellung, mit vorgehaltener Waffe, brüllte ihr ein nervöser, sehr junger Streifenpolizist Befehle zu. Seine Partnerin, eine Frau mit Kurzhaarschnitt, ebenfalls mit Waffe im Anschlag, nahm Deckung hinter einer der Autotüren. Auch sie brüllte Befehle – im Prinzip dieselben.

»Keine Bewegung!«

Ich bewege mich doch gar nicht.

»Waffe fallen lassen.«

Längst erledigt.

»Treten Sie die Waffe mit dem rechten Fuß herüber.«

Wird erledigt. Kein Problem.

»Einen Schritt zurück!«

Von mir aus. Wie ihr wollt.

»Die Hände hinter dem Kopf verschränken. Auf die Knie. Gesicht zu mir!«

Ist sinnvoll.

»Keine plötzlichen Bewegungen.«

Für wie blöd haltet ihr mich?

Die Waffe weiter auf Niki gerichtet, näherte sich der junge Polizist. Bei ihr angekommen, trat er hinter sie, während seine Partnerin aus der Deckung der Autotür kam und nach wie vor auf Nikis Brust zielte. Der junge Ordnungshüter packte sie am Arm und ließ eine Handschelle zuschnappen. Es tat weh, doch Niki sagte nichts. Dann griff er nach der anderen Hand und machte die zweite Schelle daran fest, bevor er ihr befahl, sich flach auf den Bauch zu legen, und ihr Gesicht auf die Straße herunterdrückte. Auch wenn sie allmählich die Kälte spürte, hielt sie alles, was diese Nacht passiert war, vom Kampf über den Wettlauf bis zu den tödlichen Schüssen, warm.

»Sie haben einen Priester ermordet!«, brachte der junge Polizist vorwurfsvoll heraus. »An Heiligabend! Vor all diesen Leuten!«

»Er ist kein Priester«, erwiderte Niki ruhig. »Er ist einer von *Jack's Boys.*«

Sie schwieg. Sie hätte gern hinzugefügt: *Nun wissen Sie natürlich nicht, wer* Jack's Boys *sind. Sonst wüssten Sie nämlich, dass er mich ermordet hätte, wenn ich ihn diese Nacht nicht unschädlich gemacht hätte. Mich oder Connor. Und wer weiß, wen noch. Aber ich hab's getan. Wird er also nicht mehr schaffen. Und deshalb kannst du mich mal. Leck mich.*

Nichts davon sagte sie laut.

Sie blickte in die Runde der Festgäste, die am Rand der Dunkelheit ihre Fahrzeuge und den Streifenwagen umstanden, blickte in die erleuchteten Gesichter, sah sie miteinander tuscheln und zu ihr herunterstarren, während einige mit dem Handy ihre Festnahme filmten. *Ihr wisst nicht,* dachte sie im Stillen, *dass er, ohne mit der Wimper zu zucken, jeden von euch erschossen hätte, auch an Heiligabend.* Doch auch das behielt sie für sich.

Die Streifenpolizistin steckte die Dienstwaffe wieder ins Holster und kam zu Niki herüber. »Haben Sie …«, fing sie an. In diesem Moment ertönte aus dem Funkgerät, das auf ihrer Schulter an der schusssicheren Weste befestigt war, ein lautes knisterndes Geräusch, begleitet von einem Schwall an Informationen, von denen Niki nur einen Bruchteil verstand. Die Polizistin musterte Niki von oben bis unten und entdeckte erst jetzt die Blutflecken an der Rückseite ihrer Hose. »Hey! Sie blutet! Sie wurde angeschossen!«

Richtig, dachte Niki. *Du merkst aber auch alles.*

Stattdessen fragte sie nur: »Wie geht es den anderen?«

Meiner Mutter.

Meinem Vater.

GP.

GM.

Und Connor.

Dabei kannte sie die Antwort schon.

STUNDEN …

KATE … BEI IHREM EINTREFFEN IM KRANKENHAUS …

Sie war drauf und dran, sich selbst für die Operation vorzubereiten, um an Ross' Seite zu sein, doch das OP-Team ließ sie nicht. Wenn sie ehrlich war, wusste sie, dass sie nur im Wege stehen würde, physisch und emotional. So begab sie sich stattdessen in die Röntgenabteilung, um nach Connor zu sehen. Die medizinisch-technische Assistentin erkannte sie gleich und bat sie in den Raum, in dem auf einem großen Computerbildschirm Connors Aufnahmen zu sehen waren. Sie sagte: »Die habe ich schon zur Auswertung an die Radiologie geschickt.«

Sie zeigte auf die offensichtlichen Frakturen.

Kate starrte auf die Bilder. Sie hatte Mühe, scharf zu sehen. Die Aufnahmen schienen zu wabern. Connor saß immer noch im Röntgenzimmer in der Nähe.

»Er wird starke Schmerzmittel brauchen«, sagte Kate. Sie bereute sofort, Ross gesagt zu haben, Connor fehle nichts. *Das stimmt nicht. Er ist verletzt.*

»Das muss auch operiert werden. Ich schick die Aufnahmen gleich zur Orthopädie rüber.« Sie deutete auf weißgraue Linien, die sich auf der Aufnahme, ausgehend von einer splittrigen Stelle im Schlüsselbein, wie ein Spinnennetz ausbreiteten. »Tut mir leid, Kate. So was Übles habe ich noch nie zu Gesicht bekommen. Sieht mehr nach einem schweren Autounfall aus.«

Und wie viele hast du überhaupt schon gesehen?, lag es Kate auf der Zunge, doch sie sagte nichts.

Die Assistentin, eine junge Frau mit einer lockeren Art, abgebrüht von all den Verletzungen, Frakturen, Tumoren und verschiedenerlei anderen Desastern, die sie tagein, tagaus auf ihrem Computerbildschirm sah, schwieg einen Moment, bevor sie fragte: »Sie sagen, mit dieser Schulter hat er noch gegen jemanden gekämpft?«

»Ja«, sagte Kate. »Er hat gekämpft wie ein Löwe. Gegen einen Mann, der uns umbringen wollte.«

»Und das an Heiligabend? Du liebe Güte«, erwiderte die Assistentin und pfiff zwischen den Zähnen, während sie mit einem Stift an den Bildschirm tippte. »Der Junge hat Mumm. Mit so einer Fraktur hätten die meisten die Segel gestreckt.« Nach einer weiteren Pause fügte sie hinzu: »Tja, diese Entschlossenheit wird er in der Reha brauchen.«

Kate nickte. Das war ihr klar.

»Gehen Sie ruhig rüber und setzen sich zu ihm. Ich sag dem Orthopäden Bescheid, wo Sie sind.« Kate sah sich die Röntgenaufnahmen noch einmal an. Sie waren grau und gespenstisch. In ihrer beruflichen Laufbahn hatte Kate schon Tausende gesehen, doch diese hier erschienen ihr seltsam, eigentümlich. Zwischen den Bildern und dem Jungen, der ein paar Räume weiter mit großen Schmerzen auf einer Liege saß und den rechten Arm nicht bewegen konnte, tat sich für sie eine unüberbrückbare emotionale Kluft auf. Sie hätte Connor von Herzen gern in die Arme genommen, wusste aber, dass ihm die geringste Berührung nur unnötig weitere Qualen bereiten würde. Sie ging also hinein, setzte sich einfach neben ihren Enkelsohn und erklärte ihm, er habe erhebliche Frakturen davongetragen. Mehr lasse sich jetzt nicht sagen, sie müssten erst mit einem Facharzt sprechen.

Connor wollte nur wissen, wie es *GP* ging.

Sie wusste nichts.

Und ganz bestimmt würde sie ihm nicht sagen, was sie fürchtete.

So antwortete sie nur: »Er ist sehr schwer verletzt. Aber er ist zäh, Con. Ist er sein ganzes Leben lang gewesen. Er ist ein Marine. Wieso sollte er nicht auch diese Nacht zäh sein? Und das OP-Team, das ihn versorgt, ist eins a.«

Was sie nicht wirklich wusste. Sie hatte keine Ahnung, ob auch nur einer der Chirurgen annähernd so versiert in Schusswunden war wie die Kollegen in einem Großstadt-Krankenhaus, die jede Nacht zwei oder drei solcher Fälle hereinbekamen, oder wie die Ärzte im Lazarett in irgendeinem fernen Kriegsgebiet. Die kannten sich mit den Schäden aus, die Kugeln anrichteten. Ob das auch für die Chirurgen galt, die sie kannte, wusste sie nicht. Dieses Krankenhaus lag in einer friedlichen Vorstadtgegend. Falls die schon einmal eine Schusswunde auf den Tisch bekommen hatten, dann allenfalls von einem Jäger, der nach der Rotwildpirsch vergessen hatte, die Patronen aus dem Lauf zu nehmen. Oder von einem depressiven Universitätsangehörigen, der einen Selbstmordversuch unternehmen wollte und es sich in letzter Sekunde anders überlegt hatte.

Blitzschnell ging sie im Kopf die Möglichkeiten durch. Eine Weile herrschte Schweigen zwischen ihnen, bis eine andere Schwester hereinkam und sie beide in ein Untersuchungszimmer brachte, wo sie dabei half, Connor die Sachen herunterzuschneiden und ein Krankenhemd überzuziehen.

Die Schwester erklärte Connor, er könne erst ein Schmerzmittel bekommen, nachdem ihn ein Spezialist gründlich untersucht habe. Das war hart für ihn. Kate sah, wie er vor Schmerz, der ihn jetzt in Wellen erfasste, die Augen zusammenkniff. Auch für sie war es hart. Sie spürte jede Schmerzattacke wie einen Stromstoß mit. Es erinnerte sie an den Moment, als sie erfuhr, dass seine Mutter, sein Vater und ihre einzige Tochter wegen eines betrunkenen Fahrers ihr Leben verloren hatten. Sie rief sich ins Gedächtnis, dass sie damals stark gewesen war und es jetzt wieder sein musste.

Connor fragte erneut nach seinem Großvater.

»Immer noch im OP«, antwortete Kate. »Wir werden es bald wissen.«

Vielleicht. Vielleicht wollen wir es aber auch gar nicht wissen.

Sie weigerte sich, anhand ihrer eigenen beruflichen Erfahrung abzuschätzen, welche Chancen Ross hatte. Schon bei dem Gedanken kroch Panik in ihr hoch, und sie kämpfte hartnäckig dagegen an. Am liebsten hätte sie den Gedanken weit von sich geschoben, was jedoch unmöglich war.

Sie war das Warten gewohnt. Sie wusste, wie lange es oft dauerte, bis Testergebnisse aus dem Labor kamen oder ein injiziertes Medikament anschlug. Sie wusste, wie lange es dauern konnte, bis göttliche

Intervention oder die medizinische Kunst Besserung brachten. Genauso war sie darin geübt, auf das Unvermeidliche zu warten.

Nach einer Viertelstunde kam ein orthopädischer Chirurg herein. Er schüttelte Kate die Hand und musterte Connor.

»Ich hab mir die Aufnahmen angesehen«, sagte er, während er behutsam Connors Schulter abtastete. Er runzelte die Stirn. »Das müssen wir aufmachen. Das muss umfänglich gerichtet und gesäubert werden. Wiederholte harte Schläge mit einem Pistolengriff können Schlimmes anrichten. Genau so, als hätte Ihnen jemand mit einem Hammer draufgeschlagen. Nur im Film stehen die Leute danach auf, als wäre nichts gewesen.«

Er schwieg einen Moment und fragte dann: »Sie haben sich gegen den Kerl mit der Pistole, der Ihnen das angetan hat, gewehrt?«

»Ja«, sagte Connor.

»Tapfer.« Der Arzt rang sich ein anerkennendes Lächeln ab. »Alles klar? Sie verstehen, was wir machen müssen?«

Connor biss die Zähne zusammen.

»Gibt es eine Alternative?«, erkundigte er sich.

»Nicht wenn Sie diesen Arm je wieder über den Kopf heben wollen. Und selbst nach der OP könnten gewisse Einschränkungen bleiben. Es tut mir leid, Connor. Sie haben da noch einen langen Weg vor sich.«

Connor nickte.

»Okay«, sagte er. »Wann?«

»Sofort«, erwiderte der Arzt. »Ich habe schon ein OP-Team zusammengetrommelt.«

Connor nickte und wandte sich an Kate.

»Wie erfahre ich, was mit *GP* ist?«, fragte er.

Und bevor sie antworten konnte:

»Wo ist Niki?«

Kate lächelte und tippte ihm auf die Hand.

»Wenn du aus dem OP kommst, kann ich dir alle deine Fragen beantworten«, log sie. Dabei hatte sie schreckliche Angst vor den Antworten und wollte sie selbst nicht hören, wusste aber nicht, wie sie sich davor verstecken sollte.

NIKI …

Niki lag mit dem Gesicht nach unten auf einer harten Untersuchungsliege in der Notaufnahme, ihre rechte Hand war mit einer Handschelle an den Metallrahmen gefesselt. Sie war von der Taille abwärts nackt. Zwei Schwestern und die diensthabende Assistenzärztin versorgten sie, indem sie an den Fleischwunden am Gesäß eine Wundtoilette durchführten. Die Oberärztin redete mit ihr, während sie Spülungen vornahm und anschließend die Wunden nähte. »Verdammt Glück gehabt«, sagte sie. »Die Kugel hat sich durch beide Hälften gefressen, ist aber nicht stecken geblieben. Wenn ich alles vernäht habe, bleibt nur noch ein Wundschmerz, und ein paar Tage lang können Sie schlecht sitzen. Aber das wird gut verheilen.«

»Es könnten Narben bleiben«, meldete sich eine der Schwestern.

»Vielleicht auch nicht. Sie sollten mit einem plastischen Chirurgen reden. Der kann das besser beurteilen, Herzchen.«

Ich bin nicht dein Herzchen, dachte Niki.

Nach dieser Nacht niemals wieder jemandes Herzchen sein.

Connor kann mich nennen, wie er will. Nur nicht Herzchen.

Die Oberärztin war mit der Arbeit fertig. »Glück gehabt«, wiederholte sie noch zweimal.

Ich hab's kapiert, dachte Niki. *Es hätte viel schlimmer kommen können.*

Aber von Glück kann in dieser Nacht wahrlich nicht die Rede sein.

Eine der Schwestern deckte sie zu, bevor eine polizeiliche Ermittlerin und ein weiterer Beamte in Zivil die durch einen Vorhang abgetrennte Kabine betraten. Die Ermittlerin sah die Handschellen.

»Ich glaube, die brauchen wir nicht«, sagte sie. Ihre Partnerin nahm sie Niki ab. Die Schelle endlich vom Handgelenk zu bekommen, fühlte sich besser an als die örtliche Betäubung gegen die Schmerzen, die ihr die Ärztin in die Hinterbacken gespritzt hatte. Die Frau sah Niki an.

»Wir benötigen eine vollumfängliche Aussage von Ihnen«, erklärte sie.
Niki zuckte, so gut sie es in ihrer Lage konnte, mit den Achseln. »Klar. Wieso nicht.«
»Zum gegenwärtigen Zeitpunkt werden Sie nicht verhaftet«, sagte die Ermittlerin.
»Dann bin ich also *ent*haftet?«, meinte Niki.
Die Ermittlerin lachte. »Sozusagen«, antwortete sie. »Die Kollegen, die Sie abgeführt haben, waren über die Situation nicht ganz im Bilde.« *Ich bin über die Situation auch nicht ganz im Bilde*, dachte Niki.
»Trotzdem«, fuhr die Ermittlerin fort, »möchte ich Ihnen, bevor Sie Ihre Aussage machen, Ihre Rechte verlesen …«
Wozu soll das gut sein? Was habe ich verbrochen?
Niki überlegte angestrengt, während die Polizistin die berühmten Warnungen herunterrasselte.
»Erklären Sie mir doch jetzt bitte noch einmal genau, was Ihnen heute Abend zugestoßen ist?«, sagte die Ermittlerin, nachdem sie geendet hatte. »Natürlich in Ihren eigenen Worten.«
Niki zögerte. Sie sah sich die beiden Polizistinnen genau an. Misstrauisch.
Die denken, ich hätte einen unbewaffneten Priester erschossen.
Kaltblütig.
Vor einem Dutzend Zeugen.
Und das war *nicht mal der Mann, der versucht hat, mich zu ermorden.*
Der Mann ist verschwunden.
Nicht ohne Zynismus dachte sie:
Der Weihnachtsmann hat es wahrscheinlich zu seinem Schlitten geschafft und ist mit einem fröhlichen »Ho, ho, ho« und einem »Hü, Rentiere!« losgefahren, um den braven kleinen Mädchen und Jungs noch mehr Geschenke zu bringen.
Nur dass mein Weihnachtsmann ein bösartiger Killer war.
Und ich nicht ihn, sondern einen anderen Killer erschossen habe.
Und alles, was ich mir über Mord bis jetzt angeeignet habe, sagt mir, dass das ein juristisches Fiasko ist.

»Ich denke«, antwortete Niki vorsichtig und in apologetischem Ton, was ihr ganz und gar nicht ähnlich sah, »dass ich erst einen Anwalt dabeihaben sollte, bevor ich irgendetwas sage. Nur um mich beraten zu lassen, wissen Sie. Tut mir leid, wenn Ihnen das Umstände macht. Aber ich denke, das gebietet die Vernunft.«

Sie staunte selbst nicht schlecht.

Das war eine sehr *erwachsene* Entscheidung.

Andererseits habe ich, dämmerte ihr, heute Nacht sowieso meine Kindheit hinter mir gelassen.

In diesem Moment der Erkenntnis brach alles, was in den letzten Stunden geschehen war, von ihrer Rückkehr nach dem Chorkonzert bis zu dieser Sekunde, in der sie halb nackt auf einer Untersuchungsliege zwei Polizistinnen gegenüber Rechenschaft ablegen sollte, über sie herein. Und Niki merkte, dass sie nicht erwachsen sein *wollte*. Sie wollte einfach nur eine Sportlerin sein, die leidenschaftlich gerne läuft. Sie wollte wie Mark Rothko malen und im Herbst als rebellische Schülerin des letzten Highschool-Jahrs den Sprung an ein erstklassiges College schaffen. Sie wollte einfach nur Connors Freundin sein, ohne je von *Jack's Boys* gehört zu haben oder versehentlich in *Jack's Special Place* hineingestolpert zu sein. Ohne sich je mit Verbrechen und Bestrafung befasst zu haben. Mit Mord. Die Erinnerungen jagten sich, ihre harte Schale bröckelte, und sie spürte, dass sie in diesem Moment mehr als alles in der Welt wieder das kleine Mädchen sein wollte, das Connor zum ersten Mal sah und ihn zum Spielen zu sich einlud. Sie wollte *zurück*, nicht *nach vorn*.

»Ich möchte meine Mom sehen«, sagte sie. Zum ersten Mal in dieser Nacht bebte ihre Stimme, und ihr kamen die Tränen. »Und meinen Dad.«

Und ich will Connor sehen. Und GP *und* GM.

Weil sich in dieser Nacht etwas geändert hat und ich nicht genau weiß, was.

KATE …

Ihre beiden Männer wurden operiert, und sie wusste nicht recht, was sie unterdessen machen sollte. Vielleicht nach Niki suchen. Vielleicht nach Nikis Eltern schauen, die auch *irgendwo* im Krankenhaus sein mussten. Vielleicht nichts weiter tun als in einer Ecke eines Wartezimmers sitzen und mit aller Macht, wenn auch vergeblich, die Ängste unterdrücken, und die Tränen.

Genau das tat Kate.

Von Zeit zu Zeit kamen Kolleginnen und Ärzte vorbei, mit denen sie zusammenarbeitete, um nach ihr zu schauen. Worte des Zuspruchs. Kopf-hoch-Parolen. Wohlmeinende Umarmungen. Sprüche wie *Die Chirurgen wissen schon, was sie tun, alles wird gut* perlten an ihr ab.

Sie wusste: *Es wird nicht alles wieder gut.*

In all den Jahren auf der Intensivstation des Krankenhauses hatte sie zu viel Erfahrung gesammelt, um sich falsche Hoffnungen zu machen. All ihre Jahre auf der Intensivstation verschworen sich gewissermaßen zu einer realistischen und zugleich unerträglichen Einschätzung.

Dabei galten ihre Ängste abwechselnd Ross und Connor. Für Ross wünschte sie sich einfach nur, dass er überlebte, wie verändert auch immer er anschließend sein mochte. Für Connor hoffte sie, dass er nicht verkrüppelt blieb, wo er sein Leben doch noch vor sich hatte.

Also wartete sie. Nicht allein – es waren noch andere Menschen im Raum, die warteten –, aber mit ihrer Anspannung vollkommen allein gelassen.

Nachdem sie drei Stunden gewartet hatte, kam der orthopädische Chirurg durch mehrere Schwingtüren auf sie zu.

»Gut gelaufen«, sagte er. »Ich bin verhalten optimistisch. Die Verletzungen am Schultergelenk waren ernster, als auf den Röntgenaufnahmen zu sehen war. Ich bin nur froh, dass er nicht Werfer bei einer Baseballmannschaft ist. Ihm steht zwar eine harte Reha be-

vor, aber er sollte seine Beweglichkeit weitestgehend zurückgewinnen.«
Nach kurzem Zögern fragte Kate:
»Weitestgehend?«
»Kate«, sagte er, »wir wissen doch beide, dass eine so schwere Verletzung bleibende Schäden hinterlassen kann. Aber wie gesagt, er ist jung und unglaublich fit, also hoffen wir mal das Beste.«
Und sind aufs Schlimmste gefasst, fügte Kate in Gedanken hinzu.
Sie wusste, dass Connor noch etwa eine Stunde im Aufwachraum bleiben musste, bevor er auf die Station verlegt würde. Auch wenn er noch eine ganze Weile schläfrig und benommen wäre, musste sie da sein, wenn er die Augen aufschlug.
Sie ging davon aus, dass sie lieber an Connors Seite sein sollte, bevor sie etwas über Ross erfuhr, um ihren Enkel nicht belügen zu müssen. So konnte sie einigermaßen wahrheitsgemäß sagen *Ich weiß es nicht.* Nach ihrer langjährigen Erfahrung im Umgang mit Emotionen auf der Intensivstation wusste sie, dass sich Leute, die ausweichende Antworten gaben, weil die Wahrheit zu schrecklich war, hinterher größere Probleme einhandelten. Sie wollte sich niemals von Connor vorwerfen lassen müssen: *»Du hast mich angelogen.«*
Kate rappelte sich auf und bat eine Schwester in der Nähe, sie auf ihrem Handy anzurufen, wenn es über Ross Neuigkeiten gab. Dann würde sie sofort wieder herkommen, konnte jedoch zuerst ein paar Minuten zu Connor gehen. Die Schwester hatte volles Verständnis, sah auf ihrem Computerbildschirm nach und sagte: »Connor kommt in den Westflügel, Zimmer 311.« Bevor Kate das Wartezimmer verließ, schloss die Kollegin sie in die Arme.
Kate eilte einen Flur entlang zum Westflügel, als jemand ihren Namen rief. Als sie sich umdrehte, sah sie die Polizistin und ihren Kollegen.
»Mrs Mitchell«, rief die Frau ihr zu, »wir brauchen eine Aussage von Ihnen.«
Fast die gleichen Worte wie zu Niki, nur dass Kate nichts davon wusste.

»Später«, wiegelte Kate ab.

Die Polizistin ignorierte die Bemerkung.

»Der Tote.«

»Sie meinen, der Mann, den ich erschossen habe.«

»Ja. Wir müssen genau wissen, was passiert ist.«

Ich auch, dachte Kate. Das Erscheinen der Polizei ging ihr gründlich gegen den Strich. Auch wenn die beiden nur ihre Pflicht taten, hatte Kate in diesem Moment wahrlich Wichtigeres zu tun.

»Er war dabei, Ross zu erstechen. Ich bin ihm zuvorgekommen, indem ich ihn erschossen habe. So einfach ist das. Ich vermute mal, Detective, Sie haben noch weitere Fragen. Aber im Moment habe ich keine Zeit dafür.«

Damit machte sie kehrt und eilte weiter zu Connor.

CONNOR …

Er öffnete langsam die Augen.

Er fühlte sich, als habe ihm jemand eine Narkosemaske aufs Gesicht gedrückt, als wären Mund und Nase mit einer schmierigen Paste verkleistert, die Ohren taub und die Zunge dreimal dicker als normal. Er setzte alles daran, durch die graue Suppe an die Oberfläche zu gelangen.

Connor sah Kate, die sich über ihn beugte.

Sie lächelte. »Du wirst wieder gesund, Con«, sagte sie. »Du hast noch einiges vor dir, aber du wirst wieder gesund.«

Er hegte den leisen Verdacht, dass dies nicht ganz der Wahrheit entsprach, hatte aber nicht die Kraft, nachzuhaken.

»Wie geht's *GP?*«, fragte er.

KATE …

Die unvermeidliche Frage hatte sie gefürchtet.

»Bis jetzt noch nichts gehört«, sagte Kate. »Ruh du dich erst mal aus. Schlaf ein bisschen. Sobald ich etwas weiß, komme ich wieder und sage es dir.«

Aus grauer Vergangenheit stieg die Erinnerung in ihr hoch, wie sie schon einmal um die richtigen Worte gerungen hatte, als sie versuchte, dem kleinen Connor zu erklären, dass ihm eine Laune des Schicksals und ein betrunkener Fahrer seine Mom und seinen Dad genommen hatten. Als sie Connor dabei zusah, wie er langsam wieder einschlief, konnte sie sich nicht vorstellen, mit ihm ein zweites Mal über einen Todesfall sprechen zu müssen.

Und während sich ihr diese Furcht wie eine Schlange um die Brust legte und ihr das Herz zusammendrückte, klingelte ihr Handy.

Es war die Schwester aus dem Wartezimmer.

»Ja?«

Im Flüsterton.

»Kate, die Chirurgen kommen gerade raus, und sie wollen mit dir sprechen.«

Sie beendete die Verbindung, warf einen letzten Blick auf ihren schlafenden Enkel und dachte, dass es nichts Schöneres auf der Welt gab, als einen geliebten Menschen friedlich und entspannt einschlafen zu sehen. Ihr war klar, dass ihr Schlimmeres bevorstand, wenn er wieder aufwachte.

Als sie das Gesicht der leitenden Chirurgin sah, brachte sie nur heraus: »Ist er tot?«

Die Worte brachen aus ihr heraus wie aus einem zugefrorenen See.

Die Ärztin schüttelte den Kopf.

»Sein Herz schlägt noch, aber …« Kate wusste: *Aber,* ist im OP eines modernen Krankenhauses ein gefürchtetes Wort.

»Er wird gerade zu Ihnen auf die Intensivstation verlegt.«

Kate nickte.

»Die Verletzungen waren wirklich schwer. Wir haben uns gewundert, dass er es überhaupt bis in den OP geschafft hat. Er ist stark, stärker als die meisten Männer in seinem Alter. Aber …«

Den Rest des Satzes bekam Kate nicht mit. Die Chirurgin sprach weiter, doch Kate bekam keine Einzelheiten mehr mit. Sie hörte einfach nur zum zweiten Mal das Wort *aber*.

»Ich glaube, es ist an der Zeit«, fuhr die Chirurgin zögernd fort, »dass Sie sich über eine Organspende Gedanken machen. Selbst in seinem Alter könnte er damit noch jemandem helfen.«

Nieren, Hornhaut, vielleicht sogar Herz und Lunge und all die anderen Teile von Ross, die Kate nicht sehen konnte, von denen sie aber wusste, dass sie stark waren. All das im Innern seines Körpers, was ihn im Moment noch am Leben hielt. Wenn auch nicht wirklich. Das versuchten sie gerade zu vermitteln.

Sie schluckte. Ihr lagen viele Fragen auf der Zunge, fachlicher, medizinischer Art, sie begriff jedoch, dass sie sich in diesem Moment alle von selbst erledigten.

KAPITEL 54

WAS HINTER DEM SOFA LAG …

EIN PAAR TAGE SPÄTER …

CHARLIE …

Anfänglich, bis über Neujahr und noch ein paar Wochen danach, glaubte Charlie ständig, es würde jeden Moment an der Tür klopfen, und wenn er öffnete, stünden fünf, sechs Streifenwagen draußen und ein Sondereinsatzkommando in schwarzen Kampfanzügen, um ihn zu verhaften.

Oder auf der Stelle zu erschießen.

Auf seinem Weg über den in den Winterferien verwaisten Campus zu seinem Büro meinte er immer wieder die roten Punkte von LaserScopes auf der Brust zu spüren. Er ertappte sich bei der Frage, ob er den Schuss, der ihn tötete, noch hören würde. Oft wurde sein Atem flach, und trotz der Winterkälte trat ihm der Schweiß auf die Stirn und unter die Achseln. Er befahl sich, bei seinen Zwangsvorstellungen den Satz *Ich werde erschossen* durch das weniger beängstigende »*Ich bin Detective …*« zu ersetzen. In die Leerstelle setzte er mal *Abberline,* mal *Poirot,* mal *Arkady Renko* ein. Oder *Miss Marple? Clarice Sterling?* Er versuchte, sich auszumalen, wie er reagieren und was er sagen – oder auch nicht sagen – würde, wenn ihn ein Mann von *der Gestapo* mit fester Stimme zur Rede stellte: »Sie verdächtigen mich, ein Mörder zu sein? Also wirklich, Detective, das ist ja wohl absurd. Ich bin ein hochgeachteter Lehrstuhlinhaber für Ethnologie …« Er war sich nicht sicher, wie überzeugend er rüberkommen würde.

Ein ums andere Mal merkte er, wie er in Gedanken jede Sekunde im Haus *der Freundin* abspulte. Er hatte seine Waffe dagelassen, dank OP-Handschuhen jedoch ohne Fingerabdrücke, und nicht zu ihm zurückverfolgbar. *Irgendwelche DNA? Nein. Das Weihnachtsmannkostüm hatte sich als wirksamer Schutzanzug erwiesen und war nach Gebrauch unter Tonnen von Abfällen in einer Mülldeponie gelandet.* Ihm kam immer wieder die Frage, ob ihn die Eltern *der Freundin* identifizieren könnten, doch er bezweifelte es. Sein falscher Weihnachtsmannbart und die Mütze waren, wenn man außerdem ihre Panik berücksichtigte, Tarnung genug. Einzig und allein *die Freundin* bereitete ihm Kopfzerbrechen. Sie hatte ihn länger und aus größerer Nähe zu sehen bekommen und war geistesgegenwärtig gewesen. Andererseits tauchte Charlie in keiner Verbrecher-Datenbank auf, sodass sie ihr keine Polizeifotos von ihm zeigen konnten. Eine Gegenüberstellung erforderte einiges Vorwissen – *die Gestapo* muss dann schon eine ziemlich genaue Vorstellung davon haben, wer ihr Tatverdächtiger ist. Sie kann nicht einfach im Dunkeln stochern. *Nein, erkennen Sie diesen Mann? Oder den hier?* Unterm Strich, stellte er fest, standen seine Chancen ganz gut, nicht weniger spurlos aus ihrem Haus verschwunden zu sein als jeder andere Mörder, der in die Geschichte eingegangen war, auch wenn einige Details ihm weiterhin zu schaffen machten.

Er beglückwünschte sich dafür, die Flucht ergriffen statt gekämpft zu haben.

An das Küchenmesser mit der Sägeschneide erinnerte er sich nur ungern, und so strich er es aus seinem Gedächtnis. *Keine Ahnung, wo sie das herhatte, aber sie kann von Glück sagen, denn ohne dieses verdammte Messer wäre sie jetzt tot …*

Dennoch machte er sich von Zeit zu Zeit ernste Gedanken darüber, urplötzlich sein ruhiges, scheinbar *unschuldiges Leben* aufzugeben, seine ahnungslose Frau, den öden Lehrberuf, seinen Namen, sein Zuhause und seine Biografie für immer hinter sich zu lassen und sich in die kanadischen Rockies oder vielleicht in den brasilianischen Amazonasdschungel abzusetzen. Dort konnte er sich als Einsiedler in einer verschneiten Block- beziehungsweise Lehmhütte häuslich einrichten, oder sich das Haar wachsen und einen Bart stehen lassen, vom Fleisch wilder Tiere und von Beeren leben. Auf diese Weise konnte er in eine gänzlich neue Identität schlüpfen und einen Weg finden, am Ende als noch besserer, noch bedeutenderer Mörder daraus hervorzugehen. Aus seiner sorgfältigen Nachrichtenlektüre im Internet wusste er, was Alpha und Delta zugestoßen war. *Sie sind tot.* Nach jeder Recherche löschte er gewissenhaft den Verlauf auf seinem PC. *Ich bin der Letzte von* Jack's Boys, dachte er.

Ich war als Einziger von uns klug genug, rechtzeitig abzuhauen. Die anderen haben den richtigen Moment verpasst und den Preis dafür gezahlt. Man ist immer gut beraten zu wissen, wann man den Abgang machen sollte, um weiterzuleben und sich nach einer Weile wieder an dem zu erfreuen, was man am besten kann.

Jack *war Einzelgänger.*

Was er konnte, kann ich auch.

Jack *ist abgetaucht.*

Das kann ich auch.

Insgeheim hatte er immer geahnt, dass er selbst – bei aller Hochachtung, die er ebenso wie die anderen Alpha entgegengebracht hatte, und ungeachtet auch Alphas unbestrittenen Verdienstes, Delta, Easy, Bravo und ihn in einem Chatroom zusammengebracht zu haben – bei Weitem der Beste und Fähigste der Gruppe war. Die Tatsache, dass er noch quicklebendig war und sich überlegte, wie er ungehindert zu seinen alten mörderischen Gewohnheiten zurückfinden konnte, sprach für sich.

Es war eine seltsam widersprüchliche Situation.

Dachte er eben noch: Die Gestapo *bricht jeden Moment meine Haustür auf*, so überlegte er eine Sekunde später: *Ich hatte von Anfang an die besten Pläne, die raffinierteste Herangehensweise. Ich war unangreifbar. Bin es immer noch. Und sobald Gras über die Sache gewachsen ist, werde ich weitermachen. Und ich komme damit durch, solange ich will. Weil mich niemand schnappen wird.*

So wie sie Jack *nie geschnappt haben.*

Als nach den Winterferien die Studenten auf den Campus zurückkehrten, ziemlich genau um dieselbe Zeit, in der es die ersten Anzeichen für die Verbreitung eines Virus gab, das seinen Ursprung in China hatte, war sich Charlie einigermaßen sicher, dass ihn nichts Konkretes mit dem vereitelten *Abenteuer* an Heiligabend in Verbindung brachte.

Und so dachte er, als er an der Einführungsvorlesung für die Erstsemester saß, die zufällig von der *Ein-Kind*-Politik Chinas und der Kindstötung weiblicher Babys handelte: *Ich bin frei.* Immer öfter ertappte er sich dabei, auf seine Landkarte mit den Stecknadeln zu starren – zur Markierung von geeigneten Örtlichkeiten für Auslandssemester-Programme und von Austragungsorten seiner mörderischen Abenteuer. Jedes Mal, wenn er die Karte betrachtete, spürte er diesen Kitzel. Dann trat er einen Schritt zurück und dachte: *Meine nächste Eskapade ist zum Greifen nahe.*

Nur *ein* Gedanke legte sich immer wieder wie ein Schatten auf seine positiven Gefühle, ein echter Spaßverderber: *Ich fasse es nicht, dass die verdammte* Freundin *immer noch am Leben ist.* Er ließ es nicht dabei bewenden, sondern kanalisierte seine Frustration in rationale Überlegungen:

Gib ihr Zeit.

Soll sie ruhig erst noch ein bisschen erwachsener werden. Ins Leben starten.

Schließlich haben wir alle das Bedürfnis, unangenehme Momente hinter uns zu lassen. Das ist nur menschlich.

Wir wollen vergessen, statt zu lernen, auch wenn sich Vergessen vielleicht als verhängnisvoll erweist und es viel besser für einen wäre, Lehren zu ziehen.

Bei dem Gedanken musste er lachen.

Und wenn sie es dann am allerwenigsten erwartet, stehe ich plötzlich hinter ihr. Vielleicht am Tag ihrer Abschlussfeier am College. Oder am ersten Tag in ihrem ersten Job. Vielleicht aber auch am Tag ihrer Hochzeit. Sie blickt auf und sieht jemanden, den sie längst abgeschrieben hat, begreift, dass sie in Wahrheit nie frei gewesen ist. Im Unterschied zu mir. Und diesmal bin ich besser vorbereitet. Ich werde nichts dem Zufall überlassen. Und sie bekommt genau das, was ihr von Anfang an bestimmt war. Der unangenehme Moment, *den sie ihrer Meinung nach weit hinter sich gelassen hat, wird zu* einem unendlich viel schlimmeren Moment. Immer wenn er sich diese Konfrontation ausmalte, rieselte es ihm wohlig den Rücken herunter.

Bei diesen Fantasievorstellungen wurde Charlie jedes Mal warm ums Herz – genauso wie bei der freudigen Erkenntnis, dass offenbar *niemand* nach ihm suchte. Mit jedem Tag, der verging, fühlte er sich mehr und mehr er selbst und dem, was er noch werden konnte, einen Schritt näher.

Er liebte dieses Gefühl.

Und er war im Innersten davon überzeugt:

Jack *wird wieder auferstehen.*

KATE ...

Zwei Tage war Ross noch am Leben, wenn auch nicht wirklich. Dank eines Beatmungsgeräts hob und senkte sich seine Brust mit mechanischer Regelmäßigkeit. Sein Herz schlug noch achtundvierzig Mal pro Minute. Die Harnmenge lag noch im Normbereich. Ebenso die Blut-Sauerstoff-Sättigung. CO2, Blutgas. Mit sämtlichen Apparaturen, mit jeder grünen oder gelben Linie auf einem Computermonitor, jedem Piepsignal und jedem Surren war Kate bestens vertraut. Diese Maschinen hatten sie ihr gesamtes Berufsleben begleitet. Sie wusste genau, was sie jeweils maßen und was jede Zahl, jeder Wert und jeder Blip auf dem Bildschirm in einer einfachen Gleichung zu bedeuten hatte: *Leben oder Sterben.* Doch jetzt erschienen sie ihr mysteriös und unbegreiflich, als hätte sie plötzlich die Sprache der Intensivstation verlernt, weil dort Ross auf dem Krankenbett vor ihr lag, der Mann, den sie seit so vielen Jahren kannte – physisch anwesend, aber nicht mehr da.

Von dem Moment an nicht mehr da, in dem ihm der Mörder in den Bauch geschossen hatte, auch wenn er erbittert weitergekämpft hatte.

Eigentlich schon auf dem Weg ins Krankenhaus nicht mehr da, als er ihr die Hand gedrückt hatte.
Auf dem OP-Tisch nicht mehr da.
Nicht mehr in dieser Welt, außer in der Erinnerung.
Kate unterschrieb sämtliche Spenderformulare. *Das wäre in seinem Sinne,* sagte sie sich. *Er würde witzeln: »Ich habe immer klar gesehen. Mit meinen Hornhäuten kann das jemand anders jetzt auch …«* Das Entnahme-Team war in Bereitschaft.
Kate wartete nur noch darauf, dass sich Connor so weit von dem chirurgischen Eingriff erholte, dass er an ihrer Seite stehen konnte. Irgendwie wollte sie nicht, dass er seine Gehfähigkeit allzu schnell wiedererlangte, weil der *tote Ross* noch nicht ganz und gar tot war. Solch widerstreitende Gefühle hatte sie über die Jahre bei Hunderten Angehörigen beobachtet, die auf der Intensivstation am Bett eines geliebten Menschen standen. Nie hätte sie erwartet, selbst einmal in diese Situation zu kommen.
Als Kate in Connors Zimmer trat, war es schon Mittag.
Niki war bei ihm und saß auf der Bettkante. Da ihr die Nähte im Gesäß immer noch Unbehagen bereiteten, verlagerte sie ständig das Gewicht.
Connor sah zu Kate auf.
»Ich soll heute Nachmittag entlassen werden«, sagte er.
Sein rechter Arm war in einer klobigen schwarzen Schlinge ruhiggestellt.
»Tut es weh?«, fragte Kate, obwohl sie wusste, dass es so war.
»Geht schon«, antwortete Connor.
Nicht ganz die Wahrheit, aber für den Moment eine akzeptable Lüge.
»Wir müssen etwas tun«, sagte Kate.
Connor nickte.
»Soll Niki auch mitkommen?«
Kate schüttelte den Kopf.
»Nein. Nur du und ich. Dauert ein paar Minuten.«
Connor setzte sich auf den Bettrand. Er brauchte einen Moment, um das Gleichgewicht zu finden. Niki half ihm in einen dünnen

Bademantel und in Slipper. Kate hätte ihm auch gerne assistiert, machte sich dann aber klar, dass er einige Wochen lang mit der linken Hand zurechtkommen musste und sie noch reichlich Gelegenheit haben würde, ihm behilflich zu sein, also überließ sie ihn seiner jungen Freundin.

»Dann bis später«, sagte Niki. Ihr traten die Tränen in die Augen, und ihre Stimme zitterte.

Connor und Kate begaben sich Seite an Seite zu einem Fahrstuhl. Schweigend fuhren sie zur Intensivstation hinunter.

Als sie ausstiegen, fragte Connor: »Hat er Schmerzen?«

»Nein«, antwortete Kate. »Versprochen. Es ist so, als würde er schlafen.«

In ihren Augen dramatisierte der gängige Ausdruck *den Stecker ziehen* das, was tatsächlich geschah. Der Oberarzt würde ihm das Beatmungsgerät aus Hals und Lungen entfernen. Dann würde eine der Intensivschwestern die verschiedenen Monitore ausstöpseln und eine Herzpumpe in Gang setzen, damit sein Blut einige Organe am Leben erhielt. Sie hatten bereits Apnoetests durchgeführt und ihm ein wenig kaltes Wasser in den Gehörgang injiziert. Die von den Apparaturen ausgelösten Vitalgeräusche würden langsam verebben.

Sie glaubte, dass es für Connor wichtig war, dabei zu sein, auch wenn sie nicht genau sagen konnte, warum, außer dass er Gelegenheit haben sollte, von Ross Abschied zu nehmen und den Moment in Erinnerung zu behalten. Ross war im Krankenhaus gewesen, als ihre Tochter Hope ihr Kind zur Welt brachte. Ross war seit Connors erstem Lebenstag da gewesen und an den meisten Tagen danach. Man brauchte nicht viel Fantasie, um zu begreifen, dass es für Connor wichtig war, dabei zu sein, wenn Ross endgültig starb.

Als Kate und Connor den Flur entlangkamen, warteten schon der Arzt und zwei von Kates Kolleginnen und Freundinnen vor der Tür.

»Ist es so weit?«, fragte der Arzt. Er wirkte aufrichtig bedrückt.

»Ja«, sagte Kate.

Der Arzt besaß die Geistesgegenwart, auch Connor anzusehen.

»Ja«, sagte Connor. Sehr leise. Als koste ihn das Wort große Überwindung.

Zusammen gingen sie zu Ross hinein.

Er ist noch da und doch wieder nicht, dachte Connor. Kate und er legten Ross jeder eine Hand auf den Unterarm. Er fühlte sich nicht ganz kalt an.

Die Marines werden ihm, ging es Kate durch den Kopf, *eine Bestattung mit einer Ehrengarde ausrichten, die seinen Sarg trägt. Mit einer Fahne für den Sarg und Gewehrschüssen zum Salut. Dreimal. Ein Hornist in Galauniform wird den Zapfenstreich spielen, wenn sie ihn in die Erde senken. Dann wird der befehlshabende Offizier der Ehrengarde Zeichen geben, die Fahne zu immer kleineren Dreiecken zu falten, bis er sie mir in einem handlichen Format überreicht. Ross würde sich darüber freuen, nicht wegen des zusätzlichen Pomps bei der Feier, sondern weil es all die Leute, die ihm das letzte Geleit geben, überraschen wird. Weil sie ihn zu kennen glaubten und eines Besseren belehrt werden. Was für ein Kämpfer er war, haben sie nie geahnt.*

Was für ein Kämpfer er ist.

Nein, war.

Die Anzeige auf dem letzten Monitor verflachte zu einer geraden grünen Linie.

CONNOR UND KATE ...

Die Krankenschwester, die Connor bei seiner Entlassung im Rollstuhl zur Eingangstür fuhr, war überschwänglich heiter und gab ihm jede Menge wohlmeinende Ratschläge mit auf den Weg. *»Du musst froh sein, hier rauszukommen«*, sagte sie und: *»Du solltest alles, was der Physiotherapeut dir aufträgt, gewissenhaft befolgen«*, und: *»Mit diesen Schmerztabletten hältst du dich besser zurück, damit kann man sich schneller, als man denkt, in Schwierigkeiten bringen«* – alles dem Umstand geschuldet, dass er noch ein Teenager war. Connor ignorierte ihr Geplapper, so gut es ging. Er brachte es nicht über sich, der Schwester zu erklären, dass er gerade eben seinen Großvater hatte sterben sehen.

Kate fuhr mit dem Wagen vor. Connor stieg vorsichtig auf der Beifahrerseite ein.

»Ich sollte meinen Führerschein machen«, sagte er. »Das heißt, wenn ich meinen Arm wieder einigermaßen bewegen kann.«

»Klingt vernünftig«, erwiderte Kate. »Du kannst Ross' Wagen haben.«

Der Pragmatismus ihrer Bemerkung trieb ihr die Tränen in die Augen.

Auf dem Heimweg wurde Kate bewusst, dass sie seit Heiligabend nicht mehr in ihrem Haus gewesen war. Seitdem hatte sie jede Nacht entweder in Connors oder in Ross' Zimmer verbracht.

Als sie in die Einfahrt einbogen, zögerte sie, auszusteigen.

Sie wollte nicht zur Tür gehen.

Sie wollte nicht ins Haus.

Sie wollte nicht die Spuren sehen, die der Kampf hinterlassen hatte.

Sie fürchtete sich davor, ihr Schlafzimmer zu betreten. Sie fürchtete sich davor, in Ross' Kleiderschrank zu blicken. Sie fürchtete sich davor, seinen Schreibtisch zu durchforsten und seine Sachen auszuräumen.

Diese Ängste konnte sie klar benennen. Wofür sie keine Worte fand, war die Angst vor den nächsten paar Minuten, Stunden, Tagen, Wochen, Monaten und Jahren.

Connor schien das zu spüren.

Als er ausstieg, bückte er sich und hob einen Fetzen Absperrband auf, an dem ein Eisklumpen klebte.

»Komm, *GM*«, sagte er. »Ich schätze, da steht Arbeit an.« Sie sahen beide, wie Niki aus ihrem Haus kam – offenbar hatte sie am Fenster auf ihren Wagen gewartet. Sie kam eilig herüber. Es wurde schon dunkel, und mit dem letzten winterlichen Tageslicht fiel die Temperatur. In kürzester Zeit war es ringsum so dunkel und trostlos wie ihre Stimmung.

Niki schloss Connor behutsam in die Arme und danach Kate. »Hört mal«, sagte sie, »wenn es bei euch annähernd so aussieht wie bei uns, nachdem die Cops damit fertig waren, gibt's 'ne Menge aufzuräumen und sauber zu machen.«

Banale Alltagspflichten.

Reinemachen nach einem Ausbruch brutalster Gewalt.

Zu dritt gingen sie ins Haus.

Niki hatte recht.

Vom Kampfgetümmel zerbrochenes Mobiliar.

Spurensicherungspulver.

Weggeworfener, durchgebluteter Verbandsmull an der Stelle, an der die Rettungssanitäter versucht hatten, Ross' Blutungen zu stillen. Dort, wo er zu Boden gegangen war, große rotbraune Flecken. Ein weiterer Fleck unter dem schief stehenden Weihnachtsbaum. Glasscherben. Zerbrochener Baumschmuck. Ein paar Geschenke, noch verpackt in leuchtend buntes Papier, wenn auch vom Gewicht des toten Mörders, der darauf gelandet war, zerdrückt und verformt. Sollte sie welche mit Ross' Namen darauf entdecken, fürchtete Kate, dass es ihr den Hals zuschnüren würde. Und kreuz und quer im Haus befanden sich noch die nutzlosen Fallen und Warnsysteme, die Ross überall verteilt hatte. In einer Ecke lag das Ka-Bar-Messer. Das Messer, das der Mörder in der Hand hatte, als sie ihn erschoss, hatte wahrscheinlich die Polizei konfisziert, so wie bereits den Revolver Kaliber .357. Das unberührte Jagdgewehr hingegen stand noch hinter der Gardine neben dem verunstalteten Weihnachtsbaum. Das musste als Erstes entladen und sicher verstaut werden. Das Gleiche galt für die Schrotflinte, die immer noch auf Ross' Schreibtisch lag. Im ersten Moment brachte Kate es nicht über sich, die Flecken von Ross' Blut anzusehen oder auch die Schweinerei, die der von ihr erschossene Mann hinterlassen hatte. Doch dann gewann die routinierte Krankenschwester die Oberhand. »Du hast recht, Niki«, sagte sie. »Schnappen wir uns das Putzzeug und machen uns an die Arbeit.«

Connor konnte nur einen Arm benutzen.

Niki half.

Staubsauger. Besen und Kehrichtschaufel. Lappen und jede Menge Reinigungsspray. Ein paar Drahtzangen und ein Hammer, um die Stolperdrähte zu entfernen, über die niemand gestolpert war, weil Ross nicht damit gerechnet hatte, dass die Mörder zur Tür hereinspazieren würden.

Zu dritt arbeiteten sie sich systematisch durchs Haus.

Weihnachtsschmuck in Plastikboxen verpackt. Teppichflecken x-fach geschrubbt und am Ende herausgeschnitten.

Jedes Mal, wenn beim Aufräumen Fragen aufkamen, sagte Kate: »Schmeiß es weg.« Auch der Weihnachtsbaum wurde von allem Festschmuck entblößt. Connor und Niki zogen ihn zur Haustür in die Nacht hinaus und legten ihn für die Müllabfuhr an der Straße ab.

Es fühlte sich so an, als tilgten sie die sichtbaren Spuren der Vergangenheit, während das, was sie bei ihnen angerichtet hatte, noch frisch und lebendig war.

Nach mehreren Stunden war das Gröbste geschafft. »Hör mal, Liebes«, sagte Kate zu Niki, die dabei war, die Tannennadeln vom Teppich zu saugen. »Geh damit bitte auch unters Sofa. Da finden sich auch immer welche.«

»Mach ich«, sagte Niki.

»Warte«, sagte Connor. Er bückte sich und zog mit dem linken Arm die Couch so weit vor, dass Niki mit der Saugdüse dahinter kam. Er verzog das Gesicht. Jede Bewegung bereitete ihm noch Schmerzen, schon während der gesamten Putzaktion, doch er verkniff sich eine Tablette und ließ es sich nicht nehmen, seiner Großmutter zu helfen.

»Was ist denn das?«, sagte Niki, als sie hinter das Sofa blickte.

Was *das* war, konnten sie alle auf Anhieb sehen: ein funkelnagelneues iPad, das nur ein einziges Mal zum Einsatz gekommen und, unter einem Chorhemd versteckt, ins Haus geschmuggelt worden war. Es musste dem Mörder durch die Wucht der Revolverschüsse aus der Tasche geflogen sein. Die Salve Kaliber .357 hatte ihn ein gutes Stück zur Seite geschleudert, und das iPad war hinter die ganz und gar gewöhnliche Wohnzimmercouch gerutscht. Wo es sowohl den Gerichtsmedizinern, welche die Leiche mitgenommen hatten, als auch den Polizisten und den Kriminaltechnikern, die diesen Bereich gefilzt hatten, offenbar entgangen war.

KAPITEL 55

EINE UNGEWÖHNLICHE STUDENTISCHE SPRECHSTUNDE ...

KATE, CONNOR UND NIKI ...

Im Nullkommanichts hatten Connor und Niki das iPad des Toten aufgeladen. Der Startbildschirm leuchtete auf. Mit dem üblichen Apple-Anwendungsmenü. Doch Connor tippte sofort das Symbol für Fotos an. *Ein Video.* Jedem von ihnen widerstrebte es zutiefst, sich die Aufnahme anzugucken. Sie wussten alle, dass es nicht anders ging.

Und das sahen sie:

Drei Männer in einem Auto, die darüber Witze machten, sie zu ermorden. Unbeschwertes Geplänkel, bevor sie zu ihrem jeweiligen Mordeinsatz aufbrachen.

Drei vertraute Kostümierungen: Weihnachtsmann, Priester, Chormitglied.

Schusswaffen. Rasiermesser. Stichwaffe. Garrotte.

Es folgte der Kampf in Connors Haus, wenn auch nichts zu sehen, sondern nur gedämpft etwas zu hören war, da das iPad, das sie gefunden hatten, erst durch die Wucht der Schüsse aus der Innentasche geflogen war. Neben Stöhnen und Schlägen, Schüssen, dem Bersten von Mobiliar und Klirren von zersplitterndem Glas, neben tödlichen Geräuschen, hörten sie Namen, mit denen sie nichts anzufangen wussten. Kate war froh, dass sie sich die schrecklichen Vorgänge nicht auch noch ansehen musste. Allein schon durch die Geräusche war sie den Tränen nahe. Was sie hörte, ergänzte ihr visuelles Gedächtnis.

Die Aufnahme ging weiter. Kate hörte ihre eigene Stimme, wie sie Ross anflehte: *Bitte nicht sterben.* Sie hörte die Krankenwagensirene und kurz darauf die Sanitäter. Connor, wie er sie anschrie, sich

zu beeilen. Dann trat für längere Zeit Stille ein, bis sie Polizisten hörten. »*Himmel, was für ein Kampf!*«, entfuhr es einem. »*Den Tatort sichern*«, folgte ein Befehl. Wenig später war den Wortwechseln zu entnehmen, dass die Gerichtsmediziner sich über die Leiche des Mörders beugten und über seine Wunden spekulierten. Das wiederholte Klicken von Kameras und andere Geräusche kündeten von der Arbeit der Polizeifotografen und der Spurensuche. So ging es stundenlang weiter. Nebenher jede Menge Small Talk. Diskussionen über die genaue Fundstelle der Leiche. Ein Polizist witzelte: »*Ziemlich abgefahrenes Weihnachtsgeschenk. Nicht mal Glanzpapier und Schleife.*« Weiterer Galgenhumor im Angesicht des Todes. Erst als ein Beamter über sein Handy oder sein Funkgerät laut vernehmlich seiner Dienststelle meldete: »*Wir verlassen jetzt das Haus*«, trat auf dem iPad Stille ein. Sie währte so lange, bis über der Aufnahme von *Nichts* der Akku den Geist aufgab. Aufgewühlt und in fehlgeleitetem bürgerlichem Pflichtbewusstsein sagte Kate: »Wir müssen das sofort der Polizei übergeben. Es könnte ihnen helfen.«
Connor und Niki wechselten einen Blick.
Dann sagte Connor bedächtig: »Wir haben ihnen beim ersten Mal nach bestem Wissen und Gewissen zu helfen versucht. Und was hat es gebracht? Wieso sollte das diesmal anders sein?«
»Und vergiss den Weihnachtsmann nicht«, fügte Niki hinzu.
Sie überlegte einen Moment.
»Meinen Weihnachtsmann«, schob sie hinterher. »Meinen Killer-Weihnachtsmann. Der immer noch frei herumläuft. Und der mich ermorden sollte. Und es vielleicht immer noch vorhat.«
Connor verfiel in denselben Ton, als er sagte: »Und denk an diese Detectives. Zuerst hatten sie mich in Verdacht, etwas verbrochen zu haben. Sie hielten mich für einen Drogendealer. Dann fiel ihr Verdacht auf *GP*, nur weil er sie nicht rechtzeitig gerufen hatte, um rechtzeitig zu Nikis und meiner Rettung zu kommen. Als Nächstes glaubten sie, wir hätten irgendwie *den betrunkenen Fahrer* zur Strecke gebracht, der meine Eltern auf dem Gewissen hat. Und jetzt überlegen sie, ob du etwas verbrochen hast, weil du den Typ erschossen hast, der *GP* erstechen wollte. Und Niki haben sie

Handschellen angelegt, weil sie einen der anderen Mörder erschossen hat. Die haben alle jede Menge Zeit daran verschwendet, uns etwas anzuhängen, statt sich *Jack's Boys* vorzunehmen, sogar noch, nachdem wir ihnen gesagt hatten, wo sie nach ihnen suchen sollten. Siehst du nicht, was uns das alles eingebrockt hat?«

Seine Frage blieb unbeantwortet.

Kate stellte fest, dass Connor mehr oder weniger dasselbe sagte, was sie in diesem Moment von Ross erwartet hätte, und ihr entging nicht, wie wild entschlossen Niki wirkte. Bei dem Gedanken musste Kate die Tränen zurückhalten.

Ihr lagen schon all die Gemeinplätze auf der Zunge, die üblicherweise auf gewaltsame Todesfälle folgen: *Macht euch nicht lächerlich. Wir sind dazu verpflichtet. Wir sind hier die Opfer. Die Polizei weiß schon, was sie tut. Das ist ihr Job.* Doch zu ihrem eigenen Erstaunen sagte sie nichts dergleichen, sondern: »Und was sollten wir eurer Meinung nach damit machen?« Sie deutete mit dem Kinn auf das iPad.

Niki antwortete prompt.

»Es uns noch einmal ansehen. Kopien davon machen. Es immer wieder abspielen, besonders den Anfang, wo sie ihre Witze reißen. Und genau hinhören.«

Was sie damit meinte: *Es studieren, sich einprägen, von hinten bis vorne, so wie einen Stoff für die Schule. Jede Einzelheit auf diesem iPad ist wie eine Mathematikaufgabe. Wir müssen die Lösung finden. Das können wir.*

Sie sah Connor an. Sie wusste, dass er dasselbe dachte.

Sie war fest davon überzeugt:

Das Internet hat uns zu ihnen geführt. Und jetzt wird uns das Internet zum Weihnachtsmann führen.

Nur dass er nicht mehr als Weihnachtsmann posiert.

Er ist wieder das, was er vorher war.

Connor verbrachte Wochen mit der Wiederherstellung seiner Schulter. Regelmäßige Besuche beim Physiotherapeuten. Übungen zu Hause. Dann virtuelle Termine, bei denen Connor seinen

PC aufs Bett stellte und gewissenhaft die Instruktionen über Zoom befolgte. Sobald sein Bewegungsradius wieder zunahm, wurde er kräftiger, auch wenn ihm jeder Versuch, den Arm über den Kopf zu heben, höllische Schmerzen bereitete. Insgeheim zweifelte er an einer vollständigen Heilung. Was sowohl der Chirurg als auch der Therapeut indirekt zu bestätigen schienen. Nachts lag er oft im Bett und dachte: *Ich habe zum letzten Mal im Tor gestanden.* Doch solche Gedanken waren jedes Mal mit Erinnerungen an *GP* verbunden. Connor sah seinen Großvater an der Seitenlinie, die Siegesfaust hochgereckt, bei einem Punktgewinn aufgeregter als er selbst, bei einem Verlust verständnisvoller. Er sollte sich von *GPs* Reaktionen eine Scheibe abschneiden, dachte Connor und musste weinen. Er schluchzte ins Kissen, damit *GM* ihn nicht hören konnte. Wenn *GP* nicht da war, um ihm zuzusehen, dachte er, wollte er auch nicht länger Torwart sein. Und manchmal fragte er sich, ob der Schaden an seiner Schulter etwas Ähnliches war wie die Verletzungen, die *GP* im Krieg davongetragen hatte. *Vielleicht, vielleicht aber auch nicht.*

Weder gegenüber Niki noch Kate sprach er darüber. Beide fragten ihn immer wieder: »Hast du Schmerzen? Tut es noch weh?« Und er antwortete nur: *»Es tut weh, dass* GP *nicht mehr bei uns ist.«* Statt über Verletzungen zu reden, fing er nach der Schneeschmelze an, mit Niki durch ihr Viertel und auf dem Sportplatz an der Highschool zu joggen – kurz bevor sie zum Schutz gegen die Pandemie in ihrem Abschlussjahr mit einem Lockdown ins Homeschooling geschickt wurden. *Wenigstens tun es meine Füße noch,* tröstete er sich.

Da es für Niki, nachdem die Winter- und Frühlingswettkämpfe gestrichen waren, keine Wettkämpfe mehr gegen langsamere Mädchen zu gewinnen gab, ließ Niki Connor Seite an Seite mit sich joggen, bis sie das monotone *Klatsch, Klatsch, Klatsch* ihrer Sohlen auf dem Asphalt oder dem synthetischen Belag des Sportplatzes nicht mehr ertrug. *Zu langsam. Auf geht's*, sagte sie sich und legte Tempo zu. Warf den Kopf zurück und schwang mit den Armen. Sie wollte schnell genug sein, um allem davonzulaufen, was geschehen war und was vielleicht noch bevorstand. Connor versuchte dann, fünfzig oder vielleicht auch hundert Meter weit mitzuhalten, um sie ein wenig anzuspornen, aber nicht mehr. Es machte ihm nichts aus, zuzusehen, wenn ihr blonder Pferdeschwanz – gegen die anhaltende Kälte oft durch die Öffnung einer Baseballkappe gezogen – in der Ferne verschwand. Er wusste, dass er sie nicht aufhalten konnte.

Keiner der drei erwähnte gegenüber den polizeilichen Ermittlern, die sie im Lauf der kalten Wintermonate noch mehrmals befragten, das iPad. Das Gerät blieb in der obersten Schublade in Ross' Schreibtisch. Es sah harmlos aus, war es aber nicht.

Zuweilen ging Kate in Ross' Arbeitszimmer, setzte sich an seinen Tisch und klappte das iPad vor sich auf. Sie spürte förmlich, wie er sich neben sie setzte. Sie horchte auf seine Stimme. Sie war da, wenn auch schwach.

Als dann das Land plötzlich, aber unentrinnbar dem Angriff des Virus erlag, lösten sich die Detectives und ihre Fragen in Wohlgefallen auf. Die Pandemie hatte die Welt fest im Griff.

Kate nahm ihren Dienst auf der Intensivstation wieder auf. Ein paar Tage lang waren ihre Kollegen und die Ärzte besonders rücksichtsvoll, doch schon bald gewann der Kampf um das Überleben der Patienten die Oberhand. Kate wurde eine der gefeierten Ersthelferinnen. In gelbem Kittel über blauer Schwesterntracht, mit OP-Maske, transparentem Schutzschild vor dem Gesicht, Plastikhandschuhen und einer gehörigen Portion Pessimismus arbeitete sie Seite an Seite mit den Notärzten, mit den Lungenärzten und anderen Spezialisten und mit so gut wie jedem Assistenzarzt, der gelernt hatte, mit einem Beatmungsgerät Sauerstoff in eine übel zugerichtete Lunge zu bringen. Jedes Mal, wenn Kate dabei half, ein Leben zu retten, sagte sie sich: »*Wieder eins*«, als ob sie eine Strichliste führte. Als ob genügend Gerettete die Toten wettmachen könnten. Eine perverse Mathematik.

Sie hatte Angst, selbst zu erkranken, zu sterben und Connor als Vollwaisen zurückzulassen.

Sie hatte Angst, Connor könnte erkranken, sterben und sie allein zurücklassen.
Es machte Kate Angst, dass genauso unsichtbar wie das Virus auch der einzig verbliebene Mörder irgendwo da draußen lauerte. Jeden Tag, der verging, dachte sie: Wieder ein Tag, an dem es mich nicht erwischt hat. An dem es Connor nicht erwischt hat. Wieder ein Tag, an dem kein Fremder gekommen ist, um uns zu ermorden.

Genau wie beim ersten Mal bekamen sie den Revolver zurück, nachdem die Polizei ihre Ermittlungen »abgeschlossen« hatte. Tatsächlich brachte ihnen die Ermittlerin die Waffe persönlich vorbei – eine Geste, in der Kate eine Pflichtübung gegenüber der Krankenschwester sah, nachdem ihr Berufsstand in der Pandemie unverhoffte Anerkennung fand. Außerdem eine Gelegenheit, ihr noch ein paar Fragen zu stellen. Kate nahm Ross' Waffe entgegen und dachte insgeheim: *Wie viel Munition dafür mag noch in Ross' Schreibtischschublade sein?*
»Soll ich die nicht doch besser wieder mitnehmen und vernichten lassen?«, erbot sich die Polizistin. Ihr war bewusst, dass sie dieselbe Frage schon einmal dem ermordeten Mann der Witwe gestellt hatte. »Bringt offenbar nur Unheil.«
»Ich mach das schon«, erwiderte Kate.
»Wie kommen Sie zurecht?«, fragte die Ermittlerin.
Höflichkeitshalber.
»Danke, gut«, antwortete Kate.
Mir wird es nie wieder gut gehen. Vielleicht irgendwann einigermaßen. Das muss genügen.
»Seltsame Zeiten, in denen wir leben, nicht wahr?«
»Mehr als seltsam. Es geht ans Eingemachte«, erwiderte Kate. Genau diese Redensart, da war sie sich absolut sicher, hätte Ross gebraucht – worüber sie innerlich grinsen musste.
»Wir suchen immer noch nach dem einen Mann, der Ihre Nachbarn überfallen hat und dann verschwunden ist«, sagte die Ermittlerin.
Kate machte da für sich ein dickes Fragezeichen.

»Gut«, sagte sie.
»Aber wir bezweifeln, dass jemand so etwas ein zweites Mal versuchen würde«, fügte die Beamtin hinzu.
Wunschdenken, dachte Kate. *Haben Sie nicht schon nach dem ersten Mal mehr oder weniger dasselbe gesagt?*
»Und wir versuchen nach wie vor, die beiden Toten zu identifizieren«, fügte die Ermittlerin hinzu. »Bis jetzt vergeblich. Früher oder später kommen wir ihnen auf die Spur – sie müssen ja irgendwo gewohnt haben, irgendjemand wird ihr Verschwinden bemerken, und wir können sie zurückverfolgen. Sie wissen schon, ausbleibende Miete, Kreditkartenrechnungen, die sich stapeln, eine Vermisstenanzeige. Vielleicht melden sich sogar neugierige Nachbarn bei der Polizei. Das kann nur leider dauern. Und es war ja auch irgendwie so, als wären sie vom Mars gekommen und hier eingefallen. Die Spuren, die wir verfolgen konnten – Hotelreservierungen, Kreditkarten und dergleichen –, das lief alles unter falschem Namen. Hat uns in eine Sackgasse geführt.«
»Das ist bedauerlich«, antwortete Kate und kam sich dabei wie ein Pokerspieler vor, der vor den anderen am Tisch seine Asse verbirgt.
»Wir wüssten gerne, ob Sie sich jetzt, nachdem einige Zeit ins Land gegangen ist, vielleicht doch noch an irgendetwas erinnern können. Etwas, das Ihnen bei unseren früheren Gesprächen oder gegenüber einem meiner Kollegen vielleicht nicht in den Sinn gekommen ist. Irgendetwas, das wir weiterverfolgen könnten«, sagte die Ermittlerin.
Kate schwieg.
»Oder etwas darüber, wie die Täter, die Sie zu Weihnachten überfallen haben, mit demjenigen in Verbindung stehen, den Ihr Mann im Oktober erschossen hat. Bisher konnten wir noch keine herstellen.«
Wir haben euch mit der Nase auf die Spur gestoßen. Jetzt ist sie im Internet verschwunden, aber irgendwo gibt es sie noch. Ihr habt nur keine Ahnung, wie man danach sucht. Sie musterte die Ermittlerin und musste unwillkürlich denken: *Hast du zufällig einen Teenager*

zu Hause? Denn in dem Fall hättest du jemanden, die oder der sie im Handumdrehen finden kann.

»Egal was«, fügte die Beamte hinzu.

»Tut mir leid«, sagte Kate. »Ehrlich gesagt, Detective, haben wir im Krankenhaus so viel zu tun, dass ich kaum zum Nachdenken gekommen bin.«

Eine Lüge klingt immer glaubhafter, stellte Kate fest, *wenn man vorausschickt, sie sei ehrlich.*

An einem Abend in den ersten Frühlingswochen, nach Meinung vieler in einer der schwierigsten, herausforderndsten Phasen der Geschichte Amerikas, saßen Connor und Niki in seinem Zimmer vor ihrem Laptop und starrten auf ein Bild. Eine Porträtaufnahme. Von einem nett aussehenden, eher unauffälligen, bebrillten Mann mittleren Alters, in Tweed- Jackett und Seidenrips-Krawatte zu blauem Button-down-Hemd.

Hochschullehrer.

»Bist du sicher?«, fragte Connor.

»Ziemlich«, erwiderte Niki leise, voll unterdrückter Wut. »Schließlich trug er diesen falschen weißen Bart und die Bommelmütze.«

Connor beugte sich vor und tippte etwas ein. Sofort erschienen auf dem Bildschirm aktuellere Aufnahmen von Demonstrationen, teilweise friedlich, mit Sprechchören und Transparenten, dann hier und da mit kleineren Bränden, Tränengas und Chaos auf dem Bildschirm.

»Siehst du das?«, fragte Connor. »Das könnte uns vielleicht helfen.«

»Und wie?«

»*Land of Confusion,* eine Welt im Ausnahmezustand«, bemerkte Connor.

Jetzt drückte Niki ein paar Tasten, und das Bild des Mannes erschien wieder.

»Schätze, wir müssen uns entscheiden«, sagte sie. »Ich weiß, was ich will. Ich will frei sein. Ich will keine Angst mehr haben. Ich will nicht jedes Mal über die Schulter sehen, wenn ich die Straße entlanglaufe, oder zusammenzucken, wenn es an der Haustür klingelt. Ich will nicht mit einem Tranchiermesser unter dem Kopfkissen schlafen. Das ist es, was ich will.«

Dabei wusste sie, dass diese Wünsche vielleicht unerfüllbar waren.

Gut möglich, dass ich nie mehr frei bin. Ich weiß nur eins:

Ich weiß, dass ich töten kann.

Wie kaltblütig sie sich dabei fühlte, machte ihr Angst.

Ich glaube, für den Rest meines Lebens werde ich Weihnachten hassen.

Sie warf einen verstohlenen Blick auf Connor und fragte sich, ob sie bis in alle Zukunft an den Tod denken würde, wenn sie ihn ansah.

Niki drehte sich wieder zum PC-Bildschirm um.

»Wie bringt man einen Mörder um, ohne selbst zur Mörderin zu werden? Ich will nicht …« Sie zögerte einen Moment. »Ich will nicht zu einer anderen Version von einem von *Jack's Boys* werden.«

Connor nickte.

»Wir müssen uns was Besseres einfallen lassen als die«, sagte er und ließ offen, ob in Sachen *Mord* oder *Moral.* »Hauptsache, im Ergebnis läuft es aufs selbe hinaus.«

Aus der Küche rief Kate sie zum Essen.

»Ich glaube, ich weiß, wie«, sagte Connor. »Bleibt im Grunde nur eine Möglichkeit.«

Niki wollte ihn fragen: *Und wie?*, brachte es aber nicht über die Lippen.

»Gehen wir erst mal essen«, sagte er und sprang vom Bett. »Ich komm um vor Hunger.«

Von einer Sekunde zur anderen mutierte er wieder zum normalen Teenager, auch wenn er den Verdacht hegte, nie wieder normal sein zu können. An einem anderen Ort hatte sein Großvater Jahrzehnte zuvor dasselbe gedacht.

CHARLIE …

AN EINEM NACHMITTAG IM SPÄTEN FRÜHLING …

15:47 UHR CENTRAL STANDARD TIME …

Er war mit einer ziemlich aufgelösten Studentin im Abschlussjahr auf FaceTime. Die junge Frau machte sich große Sorgen darüber, wie sich der Wechsel zu virtuellem Unterricht auf ihre Noten und damit auf ihre Bewerbungschancen bei Graduiertenprogrammen auswirken könnte. Charlie nervte ihr Lamentieren.

Übertriebenes Selbstmitleid.

Sie verdient zu sterben, sollte sich besser nicht beklagen.

Er saß, sein Handy vor sich, am Schreibtisch und langweilte sich zu Tode.

»Hören Sie, Sally, ich halte Ihre Sorgen für völlig übertrieben. Alle sitzen derzeit mehr oder weniger im selben Boot, was die Abschlüsse betrifft, und wo man hinschaut, werden Kurse zusammengestrichen. Das wissen natürlich auch die Leute bei den Gradschool-Programmen, auf die Sie sich bewerben wollen, weil sie sich mit denselben Problemen herumschlagen. Natürlich werden sie die Situation bei der Sichtung der Bewerbungsunterlagen berücksichtigen.«

Er hasste es, wie vernünftig er klang. Wie logisch. Wie normal.

Charlie saß in seinem Dozentenzimmer. Das gewohnte Stimmengewirr der Studenten draußen in den Fluren zwischen den Vorlesungen und Kursen war verstummt. Die meisten Studenten hatten sie nach Hause geschickt. Auch die meisten seiner Kollegen blieben daheim und hatten ihre gesamte Arbeit und Beratungstätigkeit aus Angst, sich das Virus einzufangen, auf Zoom verlegt. Er hatte nichts dergleichen vor. Er fühlte sich immun. Aber er zog auch deshalb eines der verwaisten Dozentenzimmer vor, weil er nicht von seinem häuslichen Arbeitszimmer aus zu Videokonferenzen erscheinen wollte. Für ihn spiegelte sein heimisches Zimmer den Menschen, der er wirklich war, und den Ort wollte er schützen vor jedweder Kontamination.

Der letzte Jack.

Er sah die Studentin namens Sally an und konnte sich einen Moment lang an nichts von dem erinnern, was er über sie wusste – welche Kurse sie in ihrem Abschlussjahr belegte, wo ihr Notendurchschnitt lag, welche Empfehlungen er für sie geschrieben hatte, wo sie herkam und was ihre Spezialgebiete waren. Während sie sprach, löste sie sich vor seinen Augen in ein Nichts auf. Er hörte ihr auch kein bisschen zu.

Stattdessen erwiderte er: »Vielleicht wäre es gar nicht so verkehrt, wenn Sie sich ein Jahr nähmen und in Panama oder Costa Rica mit indigenen Völkern arbeiteten, um vor der Gradschool ein bisschen Erfahrung vor Ort zu sammeln.«

Und sobald es wieder Flüge gibt, könnte ich dich da besuchen.

Und töten.

Er blickte zu der Landkarte mit den Stecknadelköpfen auf.

Es machte ihn wütend.

Das Virus hatte einen Strich durch sämtliche Auslandsstudienprogramme der Universität gemacht. Folglich hingen für Charlie auch sämtliche Mordchancen in der Luft. Er hasste es. Aus tiefstem Herzen.

Er merkte, dass Sally aufgehört hatte zu schwafeln, und sagte: »Wir bringen diese Pandemie schon hinter uns, ganz sicher. Ehe Sie sichs versehen, ist alles wieder so wie früher.«

Glaub mir, ich sehne mich auch danach, fügte er in Gedanken hinzu.

Genau in diesem Moment hörte er vom PC auf seinem Schreibtisch den Piepton seines universitären E-Mail-Kontos.

Er warf einen Blick hinüber und sah:

Socgoal02 hat dir eine Chatnachricht hinterlassen.

Er bekam augenblicklich einen trockenen Hals.

Wie das?

Unmöglich.

Er unterdrückte die plötzliche Panik und brachte in ruhigem Ton

heraus: »Sally, können wir das ein andermal weiter besprechen? Ich habe jetzt einen dringenden Termin.«
Ohne ihre Antwort abzuwarten, machte er ihr Zeichen, aus dem Programm zu gehen, und klickte im selben Moment die Nachricht an. Er las:
Jetzt klopfe ich an deine Tür, Killer.
In dem Bruchteil einer Sekunde, die Charlie brauchte, um aufzublicken, hörte er dreimaliges, energisches Klopfen an seiner Zimmertür.
Und dann flog sie auf.
Socgoal02 und *die Freundin* traten ein.
Sie trugen beide weiße FFP2-Masken und Sonnenbrillen. Beide hatten Baseballmützen tief in die Stirn gezogen. Dazu Jeans und Kapuzensweatshirts mit dem Logo der Universität – eins in Dunkelrot, eins in Grau. *Socgoal02* hatte einen abgewetzten Rucksack dabei, der sich in nichts von denen Tausender anderer Studenten unterschied. Auf dem Campus – selbst einsam und verlassen, wie er derzeit war – wären sie niemandem aufgefallen. *Socgoal02* und *die Freundin* nahmen langsam zuerst ihre Sonnenbrillen und dann ihre Masken ab. *Die Freundin* zog ihre Baseballkappe vom Kopf und schüttelte das Haar aus. Sie zogen sich, Charlie gegenüber, Stühle an den Schreibtisch heran, und Charlie bemerkte, dass sie beide Latex-OP-Handschuhe anhatten. *Keine Fingerabdrücke,* dachte er.
»Entschuldigen Sie die Aufmachung«, sagte Niki. »Wir waren nicht sicher, ob Sie Überwachungskameras in Ihrem Gebäude haben. Das ist das Schöne an der Pandemie. Plötzlich sind Masken vollkommen akzeptabel. Genauso wie Plastikhandschuhe. Macht es einem leicht, sich zu vermummen.«
Charlie war wie erstarrt. Er versuchte mit aller Macht, sich zu sortieren.
Sie kommen allein, überlegte er.
Keine Gestapo.
Sein erster Impuls:
Bring sie um!
Bring sie beide um, auf der Stelle!

Er wusste, dass das unmöglich war. Er hatte keine Waffen dabei. Die waren zu Hause in seinem Arbeitszimmer.
Er versuchte, Haltung anzunehmen.
»Tut mir leid«, tastete er sich vor und verfiel augenblicklich in den einschüchternden Ton des Lehrstuhlinhabers. »Aber wer sind Sie? Ich erkenne Sie von meinen Kursen nicht wieder, und Sie gehören auch nicht zu den Studenten, die ich dieses Semester betreue. Leider kann ich Ihnen keine Sprechstunde ohne Vereinbarung anbieten, schon gar nicht jetzt, wo die Universität praktisch geschlossen hat. Vereinbaren Sie doch am besten im Sekretariat einen Termin zu einem späteren Zeitpunkt, und dann sehen wir, was sich machen lässt …«
Er verstummte. Wenig überzeugend.
Niki lächelte.
»Hallo, Weihnachtsmann«, sagte sie. Charlie schnürte es vor Anspannung die Kehle zu.
Er setzte ein äußerst gequältes Grinsen auf.
»Ich kann Ihnen nicht folgen, junge Dame.«
»Zeit zum Feiern ist es wieder, fa la la la …«, sang Niki. Ein Weihnachtslied im Mai. Es klang deplatziert und hölzern. »Und statt eines Festtagsgewands sollten Sie wohl besser eine Mördermontur tragen, nicht wahr?« Sie stand abrupt auf. Vor Charlies ungläubigen Augen zog Niki blitzschnell ihre Jeans und ihr Höschen herunter und zeigte ihm ihr Hinterteil.
»Siehst du die Narbe?«, fragte sie in bitterem Ton und strich mit den Fingern über das vernarbte Gewebe. Sie wartete seine Antwort nicht ab. »Das verdanke ich dir.«
Genauso schnell, wie sie die Hose heruntergezogen hatte, saß sie wieder bekleidet auf ihrem Stuhl. Sie starrte Charlie an. »Du hättest wohl nicht damit gerechnet, mich wiederzusehen, oder?«
Und ob, aber nicht so, dachte Charlie.
Er atmete tief ein.
Sieh zu, dass du die Kontrolle wiedererlangst. Werde Herr der Situation. Das sind halbe Kinder, mit denen wirst du ja wohl noch fertigwerden.

Charlie griff nach seinem Telefon. Das war gespielt.
»Ich habe nicht die leiseste Ahnung, wer Sie sind und was Sie hier wollen, und ich denke, Sie sollten verschwinden, bevor ich den Wachdienst rufe …«
Niki lächelte, sie konnte ihre Wut kaum im Zaum halten.
»Du weißt genau, wer wir sind. Und du weißt genau, was uns herführt«, sagte sie schroff.
Es fehlte nur wenig, und Charlie wäre aufgesprungen und auf die beiden losgegangen.
Er sah Connor an.
Ich hätte größte Lust, dir an die Gurgel zu gehen.
Dann Niki.
Ich kann mir nichts Schöneres vorstellen, als dich abzumurksen und zu vögeln.
Ganz langsam.
Er beherrschte seinen Drang. Er wusste, wie gefährlich es war, sich etwas anmerken zu lassen. Connor lehnte sich ein wenig vor.
»Sie wollen den Wachdienst rufen? Bitte, tun Sie sich keinen Zwang an …«
Das Telefon schon in der Hand, hielt Charlie verblüfft inne.
»Aber vielleicht wollen Sie sich lieber zuerst etwas ansehen«, sagte Connor. »Den Wachdienst würde das jedenfalls lebhaft interessieren…« Mit jedem Wort wurde Connors Ton energischer. »… genauso wie die örtliche Polizei, ganz besonders die Detectives vom Morddezernat, die zu dem Fall ermitteln – und die nach Ihnen fahnden. Nicht zu vergessen das FBI. Die alle würden sich das hier liebend gerne ansehen. Deren Einheit für Verhaltensforschung, also die Typen würden sich alle Finger danach lecken. Aber das ist erst der Anfang. Es gibt natürlich jede Menge andere Leute, die darauf brennen würden, zu sehen, was ich hier habe. Zum Beispiel Ihre Frau – wir wissen von ihr aus dem Internet. Psychopathologin, richtig? Die Ehefrau, die Ihnen dabei hilft, *normal* rüberzukommen, stimmt's? Und das hier fällt natürlich haargenau in ihr Fachgebiet. Also wäre sie, wenn sie sich ordentlich ausgeheult und lange genug den Kopf darüber zermartert hat, weshalb sie einen

Mörder geheiratet hat, absolut fasziniert. Wetten, sie würde unter ihren besten Studierenden jemanden eine Arbeit darüber schreiben lassen. Und dann natürlich ihre Familie. Wird sicher ein kleiner Schock für die, was? Ich wüsste gar zu gern, was die dann all den sensationshungrigen Reportern wohl erzählen. Mit Sicherheit würden sich auch Ihre Fakultätskollegen darum reißen. Und nicht nur aus akademischem Interesse. Zweifellos auch die Universitätsleitung. Aber Sie müssen in größeren Dimensionen denken …« Connor breitete die Hände aus. »In größeren Dimensionen als die Polizei, als Ihre Familie, als die Universität und auch über Ihr armseliges kleines Leben hinaus. Sie müssen in den Dimensionen denken, die Sie überhaupt erst darauf brachten, uns umzubringen. Ich weiß, auf YouTube wäre so was ein absoluter Hit. Sie bekämen auf Anhieb eine Million Aufrufe. Dann zwei Millionen. Das Ding würde durch die Decke gehen.«

Charlie zögerte. Es kam nur selten vor, dass er sich überfordert fühlte. Das hier war ein solcher Moment.

»Dachte ich mir«, sagte Connor, als er sah, wie Charlie das Telefon wieder auf die Ladestation stellte.

Unterdessen griff Niki in Connors Rucksack.

Charlie erkannte auf Anhieb, was sie in der Hand hielt. Schlimmer als eine Pistole, eine Rasierklinge oder ein Messer.

Eines der iPads, die Alpha an sie ausgeteilt hatte. Alphas? Sein eigenes hatte er vor Monaten in den Müll geworfen. Und längst vergessen.

»Kommt Ihnen das bekannt vor?«, fragte Connor. Das war nur eine Mutmaßung. Connor schätzte, dass jeder von ihnen ein solches iPad dabeigehabt hatte. Auf diese Weise hatten sie am Heiligabend miteinander kommunizieren wollen.

»Ich weiß nicht …«, fing Charlie an. Er versuchte, sein plötzliches Stottern zu kaschieren.

»Und ob«, sagte Niki.

Sie und Connor hatten diesen Moment immer wieder geprobt. Wie zwei Schauspieler auf der Bühne kannten sie ihren Text und waren darauf eingestellt, falls nötig, zu improvisieren. Für sie beide fühlte es sich an wie eine wichtige Klausur. Die Antworten, die sie nicht sicher wussten, konnten sie immer noch erraten, wenn sie umsichtig und systematisch anwandten, *was* sie wussten. Niki und Connor bekamen immer nur volle Punktzahl.

Charlie nahm das iPad.

Die Foto-App war geöffnet – um das Video abzuspielen, brauchte er nur noch die Playtaste zu drücken.

Charlie klickte darauf und fühlte sich mit einem Schlag wieder in Deltas Leihwagen zurückversetzt. Weihnachten. Kalt. Dunkel. Nacht. Bereit zu morden. Doch die wohlige Wärme und die freudige Erwartung jener Nacht suchte er jetzt vergebens. Ihm wurde eiskalt.

Delta: »Was unterrichtest du?«

Charlie: »Ethnologie.«

Delta: »Ich hab's gewusst …«

Charlie tippte auf das Stopp-Symbol. Er sah auf.

»Da kommt noch mehr«, sagte Connor. »Eine schöne Sequenz, wo der Weihnachtsmann zu Nikis Haus läuft, bevor das iPad in einer Jackentasche verschwindet. Und dann gibt's natürlich noch jede Menge Geräusche. Von Mord und Totschlag. Ist alles drauf.«

Im Dozentenzimmer trat Schweigen ein.

Dann beugte sich Niki vor.

»Ich weiß, was du jetzt denkst«, sagte sie selbstbewusst.

Nein, bestimmt nicht, dachte Charlie.

Dann kamen ihm Zweifel.

Vielleicht doch?

»Fangen wir einfach mal beim Offensichtlichen an«, sagte Niki. Sie hoffte, so forsch zu klingen wie ein Staatsanwalt bei *Law and Order*. »Es gibt über fünftausend Colleges und Universitäten in den Vereinigten Staaten. Aber als du und deine zwei nunmehr toten Kumpel – wusstest du übrigens, dass ich einen von ihnen erschossen habe? Nicht? Also, ja, hab ich –, also, als ihr drei da rumgealbert und von all den tollen Sachen geschwärmt habt, die *Jack's Boys* so anstellen, und einer von euch dich gefragt hat, was du so beruflich machst, da hast du nicht ›*College*‹, sondern ›*Universität*‹

gesagt.« Sie setzte ein Lächeln auf, während sie Charlie gleichzeitig mit ihrem Blick durchbohrte.

»Wirklich dämlich, dass dir das rausgerutscht ist. Das hat unsere Suche beträchtlich erleichtert. Und nicht bei jeder Uni steht auch Ethnologie auf dem Lehrplan. Du hast auch nicht ›*Soziologie*‹ gesagt, was es viel häufiger als Hauptfach gibt. Dadurch waren wir auf dreihundert runter. Jede dieser Unis hatte eine Website. Genauso jedes Institut. Und jedes Institut wiederum hat eine Liste des Lehrkörpers eingestellt. Mit Fotos. Und Lebensläufen. Das hat einige Recherchen gekostet. Viele Stunden harte Arbeit. Aber zu guter Letzt, Weihnachtsmann …«

Sie klatschte in die Hände.

Selbst mit den OP-Handschuhen klang es wie ein Schuss.

»… da hatten wir dich.«

Connor lächelte und nickte ihr zu.

»Und wenn wir, zwei Jugendliche, das mit unseren PCs geschafft haben, dann kannst du dir ja vorstellen, wozu das FBI mit seiner IT imstande ist. Und um den Ball ins Rollen zu bringen, brauchen wir denen nur eine der vielen Kopien zu zeigen, die wir von diesem Video auf dem iPad haben.«

Das konnte sich Charlie lebhaft vorstellen.

Jede Menge Reisen.

Jede Menge ungeklärte Todesfälle.

Jede Menge Vermisste und flache Gräber. Rund um den Globus.

Zusammenhänge, die plötzlich zutage treten würden.

Penible Fleißarbeit. Zeitraubend. Öde.

Aber genau darin waren die Kleingeister bei der Gestapo *verdammt gut. Pflichtbewusst ein Klötzchen auf das andere setzen, bis die Beweislast erdrückend ist.*

Charlie sagte nichts.

»*Jack's Boys*«, fuhr Niki fort. »Du bist der Letzte, stimmt's?« Ein riskantes Spiel. Sie war sich nicht ganz sicher. Einen weiteren Mann hatten sie bisher nicht identifizieren können.

Charlie blieb dabei: »Ich habe keine Ahnung, was Sie meinen.«

Sie sah die Nervosität in seinem Gesicht. Hörte die zum Zerreißen gespannte Stimme. Ihr entging nicht, wie er ständig die Sitzhaltung wechselte.

Die Antwort lautete *Ja,* schloss Niki daraus.

Charlie schluckte. Zum zweiten Mal spannte er die Muskeln an. Allmählich sah er keine andere Möglichkeit mehr, als über den Schreibtisch zu stürzen und ihr an die Kehle zu gehen. Es kostete ihn seine ganze Willenskraft, sich zurückzuhalten.

»Ich denke, Sie gehen jetzt besser«, sagte er kleinlaut, glaubte aber nicht, dass sie ihm den Gefallen tun würden. Jedes Wort der Teenager schnitt ihm wie eine Rasierklinge ins Fleisch, mit jeder Sekunde tiefer, auf der Suche nach dem finalen Schnitt, der ihn ausblutete. Ihm lag schon die Frage auf der Zunge: *Was wollen Sie?*

Eine naheliegende Frage. Diese Besprechung lief offensichtlich auf eine Erpressung hinaus. Er würde sich ihnen gegenüber nicht anmerken lassen, dass er in der Falle saß.

Während Charlie blitzschnell abzuwägen versuchte, was er machen sollte, und zwar wie und wann, sah er, wie nunmehr *Socgoal02* in seinen Rucksack griff. Zum Vorschein kam ein schwarzer, bedrohlich aussehender .357-Magnum Colt Python. Als jemand, der in Sachen Waffen bewandert war, erkannte Charlie ihn auf Anhieb.

Die bringen mich um, schoss es ihm durch den Kopf. Er erstarrte.

Connor öffnete mit einem klackenden Geräusch den Zylinder und drehte die Waffe so, dass Charlie es sehen konnte.

Alle sechs Kammern waren leer.

Die bringen mich doch nicht um, schloss Charlie daraus.

»Also, Sie sehen sich folgender Situation gegenüber, *Herr Professor …*« In den akademischen Titel legte Connor seine ganze Verachtung. »Wie wollen Sie in Erinnerung bleiben?«

Die bringen mich doch noch um, fürchtete Charlie jetzt wieder.

»Wie's aussieht«, fuhr Connor fort und warf einen kurzen Blick zur Seite auf Niki, die heftig nickte, »stehen Sie vor einer schwierigen Wahl.«

»Die wäre?«, fragte Charlie. *Ich brauche Zeit,* dachte er. *Ich muss eine Möglichkeit zur Flucht finden. Ich muss herausbekommen, wie ich die beiden umbringen kann. Ich muss* … Er hielt inne. Ihm wurde bewusst, dass die Liste all dessen, was er *musste,* immer länger wurde und die seiner Optionen immer kürzer.

»Sie können der Mörder sein, den zwei harmlose Jugendliche, die kaum eine Ahnung vom Töten haben, hopsgenommen haben, oder sehe ich das falsch?«

Er antwortete nicht.

Connor fuhr fort.

»Ziemlich peinlich, würde ich sagen. Können Sie sich vorstellen, was danach in der Zeitung steht und im Internet kursiert? *Schülerpärchen schnappt Serienmörder, Polizei tappte im Dunkeln.* So was in der Art.«

Auch Niki beugte sich vor.

»Überlegen Sie nur mal, wie viele Menschen über Sie lachen werden, wenn Sie für den Rest Ihres Lebens in den Knast wandern. Ein Festessen für die *Comedyshows.* Abend für Abend. Der Moment, in dem Sie abgeführt werden, wird durchs Internet gehen. *Saturday Night Live* wird eine Nummer über Sie bringen. Wer von den Komikern wird Sie wohl spielen? Das wird ein Brüller. Überlegen Sie mal. Ihr Name wird für alle Zeiten mit Totalversagen verbunden bleiben.«

Niki taxierte seinen Gesichtsausdruck.

»Sie werden zur Witzfigur. Für wie lange, was meinen Sie? Jahre? Jahrzehnte? Jahrhunderte?«

»Und die Leute, die darüber *nicht* lachen können«, fiel Connor ein, »also, die werden sich für Sie in Grund und Boden schämen. Fassungslos. Verlegen. Vielleicht versuchen sie, alle möglichen Entschuldigungen für Sie an den Haaren herbeizuziehen. Ihre Frau. Ihre Kollegen. Die Universitätsleitung.«

Charlie hasste den selbstgefälligen Ausdruck in ihren Gesichtern. Sein Killerinstinkt bäumte sich dagegen auf. Aber er tat nichts.

»Oder …«, sagte Connor.

»Oder«, fiel Niki ein, um seinen Gedanken zu Ende zu führen, »oder … oder … oder … na ja, Sie könnten auch anders in Erinnerung bleiben. Sie können als der Typ in Erinnerung bleiben, den sie *nie* geschnappt haben. So wie Ihr Freund *Jack*.«

Und wie, bitte schön?, dachte Charlie.

Niki drehte sich unvermittelt zu Connor um.

»Wie spät ist es?«

Er zog ein Handy heraus und tippte auf das Display.

»Vier Uhr, auf die Sekunde«, sagte er.

»Oh, Mann!«, sagte Niki in gespieltem Erstaunen. »Bleibt nicht mehr viel Zeit.«

»Nicht mehr viel Zeit wofür?«, wollte Charlie wissen.

»Dir bleibt nicht mehr viel Zeit, dir ein Blatt Papier zu schnappen – ich denke, etwas Handschriftliches ist nachhaltiger als ein Word-Dokument, und wir wissen ja alle, dass eine E-Mail oder Chatnachricht auf dem Computer nicht sicher ist, richtig? So gut wie jeder könnte sich in dein Konto auf dem Universitäts-Server einhacken und etwas in deinem Namen schreiben. So ähnlich wie gefakte Abschiedsbriefe von einem jungen Pärchen, das Selbstmord begehen will – die stammen doch von dir, nicht wahr? Nein, wir wollen etwas … Händisches, mit Unterschrift. Schreib eine Liste mit all deinen Heldentaten. Mit all den Morden, auf die du stolz bist.«

Sie beugte sich noch näher heran.

»Du brauchst einfach nur den einen Mord auszulassen, der in die Hose ging.«

Er sah sie an.

»Also *mich*.«

In ungerührtem Ton fügte Connor hinzu:

»Am besten so wie der ›*Lieber Boss*‹-Brief, den *Jack the Ripper* 1888 schrieb. Oder wie in dem ›*Aus der Hölle*‹-Brief. Kurz und knackig. Und denkwürdig natürlich.«

Charlie fragte nicht: *Und dann?*

Niki kam ihm mit der Antwort zuvor, wohl wissend, dass es die einzige Frage war, die noch nicht geklärt war.

»Sie treten aus dem Leben. Abgang rechts, Vorhang zu, in einem letzten großen Akt.«

»Dafür behalten wir, was auf diesem iPad ist, für uns, und niemand bekommt es je zu sehen«, fügte Connor hinzu.

Das ist Erpressung, stellte Charlie fest. *Nur dass sie* mich *in ihrer Gewalt haben und gleichzeitig* von mir *noch das Lösegeld verlangen.*

Connor beugte sich vor.

»In diesen Minuten entscheidet sich also hundertprozentig, wie Sie in Erinnerung bleiben werden.«

»Es geht um Ihr Vermächtnis«, sagte Niki.

»Denn«, setzte Connor noch einen drauf, »in genau sieben Minuten werden wir – und damit meine ich uns beide, das Schülerpärchen – alles, was wir gegen Sie in der Hand haben, der Polizei übergeben. Verdammt gute Wegbeschreibung, führt die Cops auf geradem Weg hierher. Und auch die werden sich über Sie ausschütten vor Lachen. Es sei denn, Sie kämen zu dem Schluss, lieber als Berühmtheit in die Geschichte einzugehen.«

Niki lächelte. »Wir haben uns für *sieben* Minuten entschieden, nach dem Titel eines bekannten Films über deine Sorte Mensch.«

Wie auf Kommando standen sie gleichzeitig auf. *Sieben* war ihr verabredetes Stichwort zum Verlassen des Zimmers.

»Und versuch gar nicht erst, wegzulaufen«, sagte Niki. »Gibt schließlich nur eine Tür zu deinem Büro. Wenn du da rausgehst, bist du am Arsch.«

»Und wie soll ich …«, stammelte Charlie.

Liegt auf der Hand.

»Die werden Sie brauchen«, sagte Connor und legte den Colt .357 auf den Tisch. »Ich war so frei, die Seriennummer abzufeilen.«

Hatte er nicht. Er hätte nicht einmal gewusst, wie. Er ging davon aus, dass der Mörder, der vor ihm saß, nicht nachsehen würde.

»Und die hier brauchst du wohl auch …«, sagte Niki. »Eine wird genügen.«

Dabei zog sie eine scharfe Patrone aus der Tasche und stellte sie ihm aufrecht hin.

»Trödel besser nicht«, sagte sie. »Wer kann schon sicher sagen, wer da so alles anklopft? Lachnummer oder ewiger Ruhm? Was davon darf's sein?«

Bei dieser letzten Zeile begab sich das junge Paar zur Tür und ließ Charlie hinter seinem Schreibtisch taumelnd und benommen zurück.

16:07 UHR CENTRAL STANDARD TIME …

In der menschenleeren Studenten-Cafeteria eines angrenzenden Gebäudes stand Kate und hielt ein Wegwerfhandy in der Hand. Sie sah auf die Uhr.

Wählte den Campus-Notruf.

Kaum meldete sich in gleichmütigem Ton die Zentrale: »Universitätspolizei. Um was für einen Notfall handelt es sich?«, antwortete Kate mit schriller Stimme in einem panischen Redeschwall:

»Da ist ein Mann mit einer Schusswaffe! Im Institut für Ethnologie! Dritter Stock. Zimmer drei, eins, drei … der bringt bestimmt jemanden um! Ich glaube, er hat schon jemanden erschossen! Ich versuche wegzulaufen! Helfen Sie uns! Helfen Sie uns! Der bringt jeden hier um! Bitte, bitte beeilen Sie sich!«

Dann trennte sie die Verbindung.

Sie war mit ihrer Darbietung höchst zufrieden.

Sie wusste: Es würde auf der Stelle einen Funkruf geben, der auch bei der örtlichen Polizei eingehen würde.

Im nächsten Moment würden die Sirenen aufheulen.

Schütze in Aktion auf dem Campus.

Dies war ein allgegenwärtiger Albtraum – selbst in Zeiten der Pandemie.

Für einen solchen Fall gab es eine festgelegte Vorgehensweise. Mit Probealarm eingeübt.

In einem Radius von mehreren Meilen würde jeder Polizist zum Einsatzort eilen. Mit Höchstgeschwindigkeit.

Sie würden ein SWAT-Team entsenden.

Krankenwagen losschicken.

Auf dem gesamten Universitätsgelände würde auf jedem Computer die Warnung ertönen: *Schutzraum aufsuchen, Schütze in Aktion.*

Und wenn all die ohrenbetäubenden Sirenen dem Dienstzimmer 313 immer näher kämen, würde der Ethnologie-Professor hinter der Tür die Entscheidung treffen müssen, vor die Connor und Niki ihn gestellt hatten.

Kate hatte es gehasst, dass die beiden den Mörder alleine zur Rede stellen wollten. Andererseits war sie selbst nicht viel älter gewesen, als sie sich bei ihrer Schwesterausbildung dem Tod gestellt hatte, und die beiden erschienen ihr jetzt um Jahre älter, als sie es damals gewesen war.

Während sie im Kopf die Minuten in Sekunden herunterzählte, entfernte Kate die SIM-Karte aus dem Handy. Es wanderte in einen Abfalleimer, die SIM-Karte in einen anderen. Dann eilte sie zum Treffpunkt mit ihrem Enkel und seiner Freundin, um schnellstens nach Hause zu kommen. Wenn sie sich beim Fahren abwechselten und sie die erste Strecke übernahm, während Connor und Niki, mit frisch bestandenem Führerschein, mit ihrer jugendlichen Energie die Nacht durchfuhren, sodass sie schlafen konnte, würde sie es noch zu ihrer Schicht auf der Intensivstation schaffen.

Wie nicht anders zu erwarten war, hörte sie die erste Sirene bereits, als sie aus der Cafeteria in die Frühlingssonne trat und kurz anhielt, um sich die Maske zurechtzurücken. Dabei war ihr bewusst, dass sie, wenn sie aufmerksam hinhorchte, vielleicht auch einen Schuss hören würde. Aus schmerzlicher Erfahrung wusste sie, wie laut der Schuss einer Pistole Kaliber .357 war.

CHARLIE …

16:11 BIS 16:19 UHR CENTRAL STANDARD TIME IN ZIMMER 313 …

Unentschlossenheit war ihm vollkommen fremd.

Charlie saß eine Weile an seinem Schreibtisch, und es kam ihm so vor, als hallte ihm das Echo all dessen in den Ohren, was *Socgoal02* und *die Freundin* ihm gesagt hatten.

Er lehnte sich zurück und zermarterte sich das Hirn nach einem Ausweg aus der Situation. Abgesehen von dem zwecklosen Versuch, wegzurennen, fiel ihm keiner ein.

Er blickte hoch zu den Stecknadelköpfen an seiner Landkarte zum Auslandsstudium.

Lass dir was einfallen!, schrie alles in ihm. *Es gibt immer einen Ausweg. Du bist noch immer davongekommen. Sie haben dich nie erwischt.*

Er sah keinen.

Über der Landkarte hing eine große Wanduhr.

Er stellte fest, dass bereits vier Minuten verstrichen waren.

Ihn streifte der flüchtige Gedanke, dass wohl ein paar der Frauen, die er getötet hatte, gegen Ende begriffen hatten, dass ihnen nur noch wenige Minuten blieben. Wenn nicht Sekunden.

Aber doch nicht mit mir, beharrte er.

Und hörte die erste Sirene.

Unaufhaltsam kam sie näher.

Dann eine zweite.

Eine dritte. Ein halbes Dutzend. Und immer noch mehr. Eine schrille Kakofonie.

Alle in seine Richtung.

Sie haben gelogen! Welche Lüge genau, konnte er nicht benennen.

Dann hörte er, wie nicht weit weg ein Fahrzeug mit quietschenden Reifen zum Stehen kam.

Ein zweites und ein drittes folgten. Und kein Ende.

Er sprang auf und trat ans Fenster. Es waren bereits vier oder fünf

Polizisten ausgestiegen, mit gezogener Waffe rannten sie zu seinem Gebäude. Er beobachtete, wie ein uniformierter Beamter die wenigen Menschen, die noch im Gebäude waren, hastig ins Freie scheuchte. Dabei sah der Polizist immer wieder über die Schulter in seine Richtung hinauf, als sei ein Gespenst hinter ihm her. Die Leute, die nach draußen rannten, hatten die Hände erhoben oder über dem Kopf verschränkt, als könnten sie so einen gefürchteten Kugelhagel abwehren. Er glaubte, in dieser kleinen Menschentraube *Socgoal02* und *die Freundin* zu entdecken.

Eine weitere Minute verstrich.

Vielleicht auch zwei.

Noch mehr Streifenwagen. Einige Beamte waren mit Gewehren bewaffnet, manche sogar mit Sturmgewehren. Jetzt sah er auch noch mehrere Krankenwagen kommen.

Alle, die sich dort unten einfanden, schienen zu ihm hochzublicken.

Dann Stimmen. Schritte. Rufe. Draußen im Flur.

Er drehte sich zu seinem Schreibtisch um. In Panik.

Sie sind hier. Hinter mir her.

Er griff zu Stift und Papier. Blickte ein letztes Mal zur Karte an der Wand auf. So schnell er konnte, schrieb Charlie:

Die BLAUEN Nadeln.

Und darunter:

Ihr habt mich nie geschnappt.

Ich bin zu unsterblichem Ruhm gelangt, direkt vor eurer Nase.

Er endete mit denselben Worten wie einst sein Vorbild.

Aus der Hölle.

Und fügte hinzu:

Da sehen wir uns alle wieder.

Er unterschrieb mit seinem eigenen Namen, stockte dann aber. Das war nicht richtig, sein *wahrer* Name war *Charlie*. Den Kugelschreiber schon auf dem Papier, zögerte er erneut. Er spürte, dass er nicht allein im Zimmer war. Er war nie allein. Selbst wenn er in einem fernen Land getötet hatte, waren die anderen immer dabei gewesen.

Er wünschte sich, mehr Zeit zu haben, um dieses wahre Wunder ihrer Beziehung zu erklären, doch da ihm die Zeit davonlief, schrieb er nur in einer vertikalen Spalte auf das Blatt:

ALPHA!
BRAVO!
CHARLIE!
DELTA!
EASY!

In einem Postskriptum fügte er hinzu:

Ich war Charlie.
Ich war schon immer Charlie.
Ich werde für immer Charlie sein.

Und zuletzt, mit einem Schnörkel darunter:

JACK'S BOYS SIND UNSTERBLICH!

Er hätte gerne gewusst, ob jemand von den anderen bei seinem Tod dasselbe gedacht hatte. Wenn sich eines Tages all das, was sie vollbracht hatten, wie ein Lauffeuer über den ganzen Globus verbreiten würde, ging es ihm durch den Kopf, würden unweigerlich andere Männer mit den gleichen Bestrebungen, Neigungen und Fähigkeiten Alpha, Bravo, Charlie, Delta und Easy nacheifern. Wie eine aus dem Chaos des Schlachtfelds geborgene Flagge würden sie von *Jack's Boys* den Stab übernehmen und weitertragen.
Da war sich Charlie sicher.
Dies war sein einziger Trost, als er die Patrone in die .357 lud und den Zylinder zuschnappen ließ. *Ihr könnt mich mal,* dachte er. Als die ersten Polizisten an die Tür seines Zimmers klopften, steckte sich Charlie den Lauf der Pistole in den Mund und drückte ab.

KATE …

Es war eine lange Fahrt. Sie wechselten sich am Steuer ab. Stunden vergingen mit Schweigen.

Als sie in ihre Straße einbogen, war es bereits Morgen. Kurz nach Sonnenaufgang.

»Gut«, sagte Kate. »Wir sind zu Hause.«

Kate saß in Ross' Wagen hinten, Niki vorne neben Connor. Sie warf einen verstohlenen Blick auf die beiden. In einer medizinischen Fachzeitschrift, die ein Heft den Phasen der Entwicklung des menschlichen Gehirns widmete, hatte sie eine Studie gelesen, wonach junge Menschen selbst bis Mitte zwanzig zu starken Impulsen und Kurzschlusshandlungen neigen sowie anfälliger sind für psychische Störungen. Zu Kates Verwunderung schien Niki diese Entwicklung schneller zu durchlaufen und eher noch stärker zu sein als vorher. Auch Connor war nicht wiederzuerkennen. Ihr Instinkt sagte ihr, dass Connor reifer, gefestigter war, auch wenn sie es nicht mit Sicherheit sagen konnte. Ihr entging nicht, dass es ihm schwerfiel, den Arm über den Kopf zu heben. *Höchstwahrscheinlich war es das mit dem Fußball für ihn gewesen.* Sie stellte sich die bange Frage, ob all das, was er durchgemacht hatte, ihm nur noch tiefere Wunden beigebracht oder aber ihn nach vorn katapultiert hatte. Schwer zu sagen. Ross hatte sich, wie sie wusste, damals mit denselben Fragen gequält. Mehr denn je wünschte sie sich, Ross wäre noch da, um Connor durch die nächsten Jahre zu begleiten. Einen Moment lang war sie versucht, Connor um einen Abstecher zu dem Friedhof zu bitten, wo Ross beerdigt war. Doch sie überlegte es sich anders. Ross hatte Connor so lange zur Seite gestanden, dass der Junge einen klaren Kompass hatte und seinen eigenen Weg finden konnte.

Auch wenn er noch am Anfang steht, schob sie in Gedanken hinterher.

Zum ersten Mal und ohne zu wissen, warum, fühlte sie sich alt.

Doch als Connor plötzlich Niki mit einem strahlenden Lächeln ansah, fielen mit einem Schlag die Jahre von Kate ab. Es war dasselbe augenzwinkernde Lächeln wie bei Ross. Und bei Connors Mutter, Hope. Für einen kurzen Moment fühlte sie sich wie vor Jahrzehnten, als sie Ross auf dem Campus ihres Colleges entdeckte, als sich ihre Blicke trafen und er zu ihr herüberkam, um sich vorzustellen. Wie wäre ihr Leben wohl verlaufen, dachte sie, wäre er damals nicht herübergeschlendert und hätte gesagt: *»Hi, ich bin Ross. Und wie heißt du?«*

Kate dämmerte, dass ihr schon bald nur noch Einsamkeit bevorstand.

Sie sagte sich, dass es Schlimmeres im Leben gab.

Hoffentlich stimmte das.

Schon bald würde sie es herausfinden können.

CONNOR UND NIKI ...

Als die drei aus dem Auto stiegen:

Niki wollte nie mehr an den Tod denken. Vor allem wollte sie, dass Connor aufhörte, an den Tod zu denken. Doch gleichzeitig kam ihr die bange Frage, ob sie mit dem Tod genau das aus ihrem Leben verbannen würde, was sie einst als Kinder zusammengebracht hatte. Der Tod, ein betrunkener Fahrer und ihre Leidenschaft hatten sie als Teenager zusammengeschweißt. Sie fürchtete, das, was in der Vergangenheit geschehen war, und die Ungewissheiten der Zukunft könnten ihren Zusammenhalt vielleicht schwächen.

Das Einzige, wovor sie mit Sicherheit keine Angst mehr zu haben brauchte, waren *Jack's* Boys.

Und in dem Moment wurde ihr klar, dass diese Gewissheit genügte.

»Bleibst du zum Frühstück?«, fragte Kate.

Niki schüttelte den Kopf. »Meine Eltern warten bestimmt auf mich. Sojamuffins, glaube ich. Und Mandelmilch. Grr.«

Connor grinste. »Wir hatten an Pfannkuchen, Schweinswurst und Bratkartoffeln gedacht. Und Speck, nicht zu vergessen, jede Menge Speck.«

»Quäl mich nicht«, feixte Niki.

»Ich bring dich rüber«, sagte Connor.

»Ich schmeiß dann schon mal das Essen an«, sagte Kate. Fast überwältigte sie die Normalität des Wortwechsels. Eine Sekunde lang bekam sie weiche Knie und konnte sich nur mühsam auf den Beinen halten. Dann richtete sie sich kerzengerade auf und ging an den beiden jungen Leuten vorbei zur Tür. »Nicht rumtrödeln, ihr zwei«, sagte sie so unbeschwert wie möglich. *Ross, ich bin da!,* lag es ihr schon auf der Zunge, als sie zur Tür hineinging. Es kostete sie einige Beherrschung, nicht in Tränen auszubrechen.

Connor und Niki liefen das kurze Stück zu Nikis Haus. Am Tor zum Garten blieben sie stehen. »Das restliche Stück schaffe ich auch alleine«, sagte sie lächelnd. »Ab hier fühle ich mich ziemlich sicher.«

»Nein, kommt nicht infrage«, antwortete Connor. »Man weiß nie, was da im Gebüsch lauert. Löwen, Tiger, Bären …«

Sie erkannte die Zeile von Judy Garland aus *Der Zauberer von Oz.*

»… meine Güte!«, ergänzte Niki das Zitat.

An der Haustür drehte sie sich zu ihm um.

»Rufst du nachher an?«

»Klar. Wenn du möchtest. Über FaceTime?«

Sie reckte sich und gab ihm einen kurzen, beinahe keuschen Kuss. Keiner von beiden wusste, ob es der erste Kuss von etwas Neuem war oder der letzte Kuss von etwas, das zu Ende ging.

Beides lag ganz und gar im Bereich des Möglichen.

DANKSAGUNG

Ungeachtet des für den Abschluss eines Romans unerlässlichen Einsiedlerdaseins wird einem gewöhnlich auf dem Weg dorthin von der einen oder anderen Seite Hilfe zuteil, manchmal auch ohne dass es derjenige weiß. Das gilt für die vorliegende Geschichte in besonderem Maße, und so ist es mir ein Bedürfnis, meinen Dank dafür loszuwerden.

Erstaunlich viel verdanke ich den Fliegenfischer-Psychiatern – es ist schon beachtlich, was man als Laie alles lernen kann, wenn man vorne in einem Flachboot steht und sich Bonefish, Tarpun und Permit rarmachen. Oder wenn man tief in einen eiskalten Forellenbach in Alaska watet und sich fragt, wo die Lachse bleiben. Über viele Jahre habe ich nun schon von dem Wissensfundus meiner guten Freunde profitiert – Bob Hirschfeld (Weill-Cornell); Alan Schatzberg (Stanford); Ned Kalin (University of Wisconsin); Jeff Newport (University of Texas, Austin); John Newcomer (University of South Florida, Behavioral Health Network), der bei mir einmal »zwanghaftes Geschichtenerzählen« diagnostiziert hat (im diagnostischen und statistischen Kriterienkatalog für psychische Störungen definitiv nicht aufgeführt); Alan Metz von der University of North Carolina (vormals aus Südafrika) und Glen Gabbard von der University of Houston.

Larry Kessel (Temple University) verdanke ich manche unschätzbare Einsicht in die Allgemeinmedizin, Freddy Frolich nicht minder wertvolle in Geschäftspraktiken. Auch Jeff Ward vertieft immer wieder aufs Neue meine Einblicke … gewöhnlich in die spirituellen Bande, die ein Mann mit gewissen großkalibrigen Waffen zu knüpfen vermag.

Richard Halgin (University of Massachusetts), kein Angler, aber ein guter Freund und renommierter Psychologe sowie Mitverfasser des Standardwerks *Abnormal Psychology* (Psychopathologie), verdanke ich so manches größere und kleinere Detail.

Auf dem heiklen Gebiet der posttraumatischen Belastungsstörungen beim United States Marine Corps stehe ich in der Schuld zweier Veteranen des Vietnamkriegs und langjähriger Freunde, die ihrerseits gestandene Schriftsteller sind: Phil Caputo, Romanschriftsteller und Memoirenschreiber (noch so ein Fliegenfischer), und Michael Norman, einstiger Kollege bei der *Trenton Times*, Journalist, Professor und Historiker. Phil hat sich mit vielen Veröffentlichungen einen Namen gemacht, vor allem aber mit *A Rumor of War*, auch heute noch, Jahrzehnte nach Erscheinen, ein überaus lesenswertes Buch. Mikes Memoiren *These Good Men* sind zwar weniger bekannt, aber nicht minder wertvoll. Die Einblicke, die er in posttraumatische Belastungsstörungen gewährt, haben mir mit ihrer bestechenden Präzision und emotionalen Authentizität an einem entscheidenden Punkt bei der Entwicklung meiner Geschichte sehr geholfen. Auch Paul Critchlow, ehemaliger Runningback des Nebraska FC, Wall Street-Ass und Landser in Vietnam, verdanke ich viel.
Shane Salerno ist nicht nur ein wunderbarer Agent, sondern auch ein großartiger Lektor. So überraschend es vielleicht klingen mag: Für die gnadenlose Kürzung so mancher Ausuferung meiner Prosa stehe ich tief in seiner Schuld.
Zuletzt ist natürlich noch mein alter Freund Charlie Nemeroff zu nennen. Ich bin mir nicht sicher, ob ich Charlie am besten als herausragendem Fliegenfischer, im Nebenberuf weltbekannter Psychiater, gerecht werde oder umgekehrt. Nie und nimmer hätte ich dieses Buch schreiben können, ohne mich in einige seiner weitgespannten, tiefgründigen Abhandlungen über PTSD einzulesen. Darüber hinaus durfte ich staunend bewundern, wie er Edelfische fängt, indem er gekonnt eine knapp drei Meter lange Posenrute schwingt und damit ein Federbüschel als Schwimmer aufs Wasser schleudert. Zuvor an der Emory University, dann an der University of Miami und nunmehr in Austin an der University of Texas ist mir niemand bekannt, der, und zwar nicht allein aufgrund seines profunden Wissens, so gut darin ist, Menschen in tiefsten Krisen das Leben zu retten.